老科学家学术成长资料采集工程

老科学家资料长编丛书

金善宝

资料长编

上卷

金作怡 高 俊 编著

1895年
7月2日诞生

1926年
从东南大学
农艺系毕业

1928年
发表中国第一部小麦分类文献
《中国小麦分类之初步》

1933年
完成美国的学业
回国

1934年
出版中国第一本小麦专著
《实用小麦论》

1955年
被聘为中国科学院
生物学地学部委员

1978年
南大2419、京红号小麦
获全国科学大会重大科技成果奖

上海交通大学出版社
SHANGHAI JIAO TONG UNIVERSITY PRESS

内容提要

本书为“老科学家资料长编丛书”之一，采集了包括档案、手稿、传记、口述记录等参考资料，记述了我国小麦育种学家金善宝一生的学术成长经历。按照年代为序，从家庭启蒙、学校教育、师承脉络、科研成就、学术思想以及对于中国小麦育种学发展的贡献等方面，对金善宝的成长事迹进行了综合性考述。本书首次详尽记录了金善宝年谱，不仅梳理了他自身的学术成长轨迹，也通过他不同的学习工作阶段透视了中国小麦育种学科从弱到强、从粗到精的发展过程。本书全方位展示了一位农学工作者对科学事业的热爱与追求，适合热爱自然科学与人文科学、感动于老科学家钻研精神与爱国情怀的不同年龄人群阅读，也可以作为农学工作人员与爱好者的参考书。

图书在版编目(CIP)数据

金善宝资料长编 / 金作怡，高俊编著. —上海：
上海交通大学出版社，2022.10
ISBN 978-7-313-24297-6

Ⅰ. ①金… Ⅱ. ①金… ②高… Ⅲ. ①金善宝(
1895-1997)—生平事迹 Ⅳ. ①K826.3

中国版本图书馆 CIP 数据核字(2021)第 228798 号

金善宝资料长编
JINSHANBAO ZILIAO CHANGBIAN

编　　著：金作怡　高　俊
出版发行：上海交通大学出版社
邮政编码：200030
印　　制：上海盛通时代印刷有限公司
开　　本：710 mm×1000 mm　1/16
字　　数：893 千字
版　　次：2022 年 10 月第 1 版
书　　号：ISBN 978-7-313-24297-6
定　　价：255.00 元

地　　址：上海市番禺路 951 号
电　　话：021-64071208
经　　销：全国新华书店
印　　张：60.25

印　　次：2022 年 10 月第 1 次印刷

永远的丰碑：著名育种学家金善宝

金善宝学术成长资料采集课题组

编　　著　金作怡

　　　　　　高　俊

参与人员　杜振华　吴景锋　陈　孝

编著及参与人员对本书的贡献

金作怡　搜集、采集、整合各类史料，做访谈，编写长编。

高　俊　采集整理各类史料，做访谈，整理访谈内容，参与长编校对、修改。

吴景锋　提供有关资料，做访谈。

杜振华　提供有关资料，做访谈。

陈　孝　提供有关资料，做访谈。

著名农学家教育家金善宝油画像(徐伟灵绘)

1917 年
中学毕业与母亲合影

1924 年
和姚璧辉女士结婚

1926 年从东南大学农艺系毕业

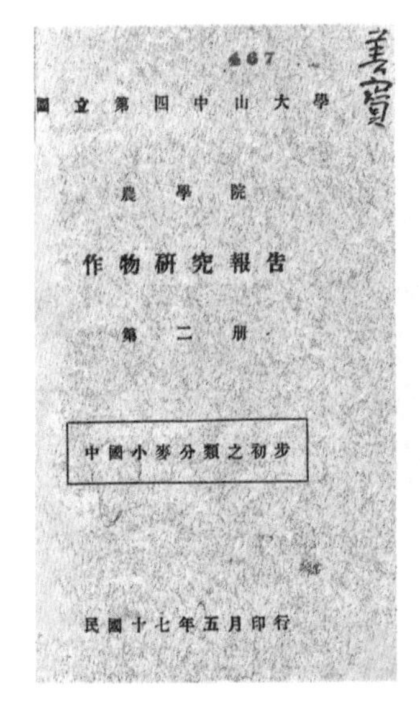

467

善寶

國立第四中山大學

農學院

作物研究報告

第二冊

中國小麥分類之初步

民國十七年五月印行

1928 年发表
中国第一篇小麦分类论文

大學叢書

實用小麥論

金善寶著

商務印書館發行

1934 年出版
中国第一本小麦专著

1930 年在美国康奈尔大学研究生院

1932 年与留美学生联合发起成立中国作物改良学会(左三金善宝)

1939 年在重庆与中央大学教授合影
（左起：毛宗良、梁希、金善宝、石骅）

1946 年与中央大学农艺系毕业生合影于重庆沙坪坝（右为金善宝）

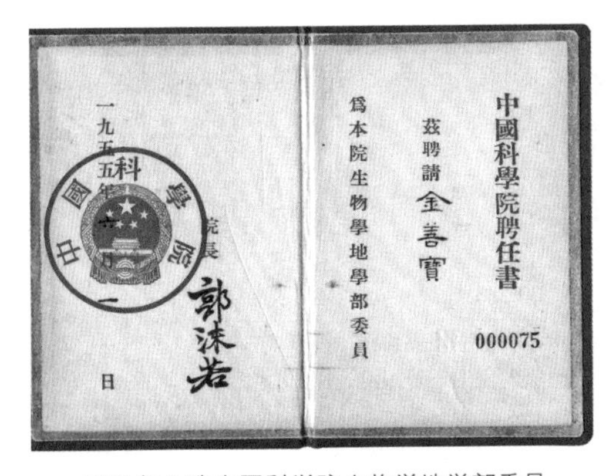

中國科學院聘任書

000075

茲聘請 金善寶

爲本院生物學地學部委員

院長 郭沫若

一九五五年 日

1955 年入选中国科学院生物学地学部委员

1957 年 11 月访问苏联(左起：丁颖、金善宝)

1972 年 6 月在银川王太堡农业试验场考察春小麦

奖　状

为表扬在我国科学技术工作中作出重大贡献者，特颁发此奖状，以资鼓励。

全国科学大会
一九七八年

奖　状

为表扬在我国科学技术工作中作出重大贡献者，特颁发此奖状，以资鼓励。

全国科学大会
一九七八年

奖　状

为表扬在我国科学技术工作中作出重大贡献的先进工作者和先进集体，特颁发此奖状，以资鼓励。

受奖者：金善宝

全国科学大会
一九七八年

1978 年在全国科学大会荣获的奖状

1983 年金善宝夫妇和孙辈摄于中国农业科学院西门

1985 年 7 月寿辰，全家欢聚北京

1988 年 6 月在中国农业科学院东门外小麦试验田工作

1993 年 6 月在中国农业科学院北郊农场看冬麦 9 号(左三为金善宝)

1994 年 7 月 2 日在百岁华诞茶话会上

部分论著

部分奖状

2006 年 1 月 18 日《人民日报》报道《著名育种学家金善宝》所用照片

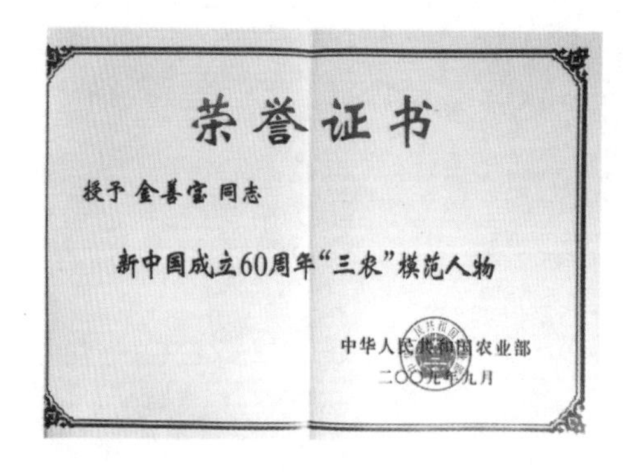

荣誉证书

授予 金善宝 同志

新中国成立60周年“三农”模范人物

中华人民共和国农业部

二〇〇九年九月

2009 年被评为新中国成立 60 周年“三农”模范人物

2016 年的《中国现代科学家(七)：金善宝》纪念邮票

前　言

金善宝，我国著名农学家、教育家、小麦专家，1895 年 7 月 2 日（农历闰五月初十）生于浙江诸暨会稽山下一个偏僻山村，14 岁丧父，幼年即帮母亲养蚕、上山打柴割草，农村生活的艰苦，使他在童年就懂得"粒粒皆辛苦"的真谛。依靠母亲养茧的微薄收入，勉强读完了中学，1920 年考入不收膳费、学费的南京高等师范农业专修科，1930 年又考取浙江省教育厅公费留美学生，进入康奈尔大学研究生院深造，1932 年春毕业后转赴明尼苏达大学农学院研究小麦育种。1933 年回国，任浙江大学副教授，中央大学、江南大学教授兼农艺系主任。中华人民共和国成立后，历任南京大学农学院、南京农学院院长，华东农林部副部长，南京市副市长，中国农业科学院副院长、院长、名誉院长等。1955 年被选聘为中国科学院生物学地学部委员，1957 年当选为全苏列宁农业科学院通讯院士。担任过中国科协副主席、荣誉委员，原农业部科学技术委员会主任委员，中国农学会副理事长、名誉会长，中国作物学会理事长，国务院学位委员会委员，第一到六届全国人大代表，九三学社第六、七届中央副主席，第八、九届中央名誉主席。

1920 年，他从南京高师农科毕业后，到校农场任技术员开始，潜心于小麦科研实践，从农家品种中选育出南京赤壳、武进无芒和姜堰黄皮、江东门等中国第一批小麦改良品种，在生产上推广。1934 年，他将世界小麦中的（Mentana）系统选择种植，选育出适应性非常好的中大 2419 优良品种，抗战时期在四川省推广;中华人民共和国成立后,将它命名为“南大2419”,在20多个省(市、区)推广。南大2419最高每年种植面积达7 000多万亩,种植年限长达41年,是迄今为止种植年限最长的小麦良种。

1925年,他从全国26个省790个县,搜集到900多个小麦品种,就其形态作多年之精密观察,采用前人的经典方法,把这些品种分类,1928年发表了中国第一部小麦分类文献《中国小麦分类之初步》。抗战期间,他于贫病交困中发现了我国独有的小麦品种云南小麦,把云南小麦定为普通小麦的一个亚种。这一重要发现和命名,得到了苏联等国农业科学家的一致肯定和赞佩。1942年发表《中国小麦区域》,1957年发表《中国小麦的品种及其分类》等重要论文,为中国小麦分类研究和小麦区划研究奠定了重要的理论基础。

“文化大革命”期间,他冲破重重阻力,组织带领小麦研究室和中国农科院春麦课题组人员,上井冈山、庐山;奔赴云南元谋和海南岛五指山,坚持南繁北育、异地加代试验,终于实现了在我国春小麦一年种三季的创举,加快了春小麦的育种进程。在他的带领下,春麦课题组育成京红8号和京红9号优质小麦品种,获1978年全国科学大会奖。育成中7606、中791优质小麦新品种,开启了国产面包小麦之门;小麦品种研究室育成宁麦3号等优质高产小麦,其中宁麦3号累计推广种植3 000多万亩,成为长江流域的主栽品种。

他从事农业高等教育近30年,是原南京农学院(现南京农业大学)首任院长,在中国农业科学院任院长期间,兼任该院研究生院院长,为我国农业教育辛勤耕耘,贡献了毕生精力。1934年发表的中国第一本小麦专著《实用小麦论》收入大学丛书,滋养了几代学人。在农业教育的岗位上,他是一名辛勤耕耘的园丁,教书育人的典范,治学严谨,一丝不苟,理论联系实际;他言传身教,教育学生爱祖国、爱人民、爱科学、爱自己所学的农科专业。中华人民共和国成立前,他积极支持进步学生的革命活动,鼓励学生追求真理,投身革命。在农业科研的实践中,他一贯诲人不倦,爱护青年,提携后学,支持新生力量的成长,为祖国培养了大批后起之秀,桃李满天下,有不少学生、助手成为中国科学院院士,国际上著名的专家、学者。特别是在他调离南京农学院之后，在长达 40 年的时间里，仍然时时关注着这块莘莘学子的园地，他对“南农”的恢复、发展和关怀直到生命的最后一息。

抗战期间，他在重庆中央大学农学院任教授时，即与新华日报馆取得了联系；1939 年，他与梁希教授等发起组织自然科学座谈会，学习恩格斯的《自然辩证法》等，经常听取周恩来关于抗战形势的报告，参加《新华日报》社主办的座谈会。抗战胜利后的 1945 年 8 月，毛主席去重庆谈判期间，他与梁希等八位进步教授，应邀到张治中公寓会面。从此他坚信：一个前途光明的新政府，一定会在共产党领导下建立起来。他参与发起、创建九三学社，是九三学社老一代领导人之一，为党的抗日民主统一战线作出了积极贡献。中华人民共和国成立后，他以极大的热情投入国家建设，花甲之年加入了中国共产党。他坚决支持、拥护党中央粉碎“四人帮”的决议。党的改革开放政策，使他欢欣鼓舞，焕发青春，老骥壮志，踏遍了祖国的山山水水，为党为民献良策，为发展我国农业、小麦生产，提高我国小麦育种水平作出了重要贡献。

他出身农村，心系农业，关心农民疾苦；他对待工作实事求是，一丝不苟；他生活简朴，谦虚谨慎，平易近人，待人处世论是非不论利害，论功过不论权势；他高尚的道德情操和刚正不阿、敦厚正直的品质，深受学生和广大科技、教育工作者的爱戴和尊敬。

他的一生，集中体现了中国知识分子对祖国执着的热爱，以平凡而高尚的工作，真正实践了全心全意为人民服务的宗旨。他为祖国统一、繁荣富强、科技教育事业的发展无私奉献，呕心沥血，鞠躬尽瘁。

1997 年 6 月 26 日，金善宝病逝于北京，享年 103 岁。

2006 年 1 月 17 日，中央电视台“永远的丰碑”栏目播送：“永远的丰碑：著名育种学家金善宝。”

2009 年，金善宝入选“新中国成立 60 周年‘三农’模范人物”。

2016 年，金善宝入选《中国现代科学家(七)》纪念邮票封面人物。

《金善宝资料长编》分为前言、金善宝生平、结语、附录、后记五部分。“前言”简单介绍了传主的一生和本长编的内容；正文根据“老科学家学术成长资料采集工程”和出版社的要求，将采集的资料从 1895—1997 年，在长达

102 年的时间内，按年分配，并按各类资料内容，分别写出条目进行安排。采用的资料有：传主的传记、有关论著、各大报刊发表的文章、报道，手稿、信件、间接采访获得的口述资料、照片、档案（行政档案和技术档案）、各类证件、奖状、评价文章、视频，以及传主的日常杂记等资料；“结语”总结了传主学术成长的几个特点。“附录”包括“金善宝年表”和“自传　我的历史”。

金作怡　高俊

2021 年 6 月

凡　例

一、长编所用资料,包括传主生平活动、言论、著述等,均按时间先后排列。

二、日期一律以公元纪年表述。传主年龄以传统虚岁的计算方式记述。

三、时间难考的史料收录原则:年、月可考而日期不可考者,排列于该月之末,标“某月”;年份可考而月、日不可考者,排列于该年之末,不标月、日,只记录事件。若能确定发生于某年或某月中某一时段,则排列于相应位置,以“夏”“年初”等标注。

四、为便于读者查考,每一条资料后面均标明资料来源。

五、一些需要说明的人物、事件背景或补充材料,以脚注形式处理。同一事件不同资料来源记述有差异者,亦于脚注中加以说明。

六、本文所引资料,均依原文照录,一般不作改动。

目 录

上卷

下卷

1895 年　　1 岁

7 月 2 日，诞生在浙江诸暨石峡口一个普通农户家里。

资料一(手稿)　我于 1895 年 7 月 2 日(清光绪二十一年闰五月初十)诞生在诸暨石峡口一个村里，这个村四面都是山，聚族而居，约有 300 多户人家。父亲名安浦，字平波，是清末一名秀才，也是村里唯一的知识分子，写得一手好字，家里的收入主要依靠父亲在私塾微薄的收入维持，母亲何金莲以养蚕为副业，贴补家用，哥哥善同比我大十一岁。(金善宝：《“文革”交代材料 · 我的历史》)

资料二(传记)　金善宝(乳名九斤)，浙江省诸暨市枫桥镇石峡口人。排行为二十一世，善字辈，系安浦(字平波，清末秀才)公次子，母亲何金莲。(《暨阳石峡口金氏族谱》)

资料三(照片)　石峡口故里全貌，金永辉提供。(见图 1)

图 1

资料四(照片) 石峡口故里村口。(见图2)

图2

资料五(传记) 石峡口距离诸暨……26.5公里,距离绍兴市约40公里,全村300多户人家,聚族而居,全部姓金。追溯村史,石峡口祖先本姓刘,系出汉中山靖王刘胜之后。梁开平间(907—911),刘国宾公自江西弋阳徙居浙江天台孟岸,为避吴越王钱镠讳,始改刘姓为金,为东浙始迁之祖。元符末年(1098—1100),因遭特大洪水,加上战乱,子孙星散,分为十三居。五居先祖畅公之后迁至诸暨枫桥扬坞门口(茉莉桥)居住。至大明成化年间,有海三、海四公兄弟来游石峡,见石峡处于崇山峻岭之口,有狮子白象守门之相。青山环抱,绿水环绕,林茂竹秀,鸟语花香,因厌城市之繁华,慕山林之浑朴,避战乱之困扰,择石峡口而居,遂为石峡口之祖,今子孙繁衍,已有600余年。海三公支主要分布在村东边,其他为海四公支,金善宝为海四公之后裔。(《暨阳石峡口金氏族谱》)

资料六(手稿) 山上产毛竹,居民多以造纸为业,平地栽桑,养蚕是副业,女子多参加劳动。(金善宝:《"文革"交代材料·我的历史》)

资料七(传记) 朝品公(载字辈)清十八世为建余庆堂、余庆桥的太公。(《暨阳石峡口金氏族谱》)

资料八(传记) 清道光末年,金善宝的曾祖父朝品公,因经营造纸挣了一点纸,他见石峡口通往村外的小道上横贯一条小溪,给村里和村外的联系造成很大不便,为了方便村里交通,他慨然出资在这条小溪上修建了一座桥,起名余庆桥。余庆桥建成后,乡亲们出村购买日用品再也不用绕弯路了,特别是村内造纸作坊从山上砍下的毛竹和制成的鹿鸣纸,都可以从这座余庆桥上顺利地运进运出,为促进石峡口的造纸业、蚕桑和茶叶等山村经济的发展起了很大作用。时至今日,当村民们走过这座余庆桥时,还会想起多年前这位出资建桥的朝品公。朝品公还修建了一座余庆堂,供子孙们居住。朝品公有五子,长子启明公是金善宝的祖父,分得余庆堂正房两间。为此,当金善宝出生时,居住在余庆堂的叔伯兄弟们约有五六家之多。启明公仅生一子,即金善宝之父安浦公(平波)。(金作怡:《金善宝》,第4—5页)

资料九(照片) 金善宝(右)回乡,站在曾祖父朝品公修建的余庆桥上。(见图3)

图3

资料十(照片) 金善宝的故居余庆堂。金作美摄。(见图4)

图4

1896年　　2岁

7月,得名"善宝",乳名"九斤"。

资料一(手稿) 小时候听母亲说,我刚出生时,父亲只给我取了个乳名叫"九斤",其实,刚刚出生的孩子,哪有达到九斤重的,这只是父亲希望我身体强壮之意。直到我年满周岁……才给我正式起名"善宝"。(金善宝:《"文革"交代材料·我的历史》)

资料二(传记) 金善宝出生时,父亲已经40多岁了,只有一个哥哥善同,已经12岁,老来又得幼子,这对山村的农民来说是十分宝贝的,故而父亲给这个小儿子起的乳名叫九斤,学名按家谱"善"字排,后面加上一个"宝"字,这个名字,深深渗透了金善宝父母对他的珍爱之情。由于安浦公在家族里的辈分比较大,因而往往比金善宝大好多岁的成年人见了他,都会亲切地称呼他为

“九斤叔叔”。(孟美怡:《金善宝》,金城出版社,2008年,第4—5页)

1897年 3岁

是年,在母亲的亲切抚育下,生长在山清水秀的山村。

资料一(手稿) 小时候,母亲经常到山里去挖野菜,顺便带着我到山里去玩,山里的风景很美。(金善宝:《“文革”交代材料·我的历史》)

资料二(传记) 故人歌咏石峡的诗句,气势磅礴,不同凡响。童年的金善宝,常和母亲一起去“溪窄窄,水涓涓,泉清鱼尽现”的小溪里摸泥鳅、捉螃蟹,然后踏着“仙人”的脚印走过小溪,攀登上对岸“驱石填江事不常,万峰飞舞向钱塘”的山岭里,掘竹笋、挖番薯,采柿子、摘桑椹,留下了许多美好的记忆。(金作怡:《金善宝》,第6页)

资料三(其他) 峡谷里有一条小溪,小溪的对岸是一片青翠的山林,小溪中有许多平坦的巨石,每一块巨石上都有几个被溪水冲击成的椭圆形窝,仿佛人的脚印一般,传说这是仙人来石峡游玩留下的脚印,溪间的巨石又好像一只只鸭子,卵石恰似一个个鸭蛋,卵石遍布整条小溪。因此,村民们习惯地把石峡口称为石鸭口。

美丽的山景也吸引了不少文人逸士来此旅游观赏……留下了许多歌咏石峡的诗篇,如:

石峡飞云(杨戎)

驱石填江事不常,万峰飞舞向钱塘。

犹存坼地崩天迹,始信神输鬼运忙。

雨过涧泉开跋扈,风来草木拜冠裳。

至今削壁危难视,千载惊传吴越王。

石峡垂钓(金又楚)

溪窄窄,水涓涓,

泉清鱼尽现,山静鸟偏缠。

负薪樵子归来急,下饵渔翁放下筌。(《石峡口教育文化史料》)

1898年　　4岁

春，常跟着母亲到山里采桑叶。

资料(手稿)　我母亲是石峡口方圆几十里的养蚕能手，养蚕的收入也是家中重要的经济来源。因而，每年春季，她都要上山采桑叶，饲养蚕宝宝。幼小的我，在家无人照顾，自然也就跟随母亲一起上山了。时间长了，成了母亲采桑叶的一个好帮手。(金善宝：《“文革”交代材料·我的历史》)

1899年　　5岁

是年，父亲妥善处理邻里纠纷，深得全村敬重。

资料一(手稿)　我父亲是石峡口私塾的一名教师，为人正直，经常帮助邻里处理纠纷。小时候，常听人说起父亲处理邻里纠纷的事。有一次，附近一个村庄兄弟分家，吵得不可开交，来请父亲主持公道。父亲去后，经过一番劝说(不知道他是怎么说的)，兄弟俩高高兴兴地分了家。分家后两兄弟一齐来我家向父亲道谢。(金善宝：《“文革”交代材料·我的历史》)

资料二(传记)　父亲名安浦，字平波，是清朝末年一名穷秀才，在石峡口一所私塾里教书，为人正直善良，办事公道，深得村里人敬重，附近几个村庄，每遇邻里纠纷、兄弟分家等事宜，都要请他去帮忙裁决、主持公道。(孟美怡：《金善宝》，第4页)

1900年　　6岁

春，开始帮助母亲养蚕。

资料(手稿)　从我有记忆开始，常常跟随母亲上山采摘桑叶，随着年龄的增长，慢慢地我也能帮助母亲养蚕了。当蚕宝宝还很小时，我把桑叶用水洗净，擦拭干后，母亲切成细条，我再将桑叶细条洒在蚕宝宝的身上；待蚕宝宝长大了，桑叶不用切细条了，我就可以将成片的桑叶直接放在蚕宝宝的身上了。另外，当蚕宝宝长大、行将结茧时，我还能帮助母亲搭稻草架子。（金善宝：《"文革"交代材料 · 我的历史》）

1901年　　7岁

是年，就读于石峡口私塾学堂。

资料一（手稿）　我父亲是个私塾教师，写得一手好字，是这个村里唯一的知识分子。我从七岁起，就在父亲的私塾里读书。第一年，读的是《百家姓》《千字文》。（金善宝：《"文革"交代材料 · 我的历史》）

资料二（传记）　七岁（虚岁），随父读于私塾。（《暨阳石峡口金氏族谱》）

资料三（传记）　从七岁（虚岁）开始，在父亲的私塾里读书。父亲对学生管教十分严格，对这个小儿子也不例外。常常因为淘气，遭受父亲的戒尺之苦……两只小手常常被父亲的戒尺打得又红又肿……他在私塾第一年只是识识字，读读《百家姓》《千字文》。（孟美怡：《金善宝》，第7页）

1902年　　8岁

夏，开始读《诗经》，继续帮母亲养蚕。

资料一（手稿）　上私塾的第二年开始读《诗经》，《诗经》多是四字一句，容易上口，读得顺，记得牢。（金善宝：《"文革"交代材料 · 我的历史》）

资料二（传记）　每到繁忙的养蚕季节，年幼的善宝总是帮助母亲上山采桑、喂蚕。（史锁达、任志高编：《著名农学家教育家金善宝》，农业出版社，

1985 年,第 3 页)

秋,哥哥善同喜结良缘。

资料(手稿) 哥哥善同比我大 11 岁,这一年已经 19 岁了,按照乡俗,在父亲的主持下,和一位邻村姑娘结了婚。(金善宝:《"文革"交代材料 · 我的历史》)

1903 年　　9 岁

是年,继续读私塾。

资料(手稿) 上私塾的第三年开始读唐诗,唐诗是我国古代历史上的经典。我没有文学的天才,但是,每一首唐诗都给了我很大启发,让我对中国文学有了初步了解。(金善宝:《"文革"交代材料 · 我的历史》)

1904 年　　10 岁

夏,开始学习《大学》《中庸》。

资料(手稿) 升入私塾四年,开始学习《大学》《中庸》等课程,虽然内容有些枯燥,却让我对古代文学、史实有所了解。这一年夏天,我开始跟随父兄一齐上山打柴,以补一年来家中的柴火之需。(金善宝:《"文革"交代材料 · 我的历史》)

1905 年　　11 岁

是年,继续学习《论语》《孟子》等经典,开始独自一人上山打柴。

资料(手稿) 升入私塾五年,在学习《论语》《孟子》等课本的同时,我常常抽时间独自一人上山打柴了。因为父亲身体不好,哥哥已有家小,忙于家务,母亲的家务更是繁多,要养蚕,又是小脚,上山打柴很不方便,因而上山打柴这个任务,自然而然地落在我的肩上了。(金善宝:《“文革”交代材料·我的历史》)

1906年　　12岁

是年,读完“四书”。

资料(手稿)　六年私塾,读完“四书”,我对《孟子》的印象最深。《孟子》曰:“鱼,我所欲也;熊掌,亦我所欲也;二者不可得兼,舍鱼而取熊掌者也。生,亦我所欲也;义,亦我所欲也;二者不可得兼,舍生而取义者也。”这些句子,直到晚年,我还常常背诵。(金善宝:《“文革”交代材料·我的历史》)

1907年　　13岁

7月,秋瑾女士英勇就义的消息传到石峡口,给他上了人生的第一课。

资料(传记)　7月,秋瑾女士被清朝政府杀害……几千年来,忠君顺民的思想禁锢着山村人民,男尊女卑,被视为天经地义,现在突然有个女子敢于出来反对朝廷,提倡革命、民主,提倡男女平等,真是闻所未闻的奇事。更奇的是,她被绑赴法场之际,竟然没有丝毫惧怕,在广大民众面前高呼口号,从容就义。这一切,对闭塞落后的山村农民来说,是不可思议的,但是,它却深深震撼了一个年轻稚嫩的心灵,赋予他重要的人生启迪。这一年,金善宝已经13岁了,秋瑾女士英勇节烈的精神,给他上了人生的第一课。当时,他虽然并不理解秋瑾女士的革命思想,可是,他从内心深处佩服她的英勇无畏,佩服她为正义、为真理献身的精神。这件事,使他开始认识到,在石峡口山村之外,还有一个广阔的世界,那里的人们在想着什么?干着什么?我们的国家发生了什么大事？都是这个山娃子迫切想知道的！所有这些，在私塾的四书五经里都找不到答案，而身任私塾教师的父亲，也不可能做出任何解释。为此，他暗暗企盼着有朝一日能够走出山村，去了解社会、去学习四书五经之外的科学文化知识，长大后，为山村人民做一些有益的事情。（孟美怡：《金善宝》，第5—6页）

1908年　　14岁

夏，父亲因病去世。原本不富裕的家庭更加拮据了。

资料一（手稿） 我十四岁时父亲因病去世了。我母亲是养蚕的能手，她养了几十年春蚕，没有失败的。……她每年养蚕、出卖的蚕种可得到不少收入。我因帮助母亲采桑叶、饲蚕、缫丝，学到一些经验。（金善宝：《“文革”交代材料·我的历史》）

资料二（传记） 十四岁（虚岁），父亲病逝，家境贫困，常帮母亲养蚕、栽树、采笋、砍柴，养成了务农的志趣，几次考入公费学校，皆因时局变故辍学。（《暨阳石峡口金氏族谱》）

资料三（传记） 光绪三十四年（1908年）夏天，父亲背上长了一个疔疮（俗称瘩背疮），在农村缺医少药的情况下，没有得到及时治疗，年仅55岁就离开了人世。父亲临终前对这个小儿子说：“我没有给你留下什么家私，只给你留下两句话，做人最重要的，一是要有气节，二是要有本事。”这两句话深深刻印在金善宝幼小的心灵里，伴随着他一起成长，在祖国多灾多难的岁月里，使他进一步理解了父亲这两句遗言的哲理，从而奉之为自己终身恪守的座右铭。父亲去世后，原本不富裕的家庭就更加拮据了。特别是他的升学问题，成了亲友们议论的焦点……对于一个偏僻山村的孩子，能够读完私塾已经很幸运了，他的哥哥金善同不是也在父亲的私塾里读了几年书，即参加农业生产了吗？在这个决定他命运的关键时刻，是他的母亲毅然决定，扩大她的家庭养蚕业，全力支持儿子继续升学。（金作怡：《金善宝》，第8页）

1909 年　　15 岁

夏，进入仁山小学读书。

资料一（手稿）　十四岁时父亲因病去世，到了次年夏天，我进了村里新办的仁山小学学习。（金善宝：《“文革”交代材料·我的历史》）

资料二（传记）　光绪末年，石峡口村新设了一个仁山小学，金善宝在那里读了一年。（孟美怡：《金善宝》，第 7 页）

是年，他深谙母亲的辛劳，总想为母亲分担一份重担。放学回家，打柴养家、帮助母亲养蚕，成了他的“必修之课”。

资料一（手稿）　父亲去世后，家里的生活更加拮据了，母亲为了一家的生计，更加辛劳了。为了减轻母亲的负担，放学后上山打柴是我的主要任务。（金善宝：《“文革”交代材料·我的历史》）

资料二（传记）　在朴实山村里生长的金善宝，从小养成了勤劳的生活习惯，他深谙母亲的辛劳，总想为母亲分担一份生活重担，母亲养蚕，他帮母亲采桑叶、清理蚕具；蚕宝宝要结蚕茧了，他帮着捆扎稻草架子；缫蚕丝是项技术活，从没干过的他，也要笨手笨脚地来帮忙，一不小心，左手被开水烫伤，造成左手食指终生弯曲，不能伸直，留下了一个永久的纪念。除了帮助母亲养蚕之外，每次放假回家，上山打柴割草成了“必修之课”。南方的天气雨季较多，必须乘着天晴的时候，把打下的柴火晒干，以备一年的柴火之用，山路坑坑洼洼，崎岖不平，杂草丛生，很不好走，对于缠着小脚的母亲来说，是不可能胜任的。为此，他每次回家，一有空隙，就戴着草帽，腰间系根绳子，光着一双脚丫，上山打柴去。母亲担心山上的杂草、荆棘会割破儿子的脚，教他穿双布鞋上山，金善宝摇摇头说，弗用了！坚持不肯穿鞋。为什么不肯穿呢？是他不喜欢穿布鞋吗？当然不是！因为他知道上山砍柴很费鞋，刚做好的一双新鞋，上了一两次山就会被磨破，而母亲做一双新鞋，一针一线，要花很长时间，常常要做到半夜三更，甚至几个通宵，每一双布鞋上，凝结着母亲多少辛劳、多少汗水啊？他怎么忍心穿着这样贵重的鞋上山呢？为此，他总是光着一双脚丫上山，一开始，他的两只脚常常被山路上的杂草、荆棘刺割得东一道、西一道，血淋淋的，母亲心疼地为他擦洗，劝说他下次上山一定要穿鞋，金善宝嘴里答应着，可是，第二天一大早，他又背着母亲，光着脚丫上山了。久而久之，他的一双书生脚，练成了一双又黑又硬的铁脚板，任何的杂草荆棘都对它无可奈何了！（金作怡：《金善宝》，第9—10页）

资料三（照片） 少年金善宝上山打柴之路。金永辉摄。（见图5）

图5

1910年　　16岁

是年，读高小二年级。

资料一（手稿） 1910年，我进入大东乡高小二年级学习。课余时间，常常帮母亲缫蚕丝。有一次，一不小心，我的左手食指被开水烫伤了，以致终身弯曲，不能伸直。（金善宝：《“文革”交代材料·我的历史》）

资料二（传记） 1910年，金善宝进入枫桥镇大东乡学堂学习。大东乡学堂原名大东乡小学，是学校董事会以建造新校舍、造福子孙后代为号召，受到社会各方的拥护与支持，枫桥各姓宗祠、士绅富户及商贾，包括寺庙和尚等，纷纷自愿认捐，还募得学田2 000余亩。1907年，占地面积5 800平方米、建筑面积2 915平方米的新校舍落成。校舍有楼屋三进，均为九楹两弄，中隔天井，旁有侧厢，各进间复道相通。中厅为礼堂，正屋与侧厢为师生宿舍，楼下为教室和办公用房，颇具气势。是年，更名"大东乡学堂"，何蒙孙先生出任校长。任教者有周恕堂、朱逸人、楼亚亭、袁达夫、杨鉴吾等人，都是饱学之士。（金作怡：《金善宝》，第11页）

资料三（其他） 大东乡学堂董事会以建造新校舍、造福子孙后代为号召，受到社会各方的拥护与支持。景紫书院创办人陈遹声、陈达夫、何蒙孙等率先垂范，各认捐大洋壹仟元；楼家楼庆昭、毛家毛哲夫亦各捐大洋壹仟元；枫桥各姓宗祠、士绅富户及商贾亦纷纷自愿认捐大洋数十至数百元不等，还募得学田2 000余亩。芝坞山天化庵僧人捐寺田20余亩，荐福寺和尚捐助木材。社会各界办学热情甚高。1907年，占地面积5 800平方米、建筑面积2 915平方米的新校舍落成。校舍有楼屋三进，均为九楹两弄，中隔天井，旁有侧厢，各进间复道相通。中厅为礼堂，正屋与侧厢楼上为师生宿舍，楼下为教室和办公用房。新校舍坐北朝南，面临婺越通衢，颇具气势。是年，何蒙孙出任校长。任教者如周恕堂、朱逸人、楼亚亭、袁达夫、杨鉴吾等都是饱学之士。大东乡学堂为高等小学，初时设四个班级，招收学生百余人。教师循循善诱，学生自律自励，刻苦好学，因而一开始就办得比较出色，受到社会各界的肯定和欢迎。1910年参加全省成绩展览会，大东高等小学被评为乙等（为我县最高等级）。辛亥鼎革，改"大东乡学堂"为"大东公学"。学制为三年，学校声名远播，绍兴、嵊州等外地学生也慕名而来，规模逐步扩大，在校学生超过300人。（《石峡口教育文化史料》）

1911年　17岁

10月，武昌革命党举义成功。他邀了两位同学，剪去辫子，瞒着家人和

学校，奔向革命形势蓬勃发展的绍兴，考进革命同盟会创办的陆军学校，学会射击和骑马。

资料(传记) 宣统三年(1911 年 6 月)，诸暨、绍兴一带连日狂风暴雨，江河水势猛涨，田禾淹没，塘、堤溃决，房屋、人、畜漂失，而官绅、富商却乘机囤积居奇，哄抬粮价，以致米价由往年的 20 文飞涨到 80 多文，各县灾民聚众抢粮，抗捐、抗税斗争风起云涌，全国革命已经到了“山雨欲来风满楼”之势。10 月 10 日，武昌革命党举义成功的消息传到了枫桥小镇。11 月 6 日，又传来了绍兴光复的消息。11 月 10 日，革命党人王金发率部数百人，从杭州到达绍兴，成立绍兴军政分府，王自任都督。这股革命洪流影响下，一心向往革命的金善宝，在枫桥小镇再也待不下去了，他私下里邀了周学棠等两位同学，剪去了头上的辫子，瞒着家人和学校，悄悄去了革命形势蓬勃发展的绍兴城。他们原来是想去投考浙江省立第五师范学校的，因为那里不收学费、膳费，但是到了绍兴，师范学校的考期已过，他们三人就一起考进了由革命同盟会创办的陆军中学。在陆军中学学习期间，金善宝生平第一次接触到孙中山先生民主共和的思想，孙中山颁布实施的一些有利于民主政治的法律和政令，使他振奋不已。如《临时约法》规定，国内人民一律平等，无种族、阶级之区别，人民有人身、居住、言论、出版、集会等自由，有选举、被选举的权利，以及禁止贩卖人口，废除奴婢卖身契，禁止鸦片、赌博、缠足，改革吏治，提倡普及教育，兴办实业，振兴农垦业，主张耕者有其田等等。这一切，对几千年来受封建帝王统治的百姓来说，是一件翻天覆地的大事，对金善宝这样一个世世代代居住在闭塞山村里的山娃子，更像拨开云雾见了天日一般。为此，他满怀激情地期待着、憧憬着一个民主美好的新中国，准备为之付出自己的一切。在陆军中学紧张的军事训练中，金善宝学会了射击和骑马。因为他的视力较好，又能勤学苦练，所以他的射击成绩都能达到优良水平。而学骑马就不是这样顺利了，他曾从马背上摔下来好几次，当时，仗着年轻气盛，并不害怕，摔下来之后，又迅速爬起来跨上马背，如此三番两次，终于把马驯服了。有一次，他骑的马突然受了惊，脱了缰式似的一直往前狂奔，教练在旁边对他连连喊道：“抓住缰绳，不要松手！”他按着教练的嘱咐紧紧抓住缰绳，受惊的马跑了好长一段路，才慢慢缓和下来。当他跨下马背

时，发现自己出了一身冷汗，全身的衣服都湿透了。（孟美怡：《金善宝》，第7—8页）

1912年　　18岁

是年，陆军中学被迫解散，他只好和同学一起回到石峡口。

资料一（手稿） 我15岁时，进了枫桥大东乡高等小学。第二年春天，约了几个同学私下去了绍兴，原来是想去考第五师范的，因为那里不收学膳费。但到了绍兴，考期已过，后来考入了陆军中学，这个学校是王金发创办的，和我同时进校的有周学棠，但只读了半年，后学校因故停办，所有学生保送入杭州讲武堂肄业。我因杭州路远，缺少旅费，又无同伴，没有去，只好重回高小学习，周学棠也回到高小来了。（金善宝：《"文革"交代材料·我的历史》）

资料二（传记） 然而，紧张炽热的陆军中学生活不久就结束了。半年后，一场轰轰烈烈的民主革命惨遭失败。陆军中学被迫解散了。时隔不久，北洋军阀的头子袁世凯又爬上了皇帝宝座，被推翻的封建君主专制的僵尸复活了，在革命运动中被剪掉的辫子又重新盘到了人们头上……他像一只离群的孤雁，徘徊在嘈杂的绍兴街头，昔日喧闹的绍兴城一下子变得冷冷清清，惶恐的人们缩首顾盼，匆匆而来，慌慌而去。所有这一切，使刚刚举步这纷乱社会的金善宝，感到怅惘、痛苦。（史锁达、任志高编：《著名农学家教育家金善宝》，第5页）

资料三（传记） 紧张炽热的陆军中学生活很快就结束了。1912年4月，孙中山先生为形势所迫，宣布辞去临时大总统的职务，把政权交给了袁世凯，一场轰轰烈烈的民主革命失败了。绍兴军政府宣布撤销，开办陆军中学的王金发等革命党人被迫离去。时隔不久，北洋军阀头子袁世凯又爬上了皇帝宝座，被推翻的封建君主专制的僵尸复活了，在革命运动中被剪去的辫子，又重新盘到了人们的头上。这一切，使金善宝这个刚刚举步跨入纷乱社会的少年，感到无限怅惘、痛苦。因此，陆军中学宣布停办之后，虽然学校通知书说，所有学生可以保送入杭州讲武堂肄业，可是对金善宝来说，希望

破灭了！杭州路远，缺少旅费，不得已，他只好和同学周学棠一起又回到了石峡口山村。（孟美怡：《金善宝》，第2—9页）

大侄孟肖诞生。

资料（手稿） 这一年，我的哥哥善同喜得贵子，取名孟肖。（金善宝：《"文革"交代材料·我的历史》）

1913年　　19岁

年初[①]，奉母命与楼姑娘结婚。

资料一（手稿） 回到石峡口之后，那一年冬天，奉母亲之命，结了婚。（金善宝：《"文革"交代材料·我的历史》）

资料二（传记） 1913年冬天，18岁的金善宝迫于母亲的压力，与邻近山村的楼氏姑娘结了婚。（史锁达、任志高编：《著名农学家教育家金善宝》，第7页）

资料三（传记） 从小生长在山村的金善宝，早在1913年刚满18岁时，就奉母亲之命和邻村楼氏姑娘成了婚……楼氏是个典型的旧式女子，尊敬丈夫、孝敬婆婆，勤持家务，深得邻里好评。金善宝每次回家，不管她多忙，都要放下手里的活计，站起来迎接丈夫。金善宝也抽空教她读书认字，夫妻相处和睦。（金作怡：《金善宝》，第22页）

夏，考入浙江省立第五中学。

资料一（手稿） 第二年暑假，我在高小没有毕业，又去绍兴，考入了浙江省立第五中学。在那里读了四年。（金善宝：《"文革"交代材料·我的历史》）

资料二（传记） 1913年夏，去绍兴考入了浙江省立第五中学（现绍兴市一中），在那里读了四年。这所学校是1897年3月（光绪二十三年春）由山阴

---

① 据以上资料，与楼姑娘结婚一事应该在1913年的阳历年初，仍是冬天。

徐仲凡先生捐资创办的,原名绍郡中西学堂。1912 年 3 月,浙江省教育司将全省 11 所中学都改为省立,绍兴府序列第五,故名浙江省立第五中学。著名教育家蔡元培、民主主义革命家徐锡麟和伟大的文学家鲁迅,都曾在这所学校里当过校长或任过教,所以,这所学校比较民主,学习气氛也非常浓厚。当时,学校校址设在绍兴仓桥,教师以秀才、举人为主,少数为日本留学生,校长是海宁人朱宗昌(字谓侠)。学习课程有国文、经学、史地、理化、英语、数学、博物、生理卫生、习字、图画、体育等。(孟美怡:《金善宝》,第 9 页)

1914 年　　20 岁

是年,在绍兴一中树立了"科教兴国"的理想。

资料(手稿)　这个学校,学习环境好,生活制度严格而有规律;这个学校学风好,著名教育家蔡元培曾任该校校长,引导学生关心国家大事,在绍兴一中教育史上写下了光辉篇章;著名文学家鲁迅矢志教育、沥血桃李的高尚品格;革命烈士徐锡麟留下的……革命精神启发了我!教育了我!从而,使我……进一步树立了科教兴国的理想!(金善宝:《"文革"交代材料·我的历史》)

1915 年　　21 岁

春,荣获浙江省象棋比赛第二名。

资料一(手稿)　象棋是我一生的爱好,记得在绍兴中学学习时,曾经荣获浙江省象棋比赛第二名。(金善宝:《日常杂记》)

资料二(传记)　课余时间与同学对弈是他一大嗜好,他还曾经荣获浙江省象棋比赛第二名。(孟美怡:《金善宝》,第 9 页)

暑假,继续帮助母亲上山打柴。

资料(传记)　在山上砍柴的时候,金善宝发现,邻家的山坡上,毛竹、树木一片繁茂，只有自家的山坡上因缺少劳力，杂草丛生，严重的草荒使树苗长不起来的状况，更让他产生了一种深深的愧疚和自责……从此，每次上山，他又多了一项任务，除了上山打柴割草，为母亲贮备一年的烧饭柴火之外，他还逐棵逐棵地为每棵树苗除草、松土。经过他几个假期的不懈努力，杂草丛生的山坡地终于变成了一片郁郁葱葱的树林带。金善宝不知道的是，多少年后，当年他精心培育的树苗，长成了又粗又壮的大树，成为附近几个山村独一无二、难得一见的大树林。20 世纪 60 年代初期，附近山上的树木、竹林都被砍伐得一干二净，光秃秃的，唯有金善宝育林的这座山上，仍然是郁郁葱葱。直至八十年代，石峡口有人写信到北京，征得金善宝同意，才将这座山上的大树木砍伐下来，为村里的小学校做了一批桌椅板凳，而“金善宝打柴、育林”也成为石峡口村民流传的一段佳话。（金作怡：《金善宝》，第 10 页）

1916 年　　22 岁

是年，荣任年级的足球队队长。

资料（传记）　学校十分重视体育运动，1916 年，曾与省第一师范同获浙江省第一届中等学校运动会之冠。那时，他最喜欢的运动是田径、象棋，还有足球，天天早晨起来都要沿着学校大操场跑上几圈，课余时间与同学对弈是他一大嗜好，在足球场上，是一个优秀的前锋，也是年级的足球队队长。有一次，高年级足球赛时，对方队员为了拦截金善宝的进攻，奋起一脚，不偏不倚踢到他的小腹部，他痛得大叫一声，当场昏厥过去，学校教练闻讯赶来，为他进行小腹部按摩治疗，过了十几分钟，他才慢慢苏醒过来，之后又吃了几付中药，伤势才渐渐好转。（金作怡：《金善宝》，第 14 页）

1917 年　　23 岁

6 月，从浙江省立第五中学毕业，考取了不收学费、膳费的南京高等师范

学校农科，成为石峡口第一个大学生。

资料一（档案） 浙江省立第五中学 1916 年—1917 年的毕业生名单。（见图 6）

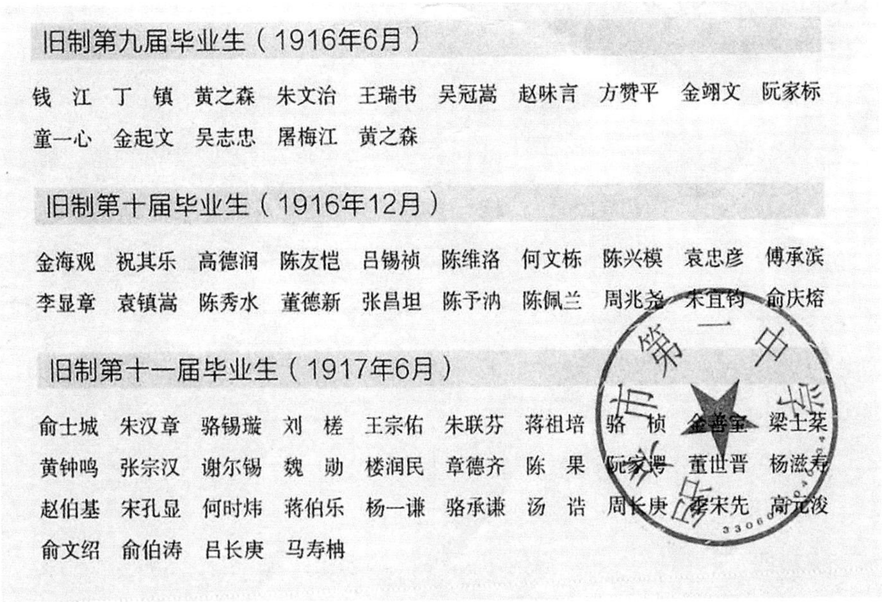

旧制第九届毕业生（1916年6月）

钱　江　丁　镇　黄之森　朱文治　王瑞书　吴冠嵩　赵味言　方赞平　金翊文　阮家标
童一心　金起文　吴志忠　屠梅江　黄之森

旧制第十届毕业生（1916年12月）

金海观　祝其乐　高德润　陈友恺　吕锡祯　陈维洛　何文栋　陈兴模　袁忠彦　傅承滨
李显章　袁镇嵩　陈秀水　董德新　张昌坦　陈予讷　陈佩兰　周兆尧　朱宜钧　俞庆熔

旧制第十一届毕业生（1917年6月）

俞士城　朱汉章　骆锡璇　刘　槎　王宗佑　朱联芬　蒋祖培　骆　桢　金善宝　梁士菜
黄钟鸣　张宗汉　谢尔锡　魏　勋　楼润民　章德齐　陈　果　阮家谔　董世晋　杨滋寿
赵伯基　宋孔显　何时炜　蒋伯乐　杨一谦　骆承谦　汤　诰　周长庚　李宋先　高元浚
俞文绍　俞伯涛　吕长庚　马寿楠

图 6

资料二（手稿） 在那里读了四年，总算顺利地毕业了，这是 1917 年。那时，我已 23 岁了。就我的家庭经济情况，想入大学是不可能的。却巧在暑假，报上登了南京高等师范农业专修科招生的消息，我觉得很合乎我的志愿，因为我生长在农村，对农业很有兴趣；其次，高等师范不收学费，合乎我的经济条件。我私自向三姑母借了二十九元路费去南京报考，幸而录取了。快要开学的时候，学校来了一个通知，为了学生宿舍的整齐起见，学生的棉被、床单、蚊帐一律由学校代做，但要学生自己付钱。我家里是没有这么多钱为我筹备行装的。母亲把她两年养的蚕丝卖了八十多元，全部给我拿去了。（金善宝：《"文革"交代材料 · 我的历史》）

资料三（传记） 绍兴第一中学毕业前夕，同学们都在考虑继续升学的问题，他自然也十分盼望能够升入大学，可是，按照他家的经济条件，读到中学结业已是很不容易了，大学的门是可望而不可即的，正当他十分苦恼的时候，一天，忽然从报上看见南京高等师范农科不收学费、膳费的招生消息，这真是一个天大的喜讯，他从小生长在农村，亲身感受到农村的贫穷落后，广大农民世世代代遭受的苦难，振兴祖国农业、改变农村落后面貌是他最大的心愿，南京高等师范农业专修科完全符合他的志愿和家庭经济条件。为此，他私自向三姑婆借了 29 元路费，毫不犹豫地去南京报考，并被录取了。但是，此举却遭到了家庭成员的一致反对，连他的母亲也不理解儿子这个决定，她一心只盼儿子中学毕业后，能继承父业，回家乡教书就心满意足了，经他再三解释说明自己的志向，终于说服了母亲，再一次支持儿子继续求学。快开学时，学校来了个通知说，学生的棉被、床单、蚊帐等一律由学校代购，费用由学生自己负担。于是，母亲卖掉了两年来积攒的蚕丝，凑足了费用。就这样，他带着母亲和三姑婆两个老妇人的心愿，走出了生他、养他的山村，走进了南京高等师范学堂，成为石峡口祖祖辈辈第一个跨进高等学府的大学生。（孟美怡：《金善宝》，第 13—14 页）

资料四（照片） 与母亲合影于绍兴。（见图 7）

图 7

9月,进入南京高等师范学校农科学习。

资料一(其他) 南京高等师范是由1902年的三江师范学堂、1906年的两江师范学堂演变而来。1902年,张之洞署理两江总督时,上奏清廷在南京北极阁明代国子监故址设立三江师范学堂(因两江总督名义上管苏、皖、赣三省)。1904年,开始招收农业博物科,聘有日本教习,农学科和博物科各一人。1906年改名为两江师范学堂(古称苏、皖,在江左,赣在江右),由李瑞清(漱清、梅庵)为学监。仍设优级本科博物农学部,所学内容甚为广泛,包括动物、植物、矿物、农学等。1912年元旦,孙中山先生到南京就任临时大总统时,两江师范学生曾到下关车站欢迎。1914年,教育部在全国设立四所高等师范学校(即北京、南京、武昌、广州),因此,1915年在两江师范基础上设立南京高等师范学校(简称南高师)。由江谦任校长,郭秉文为教务主任,起先只设理化部、国文部本科、国文专修科、英文专修科,以后分设国文、体育、工艺、农业、英文、教育、商业等科(商科设在上海,杨杏佛为主任)。当时农科尚未招生。我国著名实业家张謇担任江苏省教育会长,教育家黄炎培、沈信卿也在省教育会工作,1917年春,他们同南京高师教务主任郭秉文商量成立农、工、商专修科以培养中级职业学校教师,郭秉文即邀请刚从美国康奈尔大学农科学习回国、正在金大农科任教的邹秉文担任农业专修科主任。9月,首届农科学生入学,学制三年。(费旭、周邦任:《南京农业大学史志1914—1988》,南京农业大学,1994年,第113页)

资料二(传记) 南高自三江师范、两江师范以来,历史悠久,老校长江谦提倡"以诚为训,以诚修身,以诚修业"的诚朴、勤奋、求实的学风,并以"嚼得菜根,做得大事"八个大字匾悬挂正门,崇尚简朴,勉励学生,言传身教,师生效行,一脉相承,形成了历史传统。郭秉文校长明确提出要发扬民族精神,强调教师要有两种修养,既能精研教材、教法,又能给学生器识抱负之培养,以造就学生完善的人格、宽大的胸怀,有先天下之忧而忧、后天下之乐而乐的气概。(金作怡:《金善宝》,第17页)

是年,生活清苦,乐居斗室,攻读不倦。

资料一(其他) 我们住的旧宿舍,它是沿用三江师范学堂的旧房,名曰四牌楼斋舍。所谓斋舍，原为古时书院员生住宿之地，三江师范学堂的规模尚未摆脱文昌书院的旧貌，斋舍之名也就沿用未改。斋舍，建筑型如军队的营房，砖木结构，青瓦、白墙，排列整齐，每列自成院落，分隔 10 室，每室约住 10 人。室内设备简单，每人配置一板床、一座椅、一书桌（上附书架）、一电灯。此外别无长物，衣箱杂物放置床下，但布置整齐，安静清洁。有的因采光或求静，以书架及蚊帐为屏障，隔成斗室，几乎要彼此互让才可出入。而同学仍乐居此斗室，攻读不倦。真可谓“室雅何需大，相处乐融融”。斋舍北首，附设食堂、浴室、厕所、理发室、储藏室，凡生活用品一应具备。同学平日生活比较清苦，布衣蔬食。一日三餐，早餐稀饭，中午、晚间两餐，主食为大米饭或馒头，副食为一菜一汤，常数日不知肉味。早起晨操健身，夜读不妨睡眠。每日 8 时，号声一响，各奔教室上课，课后又纷纷进图书馆、实验室做各种试验，或赶到图书馆占一座位，完成一日应做的作业。（邱人镐：《东南大学琐忆》，《中大校友通讯台湾版》1997 年第 18 期，第 116 页）

资料二（传记） 南京高等师范校址在四牌楼 2 号（现东南大学内），原为明朝国子监所在地，校舍中有一字房（南高院原址）、口字房（1923 年因走电失火被烧毁）、教习房（1988 年为留学生宿舍原址）等，当时农科主要设在口字房内。进入大门后，向北直走 500 余米，有一排横在前面的东西向长廊，长廊北首有许多行列的平房，就是学生宿舍。宿舍建筑类似军队的营房，砖木结构，青瓦白墙，排列整齐，每列自成院落，每院分隔 10 室，每室住 10 人。室内设备简单，每人一张床，一座椅，一书桌（上附书架）、一电灯，衣箱杂物均放置床下。学生生活清苦，布衣素食，学习勤奋、早起晨操健身，夜晚斗室攻读不倦，每日 8 点号声一响，各奔教室上课，课后又纷纷进入科学馆、实验室做各种实验……农业专修科第一届学生 26 人，同班同学中，有金善宝在浙江省立第五中学的同学、诸暨同乡赵伯基，还有吴福桢、黄曝寰、邹钟琳、寿振黄等人。（金作怡：《金善宝》，第 16—17 页）

1918 年　　24 岁

寒假，兄弟分家。从此，母亲承担起他上学的全部重担。

资料一(手稿) 我家里是没有这么多钱为我筹备行装的。母亲把她饲养的蚕丝卖了80多元,全部给我拿去了。这样一来,哥嫂感到不舒服,我春节回家,他俩就闹分家了。分家后,我在学校除膳费以外的生活费用,全靠母亲养蚕来维持。(金善宝:《"文革"交代材料·我的历史》)

资料二(传记) 正当金善宝满怀信心进入南京高等师范农科学习的时候,他的家乡石峡口却闹起了分家。原来他进入大学之后,虽然免除了学费、膳费,却仍然需要一些生活费用,哥哥已有家小,认为家里只能勉强糊口,没有钱再供弟弟上学。当时,他心里很矛盾,没想到母亲却慨然应允,她认为这样很好,可以省去许多麻烦。于是,这一年寒假回家,他们兄弟两人就正式分家了。他分得一块山地和两间祖屋,母亲和他同住。从此,他的母亲,一个目不识丁的山村妇女,默默地承担起支持儿子上学的全部重担,依靠自己的勤劳和独特的养蚕技术,使春蚕年年获得丰收,每年缫的蚕丝约有10多两,光是制的蚕种就能卖20多元,以这些微薄的收入来贴补家用,支持儿子继续上学。(孟美怡:《金善宝》,第14页)

夏,在浙江杭州笕桥试验场的实习中,对邹秉文倡导的理论与实践相结合的教育方针的重要性深有体会。

资料一(档案) 寿振黄、邹钟琳、赵伯基、金善宝[①]、王天佑在浙江农事试验场实习。(南京高等师范学校:《分派工农科学生到各工农场实习》,1918年,南京大学档案馆,案卷号70-2,见图8)

资料二(照片) 1918年,在杭州笕桥农场实习时摄于杭州西湖。(左起前排:寿振黄、原颂周、邹钟琳。后排:王天佑、赵伯基、金善宝。见图9)

资料三(传记) 1918年暑假,按照邹秉文先生的教学方针,金善宝和同班同学寿振黄、邹钟琳、赵伯基等人被分配到浙江省农事试验场实习,试验场有个技术员是从日本留学回来的,同学们都很羡慕他的"学识渊博",可是他在给学生讲课时,连简单的"波尔多液"都配制不出来,还是在场的一位技术工人救了他的驾。究其原因,就是因为他平时只在办公室坐着,很少到田

① 档案中"金宝善"为"金善宝"之误。

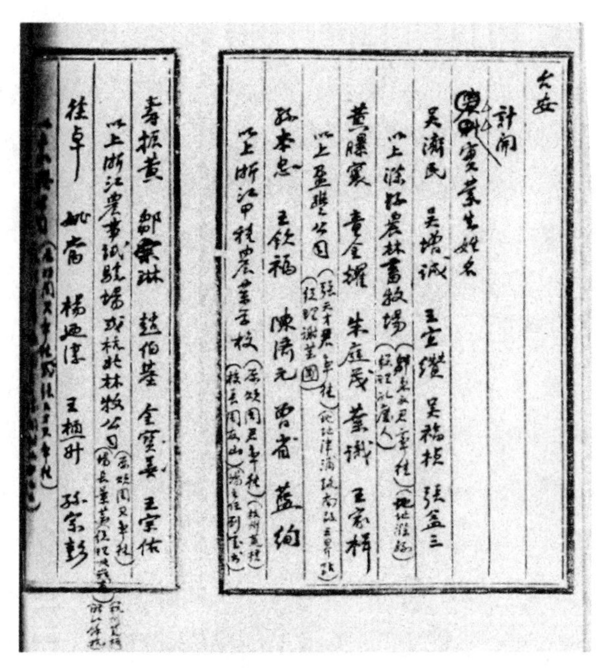

計開

實業生姓名

吳澥氏 吳增識 王宝鑽 吳福楨 張益三

以上江蘇農林畜牧場

黄膝寰 章金耀 朱庭茂 葉識 王家楫

以上盈豐公司

孫本忠 王欽福 陳濤元 曾省 藍絢

以上浙江甲種農業學校

壽振黄 鄒秉琳 趙伯基 金寶善 王宗佑

以上浙江農事試驗場及杭北林牧公司

徐卓 姚甯 楊迺濂 王植卅 孫宗彭

图 8

图 9

间、实践第一线去调查。这件事让他体会到理论与实践相结合的重要性。(杜振华等:《百年耕耘——金善宝传》,中国科学技术出版社,2022 年)

秋,妻楼氏因难产去世。

资料一(手稿) 1918 年的秋季,我在南京,接到朋友从家乡的来信,说

我的前妻难产病故，因为学习和经济关系，我还是到了春节才回家。（金善宝：《“文革”交代材料 · 我的历史》）

资料二（传记） 在他上大学一年级时，楼氏因难产不幸去世。（史锁达、任志高编：《著名农学家教育家金善宝》，第 7 页）

资料三（传记） 1918 年秋，金善宝在南京接到朋友来信说，楼氏因难产去世了，他很难过。但因当时学习任务紧，加上经济上困难，没能回家见她最后一面。这件事一直令他很内疚。（金作怡：《金善宝》，第 22 页）

是年，从美国回来、担任农科主任的邹秉文在南京高等师范农科的办学方向、教学方法上起了关键作用。

资料一（传记） 当时，邹秉文先生虽然还很年轻，但已经是一位有名的教授了。他不仅学识渊博，而且办事很有魄力，看问题目光敏锐，很有见地。譬如在筹备南京高等师范农科时，一开始，22 岁的邹秉文就同老校长在办学指导思想和办学方针上有不同意见。校长认为，既然是师范大学农科，目的是培养中等农业学校的师资，只要增加一些教育学方面的课程，业务方面的课程比甲种农校稍高一些就可以了。而邹秉文却以为，既然是农科大学，就要有农科大学的规模和水平，农业科学的面很广，要分成若干系科，除教学外，还要进行科学研究与推广，为东南各省发展农业服务，再推及全国。1919 年老校长因病离职，他的主张得到了新校长郭秉文的支持。首先，抓住了聘请优秀教师这个重要环节。先后聘请了一批国外的名教授和在国外学成归来的年轻教师，如农学家过探先、钱崇澍、秉志，畜牧专家汪德章，美国加州农科大学昆虫专家吴伟士等，分别担任新成立的各科、系主任，教授。其次，拟定了一套教学、研究、推广三结合的教学方针。大胆改变了当时教育部门要求教师每周必须讲课 24 学时的硬性规定，要求农科教授每天早晨至迟 8 点以前到校，下午 5 点才能离校，每位教授只讲授专业课程，每周讲课时数视需要加以安排，不做硬性规定，为的是教授在讲课之外，有时间对其专业做深入的研究与试验，取得成果要负责向有关单位联系，向农民推广。除此之外，要领导学生两个暑假做田间实习……为了贯彻这一教学方针，邹先生为创办校内农场、林场、畜牧场投入了大量精力。1917 年刚建校时，只有成贤街农场一处,面积 40 余亩,1922 年骤增到 4 000 亩,为学校师生提供了教学、科研、推广的用武之地。邹先生这种理论与实际、科研与教学相结合的方针,对他影响很深,并深受其益,因而成为他一生从事农业教育、科学研究的指导准则。(金作怡:《金善宝》,第 17—18 页)

资料二(照片) 邹秉文(时任南京高师农科主任)像。(见图 10)

图 10

1919 年　　25 岁

9 月,升入三年级。

资料(档案) 金善宝,25 岁,浙江诸暨,浙江第五中学毕业。(《农业专修科三年级生》,1919 年,南京大学档案馆,案卷号 70-2,见图 11)

是年,邹秉文为实现教学、科研与推广相结合的教学方针,开始为南高、东大农科筹集经费,进行频繁而艰辛的活动。

资料(其他) 在 1917—1918 两年中,由于农科经费只限在南高总预算内支付,同时由于教授罗致困难,人力有限,所以计划中的三项工作,只做了

農業專修科三年級生

姓名	年歲	籍貫	從前畢業學校	備
孫宗彭	二五	江蘇無錫	浙江吳興東吳第二分校海島中學畢業	
陸士衍	二二	江蘇松江	南通私立甲種農業學校畢業	
黄曝襄	二六	廣東香山	金陵大學附屬中學畢業	
金善寶	二五	浙江諸暨	浙江第五中學畢業	
童金耀	二五	浙江蕭山	嘉興秀州中學畢業	
藍絢	二四	浙江遂昌	浙江第十一中學畢業	
壽振黄	二二	浙江諸暨	浙江第一中學畢業	

图 11

教学一项,其他研究与推广工作则一直未能顾及。如果教学、研究、推广三项工作同时展开,仅靠"南高"支付的些许经费,实是远远不足应付,必须仰赖于各方的协助。为此,邹秉文又为南高、东大农科筹集经费不遗余力地进行了频繁而艰辛的社会活动。邹秉文在他主持南高、东大农科的10年中,为了开展各项农业研究、推广事业及充实教学力量,他先后从上海实业界、个人以及江苏省府、文化团体募得经常补助费不下40余万元……其中:1. 1918年上海商务印书馆和全国各大、中学校,一次性补助采集植物标本费1.8万元;2. 1919年,南高农科举办暑期植棉讲习会,由江苏省政府临时补助1 000元;3. 1919年,上海华商纱厂联合会每年捐赠2万元,为期3年,共6万元,为进行棉花改良及推广之用;4. 1919年,上海德大纱厂经理穆抒斋一次捐1 000元,供研究防治南汇棉虫之用。(恽宝润:《邹秉文对谈录》,收入华恕主编《邹秉文纪念集(1893—1985)》,农业出版社,1993年,第144页)

1920年　　26岁

5月,完成毕业论文《世界棉业现状》。

资料(档案)　金善宝的农科三年级研究题目是"世界棉业现状"。(南

京高等师范学校:《农科三年级生研究题目》,1920 年,中国第二历史档案馆 648 - 64,见图 12)

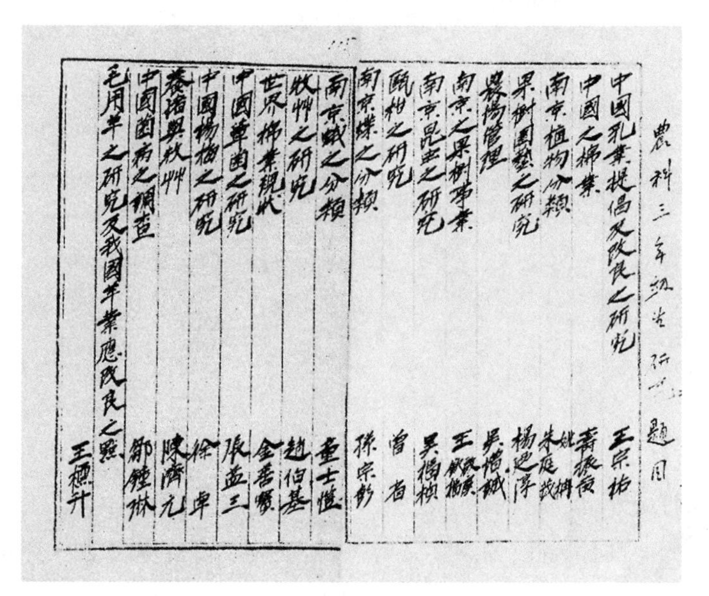
農科三年級生研究題目
中國乳業提倡及改良之研究　王宗祐
中國之棉業　壽振黄
南京植物分類　[illegible]
果樹園藝之研究　楊[illegible]淳
森林管理　吳[illegible]
南京之果樹事業　王[illegible]
南京昆虫之研究　吳[illegible]
甌柑之研究　曾省
南京蝶之分類　孫宗彭
南京蛾之分類　童士[illegible]
牧草之研究　趙伯基
世界棉業現狀　金善寶
中國華圃之研究　張孟三
中國楊梅之研究　徐卓
養蜂與牧草　陳濟九
中國菌病之調查　鄒鍾琳
毛用羊之研究及我國羊業應改良之點　王[illegible]升

图 12

6 月,从南京高等师范学校毕业,经邹秉文推荐,任南京皇城小麦试验场的技术员。

资料一(档案)　金善宝,1920 年 6 月于南京高师农业专修科毕业。(南京高等师范学校:《南京高等师学校民国九年六月毕业生一览》,1920 年,中国第二历史档案馆 648 - 70,见图 13)

资料二(档案)　金善宝,1920 年 6 月于南京高师农业专修科毕业。(南京高等师范学校:《国立南高、东大、中大毕业同学录》,1920 年,中国第二历史档案馆 648 - 3868,见图 14)

资料三(档案)　金善宝,1920 年 7 月,任南京高等师范教员。(南京高等师范学校:《南京高等师范教员一览表》,1920 年,中国第二历史档案馆 648 - 323,见图 15)

资料四(手稿)　1920 年夏,我在农业专修科毕业,学校派我到母校新设立的小麦试验场任技术员,这个小麦试验场设在南京皇城,经费是由上海的

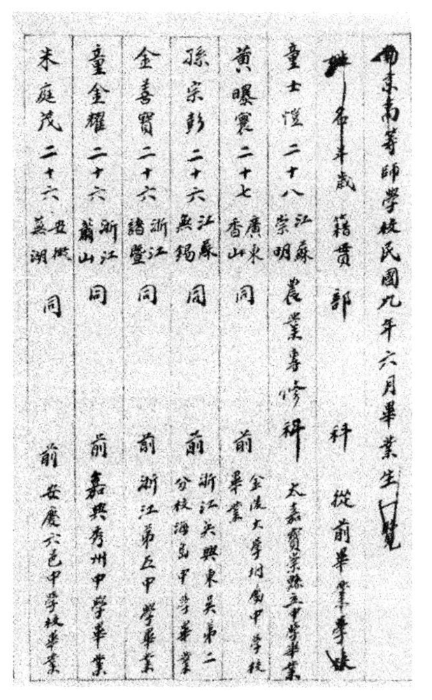

南京高等師範學校民國九年六月畢業生一覽

姓名	年歲	籍貫	部	科	從前畢業學校
童士愷	二十八	江蘇崇明	農業專修科		太嘉寶實業縣立中學畢業
黃曝寰	二十七	廣東香山	同	前	金陵大學附屬中學校畢業
孫宗彭	二十六	江蘇無錫	同	前	浙江吳興東吳第二分校海島中學畢業
金善寶	二十六	浙江諸暨	同	前	浙江第五中學畢業
童金耀	二十六	浙江蕭山	同	前	嘉興秀州中學畢業
朱庭茂	二十六	安徽蕪湖	同	前	安慶六邑中學校畢業

图 13

國立南高東大中大畢業同學錄

國立南京高等師範學校時期畢業同學

自民國六年六月至十五年六月

民國九年六月畢業

文史地部 第二班

錢石麟 紀乃全 丁迺鈞 冷德體 胡 詰 王松生 王瑞書
蔣錫昌 陳鴻祥 薛 鍵 李施惟 李慶竹 凌樹勛 陳蓬源
施之勉 金宗華 吳履貞 李一雁 蘇毓棻* 陳 敬 梁齊政
李殿黃 蔡心仁 龔調珊 竹 約 王 綸 嚴 儼 張元榮
丁大鏞 史恩澍 江煥文 高 超 黃承勛 趙培基 陳訓之
程保和*

農業專修科 第一班

黃曝寰 陳濟元 童士愷 徐 卓 楊浩淳 孫本忠 藍 耕
金善寶 趙伯基 王顯升 竹 省 吳增誠 吳濟民* 王宗佑
王宜瓚 王啓廣 朱庭茂 吳耀楨 姚 錦 孫宗彭 張鑫三
童金耀 鄒鍾琳 鄭振黃 陸士坊*

商業專修科 第一班

图 14

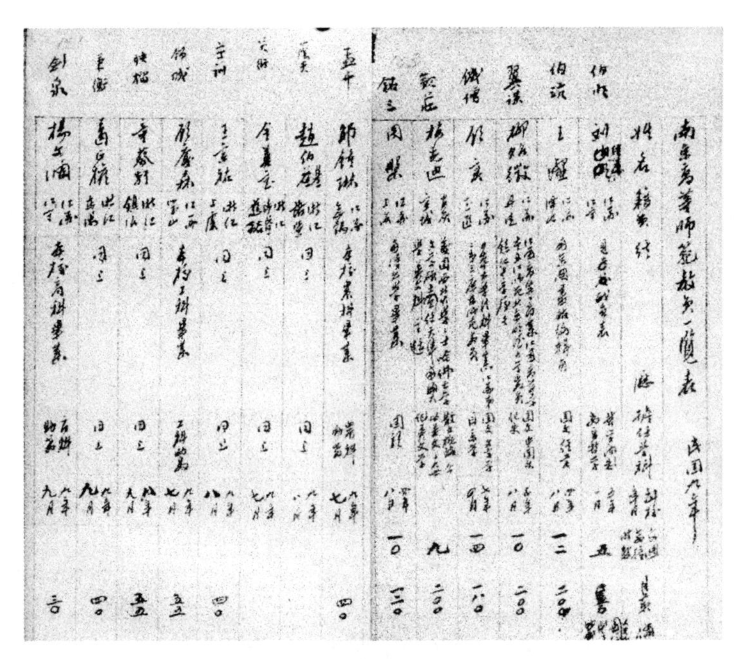

图 15

面粉大王荣宗敬(荣毅仁的叔叔)资助的,每月 500 元,由农科教授原颂周兼主任。过了一个时期,黄曝寰也被派到小麦试验场工作了,但工作一个月就走了,后来,同班毕业的赵伯基来接替黄的工作。(金善宝:《“文革”交代材料 · 我的历史》)

资料五(传记) 同班同学都在考虑毕业后的就业问题,尽管同学们激情满怀,准备为报效祖国贡献自己的一技之长,可是现实生活却是那样的冷酷,毕业就是失业,没有知名人士的推荐或是强硬的靠山,想找到一个理想的工作是很不容易的。他心里清楚,自己来自浙江农村,在金陵举目无亲,失业将意味着什么?正当他为未来的前途深深困扰的时候,农科主任邹秉文先生找他谈话,准备介绍他去一个附属学校当农业教员。对邹先生的关心,他十分感激,可是心里又放不下从事农业科学研究的强烈愿望,拒绝邹先生吧,显然不合人情,辜负了邹先生一番好意,思之再三,最后他还是向邹先生坦诚地说出了自己的心愿。时隔不久,上海面粉大王荣宗敬委托南京高等师范农科改良小麦品种,由面粉公会资助 4 万元,在南京明故宫遗址辟地106亩，筹建皇城小麦试验场。邹先生又立即举荐金善宝去小麦试验场任技术员。听说可以从事小麦科学研究，他满心欢喜地答应了。（孟美怡：《金善宝》，第16页）

上半年，南高师成立皇城小麦试验场。

资料一（其他） 民国九年，得上海面粉公会之资助遂在南京皇城内（即现在之飞机场）开地106亩成立小麦试验场，积极从事育种试验工作，除向国内外各农事机关征求麦种举行大区品种观察外，同时应用纯系原理着手单穗选种，开我国小麦纯系育种之创举。（蔡旭：《中央大学五种改良小麦品种》，收入常州市档案馆编《蔡旭纪念文集》，中国农业大学出版社，2018年）

资料二（其他） 1920年，上海面粉公会委托东大农科研究改良小麦品种，由该会资助4万元在南京明故宫遗址辟地106亩，专供小麦试验之用，定名为第二分场。（费旭、周邦任编：《南京农业大学史志1914—1988》，第154页）

7月，在皇城小麦试验场实习。

资料（传记） 1920年夏，金善宝从学校毕业被分配到皇城小麦试验场实习，作为一个刚刚毕业的大学生，农场的工人对他十分敬重，有一次，小麦播种时，一个新来的工人问他："一亩地需要播多少种子？"由于当时的他，也只有书本知识，缺乏实践经验，这一问轮到他自己张口结舌答不出来了。这两件事，让他记了一辈子，由此深深体会到邹秉文先生理论与实践相结合教育方针的重要意义，从而奉之为终身从事农业科学教育的总则。（杜振华等：《百年耕耘——金善宝传》，第29页）

9—12月，在皇城小麦试验场工作。

资料一（传记） 皇城小麦试验场由农科教授原颂周任主任，与金善宝先后同事的有同班同学黄曝寰、赵伯基。小麦试验场经费由荣宗敬每月资助500元，条件十分简陋，除了一台美国制造的五行条播机外，场内绝大多数农活都靠人力加畜力来完成。在这里，一切工作从零开始，小麦从播种到收获,从短工的安排到试验场经费预算,样样都要金善宝亲自动手,一天忙到晚,可是他的心里却充满了喜悦。从此,金善宝就把自己的整个生命和小麦科学研究联系在一起,虽历经坎坷,仍矢志不移。(孟美怡:《金善宝》,第 17 页)

资料二(照片) 皇城小麦试验场的五行条播机。(见图 16)

图 16

资料三(照片) 金善宝在皇城小麦试验场的工作照。(见图 17)

图 17

是年，邹秉文继续“化缘”，为创办校内农场、林场、畜牧场投入大量精力。

资料一（其他） 邹秉文1920年筹集资金：1. 为了研究试验改良小麦品种，由上海面粉公会资助经常费每年6 000元，为期3年，共1.8万元；2. 美国万国农具公司……捐赠3 000元，为选购及改进农具之用。同时，并为建筑农具院，向穆藕初募得建筑费6 000元……在南高农科创设之初，只有南京成贤街农场面积40余亩。邹秉文认为，没有足够大面积的农事试验场，不要说学生实习作业无法进行，而更重要的是没有农场供研究试验之用，则推广工作就无法做起，实为当务之急。因此，先后两次在成贤街农场毗邻购地80亩，把该场扩充到120亩，专供园艺、畜牧试验之用。该科在随校改为东大农科后，成贤街遂定名为东南大学农业试验场第一分场。1920年7月，上海面粉公会委托东大农科研究改良小麦品种，由该会资助在南京明故宫遗址辟地106亩，专供小麦试验之用。后定名为东南大学农事试验场第二分场。1920年4月，向华侨所办福群公司租赁该公司在南京大胜关垦地1 800亩……于1921年着手开辟农事试验总场，专供水稻、小麦研究试验应用，后定名为东南大学农事试验总场。（恽宝润：《邹秉文对谈录》，收入华恕主编《邹秉文纪念集（1893—1985）》，第144—145页）

资料二（其他） 1917年时，只有南京成贤街农场一处，面积40余亩，邹秉文主任认为，没有足够大面积的农事试验场，学生实习作业无法进行，科研和推广无从做起，因而先后两次在校舍附近购地80亩，将该场扩大到120亩，专供作物、园艺、畜牧课试验之用，定名为东大农事试验场第一分场（该处现为东南大学学生和教工宿舍区）。（费旭、周邦任：《南京农业大学史志1914—1988》，第154页）

资料三（传记） 为了贯彻这一教学方针，邹先生为创办校内农场、林场、畜牧场投入了大量精力。1917年刚建校时，只有成贤街农场一处，面积40余亩，1922年骤增到4 000亩，为学校师生提供了教学、科研、推广的用武之地。（金作怡：《金善宝》，第18页）

1921年　27岁

寒假，回到故乡石峡口，创办梓山小学。

资料一（手稿） 当我1920年在南京高等师范毕业那一年的寒假，我回到家乡，和村里的一些人创办了梓山小学。以后每年寒假回家，除探望母亲之外，动员家长把他们的儿童送入小学念书是我唯一的工作。（金善宝：《"文革"交代材料·我的历史》）

资料二（照片） 梓山小学校徽及梓山小学旧址。金永辉提供。（见图18、图19）

图18

图19

资料三（其他） 梓山小学由乡贤金善宝创办，历任校董为锡舟、潮水、长茂等。当时老庙上殿中间三间仍为菩萨，靠右侧一间为会堂……两侧摆放一些由金善宝带来的动植物标本，靠左侧的一间为图书室，其余五间为学生教室。梓山小学有自己的校徽和校服，校徽为三角形蓝底白字，校服为学校统一制作，遇有重大活动发给学生使用，活动结束后由学生家长洗净，交回学校保管。梓山小学在当时的诸暨农村已经是不多见的了！（《石峡口文化资料》）

资料四（传记） 金善宝从南京高等师范农科毕业之后，把自己的青春和汗水全部献给了小麦试验场。除此之外，他做的第一件事情，就是在故乡石峡口办一所山村小学，以实现他多年来日思夜想的愿望！这是因为，金善宝的故乡诸暨，虽然号称鱼米之乡，但因地少人多，老百姓生活十分困苦。石峡口全村 300 户人家，几乎全是文盲，正常年景只能做到"糠菜半年粮"，遇到苛政暴敛、天灾人祸，往往逃荒要饭，妻离子散，凄惨不可言状。贫穷落后，再加愚昧无知，使妇女的命运更加悲惨，她们可以被丈夫随意变卖、出租或典当，女婴被溺死、放生(丢弃)，时有发生。令他永远不能忘怀的是，自己的一个亲侄女出嫁之后，在婆家遭到非人待遇，回到娘家也受继母歧视，为了不让她的亲生女儿长大后像自己一样受苦，竟将她的初生女婴放在河水里活活溺死。山村人民的苦难，深深烙在他的心头，1917 年，他虽然走出了山村，可是他的心一刻也没有离开过这块生他、养他、哺育他成长的土地。他认为，要改变家乡贫穷落后的面貌，首先要提高家乡人民的文化、教育水平，把科学文化带到山村，"十年树木，百年树人"，如果中国的每一个大学生都能在家乡办一所小学，那么，几十年后，我们的国家何愁不会强盛起来呢?！为此，1920 年金善宝参加工作后不久，就回石峡口积极筹办成立一所小学校。金善宝早年就读的仁山小学，因缺乏资金早已停办了，全村没有一所小学校。回到家乡，他找到村里有威望的长者，说明自己的想法，争取他们的支持，并拿出自己积攒的钱，作为办学的经费。学校仍设在老庙内，学校取什么名字呢？他想到石峡口的山上种有许多桑树、梓树，《诗经》上又有"维桑与梓，必恭敬止"之句，意思是说，家乡的桑树、梓树是父母种的，对它要表示敬意，后人用来喻作故乡。金善宝为了回报故乡养育的恩情，就给学校取名梓山小学。学校初步建立起来了，但村里人并没有认识到教育的重要性，大多数乡民为生活所迫，忙于生计，不愿意送孩子去学校读书，他又挨家挨户到适龄儿童家里去劝说，并亲自登台授课，讲解学习的意义。以后，金善宝每年暑假回家，除了探望老母亲之外，就是到乡亲们家里去动员他们的孩子上学，并把自己一年来的积蓄支援学校。1924 年与姚璧辉女士结婚后，又动员新婚的妻子从杭州城里到石峡口梓山小学来义务任教。金善宝的真诚和热情，终于感动了乡亲们，使他们逐步认识到学习文化知识的重要性，大家纷纷把孩子送到学校来，梓山小学越办越好，一天天兴旺起来。(孟美怡：《金善宝》，第 22—23 页)

4 月，学校在江东门外 30 里处的大胜关租地 1 800 亩，成立东南大学农事试验总场，皇城小麦试验场也并入其中。任总场技术员。

资料一(档案)　金善宝任农事试验场兼小麦实验技术员，月薪 50 元。(《国立东南大学、南京高等师范学校职员一览表》，1921 年，南京大学档案馆，案卷号 323，见图 20)

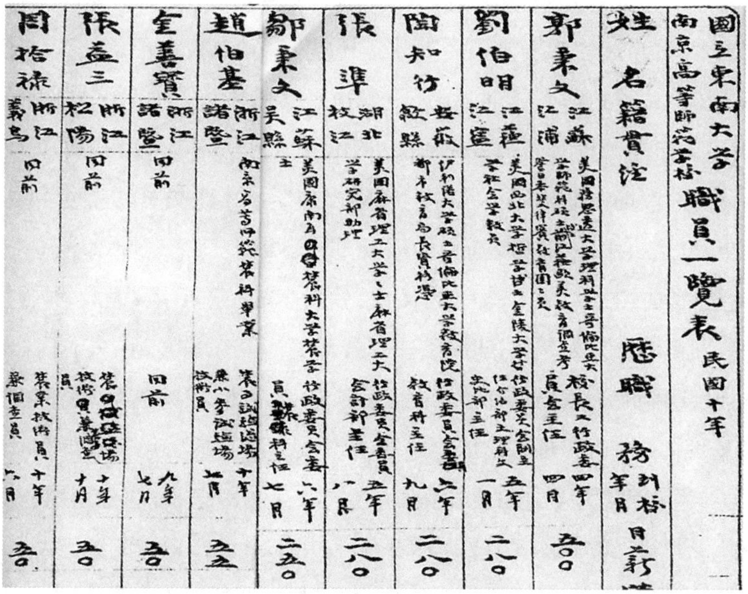

图 20

资料二(手稿)　1921 年，学校又在南京水西门外的大胜关，设立东南大学农事试验总场，面积 1 800 亩，这个场是向华侨福群公司租用的，租期 16 年，地临长江，土地平坦、肥沃，适于大面积耕种试验。当时场内有新式的犁耙、中耕器、各种播种机、收获机、脱粒机等，是当时江南地区施用现代新式农具的唯一试验场。试验的作物主要是小麦、水稻、玉米、棉花、大豆等。试验场的主任仍由原颂周兼，技术员除赵伯基和我之外，还有周拾禄。(金善宝：《“文革”交代材料 · 我的历史》)

资料三(传记)　1922 年，南京高等师范改名东南大学，农业专修科改为大学本科。学校在江东门外 30 里处的大胜关，向华侨所办的福群公司租地 1 800 亩(今南京市雨花区双闸乡)，租期 16 年，成立东南大学农事试验总场，以水稻育种、小麦栽培试验为主，玉米、大豆育种为辅。农场由原颂周先生主持，金善宝、周拾禄和赵伯基三人任技术员，皇城小麦试验场随后也搬到大胜关，他在试验场工作了六年。在这六年中，主要从事小麦、玉米和大豆的研究。（金作怡：《金善宝》，第20页）

资料四（其他） 1920年，上海面粉公会委托东大农科研究改良小麦品种，由该会资助4万元在南京明故宫遗址辟地106亩，专供小麦试验之用，定名为第二分场。1921年4月，向华侨所办的福群公司租赁该公司的大胜关垦地1 800亩（今南京市雨花区双闸乡），租期16年，于1921年4月着手开辟为农事试验场，专供水稻、小麦研究试验用，由原颂周主持，金善宝、周拾禄、赵伯基任技术员（以后定名为东大农事试验场）。（费旭、周邦任：《南京农业大学史志1914—1988》，第154页）

是年，发表《劝种小麦浅说》。

资料（手稿） 《浅说》为内部出版物，用朴实、通俗的语言，宣讲扩种小麦对生活和贸易的重要性及良好前景，劝说农民抓住时机、利用荒地，种植小麦，并告之栽种小麦的几点技术要诀，以保证农民丰产丰收。文中还涉及1914年前后中外小麦面粉产量、价格等内容。（金善宝：《劝种小麦浅说》，1921年）

是年，邹秉文四处"化缘"，为东南大学筹集资金，以便扩大农事试验场。

资料（其他） 1921年邹秉文为东南大学筹集的资金：1. 合众蚕桑改良会为蚕桑试验及建筑房舍，捐助临时费1.8万元，又栽桑费1 000元，两共1.9万元；2. 为创设江苏省昆虫局，江苏省政府补助临时费3万元；3. 通泰盐业公司及债券银团请代办棉作试验场，资助1万元。以上合计5.9万元。1921年5月，上海合众蚕桑改良会委托在南京太平门外购地150亩，辟为蚕桑试验场，作为栽桑育种之用。同年12月，又在该场邻近购农田90亩，作为果树蔬菜栽育试验之用。合原蚕桑试验场的150亩，共为240亩，后合并定名为东南大学农事试验场第三分场。1921年春，上海华商纱厂联合会议决定该会自办植棉事业，委托南高农科办理，并将该会原设在江苏、河南、湖北、河北四省各地的棉场合共 1 500 余亩，统拨归南高农科作棉花试验研究之用。乃分别定名为东南大学农事试验场第四至第九分场。至此，南高农科不仅在南京有了各种试验场，而且在苏、豫、鄂、冀等省又有了棉作试验场，农场面积由初创的 40 余亩骤增到 4 000 亩，几乎增加了近百倍。这就无论对各项农作物与蚕桑果树的研究试验来说，或对教学来说，都具有深远而巨大的裨益。（恽宝润：《邹秉文对谈录》，收入华恕主编《邹秉文纪念集（1893—1985）》，第 145—146 页）

1922 年　　28 岁

夏，开始进行小麦单株试验。

资料（照片）　金善宝的小麦单株试验场。（见图 21）

图 21

9 月，月薪定为 55 元。

资料（档案）　农场技术员金善宝，月薪 55 元，自 9 月份起执行。（《通知金善宝薪目》，南京大学档案馆，案卷号 344－2，见图 22）

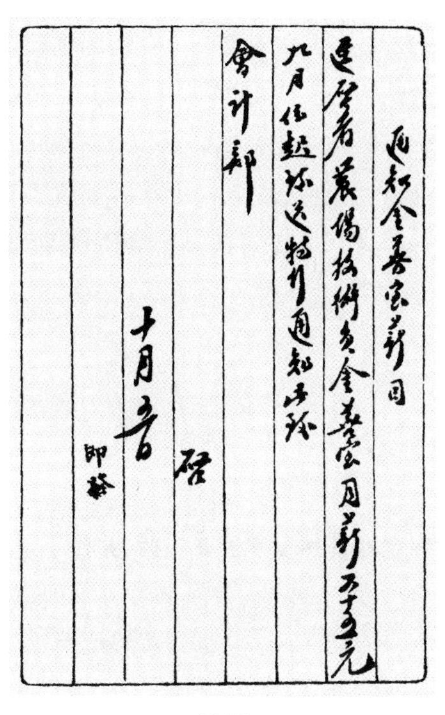

通知金善宝薪目

逕启者 农场技术员金善宝月薪五十五元

九月份起照送 特此通知 此致

会计部

启

十月吉

印

图 22

12 月 6 日，东大评议会决议将南京高等师范学校并入东南大学。

资料一（其他） 在东南大学筹建时，就已决定，南京高师 1921 年起不再招生，待“南高师”学生全部毕业，即与东南大学合并。1922 年 12 月 6 日，南高师评议会和东大教授会联席会议通过“南京高师归并东南大学办法”。1923 年 7 月 3 日，南高师行政会议决定，取消南高师。从此，南高师全部归并到东南大学编制之中。（王成盛撰，虞兆中、邹祖昆校订：《南雍薪火不息》，《中大校友通讯台湾版》1997 年第 18 期，第 43 页）

资料二（其他） 1922 年 12 月，东南大学评议会和教授会联席会议，决议将南京高等师范学校并入东南大学。原南京高等师范学生，依照所学课目种类，按新学制归入东南大学各科，已毕业的各届学生，补修部分课程达到规定学分以后，发给东南大学文凭，承认为东南大学毕业生。（费旭、周邦任：《南京农业大学史志 1914—1988》，第 113 页）

是年,邹秉文继续"化缘",为东南大学农科筹集资金。

资料(其他) 1922年邹秉文筹集资金:1. 为创设江苏省昆虫局,江苏省政府每年划拨经常费3万元,至1926年止,4年合计12万元;2. 合众蚕桑改良会为了改进蚕桑事业,补助研究试验费每年5 000元,为期3年,共1.5万元;3. 为了进行水稻改进试验,江苏省政府一次捐助了2 000元。以上合计13.7万元。(恽宝润:《邹秉文对谈录》,收入华恕主编《邹秉文纪念集(1893—1985)》,第145页)

1923年　29岁

春,在大胜关农场观察各种小麦的开花期,并作小麦选种试验。

资料一(著作) 据观察之结果,小麦开花在各时期中均有进行。开花之多寡,则随时期与品种而异。在大胜关农场观察者,八种小麦所有开之花,共计1 349朵。平均开花最盛者,为12点至下午6点,占总数36.5%……而下午8点至上午4点,虽全为黑暗时期,然其开花数亦占总数的13.6%。较上午4点至7点所有开者,多2%。1923年各种小麦在各时期开花之比例——南京大胜关农场观察之结果。(金善宝:《实用小麦论》,商务印书馆,1934年,第31、33页,见图23)

资料二(照片) 金善宝的小麦选种试验。(见图24)

9月,继任东南大学、南京高等师范学校的技术员,月薪增至60元。

资料(档案) 金善宝任东南大学、南京高师农事试验场兼小麦试验场技术员,月薪60元。(《国立东南大学、南京高等师范学校职员一览表》,1923年,南京大学档案馆,案卷号323,见图25)

是年,邹秉文持续"化缘",为东南大学农科筹集资金。

资料(其他) 1923年,向中华文化基金会募得改良棉花、水稻、小麦经费,每年3.5万元,为期3年,共10.5万元,作为改进推广棉、稻、麦之用。(恽

（一）在南京大勝關觀察之結果（民國十二年）

品種 \ 時期	下午六時至八時	下午八時至上午四時	上午四時至七時	上午七時至十二時	十二時至下午六時	開花總數
南京赤殼	二九	三六	二八	五三	四八	一九四
都昌小麥	一九	二一	一七	三一	三五	一二三
揚州山秄	三三	三一	一六	二四	四八	一五二
姜堰黃皮	二四	二七	一七	五一	八九	二〇八
武進無芒	三七	一九	一三	四四	九九	二一二
南宿州一六號	一六	一九	二四	三二	三八	一二九
南宿州五五號	二四	一五	二一	三八	六四	一六二
改良赤皮	三二	一三	一四	四三	六七	一六九
總計	二一四	一八一	一五〇	三一六	四八八	一三四九
平均百分數	一五·八六	一三·四九	一一·一二	二四·一六	三六·一八	

图 23

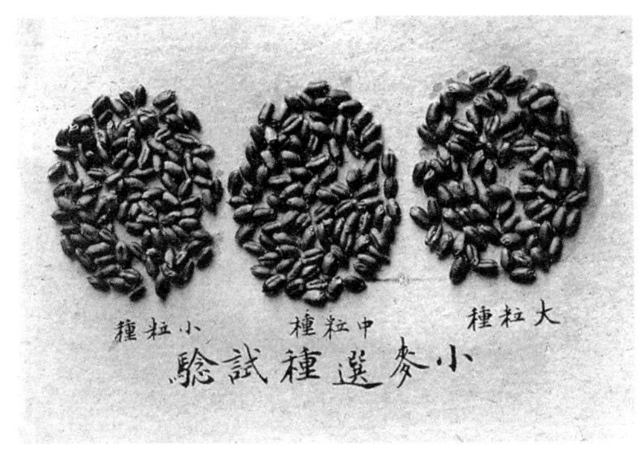

图 24

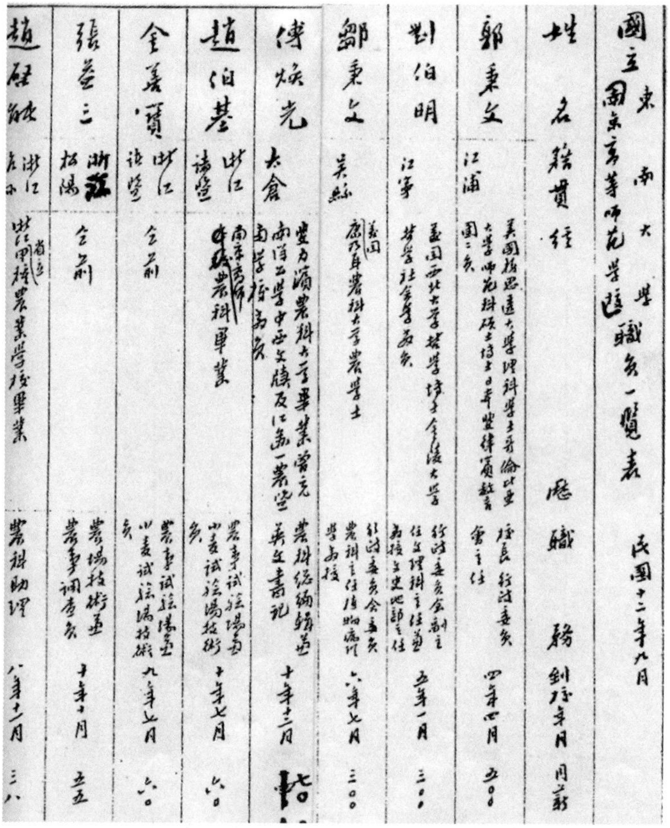

國立東南大學
國立南京高等師範學校　職員一覽表　民國十二年九月

姓名	籍貫	經歷	職務	到校年月	月薪
郭秉文	江浦	美國哥倫比亞大學理科學士哥倫比亞大學師範科碩士博士[illegible]	校長 行政委員會主任	四年四月	五〇〇
劉伯明	江寧	美國西北大學哲學博士金陵大學哲學社會學教員	行政委員會副主任 文理科主任兼文史地部主任	五年一月	三〇〇
鄒秉文	吳縣	美國康乃耳農科大學農學士	行政委員會委員 農科主任兼植物病理學教授	六年七月	三〇〇
傅煥光	太倉	菲力濱農科大學畢業 曾充南洋公學中西文牘及江蘇第一農業學校教員	農科總編輯兼英文書記	十年十二月	[illegible]
趙伯基	浙江諸暨	南京高師農科畢業	農事試驗場兼小麥試驗場技術員	十年七月	六〇
金善寶	浙江諸暨	仝前	農事試驗場兼小麥試驗場技術員	九年七月	六〇
張[illegible]三	浙江松陽	仝前	農場技術兼農事調查員	十年十月	五五
趙[illegible]	浙江[illegible]	浙江省立甲種農業學校畢業	農科助理	八年十一月	三八

图 25

宝润:《邹秉文对谈录》,收入华恕主编《邹秉文纪念集(1893—1985)》,第145页)

1924年　　30岁

春,对原颂周主任在南京江东门外发现之早熟农家品种进行种植并观察。

资料一(著作)　江东门小麦,本种于民国十二年,东南大学大胜关试验场主任原颂周先生,经过南京之江东门,见有某农家栽种小麦数亩,性状整齐、成熟特早，至收获时，设法购得种子数担。翌年，在大胜关种植，其成熟期均较该场任何品种为早。（金善宝：《实用小麦论》，第99页）

资料二（其他） 江东门，系红皮硬性普通小麦，外观与南京赤壳相似，唯植科稍矮，穗较疏长，呈橄榄形，成熟时，穗稍下垂，整个颜色较南京赤壳稍鲜明，南京赤壳呈赤褐色；而江东门，呈赤褐色，每穗有结实小穗14至16枚，外壳附着细毛，肩上升而作锐状，嘴锐利，壳粒暗赤色，透明而略具光泽，背部脊形较明显，含角质多，故硬度较任何品种为胜，达10.26克，含蛋白质12.6%，容重每石157市斤，千粒重24.12克。江东门之特别优点为成熟早，其成熟期与大麦相仿。我国南方栽培作物素用两熟制，故本品种颇受该区域农家之欢迎。（蔡旭：《中央大学五种小麦改良品种》，收入常州市档案馆编《蔡旭纪念文集》，第184页）

7月，与姚璧辉结婚。婚后，请新婚的妻子到石峡口山村小学做义务教员。

资料一（手稿） 1924年7月，我和姚璧辉在杭州结婚后，就回到诸暨，当时梓山小学缺乏教师，我爱人留在那里义务教书。（金善宝：《“文革”交代材料·我的历史》）

资料二（传记） 1924年初，金善宝在杭州有幸认识了杭州弘道女子师范学校毕业的姚璧辉女士。金善宝觉得她知书达理、性格开朗、生活简朴，正是自己理想的生活伴侣。而璧辉女士呢，也看中金善宝是个读书人，农家子弟、为人忠厚、性情和顺，决心和他走到一起……金善宝也对她敞开了心扉，希望她婚后能去家乡的小学任教，为农村孩子贡献一分力量，同时照顾一下年迈的老母亲。可喜的是，两人对双方提出的意见都没有异议，这也许就是通常所说的缘分吧！这一年夏天，金善宝和姚璧辉女士在杭州教堂按基督的仪式举行了婚礼……按照常理和当时的条件，已近而立之年的金善宝完全可以把妻子接来，在南京安一个温暖的家，可是，他却违反了这个常理，他把新婚的妻子送到石峡口，做了一名山村小学的义务教员，以实现他教育救国、回报故乡人民的心愿；同时，也让妻子照顾一下年迈的老母亲，了却了他的后顾之忧，以便于自己将全部身心投入到小麦科学的研究之中。（金作怡：《金善宝》，第23—24页）

资料三(照片) 金善宝、姚璧辉结婚留影。(见图26)

图26

资料四(照片) 金善宝、姚璧辉夫妇的婚礼合影。(一排左一：姚钟鑫。二排左起：齐梅贞、王雪珍、姚璧瑛、金善同、赵伯基。三排左起：金璧贞、赵敏珍、姚璧辉、金善宝。右一寿振黄。见图27)

是年,应用纯系选种法,改良的农家品种"武进无芒""南京赤壳"相继问世,开始推广。

资料一(论文) 中大南京赤壳,原种系民国八年南京高师在南京当地所采集,民国九年选择单穗,嗣经东大大胜关农事试验场历年之选育,乃得纯良品系,于民国十三年开始推广。秆稍矮,成熟时呈紫色,不易倒伏,穗紧密,赤壳、赭色麦粒,腹沟深,皮较厚,属粉质,分蘖力强,产量较高,南京附近及京沪路一带种植较多。中大武进无芒,原产江苏武进,其选育经过与南京赤壳相仿,系民国八年南京高师向该县征集所得之麦种中穗选而来,经大胜关农事试验场数年之选育,于民国十三年开始推广。秆白色,不易倒伏,穗松弛,橄榄形,无芒、白壳,麦粒红皮,皮薄,粉多,产量高,成熟较早,京沪一

图 27

带、南京附近、江浦等县种植者颇多。(金善宝、蔡旭:《中国近三十年小麦改进史》,收入王连铮主编《金善宝文选》,中国农业出版社,1994 年,第 117 页)

资料二(其他) 1920 年原南京高等师范农专改组东南大学农科,该校取得上海面粉公会的资助,在南京明故宫租地 106 亩,辟为小麦试验场,积极从事小麦育种工作。1921 年又在南京城外大胜关辟地从事试验,面积与事业大为扩充。1924 年小麦新品种"南京赤壳""武进无芒"相继问世。(郭文韬、曹隆恭主编:《中国近代农业科技史》,中国农业科技出版社,1989 年,第 143 页)

资料三(其他) 南京赤壳,系民国八年由本校成贤农场小麦品种观察南京赤壳区穗选而得,原产南京附近,经数年之精密观察及比较,确认该品种较农家品种为佳,遂于民国十三年推广,以应农家之急需。南京赤壳,种科高度中等,在寻常之季候,其秆之上部略呈紫色,然在变常之年岁,其紫色常不显著,穗紧密,呈方形,赤色,具有长芒,每穗有结实小穗十八至二十枚,外壳短而宽度适中,颗粒赫黄色,籽粒饱满,皮较厚,而含粉质较多,含蛋白质 12.62%,硬度 6.87 克,千粒重 29.96 克,每石重约 146 市斤。武进无芒选育经过与南京赤壳相仿，原产武进，系民国八年自该县征集所得之麦种穗选而来，经数年之精密观察与比较，成绩佳良，遂于民国十三年与南京赤壳同时推广。武进无芒植科高度适中，秆白色，穗松弛，橄榄形，无芒，结实小穗常为十六至十七枚，外壳白色，无毛，肩窄嘴钝，壳粒红色，倒卵形，皮薄，出粉多，含蛋白质13.12%，容重每石150市斤，千粒重27.88克。茎秆壮健，不易倒伏，成熟期较中大南京赤壳约早三四日。（蔡旭：《中央大学五种小麦改良品种》，收入常州市档案馆编《蔡旭纪念文集》，第179—191页）

资料四（传记） 在小麦育种中，他在前人研究的基础上，将1919年由成贤农场观察区穗选而得之南京赤壳和同年自征得之武进麦种穗选而得之武进无芒，在大胜关农场经过多年培育，作比较试验结果，南京赤壳比农家品种每亩增收2斗多，武进无芒每亩比农家品种多收3斗多。1924年两个品种相继问世，取得了显著的增产效果，其中南京赤壳适于江淮流域，武进无芒在沪宁一带种植较多。（金作怡：《金善宝》，第20页）

资料五（照片） 改良的武进无芒、南京赤壳穗形。（见图28、图29）

第一圖•一普通小麥 (T. Vulgare, Host.)
2. 品種 lutescens. Al.
改良武進無芒

图28

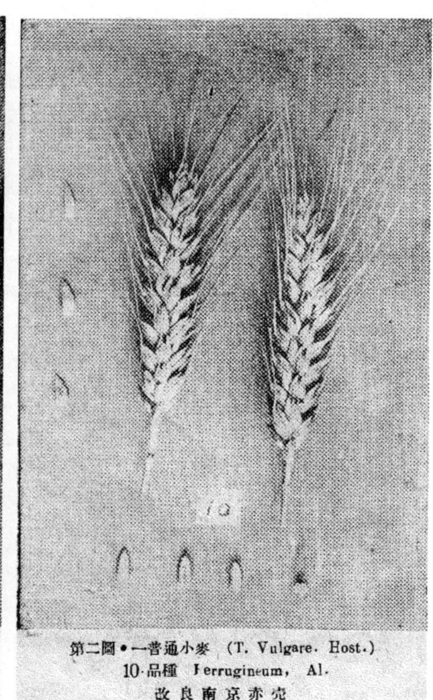

第二圖•一普通小麥 (T. Vulgare. Host.)
10. 品種 Ferrugineum, Al.
改良南京赤壳

图29

是年，农科主任邹秉文继续为东南大学农科“化缘”。

资料(其他) 1924 年，向北洋政府捐得 1 万元，作为研究海关检验国外植物病虫害入境之用。(恽宝润：《邹秉文对谈录》，收入华恕主编《邹秉文纪念集(1893—1985)》，第 145 页)

是年，从全国 790 个县搜集 900 多个小麦品种，种植并观察。

资料一(传记) 在小麦育种研究中，金善宝深深体会到，保存在农户手里的小麦地方品种，是国家宝贵的生物财富，是育种工作者进行育种研究的物质基础。我国有几千年的小麦种植历史，3 000 多年前的殷代甲骨文中，就有“麦”字，公元前 6 世纪的《诗经》上，就有“丘中有麦”“毋食我麦”的诗句，据樊绰《蛮书》记载，公元 9 世纪云南就种植小麦了。这些地方品种，长期以来生长在不同的地理环境、土壤、气候和栽培条件下，形成了丰富多彩的品种特性，如抗病、抗虫、抗风、耐涝、耐旱、丰产、早熟等等。他认为，广泛搜集这些地方品种进行分类、整理，研究它们的特性，是育种工作者不可缺少的基础工作。为此，他的小麦分类研究和小麦育种研究，二者是相得益彰、同时进行的。1924 年，他从全国 790 个县，搜集到 900 多个小麦品种，就其形态上作多年之精密观察，采用前人的经典方法，研究确定这些品种分属于普通小麦(*T. aestivum*)、密穗小麦(*T. compactum*)、硬粒小麦(*T. durum*)和圆锥小麦(*T. turgidum*)。其中普通小麦品种占 87%，其余占 13%。普通小麦之分布遍及全国，经归纳为 10 种；而可能区分为独立种系者，约有 170 余种。密穗小麦之分布，几个省都有，唯种植较少，经归纳为 6 种；硬粒小麦只新疆、云南、湖北有些许出产，经归纳为 2 种；圆锥小麦则四川、新疆、甘肃均有出产，经归纳为 4 种。较之前人更准确地揭示了当时我国栽培小麦的类别。(金作怡：《金善宝》，第 24—25 页)

资料二(传记) 1924 年，金善宝从全国 26 个省 790 个县，搜集到 900 多个小麦品种，在南京种植，就其形态特征、特性作多年之精细观察，采用前人的经典方法，把这些品种鉴定为 4 个种，24 个变种：即普通小麦(*T. aestivum*)12 个变种，密穗小麦(*T. compactum*)6 个变种，圆锥小麦(*T. turgidum*)4 个变种和硬粒小麦(*T. durum*)2 个变种。其中普通小麦品种占 87%,分布遍及全国,经归纳而可能区分为独立种系者,约有 170 余种。密穗小麦之分布,几个省都有,唯种植较少。硬粒小麦只新疆、云南、湖北有些许出产。圆锥小麦则四川、新疆、甘肃均有出产。(杜振华等:《百年耕耘——金善宝传》,第 36 页)

1925 年　　31 岁

夏,回东南大学补读一年学分。

资料一(手稿)　南京高师并入东南大学后,我于 1925 年夏入东南大学补读大学一年学分。(金善宝:《"文革"交代材料 · 我的历史》)

资料二(传记)　南京高师改为东南大学后,1925 年回校补修大学学分。(杨达寿、徐纯绒编:《求是英才传》,浙江大学出版社,1997 年,第 78 页)

资料三(传记)　1925 年,他在开展研究工作的同时,又回东南大学补读了一年学分。(孟美怡:《金善宝》,第 19 页)

资料四(传记)　1921 年,南京高等师范改名东南大学,农业专修科改为大学本科。1925 年,金善宝回东南大学补读了一年学分。(金作怡、杜振华:《金善宝》,收入石元春主编《20 世纪中国知名科学家学术成就概览》农学卷第一分册,科学出版社,2011 年,第 171 页)

经两年的试验比较,农家品种武进无芒、南京赤壳普遍比未改良的品种增产。

资料一(著作)　东南大学大胜关试验场,应用纯系选种法,育成之小麦品种有三:即改良南京赤壳、改良武进无芒、改良赤皮是也……经民国十三年和民国十四年两年试验,改良小麦与未改良小麦及农家小麦每亩产量之比较,可知两年平均之结果,改良小麦比未改良小麦,每亩增收量自 1.36 斗至2.29 斗。比农家小麦每亩增收量,达 1.66 斗至 3 斗。且各改良种两年间之产量,绝无逊于未改良小麦或农家小麦者。(金善宝:《实用小麦论》,第 134—135 页)

资料二(其他) 民国十三、十四两年,大胜关农场将南京赤壳与其未改良小麦及农家小麦作比较试验。

中大南京赤壳与未改良小麦及农家小麦每亩产量之比较

品种名称	产量(斗)		平均
	民国十三年	民国十四年	
改良南京赤壳	13 斗	18.7 斗	15.9 斗
比未改良种每亩增收量	1.5 斗	3.1 斗	2.3 斗
比农家种每亩增收量	2.2 斗	3.1 斗	2.2 斗

中大武进无芒与未改良小麦及农家种每亩产量之比较

品种名称	产量(斗)		平均
	民国十三年	民国十四年	
改良武进无芒	13.8	16.9	15.4
超过未改良种每亩增收量	1.7	1	1.4
超过农家种每亩增收量	3	1	3

武进无芒,因其成熟较早,产量多,皮薄、出粉多而不易倒伏,故颇受农家之欢迎,沪宁路一带如无锡、镇江、戚墅堰等各地种植最为普遍。(蔡旭:《中央大学五种小麦改良品种》,收入常州市档案馆编《蔡旭纪念文集》,第3—6页)

1926年 32岁

3月,月薪增至75元。

资料(档案) 大胜关农场正管理员周拾禄月薪八十元,副管理员金善宝月薪七十五元,均自三月份起。特此通知。(东南大学:《通知金善宝周拾禄薪目》,1926年,南京大学档案馆344-2)

6月,补读一年学分后,从东南大学毕业。

资料一(档案) 金善宝于1926年6月在东南大学毕业。(《民国十五年六月毕业名单》,1926年,南京大学档案馆3853,见图30)

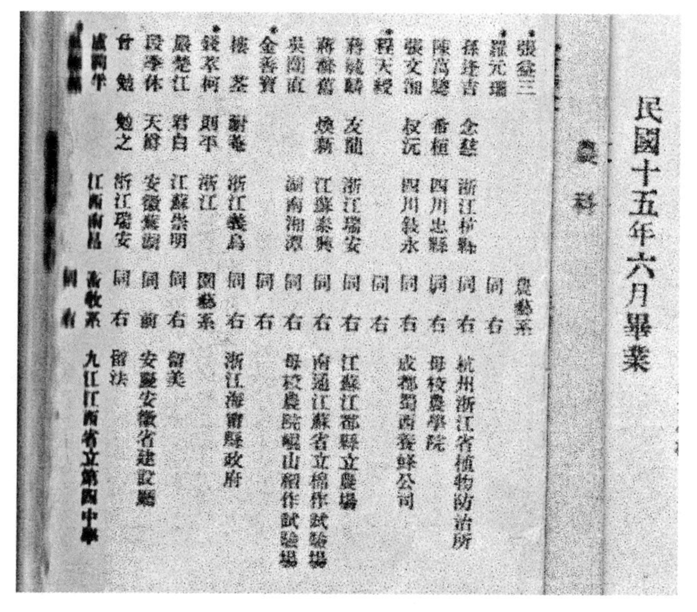

民國十五年六月畢業

農科

姓名	字	籍貫	系別	服務
張箴三			農藝系	
羅元瑞			同右	
孫逢吉	念慈	浙江桐鄉	同右	杭州浙江省植物防治所
陳嵩驄	香楨	四川忠縣	同右	母校農學院
張文湘	叔沅	四川敍永	同右	成都蜀西養蜂公司
程天綬			同右	
蔣毓麟	友龍	浙江瑞安	同右	江蘇江都縣立農場
蔣蘇蕃	煥新	江蘇泰興	同右	南通江蘇省立棉作試驗場
吳閎直		湖南湘潭	同右	母校農院崑山稻作試驗場
金善寶			同右	
樓荃	尉菴	浙江義烏	同右	浙江海寧縣政府
錢家柯	則平	浙江	園藝系	
嚴楚江	碧白	江蘇崇明	同右	留美
段季休	天爵	安徽蕪湖	同右	安慶安徽省建設廳
曾勉	勉之	浙江瑞安	同右	留法
盧岡华		江西南昌	畜牧系	九江江西省立第四中學
[illegible]			同右	

图30

资料二(照片) 金善宝的毕业照。(见图31)

图31

资料三(档案)　金善宝,东南大学农学士,农事试验总场技术员。(《国立东南大学农科教职员一览》,南京大学档案馆,案卷号 346 - 2,见图 32)

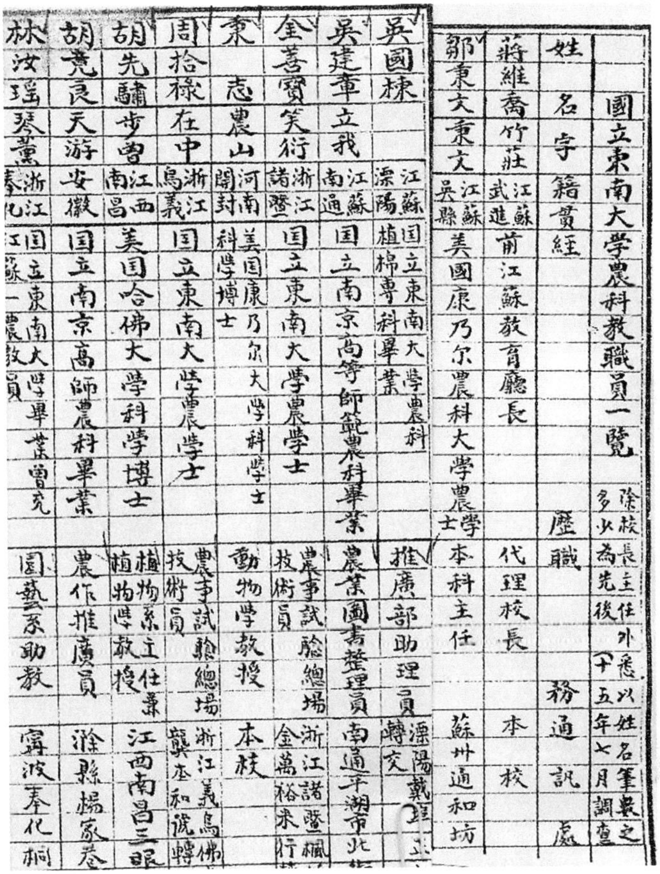

國立東南大學農科教職員一覽

除校長主任外以姓名筆畫之多少為先後　十五年七月調查

姓名	字	籍貫	經歷	職務	通訊處
蔣維喬	竹莊	江蘇武進	前江蘇教育廳長	代理校長	本校
鄒秉文	秉文	江蘇吳縣	美國康乃尔農科大學農学士	本科主任	蘇州通和坊
吳國棟		江蘇溧陽	國立東南大學農科植棉專科畢業	推廣部助理員	溧陽戴埠[illegible]
吳建章	立我	江蘇南通	國立南京高等師範農科畢業	農業圖書整理員	南通平湖市北街
金善寶	笑衍	浙江諸暨	國立東南大學農學士	農事試驗總場技術員	浙江諸暨楓[illegible]金萬裕米行
秉志	農山	河南開封	美國康乃尔大學科學博士	動物學教授	本校
周拾祿	在中	浙江義烏	國立東南大學農學士	農事試驗總場技術員	浙江義烏佛[illegible]龔本和議轉
胡先驌	步曾	江西南昌	美國哈佛大學科學博士	植物學系主任兼教授	江西南昌三眼[illegible]
胡竟良	天游	安徽	國立南京高師農科畢業	農作推廣員	滁縣楊家巷
林汝瑶	琴薰	浙江奉化	國立東南大學畢業曾充江蘇一農教員	園藝系助教	寧波奉化桐[illegible]

图 32

是年,育成江东门。

资料一(著作)　原颂周早在 1923 年发现的农家品种江东门乃经数年之去劣选种,遂成为纯良之早熟品种。以其原产江东门,故名。本种为有芒赤壳,赤皮小麦。穗疏、成熟期与大麦仿佛。颇适于棉麦两熟制之区域。(金善宝:《实用小麦论》,第 99 页)

资料二(其他)　中大江东门选育经过及特点: A. 选育经过。民国十二年……大胜关农场主任原颂周先生经过南京之江东门,见有农家栽种小麦数亩，性状整齐，成熟特早，至收种时设法购得种子数担。翌年在大胜关农场种植，其成熟期较该场任何品种为早，经数年之去劣选种，遂产生现行推广的纯良早熟品种江东门，因其原产地为江东门，故名，于民国十七年开始推广……C. 特点。江东门之特点为成熟早，其成熟期与大麦相仿，我国南方栽培作物素用两熟制，故本品种颇受该区域农家之欢迎。江东门不特早熟，且品质优良，更以其每石重量较其他品种高七八斤，故面粉厂商愿出高价购买，同时江东门茎秆壮健，倒伏不易，在肥地表现亦佳。在早熟品种中产量尚无比江东门高出者，而在不适当情形下，许多迟熟品种亦有不如江东门者，民国二十五年在武昌、南昌两处试验结果，产量均较农家品种为高，而成熟又较早，约旬日。

江东门品种在鄂赣试验之成绩

试验地点	产量　市斤/市亩				成熟期	
	江东门	标准品种	相差	%	江东门	标准品种
武昌	312.3	282.2	30.0	10.6	5/8～8/16	5/18～5/25
南昌	170.3	135.7	34.6	25.5		

（蔡旭：《中央大学五种小麦改良品种》，收入常州市档案馆编《蔡旭纪念文集》，第6—8页）

资料三（其他）　1926年东大农科又扩充改组为东大农学院，另在该院劝业农场进行试验，先后又育成江东门和“南宿州”两个小麦新品种……该院在南京高等师范与东大时代，由于农科主任邹秉文的积极倡导，开我国麦作改进风气之先声。技术方面由原颂周和金善宝两人负责主持。他们身体力行，为国人从事小麦育种工作之最早者。（郭文韬、曹隆恭主编：《中国近代农业科技史》，第143—144页）

资料四（著作）　“296江东门”在1923—1925年由前东南大学大胜关农场在南京江东门外农民大田中选出，经鉴定培育而成，根据选种地点定名为江东门。与三月黄的性状相同，而较三月黄生长整齐一致，是苏、皖淮南地区成熟最早的品种。农业研究单位利用其早熟性作为杂交的亲本材料，选育出一些新的早熟品种，如骊英3号、骊英4号、特早487及华东6号等。（金善宝、刘定安主编：《中国小麦品种志》，中国农业出版社，1964年，第270页）

资料五(评价) 1926年育成江东门……优良小麦品种,其中江东门比当地小麦品种增产显著,又较抗赤霉病,籽粒角质、出粉率高,熟期在长江流域与大麦相仿,曾是当时推广的一个有利于换茬的早熟、丰产、优质的良种。由于其早熟性配合力好,育成的后代容易早熟,是长江流域的好“早源”。(沈丽娟、朱立宏、杜振华:《金善宝教授的农业教育思想和学术观点及在小麦研究上的贡献》,《作物学报》1998年第4期,第389页)

资料六(传记) 此外,他还将1923年原大胜关农场主任原颂周在南京江东门农田选得之江东门,经过数年精心种植、去劣选优,培育成为一个纯良早熟品种。与当地小麦品种相比,增产显著,又比较抗赤霉病,籽粒角质,出粉率高,成熟期在长江流域与大麦相仿,是当时推广的一个早熟、丰产、抗病、优质的良种。由于其早熟性配合力好,育成的后代也比较早熟,是长江流域的好早熟种质资源,也是东北及北部春麦区可利用的间接早熟种质资源,由其衍生的优良小麦品种……50多个,在生产上发挥了很好的作用。(金作怡:《金善宝》,第21—22页)

1927年　　33岁

4月,邹秉文辞去东南大学农科主任之职。

资料(其他) 邹秉文主持南高、东大十年,出色地为中国培育出了大量的各项农业人才,他们不仅……为中国农业的改进与发展作出了重大贡献……在中国农业走向现代化的进程中,也起到了一定作用,成果巨大,影响深远。这就是邹秉文一生事业的最大成就,也是他对国家在农业发展进程中的最大贡献……南高农科于1917—1919的三年中,招收学生三班,第一、二届毕业生52名。在这52名毕业生中,在南高改为东大后,返回学校补读大学学分而后在农大农科毕业,得农学士学位的有27名。其在东大农科得到学士学位,或由南高农科毕业随即分赴欧、美、日本各国留学,继续深造者有21名。……这些学生毕业或留学回国后,绝大多数走向为中国农业服务的道路。新中国成立之后,在党的领导下,他们又焕发了青春,不断为新中国的农业改进事业贡献了力量。据我所知，举出一些人，作为例证。金善宝：不仅先后担任了南京农学院院长、中国农业科学院院长，而且在小麦育种方面更有重大贡献。周拾禄……到 1957 年，一直做华东农科所的领导工作，并在水稻育种方面作出很大成绩。吴福桢：任中国植物保护领导工作。邹钟琳：毕生为中国培养农业人才，坚持教学。（恽宝润：《邹秉文对谈录》，收入华恕主编《邹秉文纪念集(1893—1985)》，第 146—148 页）

8 月上旬，农学院新来的领导无理扣发短工工资。他代表工人交涉，遭到拒绝，愤而辞职。

资料一（手稿） 1927 年大革命，国民革命军到达南京，东南大学改组为中山大学，我因为某些问题和农科的新领导人意见不合，就离开了大胜关。（金善宝：《“文革”交代材料 · 我的历史》）

资料二（传记） 1927 年大革命，国民革命军到达南京，东南大学改组为第四中山大学。这一年，农学院某些新来的领导无理刁难，扣发农业试验场短工工资，工人们十分气愤，他代表工人向有关方面交涉，遭到拒绝后，愤而辞职。（金作怡：《金善宝》，第 33 页）

8 月，到浙江第四中学任教。

资料（手稿） 1927 年 8 月，经农科同学赵才标介绍，到浙江第四中学（现宁波中学）讲授农业课。因为在高中，农业课不受重视。（金善宝：《“文革”交代材料 · 我的历史》）

年底，转至浙江大学劳农学院。

资料一（手稿） 这一年年底，又由友人介绍，到浙江大学劳农学院工作，在那里工作了二年半。（金善宝：《“文革”交代材料 · 我的历史》）

资料二（档案） 金善宝任浙大农艺教师。（《农艺教师名单》，浙江大学档案馆，见图 33）

资料三（档案） 金善宝任专任教师兼技术员。（浙江档案数据库，见图 34）

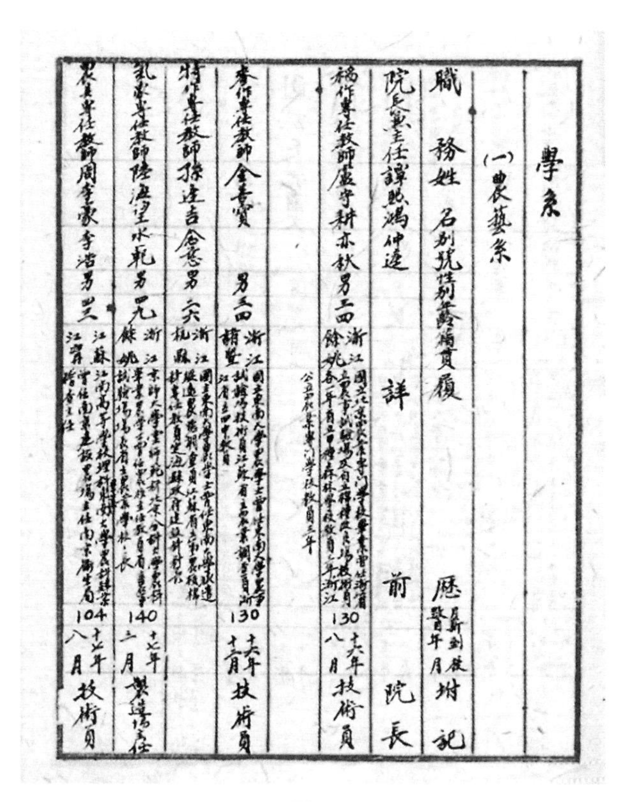

學系

(一)農藝系

職務	姓名	別號	性別	年齡	籍貫	履歷	詳記	月薪	到校年月	
院長兼主任	譚熙鴻	仲逵					前院長			
稻作專任教師	盧守耕	亦秋	男	三四	浙江餘姚			130	十六年八月	技術員
麥作專任教師	金善寶		男	三四	浙江諸暨			130	十六年十二月	技術員
特作專任教師	孫逢吉	令慧	男	二六	浙江杭縣					
氣象專任教師	陸渔	望水乾	男	四九	浙江餘姚			140	十七年二月	農場主任
農具專任教師	周季豪	李浩	男	四三	江蘇江寧			104	十七年八月	技術員

图 33

图 34

1928年　　34岁

1月,初识谭熙鸿和梁希。

资料(传记)　浙江大学劳农学院的首任院长,是早年追随孙中山先生参加革命同盟会的谭熙鸿,也是孙中山派出国的第一批留学生,曾任北京大学生物系教授、系主任等职。他聘请了国内许多有名望的学者和农业专家来校执教,如梁希、蔡邦华、卢守耕、孙逢吉、吴耕民、许叔玑、赵才标、赵伯基、王希成等。在办学上采取了兼容并蓄的方针,对一些学有所长的前辈如梁希、许叔玑都十分尊重,对青年教师也极为爱护、关怀,因而吸引了一大批教师到校任教,金善宝也是其中之一。到校不久,金善宝看到学校环境优美,人才济济。唯一不足的是,从杭州去笕桥,只能循铁路前往,在笕桥车站下车后还要步行2公里,或乘坐农民的独轮车才能到达学校。没有想到的是,身为一院之长的谭熙鸿,竟然亲自率领全院师生,利用每日下午实习时间修路2公里,连接沪杭公路,使汽车可以从杭州市直接到达学院。谭院长这种敬业精神和他朴实无华的作风,深得全院师生的敬重,也让金善宝从一个全新的角度认识了这位辛亥名将、学坛先驱。这段时间,他有幸结识了森林系主任梁希教授。梁希教授为人正直,学识渊博,15岁中式清末秀才,早年留学日本、德国,在林产制造、森林利用、森林化学等方面颇有建树,当时已是我国林业界一位很有名望的林业学家,他治学严谨、淡泊名利的高尚品德,在浙大师生中广为传颂。金善宝敬佩他的学识,欣赏他的人品,很快成为至交。(金作怡:《金善宝》,第34页)

2月,开始讲授“实用麦作学”,深受学生欢迎。

资料一(传记)　在这里,他将七年的小麦科学试验,加以科学的总结,参考国外先进的农业科学知识和技术,理论结合实际,编成《实用麦作学》讲义,顺利地走上了浙江劳农学院的讲台,由于他的教材来源于实践,有许多生动的事例和体会,很受学生们的欢迎。(杜振华等:《百年耕耘——金善宝

传》,第 40 页)

资料二(传记) 金善宝在农艺系讲授“实用麦作学”,深受学生的欢迎。(金作怡:《金善宝》,第 34 页)

资料三(照片) 金善宝夫妇(坐者左一、左二)在浙大劳农学院笕桥棉场合影。(见图 35)

图 35

4 月,比较大胜关农场和笕桥农场的试验结果。

资料(著作) 据大胜关农场和笕桥农场两地观察之结果,小麦开花在各时期中,无论日间、夜间,均有进行,唯开花之多寡,则随时间与品种而异。在大胜关观察者,8 种小麦所开之花,共计 1 349 朵,平均开花最盛者,为上午 12 时至下午 6 时,占总数的 36.5%……而下午 8 时至上午 4 时,虽全为黑暗期,然其开花数亦占总数的 13.6%。在笕桥观察者,8 种小麦在各时期开花总数,计有 1 090 朵。开花最盛之时间,为上午 12 时至下午 4 时,占总数 24.6%……又下午 8 时至上午 4 时之间,虽为黑暗时期,然开花之数目,亦达 11.8%。据此,一般人对于小麦在黑夜是否开花之疑问,可以释然矣。育种家作为小麦交配时,其授粉之手续往往举行于早晨。盖误认小麦于此时最盛也。今观前表之结果,则知小麦扬花于早晨者,实居少数。然授粉之手续,在午前或

午后举行者,俱无不可,固不必限于清晨也。(金善宝:《实用小麦论》,第32—33页,见图36)

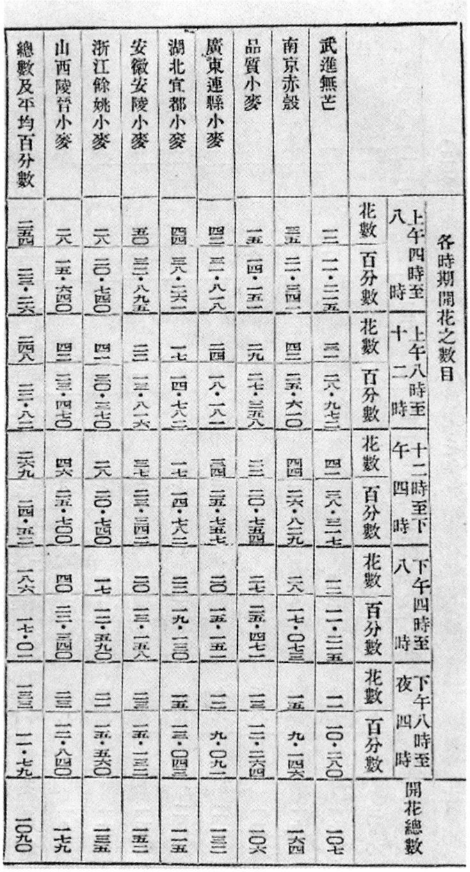

各時期開花之數目

	上午四時至八時		上午八時至十二時		十二時至下午四時		下午四時至八時		下午八時至夜四時		開花總數
	花數	百分數	花數	百分數	花數	百分數	花數	百分數	花數	百分數	
武進無芒	12	11.215	32	29.907	41	38.317	12	11.215	11	10.280	107
南京赤殼	35	21.341	42	25.610	44	26.829	28	17.073	15	9.146	164
品質小麥	15	14.151	29	27.358	22	20.754	27	25.472	13	12.264	106
廣東連縣小麥	42	31.818	24	18.182	34	25.757	20	15.152	12	9.091	132
湖北宜都小麥	44	38.262	17	14.783	17	14.783	22	19.130	15	13.043	115
安徽安陵小麥	50	32.895	21	13.816	37	24.342	20	13.158	23	15.132	152
浙江餘姚小麥	28	20.740	41	30.370	28	20.740	17	12.590	21	15.560	135
山西陵管小麥	28	15.640	42	23.470	46	25.700	40	22.340	23	12.840	179
總數及平均百分數	254	23.26	248	22.82	269	24.53	186	17.01	133	11.79	1090

图36

5月,发表中国第一部小麦分类文献《中国小麦分类之初步》。

资料一(照片) 第四中山大学农学院作物研究报告《中国小麦分类之初步》的书影。(见图37)

资料二(论文) 《中国小麦分类之初步》包括《绪言》《小麦之性状》《小麦分类法》三部分。《绪言》分为分类之重要、材料之搜集、分类试验区之布置、品种之命名。对于小麦分类之重要,认为:吾国幅员辽阔,兼南北温带与半热带之气候,土质肥美,雨量充足,故小麦之栽培遍及全国。特以山谷崇深、地势阻绝之故，小麦之性状随地而异，品种之多，不可胜计。据余所知现在全国栽培之小麦，可以分别成为独立之品种者，至少当在 200 以上，就中有仅能栽培于某区域者，亦有能适应较广之环境者；此种性状，关系麦产之丰歉，为品类之重要因子，搜集全国麦种，依其性状之异同，分类而整理之，俾成为有系统之记载，实为至重要之事，吾国小麦既乏统系之分类，农业学校关于麦作学之教授，殊多困难，然则此篇之作，虽曰草创，或亦有裨育种家、农艺家暨有志麦作研究者之参考乎。《小麦之性状》分为：植科、秆、叶、穗、外壳、外壳肩部、嘴、芒、籽实、胚、腹沟、颊之性状。《小麦分类法》分为：各属小麦分类法、普通小麦、密切穗小麦、圆锥小麦、硬件粒小麦分类，中国小麦分布状况。（金善宝：《中国小麦分类之初步》，1928 年）

12 月，任浙江大学农艺系副教授。

资料（档案） 金善宝任农艺系副教授。（浙江大学档案馆，见图 38）

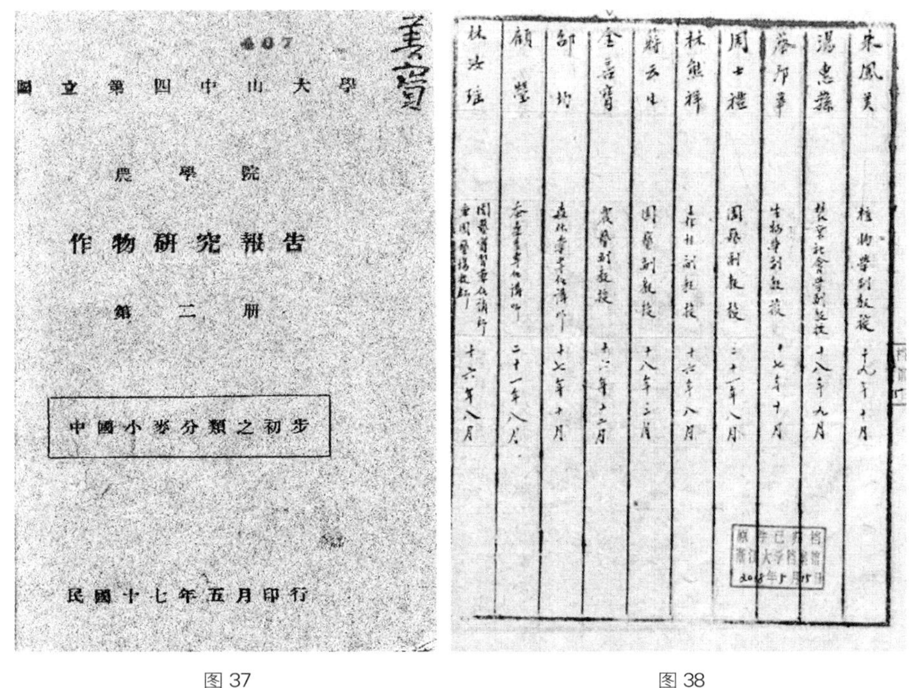

國立第四中山大學

農學院

作物研究報告

第二册

中國小麥分類之初步

民國十七年五月印行

金善寶 農藝副教授 十七年十二月

图 37　　图 38

1929年　35岁

6月,在《中华农学会报》发表论文《有芒小麦与无芒小麦之研究》。

资料(论文)　作者根据多年观察之结果,认为有芒小麦适应湿地之本能胜于无芒小麦。为探其有芒、无芒的各种关系,他从原南京大胜关农场原有的小麦品种中挑取种籽纯净、性状一致的23个有芒品种和12个无芒品种,进行比较试验。分三种设计:一是有芒品种和无芒品种混合栽种,二是有芒品种和无芒品种耐瘠性比较,三是有芒品种的剪芒试验。结果说明:一、有芒品种和无芒品种混合栽培时,有芒品种的籽粒大小,植株高度和单株分蘖数均优于无芒品种;但混种的籽实产量,因生存竞争之故,会减产,混杂愈甚,耗费能力愈大,减产愈甚。所以小麦之品种贵在纯净,不宜混杂,混杂之品种,其产量往往不及纯种。二、有芒品种剪与不剪芒,在其籽实生长和成熟期早晚无明显差异,但籽实大小,则剪芒者均逊于不剪芒者,可知麦芒有无确能影响籽粒大小。三、有芒品种小麦耐瘠性优于无芒品种。(金善宝:《有芒小麦与无芒小麦之研究》,《中华农学会报》第68期,1929年,第39—52页)

秋,母亲逝世。

资料一(手稿)　1929年,我的母亲去世,令我十分悲痛。在我的人生道路上,我的母亲起了至关重要的作用。每当我升学遇到困难,徘徊在人生的十字路口时,是我的母亲,一个目不识丁的山村妇女,用她那看似柔弱、实际却十分坚强的臂膀,给我排除了种种荆棘和障碍,为我的学习铺平了道路。今天,我能够学有所成,为祖国的农业作出一点贡献,首先应该感谢我的母亲。母亲对我养育的恩情,永远铭记在心。(金善宝:《日常札记》)

资料二(照片)　母亲何金莲像。(见图39)

图 39

是年，引进意大利小麦品种。

资料（传记） 1929 年，他从一位意大利回国的留学生处得到一个意大利的小麦品种“Ardito”，将该品种在笕桥农场种植数年，表现优良。（杜振华等：《百年耕耘——金善宝传》，第 41 页）

是年，从全国各地征集小麦品种。

资料（评价） 1929 年，他从全国 650 个市、县征集到 1 300 多个小麦品种，进行分类研究。（沈丽娟等：《金善宝教授的农业教育思想和学术观点及其在小麦研究上的贡献》，《作物学报》1998 年第 4 期，第 388 页）

是年，因常住杭州，和岳父一家日渐亲密。

资料一（传记） 在杭州的这段日子，金善宝和岳父一家建立了深厚的感情。岳父姚钟鑫，原籍诸暨姚公埠人，13 岁来杭州学徒，成为杭州城里一位名厨。璧辉女士是长女，下面有两个弟弟和两个妹妹……岳父亲自下厨，为他做好吃的，如西湖醋鱼、叫化鸡、稀卤海参等，使他这个从山村僻壤出来的学子，初次尝到了浙江的美味佳肴。岳母对他照顾得更是无微不至，他两次生病，都是在岳母的精心照顾下痊愈的。特别是他的痔疮，犯起病来疼痛难忍，十分难受，当时医生也没有什么好办法，岳母不知从哪里弄来一个偏方，说吃甲鱼能够治痔疮，就连续炖了好几个甲鱼给他吃，奇怪的是，他的痔疮果然就不治而愈了，从此再也没有犯过。（金作怡：《金善宝》，第 35 页）

资料二（照片） 金善宝的岳父和岳母像。（见图 40、图 41）

图 40

图 41

1930 年　　36 岁

2 月，发表《小麦开花时期之研究》。

资料（论文） 本文根据 1923 年南京大胜关农场、1928 年杭州笕桥农场两地种植的八种小麦，观察、统计，研究在不同时期小麦开花的一般现象、开闭时间、各个时期开花的比例，一穗开花之日期和每天不同时期的温度和湿度、雨量记载、一穗开花之状况等。（金善宝：《小麦开花时期之研

究》,1930年)

春,考取浙江省教育厅公费留美生。

资料一(手稿) 到1930年春,浙江教育厅派遣留学生,条件是,在浙江服务满三年,服务成绩好,由服务机关推荐,英文考试及格。我报考应试……通过了。这次录取的共有七人,除我之外,有卢守耕……赵才标……赵延炳……王国松……何之泰……王儆。(金善宝:《"文革"交代材料·我的历史》)

资料二(传记) 1930年,浙江省教育厅在全省范围招考留美学生,条件是,"在浙江服务满三年,服务成绩好,由服务机关推荐,英文考试及格"。金善宝正好符合条件,积极报名应试,被顺利录取。这次录取的共有七人,其中学农的三人,除了金善宝之外,还有赵才标和卢守耕,赵才标攻读农业经济,卢守耕攻读水稻专业,另外四人为赵延炳、王国松、何之泰、王儆,都进入康奈尔大学研究院学习。(金作怡:《金善宝》,第37页)

夏,将《实用小麦论》交商务印书馆出版,并请蔡元培作序。

资料一(照片) 出国前,夫妇俩人携长子、长女于杭州留影。(见图42)

图42

资料二(手稿) 1930年夏,收到浙江省教育厅的录取通知后,我将《实用小麦论》书稿送交商务印书馆,并通过友人请蔡元培先生为之作序,即匆匆出国了。(金善宝:《"文革"交代材料·我的历史》)

8月,赴美国康奈尔大学研究院学习,妻姚璧辉携长子送至上海码头,长子患痢疾夭折。

资料一(手稿) 我们于1930年8月间去美国,我和卢守耕学作物育种,赵才标学农经,赵延炳学化学,王国松学工,都入康奈尔大学研究院学习,何之泰和王徵在哪里学习,记不清了。(金善宝:《"文革"交代材料·我的历史》)

资料二(传记) 这一年夏天,璧辉女士携长子之生送丈夫到上海,乘船远渡重洋,赴美留学。在喧闹的上海码头,5岁的儿子吃了一个肉包子,就嚷嚷肚子疼,当时他们夫妇并没有在意。没想到璧辉女士送别丈夫后,母子俩回到杭州,误听邻里之言,吃了一颗止泻药,没过两天,一个活泼泼的孩子就夭折了。璧辉女士为此大病一场,而远在异国他乡的金善宝,得知这个噩耗后,自然也悲痛欲绝。此后多少年,家里再也不敢提起长子之生这个名字,为了避免伤痛,金善宝把两个女儿名字的"之"字,均改为作物学的"作"字,即之英、之美,改为作英、作美。(孟美怡:《金善宝》,第27—28页)

9月,入康奈尔大学,研究方向是作物育种。

资料一(照片) 金善宝摄于康奈尔大学。(见图43)

资料二(传记) 金善宝在康奈尔大学主修的课程主要有作物学、育种学、遗传学、土壤学、植物生理及细胞学、生物统计学等。研究生除上课外,还要参加各课的讨论会,讨论会由各系组织,每周开一次,各系的教授、研究生一齐参加。开会前,由教授选好最近完成之论文,令各研究生阅读;开会时,由主讲研究生对该论文进行评价,再由教授和其他研究生发表意见,开展辩论,借以培养提高研究生的分析能力及学术见解。康奈尔大学除重视课堂教学外,也十分注重田间操作,他经常随教授、助教们一起参加田间操

图 43

作，做小麦、玉米、大豆等实地育种工作，并随同教授出外调查，实地考察品种改良的情况。（孟美怡：《金善宝》，第 28—29 页）

资料三（传记） 在康奈尔大学研究生院，除上课外，还要参加各种课的讨论会，借以培养提高研究生的分析能力及学术见解，做小麦、玉米、大豆等育种试验，实地考察品种改良情况。此外，康奈尔大学图书馆 80 万藏书之丰，也激发了他广泛深入钻研的兴趣。（杜振华等：《百年耕耘——金善宝传》，第 45—46 页）

1931 年　　37 岁

1 月，蔡元培为《实用麦作学》作序。

资料（评价） 麦为人类最良好之食品，需要既繁，种植自广，用科学方法而生长之，效率益闳。故麦虽为极普通之植物，而其分类、择种、交配，种种精细工作，故占科学上重要位置也。金善宝先生专研农学，多有心得，近主浙江大学农学院讲座，其《实用麦作学》讲稿，专论小麦，言简意赅，精审渊美；兼注意于小麦在吾国之地位，如栽培之面积、产额之数量、消费之多寡，以及各种小麦之种类、气候之实录及其与世界麦区气候之比较，盖别有调查搜罗之功，故能适合于国内教授之用，使学者灼知国内种麦情形，得用新知识以改良旧种植；与专读外国教本者不同，此其优点之彰明者。吾国食麦，起源甚早，如《周颂》之来牟、《月令》之麦秋，屡见记载，足知当时流通已广，消费已繁。以数千年惯用为食物之种植品，不无相当经验，再佐以最新学理，切实试行，其丰收发达，可以预卜。改良农业，即所以维持国本，充实民生，善宝先生此书，关系固甚大也。（蔡元培：《〈实用麦作学〉序》，收入高平叔编《蔡元培全集　第六卷　1931—1935》，中华书局，1988 年，第 7—8 页）

4 月，与康奈尔大学的中国留学生合影。

资料一（照片）　中国学生七人合影。（左起：冯敦棠、卢守耕、徐荫祺、金善宝、赵延炳、冯泽芳、周明牂，见图 44）

图 44

资料二(照片) 金善宝、赵才标、冯泽芳摄于康奈尔大学。(见图45)

图45

5月起,任《中华农学会报》干事。

资料(传记) 1930年5月至1933年4月,任《中华农学会报》地方干事(美国)。(金作怡:《金善宝》,第401页)

6月,送别康奈尔大学的同窗李沛文。

资料(照片) 送李沛文转赴加州大学深造。(后排左起:金善宝、陈一百、冯泽芳、李沛文、周明牂。前排左起:程世抚、马保之、管家骥,见图46)

图46

是年，参加康奈尔大学作物育种研究会，并成为会员。

资料(照片) 康奈尔大学作物育种研究会会员合影。(前排左二冯泽芳、左三卢守耕、左五管家骥、左六马保之、左八金善宝，见图47)

图 47

1932年　　38岁

1月，妻子姚璧辉在浙江大学农学院工作。

资料一(照片) 姚璧辉寄给金善宝的照片正反面。(见图48-1、图48-2)

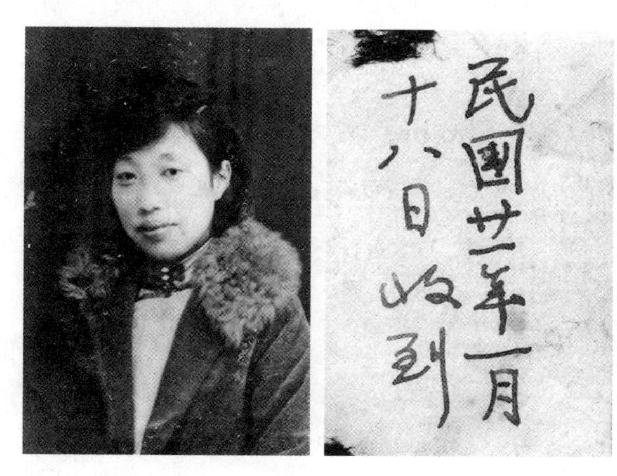

图 48-1　　图 48-2

资料二(照片) 姚璧辉(右一)在浙江大学农学院留影。(见图 49)

图 49

2 月,和留美学生马保之、冯泽芳、卢守耕等六人发起成立中华作物改良学会。

资料一(照片) 中华作物改良学会发起人合影。(左起:马保之、桯世抚、金善宝、冯泽芳、卢守耕、管家骥,见图 50)

图 50

资料二(手稿) 我参加过的组织：中国作物改良学会。约在 1931 年，美国康奈尔大学学习作物育种的一些中国留学生发起组织的，他们是马保之……卢守耕(在台湾)、冯泽芳(去世)、管家骥(去世)、金善宝等。在美国时，该会曾经摘译过美国杂志中有关作物育种的一些论文，刊登在《中华农学会报》上。后来，这个学会在国内似乎没有什么活动，等于无形中解散了。(金善宝：《“文革”交代材料 · 我的历史》)

夏，赴明尼苏达大学专攻小麦育种。

资料一(手稿) 我在康奈尔大学约一年半，就转到明尼苏达大学去了。(金善宝：《“文革”交代材料 · 我的历史》)

资料二(照片) 金善宝(左)摄于美国。(见图 51－1、图 51－2)

图 51－1

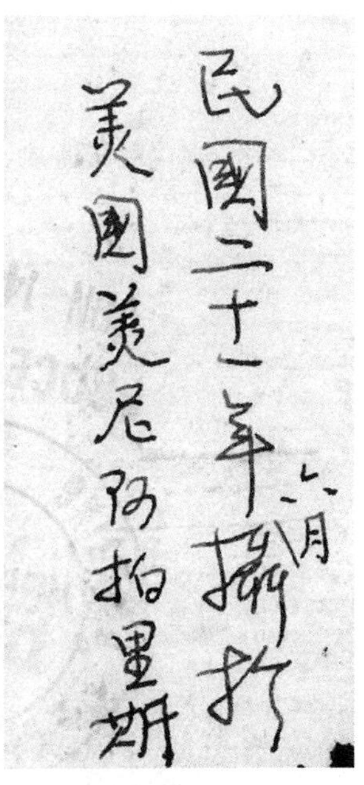

图 51－2

资料三(口述) 1982 年，我写金老传记后，湖南科学技术出版社的责任编辑贺晓兴曾探问：“金老去美国留学获得什么学位?”以前金老没有同我说过，我也没问过。当我向金老提及此事时，金老为之一笑，说道：“去美国还不到三年，把时间都用到研究一个题目的查找文献上，只拿一纸证书，划不来呀！”我记得，金老还同我说过：康奈尔大学在作物科学理论方面研究得比较深入、全面。明尼苏达大学当时在作物育种的方法、技术上是有名的。可见，金老当时在美国选校学习的目的十分明确，而对获取学位并不看重。(《吴景锋访谈》，2017年4月28日)

资料四(传记) 1932年春天，金善宝修完了康奈尔大学研究生院有关作物专业的全部课程，接下来还有不到一年时间，就是作学位论文了。通过论文，可以拿到硕士或博士学位文凭，这当然是一件非常荣耀、光彩的事情。可是，他想到在康奈尔研究生院学习的这段时间，虽然也曾跟随教授到田间实习、去各地农村调查，但毕竟理论多于实践，而且作物学的种类繁多，对小麦一项专业知识缺乏深入探讨，实践经验也不够丰富，而自己是浙江省公派留学生，在时间和经费上都受到限制，没有可能在拿到学位文凭之后再去补上这一课。在这短暂的时间内，是继续留在康奈尔，完成这个非常有吸引力的学位论文，还是放弃论文，另去寻找一条深入实践求真知的道路呢？正在他犹豫不决的时候，忽然想起名师邹秉文，1916年在康奈尔大学毕业后，到研究生院学习了一年，并没有拿到任何硕士、博士文凭，就匆忙回国，投身于中国的农业教育事业了。其实当年他只有22岁，天资聪慧、家境富裕，完全有条件拿个博士学位回国。可是，他没有。这是为什么？是为挽救中华农业衰败的爱国热情催促他刻不容缓地赶回祖国，在金陵大学、南京高师、东南大学培养了一大批农业专门人材；特别是刻印在他头脑中邹秉文先生理论与实践相结合的教学方针……名师的榜样，名师的教导，指引金善宝选择了一条实践求真知的道路。于是，康奈尔大学毕业后，他毅然放弃了学位论文，改到明尼苏达大学(University of Minnesota)农学院专攻小麦育种。明尼苏达大学建于1851年，是美国最具综合性的高等学府之一，许多世界顶尖的技术与发明都在明大诞生。它位于美国明尼苏达州的姐妹城明尼阿波利斯市和圣保罗市。该州拥有一万四千多个湖泊，被誉为“万湖之州”，是美国农业产品生产的第七大州。辽阔、广袤的农田，丰富多样的农产品，为农业科学实践提供了广阔天地。世界顶尖级的实验设备和名师指导，使金善宝在小麦科学理论和育种实践经验的道路上又登上了一个新的台阶。(杜振

华等:《百年耕耘——金善宝传》,第 48 页)

资料五(传记) 金善宝在康奈尔大学研究生院学习了两年,毕业后又到明尼苏达大学农学院研究小麦育种。当时在明尼苏达大学,中国留学生学习农业的不多,有学昆虫的邹钟琳(南京农学院)、学地质的朱熙人(中大毕业)、学化学的刘瑚(清华大学毕业),还有一人叫刘行骅,是上海圣约翰大学毕业的。(金作怡:《金善宝》,第 40 页)

7 月,和国内外农业界的学者联名发表《中华作物改良学会缘起及旨趣》,被选为改良学会在美联系人。

资料一(报道) 吾国农学团体在近三十年来先后成立,其性质属于普通者,有中华农学会、新中国农学会等;属于专门者,有中华林学会、中国园艺学会、中国植物病理学会、中国昆虫学会等等。作物改良亦为农业中之一部分,近来吾国人从事于此学者日渐增多,故联合同志共谋此学此业之进步实属不容再缓,此本会之所以发起也。所谓作物改良者,不仅指作物育种而言,凡直接以作物为对象从事改良及研究皆属之。如遗传、育种、试验技术等研究,以至良种良法之推行,皆在本会同人所谓作物改良范围之内。兹为明了本会事业范围起见,故如此解释之……以上所陈,仅为本会发起人所能见及且认为本会精神之所寄,故特别提出言之。其他细节,不尽于此。本会现今正如种子之萌芽,根基微弱,甚望各地同志经审慎勇决之考虑,抱牺牲合作之精神,加入本会,共同努力,使之发荣滋长,冀于吾国作物改良之学术及事业上,稍尽绵力,不胜幸甚!……发起人:管家骥、冯肇传、沈宗瀚、赵连芳、郝钦铭、沈寿铨、周承钥、金善宝、卢守耕、马保之、冯泽芳同启

中华作物改良学会联系人

中国:南京　中央大学农学院　赵连芳

金陵大学农学院　沈宗瀚

北平　燕京大学作物改良试验场　沈寿铨

杭州　浙江大学农学院　冯肇传

美国:MR.P.C.Ma 马保之　　MR.S.P.King 金善宝(金善宝等:

《中华作物改良学会缘起及旨趣》,《中华农学会报》第 103 期,1932 年,第 116—120 页)

资料二(报道) 中华作物改良学会于民国二十一年成立于美国康奈尔大学,为一部分留美学习作物育种同人所发起,国内研究作物育种诸先辈大都加入,当时会员不过十余人,会员间互相砥砺、切磋颇严,例如(1) 每一会员必须订阅一种以上之欧美著名杂志,(2) 每月将著名杂志上所发表之重要作物论文目录油印分送各会员,(3) 每月举行学术演讲会一次,由会员预先分任题目,准备演讲,并须油印大纲分送各听讲人员,(4) 每人每月至少须交外国名著之中文摘要一篇,送交《中华农学会报》刊登,民国二十一、二十二年《中华农学会报》每期后面之论文摘要,大多出自该会员之手笔。(《其他十六学会(协会)介绍中华作物改良学会简史》,《中华农学会通讯》第 79—80 期,1947 年,第 38 页)

9 月,在明尼苏达大学发表译文《雏用高粱之染色体数目》。

资料一(译文) 介绍郎格来“雏用高粱之染色体数目”之研究。此篇主旨,在根据染色体数目,研究一年生雏高粱与多年生雏高粱在分类学上之关系。结论是染色体数与高粱生长期相关,为高粱分类提供重要方法。(郎格来著,金善宝译:《雏用高粱之染色体数目》,《中华农学会报》第 104 期,1932 年,第 111 页)

资料二(照片) 金善宝(后排左二)在明尼苏达大学留影。(见图 52)

12 月,发表译文《种子埋藏土中三十年生活力仍极健强》《麦穗密度之特别遗传》。

资料一(译文) 该文报道美国农业部研究草类种子埋在土中 30 年以上仍有生命力,为清除杂草提供依据。(金善宝:《种子埋藏土中三十年生活力仍极健强》,《中华农学会报》第 107 期,1932 年,第 102 页)

资料二(译文) 该文报道了美国麦穗的密度等性状遗传研究,麦穗密度、芒与壳色为一对因子遗传,红白、种皮为两对因子遗传。(金善宝:《麦穗密度之特别遗传》,《中华农学会报》第 107 期,1932 年,第 96 页)

图 52

1933 年　　39 岁

1 月，完成美国两个大学的学业，启程归国。

资料一（手稿）　1933 年 1 月，启程回国。（金善宝：《"文革"交代材料 · 我的历史》）

资料二（传记）　在美国三年，他学到了世界上最先进的农业科学知识和研究方法。美国学者不但勤恳耐劳，而且很有恒心，凡研究一个问题，短则数年，长至十几年，必至解决而后已。康奈尔大学作物育种系主任兼研究院院长 Emerson 为美国研究玉蜀黍遗传之泰斗，孜孜于研究玉蜀黍科之色性遗传，经 12 年之久，终于发现了籽粒颜色 A、B、PI 遗传因子定律的事迹，使他体会到在科学的道路上没有平坦的大道，只有不畏艰险、不怕失败、勇于探索、有恒心、有毅力的人才能达到光辉的顶点。然而，祖国的贫穷落后，使出国留学的海外游子处处受到歧视……屈辱，让他痛切地感受到一个炎黄子孙肩负的使命；屈辱，鞭策他奋进，更加坚定了振兴祖国农业、复兴中华的决心。（金作怡、杜振华：《金善宝》，收入石元春主编《20 世纪中国知名科

学家学术成就概览》农学卷第一分册，第 171 页）

资料三（传记） 1931 年秋，在康奈尔大学聚餐会上发生的那件事，令金善宝终生难忘。他再一次深刻地体会到，美国虽好，却不是自己的久留之地。中国有句古话，“在外金窝银窝，不如家里草窝”。作为一个炎黄子孙，决不能在屈辱中生活；作为一个学农的中国留学生，来美国的目的只有一个，那就是学成归国，报效祖国，振兴祖国农业，改变祖国贫穷落后的面貌。1933 年 1 月，金善宝毅然踏上了归途，回到了祖国的怀抱。（孟美怡：《金善宝》，第 43 页）

2 月，回到浙江大学农学院任教。

资料（手稿） 1933 年 2 月，回到浙江大学农学院（前身是劳农学院）教书。（金善宝：《“文革”交代材料 · 我的历史》）

是月，发表小麦遗传性质方面的研究译文两篇。

资料一（译文） 译文指出，研究小麦遗传之性质包括：芒之有无、穗之密度、籽实颜色三种。并据此三种，分别简述其研究方法。（金善宝：《小麦性质之遗传》，《中华农学会报》第 109 期，1933 年，第 84—85 页）

资料二（译文） 译文简述研究小麦遗传的方法，包括芒之遗传、粒色之遗传、穗之密度遗传和生长习性之遗传。（金善宝：《小麦之遗传》，《中华农学会报》第 109 期，1933 年，第 85—86 页）

4 月，发表有关小麦与黑麦交配研究的译文。

资料一（译文） 译文认为，由细胞与遗传两方面研究之结果，小麦与黑麦交配后，复以小麦返配之，欲得似小麦之品系而具有黑麦之性质者，实属可能。（金善宝：《小麦与黑麦交配及其返配后之细胞学的研究》，《中华农会报》第 111 期，1933 年，第 76—77 页）

资料二（译文） 译文简述了以马克罗小麦重要性质之变异系数（coefficient variability）与染色体各种变象之百分次数，研究其相互之关系。（金善宝：《由两种间交配而成之小麦品系用细胞学与遗传学方法研究其变异》，《中华农学会报》第 111 期，1933 年，第 77—79 页）

5月，在浙江大学农学院农艺学会的常会上，作"美国人研究科学之精神"的演讲。

资料(文章) 演讲将美国人研究科学的精神归纳为个人的勤奋、合作精神以及推广于人民的方法三类。(金善宝:《美国人研究科学之精神》,《浙江大学校刊》第132期,1933年,第1399—1400页)

8月，接到南京中央大学农学院院长邹树文的聘书，回到母校任职。

资料一(文章) 时约半年,发生了这样一件事,特务头子陈果夫对梁希教授说:"金华的火腿是世界有名的,产在浙江,浙江大学农学院应该设立一个火腿系。"梁希教授和农学院院长许璇都认为这是无耻的干涉学校行政工作,不予理睬。陈果夫又通过浙江大学校长郭任远等施加压力。许院长愤而辞职,只身去了北平。因此,农学院许多教师都为之不平,纷纷辞职,以示对当局的抗议。浙江大学校长郭任远又将派金陵大学教授李德毅来农学院,当时考试已经完毕,快放暑假,梁希、蔡邦华、朱凤美、汤惠荪、王通、孙本忠等人一起离开农学院到南京去了。我因不知事情的内幕,犹豫不决,适值中央大学农学院院长邹树文来信约我去南京,我也就到南京去了。(金善宝:《我和梁希教授同住一室的日子》,收入《梁希纪念集》,中国林业出版社,1983年,第18页)

资料二(传记) 后来发生了这样一件事,国民政府陈果夫无理干涉浙大内政,说什么金华火腿闻名世界,产地在浙江,浙江大学农学院应该设立一个火腿系。梁希教授与当时的农学院院长许璇都认为这是无稽之谈,没有理睬。陈果夫竟然通过浙江大学校长郭任远,对许璇院长施加压力,给许院长加上许多莫须有的罪名,许院长愤而辞职,只身去了北平。农学院许多教授都为之不平,纷纷辞职,以示抗议。1933年8月,金善宝和梁希等人接到南京中央大学农学院院长邹树文的聘书,也先后离开了浙大,到南京中央大学任教。(孟美怡:《金善宝》,第33页)

资料三(传记) 南京中央大学农学院,其前身就是他曾在此学习、工作过的母校——南京高等师范农业专修科和1926年毕业的东南大学。1927年2月,东南大学改名国立第四中山大学,1928年2月改称江苏大学,5月,又改名为国立中央大学。不同的是,中大农学院院址已于1927年的四牌楼

(现东南大学所在地)迁到三牌楼小门口(现察哈尔路南师附中校址)。当时,中大农学院院长邹树文是南京高等师范农科创始人邹秉文先生的堂兄,而中大农学院的教授如邹钟琳等人,又都是他在南高和美国康奈尔大学、明尼苏达大学的同窗。阔别多年,重返母校,愉悦之情难以言表,金善宝全家住在南京三牌楼中大农学院的宿舍内。(金作怡:《金善宝》,第 44—45 页)

1934 年　　40 岁

春,定居南京。

资料一(传记)　至此,为了小麦科学研究长期奔波的金善宝,总算有了一个安稳的家。他牢记着:母校是赋予他科学知识的摇篮,是引导他走向农业科学教育事业的起点。为了回报母校,回报祖国的恩情,他决心从这个起点线上一步一步踏踏实实地走下去,将自己的一生奉献给祖国的农业科学教育事业。为此,他一边教学,一边坚持小麦科学研究,教学更加认真,治学更严谨。(金作怡:《金善宝》,第 45—46 页)

资料二(照片)　金善宝与邹树文等人在南京燕子矶合影。(左起:金善宝、邹树文、姚璧辉、姚璧瑛、邹夫人。见图 53)

图 53

资料三(照片) 金善宝在南京中央大学任教时留影。(见图 54)

图 54

资料四(照片) 金善宝夫妇摄于南京。(见图 55)

图 55

4 月,火烧美国病麦,立志培育自己的小麦良种。

资料(传记) 在小麦育种工作中,金善宝有过一个深刻教训,使他终生难忘。1934 年,国民党政府为救助长江水灾灾民,向美国政府借了一部分棉、麦贷款。他从进口的小麦中,挑选了一部分籽粒整齐、饱满的小麦用作试验材料，精心地种在试验地里，希望从中选育出一些适应我国栽培的小麦品种。在小麦生长过程中，他和他的助手们几乎天天下地观察记载，谁知几个月的辛劳，盼来的却是一场祸害。当小麦临近收割时，试验地里百余亩小麦全部感染了严重的黑穗病，散发出刺鼻鱼腥味的黑粉，充斥了小麦籽粒。原来，美国有关方面为了防止中国人利用这批麦子作麦种，在运出之前，人为地拌上了腥黑穗病菌，只能当年食用，如果作麦种，病菌就会侵染麦苗，危害小麦籽粒。面对严重的病麦，金善宝怒火中烧，当即点起一把熊熊烈火，把百余亩染病的麦种烧得干干净净。这一事件，使他痛切地感到：依靠外援贷款不能解决中国的贫穷落后，中华民族要崛起，要靠亿万有志的中华儿女，要振兴祖国农业，发展我国的小麦育种事业，必须靠我们自己动手，培育我国自己的小麦新品种。（孟美怡：《金善宝》，第 51 页）

5 月，发表译文《用返配法研究小麦之遗传性》。

资料（译文） 利用返配之方法，试验研究小麦麦穗之密度遗传、植株高矮之遗传、外壳颜色之遗传、成熟早晚之遗传等。研究结果认为，研究数量遗传，如成熟期、植株高矮、锈病及黑穗病之遗传等，施用反配法最为有效。（金善宝译：《用返配法研究小麦之遗传性》，《中华农学会报》第 122 期，1934 年，第 81—85 页）

6 月，发表著名论文《近代玉米育种法》。

资料（论文） 从玉米传粉的特点到自交系的选育，从杂交种的鉴评到聚合改良，文中都有翔实的介绍。具体分为自交系选择法、授粉方法、自交系杂交试验法、单交、双交、混合杂交法、隔代杂交法、三系杂交法、自交系返交品种法、聚合改良法十种，是我国第一部全面、系统介绍自交系间杂交种选育的科技专著。（金善宝：《近代玉米育种法》，《中华农学会报》第 125 期，1934 年，第 19—50 页）

12 月，出版中国第一本小麦专著《实用小麦论》，被列为大学丛书之一。

资料一（著作） 本书之编制，先论小麦之植物学的性状与其品种分布之状况，次论小麦重要性状之遗传及其各种族间遗传之关系。论品系比较试验，采用美国康奈尔大学之麦类育种法。栽培方法，自整地以至收获、贮藏等各项手续，均依次详为论述。其他与栽培有关系之问题，如气候、土壤、病虫害等，亦分别论及。此书当作者在浙江大学农学院担任麦作学教课时，曾用作讲义。故于每章之末，将章中重要各点，依次摘为温习问题，俾学者易于阅读。（金善宝：《实用小麦论》序，商务印书馆，1934 年）

资料二（照片）《实用小麦论》的封面和内页。（见图 56－1、图 56－2）

图 56－1

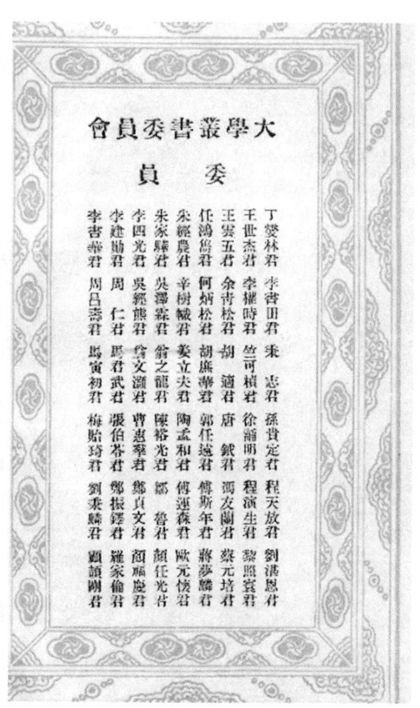

大學叢書委員會

委員

丁燮林君 李書田君 秉志君 孫貴定君 程天放君 劉湛恩君
王世杰君 李權時君 竺可楨君 徐誦明君 程演生君 黎照寰君
王雲五君 余青松君 胡適君 唐鉞君 馮友蘭君 蔡元培君
任鴻雋君 何炳松君 胡庶華君 郭任遠君 傅斯年君 蔣夢麟君
朱經農君 辛樹幟君 姜立夫君 陶孟和君 傅運森君 歐元懷君
朱家驊君 吳澤霖君 翁之龍君 陳裕光君 鄒魯君 顏任光君
李四光君 吳經熊君 翁文灝君 曹惠羣君 鄭貞文君 顏福慶君
李建勛君 周仁君 馬君武君 張伯苓君 鄭振鐸君 羅家倫君
李書華君 周昌壽君 馬寅初君 梅貽琦君 劉秉麟君 顧頡剛君

图 56－2

资料三（传记） 1930 年 8 月，金善宝将完成的《实用小麦论》书稿提交商务印书馆之后，就远渡重洋，去美国康奈尔大学研究生院留学了。商务印书馆编辑部审稿时，发现作者不在国内，和远在大洋彼岸的金善宝无法交流，不得已只好延迟了出版日期，直到 1934 年才联系到业已归国一年之久的作者金善宝，致使中国第一本小麦专著的出版时间推迟了整整四年之久。遗憾的是，当年，著名教育家蔡元培先生专门为“实用麦作学”写的“序”，也因金善宝出国留学失去了联系，未能载入这本《实用小麦论》之中。《实用小麦论》全书20余万字，分18章叙述。分别是绪论、小麦之性状(一)、小麦之性状(二)、小麦之分类、小麦之输种、小麦之选种、小麦之遗传、小麦之交配、小麦之气候、小麦之土壤、小麦之轮作、小麦之整地、小麦之播种、小麦之肥料、小麦之管理、小麦之病害、小麦之害虫和小麦之收获。出版后，被列为大学丛书之一，很快被全国各大、专院校农学院用作教材或学生的重点参考书。中国科学院院士、著名小麦遗传育种学家、百岁老人庄巧生回忆说："1935年我入南京金陵大学农学院学习，入学后，读到金老编写的《实用小麦论》，这是一本实用性较强的大学丛书。由此知道他是国内两大小麦权威专家之一，另一个是金大教遗传学的沈宗瀚教授，他们两人年龄相仿，比我大20岁左右，都是美国康奈尔大学的研究生。"中国科学院院士、著名小麦遗传育种学家李振声回忆说："金老写的《实用小麦论》，是我国小麦史上第一部专著，早在二十世纪五十年代我上学时，读的第一本小麦专著就是金老的《实用小麦论》，它对我们这一代搞小麦研究的人，起到了启蒙的作用。"(杜振华等：《百年耕耘——金善宝传》，第55—56页)

是年，从潘希维尔(Percival)世界小麦品种中选出原始亲本，育成中大2419小麦。

资料一(论文) 中大2419小麦，是1934年由金善宝教授和蔡旭、吴董成等在前中央大学选育的小麦品种。当年，前中央大学农学院在南京劝业农场种植了国内各地所搜集的小麦品种2 100余种、国外小麦品种及潘希维尔(Percival)世界小麦品种千余种，从这一大批原始材料中择优进行了混合选择。中大2419的原始亲本就是当年从潘希维尔世界小麦品种中选出的。根据记载，它的原始品种叫作"Mentana"，是意大利中部和北部闻名的早熟品种之一。1934年秋季加入十行试验，当时的编号为Ⅲ-23-2419(根据当时的编号制度："Ⅲ"表示引进的材料，"23"表示民国二十三年开始选种)。到品种育成时，以这个编号略去前面的而冠以校名，称为中大2419(与这个品种同时开始选育而得到成功的还有中大2509，其原始编号为Ⅲ-23-2509；由于其原始品种名为"Ardito"，为了音意兼顾，名为矮立多，现在这个名称已普遍应用)。中大2419自1934年开始通过了十行和高级等一系列比较试验,自南京到重庆,历时六年,表现甚佳。(金善宝、蔡旭等:《我国当前种植面积最大的小麦良种——中大2419小麦》,收入王连铮主编《金善宝文选》,第172—173页)

资料二(传记) 1934年,他在南京劝业农场种植了国内各地搜集的小麦品种2 100余种、国外小麦品种及潘希维尔(Percival)世界小麦品种千余种,从这一大批原始材料中择优进行了混合选择,最后从英国潘希维尔(John Percival)世界小麦品种中,选出原始材料“Mentana”。根据记载,它是意大利中部和北部闻名的早熟品种之一。1934年秋季加入十行试验,当时的编号为Ⅲ-23-2419(“Ⅲ”表示引进的材料,“23”表示民国二十三年开始选种)表现早熟、丰产、抗倒,适于长江流域种植,命名为中大2419。同时,他还将1929年从一位意大利回国留学生处得到的“Ardito”小麦,在杭州笕桥浙江大学农场种植数年后,1934年也加入南京劝业农场试验,其原始编号为Ⅲ-23-2509。选育成抗病力强、成熟期早、产量高的小麦良种。按“Ardito”译音,并因其植株矮、穗粒多,音意兼顾,命名为矮立多。(金作怡:《金善宝》,第62页)

资料三(评价) 与此同时,引进国外种质资源,从意大利引得“Ardito”小麦,经选育而成矮立多,后又从潘希维尔(Percival)世界小麦中的“Mentana”,经混合选择,育成中大2419(中华人民共和国成立后,改称南大2419),均表现早熟、丰产、抗倒,适于长江流域种植。(沈丽娟等:《金善宝教授的农业教育思想和学术观点及其在小麦研究上的贡献》,《作物学报》1998年第4期,第389页)

资料四(其他) 1932年,当时的中央农业实验所与中大、金大两农学院合资购得英国小麦育种专家潘希维尔氏(John Percival)收集的一套世界小麦1 700余份。这是我国小麦育种史上第一次有计划、大规模搜集国内外(主要是国外)种质资源,为各地开展小麦育种工作打下了良好的材料基础。(庄巧生主编:《中国小麦品种改良及系谱分析》,中国农业出版社,2003年,第21页)

资料五(其他) 三十年代后期,中央大学金善宝教授从意大利的小麦

品种中选育出矮立多和中大2419。(郭文韬、曹隆恭主编:《中国近代农业科技史》,第144页)

1935年　　41岁

3月,留美同学先后回国,聚于中华作物改良学会第二届年会。

资料(照片)　中华作物改良学会第二届年会会员合影。(左起前排:冯泽芳、马保之、卢守耕。中排:郝钦铭、金善宝、孙逢吉、王绶、沈骊英。后排:周承钥、管家骥、沈宗瀚。见图57)

图57

4月,发表《用统计方法研究籼粳糯米之胀性:附表》。

资料(论文)　本文试用变量分析法研究米之胀性与种类及品种间之关系,通过蒸煮试验,获取大量数据。分析证明,籼米之胀性最大,粳米次之,糯米最小,其差异均极显著;籼米、粳米各样品之中,胀性大小也有明显差异,而糯米各样品间,差异极小。结论认为,精米之分级,应考虑其胀性之关系。据考证,在此之前,应用变量分析法,解释米之胀性者,本文尚属首创。(金善宝、叶声钟:《用统计方法研究籼粳糯米之胀性:附表》,《国立中央大学农学丛刊》1935 年第 1—2 期,第 55—74 页)

6 月,将早年改良的小麦品种南京赤壳引至浙江大量推广。

资料一(其他) 南京赤壳在浙江种植甚多,前浙江省农林总场民国十九年度,曾将本校推广品种与金陵大学、浙江大学之推广品种及附近农家品种举行品种比较试验,采用高级试验方法,以金大 26 号为标准品种,结果南京赤壳显著优越,且就其平均产量言之,较试验任何品种为高,民国二十三年浙江省曾向本校购买南京赤壳 20 000 斤,散发农民种植。本院于民国二十四年后曾先后与各省农事机关举行小麦合作试验,试验说明:南京赤壳之产量除在武昌稍逊外(其他各处均较胜于农家品种),南昌、九江、淮阴三处均较本地为好,芜湖、南阳两处亦与本地种相等,唯在济南种植结果甚坏,表明本种在长江流域及淮水流域尚属适合,唯自此以北则不适种植矣,结果如何,尚在继续试验中。(蔡旭:《中央大学五种小麦改良品种》,收入常州市档案馆编《蔡旭纪念文集》,第 4—5 页)

资料二(著作) 南京赤壳,民国十七年引进浙江省试验,民国二十三年该省农林总场曾大量推广。(金善宝、蔡旭:《中国近三十年来小麦改进史》,收入王连铮主编《金善宝文选》,第 117 页)

11—12 月,重视起源于我国的大豆研究,分别在《农学丛刊》《中华农学会报》发表研究论文。

资料一(论文) 《简报》详细记载了 1935 年和丁振麟在大胜关农场开展玉米选系、配制杂交种,到杂交优势测定一系列研究工作,以及大豆混合选种、栽培大豆与野生大豆杂交等各种试验的全过程。(金善宝、丁振麟:《本院大胜关农事试验场最近玉米大豆试验成绩简报:附表》,《国立中央大学农学丛刊》1935 年第 1 期,第 1—20 页)

资料二(论文) 向全国产豆区征集大豆 900 余种,种植在三牌楼农场,择其生长良好者 195 种作油分蛋白质之分析,以供改良大豆品质之参考,撰文根据此项分析之结果，作黄豆、青豆、黑豆对于油分蛋白质含量之比较。并依大豆籽实之形状、大小、百粒重及生长期等性质与油分蛋白质作相关研究。(金善宝、王兆澄：《大豆几种性状与油分蛋白质之关系(附表)》，《中华农学会报》第142—143期，1935年，第185—198页)

1936年　42岁

1月29—31日，演讲《中国近年来作物育种和作物栽培进步概况》。

资料(论文)　这是1936年1月29日至31日，在中央广播无线电台的演讲稿，着重介绍了近年来在金陵大学、中央大学、广东中山大学、中央农业实验所等单位有关水稻、小麦的育种和栽培情况。(金善宝：《中国近年来作物育种和作物栽培的进步概况》，《农报》1936年第5期，第254—259页)

1月，发表论文《小麦开花之观察(附表)》。

资料(论文)　本论义系于大胜关东大农科试验总场实地观察之结果，观察材料计8个品种、40种、1 349花。对一花开闭之时间、各时期各品种日夜开花之多寡等均有详细记录，说明小麦不仅在白天开花，而且夜间也有开花的，从而确定育种家在一天中作小麦交配授粉的最佳时分。(金善宝：《小麦开花之观察(附表)》，《农业周报》1936年第1期，第7—14页)

12月21—25日，演讲《中国几种重要禾谷类》。

资料(论文)　作者于1936年12月21日、23日、25日，应邀在南京电台播音，《中国几种重要禾谷类》讲解中国水稻、小麦、大麦、玉米、高粱、小米等几种重要禾谷类的释义、特性、生产面积、产量、分布、价格、在食粮上的地位及其用途等。(金善宝：《中国几种重要禾谷类》，《播音教育月刊》1936年第4期，第99—110页)

1937年　　43岁

2—6月,在云南征集的小麦品种中,发现一性状特殊的品类,不能确定其适当的植物分类。

资料(评价)　1937年,金善宝教授从云南省征集的小麦品种中发现有一类小麦品种性状特殊。穗形细长而稀疏,无芒,白壳,穗轴坚硬而脆,易折断,小穗靠紧穗轴,角度很小,小穗从穗节下部折断,籽粒与颖壳难以分离,护颖背脊到底,脊上有锯齿和侧脉,种子横切面呈三角形等。从植物学分类上看,这类小麦品种既与一般普通小麦的穗轴坚韧不折断有差别,也不同于斯卑尔脱小麦(*T. spelta L.*),而其染色体数目为2n=42,能与一般普通小麦和硬粒小麦杂交结实。金善宝教授查阅世界小麦分类学文献,不能确定其适当的植物分类地位。(沈丽娟、朱立宏、杜振华:《金善宝教授的农业教育思想和学术观点及在小麦研究上的贡献》,《作物学报》1998年第4期,第387—388页)

7月,卢沟桥事变爆发,中华作物改良学会的会务停顿。

资料(报道)　会员四散,会务进行暂告停顿。(《其他十六学会(协会)介绍中华作物改良学会简史》,《中华农学会通讯》第79—80期,1947年,第38页)

是月,中央大学决定迁往重庆,他把家眷送回故乡石峡口,只身去重庆。

资料一(文章)　日本侵略军侵占我东北三省之后,又于1937年"七七"发动了卢沟桥事变,"八一三"又突然向我上海进攻。当时我守卫在淞沪一带的十九路军将士,奋起抗战,英勇杀敌,大大鼓舞了全国人民的抗战士气。可惜这种情况没有维持多久,随着南京危急,形势急转直下。就在当时……一片逃难声中,中央大学校长罗家伦向全校教职员工宣布,学校准备迁重庆,教职员工愿去的,不准带家属……孔祥熙则宣布,个人银行的存款,每月只准提取5%。于是我把家属送回杭州,后来又到了诸暨老家。返回南京,我就和梁希、毛宗良教授各自花了120元,购买了民生公司的长江轮船票,沿长江上溯到了重庆。当时中央大学已在沙坪坝向重庆大学租了一块地,建筑了几幢教职员宿舍。我和梁老同住一间宿舍,每人一张床,当中放一张书桌,每人用一个抽屉。国难当头,大学教授的生活不过如此而已。(金善宝:《抗战期间在重庆》,收入《文史资料选辑》第15辑,中国文史出版社,1988年,第19—20页)

资料二(文章) "七七"事变后,南京的中央大学迁移到重庆沙坪坝。搬迁时规定教授都不能带家眷。那时,当教授所得的薪水维持几口之家的生活也有困难,我就把家眷送回故乡了。梁希教授从德国回来后,也过着孤身一人的生活。在沙坪坝,我们两人住在临时建筑的一间十平方米的平房内,室内放两张单人床,一张小桌子,我们两人每人用一个抽屉。朝夕相处,情同手足。我们之间推心置腹,无话不谈。他比我大十三岁,既是兄长,又是平生难得的挚友。(金善宝:《我和梁希教授同住一室的日子》,收入《梁希纪念集》,第18页)

资料三(文章) 在重庆时,我和林业化学教授梁希先生……同住在一间面积不到九平方米的竹制简易平房里,房间里只放了两张单人床和一张二屉桌。从1937年到1940年,我和梁希教授在这里共同生活了整整三年,我们经常在一起交流对抗战时局的看法,积极支持中央大学学生的革命活动,一道参加了共产党领导下的各种进步活动,在斗争中结下了深厚的友谊。(金善宝:《战时科研生涯回忆(二十五)》,《科技日报》1995年8月14日第1版)

资料四(其他) 1937年,"七七"事变爆发,日本侵华战祸扩大到淞沪,南京危急,梁希忍痛告别多年苦心经营的中央大学森林化学室,随中央大学迁到重庆沙坪坝,同金善宝同居一室,并结识了潘菽,一见如故,亲如兄弟。(九三学社中央社史办公室:《九三学社历史纲要——民主革命时期》征求意见稿,1991年)

资料五(照片) 松林坡校舍。(见图58)

图 58

8—9 月,委托助教蔡旭将中大 2419 小麦带到重庆。

资料(传记) “七七”事变,中央大学内迁重庆。因战事紧急,条件所限,教职工愿去的不能带家属,金善宝只好先把家属送回浙江故乡农村。临行,托付助教蔡旭,一定把中大 2419 小麦种子全部带到重庆。蔡旭不负所望,在兵荒马乱、交通阻塞的情况下,举家轻装来到四川,全部的试验麦种随身护送,无一丢失。略事安顿之后,在金善宝教授的主持下,蔡旭和同事们立即将带来的麦种播种在沙坪坝的一块山坡地——松林坡上。(杜振华等:《百年耕耘——金善宝传》,第 63 页)

1938 年　　44 岁

4 月,参加中央大学森林系师生的歌乐山考察。

资料(照片) 金善宝、梁希和邹树文等人在重庆歌乐山合影。(前排左

起：周慧明、梁希、金善宝、邹树文。见图59）

图59

7月，到八路军重庆办事处（曾家岩）捐款100元。

资料一（文章） 到了1938年7月，为了纪念"七七"抗战……学校设了一个献金台，罗校长"带头"献了30元，有些教授献10元、5元不等。我躲在宿舍里，不出去，因为我担心献金会落入某些贪官污吏的腰包，不会送到前线将士手里。但心里还总感到不安。一天，某报载了一条消息，《新华日报》从汉口迁到重庆，并在某地设了办事处。第二天，我进城见到办事处一位姓周的同志，我向他说明来意，并捐了100元，请他交给八路军前线将士，这时我才感到心安理得。（金善宝：《抗战期间在重庆》，收入《文史资料选辑》第15辑，第20页）

资料二（文章） 有一次，学校组织"七七"献金活动，校长带头捐了5元，有的教职工捐了3元、2元不等，我担心捐的钱到不了前方战士手中，就悄悄来到《新华日报》办事处，捐了100元献给前方战士，我对办事处的同志说："我相信共产党，我的心在八路军战士身上。"（金善宝：《战时科研生涯回忆（二十五）》，《科技日报》1995年8月14日第1版）

资料三(手稿) 1938年,中大号召教师献金,校长罗家伦带头捐了30元,有些教师捐5元、10元不等。我怕捐献的款不会送到前方,不愿捐献,但献金抗战是爱国行动,不献金,怎么办呢? 内心很痛苦。恰巧一个报上登载一个消息"《新华日报》将从汉口迁到重庆,在曾家岩设了办事处"。于是,我去曾家岩,见到一位姓周的同志,和他谈得很好,这是我生平第一次见到共产党员,我就捐了100元,作为我拥护抗战的表示。(金善宝:《抗战时期在重庆》)

资料四(传记) 1938年7月7日,在学校广场上设了一个献金台,献金慰劳前方战士。当场有些教师就献了10元、8元的不等,校长带头献了30元。金善宝知道献金是件好事,是爱国的举动,但是,他担心自己献的钱不能送到前方抗日战士的手里,说不定还会拿去打内战、自相残杀,因此犹豫不决。此后不久,他在报上看见一条消息说,共产党的机关报《新华日报》将从武汉迁来重庆,并在某地设立了办事处。第二天,他找到办事处,认识了一位姓周的同志,说话诚恳、态度和蔼,给他留下了深刻印象,他当即献金100元给八路军前方战士。他对这位姓周的同志说:"我相信共产党,我的心在八路军战士身上。"(金作怡:《金善宝》,第81—82页)

资料五(报道) 1938年,金善宝不满中央大学……献金活动,毅然离开了会场。第二天,他不顾国民党特务的盯梢,手拄拐杖来到重庆八路军办事处,慷慨献金100元,并对接待的同志说:我的心在延安,在八路军战士身上。(汪守军:《九三学社在重庆抗战时期的活动》,《重庆社会主义学院学报》2010年第6期,第67页)

暑假,任农业职业学校暑期讲习班教员,讲授作物学。

资料(手稿) 《作物学》讲稿分为:中国作物之分布与环境之关系、作物之种子、种子之品质、作物种类及品种性质之检定、中国作物栽培问题,计五讲。并附作物问题讨论,包括水稻、小麦、棉、玉米、输种、杂题六类,计23道题,学生、教师之间有问有答,皆志于上。(金善宝口述,汪桂芳记录)

8月,发表论文《精米胀性试验方法之研究》。

资料(论文) 文章先述测试精米胀性之经济意义、前人研究方法之缺点,用自然吸水法,不加水于精米中,使其在同一情形之下,能尽吸水之能力,而尽量胀大,以此原理设计一简便而精确之方法,求精米胀性之大小。(金善宝、庄晚芳:《精米胀性试验方法之研究》,《中华农学会报》第164期,1938年,第35—46页)

10月25日,新华日报社从武汉迁到重庆。

资料一(文章) 雾都重庆,闻名世界。抗日战争时期的重庆,雾更浓了——国难当头,中国的前途如何?中国向何处去?困扰着雾都的人民,也困扰着众多的知识分子。1938年10月,《新华日报》从武汉迁到重庆,我和梁希一见到这张报纸,就如获至宝。大有拨云雾见青天之感,几乎到了饭可以一天不吃,《新华日报》不可一天不读的地步。从此,我们就和《新华日报》结下了不解之缘,并成为《新华日报》的忠实读者和亲密战友,《新华日报》成了雾都的灯塔。不久,我和梁希教授又结识了潘菽、涂长望、干铎、谢立惠等人,我们经常在沙坪坝松林坡聚会,交换听到的抗战局势,特别是有关共产党的政治主张,并通过潘菽长兄潘梓年同志是《新华日报》社长的关系,与《新华日报》取得了联系,经常去化龙桥虎头岩新华日报社,听抗战局势报告,参加座谈会。那时我身体很不好,经常便血,可是只要一听说去新华日报社,立刻精神抖擞,提拐杖前往。(金善宝:《战时科研生涯回忆(二十五)》,《科技日报》1995年8月14日第1版)

资料二(文章) 1937年,我随前中央大学搬迁到重庆沙坝。当时的重庆,阴霾笼罩,黑云压城。然而,《新华日报》却像一座熠熠发光的灯塔,冲破黑夜,驱散严寒,给人民带来了希望。我当时是《新华日报》的热心读者,报上的每一篇文章我都认真阅读,并逐段逐句的钻研。我还经常同梁希、潘菽、涂长望、李士豪、谢立惠等同志去新华日报社,同潘梓年、章汉夫、石西民等同志一起座谈,听取他们介绍国内外形势。在那里,我们还很荣幸地受到周恩来同志的多次接见、招待和教育。这就使我们得到了生活的勇气和斗争的力量,坚持革命必胜的信心。(金善宝:《抚今追昔 继往开来——纪念我社建社四十年感怀》,《红专》1985年9月,第16页)

资料三(传记) 金善宝和许多爱国的知识分子一样,十分关心抗日前方的消息,祖国的命运牵动着赤子之心。1938 年 10 月,中国共产党在国统区公开出版的机关报《新华日报》从武汉迁到了重庆。他和梁希一见到这张报纸,就如获至宝,大有拨开云雾见青天之感。后来,新华日报馆放映了平型关大捷的电影,金善宝在电影中看到,八路军的士兵不但没有机关枪,甚至连步枪也不是人手一支的,使他开始懂得,决定战争胜负的是人,不是武器,同样一种武器,掌握在不同的军队手里,就会产生完全不同的效果,因而使他进一步把抗日救国的希望寄托在共产党身上。《新华日报》越来越受到广大爱国师生的欢迎,很多师生争相订阅《新华日报》,金善宝和梁希更是视《新华日报》为精神食粮,几乎到了饭可以一天不吃,《新华日报》不可一天不读的地步。(金作怡:《金善宝》,第 79—80 页)

秋,给前方战士捐寒衣,他代表梁希又到《新华日报》办事处捐寒衣款,并为战区难民发起募捐。

资料一(文章) 到了秋天,学校又号召向前线将士献送寒衣,许多教职工又一次捐献,但我和梁老还是一文不名。我把前次去《新华日报》的情况告诉了梁老,他同意我的意见。因此我带着两个人的心愿又去《新华日报》办事处赠送寒衣款。第二天,《新华日报》登了一条消息:“梁金先生献金二百元。”(金善宝:《抗战期间在重庆》,收入《文史资料选辑》第 15 辑第 20 页)

资料二(文章) 第二次,学校又组织给前方捐献寒衣,我和梁希商量,又把寒衣款送到《新华日报》社,第二天《新华日报》登出一则消息:“梁金捐献寒衣款 200 元。”(金善宝:《战时科研生涯回忆(二十五)》,《科技日报》1995 年 8 月 14 日第 1 版)

资料三(手稿) 这年冬季,中大号召捐寒衣,我又去找姓周的同志,我和梁希各捐了 100 元。(金善宝:《“文革”交代材料 · 我的历史》)

资料四(文章) 时年冬初,我们看到《新华日报》上有为八路军捐寒衣的消息,我们决定把钱献给真正在前方同日本侵略者浴血奋战的、共产党领导的抗日军民,以示我们衷心慰问之情。从沙坪坝到《新华日报》社址化龙桥有六七里路，他因关节炎行动不便，便把钱交给我带去了。次日，《新华日报》刊登一条新闻："梁、金先生各捐献抗日战士寒衣款一百元……"这梁、金是谁？多人不晓，日常稍有接触的人，猜测说："准是同居一室的俩老哇！"我那时虽然还不到五十岁，但鬓发皆白，身体不佳，又拄着拐杖，因此也被列为"老"字的行列了。（金善宝：《我和梁希同住一室的日子》，收入《梁希纪念集》，第 17 页）

资料五（报道） 早在 1938 年夏，我住进重庆中央大学的宿舍区，当时，梁希和金善宝教授住一间宿舍，为此，我们见面的机会较多，对他们的思想行动、生活习惯都有所了解。两人志同道合，通过潘菽教授与《新华日报》取得了联系。是年冬，《新华日报》登出给八路军捐献寒衣的消息，梁师、金师立即各捐献 100 元。百元之款现在看来极微薄，在那时却值千金。当时教授的薪金维持数口之家的生活都有困难，拿出百元捐献很不容易。尤其可贵和动人心弦的是，两位老师是在什么样的经济情况下捐献的呢？当时梁师患严重的关节炎，卧床不起，两腿两拳抱在一起，以制止疼痛的痛苦。有一种药叫阿托方（atophan）针药，打此针就能止痛，但因药价太贵，梁师经济不富裕，买不起此药，却把钱捐献给八路军战士制棉衣，情愿自己忍痛受苦。这种高尚的思想品德，使我深受感动。而金师当时患有严重的胃病，一次胃大出血，在课堂上昏倒，他平时没钱买药，没钱买食品，骨瘦如柴，年方四十余，就像个白头翁。他捐献的 100 元，是他节衣缩食省下来的。两位导师这种舍己为人的高尚形象，时常呈现在我的眼前。100 元，在当时不是一个小数目，《新华日报》从社长到勤务员，每月的津贴 8 元。（周慧明：《回忆金师》，收入金作怡《金善宝》，第 355—356 页）

资料六（传记） 到了秋天，学校又组织给前方捐献寒衣，金善宝和梁希商量，又把寒衣款送到办事处。第二天，《新华日报》登出一则消息："梁金献金 200 元。"（当时，《新华日报》社从社长到勤务员每人每月津贴费 8 元）需要说明的是，这一年金善宝两次向前方捐款合计 200 元，两年后（1940 年）他的妻儿来到重庆，在物价飞涨的情况下，却只花了 150 元购买了一间土坯房，全家住了整整五年。仅此一点，金善宝舍己为国的赤子之心可见一斑。（金作怡：《金善宝》，第 81—82 页）

资料七(档案) 《救济战区难民募捐启》。(中国第二历史档案馆 648－975,见图 60)

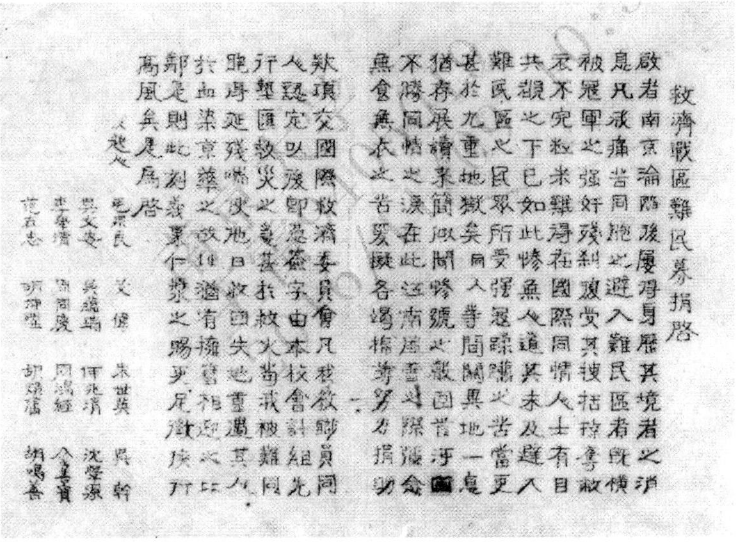

救濟戰區難民募捐啓

啟者南京淪陷後屢得身歷其境者之消息凡我痛苦同胞之避入難民區者既橫被寇軍之强奸殘殺復受其搜括掠奪敲[illegible]衣不完粒米難得在國際同情人士有目共覩之下已如此慘無人道其未及避入難民區之民眾所受强寇蹂躪之苦當更甚於九重地獄矣同人等聞興地一息猶存展讀[illegible]簡[illegible]聞慘號之聲[illegible]不勝同情之淚在此[illegible]無食無衣之苦緊擬各竭棉薄努力捐助款項交國際救濟委員會凡我教職員同人認定以後即總發字由本校會計組先行墊匯救災之急甚於救火當戒被難同胞得延殘喘使他日收回失地重遇其人於血染京華之故土猶有擁戴相迎之日[illegible]是則此刻義舉[illegible]更足徵[illegible]高風矣是為啓

發起人

毛宗良 吳文安 李[illegible]清 [illegible]志

艾　偉 吳[illegible] 劉同慶 [illegible]

朱世英 何兆清 周鴻經 胡[illegible]

吳　幹 沈學源 金善寶 [illegible]

图 60

资料八(报道) 在 1938 年的秋天,学校又号召向前线战士捐献寒衣,金善宝与同校的梁希教授商量后,再次赶到八路军办事处捐赠。因为没有买到现成的衣服,他和梁希便各捐了 100 元的“寒衣款”给八路军。第二天,《新华日报》登出一则消息:“梁金献金 200 元。”(单嘉铭:《著名农学家金善宝为八路军捐款》,《人民政协报》2015 年 2 月 5 日第 10 版)

10—12 月,经常将《新华日报》登载的抗日消息讲给学生听,鼓励学生为抗战胜利而奋斗。

资料一(传记) 浙江农业大学教授李曙轩在回忆金老时写道:1938 年我二年级时选读了《普通作物学》,第一次听金善宝先生的课。那时,正是抗日战争最激烈的时期,金先生一方面讲作物的生产技术,一方面把当时从报纸及其他方面得到的抗日战争消息告诉我们,鼓励我们为抗战胜利而奋斗。他上课十分负责,理论联系实际,教书又教人。对我们青年的成长十分关心。每次在农学院的集会上,他总是带头发言,讲抗日救国的道理,鼓励我们青年学生学好本领，打倒日本帝国主义，建设新中国。我是广东人，对金先生的浙江口音并不熟悉，但是他的慷慨激昂的讲话，至今仍清晰地留在我的记忆中。（史锁达、任志高编：《著名农学家教育家金善宝》，第98页）

资料二（传记） 我在金老身边当学生和助教，将近10年时间，那是三十年代末和四十年代初的事。那时学校每年总要搞几次迎新生、送毕业生或其他内容的联欢会。在这些会上，金老大都不是主持人，但又总是最受欢迎的发言者。金老那时发言，都是在与会师生热烈要求下即席讲话。他在讲话中不用鼓动性的辞藻，而是用极其朴素的语言，讲出自己的感受和青年学生的要求。他不讲什么大道理（当时也不可能公开讲），而是用实际生活中的具体事例来抨击当时国民党反动的腐朽统治，他的讲话很激动人心，引起大多数师生的共鸣。他讲话时那种发自内心和富于感染力的音容笑貌，至今还历历在目。（余友泰：《金老，我学习的榜样》，收入史锁达、任志高编《著名农学家教育家金善宝》，第119页）

1939年　　45岁

4月，听周恩来作关于抗战形势的报告。

资料一（文章） 到了1939年，抗日战争已经连续打了近三年，人们的思想产生了混乱。抗日战争究竟还要持续多久？“亡国论”“速胜论”等种种论调开始在山城蔓延。就在这个关键时刻，周恩来同志要来中央大学作报告的消息传开了，全校师生欣喜若狂，奔走相告。但是与此同时，也受到种种刁难和阻力。最后，学生们把周恩来同志请到学生餐厅，为大家作了国内外形势的报告，我也和学生们一齐挤到餐厅里。只见餐厅里人头拥挤，水泄不通，四周的窗户上、桌子上、凳子上都站满了人，我好不容易才挤到餐厅后面一张凳子上，聆听周恩来的演讲。周恩来高瞻远瞩，对国内外形势作了精辟透彻的分析。报告长达三个小时，全场听众全神贯注，鸦雀无声，不时爆发出阵阵热烈的掌声。这是我生平第一次听到这样激动人心的讲话。周恩来同志的报告，使我的眼亮了，心宽了，心想：“共产党里真有能人呀。”“中国有希望了。”后来，周恩来同志曾多次利用喝茶……约请我们去他的住所开座谈会，听形势报告，对我们进行各种鼓励和帮助。（金善宝：《战时科研生涯（二十五）》，《科技日报》1995 年 8 月 14 日第 2 版）

资料二（文章） 1939 年 4 月间一天，邀请中共中央周恩来副主席到中央大学作了一次时事报告。我们当时是中大的中苏问题研究会、学生联合会和中国青年民主社的成员，参加了这次报告会……讲话是在中央大学只能容纳约 2 000 人的临时礼堂即大饭厅进行的。当天，除中大的同学外，沙坪坝、磁器口地区所有学校的很多学生也都来了，大饭厅内外密密麻麻……（陈祖湘、曾涤非：《忆抗战时期周恩来副主席在中央大学的一次讲话》，收入罗彤主编《四川文史资料选辑（第 49 辑）》，第 9—14 页）

资料三（文章） 有一次，周恩来同志要来中央大学演讲，消息刚一传出，国民党当局就关闭了学校的礼堂，并派国民党要员陈诚等多人进行监视。然而，封闭礼堂是徒劳的，周恩来同志在餐厅为我们作了长达三个小时的报告，餐厅里听讲的人水泄不通，四周的窗户上都站满了人，大家深深地为周恩来同志对国内外形势所作的精辟、透彻的分析所吸引、倾倒，全场时时爆发出一阵又一阵热烈的掌声。我从来没有听过如此精彩的报告，越听心里越豁亮，就像是一盏明灯，驱散了沉沉迷雾，为我们指明了前进的道路和方向。（金善宝：《抚今追昔 继往开来——纪念我社建社四十年感怀》，《红专》1985 年 9 月，第 16—17 页）

资料四（传记） 日本侵略军继续疯狂地向我内地进攻，国军节节败退，全国人心惶惶……“亡国论”“速胜论”等种种论调，也开始在山城蔓延。就在这个关键时刻，周恩来同志要来中央大学作报告的消息传开了，全校师生欣喜若狂，奔走相告，饭厅里听报告的人，人山人海，甚至窗户上、桌子上都挤满了听众，金善宝好不容易才挤到后面一张桌子上站着。周恩来同志作了“关于目前国际形势和中国抗战前途”的演讲，他精辟地分析了德、意、日法西斯外强中干的嚣张气焰和中国抗战必胜的种种有利因素。（孟美怡：《金善宝》，第 42—43 页）

资料五（报道） 抗战时期，周恩来任军事委员会政治部副部长，那次报告是在中央大学的大饭厅里举行的，报告的题目大体是“谈谈当前的形势与任务”。他的报告讲得好极了，非常生动，很吸引人，讲了足有两三个小时，

给大家留下了极为深刻的印象。(《南京大学记忆中的抗战》,《光明日报》2005年9月15日第9版)

4—5月,和梁希结识潘菽、涂长望、干铎等人,常到新华日报社去听有关抗战形势的报告,并组成自然科学座谈会。

资料一(手稿) 蒋介石消极抗日,国民党的《中央日报》消息都是捏造的,群众叫《中央日报》是个造谣报。《新华日报》虽然在重庆公开发行,但特务检查极严,常常开"天窗",分送《新华日报》的小孩常常无故失踪。你要想知道一点抗战的真实情况,只有亲自到报馆里去了解。因此,当时关心时事的一部分同志如梁希、潘菽、涂长望、谢立惠、干铎、李士豪等经常到新华日报馆去打听消息,我也跟着他们前去。当我们去的时候,潘梓年、章汉夫、石西民等同志都很热情地为我们介绍国内外形势,并送给我们延安出的刊物,如毛主席所著的《论持久战》等伟大著作,我们都能及时地看到,我们在报馆还荣幸地听到周总理几次关于国内外形势的报告,所以那时候的新华日报馆成为我们学习时事的一所大学。我那时身体不好,常常患病,有时甚至寸步难行,但一听说到报馆去,我就立刻精神百倍,总要跟着他们一起去的。(金善宝:《二十年的回忆》,1957年7月)

资料二(文章) 《新华日报》迁到重庆后,在化龙桥附近一个小山上设了办事处。社长潘梓年是潘菽教授的长兄,通过他,我们经常到那里探听前线战况,了解国内外形势,每次都颇有教益。我身体虽不好,但只要说到报社去,我就拿起拐杖一同前去。山间两旁,有几幢小洋房,住着一些不明身份的人,监视来往行人。我们熟悉他们那一套,也就设法避开他们,不定时地出入。我们组织的"自然科学座谈会",除学习讨论《自然辩证法》外,多半以座谈、聚餐等形式进行活动。石西民等同志经常和我们畅谈时事。周恩来同志还几次设宴招待我们,边吃边谈,彼此都很亲切。周恩来同志在同国民党的周旋中,处理问题既有高度的原则性,又十分机敏灵活,令人敬佩。(金善宝:《抗战期间在重庆》,收入《文史资料选辑》第15辑,第24页)

资料三(手稿) 新华日报馆设在重庆的化龙桥,我经常和梁希、潘菽、涂长望、李士豪、干铎等去报馆了解时事情况,有时候周总理召开座谈会,我们也有机会去参加。有一次座谈会，我还幸运地和林彪同桌吃过饭，起初不认识，经过介绍，才知道他就是赫赫闻名的林彪将军。当时，正是希特勒大举进攻苏联，莫斯科岌岌可危，他新从苏联回来，我们问他：莫斯科的情况如何？他很有把握地说："我相信苏联人民一定能击败希特勒对莫斯科的进攻。"事实证明了他的判断。（金善宝：《"文革"交代材料・我的历史》）

资料四（文章） 大约1939年春，我们一起参加了"自然科学座谈会"。这个组织并不保密，但参加的成员又是不公开的。新华日报社社长潘梓年同志经常直接或间接地指导我们的活动。基本成员主要几个著名大学的教授，前后约近20人，活动的地点也不固定，多半以座谈会、聚餐等形式进行。经常出席的人主要有梁希、潘菽、涂长望、谢立惠、干铎和我。梁希教授学习《自然辩证法》很有收获，不仅理解得深刻，而且能结合实际应用。（金善宝：《我和梁希同住一室的日子》，收入《梁希纪念集》，第17—18页）

资料五（照片） 与梁希（左）摄于重庆温泉。（见图61）

图61

资料六(照片)　重庆新华日报馆。(见图 62)

图 62

资料七(其他)　我在学校中有两位同事,即梁希同志和金善宝同志,他们都关心抗战前途,知道我和《新华日报》有联系后都想和我谈谈,以更多了解延安方面的消息。我就和他们约定时间,并另外邀了校内同事一两个人在一起谈。之后大家觉得这样谈很有必要,就决定经常这样谈谈,时间是每星期的一天晚上,地点是在另一个同事李士豪同志的房间里。他单身住一个房间,来往的人很少,地点也较僻静。在第二次或第三次会谈时,校内的涂长望同志和干铎同志也参加了进来。稍后,在附近的重庆大学谢立惠同志也参加进来了。较后参加进来的是在附近一个工厂里工作的钱保功同志。这些都是经常参加的人。也有个别的有关系的人临时来参加的。这个会的内容主要是交换交换所听到的时局消息,特别是延安方面的消息,议论议论抗战局势问题,尤其是延安方面的政治主张和政策以及言论,是大家所急切希望了解的。后来又增加了学习马列主义代表著作的内容……这个会原来没有名称,后来对外有了一些联系,在谈它时,便姑名之为“自然科学座谈会”。这个会的内部是很好的,可以说没有什么意见分歧,更没有什么争吵。这个会成立后党就知道的。此后,新华日报馆有什么庆祝会、纪念会之类的不仅邀我去,也邀请这个会的一些人去参加,但不一定是全体。有时,我们也主动去看那里的同志,和他们谈谈。(潘菽:《难忘的重庆岁月》,收入九三学社中央办公厅编《九三学社建社四十周年纪念册　1945—1985》,第26—27页)

资料八(传记)　春,嘱咐新华日报社社长潘梓年协助在重庆的一批科学家组织成立"自然科学座谈会"。参加这个座谈会的有梁希、潘菽、金善宝、涂长望和谢立惠等近二十人。(中共中央文献研究室编:《周恩来年谱(1898—1949)》,中央文献出版社,1998年,第449页)

5—6月,同助教蔡旭到川北松潘考察,在平武受到无理搜查,被拘禁三天后,经学校来电函保释,才被放行。

资料一(手稿)　1939年夏,我和助教蔡旭去川北调查农业,经合川、遂宁、三台、江油、平武、松潘等十多个县,从平武县政府出发,到达一个镇上,被联保无理搜查,诬蔑我们有汉奸嫌疑,这是平武县政府耍的花招。这件事说明了在反动政府时代,农业科学工作者要想深入农村,做些调查研究是很困难的。(金善宝:《"文革"交代材料·我的历史》)

资料二(档案)　平武县长勋鉴:查电悉,请谅,适逢金教授、蔡助教奉命调查农业,务乞协助……昨日已去电矣,电告有此人,罗家伦。(《求助电》,南京大学档案馆648-2382)

资料三(传记)　1939年,蔡旭陪同金善宝赴川北考察农业,经绵阳、江油、剑阁、广元、茂县、松潘、灌县到达成都。每到一处,便向当地索取地图和有关农业生产资料,连夜抄录、整理和分析、讨论。此行,虽然经受不少艰难险阻,却使蔡旭对四川北部地区的农作物生产和生态环境和民俗习惯的关系有了进一步的认识。(杨坚:《蔡旭》,收入《南京农业大学发展史·人物卷》,中国农业出版社,2012年,第160—161页)

资料四(传记)　1939年7月,金善宝偕蔡旭赴川北考察农业,经绵阳、江油、剑阁、广元、茂县、松潘、灌县到达成都。沿途,除了调查农作物分布、品种情况和栽培技术之外,还注意搜集地方品种资源。每到一地便向当地索取地图和有关农业生产资料，连夜抄录、整理和分析、讨论。由于工作过于紧张认真，竟招致地方当局的猜疑，在距江油……60 里处遭伏击拦截，并以“通匪”罪名对他们进行搜查、软禁，三天后才由中央大学出面保释。此行，虽然经受不少艰难险阻，却使他们对四川北部地区的农作物生产与生态环境、民俗习惯的关系有了深入一步的认识，搜集了许多宝贵的农业资料。（杜振华等：《百年耕耘——金善宝传》，第 63—64 页）

资料五（文章） 1939 年，我和蔡旭同志去川北调查农业情况。每人坐了一乘滑竿，从重庆出发，到了平武，在县政府住宿。县长去重庆开会了，由秘书招待我们。几天后，我们离开平武，向松潘方向前进。到了下午，天快黑了，我们打算在一个镇上住宿。我们下了滑竿，突然从路旁出来五六个人，拿着手枪，对我们说，要检查行李，翻来翻去，检查了好一阵子，没有发现什么他们要找的东西。我问：你们无故搜查，想干什么？他们拿出一张平武县政府的通知：“中央大学教授金善宝、助教蔡旭，在县政府留住期间，翻地图，查县志，有汉奸嫌疑。”对此，我们非常气愤，他们待在后方不抗战，反而诬陷别人是汉奸，真是混账逻辑。（金善宝：《抗战期间在重庆》，收入《文史资料选集》第 15 辑，第 20—21 页）

资料六（文章） 1939 年夏天，我与助教蔡旭一起，沿嘉陵江、涪江北上，去川北松潘一带进行农业考察。没想到此举竟引起重庆特务机关的怀疑，他们发出密电称，中央大学教授金善宝携助教蔡旭去川北一带进行非法活动，令各县紧密监视。当我们路经平武县县城时，遭到特务的非法扣留和审讯，他们粗暴地搜查我们的行装，没收了我们收集的小麦品种，撕毁了我们的笔记，对我们进行百般刁难，致使这次川北考察不得不半途夭折。对此，我们十分气愤，回重庆后向有关方面提出了抗议。（金善宝：《战时科研生涯回忆（二十四）》，《科技日报》1995 年 8 月 7 日第 2 版）

资料七（传记） 那时，金善宝除了担任繁重的教学任务外，每年都利用暑假到川北、川西调查农业生产情况，搜集小麦良种，共计跑过五六十个县。1939 年夏天，他和助教蔡旭一起，各自坐了一个滑竿，沿嘉陵江、涪江北上，去四川北部松潘一带考察农业。当他们两人到达平武县时，县长去重庆开会了，由秘书接待了他们。几天后，他们离开了平武，向松潘方向前进。天快黑了,他们打算在一个镇上住宿,谁知刚下了滑竿,突然从路旁窜出来五六个人,拿着手枪对准金善宝、蔡旭两人,恶狠狠地喝令金善宝:“打开行李!接受检查!”但是,这帮人翻来翻去,也没有翻出什么结果。金善宝愤怒地抗议:“你们无故检查,是何道理?”这帮人拿出一张平武县政府的通知,上写着:中央大学教授金善宝、助教蔡旭,在县政府留住期间,翻地图、查县志,有汉奸嫌疑。原来抗战期间,重庆有关方面非常害怕大学里的教授到农村去,据说有人一听大学教授要到农村去,与农民共甘苦,就暴跳如雷地叫嚷:到农村去,安的什么心?想煽动农民起来造反吗?而金善宝是中央大学有名的进步教授,他的行动经常受到监视,这一次川北之行,被怀疑是共产党的密探,才遭到非法扣留。但是,任何破坏、干扰不能阻挡金善宝听从人民的召唤!任何威胁、恐吓,不能动摇金善宝培育小麦良种的决心。(金作怡:《金善宝》,第62—64页)

资料八(其他) 金老早期的科研活动中,不但在研究对象上不限于小麦、玉米、大豆等粮食作物和油料作物,而且扩展到其他经济作物;不但着重试验研究,而且时常深入农村进行调查研究。例如,在抗战初期,他所任教的大学迁到重庆不久,他就到四川各地进行考察,曾经发表的总结就有《四川烟草、大麻考察报告》等,这种报告深刻反映了有关作物的生产情况,总结了农民的生产经验。他的调查活动不限于城郊和交通要道上,而且不辞辛苦地深入边远地区,有一次他和助手到松潘调查时,甚至于被当地反动势力所扣留。(吴兆苏:《关于金老从事科研和教育活动的材料》,1980年)

7月,当学生面临毕业即失业的困境时,千方百计为他们安排合适的工作。

资料一(传记) 1939年夏季,我毕业于前中央大学农学院农艺系。当时的情景,犹如发生在昨天。因为这段经历,对以后的一切,起了决定性的影响。我的毕业论文是在金善宝教授的指导下进行的。题目是“小麦气孔特性与产量的关系”。那年夏天,金先生同他当时的助教蔡旭老师一同到四川西北松潘、平武一带考察小麦去了,到6月尚未回校。教我们昆虫的邹钟琳教授看到我在学期即将结束时尚未找到工作,就主动给我介绍到孙本忠先生那里去搞蚕桑。那时，病、虫都属农艺系。我念过普通昆虫学，所以毕业后去养蚕，也算对口。我那时又急需找工作，所以，邹先生一提，我就同意了。可是，在上任前一星期左右，金先生回来了，一见面就对我说："鲍文奎，你不要到孙本忠那里去！同蔡旭一同去成都。那边小麦缺人。蔡旭去当麦作股长。我已同李先闻说好了。"当时，李先闻是四川省农业改进所食粮组主任。这样，我就向同学借了旅费到成都四川省农业改进所工作了。如果金先生晚回来十天，蚕桑可能成为我一生的主要工作。(鲍文奎：《沿着金老指引的路子走下去》，收入史锁达、任志高编《著名农学家教育家金善宝》，第116—117页)

资料二(传记) 1939年6月，农艺系四年级的学生眼看就要毕业了，有一个成绩优秀、奋发有为的学生工作还没有着落，正当他十分苦恼的时候，金善宝从川北调查回来了，一见面就对他说："你同蔡旭一道去成都吧，那边，小麦缺人，蔡旭去当麦作股长，我已同李先闻说好了。"原来，金善宝对这位学生的工作问题早就挂在心上，他认为，这个学生是个可用之材，如果失业或改行了，对农业科学事业，对学生本人都是非常可惜的。为此他早就四处奔走，这次川北调查，他觉得四川省农业改进所的工作十分合适，所以就和食粮组主任李先闻联系好了。这位学生就是中科院院士、著名小麦细胞遗传学家、荣获1978年全国科学大会奖的八倍体小黑麦创造者鲍文奎。每当谈道金老师，鲍文奎总是深情地说："是金先生引导我走上了小麦育种研究的道路，而在后来的重要阶段，又是在金先生领导下进行稻、麦多倍体的研究工作，如果说我在育种研究工作中有什么成就，那都是同金老的指导分不开的。"(孟美怡：《金善宝》，第69—70页)

9月，将中大2419、矮立多移至四川农业改进所试验，结果喜人。

资料一(论文) 中大2419自1934年开始，通过了十行和高级等一系列的比较试验，自南京到重庆，历时六年，表现甚佳。到1939年由于与前四川省农业改进所合作，分到该所各试验场进行区域适应性试验，成绩优异。据1939—1940年两年在合川、内江、泸县、岳池、武胜、渠县等6处12个试验点的结果，中大2419的产量列居前位，比当地品种增产7.2～94.1斤，折合

3.1%～37.6%，也比当地的推广品种金大2905显著增产。（金善宝、蔡旭、吴兆苏等：《我国当前种植面积最广的小麦良种——中大2419小麦》，收入王连铮主编《金善宝文选》，第173页）

资料二（传记） 川北之行，他们从峰峦起伏的山区踏入一马平川的成都平原，滚滚麦浪……无垠沃野令人心旷神怡，心潮澎湃。为此，他们来到成都四川农业改进所，与食粮组主任李先闻商议，能否将中大2419小麦移到该所试验种植，李先闻欣然应允。在交谈中，金善宝了解到，这里小麦研究地理条件虽好，但小麦研究人才不敷需要，他立即推荐中大农艺系应届毕业的优秀学生鲍文奎来此工作，在场的蔡旭也很喜欢这里，李先闻都表示欢迎。于是，双方商定蔡旭来改进所出任麦作股股长。他们回到重庆中央大学之后，不久，蔡旭就准备好行装，再次带着中大2419的小麦麦种，告别了山城重庆，和农艺系刚刚毕业的鲍文奎一起来到了四川农业改进所，将全部麦种播种在广袤无垠的成都平原上。（杜振华等：《百年耕耘——金善宝传》，第64页）

资料三（传记） 这一年，他对四川全省的小麦品种进行了系统搜集和整理，对中大2419进行一系列的比较试验，从南京到重庆，历时六年，表现甚佳。并与四川农业改进所合作，把中大2419分发到该所各试验场进行区域适应性试验，成绩优异。中大2419小麦，据1939—1940年两年在内江、合川、泸县、岳池、武胜、渠县等6处12个试验点进行广泛试验结果，中大2419的产量列居首位，比当地品种增产7.2～94.1斤，折合3.1%～37.6%。矮立多亦于1939年加入四川省农业改进所各地之试验，均表现抗病、高产。（金作怡：《金善宝》，第63—64页）

秋，要求前往延安，因故未能成行，将自己精心培育的小麦良种托人转送到延安。

资料一（文章） 1939年，我曾两次去八路军驻重庆办事处找林伯渠同志，要求前往延安，林伯渠同志为我做了周密安排，办妥了去延安的一切手续。正当我和我的助手李崇诚积极准备奔赴延安时，一件意外的不幸发生了，李崇诚因患破伤风，突然病逝。这次意外事故打乱了我们去延安的计划，以致我在很长时间内心神不定，闷闷不乐。林伯渠同志知道后，专门找我谈心，要我保重身体，并鼓励我说，一个革命者，无论在哪里，都可以为革命工作，不一定要到延安去。虽然我的延安之行未能实现，但我的心一直向往着延安，延安开展的每一次运动，取得的每一个胜利，都有力地鼓舞着我。当我知道延安开展大生产运动时，立即把自己多年来选育的小麦优良品种，分别用口袋一袋袋包好，附上详细的品种说明书，亲自送到新华日报社，托人转送到延安去。半个多月后，在一次茶话会上，邓颖超同志告诉我："延安已经收到你的种子了，同志们都很感谢你。"听到这个消息，我感到十分欣慰。（金善宝：《战时科研生涯回忆（二十五）》，《科技日报》1995 年 8 月 7 日第 1 版）

资料二（传记） 1939 年，金善宝两次去八路军办事处找林伯渠同志，要求前往延安参加革命工作。林伯渠同志为他作了周密安排，办妥了去延安的一切手续。正当金善宝和他的助手李崇诚积极准备奔赴延安的时候，一件意外的不幸发生了，李崇诚因患破伤风，突然病逝。这次意外事故，打乱了他去延安的计划，以致他在很长一段时间内心神不定，闷闷不乐。林伯渠同志知道后，专门找他谈心，要他保重身体，并鼓励他说：一个革命者，无论在哪里，都可以为革命工作，不一定非要到延安去。虽然金善宝的延安之行未能实现，但他的心一直向往着延安，延安开展的每一项运动、取得的每一个胜利，都有力地鼓舞着他。当他知道延安开展大生产运动时，立即将自己多年来培育的小麦良种分别用纸袋一袋袋装好，附上详细的品种说明书，亲自送到八路军办事处，托人送到延安。半个多月后在《新华日报》举行的一次茶话会上，邓颖超同志对金善宝说："延安已经收到你的小麦种子了，同志们都很感谢你。"听到这个消息，他感到十分欣慰。（孟美怡：《金善宝》，第 45 页）

资料三（报道） 当金善宝因故无法去延安时，听从中共领导人林伯渠的意见，留在重庆，继续从事小麦的研究工作，后来为延安大生产运动送去 10 多斤小麦种子，有力支持了革命运动。（《九三学社在重庆抗战时期的活动》，《重庆社会主义学院学报》2010 年第 6 期，第 67 页）

12 月，在中央大学第一个用高价义买《新华日报》。

资料(传记) 1939年,正当国民党掀起第一次"反共"高潮,沙坪坝中央大学校园里的斗争是激烈的。为了争取大多数,扩大我党的影响,地下党支部通过学生救亡组织义卖《新华日报》,发动女同学制作手工艺品义卖,得款捐献前线抗日士兵。在中央大学第一个用高价义买《新华日报》的就是我们的金先生。由于金先生的社会地位和在群众中的威望,反动派无可奈何,而此举在广大群众中的影响是极大的。(曹诚一:《敬爱的金老师是我一生的楷模》,收入史锁达、任志高编《著名农学家教育家金善宝》,第124页)

是年,教学认真,严于律己,身教胜于言教,师生感情深厚。

资料一(传记) 金善宝教授治学严谨、认真负责的态度给同学的印象很深。四十年代初,正值抗日战争的紧张岁月,物质极端缺乏,靠微薄薪金过日子的公教人员生活十分清苦,即便如金老这样的名教授也并不例外。当时,金老虽然不到50岁,已经是鬓发皆白,身体瘦弱,有时还拄着拐杖走路,但是,金老师在课堂上总是一丝不苟地讲解。当时没有教科书、讲义之类,学生上课必须记好笔记,金老为了保证同学们记好笔记,就尽量一面讲述,一面在黑板上写,尽量写得细致清晰。写了擦,擦了写,弄得讲台前后粉笔灰尘飞扬,常常呛得咳嗽不止。金老在讲台上曾因胃大出血而昏倒,更多的次数是,讲课中实在支持不住而不得不休息。金老为不耽误教学进度,总要想方设法抓时间给同学们补上遗漏的课程。一些实验活动,本来可以由助教带着辅导就可以了,而金老也尽量到实验室来手把手地教。(蒋仲良:《沐教诲,终生受益》,收入史锁达、任志高编《著名农学家教育家金善宝》,第127—128页)

资料二(传记) 我在金老身边当学生和助教,将近10年时间,那是三十年代和四十年代的事。那时,学生每年总得搞几次迎新生、毕业生或其他内容的联欢会,在这些会上,金老大都不是主持人,但又总是最受欢迎的发言者。金老那时发言从不用稿子,都是在与会师生热烈要求下作即席讲话。他在讲话中,不用鼓动性的辞藻,而是用极其朴素的语言讲出自己的感受和对青年学生们的要求,他不讲什么大道理(当时也不可能公开讲),而是用实际生活中的具体事例来抨击当时国民党反动派的腐朽统治,他的讲话很激动人心,引起大多数师生的共鸣。他讲话时,那种发自内心和富有感染力的音容笑貌,至今还历历在目。(余友泰:《金老,我学习的榜样》,收入史锁达、任志高编《著名农学家教育家金善宝》,第119—120页)

资料三(传记) 我从武汉大学农艺系到中央大学读三年级,那年的必修课程之一是作物栽培学,金先生给我们上小麦栽培学,蔡旭先生带实习。在学校农场里,金先生亲自手把手教我小麦杂交技术,教我们认识小麦的不同品种和它们的特点。这是我学生物技术以来,第一次接触生产实际和真正了解学农的意义和目的。除了课堂讲学外,农场实习、教学实验和生产实习,这些本来是助教的事,而他却时常亲自到现场指导。(曹诚一:《敬爱的金老师是我一生的楷模》,收入史锁达、任志高编《著名农学家教育家金善宝》,第123页)

1940年　46岁

1月11日,应邀参加《新华日报》创刊两周年的庆祝活动。

资料(传记) 《新华日报》还经常邀请自然科学座谈会的成员参加各种纪念会和联欢会。1940年1月1日是《新华日报》创刊两周年,报馆举行了大规模的纪念活动,有联欢会、座谈会,中午还邀请了金善宝、梁希、潘菽、涂长望等部分自然科学座谈会的成员参加聚餐。周恩来同志还曾几次设宴招待他们,边吃边谈时事,十分亲切。(金作怡:《金善宝》,第84页)

春,负责编辑《新华日报》的"自然科学"副刊。

资料(传记) 1940年春,在周恩来、潘梓年的领导下,金善宝和梁希、潘菽、谢立惠等部分自然科学座谈会成员担负起了负责编辑《新华日报》"自然科学"副刊的任务。自然科学副刊的主要内容之一,是普及科学知识;内容之二,是宣传辩证唯物主义,号召自然科学工作者树立正确的人生观,为抗日战争的胜利贡献力量;内容之三,是号召自然科学工作者,在争取抗战胜利的旗帜下,广泛地团结起来,组织起来。自然科学座谈会的成员和重庆化龙桥虎头岩的新华日报馆建立了紧密联系,虎头岩周围布满了国民党特务机关的明岗暗哨。当时，金善宝身体不好，但是只要一听说去新华日报馆，立刻精神百倍，拿起拐杖，冒着被特务跟踪的危险，步行四五里山坡小路，迅速前往。潘梓年、石西民等同志经常为他们介绍国内外形势，并送他们延安的刊物和书籍。（金作怡：《金善宝》，第83—84页）

4月，发表《大豆天然杂交》一文。

资料（论文） 文章首先提出，大豆是一种自花受精的作物，有时亦有杂交的机会，但杂交率很低，据一般报告，其杂交率总在1%以下。为探其杂交率究竟在1%以下多少？作者在重庆中央大学沙坪坝农场做了一个“小小的大豆天然杂交试验”，试验表明，大豆的自然杂交率，应该在0.1%以下。（金善宝：《大豆天然杂交》，《中华农学会报》第168期，1940年，第33—34页）

5月，妻子姚璧辉携四个孩子到重庆，途经贵阳汽车掉下山崖，幸而全家人无恙。接妻电报赶往贵阳迎接。在嘉陵江边买了一间土坯房居住。

资料一（文章） 大约在抗战的第三四年，我想回杭州把家眷接到重庆来。到了贵阳，才知道浙赣路已经不通，只好中途返回重庆。第二年，我的妻子姚璧辉带了四个小孩，千辛万苦到达了重庆。她们经过贵阳……时，汽车翻了三个筋斗，幸而被一块大岩石挡住了，车内的皮箱翻出车外，不少乘客受了伤，有的还跌断了大腿，但我家的五口人，虽然有的衣裤上溅满了别人的鲜血，但一个也没有受伤，真是“感谢上帝保佑”。车祸后，她们找到贵阳一位姓何的诸暨同乡，在他家里休息了十多天，才辗转来到重庆。我在中渡口嘉陵江边花了150元，买了一间草房，一家六口总算安顿了下来。（金善宝：《抗战时期在重庆》，收入《文史资料选辑》第15辑，第20页）

资料二（文章） 1940年，我的妻子姚璧辉带着四个孩子，从浙江诸暨老家，经过一个多月的长途跋涉，辗转七千余里，终于到重庆来全家团聚了。我在嘉陵江边中渡口买了一间平房，一家六口总算暂时安顿下来。嘉陵江的江水绿茵茵的，波浪起伏，像一条绿色的缎带，十分美丽。但是这条美丽的河流，在灾难深重的年代，也吞噬了不少受苦受难的生命。那时嘉陵江上行驶的都是小帆船、小木船，每当气候变化，风浪刮起，常常会看到远处的小船被风浪打翻，船上的人被无情的江水吞没；风平浪静之后，又会看到那些披麻戴孝的少妇，跪在江边，哭天嚎地地祭奠他们的亡夫。此情此景，即使铁石心肠，也无不为之心酸落泪。我的妻子曾是一个虔诚的基督教徒，她们来重庆途中，快到贵阳时，汽车掉进山谷。她告诉我说，汽车翻了三个跟斗后，幸亏上帝保佑，遇到一块大石头才挡住了，否则山下是一条大河，掉进河里，全车的人就都没命了。翻车后，车上的旅客，有的摔断了腿，有的摔断了胳臂，鲜血淋淋的；又是上帝保佑，我们一家五口安然无恙。我虽然不信上帝，但是听了妻子的话，也不得不承认，和祖国成千上万的难民们相比，和灾难深重的劳苦大众相比，我们全家确实是幸运多了。（金善宝：《战时科研生涯回忆（二十三）》，《科技日报》1995 年 7 月 31 日第 2 版）

资料三（传记） 大约是……金善宝想回家把家眷接到重庆来，到了贵阳，才知道浙赣铁路已经不通了，只好中途返回重庆。第二年，金师母带着四个孩子，辗转七千余里来到重庆。从浙江到四川、重庆，在今天和平的环境下，利用现代交通工具，乘飞机只需三四个小时，坐火车也只需一天而已。可是在那战火纷飞的年代，没有飞机，铁路、水路都被割断了，他们只能坐长途汽车，一段又一段地避过鬼子的封锁线绕道行走，穿过一座座高山、峡谷，遇到敌机轰炸，还要中途下车，去田野或峡谷里躲避。这样，走走停停，停停走走，大约走了一个多月，当他们途经贵州省……时，在崎岖不平的山路上，汽车突然失去了控制，掉进了山崖，在山谷里翻了三个大跟斗，才被一块大石头挡住。车祸发生后，司机第一个站起来问：有人受伤吗？孩子们怎么样？这时，呻吟声四起，有人摔断了腿，有人摔断了胳膊，金师母稍稍清醒之后，第一反应就是紧张地寻找自己的孩子，她依次叫着四个孩子的名字，三个孩子很快都站起来了，只有大女儿没有找到，她发狂地喊着大女儿的名字，最后，终于从很多伤员的身体下面把她拉了出来，只见大女儿满身是血，一件白衬衫全部被血染红了。金师母吓得双手抱住女儿哭喊着："之英！你那里受伤了？"可是，大女儿什么也不回答，只是一边哭一边说："但愿上帝保佑姆妈、小弟弟平安无事！"金师母检查了她全身，发现她也没有受伤，衣服上的血全是其他伤员的血染的。四个孩子都只擦破了一点皮肤，感谢上帝保佑,全家安然无恙。这时,司机去叫救护车了,有人提议,没受伤的乘客赶快上山,去马路边等着,年轻的帮忙把伤员抬上去,把妇女、孩子们搀扶上山去。雨在蒙蒙地下着,山路又滑、又陡,金师母和孩子在难友们的帮助下,好不容易才爬上了山。上山后才发现一只手提箱没有拿上来,这只手提箱里装了他们旅途上的全部旅费和家当,可以想见,丢了这只手提箱将意味着什么?天已经快黑了,山是这样陡峭,布满了荆棘;路又是这样滑,谁能下山去找到这只手提箱呢?这时,未满10岁的二女儿不声不响、光着脚丫子下山去了。在山坳里,她从那个摔破的汽车身底下找到了手提箱,在大人们的帮助下,把它使劲地拽了出来。当她第二次爬上山来,把这个关系到她们全家命运的手提箱交给母亲时,母亲看着女儿沾满泥土和被荆棘刺得血迹斑斑的双脚,心痛得掉下了眼泪。雨还在不停地下着,天也渐渐黑了下来,大人、孩子们都在马路旁边坐着,伤员们躺着,全身都被雨淋湿了,救护车却迟迟未来,一直等到半夜,才来了一辆又破又旧的汽车,先把伤员抬上去、安顿好,大家依次上车后,车内一片血腥味、呻吟声。车到贵阳,把伤员送到医院,难友们才一一告别。在贵阳,金师母母子五人在诸暨同乡何老先生的家里休息、暂住,商量下一步路程怎么办?从诸暨到贵阳,她们已经辗转地走了7 000余里,从贵阳到重庆,虽然只剩下几百里路了,可是中途还要翻越一座高山,山上要绕72个大弯,地势十分险要。刚刚经历了翻车惊险的金师母,再也没有勇气带着孩子们往前走了!她在贵阳给丈夫发了一个电报。金善宝接到电报后,匆匆赶到贵阳。在何老先生家的小院里,金善宝见到了久别的妻子和孩子们,妻子经历了长途跋涉的艰辛,一脸疲惫。孩子们都长大了!长高了!可是孩子们见了父亲却十分陌生,尽管他们的母亲一再告诉他们:“这是你们的阿爸,叫阿爸呀!”可是他们一个个畏缩在角落里,眨闪着一双双大眼睛,偷偷盯着这个头发花白、两眼炯炯有神,面貌消瘦的陌生人,一声不吭。金师母埋怨地说:“你看,小丫儿都不认识你这个阿爸了!”金善宝笑着对大女儿说:“之英是认识阿爸的,对吧,之英!”大女儿这才略带羞涩地叫了一声“阿爸”。感谢大女儿这一声呼唤,很快拉近了她的弟妹们和这个陌生阿爸之间的距离。(金作怡:《金善宝》,第64—66页)

资料四(信件) 1967年,金善宝和姚璧辉给锦文、月珍写信,感谢他们

在抗战时期的帮助。(《感谢浙江同乡锦文、月珍在抗战时期的帮助》,1967年7月3日,见图63－1至图63－3)

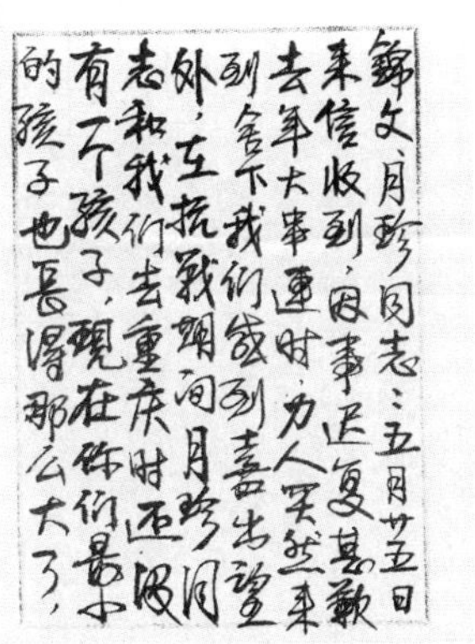

图63－1

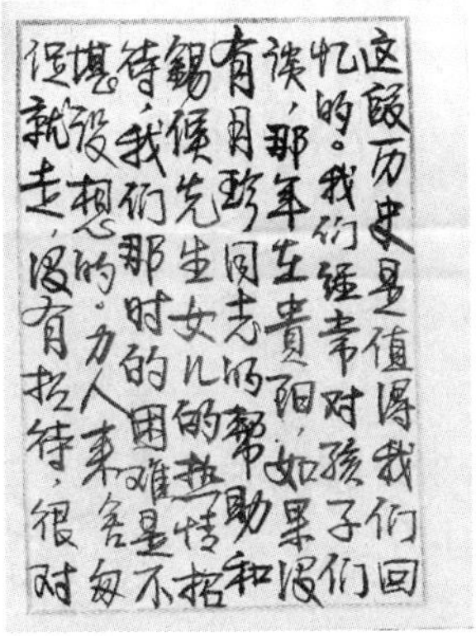

图63－2

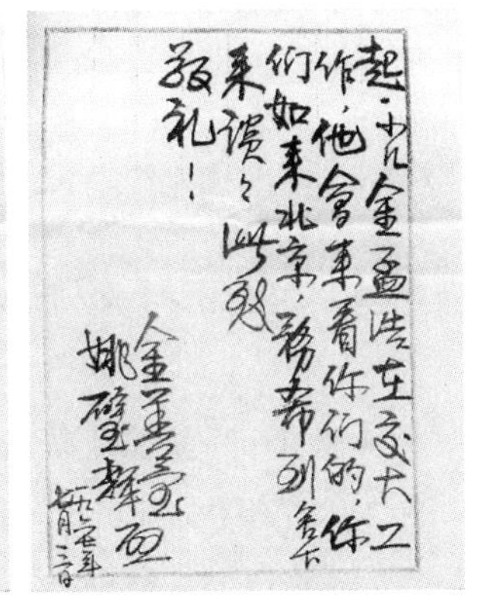
起,小儿金孟浩在交大工作,他会来看你们的,你们如来北京,务希到舍来谈谈。此致
敬礼!
金善宝
姚璧辉 同上
一九六七年七月三日

图63－3

冬,根据决议,中华作物改良学会在抗战胜利后复会。

资料(报道) 民国二十九年冬全国农政会议时,在重庆举行会员谈话会,议决以战时交通困难,至胜利后再行复会。(《其他十六学会(协会)介绍中华作物改良学会简史》,《中华农学会通讯》第79—80期,1947年,第38页)

是年,常用“行万里路,胜读万卷书”来勉励自己,教育学生。

资料一(传记) “行万里路,胜读万卷书”,是金善宝经常用来勉励自己、教育学生的两句话。这两句话的意思是,一个人光有书本知识是远远不够的,每个人都必须到生产中去学习,在工作中向一切有经验的人学习,启发学生广开思路,钻研科学,讲究实效。他常以自己亲身经历的两件事来告诫大家。一件是他迈进大学的头一年暑假,全班同学在浙江省农事试验场生产实习,场里一位从日本留学回来的技术员,由于他平时总是待在办公室,很少到田间去调查,结果在给学生讲课时,连简单的“波尔多液”也配制不出来,弄得当场下不了台,最后还是在场的一位技术工人救了他的驾;另一件是,他自己刚从学校毕业在皇城小麦试验场工作,小麦秋播时,一位工人问他:一亩地要用多少播种量?由于当时农学院的课本大多是从国外教科书上抄来的,学生对国内农业生产情况知道很少,因此,金善宝一时被问得张口结舌,答不出来。他用自己亲身经历的这两件事情告诉学生,除了学习书本知识之外,还必须在生产实践中学习,将理论和实践结合起来。(孟美怡:《金善宝》,第66—67页)

1941年　　47岁

1月1日,前往新华日报馆,哀悼皖南事变中的烈士。

资料(传记)　1月1日,发生震惊中外的皖南事变,自然科学座谈会的成员,金善宝、梁希、潘菽、涂长望等人,义愤填膺,拍案而起,毅然前往新华日报馆,表示慰问,对死亡烈士表示深深的哀悼。(孟美怡:《金善宝》,第47页)

春,冒着敌机轰炸的危险撰写小麦论著。

资料(传记)　那时,日本飞机经常来重庆轰炸,空袭警报一响,学校马上停课,机关、商店立刻关门,大家扶老携幼地去防空洞躲避。由于防空洞里又潮又黑(在山里凿的一条隧道),空气不好,躲空袭时,大家都在防空洞口,只有来紧急警报时,才进入防空洞内。但常常是,空袭警报响了两三个小时之后,敌机并没有来,空袭就解除了。这样,躲空袭就要占去很多时间,金善宝觉得躲空袭太浪费时间了。他想到自己的家就在防空洞山下,可以利用这段时间在家里做点事,等紧急警报来了之后再去防空洞不迟。这样试过一两次,他觉得效果很好,以后每次空袭时,他就让妻子带着孩子们先走,自己留在家里工作,久而久之,形成了一种习惯。一天,空袭警报又来了,金师母在防空洞口听说今天要来轰炸中央大学的消息,就急忙派大女儿下山去叫他,过了半小时左右,金师母见他们没有来,又派二女儿下山去催,左等右等,还是不见父女三人的踪影!这时候,紧急警报的声浪已经一阵紧似一阵地鸣叫起来!金善宝刚刚放下手里的工作,准备动身时,敌机已经在他家的屋顶上盘旋了!并在中央大学丢了几个炸弹,炸弹爆炸的风浪掀起了他家屋顶的瓦片,炸弹爆炸的碎片落在了他家的小院里,他急忙把两个女儿藏在桌子底下,躲避弹片的袭击……警报解除后,金师母回到家里,一再诉说她在防空洞里的焦急心情,叫丈夫,丈夫不来,连两个女儿也不回来了,埋怨丈夫不该如此麻痹大意。金善宝却满不在乎地笑着打趣她说:“你放心,我们……不会有事的!”事后得悉,这次敌机轰炸,中央大学校园内中弹30枚,教室、宿舍被炸毁多处……有人问:空袭警报时,金善宝在忙些什么呢?后来才知道,他的“作物学”讲稿、他的两篇重要论文、1943年发表的《中国小麦区域》和《中国近三十年来小麦改进史》等著作,都是在重庆大轰炸的威胁下写成的。(孟美怡:《金善宝》,第56—57页)

5月,妻子因长途跋涉、劳累过度病倒,全家六口挤在一间土坯房里。

资料(传记) 金师母终因劳累过度病倒了,经常咯血,为了保证她的休息,金善宝设法把房后的一条阴沟铺上石板,用竹篱笆涂上泥土,接出半间屋,让妻子一人居住;两张上下铺紧挨着一张单人床的房间,是金善宝和四个孩子的卧室;房前也接出了半间屋,放了一张方桌,是一家六口吃饭、看书的地方;全家唯一的一扇窗户,是用棉纸糊的,棉纸上涂了桐油;屋内阴暗而又潮湿,有点类似七十年代北京一般家庭盖的抗震棚。这间住房,地势低洼,面对嘉陵江,背靠一座大山坡,金善宝去中央大学授课,孩子们去学校上学,都要攀登几百个又高又陡的台阶,才能到达沙坪坝。遇到雨天,泥泞路滑,更是难行。有一次,适逢雨后天晴,金善宝的两个女学生来看他,她们下山时,因为山路泥泞、太滑,不敢迈步,只好在山坡上大喊“金先生”,一连喊了十几声,金善宝听见后,才上去把她们搀扶下来。年轻的大学生尚且如此,何况五六岁的小学生呢?难怪金师母总是说:“望着两个小丫儿去上学,在尬尬高、尬尬陡(这么高、这么陡)的台阶上摇摇晃晃的,心里直发怵!”在这间土坯房里,金善宝一家人住了整整五年,直到抗战胜利前不久才搬到沙坪坝去。……由于金师母常年躺在床上,四个孩子无人照料,经常弄得蓬头垢面,邋遢不堪。当时,疟疾流行,几个孩子三天两头“打摆子”,发起热来达到39℃~40℃以上;发冷时,盖上三床棉被仍然抖个不停……艰苦的生活环境给子女们的生活也造成了隐患。五十年代末期,二女儿作美去苏联留学,身体瘦弱，经常晕倒，医生检查是营养不良所致，问她："你从小生长在农村吧？是不是常常吃不饱饭？"当作美告诉这位医生，父亲是个大学教授时，这位苏联医生不相信地摇摇头说："你从小营养不良，不像是教授的女儿！"（孟美怡：《金善宝》，第60—61页）

8月22日，因撰写论文，未去防空洞，敌机在中央大学投弹30枚，教室、宿舍被毁坏多处，其所住的土坯房也受损。

资料一（口述） 父亲把我们从贵阳接到重庆后，就开始了无休无止、躲警报、钻防空洞的生活！每当空袭警报一响，学校、机关、商店立刻关门，大家扶老携幼去防空洞躲避！对我来说，印象最深的有三次：第一次是我们刚到沙坪坝，空袭警报声呜、呜、呜地响了，父亲镇定地提着一个小包，带我们去防空洞躲避。一路上，我看见这么多拥挤的、慌乱的人群，提着大包、小包，抱着小孩、扶着老人，像逃难一样；山路上，高高低低、坑坑洼洼，心里十分害怕。我紧紧跟着大人，低一脚、高一脚地走着，忽然前面遇到一条大壕沟，矮小的我跨不过去，只好站在沟前发呆，仅仅几秒钟，家里的亲人就被潮水般的人流淹没了！剩下我孤孤单单一个人.又急又慌又怕，正当我万分无助的时候，忽然听见一个声音在呼唤：来，福妹！我抬头一看，是父亲！向我伸出了一只大手！我抓住了这只大手，勇敢地跳过了这条壕沟……父亲这只有力的大手，让我感受到亲人的温暖！这一声亲切的呼唤，令我享受了父亲深深的爱！从此，父亲不再陌生！时间长了，躲警报成了"家常便饭"！往往每次空袭警报之后，我们在防空洞内等了很久，敌机并没有来，警报就解除了，因而产生了麻痹。以后再有空袭时，只坐在防空洞外聊天，因为防空洞是在山头上挖的一条隧道，洞内点了几个小油灯，黑乎乎的，墙壁上上下下到处在滴水，空气潮湿，又散发出一种怪味，人们都不愿在洞内久待，一旦紧急警报来临，才进入防空洞内。为此，父亲觉得躲警报很浪费时间，他想到自己的家就在防空洞山下，可以利用这段时间在家里备备课，写点文章，等紧急警报来了之后再去防空洞不迟。故而以后每次空袭时，他就让母亲带着我们四个孩子先走，自己留在家里工作……不久，母亲终因七千多里的长途跋涉，疲劳过度而病倒了！为了让母亲好好休养、保障母亲的安全，父亲在远离中央大学沙坪坝的农村，找了一家农舍，安置了卧床不起的母亲。因为那里远离中央大学本部,比沙坪坝偏僻,不用躲警报了。记得有一天,家里只有我和弟弟两个小学一年级学生,空袭警报……响了起来!开始,我俩并不害怕,习惯地锁了家门、拿了小板凳就去钻防空洞了。没想到,紧急警报不久,敌机就飞来了。在中央大学扔下了好几枚炸弹,轰隆隆的爆炸声震动了整个防空洞,爆炸的巨浪激起一阵一阵狂风刮进了防空洞内,洞内的小油灯灭了,防空洞内一片漆黑,人们十分紧张,洞口的人拼命往洞里面挤,一排排的人倒下了,混乱不堪!洞内没有喧哗、没有争吵;但是,肃静中,大人们强烈的求生渴望,更让我感到十分恐惧!以往和父母一起躲警报时,从没有发生这种情况,吓得我一边哭、一边喊爸爸妈妈!可是,爸爸妈妈在哪儿呢?两个五六岁的孩子只好畏缩在防空洞的角落里,相互依偎着度过了这惊险的一幕!警报解除后,我俩带着泪痕,怀着忐忑不安的心情走出防空洞。心里想,外面的世界不知道变得怎样了?我们家的土坯房是不是被炸塌了?当我们走下山坡,远远望见那一排土坯房全都完好无损时,才放下心来。走进家里的小院,看见家养的一只山羊正在安详地吃草,见小主人归来,朝我们"咩"一声欢叫,似乎在报告它的平安!引得我们迅速跑过去,像劫后重逢的亲人一样拥着它、抚摸它的皮毛,流下了不知名的泪水。可是,中央大学,就没有我们家这样幸运了!走进松林坡中央大学校园,我们看到,校长办公室的房顶被炸飞了!办公室的三面墙被炸倒了!图书馆被炸掉了一半!教室、学生宿舍、职工宿舍也被炸毁了好几栋!炸坏的汽车停放在校园各地!美丽的松林坡,到处是一堆堆废墟……童年时代,在重庆沙坪坝的亲身经历,埋下了我们这一代人对日本鬼子终生难忘的仇恨!(金豆:《童年时代的回忆——躲警报》)

资料二(其他) 8月22日,敌机连续空袭重庆,中大落弹30枚,炸伤工人2人,教室、宿舍被毁多处。8月30日,敌机又炸,中弹10枚,图书馆、教职员宿舍被毁,3辆汽车损坏。(费旭、周邦任:《南京农业大学史志1914—1988》,第197页)

10月13日,与中央大学农学院教师和家属在重庆沙坪坝松林坡合影。

资料一(照片) 金善宝和姚璧辉夫妇携子女与农学院职工于重庆沙坪

坝合影。(最后排左起：金善宝、周承钥、朱健人。左五起：邹钟琳、邹树文、黄其林、卢浩然。见图64)

图64

资料二(照片) 金善宝与中大农学院教师于重庆沙坪坝合影。(左一蒋耀。左三起：邹钟琳、邹树文。左六起：周承钥、金善宝。左九：卢浩然。右一：徐冠仁。见图65)

是年，开展烟草实验。

资料一(文章) 当时外国香烟充塞市场，为了堵塞漏危，发展本国烟草事业，某烟草公司捐了几万元经费，托中大农艺系改良本国烟草品种。我们向四川各县搜集了不少农家烟种进行试验，并选出了一些生长比较好的品种。但对烤烟技术没有实践经验。我们借了800元，从河南请到一位有实际操作技术经验的老农民帮助我们烤烟，并派一名高年级学生刘式乔跟他学习。这个学生在烤烟房旁搭了一张床，食宿不离，随时观察烟房的温度、湿度和烟叶颜色的变化，详细地记录下来，然后分别制成曲线。从这些曲线很

图 65

容易看出三方面的相互关系。后来他写了一篇很好的毕业论文。因为我们进行了多年的烟草试验，学生积累和学习了实际知识和工作经验，约有四五名毕业学生，如朱尊权、王承瀚、洪承钺成了我国现在烟草界的权威。（金善宝：《抗战期间在重庆》，收入《文史资料选辑》第 15 辑，第 21 页）

资料二（传记） 作为朱尊权的导师，金善宝教授的专业是小麦育种……直到 1941 年，金善宝教授才开始和余友泰等人开展黄烟、雪茄烟、土烟的品种观察试验、移植期试验等。选择一个新的领域作为专业是有一定挑战性的，金善宝教授非常喜欢这几位选择烟草作为专业的学生。他在开展小麦研究之余……告诉朱尊权和烟草专业的其他几个同学，如果要熟悉烟草，最好的办法就是实际种植，发现烟草生长中的问题。他要求学生们自己种些烟叶，首先熟悉烟草的生长过程。同时，作为育种专家，他也可以指导他们开展一些烟叶育种的研究工作。（罗兴波、刘巍、齐婧：《往事皆烟：朱尊权传》，中国科学技术出版社、上海交通大学出版社，2014 年，第 24 页）

是年，教书育人、关心青年成长，尽其所能解决学生困难。

资料一（传记） 关心青年成长，尽其所能解决学生的困难，是金善宝最大的快乐！学校里有很多爱国的有志青年，怀着科学救国的理想，从沦陷区穿过重重封锁，颠沛流离，来到重庆这个大后方求学，希望学到一技之长，报效祖国。金善宝对他们十分关心，见他们生活清贫，没有经济来源，就想方设法为他们提供半工半读的机会；对一些思想进步、积极参加民主革命的学生，总是给予满腔热情的支持和保护。原安徽农学院院长黎洪模说："当时农艺系常有学生偷偷地离校到解放区去，金老师知道后，总是不露声色地点头默许，不让校方和别人知道。特务们经常出其不意地闯进学校抓人，我们在紧急情况下，常到金老师等有名望的进步老师家中躲避，金老师总是热情接待，关怀备至。"（孟美怡：《金善宝》，第 69 页）

资料二（传记） 金师教书育人，关心青年学生的成长，经常告诫我们，在祖国危亡的关键事刻，要认清形势，分清是非，爱祖国、爱人民。当我升入四年级学习时，他见我生活困难，就让我半工半读，协助他进行小麦科研工作。在旧社会毕业就是失业，他总是千方百计帮助学生找工作。他爱学生，学生也爱他，师生感情深厚。当时，我已加入中共地下党，为了躲避特务的追踪，他主动让我到他家居住，长达半年之久。（沈丽娟：《金师对农业教育小麦科学事业的无私奉献》，收入孟美怡《金善宝》，第 273 页）

1942 年　　48 岁

5 月，讲课时昏倒在教室门口，受到同学们的照顾。

资料一（文章） 我在重庆时，身体也不好。一次在上课时，觉得头晕眼花，只好提前下课，刚走到教室外面就昏倒了。同学们把我抬到办公室休息，并要送我回家。但我想到妻子卧病在床，孩子们还小，我这副样子回到家里，岂不叫生病的妻子着急吗？因此，我婉言谢绝了同学们的好意。到傍晚，肚子有点痛，坐在痰盂上，便了半痰盂血，住进医院，医生也检查不出是什么病。罗宗洛先生写信慰问我："斯人也而有斯疾也。"回到家里，农艺系的同学们认为我的病是营养不良所致，他们在一起凑了一些钱，买了许多营养食品来慰问我，使我深受感动。当时一个大学教授的生活不过如此，一般大学生的生活就更是清苦难言，很多同学是靠救济金或亲友帮助勉强就学的。在这样艰难的日子里，用勒紧腰带省下的钱买来的这些慰问品中，凝聚了多么深厚的师生情谊啊！（金善宝：《抗战期间在重庆》，第22—23页）

资料二（文章） 工作的劳累、生活的煎熬，使我的身体越来越差了，虽然还不到50岁，已经是满头白发了，是当时中大有名的“四老”之一。1944年我开始便血，有一天早起，我便了一马桶血，照常去学校上课，讲着讲着，只觉得全身无力，一阵头昏眼花，昏倒在课堂上。学生们急忙把我扶起来，躺在一条长板凳上，过了好久，我才慢慢苏醒过来，学生们商量把我送到医院去，我不同意，因为我知道住院十分昂贵，一个穷教授怎么住得起呢？学生们又商量把我抬回家去，我也没同意，因为我想到家中有重病的妻子和四个还不懂事的孩子，这样把我抬回去，会把家里人吓坏的……所以，我只能在这条板凳上躺了好久，待精神稍好后，才慢慢走回家去。事后，我在课堂上昏倒的消息，对学生们震动很大，尽管他们大都依靠救济金维持学习，生活困难，但他们仍然节衣缩食，凑了一些钱，买了两只鸡和鸡蛋等营养品送到我家，给我滋补身体，这种深厚的师生情谊，使我十分感动。（金善宝：《战时科研生涯回忆（二十四）》，《科技日报》1995年8月7日第2版）

资料三（传记） 1942年，金师给我们讲授“作物学”“麦作学”等课程，他讲课十分重视理论与实际结合，每讲一章，都要发实习提纲，要求学生到实验田间去做，并亲自手把手教我们小麦育种的技术，使我们在实践中加深了对课程的理解。金师生活清贫，患有严重的胃溃疡，常常带病上课，有一次在课堂上突然昏倒，把同学们吓坏了，大家在一起凑了一些钱，买了两个月的牛奶票慰问金师。大家认为，当时，金师已经是很有名望的教授和小麦专家了，只要他对当时的统治当局有一点点妥协、折腰之意，生活是绝不会如此贫困的。由此，又使我们对金师产生一种深深的敬意，都称他是“耿、介、廉、正”的代表、教书育人的典范。（沈丽娟：《金师对农业教育小麦科学事业的无私奉献》，收入孟美怡《金善宝》，第273页）

资料四（传记） 金老当时身体很瘦弱，但坚持按时上课，从不请假。记得有一次，是在讲《麦作学》时，老师讲着讲着，神色变得很不好，我们学生让他休息一下，他说不要紧，接着讲。到快下课时，突然晕倒在讲台上。我们学生吓坏了，赶紧把他扶起来……我们知道老师生活很清苦，这次是晕倒不单是胃病发作，而主要由于营养太差，劳累过度，身体虚弱所致。我们一些同学凑钱买了两只鸡给老师送去。我们好不容易请老师收下我们送去的鸡，离开老师家时，都感到阵阵心酸。当时，金老已是一有盛名的小麦专家，不但出版了小麦学专著，他主持培育的矮立多、中大 2419 等小麦优良品种，已推广了相当大面积。在反动统治者面前，只要有一点"媚骨"，有一点"折腰"之意，他的生活是不会那样艰苦的。"疾风知劲草"，金老真不愧为旧社会"耿、介、廉、正"的专家教授们的一位突出的代表。（余友泰：《金老，我学习的榜样》，收入史锁达、任志高编《著名农学家教育家金善宝》，第 120 页）

资料五（传记） 黎洪模先生在回忆金老的文章中写道："金老对教学非常认真负责。解放前患有严重的胃溃疡，身体很虚弱，但从不让教学受到影响，不仅常常带病上课，而且课上课下总是对学生谆谆诱导，在学业和生活上关怀备至，深得同学们的爱戴。有一次，金老师在讲课中突然昏倒在讲台上，我们全班同学护候良久，待金老师神志复苏后才护送他回家。大家还凑了一些钱，设法买了两个月的牛奶票送给我们生活清寒的老师……"（史锁达、任志高编：《著名农学家教育家金善宝》，第 107 页）

资料六（信件） 老师为祖国教育和科技事业所作出的巨大贡献是有目共睹的，此刻我不由想起一些难忘的往事。在抗战时期，生活比较艰苦，那时你担任好几门课程，还有系主任工作，负担很重，身体相当虚弱，以致有一次在给我们讲课中，在课堂上突然晕厥过去，同学们帮助扶送回家后，还商议给老师订点牛奶，而老师和师母即坚持不接受，此事我们久未忘怀。（黎洪模、徐静雯：《祝老师百岁华诞并回忆往昔时光》，1994 年 6 月 27 日）

6 月，应第 42 届毕业生之邀，抱病去毕业班送别。

资料一（传记） 此后不久，农艺系毕业班的学生就要离开学校了，大家十分留恋尊敬的金老师，在这离别的时候，多么希望能再一次聆听金老师的讲话啊！可是金老师卧病在家，同学们为老师的病忧心忡忡，经过商量，大家决定派马世均同学去探望。在金善宝的病床前，马世均代表全班同学向金老师表达了亲切的问候和祝愿。当看到老师憔悴的面容，马世钧实在不忍心提出邀请讲话的事。当金善宝明白他们的来意后，立即答应了邀请。在两位同学的搀扶下，他拖着虚弱的身体，冒着暑热，一步步登上通往农艺系所在地松林坡的台阶。金老师的到来，给同学们增添了生气和快乐。大家聆听金老师的讲话，他从我国光辉灿烂的古代农业，一直讲到当前农业衰败的原因。他说，没有灿烂的古代农业，就没有灿烂的中华民族，他希望大家要热爱中华，热爱自己的专业，珍惜自己的青春，努力为祖国的农业增添光辉。他谆谆嘱咐大家，毕业后，不管生活道路如何崎岖坎坷，千万不要放弃和荒疏自己所学的专业知识，不要改行。他越讲越激动，眼里充满了泪花。这一字字、一句句发自肺腑的话语，深深打动了同学们的心，在场的同学都感动得流下了热泪，有的甚至失声哭了起来。师爱生，生爱师，诉不完的心里话，讲不尽的师生情啊！这一届毕业生没有辜负老师的殷切期望，在艰难困苦的条件下，顽强拼搏，有力地支援了抗战，并相继成为新中国农业科技战线上的带头人，为祖国农业科学和农业生产作出了重要贡献。（史锁达、任志高编：《著名农学家教育家金善宝》，第28—29页）

资料二（照片） 金善宝在重庆留影。（见图66）

图66

资料三(照片) 毕业生合影。(见图67)

图67

暑假,以病弱之身赴云南考察,发现我国特有的小麦新种云南小麦。

资料一(传记) 当1937年抗日烽火初起之时,金善宝从云南征集的小麦品种中,发现有一类小麦品种性状特殊,穗形细长而稀疏,无芒,白壳或红壳,穗轴坚硬而易折断,小穗紧靠穗轴,角度很小,小穗从穗节下部折断,籽粒和颖壳难于分离,脊上有锯齿和侧脉,种子横切面呈三角形等。从植物学分类上看,它与一般普通小麦的穗轴坚韧不易折断有较大差异,也不同于斯卑尔脱小麦(*T. spelta* L.),而其染色体数目为 $2n = 42$,与一般普通小麦杂交没有问题,与硬粒小麦杂交也能获得成功,当地农民叫这种小麦"粉光头",亦称"糯光头"(口感带有软糯的意思),有的叫箐小麦、铁壳小麦、花谷麦。金善宝从其他各省搜集的小麦品种中,从没有发现过这种类型,他查阅了世界小麦分类学文献,也不能确定其适当的植物学分类地位。这种小麦究竟属哪一种分类呢?这个问题一直在他的心里悬挂着。1942年,他带着病弱之身,去云南实地考察，走遍了澜沧江流域，登上海拔 1 700 米的高原，发现该品种的主要产区分布在云南省西部澜沧江西南，包括镇康、双江、云县、缅宁及腾冲等县，海拔均在 1 000～1 700米之间。通过考察，他一共搜集到这种小麦 15 个品种，后经多方研究，他将其命名为云南小麦，确定其为普通小麦的云南小麦亚种（*T. aestivum* subsp. *yunnanense* King.）。（孟美怡：《金善宝》，第 60 页）

资料二（传记） 金师在研究小麦分类时，在云南省征集的小麦品种中，发现有一类小麦性状特殊，既与一般普通小麦的穗轴坚韧不折断有差别，也不同于斯卑尔脱小麦。为了确定这种小麦的分类，1942 年暑假，他带病去云南考察，走遍了海拔 2 000 多米的澜沧江流域，终于发现并确定了这是我国独有的小麦品种，并将其命名为云南小麦。（沈丽娟：《金师对农业教育小麦科学事业的无私奉献》，收入孟美怡《金善宝》，第 274 页）

资料三（照片） 云南小麦穗形照。（见图 68）

图 68

是年，中大 2419、矮立多两个小麦品种开始在四川推广。

资料一（著作） 到 1939 年由于与前四川省农业改进所合作，分发到该所各试验场进行区域适应性试验，成绩优异。据 1939—1940 年在合川、内江、泸县、岳池、武胜、渠县等 6 处 12 个点试验的结果，中大 2419 的产量位居前列，比当地品种增产 7.2～94.1 斤，折合 3.1%～37.6%，也比当地的推广品种金大 2905 显著增产。因此,1942 年秋开始在四川省示范推广。(金善宝、蔡旭、吴兆苏等:《我国当前种植面积最大的小麦良种——中大 2419 小麦》,收入王连铮主编《金善宝文选》,第 172 页)

资料二(传记) 在那战火纷飞的日子里,金师边教学边做研究,每年都要利用暑假去农村调查,并将他在南京选育的中大 2419 良种移到合川、内江、泸县等地进行广泛的区域试验。在两年六个地区的试验中,均表现比当地推广品种有更高的产量,1942 年开始在四川省示范推广。(沈丽娟:《金师对农业教育小麦科学事业的无私奉献》,收入孟美怡《金善宝》,第 274 页)

资料三(传记) 中大 2419 和矮立多两个品种,1939 年与四川农业改进所合作,分发到该所各试验场进行区域适应性试验,成绩优异。据 1939—1940 年两年在合川、内江、泸县、岳池、武胜、渠县等 6 处 12 个试验点进行广泛试验结果,中大 2419 的产量均居首位,比当地品种增产 7.2～94.1 斤,折合 3.1%～37.6%。矮立多亦于 1939 年加入四川省农业改进所各地试验,均表现抗病、高产。1942 年秋,中大 2419 和矮立多两个小麦良种同时在四川省示范推广。(金作怡:《金善宝》,第 64 页)

1943 年　　49 岁

12 月 28 日,参加梁希的 60 岁祝寿会。

资料一(其他) 1943 年,在梁希六十诞辰到来时,周恩来、董必武、邓颖超同志特在重庆化龙桥新华日报社备了两桌简朴的酒席为梁希祝寿,潘梓年、熊瑾玎、章汉夫、石西民、于刚同志参加了酒会,潘菽、金善宝应邀作陪。周恩来同志在祝词时说:“新中国总要到来,新中国需要大量的科学家。”梁希无限感慨地说:“我无家无室,有了这样一个大家庭,真使我温暖忘年。”(《九三学社历史纲要　民主革命时期》,九三学社社史办公室)

资料二(传记) 1943 年 12 月 28 日,周恩来同志约自然科学座谈会的梁希、金善宝、潘菽等七人到新华日报馆午餐。大家以为周恩来同志有什么重要问题要向大家传达,当他们到达后,看见屋里摆了两桌酒席,盘子里装着寿桃，原来是周恩来、董必武、邓颖超为梁希教授60寿辰祝寿，到会的还有潘梓年、熊瑾玎、章汉夫、石西民、于刚等同志。作为梁希的挚友，金善宝、潘菽等人应邀作陪。周恩来在致贺词中说："中国需要科学，新中国更需要科学，不管道路如何曲折，新中国总要到来，眼前的困难是暂时的，到那时科学家就大有用武之地了。"梁希无限感慨地说："我无家无室，有了这样一个大家庭，真使我温暖忘年。"这件事令金善宝等人非常感动，大家知道梁希是自然科学座谈会中最年长的同志，却不知道他已经60岁了，更不知道哪一天是他的生日，而周恩来同志日理万机，日夜为国事奔忙，却记得梁希的生日，还专门为梁希祝寿。虽然是为梁希祝寿，却使他深切地体会到党对知识分子的关怀和爱护，特别是周恩来的讲话，使他看到了祖国的前途和希望，决心在共产党领导下，更加努力地为抗日救国贡献力量，迎接新中国的到来。（孟美怡：《金善宝》，第84—85页）

资料三（其他） 12月28日，梁希六十寿辰，周恩来、董必武、邓颖超在新华日报社设宴祝贺。周恩来说：眼前的困难是暂时的，到那时科学家就大有用武之地了。（费旭、周邦任：《南京农业大学史志1914—1988》，第198页）

是年，与吴董成联合发表《中国小麦区域》。

资料（论文） 作者认为，小麦是我国最重要的农作物之一，其栽培之普遍、分布之辽阔，实驾乎其他作物之上，而莫能及者。栽培范围既广，气候之差异悬殊，且小麦之适应性因品种而不同，有适于此而不适于彼者，故其分布常受自然条件限制。如能根据小麦之特种性状，依其自然之分布，列为若干麦区，则对于改进中国小麦之育种或栽培等问题，均有相当之帮助。故而，作者两次搜集我国各县之小麦数千种，分别研究冬麦、春麦、白皮、红皮及软粒、硬粒之分布状况，并根据上述分布结果，试将我国小麦分为三个区域，即硬粒红皮春小麦区、硬粒冬麦春麦混合区及硬粒红皮冬小麦区。（金善宝、吴董成：《中国小麦区域》，《中华农学会报》第170期，1943年，第1—19页）

是年，与蔡旭合作完成《中国近三十年来小麦改进史》。

资料一（手稿） 《中国近三十年来小麦改进史》手稿。（见图69）

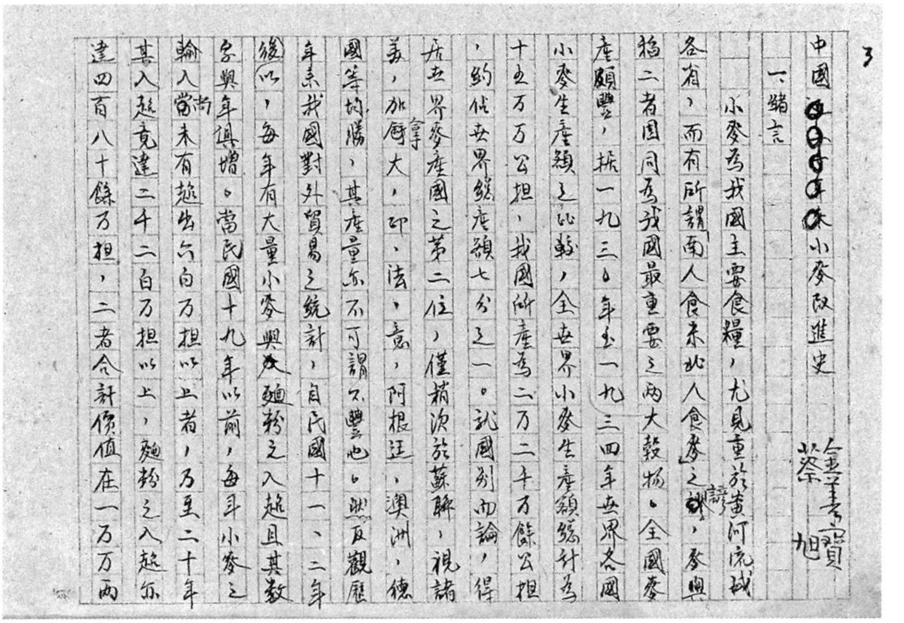

3

中國近三十年來小麥改進史

金善寶 蔡旭

一、緒言

小麥為我國主要食糧，尤見重於黃河流域各省，而有所謂南人食米北人食麥之諺，麥與稻二者同為我國最重要之兩大穀物。全國麥產頗豐，據一九三〇年至一九三四年世界各國小麥生產額之比較，全世界小麥生產額總計為十五萬萬公担，我國所產為二萬二千萬餘公担，約佔世界總產額七分之一。就國別而論，得居世界麥產國之第二位，僅稍次於蘇聯，視諸美、加拿大、印、法、意、阿根廷、澳洲、德國等均勝，其產量亦不可謂不豐也。然反觀歷年來我國對外貿易之統計，自民國十一、二年後以來，每年有大量小麥與麵粉之入超且其數字與年俱增。當民國十九年以前，每年小麥之輸入尚未有超出六百萬担以上者，乃至二十年其入超竟達二千二百万担以上，麵粉之入超亦達四百八十餘万担，二者合計價值在一万万兩

图 69

资料二(文章) 《中国近三十年来小麦改进史》是当年为庆贺邹秉文先生五十大寿的文集之一，也是我国第一篇小麦改进史料，它较系统地总结了1913—1943 年我国小麦改进工作之演进及其成效，并将 30 年麦作改进史略划分为三个时期……战时主要工作目标为扩充粮食种植面积及提高单位面积收量。文章结论是：我国麦产改进之首要目标为国麦之自给自足。(金善宝、蔡旭：《中国近三十年来小麦改进史》，收入王连铮主编《金善宝文选》，第104—138 页)

1944 年　　50 岁

4 月，发表论文《新时代小麦改良应采的技术》。

资料(论文) 论文从我国小麦的分布区域、生理栽培特性、品质改进、育种，以及种间和远缘杂交等方面作了全面论述。指出，目前育种家正在作种间与属间的杂交试验，希望造成新的品种，这种工作，前途虽是辽远而艰

难，一旦成功，贡献极大，这是新时代改良小麦的新途径。（金善宝：《新时代小麦改良应采的技术》，《中农月刊》1944 年第 4 期，第 49—60 页）

10 月，与梁希、潘菽、涂长望、谢立惠、李四光、严济慈等著名科学家一起，发起组织中国科学工作者协会，并在中央大学成立了中国科学工作者协会筹备会。

资料一（文章） 这时涂长望来中大气象系任教，他是自然科学社社员，与梁希、潘菽、金善宝等教授成立了中国科学技术工作者协会……（沈其益：《科教耕耘七十年——沈其益回忆录》，中国农业大学出版社，1999 年，第 34 页）

资料二（文章） 到了抗战中期，自然科学座谈会为了有利于发展、壮大我国民主运动，和抗战胜利后的恢复建设工作，便和共产党推动下成立学术研究会的自然科学组联合发起，组成了中国科学工作者协会，并设法与世界科学工作者协会挂上了钩。（金作怡：《金善宝》，第 85 页）

资料三（文章） 中国科学工作者协会 1945 年 7 月 1 日在重庆成立。其前身为 1939 年成立的自然科学座谈会。抗日战争胜利前夕，由梁希、潘菽、金善宝、谢立惠、竺可桢、李四光、任鸿隽、丁燮林、严济慈等 100 多人共同发起，改组为中国科学工作者协会。10 月 5 日批准立案，证书字号为社字 284 号，图记字号为社字 330 号，会员有 54 人。在国内设有重庆、北碚、成都、兰州等分会，会址设在重庆沙坪坝中央气象局内。在国外设有美国分会、英国分会。1946 年初，曾派员参加在伦敦举行的“科学与人类福利会议”，后又参加发起组织国际科学工作者协会。同年秋，该协会由重庆迁到南京……（蔡鸿源、徐友春：《民国会社党派大辞典》，黄山书社，2012 年，第 165 页）

11 月，与梁希、涂长望等自然科学座谈会成员加入民主科学座谈会。

资料一（手稿） 在周恩来、潘梓年同志的领导下，梁希、潘菽和我等科技界人士约二十人，组成了“自然科学座谈会”。1944 年，我们又先后参加了“民主科学座谈会”，多次参加了共产党领导下的反饥饿、反内战、反迫害等民主运动。（金善宝：《我与“九三”——参加九三学社北京市委员会发言》，1995 年）

资料二(文章) 1944年,由许德珩、税西恒、潘菽、黄国璋、黎锦熙等人发起了"民主科学座谈会"(九三学社的前身),主张发扬"五四"反帝反封建、民主、科学的精神,团结一致,抗战到底。他们与中共也有密切联系。经周恩来、潘梓年同志的工作,"自然科学座谈会"的梁希、涂长望、谢立惠、干铎、李士豪等人和我,由潘菽介绍,先后以个人身份参加了"民主科学座谈会"。(金善宝:《风雨同舟忆当年——纪念建社五十周年感怀》,《九三中央社讯》1995年9月,第21页)

资料三(传记) 1944年11月,当日本帝国主义向我内地发动进攻,桂林失陷、川黔吃紧、民族存亡面临严重关头的时候,为了挽救国家危局,中共代表在三届三次国民参政会上,正式提出立即结束国民党一党专政,成立民主联合政府的主张,得到了社会各阶层人民的热烈响应。许德珩、劳君展、黄国璋和潘菽等人经常相聚交谈,主张继承发扬"五四"反帝反封建、民主科学的精神,倡导团结、民主、抗战到底,反对独裁。在周恩来等中共领导人的关怀帮助下,"自然科学座谈会"的多数成员,也就是"中国科学工作者协会"的主要发起者金善宝、梁希、涂长望、谢立惠、干铎、李士豪等先后参加进来,并正式命名为"民主科学座谈会",这样就把社会科学方面的人也包括进来,以便于团结更广泛的中上层知识分子。(金作怡:《金善宝》,第85—86页)

至是年,教学任务繁忙,生活艰难,已连续三年在四川省教育学院义务兼课,分文不取。

资料一(手稿) 1941—1944年,我在四川省教育学院义务兼课,每周二小时,没有薪金,但学校每周有滑竿接送。(金善宝:《"文革"交代材料·我的历史》)

资料二(传记) 当时,日机三天两头来轰炸,地处沙坪坝的中央大学,是日机空袭的重点目标,有一个月,竟高达28次之多,甚至有一天曾逼得师生五次钻入防空洞内;可是,这样的疲劳轰炸,并不能影响肩负祖国兴亡大任的师生们,他们坚持敌机来了,躲入洞内,敌机一走,立刻恢复学习和工作。校长办公室的瓦全被炸飞了,三面墙被炸倒,在夏天的烈日下,校长等人在里面继续办公,教室被炸了,师生们在废墟上照常上课。(金作怡:《金

善宝》,第51页)

资料三(传记) 由于国库空虚,物价飞涨,早已民不聊生,大学教授的生活与抗战前相比,也一落千丈。金善宝一个人的工资,要维持一家6口的生计很不容易,没钱买菜时,只好倒点酱油淘饭吃。至于穿的,自然更不能讲究了。当时,社会上曾流传这样几个故事:故事之一,是一位教授走过一家面馆,摸摸口袋里的钱,刚够吃一碗面的,就进去买了一碗面,但等他吃完这碗面结账时,他口袋里的钱已经不够了,原来这碗面的价格又涨了!故事之二,一个"叫花子",跟着一个人要钱,这个人回过头来对"叫花子"说:"我是教授!"这个叫花子一听是教授,就赶紧走开了……这两个故事说明了当时物价上涨的速度和大学教授生活之清苦,"教授、教授,越教越瘦"已成为全社会的共识!(金作怡:《金善宝》,第72—73页)

资料四(其他) 各系所开课程表。(见图70)

3、各系所开课程

系组别	年级	课目名称	必修或选修	学分数	每周时数		担任教员
					授课	实验	
农艺系	二	生物统计学	必	2	2	3	周承钥
	二	作物学(一)	必	4	3	3	金善宝
	二	植物生理学	必	4	3	3	罗宗洛
	二	普通作物学	他系,必	4	3	3	金善宝
	三	作物育种学	必	4	2	3	孙醒东
	三	田间技术	必	1	0	3	周承钥
	四	棉作学	必	3	2	3	冯肇传
	四	稻作学	必	3	2	3	孙醒东
	四	麦作学	必	3	2	2	金善宝
	四	农业经济学	必	3	3		石 桦
	四	各国农业制度	选	2	2		谢哲声
	四	农业灾荒救济	选	3	3		谢哲声
	四	昆虫生态学	选	2	2	6	邹钟琳
	四	昆虫分类学	选	4	2		邹钟林
	四	农业金融	必	2	2		石 桦
	四	农艺问题讨论	必	1	2		周承钥
	四	农艺问题研究	必	2	无定	无定	本系教授
	三、四	普通植物病理	必	3	2	2	朱健人

图70

据上表统计,金善宝每周授课时数8小时、实验时数8小时,合计16小时,不仅是农艺系、也是当时农学院全体教授授课、实验时数最高者。此外,他还兼管农场,当系主任,并连续三年在四川省教育学院义务兼课,分文不取。

资料五(其他) 历任系主任：过探先(1924)—王善荃(1926)—叶元鼎(1927)—王善荃(1929)—赵连芳(1930.8)—周承钥(1932.10)—金善宝(1933.8)—孙醒东(1936)—金善宝(1942)—邹钟琳(1947)—柯象寅(1948)—黄其林(1949)—吴兆苏(1950.10)。(费旭、周邦任：《南京农业大学史志1914—1988》,第163页)

1945年 51岁

1月,第41届中央大学农艺系毕业生提前留影。

资料(照片) 农艺系毕业生留影(后排右起：钱继章、魏泽颖、连登立、疏仁山、杨鸿春。中排右起：卢前琨、沈丽娟、陈斌、蔡以纯。前排右起：邬思杰、朱立宏、刘天祐、黎洪模、贺钟麟)。(见图71)

图71

年初,在"文化界向时局进言书"上签名。

资料一(传记) 1945年1月,郭沫若提出了"文化界向时局进言",反对内战、要求民主，成立包括中共在内的民主政府。沈雁冰、马寅初、柳亚子等300多人在“进言书”上签了名，这个“进言书”在报上发表后，我们看到中央大学教授徐悲鸿、梁希，特别是我们农艺系主任金善宝的名字时，内心的兴奋和激动是无法形容的。这张报纸在我们农艺系进步学生中间传阅了很久，大家十分钦佩金师在白色恐怖下，不顾个人安危，敢于伸张正义的胆略。我们多次上街游行，支持“进言书”，高呼“打倒日本帝国主义”“全国人民团结起来”等口号，推动了抗日斗争形势的发展。从此，金师不畏强暴、刚正不阿的形象，就深深地刻印在我的脑海里了。（罗毓权：《金师教书育人的爱国情怀》，收入孟美怡《金善宝》，第276页）

资料二(传记)　1945年1月，周恩来同志到达了重庆，向社会各界介绍了斗争形势和要求，郭沫若提出了“文化界向时局进言”。金善宝和梁希、潘菽等人……包括自然科学界、社会科学界和文化艺术界各方面的代表人物在“进言书”上签名，反对投降，反对内战，反对独裁，要求民主，成立包括中共在内的联合政府。这份“进言”在《新华日报》发表后，引起了社会各界的极大震动，中央大学学生多次上街游行示威，高呼“打倒日本帝国主义，全国人民团结起来，打倒卖国贼”等口号，整个山城沸腾了，抗日斗争的形势达到了新高潮。（金作怡：《金善宝》，第85页）

资料三(其他)　1945年2月，梁希、潘菽、金善宝等教授在重庆文化界300余人联名公开发表的《对时局进言书》上签名，反对投降，反对内战，反对独裁，要求民主，成立包括中共在内的民主联合政府。（费旭、周邦任：《南京农业大学史志1914—1988》，第182页）

春，顶着压力，坚持订阅《新华日报》。

资料一(传记)　在第二次国共合作时期，经过斗争，国民党政府不得不让《新华日报》在重庆出版发行。开始中央大学订有好几十份，我们办公室五个人，金老为首，我同另一位助教、一位技术员和一助理员，订了一份。后来，白色恐怖严重，表面上让订，暗地里迫害，订《新华日报》的人一天一天地少了。最后，全校就剩下我们办公室这一份，不少人到我们那儿去看，一直坚持到《新华日报》被国民党强迫停刊为止。在学校中，金老爱国民主的政治态度是十分鲜明的，他拥护共产党，反对国民党反动派，因而他的处境是很危险的。当时，森林系还有一位进步的教授叫梁希，同金老情谊很深。我们听说，他们两位教授都是上了“黑名单”的。但由于他们崇高的威望，也没有给敌人以口实，才未遭毒手。（余友泰：《最后一份〈新华日报〉》，收入史锁达、任志高编《著名农学家教育家金善宝》，第120—121页）

资料二（传记） 在国统区的严格控制下，《新华日报》常常被迫“开天窗”，几度被查封；分送《新华日报》的报童，常常无故失踪；并严格限制群众订阅。后来，中大各院系教职工和学生们订阅的《新华日报》纷纷被取消了，只有金善宝（时任农艺系系主任）所在农艺系的这张《新华日报》，却通过种种秘密方式保留下来，成为当时中大校园内最后的、唯一的一张《新华日报》。因此，学校很多《新华日报》的热心读者都悄悄到农艺系来看这份报纸，《新华日报》成了“雾都灯塔”。（金作怡：《金善宝》，第80页）

8月15日，庆祝抗战胜利。

资料（传记） 8月15日上午，金善宝正在家里备课，忽然听见“号外！号外！”的喊声，他急忙跑出来，只见报童挥舞着报纸，大声喊着：“日本鬼子无条件投降了！”人们从四面八方拥来，把报童团团围住，争先恐后地抢购“号外”，金善宝也挤进去抢购了一张，只见“号外”上用斗大的红字写着：“日本天皇裕仁发表投降诏书……日本无条件投降了！”没等他看完，这张“号外”就被别人抢走了，人们互相传诵着，跳跃着，大声欢呼：“日本鬼子无条件投降了！”兴奋、激动的泪水从人们脸上唰唰地流下来。当天下午，中央大学、重庆大学的学生举行了盛大的游行，金善宝等爱国教授踊跃地加入了游行行列，热烈庆祝抗战胜利。9月3日，日本代表正式在投降书上签字，第二次世界大战宣告结束，一个新的时代降临了！几天来，耍狮子的、舞龙灯的、踩高跷的，热闹非凡，鞭炮声、锣鼓声震天价响，人们用各种方式尽情地表达内心的欢乐！抗战胜利了，苦日子熬出头了，人们开始憧憬着未来的美好生活。回到家里，孩子们不断向父亲提出各种问题：“抗战胜利了，不再打仗了，是吗？”“我们可以安心上学，不用躲警报了，是吗？”是的！是的！金善宝笑着回答。“那将来还会有报纸吗？”天真的小女儿突然提出这个问题，让她的爸爸妈妈觉得很好笑，他们回答说："报纸怎么会没有呢？当然还是有的。"小女儿又问："那报上登什么消息呢？不打仗了，还有什么消息可以登呢？"这个问题使金善宝突然醒悟到，这些孩子在炮火中出生，在烽烟下成长，习惯了敌机的轰炸，听惯了警报的鸣叫，他们会唱的第一支歌是："打倒日本、打倒日本，捉汉奸、捉汉奸，全国人民团结起来，救中国、救中国！"他们最喜欢的游戏是："手心手背，狼心狗肺，日本倒霉，中国万岁！"他们从认字的第一天起，看见报上登载的全是打仗的消息，除了战争之外，他们对和平生活一无所知，这就难怪他们会提出这个问题了。于是，金善宝耐心地告诉孩子们，除了战争之外，报上可登的消息多着呢！让他们明白和平生活有多么美好！（金作怡：《金善宝》，第86页）

8月28日，在毛泽东赴重庆谈判期间，与梁希、潘菽等八人应邀去张治中的公寓会见。

资料一（文章） 抗战胜利后，蒋介石假和平，真内战。为了欺骗舆论，蒋邀请毛泽东主席亲自到重庆进行商谈抗战胜利。毛主席在美国大使赫尔利的陪同下，乘飞机到达了重庆。这个消息一传出，好心的人们欢呼，欣喜若狂，以为国共合作……中国有希望了！毛主席在谈判期间，曾抽空来中央大学，探望他在湖南师范学校学习时的老同学。后来又在嘉陵江畔张治中的住宅亲切地接见了梁希、涂长望、潘菽、谢立惠、李士豪、干铎和我。毛主席先问我们："各位对时局有什么高见啊？"梁老首先回答："我们感到很苦闷。"毛主席连声说："噢，苦闷！噢，苦闷！噢，苦闷！"一连说了三次，我坐在后面，毛主席问："那位白发老先生有什么意见啊？"当他知道我刚50岁时，便伸出两个手指笑着说："啊！我比你大两岁。"我递给毛主席一张名片后，说："革命是要流血的，不流血的革命，不会长久的。孙中山先生为了求得和平，让位给袁世凯，终于遭到二次革命的失败。还是要打仗的！重庆是虎狼之地，不宜久留，希望毛主席早日离渝回延安。"毛主席听了，只是频频点头，没有说什么。毛主席的接见，更加鼓舞我积极投入反饥饿、反压迫、反内战及营救进步学生的斗争，使我看到了光明，更加坚信一个崭新的中国，一定会在共产党的领导下建立起来。（金善宝：《抗战期间在重庆》，收入《文史资料

选辑》第 15 辑,第 25 页)

资料二(其他) 毛主席飞抵重庆那天晚上,我和梁老、金老等几个同志正在学校的一个空场上乘凉,忽然传来一个消息说,毛主席已到重庆。我们都吃了一惊,为的是担心毛主席的安全。尤其梁希特别表现震惊和担心。过一两天,新华日报馆方面来了一个口头通知,要我们校内座谈会的人于某月某日到某处去看望毛主席。通知是由我传达的。大家都非常高兴,到时都分别去了。在进门后招呼我们的是王炳南同志。我们分别坐在一个长形房间的一边。毛主席出来坐在我们对面。寒暄之后,他没有主动对我们讲话,只是我们分别向他请教问题……时间不多,但我们都感到莫大的荣幸,受到了很大的鼓舞。(潘菽:《难忘的重庆岁月》,收入九三学社中央办公厅编《1945—1985 九三学社建社四十周年纪念册》,第 30—31 页)

资料三(文章) 抗日战争胜利后,蒋介石假和平、真内战,为了欺骗舆论,邀请毛主席到重庆进行和平谈判。毛主席在美国大使赫尔利的陪同下,于 1945 年 8 月 28 日与周恩来、王若飞同志一起,从延安乘飞机到达重庆。毛主席在谈判期间,曾多次抽时间接见了重庆市各界群众代表和社会进步人士,宣传党的政治主张和各项政策,并曾抽空来中央大学,探望他在湖南师范学校学习时的老同学。后来又在嘉陵江畔张治中的住宅亲切地接见了梁希、潘菽、涂长望、李士豪、干铎和我等一些进步教授。毛主席首先问我们:“各位对时局有什么看法?”梁希首先回答:“我们感到很苦闷。”毛主席连声说:“噢,苦闷!噢,苦闷!噢,苦闷!”一连说了三遍。我坐在后面,毛主席问:“那位白发老先生有什么意见吗?”当毛主席知道我刚 50 岁时,便伸出两个手指笑着说:“啊!我比你大两岁。”我递给毛主席一张名片后说:“革命是要流血的,孙中山先生为了求得和平,让位给袁世凯,终于遭到二次革命的失败,看目前形势,蒋介石对和平谈判并没有诚意,今后的内战还是要打的,重庆是虎狼之地,不宜久留,希望毛主席早日离渝回延安。”毛主席听了频频点头。毛主席的接见,更加鼓舞我积极投入反饥饿、反内战、反压迫和营救进步学生的斗争,使我看到了光明,更加坚信一个崭新的中国,一定会在毛主席、共产党的领导下建立起来。(金善宝:《在毛泽东思想指引下》,收入《我与毛泽东的交往》,山西人民出版社,1993 年,第 247 页)

资料四(文章) 1945年8月15日,日本帝国主义宣布无条件投降,中国人民的抗日战争胜利结束了。8月28日晚上,我同梁希、潘菽等人在中央大学一块草坪上乘凉谈天,突然听到毛主席飞抵重庆的消息,大家又高兴又担心。在紧张的谈判期间,毛泽东同志曾到中大来看望他的老同学。我们万万没有想到,我和梁希、潘菽、涂长望等人也接到了毛主席接见的通知,我们来到嘉陵江边张治中将军的公寓里,王炳南同志在门口迎接。毛主席问我们对战后时局有什么意见,梁希首先向毛主席汇报说:"我们感到很苦闷。"毛主席听后频频点头,若有所思地重复着:"噢,苦闷!噢,苦闷!噢,苦闷!"一连说了三次。接着,大家就抗日战争胜利后中国的时局、前途等提出一些问题,毛主席一一答复。潘菽问:"为什么把已经解放的一些地方让给国民党?"毛主席站起来,在椅子旁边向后退了两步说:"让步是可以的,让两步也可以,再让就不可以了。"并作了一个还击的手势。大家都会意地笑了。后来,毛主席注意到坐在后边的我,就亲切地问道:"坐在后边的那位白发老先生有什么意见吗?"我站起来将自己的名片递给毛主席。当毛主席知道我刚刚50岁时,就伸出两个指头说:"我比你大两岁。"我十分激动地对他说:"今天见到毛先生,我们大家都很高兴,但是毛先生是吃惯小米的人,到重庆来吃大米是不习惯的。重庆是虎狼之地,还是早点回延安好。"劝毛主席早日离开重庆,毛主席朝我频频点头,表示会意。毛主席的接见,使我们看到了新中国的曙光,进一步增强了斗争的信心。(金善宝:《战时科研生涯回忆(二十五)》,《科技日报》1995年8月14日第2版)

资料五(文章) 1945年8月15日,日本帝国主义无条件投降,中国人民的抗日战争胜利结束了,全国人民欢欣鼓舞。这个时候,一个新的问题又产生了,抗日战争胜利后,中国的时局如何?会不会打内战?又开始困扰着众多的知识分子。8月28日晚,我们正在中央大学松林坡草坪上聚会,潘菽带来一个好消息,毛主席飞抵重庆来谈判了,大家都十分高兴。同时我们万万没有想到,我和潘菽、梁希、涂长望等八人竟会在嘉陵江畔张治中的寓所内受到毛主席的接见。记得接见时,潘菽提了关于当时我们大家都想不通的问题。他问毛主席:"共产党为什么把自己付了很大代价解放的一些地区让给国民党呢?"毛主席讲,为了避免内战,达成全国统一,共产党人向来以民族大义为重。然后,毛主席站起来,在椅子后面退了两步说:"让是有限度的,让一步、两步是可以的,再让第三步就不可以了。"并用手做了一个还击的手势,大家都会意地笑了。后来,潘菽和其他同志对抗日战争胜利后中国的时局、前途等提出了一些问题,毛主席一一作了答复,毛主席的接见,使我们看到了新中国的曙光,进一步增强了斗争的信心。(金善宝:《深切怀念我的挚友潘菽同志》,《心理学动态》1997 年第 3 期,第 7—9 页)

资料六(传记) 抗战胜利后,中国面临两个前途、两种命运的决战!蒋介石邀请毛主席到重庆来和平谈判。这个消息一传出,好心的人们都满心欢喜,以为国共合作……中国有希望了。可是,金善宝等参加"自然科学座谈会"的人并不乐观。他们认为,蒋介石对和平谈判是没有诚意的,因而都为毛主席来重庆的安全深深担忧。1945 年 8 月 28 日傍晚,金善宝和梁希、潘菽等几个人在中央大学松林坡的草地上乘凉闲谈,忽然听到毛主席在美国大使赫尔利的陪同下,乘飞机到达重庆的消息,他们又高兴又担心。过了两天,潘菽接到新华日报馆传来的一个口头通知,要座谈会的人于某日某时去某处见毛主席。当梁希、潘菽、金善宝、涂长望、谢立惠、李士豪、干铎等 8 名教授来到嘉陵江江边张治中的公寓时,王炳南同志在门口迎接。毛主席问他们对战后局势有什么意见,大家对抗战胜利后中国的时局、国共谈判、中国的前途等提出一些问题,毛主席一一作了答复,解释中国共产党在抗战胜利后的路线、方针和政策。潘菽问:"为什么把已经解放的地方让给国民党?"毛主席站起来,在椅子旁边退了两步说:"让一步是可以的,让两步也可以,再让就不行了。"并作了一个还击的手势,大家都会意地笑了。后来,毛主席看到坐在后面的金善宝,就亲切地问道:"坐在后边那位白发老先生有什么意见吗?"金善宝站起来将自己的名片递给毛主席。当毛主席知道他刚刚 50 岁时,就伸出两个指头说:"我比你大两岁。"金善宝十分激动地说:"今天见到毛先生,我们都很高兴,但是毛先生是吃惯小米的人,到重庆来吃大米是不习惯的,重庆是虎狼之地,不可久留,还是早点回延安好。"言下之意劝毛主席为了安全,应早日离开重庆。毛主席朝他频频点头,表示会意。毛主席的接见,使金善宝看到了新中国的曙光,更加坚信一个崭新的中国一定会在中国共产党领导下建立起来。(孟美怡:《金善宝》,第 76—77 页)

资料七(其他) 1945年8月28日毛主席飞抵重庆。不久,梁希、潘菽、金善宝、涂长望、谢立惠、干铎等接到毛主席接见他们的通知,他们来到嘉陵江边张治中将军的公寓里,见到了毛主席。毛主席问大家对战后时局有什么意见,梁希首先说:"我们感到很苦闷。"毛主席频频点头,细声地重复梁希的话。接着,大家就抗日战争胜利后中国的时局、国共谈判、中国的前途等提出一些问题,毛主席一一答复,解释中国共产党在抗战胜利后的路线、方针和政策。潘菽问:"为什么将已经解放的一些地方让给国民党?"毛主席说:"让一步是可以的,让两步也可以,再让就不可以了!"在大家发言后,毛主席请坐得靠后的金善宝发言,金善宝说:"今天我们都很高兴。从历史上看,人民总是要革命的,而革命又总是要流血的,不流血的革命是不会成功的。"还说:"毛主席是吃惯小米的人,到这里来吃大米是不习惯的。"大家都异常关心毛主席在重庆的安全,都希望毛主席早日离开重庆。毛主席很理解大家的心情,频频点头,表示会意。(《九三学社简史》征求意见稿,1995年,第12—13页)

资料八(传记) 1945年秋,毛泽东等从延安飞抵重庆,与国民党进行谈判。在这期间,毛泽东多次抽空接见重庆群众代表和进步人士。金善宝、梁希等几位教授也受到邀请。当毛泽东问大家有什么意见时,梁希首先说:"我们感到很苦闷。"这时,毛泽东看到后排座位上满头白发的金善宝,便问道:"后面那位老先生有什么意见?"其实当时金善宝还不满50岁。当他递上附有简历的名片时,毛泽东笑着说:"我比你还大两岁呢!"随后金善宝答话:"从历史上看,人民总是要革命的,不流血的革命是不会成功的。"最后,他说:"毛主席已是吃惯小米的人,到这里来吃大米已不习惯了,还是早日回延安为好。"言下之意,危地不宜久留。毛泽东朝他频频点头。(吴兆苏:《我国农业科学的前驱——金善宝》,《传记文学》1993年第3期,第32页)

资料九(手稿) 我是一个旧知识分子,在旧社会度过了半个多世纪,虽然经过个人奋斗,想为祖国贡献一点力量,但结果总是事与愿违,眼看祖国面临内忧外患,却束手无策、无能为力,不能不感到个人奋斗是徒劳,科学救国是幻想。1945年日本投降后,毛主席从延安来到重庆,与国民党和平谈判，我十分荣幸地受到毛主席的接见，并亲临了教诲，这是我一生难忘的大事，我开始认识到天外有天，一轮红日从东方升起，即将放出万丈光芒，照耀着祖国大地。（金善宝：《庆祝中国共产党成立五十二周年》，1973 年）

9 月 3 日，许德珩发起组织的“民主与科学座谈会”改名为“九三座谈会”。与梁希、涂长望等人先后加入“九三座谈会”。

资料（文章） 1945 年 9 月 3 日，是日本签字投降正式生效的日子，它不仅标志着抗日战争的胜利，而且标志着世界反法西斯战争的全面胜利。在这举世庆祝的一天，“民主科学座谈会”召开扩大座谈会。鉴于战后中国面临着“两个中国之命运”的决战，“座谈会”的同志感到斗争的道路方长，而战后各自都要回到自己原来的地方去，有必要建立永久性的组织以加强联系，团结奋斗，决定扩大成员，建立组织，以九月三日这个日子命名，称“九三座谈会”。（《九三学社简史》征求意见稿，第 3 页）

10 月，去云南大学讲学。

资料一（文章） 1945 年，中央大学仍处于非常混乱的状态下，不少教授几乎终日闲着无事。云南大学农学院张海秋院长寄来了一张聘书，我就向学校请了假，到云大农学院教了半年书。每逢星期六下午，我去昆明，住在清华大学周家炽教授的宿舍。他对我说：“某某人来，我不招待；你来，我就招待。”一天，他拿出一张郭沫若同志为首的反对美国干涉中国内政和援助蒋介石打内战的呼吁书，请我签名，我欣然签了字。国民党感到十分震惊。为了昆明学生罢课事件，教育部委托中大校长吴有训到昆明进行调解。我在报上看到消息后，特地去看他，他关切地对我说：“您还不回去，教授会要停发您的薪水了。”我说：“我买不到飞机票啊！”后来，曹诚一同志帮我想了一个办法，她告诉我说我的一个学生的丈夫是国民党特务，可以托她帮助买飞机票。我照她的主意办了，果然迅速买到了飞机票，安然回到了重庆。回到重庆，经潘菽同志介绍，我就加入九三学社了。（金善宝：《抗战期间在重庆》，收入《文史资料选辑》第 15 辑，第 26—27 页）

资料二（照片） 金善宝（后排右三）在云南大学留影。（见图 72）

图 72

资料三(照片)　金善宝(中)参加昆明学生游行,摄于自贡火车站。(见图 73)

图 73

资料四(传记)　同年 9 月,金先生应熊庆来先生之约,到云南大学农学院讲学,他非常高兴到当时号称“民主堡垒”的昆明来。先生密切关心国家的前途和命运,在昆明学生"反饥饿、反迫害"的"一二·一"运动中,金先生参加了广大学生队伍的游行行列,并且走在队伍的前列,鼓舞了学生和革命人民的斗志。(曹诚一:《敬爱的金师是我一生的楷模》,收入史锁达、任志高编《著名农学家教育家金善宝》,第124页)

资料五(传记) 1945年10月10日,国共双方签订了《双十协定》。金善宝应云南大学农学院张海秋院长之约,到昆明附近设在自贡的农学院讲学,他每周六下午到昆明来,住在清华大学周家炽教授的宿舍里,因而有机会参加了昆明革命师生反饥饿、反内战、反迫害的大游行,又在"反对独裁、要求民主"的宣言书签了字,这个宣言书在《新华日报》全文发表后,轰动了昆明、重庆,波及全国。(孟美怡:《金善宝》,第79页)

1946年　　52岁

1月25日前,从昆明乘飞机返回重庆。

资料一(传记) 1946年元月,金善宝回到了重庆。(史锁达、任志高编:《著名农学家教育家金善宝》,第34页)

资料二(传记) 1946年1月,金善宝结束了昆明的讲学回到重庆。(孟美怡:《金善宝》,第79页)

1月25日,参加中央大学、重庆大学师生7 000余人"反饥饿、反内战,争民主、争自由"的大游行。

资料一(传记) 金善宝教授在政治上的鲜明态度也是同学们共知的。他在抗日战争期间,和梁希、潘菽、涂长望等著名进步教授情投意合,先后共同组织了"自然科学座谈会""中国科学工作者协会""民主与科学座谈会"等进步组织的活动。几次著名的学生运动中,金老的表现更是令人起敬难忘。给我印象最深的还是1946年中央大学学生联合重庆大学发起的"一·二五"反内战运动和1947年在南京进行的"五二〇"反饥饿、反内战、反迫害学生运动。金老和许多进步教授积极支持这些活动,给我们留下了深刻印象。

“一·二五”反内战游行时，金老以病弱之身，始终和学生队伍一起行进，呼喊口号时，声音铿锵有力。我没有想到，平时细声慢语，对学生谆谆教导的金善宝教授，在进步的学生运动场合却判若两人，竟然像年轻人一样精神抖擞，经过几个小时的示威行进而毫无倦容，这是金老的政治信念、为人师表的品格给予他老人家的力量啊！（蒋仲良：《沐教诲，终生受益》，收入史锁达、任志高编《著名农学家教育家金善宝》，第128—129页）

资料二（传记） 1月25日，中央大学、重庆大学的学生举行了反饥饿、反内战、争民主、争自由的游行……吴有训校长带着中大学生走在队伍前列，金善宝和农学院的邹钟琳等教授也一起参加了这次游行，从沙坪坝步行30余里来到重庆上清寺。国民党代表孙科、邵力子、共产党代表周恩来、民主同盟代表张君劢等接见了游行队伍。周恩来说，制止内战，是全国人民的要求，也是全国人民的责任……他在讲话中充分肯定了学生们的爱国行动，对大家鼓舞很大。（孟美怡：《金善宝》，第80页）

资料三（其他） 1946年1月25日，中央大学和重庆大学、复旦大学（北碚）为了拥护政治协商会议，发动有7 000多人参加的“一·二五”大游行……吴有训带着中大学生走在队伍前列，农学院金善宝、邹钟琳等教授也参加游行，从沙坪坝步行30里来……吴先生提出的口号是“在安定中求进步，在进步中求安定”，学生提出的口号是“政治民主化，经济民主化”。国民党代表孙科、邵力子，共产党代表周恩来……对游行队伍发表讲话。（费旭、周邦任：《南京农业大学史志1914—1988》，第183页）

5月4日，出席九三座谈会。

资料一（其他） 抗战胜利后，毛主席在赴重庆谈判期间，分别会见了许德珩、劳君展等故友和梁希、潘菽、金善宝、涂长望等中央大学知名教授，得知民主科学座谈会的情况，给予了热情鼓励。毛主席对座谈会的同志想建立永久性的组织而又担心人数少的顾虑，勉励说：“人数不少，即使人数少也不要紧，你们都是有影响的代表性人物，经常在报上发表文章，不是也起很大作用吗？”毛主席的启发和鼓励，对九三学社的正式建立有决定性的影响。1945年9月3日，是日本签字投降正式生效的日子，它不仅标志着抗日战争的胜利，而且标志着世界反法西斯战争的胜利。在这举世庆祝的一天,“民主科学座谈会”召开了扩大座谈会。鉴于战后中国面临“两个中国之命运”的决战,“座谈会”的同志们感到斗争的道路方长,而战后各自都要回到原来的地方去,有必要建立永久性的组织以加强联系,团结奋斗,决定扩大成员,建立组织,以九月三日这个日子命名,称“九三座谈会”。1946 年 1 月 9 日,为促进政治协商会议的召开,又举行扩大座谈会,通过讨论决定,为便于参加民主斗争运动,把“九三座谈会”改建为“九三学社”,成立了“九三学社筹备会”。经过四个多月的积极工作,于 1946 年 5 月 4 日,在重庆召开了九三学社成立大公。大会发表了《九三学社缘起》《成立宣言》等文件。(《九三学社简史》征求意见稿,第 2—3 页)

资料二(传记) 时值民主科学座谈会 30 余人集会。会议决定,为了纪念 1945 年 9 月 3 日国际反法西斯战争胜利这个伟大日子,决定将民主科学座谈会建成为一个永久性的组织——九三学社。同时成立了以许德珩、张西曼为首的九三学社筹委会。金善宝积极参加了九三学社成立的筹备工作。5 月 4 日,民主科学座谈会全体成员集会,正式改名九三学社。(孟美怡:《金善宝》,第 79—80 页)

5 月,告别重庆沙坪坝,回南京前与农艺系毕业生合影。

资料(照片) 金善宝(右一)与中央大学毕业生回南京前,合影于重庆沙坪坝,照片由黄嘉(木柱右)提供。(见图 74)

夏,中央大学迁回南京前夕,农艺系办公室起火,教学科研资料被烧毁。

资料一(手稿) 1946 年夏,原中大从重庆迁回南京,在迁京前夕,农艺系的书籍杂志、试验和调查材料都装好箱,放在办公室,预备第二天送上轮船。当天晚上,大约八时左右,农艺系办公室忽然起火了,大家赶到办公室,火势已经冲出屋顶,无法挽救。因此,农艺系办公室和院办公室都化为灰烬。我是当时农艺系的主任,农艺系办公室失火焚烧,使人民财产遭受巨大损失,我是要负主要责任的。我曾经向学校(吴有训是校长)写了检讨书,请求给我以应得的处分。我写检讨书时,助教黄得禩在我身边。我边写边流泪,写完时,信纸已经湿透了,只好换了再写,一连换了几次才写成。(金善

图 74

宝：《中大农艺系办公室是谁烧毁的？》，1969 年 3 月 14 日）

资料二（论文） 1946 年夏，中央大学农学院在重庆的建筑遭受火灾，所存此前在南京和重庆的小麦试验记录全被焚毁。（金善宝、蔡旭等：《我国当前种植面积最广的小麦品种——中大 2419 小麦》，收入王连铮主编《金善宝文选》，第 173 页）

6 月，带领全家乘“永康号”轮船，离开重庆。

资料（传记） 1946 年 4 月，中央大学提前结束学年，5 月至 10 月，分批陆续回迁南京。依依惜别重庆山城，金善宝带着全家登上了返归南京的航船“永康号”。“永康号”是中央大学包乘的轮船，船上旅客全部是中央大学的教职工和家属。人们上船后才知道，原来“永康号”是一条年久失修、有故障的轮船，这次是专程送到上海船厂去大修的。中大有关方面为了贪图便宜，就包了这条船，顺便把中大的教职工和家属捎回南京。至于这条破旧的船，能否经得起长江风浪？能否顺利地通过险要的长江三峡？谁也说不清楚，据说连“永康号”的船长也为此十分担忧。消息传来，船上的人开始紧张起来，议论纷纷。快到长江三峡时，隔壁船舱的张德粹教授一家开始吹起救生圈来，全家一人一个。他们用救生圈本来无可非议，却使其他未带救生圈的人更加紧张了，金师母悄悄问丈夫：“我们没带救生圈，怎么办？”金善宝安慰她说：“不要紧，六年前你们来重庆时，上有敌机轰炸，后有日寇追赶，汽车翻到大山底下，全家大小都平安无事，现在太太平平的，更不会有事了。”他嘴里这么说，其实心里也有点七上八下的。为此，船过三峡时，虽然三峡风景优美，可是除了不懂事的孩子之外，大人们都在船舱里提心吊胆的，无心欣赏。直到过了三峡，大家才松了一口气，放下心来。船到武汉，休息几小时。金善宝带领全家上岸，首先去参观日本俘虏营。在俘虏营里，日本俘虏正三五成堆地围在一起吃饭，男人一般盘腿坐在地上，女人则一律跪在地上，但不管是男人或女人，全都低着头，眼睛只看着饭碗往嘴里扒饭。金师母看见这帮鬼子，禁不住怒从心上来，用手指着他们狠狠地骂道：“可恶的日本鬼子，害得我们全家好苦！害得我们中国人好苦啊！你们杀害了我们多少中国人呀？现在你们也得到报应了！”几个孩子也跟着他们的母亲，指着这帮鬼子骂道：“呸！该杀的日本鬼子！该死的日本鬼子……”可是，这些日本俘虏始终低着头，不敢仰视，一扫当年掠杀中国人民的凶狠、残暴之态。这时，金善宝扶着妻子，拉着孩子们的手说：“我们走吧，他们已经投降了。”从日本俘虏营里出来，金善宝一家来到了闻名已久的黄鹤楼。黄鹤楼刚刚经过战火的洗礼，显得十分破旧。当金善宝吟咏起唐代诗人崔颢的诗句：“昔人已乘黄鹤去，此地空余黄鹤楼。黄鹤一去不复返，白云千载空悠悠……”之后，觉得破旧的黄鹤楼，忽然增添了一种神奇般的色彩；当金善宝登上黄鹤楼，遥见“晴川历历汉阳树，芳草萋萋鹦鹉洲……”时，不仅为黄鹤楼周围的景色所陶醉，更为这大好河山重新回到祖国怀抱感到无限欣慰。到了中午，金善宝告诉孩子们：“武昌鱼是全国有名的，为了庆祝抗战胜利，今天阿爸请你们去吃鱼。”他们找了一家比较清静的饭馆，要了一盘清蒸武昌鱼、两盘蔬菜，全家美美地饱餐了一顿。金师母原本是最爱吃鱼的，可是自从抗战以来，大约已有七八年没有沾过鱼腥味了；对于他们的孩子来说，更是生平第一次，这也难怪他们走出饭馆后还不断天真地问：“我们什么时候再吃鱼呀？”金善宝告诉他们，回到南京之后，就可以经常吃到鱼了，全家都十分高兴。

(孟美怡:《金善宝》,第82—84页)

是月,回到南京。

资料(传记) 回到南京,中央大学原来的教职工家属宿舍和学生宿舍大都被战争破坏了,新的宿舍还没有盖起来,教职工家属和学生只好暂时住在各系的教室里,金善宝一家被分配住在南高院的一间大教室里。凑巧的是,南高院就是二十年代的南京高等师范校舍。三十年前,金善宝从浙江偏僻的山村历尽艰辛考入这所学堂,没想到经过几十年的风雨变迁,又带着全家老小回到了南京高等师范学堂。他们隔壁一间大教室,住的都是青年学生,来来往往的十分热闹,金善宝仿佛又回到了青年时代在此求学的情景,感到十分亲切。生活刚刚安顿下来,金师母就想到她的亲人。金善宝的老岳父在战乱中因病没有得到及时治疗,已经过世了,老岳母独自一人,日子过得很清苦。金善宝把老岳母从杭州接来团聚。妻妹姚璧如,丈夫在战争中牺牲了,年轻守寡,孤儿寡母受尽欺凌,也来投奔他们。亲人相见,痛诉别离之苦,讲到伤心处,不禁抱头痛哭。于是,金善宝用床单把一间大教室隔成两半,大家一起居住。经过这场战争劫难,亲人们重新相聚一堂,说不尽的辛酸苦辣,别有一番滋味在心头!(孟美怡:《金善宝》,第84—85页)

7月,在南京纪念抗战胜利。

资料一(照片) 金善宝、姚璧辉夫妇与子女合影。(见图75)

图75

资料二(照片)　金善宝留影,纪念抗战胜利。(见图 76-1、图 76-2)

图 76-1

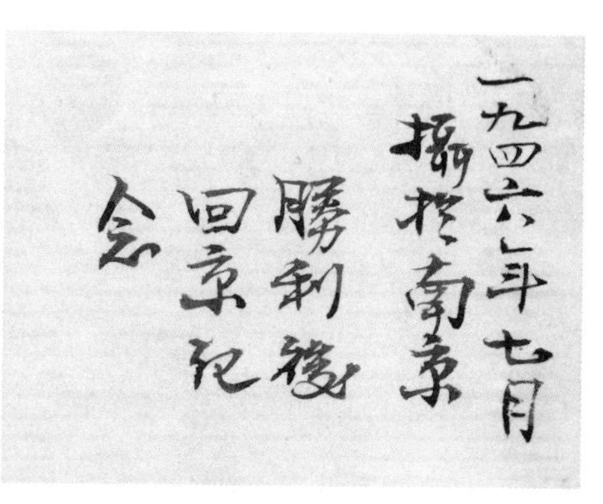

图 76-2

资料三(照片)　抗战胜利后,金善宝、姚璧辉夫妇与姚璧辉的弟弟在南京留影。(前:金善宝夫妇。后左起:姚炳奎、姚步云。见图 77)

图 77

10 月,与梁希、潘菽、涂长望等人借助"九三南京分社"配合中国共产党的活动。

资料一(传记)　抗战胜利后,金善宝和九三学社成员梁希、潘菽、涂长望……无形中构成了一个"九三南京分社",经常以召开"自然科学座谈会"的方式隐蔽活动,与北京的许德珩、袁翰青等九三学社领导人同仇敌忾,配合中国共产党领导下的学生运动,迎接全国解放,做了许多有益的工作。(孟美怡:《金善宝》,第 85 页)

资料二(其他) 抗战胜利后,九三学社成员梁希、潘菽、金善宝、涂长望、干铎等,随中央大学复员到南京。由于南京是国民党中央政府所在地,九三学社没有公开成立分社,但南京有相当人数的九三学社成员,并且集中分布在中央大学,这些人都和梁希关系密切,所以无形中构成一个九三分社,经常以召开“自然科学座谈会”的方式隐蔽活动,在解放战争的两三年中做了不少工作。(《九三学社简史》征求意见稿,第31页)

是年,中大2419小麦继续在丁家桥农场试验。

资料(文章) 1946年中央大学迁回南京后,中大2419继续在丁家桥农场参加品种比较试验并进行繁殖。试验结果,中大2419的产量,超过当地品种17.1%。(金善宝等:《我国当前种植面积最广的小麦良种——中大2419小麦》,收入王连铮主编《金善宝文选》,第176页)

1947年　　53岁

1月,回到阔别八年的故乡,探望乡亲。

资料一(手稿) 1946年石峡口来了一位乡亲,谈起抗战期间,因造纸业停滞,石峡口生活很苦;抗战胜利后,纸价狂涨,石峡口的造纸业十分旺盛,村民生活大为好转。立刻引起了我的兴趣、思乡之情,利用寒假回乡探望。(金善宝:《“文革”交代材料·我的历史》)

资料二(传记) 早在抗战之初,当金善宝把家眷送到家乡避难,看到石峡口的乡亲们仍然以造土纸为生,回到南京,在随中央大学内迁重庆前,他听说战争爆发后可能会造成纸价暴跌,担心家乡人民的生活遭受困难,就汇了100银元给梓山小学有关人员,让他们集体买些种子,发展粮食生产,以应战时之需。抗战胜利后,1947年一二月间,有一位诸暨老乡来南京,对金善宝谈到抗战期间,因造纸业停滞,石峡口生活很苦;抗战胜利后,纸价狂涨,村民生活大为好转。金善宝听了,立刻引起了探望离别10年故乡的愿望,到石峡口后,果然如其所说,他看见村里的造纸业十分兴盛,竟有80余家作坊,许多家都在兴建住宅,邻近山村卖柴的也都挑往石峡口来卖,与邻近山村相比,石峡口比较富裕,繁荣,竟有“小上海”之称,梓山小学的学生很多,经费也没有什么困难,他感到十分高兴。(金作怡:《金善宝》,第 307 页)

2 月,继任中央大学农艺系主任。

资料(档案) 金善宝任农艺系教授兼系主任。(《农艺系三十六年度拟聘教员名单》,1947 年,中国第二历史档案馆 648 - 975,见图 78 - 1、图 78 - 2)

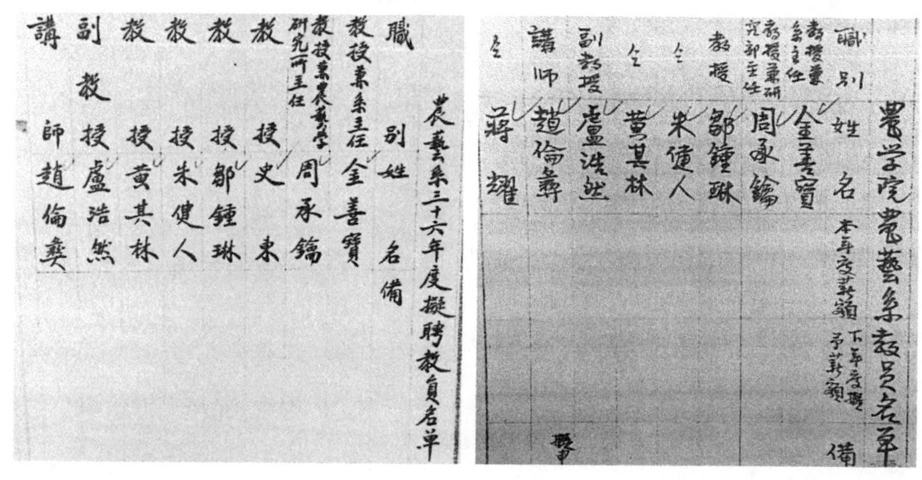

農藝系三十六年度擬聘教員名單

職別	姓名	備
教授兼系主任	金善寶	
教授兼農藝學研究所主任	周承鑰	
教授	史來	
教授	鄒鍾琳	
教授	朱健人	
教授	黃其林	
副教授	盧浩然	
講師	趙倫彝	

图 78 - 1

農學院農藝系教員名單

職別	姓名	本年度薪額	下年度擬予薪額	備
教授兼系主任	金善寶			
教授兼農藝研究部主任	周承鑰			
教授	鄒鍾琳			
仝	朱健人			
仝	黃其林			
副教授	盧浩然			
講師	趙倫彝			
仝	蔣耀			

图 78 - 2

3 月,因胃部出血,住院治疗。

资料(传记) 1947 年春天,金善宝因胃部大出血住进了医院,经过检查,医生告诉他胃里长了一个瘤。这句话,犹如晴天一声霹雳,让金善宝茫然不知所措。他从一本医学杂志上知道,得了这种病,长则一年,短则数月……对于死,他并不害怕,可是,他想到自己一生为之奋斗的小麦科学事业,还有很多问题需要深入探索;他为振兴祖国农业的理想还有很多工作要做;更主要的是,他长期以来热烈盼望的一个光明美好的新中国即将到来,他却看不见了,这是多么遗憾啊! 还有,多年来跟随他一起吃苦受累的妻子、4 个尚未成年的孩子……他瞒着家人,暗暗做好了一切准备。(金作怡:《金善宝》,第 101 页)

4 月，参加讨论《中央大学教授会宣言》，要求提高教育经费、改善教员待遇，点燃了“五二〇”学生运动的火焰。

资料一（档案） 今日全国政治经济混乱到这样地步，我们发出这呼声，心中抱着无限的沉痛，我们担当着教育中华民族现代和下一代儿女的责任，也负荷着以科学、技术、学术思想改造中国为一个现代化国家的使命。八九年来，我们痛感政府对文化教育学术措施之错误与用心之难测。我们期待着政府政策的改变。然而时至今日，已忍无可忍，为了建国的前途，为了千万受教育的青年学生，为了我们自己的生存权利，为了数十年心力所寄托的学术事业，我们谨以切迫至诚之心，诉诸全国国民。教育与学术是使中国现代化的先决条件，无教育与学术即无一切。因此，我们召集全体教授大会，郑重决议：一……全国教育经费最低不得少于国家总预算百分之十五。二、各党派及青年团训练费用，不得由国家教育文化项内开支。三、请政府直接指挥充足外汇，交各学校订购图书、仪器及科学器材，并简化各项向国外订购之各种手续。四、教员薪金应明文规定，依照物价指数支付。五、教授最高薪额，应由六百元提高至八百元。六、如不能达到目的，吾人为国家前途及实际生活计，当采取适当步骤，以求上列决议案之有效贯彻。我们恳切地要求全国文化教育的工作者一齐起来，坚决支持这个决议书，谨以宣言。（贺昌群：《1947 年中央大学教授会宣言》，南京大学档案馆 973）

资料二（其他） 许荏华：我记得，中央大学学生“五二〇”运动是从响应教授会宣言开始的。我在中央大学的时候，还是个学生，虽然参加了五二〇游行，但对有些事情的来龙去脉并不是很清楚，我想请您回忆一下 1947 年中央大学教授会的工作和五二〇运动的有关情况。

郑集（时年 106 岁）：中央大学教授会是抗战胜利后，1946 年中大回南京后组建的，我是第一届、第二届教授会主席。

许荏华：为什么选您做主席呢？

郑集：那时我的精神很好，很积极。其实中大有许多教授是进步的，如梁希、涂长望、干铎、金善宝、贺昌群等。选我做负责人，一个原因可能是吴有训校长比较器重我，信任我，因为我为中大医学院做过很多事情。另外一个原因可能就是我有“左倾”的思想……1947年春，物价涨得很厉害，教育经费缺少，师生们生活困难。4月下旬，教授会召开紧急会议，提出比照物价指数支付薪金和提高教育经费等要求，并由各学院推选2名代表，共13名代表，由我召集，向政府交涉。5月初，由于中大教授会代表向教育部请愿，没有结果，我们又召开教授会讨论。到会100多人，决定在报上发表宣言。宣言是请贺昌群等5位教授，根据两次开会讨论的意见起草的，要求改革政治、抢救教育、改善教职员待遇。这三条后来被称为“教授会三原则”。

许茬华：我们都非常拥护教授会的决议……

郑集：5月12日，为了扩大影响，中大教授会还召开了记者招待会，有不少中外记者参加，《纽约时报》还作了报道。

许茬华：我们学生也在活动。召开系科代表大会讨论，决定：请求增加副食费，拥护“教授会三原则”、提出反对内战等口号，并联合全国主要大学于5月20日一致行动，向政府请愿。（《中央大学教授会与五二〇运动——亲历者郑集和许茬华对话录》，《中共党史资料》2007年第2期，第103—105页）

资料三（其他） 1947年后，通货恶性膨胀，物价天天飞涨，人民生活愈益困苦。大学公费生的副食费所值无几，食不果腹，群情激愤。同时，教育经费极度匮乏，造成严重危机，中大教授会发表了要求提高教育经费改善教员待遇的宣言。中国共产党在国统区的地下党组织和新民主主义青年社根据党中央指示，针对当时形势，发动广大学生为改善生活而斗争，在斗争中提高觉悟，引向政治斗争。（孙颔：《纪念五二〇学生运动》，《中央大学校友通讯》1998年第17期，第65页）

5月下旬，探望并营救在“五二〇”游行中受伤、被捕的学生。

资料（传记） 1947年，全国通货膨胀……当时教授的工资，名义上是金圆券2 000万元，实际还不足战前教授工资（银元300元）的十分之一，学生公费每天只能买两根半油条或一块豆腐。为此，中央大学学生提出了“反饥饿、反内战”的口号，5月13日开始罢课，5月20日，正值国民参政会开会之际，南京、上海、苏州、杭州等16个专科以上学校，5 000多名学生举行“反饥饿、反内战、反迫害”大游行，向国民参政会请愿。是日清晨，金善宝和梁希分别赶往农学院大门前巡视,嘱咐学生游行时要善于斗争,避免无谓的牺牲。当游行队伍行经珠江路时,受到军警的围攻,军警用水龙头、大棒进行袭击,学生 104 人受伤,其中 19 人重伤,28 名学生被捕,学生们手挽着手,高唱“团结就是力量”,冲出军警包围。金善宝和梁希、潘菽等九三学社成员一起去医院探望受伤的学生,并在教授会上联名发起营救学生的活动,迫使被捕的学生一一释放出来。(金作怡:《金善宝》,第 96 页)

6 月,与中央大学农艺系毕业生合影。

资料一(照片) 1947 年,中央大学农艺系教师与毕业生合影。(前排左起:卢浩然、朱健人、邹钟琳、外籍教授史东、金善宝、周承钥、黄其林、龚坤元。见图 79)

图 79

资料二(传记) 金老深深爱护他的学生,关心学生的学业,关心学生的生活,更关心毕业生的工作分配。当时不少学生是流亡在四川没有家的学生，金老就特别关心他们，照顾他们。当时的大学毕业生虽然不多，而毕业以后想找一个工作也不是容易的，找一个合适的工作更难。金老千方百计为学生们作安排，在同学们离校时，还对每个同学的情况嘱咐几句。1947 年 8 月，有两个工作机会供我选择，一个是台湾糖业公司的工作，另一个是著名棉作专家冯泽芳教授要我到棉花试验场工作。当我犹豫不决的时候，是金老的一席话使我下决心来到了当时交通阻塞、战火迫近的北平，这实际上是决定了我的终身选择，较早地迎来了解放。记得金老当时大意是说，到台湾糖业公司去工作，待遇可能会好一些，但是，我们学农的还是到农场、试验场去锻炼一阵要更好些。北平虽然条件艰苦些，以后会好起来的。又说，你出了学校大门就不是学生了，到了社会上，凡事要忍耐些……临别赠言，语重心长，虽然已经是三十八年过去了，印象仍然十分深刻，谆谆教导仍在耳边，犹如昨天的事情一样。（蒋仲良：《沐教诲，终生受益》，收入史锁达、任志高编《著名农学家教育家金善宝》，第 128 页）

11 月，中华作物改良学会与中华农学会等农业方面的学术团体举行联合年会，并恢复会务。

资料（报道） 至本年，在京会员始联合各机关从事作物改良同志，举行每月一次之学术演讲会，进行顺利。至本届农界各专门学术团体举行联合年会，本会乃扩大组织，征求会员，改订章程，改选职员，重振业务，以开始其新生命焉。（《其他十六学会（协会）介绍中华作物改良学会简史》，《中华农学会通讯》第 79—80 期，1947 年，第 38 页）

12 月，在《学识杂志》撰文，畅述学农的意义，鼓励青年献身农业科学。

资料（文章） 文章称，中国农业落后，农村经济破碎崩溃，农艺系研究的就是人类的衣食之源、农村事业生产的根本。应用科学方法创造人类最需要的生活产品，开发自然界的富源为人类服务。鼓励青年为国为民献身农业科学，为实现这个伟大目标而奋斗。（金善宝：《农艺系的目标是什么》，《学识杂志》1947 年第 5—6 期，第 55—56 页）

1948 年　　54 岁

5 月 4 日，纪念“五四”，参加中央大学操场盛大的营火晚会。

资料一（传记）　那时，金师身体虽然很不好，但还是和我们一起参加了 1947 年在南京的“五二〇”反饥饿、反内战、反迫害的学生运动和 1948 年在中央大学操场举行的纪念“五四”的营火晚会等，给我们留下了深刻的印象。（罗毓权：《金师教书育人的爱国情怀》，收入孟美怡《金善宝》，第 276—277 页）

资料二（其他）　1948 年 5 月 4 日，九三学社南京社员梁希、潘菽、金善宝、涂长望、干铎等，参加南京各大专院校纪念“五四”营火晚会，梁希作演讲，指出：“天色就要破晓，曙光即将到来！”（《九三学社简史》征求意见稿，第 93 页）

资料三（传记）　1948 年 5 月 4 日上午，为了发扬“五四”革命精神，在九三学社成员金善宝、梁希、涂长望等人的支持下，四牌楼中央大学礼堂召开了“自然科学座谈会”，300 名青年科学工作者参加，金善宝在会上做了“一切成果要依靠人的力量”的发言。5 月 20 日晚上，南京大、中学生为纪念“五二〇”一周年，在中央大学操场举行了盛大的营火晚会，同学们群情激愤，手挽着手，高唱革命歌曲，气氛十分热烈，金善宝和梁希等七位教授被邀请参加，在会上慷慨陈词，支持爱国学生的革命行动。当天夜里，梁希奋笔疾书，写下了著名诗篇：

以身殉道一身轻，与子同仇倍有情。

起看星河含曙意，愿将鲜血荐黎明。

充分表达了老一代知识分子为追求真理，威武不屈的气概。在那茫茫的黑夜里，金善宝和南京九三学社的社员们，始终和广大青年学生站在一起，迎来了解放。（孟美怡：《金善宝》，第 86 页）

6 月，胃部出血，经医院诊断为十二指肠溃疡，幸遇老中医吴汇川施以秘方，治愈了困扰多年的疾病。

资料（传记）　继 1947 年春天之后，他第二次胃出血，又住进了医院。这次,他满以为没有希望了。主治医师给他做了详细检查,金善宝问,我胃里的瘤有多大了?医生告诉他,不是瘤,是十二指肠溃疡。喜讯从天而降!从医院出来,金善宝获准休假一年。台湾的台中农学院和无锡的江南大学农学院先后给他送来了聘书。去哪一个学校好呢?金善宝考虑,台湾,他从未去过,那里的亚热带农业有什么特点,是他长期以来很想去看看的地方;可是,他又想到,共产党领导的解放大军势如破竹,全国眼看就要解放,这个时候,如果去台湾,将来很可能和大陆遥遥相望,一去不能复返了!为此,他选择了离南京较近的无锡江南大学农学院。正在这个时候,他的胃部又出血了。许多好心的朋友劝他,十二指肠溃疡虽然不是绝症,可是经常这样大出血,对身体很不好,应该想想办法。经朋友介绍,他找到一位老中医吴汇川,吴老先生已经80多岁了,银髯过胸,满面红光,他给金善宝号脉之后,开了几服药,嘱咐他吃完这几服药再来。金善宝拿着药方,犹豫了片刻,恳切地对吴老先生说,自己即将去无锡江南大学任教,要求吴老先生能给他开一个长方,拿到无锡去服用。吴老先生听后,望着金善宝瘦削的面容,沉思良久,最后很爽快地说:"好吧!你们公教人员生活很不容易,我帮你一个忙,给你一个秘方,保你永不复发!"当即挥笔在药方上写下:"七颗苦参子,去壳,用桂圆肉包裹,早晚空服一粒,温开水送下。"回家后,他按照吴老先生的秘方,连续服用了两天,第三天早晨就发现长期呈黑色的带血粪便,一下子变成了黄色,折磨了他七八年的老毛病,竟然在短短的两天之内奇迹般地治好了,他心里的高兴是无法形容的。从此,他就摆脱了病魔的缠绕,身体一天天好了起来。(金作怡:《金善宝》,第101页)

8月,获准休假一年,到江南大学任教。

资料一(档案) 金善宝教授今年休假,系务拟请邹钟琳先生兼任。(《通知单》《薪款表》,南京大学档案馆1455,见图80-1、图80-2)

资料二(手稿) 中央大学规定,教授服务七年,可以休假一年。到1948年,我在中大已经十四年了,罗清生(原中大教务长、现任南农副院长)对我说:"你身体不好,为什么不休假?"我说:"系务没有人管。"他说:"难道你死了也要管系务不成?!"我感到环境很困难,罗的话,可能是有意提醒我的,因

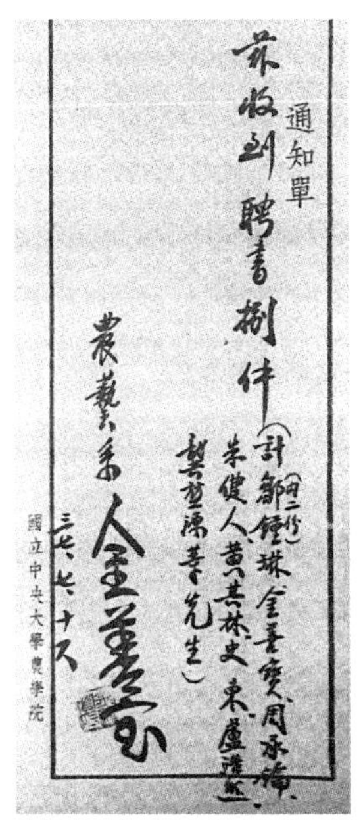

通知單

兹收到聘書捌件(計鄒鍾琳、金善寶、周承鑰、朱健人、黃其林、史東、盧浩然、余友泰先生)

農藝系 金善寶

三七、七、十八

國立中央大學農學院

图 80－1

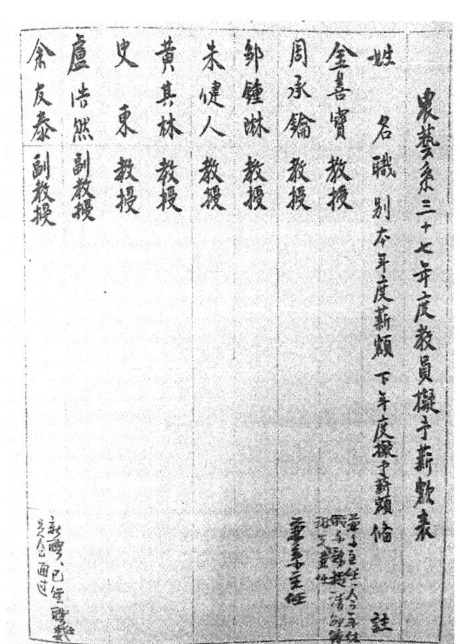

農藝系三十七年度教員擬予薪數表

姓名	職別	本年度薪額	下年度擬予薪額	備註
金善寶	教授			
周承鑰	教授			
鄒鍾琳	教授			
朱健人	教授			
黃其林	教授			
史東	教授			
盧浩然	副教授			
余友泰	副教授			

图 80－2

此决定休假。江南大学农学院(在无锡)发给我聘书时，快要开学了，我因胃出血住在医院，等我出院时，有人对我说：系务最好请□□□代理，他是你的学生，可以听你的话。但我考虑再三，还是向学校推荐了邹钟琳兼任系主任，因为邹是院长，学校也就同意了。(金善宝：《“文革”交代材料 · 我的历史》)

资料三(其他) 8 月，金善宝教授本年学术休假，未接受台中农学院聘请，到无锡江南大学兼任农学院农艺系主任、教授。(费旭、周邦任：《南京农业大学史志 1914—1988》，第 199 页)

资料四(传记) 1948 年 8 月，金善宝应聘来到江南大学农学院，金师母为了照顾他的生活，也一同前往。江南大学创建于 1947 年 10 月 27 日，是无锡面粉大王荣氏家族创办的。荣氏在发展企业的同时，十分关心家乡社会事业，修桥铺路，兴办教育，民国元年，就创办了全国第一家公益性的“大公图书馆”，先后举办了公益小学、中学、中专、工程技术学院、科研所等几十个校、所。同时，还向不少著名高等学府如上海交通大学、复旦大学等校频频捐款资助。日寇侵华期间，荣氏企业遭受了巨大损失，抗战胜利后，荣氏企业在经费十分拮据的情况下，仍然把办学放在重要位置，千方百计筹集资金，兴建江大。在筹建过程中，1946年，荣德生先生在上海遭匪徒绑架，损失60万美元；1948年，侄子被冤入狱，又接连失去两个爱子。在丧子、丧财的巨大打击下，仍然不改初衷，矢志不渝地把江南大学办下去。并以重金多方聘请国内著名教授、专家前来任教，如教育界名人章渊若，电机界老前辈顾惟清，成本会计专家沈立人，著名国学大师钱穆，著名教授吴大榕、秦含章、郭守纯、金善宝等。为了给前来任教的教授们提供一个良好的生活环境，荣家不惜让出了自己的私家花园——梅园、锦园和老宅荣巷。国学大师钱穆和金善宝介绍来校的农业化学专家秦含章都住在荣家的老宅内，金善宝夫妇住在梅园中的"乐农别墅"，他们的邻居是当时江南大学农学院的院长郭守纯夫妇和他们的女儿一家三口。金善宝被聘为农艺系主任，为农艺系、农产品加工系讲授"作物学""麦作学"课程。（金作怡：《金善宝》，第102—104页）

9—12月，因治学严谨、平易近人、授课艺术高超，博得广泛好评。

资料一（报道） 最使学生们尊敬的金善宝教授，是国内外著名的小麦专家，学识渊博，治学严谨，思想进步，平易近人。他在我们农产品加工制造系讲授"作物学"，是他最专长的一门课。他在课余时间常深入到学生中来，了解同学们的思想情况和要求，然后针对我们的实际情况，认真备课，工工整整地书写好讲稿。金老师上课时却从不看讲稿，一本《作物学》教材，他讲起来如数家珍，滔滔不绝，娓娓动听，教学效果极佳。他那精湛的学识、高超的授课艺术，使学生们叹为观止。他这种……严肃认真、一丝不苟的工作态度使我们受益匪浅，终生难忘。五十年代，我曾接受国家的选派前往国外讲学。我以金老师为榜样，深入了解国外教师们及工厂企业的生产情况和要求，在此基础上，制定教案，认真备课，从而取得了较为良好的讲学效果，圆满完成了组织上交给我的光荣任务。至今，每当我回忆起往事……心情十分激动，久久不能宁静。一幕幕、一件件往事，恍如昨日。（钱慈明：《饮水思源》，收入《江南大学五十年》，第43页）

资料二（照片） 金善宝、姚璧辉夫妇在江南大学梅园宿舍前留影。（见图81）

图 81

1949 年　　55 岁

4 月,在无锡迎接解放。

资料(传记)　4 月 24 日清晨,这条乡村小道上,驶来了几辆军用卡车,车上全是身着黄色军装,头戴八角帽的战士。开始,人们都远远地站着,疑惑地望着,当卡车停下,战士们从车上下来时,人群中突然有人喊了一声,是解放军!人们这才清楚地看见战士们帽上的红星,大家欢呼着向解放军奔去,战士们和老百姓们一一握手,金善宝和欢呼的人群一起,赶上前去,紧紧握着战士们的手,激动地说:"欢迎你们,你们终于来了,我们等你们等得好苦啊!"这时候,他们才知道,无锡城里已于昨天晚上解放了!当天下午,金善宝和江南大学的师生们,举着自制的小旗,迎着和煦的春风、蒙蒙的春雨,踏着无锡城里的鹅卵石马路,热烈欢迎解放军解放无锡。(金作怡:《金善

宝》,第 105 页)

5 月,得知女儿作美参军的消息。

资料一(传记) 无锡解放了!可是与无锡毗邻的上海还处于激烈的战斗之中,无锡人民日日夜夜都在关注着上海的局势。人们见面就议论:解放军把上海包围了!解放军已经进入上海市区了,正在打巷战呢!金善宝夫妇更是十分关心上海的战局,特别是金师母,天天都出去打听消息,因为他们的二女儿作美正在上海读书,一个多月来音讯全无,女儿的安危牵动着母亲的心。5 月 27 日,终于传来了上海解放的消息,人人皆大欢喜,只有金善宝一家,高兴之余,仍然忧心忡忡。后来他们听说,上海解放前抓了不少进步学生。这一来做母亲的更着急了,猜想二女儿思想进步(当时他们还不知道女儿已是上海地下党员),很可能被抓进去了。因而四处发信,向上海的亲友打听消息。大约过了一个多月,才从他们的表妹家送来一只箱子,告曰:作美参军了,临走前留下这只箱子。这样,金善宝夫妇心中的一块石头才落了地。至于她参加的是什么部队?部队现在哪里?一概不知。直到后来,她在部队立了功,立功喜报寄到家,他们才知道她参加了第二野战军,解放大西南去了。以后,她就一直留在四川工作。(金作怡:《金善宝》,第 106 页)

资料二(传记) 我从童年时代开始,一直受到父亲革命思想的熏陶。父亲经常介绍我们看《新华日报》,阅读《新民主主义论》等革命书籍,还经常给我们讲一些解放区的故事,使我对"山那边呀,好地方"产生了无尽的遐想。1948 年秋,我独自到上海去读书,在那里,我积极参加了党领导的学生运动,并光荣地加入了中共上海地下党。感谢父亲,是父亲引导我走上了革命的道路,父亲是我的革命启蒙人。(金作美:《父亲是我终身学习的榜样》,收入孟美怡《金善宝》,第 285 页)

6 月,结束了江南大学的教学任务,回到南京。

资料一(照片) 6 月,金善宝(左一)告别江南大学,与农学院教师合影。(见图 82)

图 82

资料二(传记)　1949 年 6 月,江南大学的教学任务一结束,金善宝立即携带家小回到南京。解放后的南京,人民欢欣鼓舞,一片欣欣向荣景象。(孟美怡:《金善宝》,第 92 页)

7 月,参加全国自然科学工作座谈会。会后,随东北参观团参观。

资料一(手稿)　1949 年 4 月南京解放。7 月,我出席全国自然科学工作者筹备会议,第一次到达伟大祖国的首都——北京。会后,一部分会员……40 多人,组织东北参观团,我又是第一次到达祖国富饶的东北,经沈阳、安东、旅顺、大连、长春、公主岭、克山、哈尔滨等地,参观了许多工厂和国营农场,感到祖国的伟大和无限广阔的前途。(金善宝:《"文革"交代材料 · 我的历史》)

资料二(传记)　7 月接到通知,去北京参加由周恩来总理主持召开的自然科学工作座谈会。参加会议的代表有 40 多人,来自全国自然科学的各个学科。会上,周恩来总理总结了全国的大好形势,勉励科学家们努力工作,把自己的一切聪明才智贡献给新中国。会后,又参加了以竺可桢同志为团长的参观团,去东北参观访问,参观团先后参观了旅顺、大连、沈阳、长春、哈尔滨等地,受到东北人民的热烈欢迎和热情接待。(孟美怡:《金善宝》,第

92—93页)

资料三(传记) 这次参观访问,他亲眼看到东北人民热火朝天的干劲,积极支持解放全中国的革命精神,深受感动。在哈尔滨一次欢迎会上,他深有感触地说:这次到东北来,是向东北人民学习的,东北是老解放区,我要老老实实向老解放区的人民学习,认认认真真改造思想。他还讲了一个家乡的故事,大意是:"山里有座黄泥岗,黄泥岗里到处都是黄泥。有一天,黄泥岗的一位老乡进城买东西,他刚进城,城里人看见他就问:'喂!你是从黄泥岗来的吧?'这位老乡觉得很奇怪,反问道:'你怎么知道我是从黄泥岗来的?'对方说:'喏!你脚上还有黄泥呢!'老乡低头一看,果然自己脚上沾满了黄泥。第二次,他进城前,特意把两只脚洗得干干净净,可是他进城没走多远,城里人又问:'老乡,你是从黄泥岗来的吧?'这位老乡很纳闷,怎么又知道我是从黄泥岗来的?对方说:'喏!你的雨伞不是还沾着黄泥吗?'老乡打开雨伞一看,果然雨伞上沾着黄泥巴。第三回,他进城前不但洗干净了脚、还把雨伞洗得干干净净,心想这一回城里人一定看不出我是黄泥岗人了。谁知进城不久,又有人问道:'老乡,你是从黄泥岗来的吧?'老乡愣住了:'他怎么又知道我是从黄泥岗来的呢?'对方笑着说:'跟你进城来的小狗,身上都是泥巴'。"金善宝用这个故事生动地比喻从旧社会过来的知识分子,思想改造的长期性和艰巨性。并且在东北人民面前表示,决心在党的领导下,认真改造思想,努力为新中国建设服务。(金作怡:《金善宝》,第106—107页)

8月8日,中央大学改名为南京大学。13日,被任命为南京大学农学院院长。

资料一(报道) 南京市军管会宣布南京大学校务委员会名单,金善宝为农学院院长。(《文教简讯》,《人民日报》1949年8月17日第2版,见图83)

资料二(档案) 8月,金善宝任南京大学农学院院长,证明人陈野萍。(中国农科院老干部处:《金善宝人事档案》,见图84)

资料三(手稿) 8月间……《人民日报》登载消息,中央任命我为南京大学农学院院长。(金善宝:《"文革"交代材料·我的历史》)

资料四(其他) 8月8日,遵照南京市军管会文化教育委员会的决定,

文教簡訊

▲南京市軍管會十三日宣佈國立南京大學（原中央大學）校務委員會各院負責人名單如下：梁希爲校務委員會主席，潘菽爲教務長，干鐸爲秘書長。涂長望，該校第二部主任，張江樹爲理學院院長，錢鍾韓爲工學院院長，金善寶爲農學院院長，蔡翹爲醫學院院長，胡小石爲文學院院長，吳傳頤爲師範學院院長。參加校委會的學生代表二人，日內即可由學生普選產生。

▲以東北松江省主席兼哈爾濱工業大學校長馮仲雲爲首的東北招聘團已於十二日到上海，將招聘大批大學教授和各種科學技術人才赴東

图 83

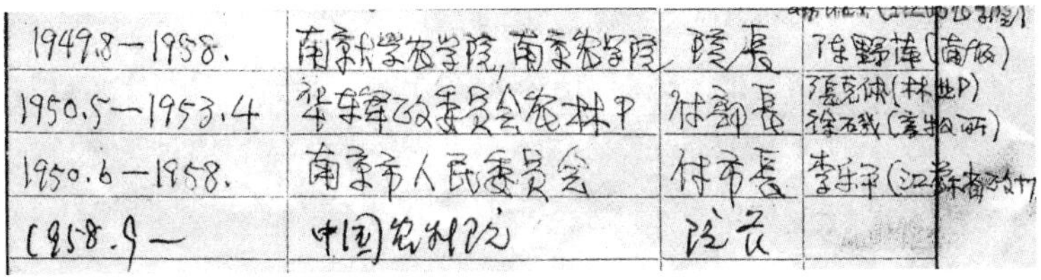

1949.8—1958.	南京大学农学院，南京农学院	院長	陈野苹(南农)
1950.5—1953.4	华东军政委员会农林部	付部長	張克侠(林业P) 徐石钱(畜牧所)
1950.6—1958.	南京市人民委员会	付市長	李乐平(江苏省[illegible])
1958.9—	中国农科院	院長	

图 84

中央大学改名南京大学，成立校务委员会，主席梁希，校维持委员会向校委会移交，金善宝任农学院院长，干铎任校务会秘书长。9 月 17 日，举行农学院第一次院务会议，主席金善宝，委员 25 人。（费旭、周邦任：《南京农业大学史志 1914—1988》，第 201 页）

资料五(传记) 正当参观团在哈尔滨访问时,《人民日报》报道,中华人民共和国国务院任命金善宝教授为南京大学农学院院长。(史锁达、任志高编:《著名农学家教育家金善宝》,第38页)

资料六(传记) 1949年8月,原中央大学改名南京大学,中央人民政府任命金善宝为南京大学农学院院长。(孟美怡:《金善宝》,第93页)

10月23日,在《新华日报》发表《漫谈东北》一文。

资料(文章) 7月,在北京召开中华全国自然科学工作者代表大会筹备会。会议之后,理、工、农、医的工作者集合了46人。组织了东北参观团。本人是参加农组的,到沈阳、哈尔滨、通北、萨尔图、本溪、安东、大连、旅顺等地,参观了大规模的拖拉机农场和广大的牧场;同时,也看过许多重工业工厂。觉得这富饶的东北显现了新中国无限广阔的前景。(金善宝:《漫谈东北》,《新华日报》1949年10月23日第4版)

11月,带领南京大学农学院师生建立农村工作服务实验区,使书本知识与实际结合起来。

资料(报道) 南京大学农学院六个系的同学在金善宝等教授的领导下,在南京中央门到挹江门沿城农村,建立一个农村服务工作实验区。主要目的是使学校与社会打成一片,把书本知识与实际结合起来,同时在技术上帮助农民改进生产,从而吸取经验。在上月份下半月,已做了初步农村访问工作,二十五日起,正式进行农村调查,将试办改良品种、发展农村合作社、防治畜病、举办夜校和阅览室等工作。(《南京大学农学院建立农村工作服务实验区》,《人民日报》1949年12月3日第3版)

是年,原中大2419小麦改称南大2419小麦,继续在丁家桥农场试验,表现优异。

资料(文章) 中大2419由于……原育成机关……改组为南京大学,所以又称为南大2419。又因辗转传播,各地名称不一;根据1956年8—9月间华东区小麦研究座谈会的讨论结果,一致认为以保持原来名称为恰当,同时，为了避免同种异名所引起的许多不便，建议有关方面今后一致用中大2419的名称……1946年中央大学迁回南京后，中大2419仍继续在丁家桥农场参加品种比较试验，并进行繁殖。根据1946—1947年试验的结果，中大2419的产量超过南京当地品种17.1%。1947—1948年以玉皮为对照进行对比试验，结果中大2419的产量超过玉皮11.0%。同年，前中央农业实验所在江湾进行的小麦良种区域性试验的结果，也肯定了中大2419在苏南一带的推广前途。1948—1949年六个品种比较试验的结果，中大2419产量居第一位，每亩447.4斤。（金善宝、蔡旭等：《我国当前种植面积最大的小麦良种中大2419》，收入王连铮主编《金善宝文选》，第172、173页）

1950年　　56岁

1月20日，《新华日报》发表《关于全国农业生产会议》一文。

资料(文章)　1949年12月，中央人民政府农业部召开首次全国农业生产会议，作者以农业学术界代表的身份参加会议，认为会议表达了全中国农业工作者在中央人民政府统一领导下的团结一致，显现出新中国农业建设无限的希望。（金善宝：《关于全国农业生产会议》，《新华日报》1950年1月20日第5版）

1—2月，长江流域一亿亩良田被淹，他提出“多种马铃薯度春荒”“移植冬麦、战胜灾荒”的建议，挽救了华东地区的损失。

资料一(文章)　1949年中国南方发生大面积严重水、旱灾。作者详尽介绍多种马铃薯度过春荒的可行性和培育方法，呼吁受灾农民种植马铃薯，多方面寻求增产粮食生产的方法抢救春荒。文中还介绍了二战时期英国全国动员种植马铃薯度粮荒的壮举，以为借鉴。（金善宝：《多种马铃薯度春荒》，《新华日报》1950年1月14日第2版）

资料二(文章)　作者为减少华北、华东地区水灾造成的粮食损失，依据小麦和水稻都具有分蘖的习性，是可以移植的，进行了冬小麦移植试验，获得形态、产量的对比结果,为抗灾、救灾、指导生产提供了科学依据。(金善宝:《移植冬小麦的初步试验结果》,《华东农科所工作通讯》1950 年第 1 期,第 12—16 页)

资料三(文章) 根据试验结果,同年 2 月 20 日,在《新华日报》上提出了“移植冬麦、战胜灾荒”的建议,文中介绍移栽冬麦的意义、方法和经验,并建议采取奖励的方法发动群众移植冬麦,战胜灾荒。(金善宝:《移植冬麦战胜灾荒》,《新华日报》1950 年 2 月 20 日第 2 版)

资料四(传记) 1950 年,长江下游洪水泛滥,华东地区、长江流域有上亿亩良田遭受水灾。如何抗灾、救灾,挽救人民的损失?他根据华东地区历年来气候变化的规律和特点,提出“多种马铃薯度春荒”“移植冬麦战胜灾荒”等建议,得到党和人民的重视,南京《新华日报》全文刊载了这些建议。当时华东地区一带农民还从来没听说过冬小麦可以移栽的,有的人持怀疑态度,为了说服农民,他亲自到南京郊区给大家作田间示范,把小麦移栽技术和科学道理传授给农民,使这一措施迅速推广,补救了华东地区农业受灾的损失。(孟美怡:《金善宝》,第 96 页)

资料五(其他) 工作繁忙,他更加激发自己作为农业科学工作者的基本职责,当时华东和长江流域有一亿亩农田受到水涝灾害,他寝食不安地研究对策,在报纸上发表了《多种马铃薯度春荒》的论文,并赶写出版了《马铃薯栽培法》一书;同时,他亲自通过试验示范,并在报纸上发表了《移植冬小麦战胜灾荒》的文章。这些论著对当时农业生产的恢复发展起了积极的促进作用,其中小麦的移植从而发展为一种行之有效的栽培技术措施。(吴兆苏:《关于金老从事科研和教育活动的一部分资料》,1980 年 2 月 3 日)

4 月 7 日,祝贺华东军政大学南京分校成立一周年。

资料(照片) 4 月 7 日,留影纪念华东军政大学南京分校成立一周年。(见图 85)

4 月 11 日,中央人民政府第六次会议通过决议,他被任命为华东军政委员会农林部副部长。

图 85

资料(证件) 任命书。(见图 86)

中央人民政府任命通知書 府字第1375號

茲經中央人民政府委員會
第六次會議通過任命金善寶爲
華東軍政委員會農林部副部長

特此通知

主席 毛泽东

一九五零年四月十一日

中華人民共和國中央人民政府之印

图 86

5 月,南京大学校务委员会改组,他当选为校务委员会常务委员。

资料(其他) 校务委员会改组,金善宝、干铎、刘庆云为校务委员会常务委员。(费旭、周邦任编:《南京农业大学史志 1914—1988》,第 202 页)

8 月,纪念银婚。

资料(照片) 金善宝、姚璧辉夫妇纪念银婚,摄于南京。(见图87)

图87

10月22日,在庆祝南京大学成立一周年大会上讲话。

资料(手稿) 在庆祝南京大学成立一周年大会上,他十分高兴地说:"我既是本校毕业的校友,又是本校农学院的教授,以这种双重身份,来参加母校的校庆,感到特别高兴。南京大学虽然成立刚刚一周年,但它从1914年南京高等师范成立起,经东南大学、中央大学,到现在已经有36年的历史了。它继承了南京高等师范以来,师生团结、教学相长和实事求是的精神,在过去的30多年中,无论在文化建设和生产建设方面,都有过灿烂辉煌的成就,我们的师生曾经和军阀、帝国主义、国民党政府做过长期英勇的斗争,有的为此献出了年轻的生命,成为南京大学校史上最辉煌最灿烂的一页。今天,我们在校庆的时候,应向他们表示赞赏,致以最崇高的敬礼。"他总结了南京大学成立一年来的成绩,鼓励大家继承南京大学的革命传统,进一步发扬为人民而教、为人民而学的精神,共同为新中国的文化教育事业和经济建设而奋斗。(金善宝:《在南京大学成立周年校庆大会上的讲话》,1950年10月22日)

10月29日,当选为南京市副市长;会上,成立了文教委员会,他担任主任。

资料一(档案) 任命金善宝为南京市副市长。(《任命书》,南京市档案馆5003-1-6,见图88-1、图88-2)

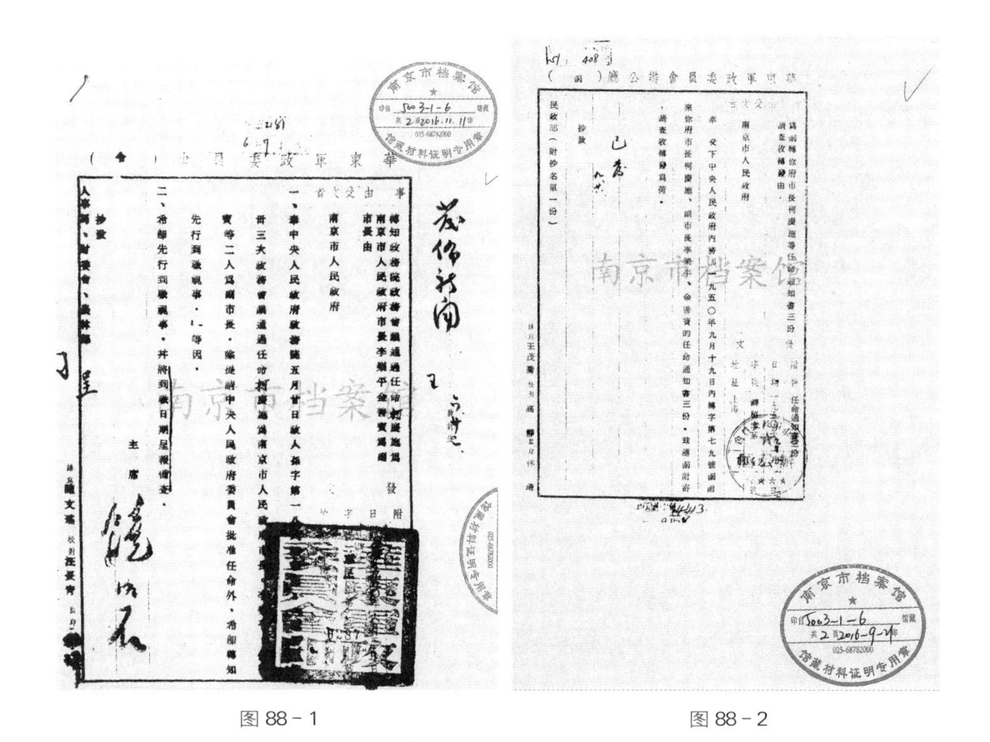

華東軍政委員會（令）

事由：轉知政務院政務會議通過任命柯慶施為南京市人民政府市長李樂平金善寶為副市長由

受文者：南京市人民政府

一、奉中央人民政府政務院五月廿日政人孫字第一……册三次政務會議通過任命柯慶施為南京市人民政府市長……李樂平金善寶等二人為副市長。除提請中央人民政府委員會批准任命外，希即轉知先行到職視事。」等因。

二、希即先行到職視事，并將到職日期呈報備查。

主席 饒漱石

抄發 人事部、財委會、監察部

图 88－1

華東軍政委員會辦公廳（函）

事由：為函轉你府市長柯慶施等任命通知書三份請查收轉發由。

受文者：南京市人民政府

奉交下中央人民政府內務部一九五〇年九月十九日內轉字第七九號函附來你府市長柯慶施、副市長李樂平、金善寶的任命通知書三份，茲隨函附寄，請查收轉發為荷。

抄致 民政部（附抄名單一份）

图 88－2

资料二(证件) 任命书。(见图 89)

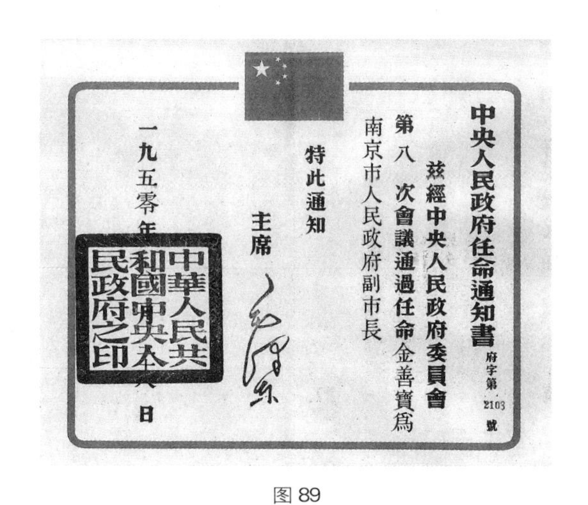

中央人民政府任命通知書 府字第2103號

茲經中央人民政府委員會第八次會議通過任命金善寶為南京市人民政府副市長

特此通知

主席 毛澤東

一九五零年……日

中華人民共和國中央人民政府之印

图 89

资料三(档案) 金善宝为南京市副市长。(《华东区江苏省南京市行政人员登记表》,1950 年 8 月 21 日,见图 90)

華東區江蘇省南京縣/市行政人員登記表　1950年8月21日填

姓名	金善寶	部別	南京市	職別	副市長
年齡	56	本人成份		現有文化程度	大學	民族	漢
性別	男	家庭出身	小資產	參加工作年限	一九五〇年五月
籍貫	浙江省諸暨縣/市楓橋區石峽口村/街/胡同	門牌		號	

图 90

资料四(手稿)　1950 年 6 月,中央发表我为南京市副市长,也是看到报纸才知道的。过了几天,刘述周秘书长到我家里来,要我搬到市政府去住,见到柯庆施同志,他说:“啊哟,你这个人,为什么一定要来请你才来呀?!”(金善宝:《“文革”交代材料 · 我的历史》)

资料五(报道)　二届一次代表会昨开幕,上午金善宝副市长致开幕词。(《二届一次代表会昨揭幕》,《新华日报》1950 年 10 月 24 日第 1 版,见图 91)

二屆一次代表會昨揭幕
上午金善寶副市長致開幕詞
午後聽取柯市長等工作報告

【寗市新聞處訊】南京市第二屆第一次各界人民代表會議，於二十三日上午九時隆重開幕。大會到正式代表五百零四人，因事請假者二十五人，缺席二十人；到列席代表七十八人。

大會在國歌聲中開始。由籌備會劉述周秘書長報告籌備經過，並提出主席團名單草案，當經全體到會代表熱烈鼓掌通過。主席團並互推柯慶施、李士海、任崇高、鄧昊明、劉玉林五人爲大會第一日執行主席，大會乃正式開幕。首由市人民政府金善寶副市長致開幕詞，金副市長在追述了上屆代表會議召開時的環境和會議的重大努力以後，指出：半年以來，在中央人民政府、華東軍政委員會的領導與各界人民特別是各界代表的努力支持下，我們執行了上屆各界人民代表會議的決議，已獲得了的各種重大成就，這是以證明我們所執行的方針和政策的正確，證明了我們不依靠帝國主義完全可以生活而且能夠生活得更好，也完全證明了南京人民在人民政府的領導下，緊素的週圍，是可以克服一切困難取得重大勝利的。接着，金副市長說：這次會議將在更廣泛和堅強的民主與團結討論繼續貫徹上屆會議的精神，確定今後工作方針，並初步代行人民代表大會的職權，責任更爲重大。因此，希舉人民政府正副市長、委員和市協商委員會，以便進一步有效地團結全體人民鞏固人民民主專政，爲徹底消滅殘量，粉碎帝國主義一切侵略陰謀，爲克服困難，爭取經濟情況的進一步好轉，爲建設人民的新南京而奮鬥。

詞畢，大會通過了「南京市第二屆各界人民代表會議組織條例」、「議事日程」、「議事規則」及大會提案審查單、秘書處職員名單、各小組召集人名單。並由上屆市協商委員會副主席鄧昊明作了上屆協商委員會的工作報

續開會，聽取了市人民政府柯慶施市長關於市政工作的報告，市民政局馮伯華局長關於救濟失業工人、失業知識災、疏散難民工作的報告，市商業局陸慕雲局長關於維持與改造工商業工作的報告，中共南京市委會石西民委員的報告，與市財政局羅白樺局長關於財政稅收工作的報告。

午各界代表將分爲二十個小組，對政府各項報告進行討論，提供改進意見。

一次代表會
團名單

廿三日大會通過之本市第二屆第一主席團名單如下：（以姓氏筆劃爲

陸　綱　陸慕雲　黃耕夫　馮伯華　陳文僊　陳敏之
張友鸞　康永仁　賈世珍　婁在技　楊憲益　賴少其
錢　鍾韓　羅白樺

票審查委員會委員及秘書

作人員名單

（二）秘書處工作人員名單
秘書長　劉述周
副秘書長　史　永　馮伯華　楊憲益

秘書組　鄧恒秋　張寰遠　寧師明
總務組　劉文台　侯鳴皋　熊瓛之
聯絡組　康永仁　茅於一　高鑫林
宣傳組　張友鸞　吳　鎮
新聞組　白　沙
警衛組　陳　良　王　根

開好代表會　建設新南京

農民、學生以及社會青年……以後，即紛紛向廣……徵集意見，如工人代……共計王保邦等六人，他們

图 91

资料六(照片)　1950 年 10 月 29 日,金善宝在南京市二届一次人民代表大会上当选为南京市副市长。(左起:金善宝、柯庆施、李乐平。见图 92)

图 92

资料七(照片)　1950 年 10 月 29 日,当选为南京市人民政府委员,留影纪念。(左四柯庆施、左五李乐平、右二金善宝。见图 93)

资料八(照片)　1950 年 10 月,当选为南京市副市长,留影。(见图 94)

资料九(报道)　市长及市府委员选举揭晓,市长柯庆施、副市长李乐平、金善宝。(见图 95)

资料十(其他)　1950 年,毛泽东主席任命金善宝教授兼任南京市副市长、华东军政委员会农林部副部长。(费旭、周邦任:《南京农业大学史志 1914—1988》,第 228 页)

资料十一(其他)　10 月 23—29 日,南京市第二届第一次各界人民代表会议召开。出席代表五百四十九人。会议代行人民代表大会的权利,选举

图 93

图 94

柯庆施为市长，李乐平、金善宝为副市长。会上，成立了南京市人民政府监察委员会，任崇高为主任，张士一、刘志健为副主任；成立了财经委员会，柯庆施为主任，王明远为副主任；成立了文教委员会，金善宝为主任，孙叔平、石西民、张江树为副主任；成立了中国人民救济总会南京分会筹委会，李乐平为主任，冯伯华、陈慎言、李世军、陈文仙为副主任。会议还选举了本届各界人民代

市長及市府委員選舉揭曉

市長柯慶施　副市長李樂平　金善寶

江渭清等廿三人當選市人民政府委員

昨全體會議並選出本屆市協商委員會

图 05

表会议协商委员会，柯庆施为主席，江渭清、陈琴、何基沣、蔡惟庚为副主席。(《南京党史大事记 39》,《南京日报》2021 年 4 月 1 日第 A4 版)

10 月，欢送英模代表离开南京。

资料(手稿)　在欢送全国战斗英雄、劳动模范代表离开南京的大会上，代表南京市人民向英模们致以最崇高的敬礼，鼓励英模们继续发扬英勇战斗和艰苦奋斗的精神，联系并带动广大群众，为加强国防、发展我国的经济建设而奋斗。(金善宝:《送英模代表离宁》,1950 年 10 月)

10—11 月，赶写《关于水淹地冬作问题的几点意见》和《马铃薯栽培法》，进一步挽救了华东地区的损失。

资料一(文章)　1950 年夏，皖北等地水灾严重，文中介绍何处调种，不同退水时期选用不同作物种子、种类以及作物方法。关于本年12月甚至明年1—2月才退水,不能如期种上冬麦的地方,建议当地政府组织农业科学工作者、全力动员农民试种春麦、移栽冬麦、种油菜或马铃薯等四种办法,度过灾荒。(金善宝、梅籍芳:《关于水淹地冬作问题的几点意见》,《华东农林》1950年第4期,第5—6页)

资料二(著作) 这是作者为抢救华北、华东地区农民水灾造成的粮食损失赶写的一部著作。全书分27个题目,全面、详细地介绍了马铃薯的植物学特征、生物学特性,全世界分布情况,生长发育要求的气候条件,栽培方法、管理措施,病虫害防治,块茎的营养成分,收获与贮藏方式等,为华东地区农民抗灾、救灾起到了至关重要的作用。(金善宝:《马铃薯栽培法》,商务印书馆,1950年)

12月26日,出席华东农林工作会议,发言。

资料(文章) 发言从目前国家的经济情况和广大农民的迫切需要出发,谈及农业技术的提高与普及的辩证关系,特别指出农业科技工作者改变脱离生产、脱离实际的作风,打开研究室的大门,深入农村,在农业生产的实践中,锻炼成长为一个受农民群众欢迎的农业科学家。(金善宝:《对农业技术的提高与普及的几点意见——1950年12月26日在华东农林工作会议上的发言》,《华东农林》1950年第1期,第19—20页)

是年,党和人民的信赖,激励着他以极大的热情投入国家建设。

资料一(文章) 每张任命书,都表达了党对我的无限信任、无限关怀,每张任命书都给了我无限力量,使我这个在旧社会一无所有的知识分子,能够在毛主席的阳光沐浴下,为新中国的建设贡献自己的一技之长。更主要的是,自我1895年出生,直到新中国成立的50多年里……目睹祖国人民多灾多难,内战连年,外患频繁,年轻时和很多爱国志士一样,寻求救国救民的真理,均未实现,年过半百之后,亲眼看到祖国人民有了希望,怎能不使我由衷地高兴呢?(金善宝:《在毛泽东思想指引下》,收入《我与毛泽东的交往》,第248页)

资料二(传记) 党和人民的信赖,激励着他以极大的热情投入新中国建设。身任南京大学农学院院长,他力倡农业教育与生产相结合,带领农学院教授和七个系学生,在南京中央门到挹江门一带沿城农村建立农村服务工作实验区,使学生与社会打成一片,把书本知识和实际结合起来,同时在技术上帮助农民改进生产,从而吸取经验,开展农村调查,试办改良品种、发展农村合作社、防治畜病、举办夜校和农村阅览室等。身任华东军政委员会农林部副部长,从1950—1952连续三年暑假,组织南京大学农学院、金陵大学农学院等校学生赴山东、安徽等地农村实习,使教育和生产相结合。他兼任南京市文教委员会主任,经常深入南京市管辖的华东军政大学南京分校……中、小学校作报告,鼓励速成中学学生克服文化差距的困难,努力完成中学学业,考上大学,为建设繁荣富强的新中国奋斗;鼓励中、小学生要能吃得起苦、耐得住清贫,立志献身祖国科学事业,担负起时代的重任;他积极组织当时"社会主义阵营"之间的国际文化交流,如苏联专家来宁指导,匈牙利、罗马尼亚等国的文化代表团来宁等活动。(杜振华等:《百年耕耘,金善宝传》,第102—103页)

资料三(传记) 五张任命书带来的不仅仅是金善宝职务上的改变,随之而来的是生活待遇的步步提高。原来金善宝住在南京大学教职工宿舍里……住房宽敞了,生活条件优越了,这是党的关怀。可是金善宝心里一直以为,自己是个长期从事农业教育、农业科学研究的知识分子,对党和国家没有作出多大贡献,至于从政,当副市长,更是门外汉。俗话说"无功不受禄",现在自己是"无功受禄",因而对享受副市长待遇,总感到忐忑不安。最令金善宝不习惯的是,他出去办事,无论是坐车,还是步行,警卫员都要带着枪跟随左右,寸步不离。有时他背着司机、警卫员悄悄外出坐三轮车去上班,但是司机、警卫员都住在他家院内,要躲开他们是很不容易的,被市政府的同志知道,他们就要受到批评。待遇提高了,与原来的亲朋好友无形中产生了距离,过去经常来往的朋友也不再来了。为此,金善宝曾几次打报告要求取消警卫员,撤去门岗。他说,我是一个普通的工作人员,用不着派人警卫,新中国刚刚成立,需要警卫的地方很多,请求领导派他们到需要警卫的地方去吧！这个要求,直到1956年他入党后才获批准。(金作怡:《金善宝》,第108—109页)

1951年　　57岁

春，带领十几名专家走遍苏北、淮北十多个县，调查小麦的受灾情况，挽救了百万亩受冻小麦的损失。

资料一（报道） 他本人也以丰富的小麦育种经验解决生产问题。1951年春初，正是南方小麦返青拔节时期，苏北地区突遭历史罕见的寒潮，100多万亩小麦遭受冻害，金老带领多位专家教授赶赴灾区，有人提出翻耕，另种其他作物，但金老却以丰富的小麦科学知识，考虑补救办法。他们一行走遍了苏北、淮北十多个县，深入田头考察，发现小麦的主茎虽已冻死，但分蘖节并未冻死，提出及时浇水、增施肥料、加强田间管理，结果挽救了大片麦田，使该地区当年小麦仍获得亩产200多斤的产量，广大农民免于春荒挨饿之苦。金老将科学知识与农业生产相结合解决小麦灾害问题的经验，写入了《小麦栽培学》，同时带动了全院教师发挥各人专长，深入农村指导生产，成为南京农学院的传统。今日南农的"科教兴农大篷车""百名教授科教兴百村小康工程"正是继承了这个传统。（沈丽娟：《金善宝院长和南京农学院》，《中央大学南京校友会简讯》第25期，第27—28页）

资料二（其他） 1951年春，苏北发生晚霜，小麦受到冻害。院长金善宝、农学系主任马育华等教授亲自到重灾区淮阴等地调查研究，提出了适时浇水、增施肥料等救灾措施，取得良好效果，使当年苏北地区100多万亩受冻小麦仍获得亩产200斤的好收成。（费旭、周邦任：《南京农业大学史志1914—1988》，第223页）

4—5月，邀请志愿军归国代表作报告，先后组织四批赴朝医疗团支援抗美援朝前线。

资料一（传记） 他……与加拿大国际友人、世界著名和平战士文幼章，为共同促进"保卫世界和平"做了许多有益的工作。他联系志愿军归国代表柴川若、董乐辅、窦少毅来宁，向南京市人民作了大小报告21场次，宣传朝鲜前线志愿军的英雄事迹，大大激发了南京全市人民抗美援朝的斗志；先后组织了四批志愿医疗团奔赴朝鲜前线，并亲赴苏州等地康复中心慰问志愿军伤病员，有力地支援了抗美援朝前线，为和平解决朝鲜问题作出了不懈努力（杜振华等：《百年耕耘——金善宝传》，第102页）

资料二（照片） 欢送志愿军代表柴川若、董乐辅、窦少毅离宁，金善宝（左二）在下关车站与他们握别。（见图96）

图96

资料三（手稿） 南京市的医疗卫生工作者一批又一批地自愿奔赴朝鲜前线，使无数的志愿军伤病员迅速恢复了健康，重返前线，为抗美援朝作出了重大贡献。他以南京市抗美援朝分会主席的名义，向自愿参加赴朝医疗团的同志致以最崇高的敬礼和热烈欢送，等待他们胜利归来。（金善宝：《欢送南京市第四批医疗团》，1951年5月）

暑假，主张农业教学与农业生产实践相结合，组织学生到山东农村调查。

资料（口述） 那时候他已经到华东农林部，1951年组织我们农学院的学生去搞农村调查。我想肯定是他在推动这件事，照理讲华东农林部是在上海，而上海就近的复旦大学农学院他不用，反而来找我们，要我们南大农学院组织学生去搞农村调查，估计和金老是有关系的。我们到山东之后，主要是中大农学院、金大农学院的学生，还有两个学校农经系的老师全部去参加了,其他院系老师愿意参加的就参加。那时候山东农学院的学生参加的很少,安徽农学院也有很少学生参加,当时的华东农业部就派了一个处级的领导去参加。去了之后,我们就把中大、金大学生混合编组,编组之后,一个县派一个组,山东比较大,有几个人分下去。这次调查很好,当时的学生虽然是农学院的学生,但很少是农村出来的,他们去了解农村的实际情况,增长了农业科技生产的知识。(《夏祖灼访谈》,2016 年 11 月 2 日)

8 月,撰写《庆祝八一建军 24 周年》。

资料(手稿) 庆祝八一建军 24 周年,叙述了中国人民从三座"大山"下解放出来,是千千万万革命烈士前仆后继和中国人民解放军英勇斗争的结果,庆祝这个伟大的节日,首先要向中国人民解放军和光荣的革命烈士家属致敬!动员后方人民支援抗美援朝前线,为保卫祖国安全、保卫世界和平作出贡献。(金善宝:《庆祝八一建军 24 周年》,1951 年 8 月 1 日)

9 月,参加华东麦作与病虫座谈会。

资料(文章) 作者在座谈会上宣告会议内容:总结当年的小麦生产经验,计划下半年的小麦试验工作,主要目的是讨论加强小麦单产,并谈及改进试验方法等问题。(金善宝:《在华东麦作与病虫座谈会上的讲话》,《农业科学与技术》1951 年第 3 期,第 1—2 页)

10 月 1 日,发表文章,庆祝国庆节,歌颂伟大的祖国和南京文教界两年来在思想战线上的胜利。

资料一(文章) 发表文章,庆祝国庆两周年,歌颂伟大的祖国在工业、农业、交通,以及抗美援朝等各个方面取得的伟大胜利。(金善宝:《伟大的祖国》,《南京市政生活》1951 年第 8 期)

资料二(文章) 发表文章,歌颂了两年来南京市的文教工作者在中国共产党的领导下,对生产建设、国防建设和支援抗美援朝前线等方面的贡献,生动地表明了文教界在思想战线上的胜利。(金善宝:《南京文教界两年来在思想战线上的胜利》,《新华日报》1951 年 10 月 1 日第 3 版)

10—11 月，出席中国农学会南京分会成立大会、南京市农业劳动模范代表会议。

资料一（手稿） 讲话强调了南京农业科学工作者对南京和全国的农业建设负有的重大责任、两年来在党的领导下作出的贡献，以及今后的任务。（金善宝：《在中国农学会南京分会成立大会上的讲话》，1951 年 10 月 28 日）

资料二（手稿） 在南京市农业劳动模范代表大会上，历述两年来农业劳模在农业生产上创造的成绩，通过会议交流经验，希望能进一步改进农业生产技术，提高单位面积产量，为争取 1952 年大丰收而奋斗。（金善宝：《在南京市农业劳动模范代表大会上的讲话》，1951 年 11 月）

至是年，南大 2419 经过试验，显示出高额丰产性和产量稳定性的优点。

资料（论文） 1950—1951 年十个品种比较试验的结果，中大 2419 产量居第一位，每亩产量 427 斤。由此证明，中大 2410 不但适应于长江上游，而且也适应于长江下游；不但具有高额丰产性，而且具有产量的稳定性。（金善宝、蔡旭等：《我国当前种植面积最广的小麦良种——中大 2419 小麦》，收入王连铮主编《金善宝文选》，第 173 页）

1952 年　　58 岁

春，庆贺金陵协和神学院的成立，在成立大会上讲话。

资料（手稿） 讲话对华东区 11 个神学院合并为一个金陵神学院表示庆贺。作者指出，这个大家庭的成立是我们做到精诚团结的第一步，今后，必须贯彻兼收并容，彼此尊重，互相学习的精神，团结一致，办好这所新的神学院。（金善宝：《金陵协和神学院成立大会上的讲话》，1952 年）

暑期，继 1951 年之后，继续组织学生去苏北农村调查。

资料（口述） 金老一贯比较重视实践，农学院学生不知道农村情况怎么行？所以 1951 年山东这次搞了之后，1952 年又组织两个学校的学生去苏

北调查,用同样的方式,当然学生全部换了一批。(《夏祖灼访谈》,2016 年 11 月 2 日)

7 月,被任命为南京农林学院长兼南京农学院院长。

资料(其他) 6 月,华东教育部公布“华东区高等学校院系调整方案”,决定:“原南京大学农学院独立,与金陵大学农学院合并成立南京农学院,浙江大学农学院部分系并入南京农学院。”7 月,华东教育部决定南大、金大两个森林系合并,成立华东林学院(南京林学院),院址暂与南京农学院一起在丁家桥,合称为南京农林学院,决定任命金善宝任南京农林学院院长兼南京农学院院长,郑万钧、靳自重为副院长。1952 年 7 月,教育部召开全国农学院院长会议,作出了调整全国高等农业院校的决定,并以苏联农业院校脱离综合性大学单独成立学院的模式,将综合性大学中的农学院分离出来,加以调整、合并,单独成立农学院。会议决定成立南京农学院,主要由金陵大学农学院、南京大学农学院和浙江大学农学院部分系科合并,不久成立南京农学院建院筹备委员会。主委:金善宝。副主委:靳自重。委员:朱启銮、罗清生、樊庆笙、程淦藩、冯泽芳、刘庆云。办公室主任:罗清生。(费旭、周邦任:《南京农业大学史志 1914—1988》,第 203、208 页)

8 月,对南京农学院毕业生讲话,勉励学生服从组织分配,为发展祖国农业作出最大贡献。

资料(手稿) 讲话从三年来祖国建设的伟大成就、农业院校培养学生的任务、方向谈起,勉励学生服从组织分配,努力克服困难,探寻自然界的发展规律,做控制自然、改造自然的主人,为发展祖国农业作出最大贡献。(金善宝:《对南京农学院毕业生的讲话》,1952 年 8 月 11 日)

是月,参加南京速成中学成立一周年大会并发表讲话。

资料(手稿) 鼓励速成中学学生,克服文化低、年纪大、功课赶不上等种种困难,以坚强的意志战胜学习上的困难,胜利完成党交给的学习任务,成为祖国建设中的有用人才。(金善宝:《南京速成中学成立一周年大会上

的讲话》,1952 年 8 月)

9 月,被任命为南京市棉垦委员会主任委员。

资料(档案) 南京市棉垦委员会主任委员、委员名单。(南京市人民政府:《通知》,南京市档案馆 5010 - 2 - 47,见图 97)

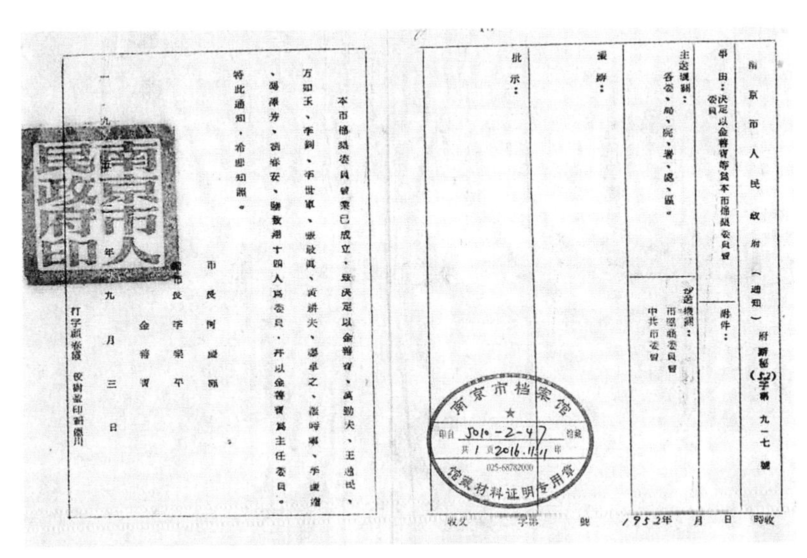
南京市人民政府（通知）府辦秘（52）字第九一七號

事由：決定以金善寶等爲本市棉墾委員會委員

附件：

主送機關：各委、局、院、署、處、區。

抄送機關：市棉墾委員會、中共市委會

擬辦：

批示：

本市棉墾委員會業已成立，茲決定以金善寶、萬勁夫、王逸民、方知玉、李剛、李世軍、張啟真、黃耕夫、鄒卓之、孫時專、李慶濬、馮澤芳、過探安、駱敖湘十四人爲委員，并以金善寶爲主任委員。

特此通知，希即知照。

市長 柯慶施

副市長 [illegible] 金善寶

一九五二年九月三日

收文 字第 號 1952年 月 日 時收

图 97

10 月 1 日,对南京市少年儿童讲话。

资料(手稿) 讲话历述了三年来的伟大成就。作者认为在进入大规模工业化的过程中,需要千千万万的技术干部和文化干部,少年儿童是祖国的未来、祖国的希望,要好好学习,天天向上,要能吃苦,耐得住清贫,担负起这个时代的重任,为建设我们可爱的祖国而奋斗。(金善宝:《在南京市少年儿童庆祝国庆三周年大会上的讲话》,1952 年 10 月 1 日)

10 月 24 日,勉励南京农林两院新生和教职工,不负祖国厚望,担负起新时代的重任。

资料(手稿) 讲话中,他从三年来祖国方方面面、工农业取得的伟大成就，讲到农业院校培养的目标，祖国农林建设对学生寄予的厚望以及肩负的任务。勉励同学们：努力吧，祖国在等待着你们！（金善宝：《三年来中国农林建设事业的伟大成就——对南京农林两院新生的讲话》，1952 年 10 月 24 日）

10 月 25 日，发表争取和平的讲话。

资料（手稿） 历述两年来在朝鲜战场的战绩，迫切要求停止战争，但和平不能坐待，需要爱好和平的人民团结起来共同争取，为此，中国人民热烈欢迎亚洲及太平洋和平会议在北京召开。坚信中国人民和全世界爱好和平的人民团结一起，一定能战胜战争，争取和平。（金善宝：《中国人民志愿军出国作战两周年》，1952 年 10 月 25 日）

10 月，任南京农学院院长。

资料一（档案） 华东局组织部、宣传部报中央组织部，金善宝任南京农学院院院长。

中央组织部：

兹将华东各大专学校的正副校长、正副教务长、政治处正副处长、正副总务长的配备名单报告如下，是否有当，请审查批示。

……（十六）南京农学院院长　金善宝。（华东局组织部、宣传部：《报华东大专学校主要负责人名单》，1952 年 10 月 6 日，中央档案馆藏）

资料二（档案）

华东局：

十月六日报组、宣两部来电悉。同意你们关于华东各大专学校正副校长、正副教务长、政治处正副主任、正副总务长人员的意见。中央十月十六日（《中央“同意华东大、专学校主要干部配备意见”》，中央档案馆藏）

11 月 15 日，被任命为江苏省人民政府委员。

资料（证件） 中央人民政府关于金善宝为江苏省人民政府委员的任命书。（见图 98）

中央人民政府任命通知書 府字第4506號

茲經中央人民政府委員會

第十九次會議通過任命金善寶爲

江蘇省人民政府委員

特此通知

主席 毛泽东

一九五二年十一月廿五日

中華人民共和國中央人民政府之印

图 98

11 月 20 日，在《南京农林生活》创刊号发表《为祖国的农业建设而奋斗》一文。

资料（文章） 文章总结了三年来祖国农业建设的伟大成就、对农业科技人才的需要，以及中央教育部向全国农业院校提出的任务之后，认为要完成祖国大规模经济、文化建设这个光荣任务，需要做到以下三点：第一，认真学习苏联的先进经验；第二，虚心向劳动农民学习，总结农民的生产经验；第三，加强农学院师生员工的团结，相互学习，交流经验，为国家培养农业科学工作干部和农业生产建设服务。为此，必须有一个相互交流的平台，《南京农林生活》正是符合我们这个共同要求的平台，希望全体师生员工重视、爱护这个刊物，共同办好这个刊物。（金善宝：《为祖国的农业建设而奋斗——代发刊词》，《南京农林生活》创刊号，1952 年 11 月）

12 月 20 日，出席 1952 年华东农林工作会议。

资料（手稿） 这次华东农林工作会议主要是为了贯彻落实全国农业工作会议精神，在总结 1952 年生产情况的基础上，制定 1953 年的计划。包括国营农场工作、农具工作、畜牧兽医、农业科学研究等方面的计划。（金善

宝:《华东农林工作会议传达报告》,1952 年 12 月 20 日)

1953 年　　59 岁

春,倡导团结奋斗的办校精神,广罗人才,确定农学院的培养目标。

资料一(传记)　1952 年,各大学院开始院系调整,中央大学农学院与金陵大学农学院合并,成立南京农学院,金善宝被任命为南京农学院院长。刚刚成立的南京农学院和金善宝已经有 35 年的情缘。35 年来,尽管时事沧桑,学校几经变迁、合并,几易其名,金善宝个人的角色也在不断转换,从一个学生、技术员,到教授,直至院长。唯一不变的是,金善宝对母校的感情一直没有改变!他一直以为南农是他的母校!就任南京农学院院长,他最大的心愿就是要把南农建设成为一个现代化的农业大学!为此,金善宝在繁忙的工作之余,除千方百计网罗国内的有识之士之外,还经常抽时间给在外留学的学生、亲友们写信,动员他们尽快回国。他在信中详尽地描绘了新中国欣欣向荣的景象之后,总是满怀激情地说:“回来吧!祖国需要你们!新中国的建设需要你们!祖国人民等待着你们回来!”在他的积极召唤下,一批批远在海外的学子,如鲍文奎、吴兆苏、徐冠仁、朱立宏等人克服了重重困难,陆续归国,成为祖国农业科学、农业教育事业的中坚力量。在明尼苏达大学留学的吴兆苏,1950 年 7 月获得博士学位,10 月立即回国,任南京农学院农艺系主任。多年来,他遵循金善宝老师的学术思想和技术路线,使小麦种质资源及遗传研究与育种实践相结合的工作得以全面开展,并被国家科委聘请为小麦育种和太谷核不育小麦两专家组成员,承担了多项国家重要课题,参加了国际冬小麦品种联合试验网、国际锈病及白粉病圃的试验研究,成为国内外知名的作物育种学教授。在美国密歇根州立大学研究生院攻读植物遗传学的朱立宏,1950 年硕士毕业后,放弃了继续求学的计划,立即回国,担任南京农学院作物遗传育种教研组主任。在他的带领下,创建了作物遗传育种专业,下设普通遗传学、细胞遗传学、作物育种学和统计遗传学等教研组,开展了各种主要作物的遗传育种研究,为国家培养了大批不同学位、不同层次的作物遗传育种专业人才。他潜心研究、挖掘水稻抗病资源,对水稻抗白叶枯病遗传资源的评价与利用进行了广泛系统的研究,在开拓中国水稻抗病遗传育种研究领域和探究水稻矮秆资源方面作出了重要贡献。(金作怡:《金善宝》,第125、127—128页)

资料二(报道) 1952年院系调整,成立南京农学院,金善宝为首任院长,他以赤子之心,热情为南农建设和发展付出全部精力。金老倡导团结奋斗办学校。南京农学院是由中央大学农学院、金陵大学农学院和浙江大学农学院的部分专业合并而成,成员来自不同单位,未免出现门户之见的宗派思想,金老非常重视员工们的相互团结,曾经说:"我对宗派主义深恶痛绝,宗派主义严重的人,死于宗派主义。"他对全院职工一视同仁,在处理具体问题上,从没有厚此薄彼。在他的影响下,大家齐心协力,热情奉献,努力办好南京农学院。(沈丽娟:《金善宝院长和南京农学院》,《中央大学南京校友会简讯》第25期,第27—30页)

资料三(传记) 金善宝认为,要建成一个现代化的农业大学,首先要确定学校的培养目标。建院之初,即召集院务会议,根据当时的办学条件和实际需要研究确定,全院设6个系,即农学系、植保系、畜牧兽医系、土壤农化系、农业经济系、农业机械化系,初步拟定了6个专业的教学计划,明确提出培养目标为农艺师、畜牧师、工程师。1953年11月作了修订,7个专业均订出新的教学计划和教学实习、生产实习计划,根据高教部对农业院校有关专业颁发的统一教学计划,由系主任组织教师学习讨论,既考虑国家对人才的需要,又考虑学生、教师的实际条件,进一步明确提出,培养目标是又红又专的高级农业科学技术人才,高、中农业院校的师资和农业行政系统的领导干部,形成了以课堂讲授为主,辅以课堂讨论、实验、教学实习和生产实习、课程设计、毕业设计等一整套教学环节,使学生接触社会、接触生产、增强技能训练与独立工作能力。(金作怡:《金善宝》,第126页)

资料四(其他) 教学计划中明确提出培养又红又专的高级农业科学技术人才,高、中等农业院校的师资和农业行政系统的领导干部。教学计划十分强调实践环节,提出教学实习和生产实习、课程设计、毕业设计等环节,使学生接触社会、接触生产、增强技能训练与独立工作能力。(费旭、周邦任:

《南京农业大学史志 1914—1988》,第 215 页)

暑假,组织学生赴皖北调查农业。

资料(口述) 1953 年暑假又去皖北……就这样连续搞了三年。对学校的作用是很好的,那时候学生、老师大多不接触农村,经过几个月对农村的调查,师生对农村情况有所了解。另外还起了一个作用,就是中大、金大的人都混合在一起参加活动,原来两个学校很对立,互相不服气,这三年下来,学生交往得很好了。院系调整后大家到一起,都很熟悉了。(《夏祖灼访谈》,2016 年 11 月 2 日)

8 月 21 日,发表《学习选举法的体会》一文。

资料(文章) 1953 年,中华人民共和国"选举法"第一次公布。文中畅谈了学习选举法的体会,动员民主党派成员认真学习选举法,宣传选举法,积极参加普选。(金善宝:《学习选举法的体会》,《学习报》1953 年第 2 期)

是年,倾注大量心血培养教师队伍。

资料一(传记) 培养教师队伍的措施之一是,在当时一边倒学习苏联的形势下,组织教师学习苏联,选派留学生到苏联留学。1952—1956 年,先后派出 10 多名学生到苏联的农科大学学习,派出中青年教师罗毓权、吴志华、刘大钧等近 20 名教师到苏联留学或进修,他们回来后,一般都获得了副博士学位,成为校内外的骨干力量。同时,组织教师分期参加俄文突击学习,到 1954 年春天,绝大多数教师都能阅读专业书刊,27%的教师能较快地翻译专业书刊。措施之二是,选派教师到外校进修。1953—1955 年,先后派出 48 名教师到外校进修基础课和专业课,他们回校后都如期开出课程。(金作怡:《金善宝》,第 126—127 页)

资料二(其他) 1953 年组织教师分期参加俄文突击学习,到 1954 年春,绝大多数教师能阅读专业书刊,27%的教师能较快地翻译专业书刊,后又组织俄语巩固班,多数教师都能不同程度依靠辞典阅读本专业书刊。……派出教师参加苏联专家主持的讲习班 66 人,同苏联专家一起参加土壤调查、农场建设的多人，到外校进修基础课的7人，进修专业课的41人，回来后都能如期开出课程。1952年秋，5名助教开课，1953—1955年，先后有22名助教正式独立开课。1952—1956年，学院先后派出十多名学生到苏联高校学习……派出罗毓权、许运天、刘大钧等十多名青年教师到苏联留学或进修，他们留学后一般都获得副博士学位，回国后在校内外岗位上成为骨干力量。（费旭、周邦任：《南京农业大学史志1914—1988》，第214—215页）

资料三（其他） 1953年，全院学生推行了“劳动与卫国”锻炼制度预备级测验……发动学生报名，经过体格检查后，分若干小组进行锻炼。参加测验的60%的学生达到优秀与良好的标准。每年举行全院春、秋季运动会各一次，并推行课间广播体操，学生还在课外举行系际、班际的各种体育比赛，学院领导十分重视体育工作，扩建了体育场，添置了体育用具，金善宝院长和邹钟琳等教授和老师们都十分热爱体育运动，亲自参加运动会的比赛项目，师生在参加体育活动的过程中，气氛活泼，不少学生还参加了省大学生运动会的比赛。（费旭、周邦任：《南京农业大学史志1914—1988》，第219页）

1954年　　60岁

2月，在苏州康复医院慰问中国人民解放军。

资料（照片） 金善宝（后排右五）与战士们合影。（见图99）

4月，将万国鼎调回学校，成立南京农学院农业历史研究组。

资料一（传记） 金善宝十分重视农业史的研究。他深知，我国农业有几千年的悠久历史，历代劳动人民积累了丰富的农业生产知识，拥有世界上最丰富的农业典籍。在丰富的农业典籍中，蕴涵着我国农业精耕细作的优良传统，我们必须继承和发扬。南京农学院成立后，他发现金陵大学农学院曾作出颇有成效的农史资料整理和研究工作，但自抗战后，因农史专家万国鼎的调离而中断了。为此，他感到十分惋惜。1954年，他经过努力，把已经中断了农史研究长达17年之久的万国鼎教授从河南农学院调到南京农学

图 99

院，从此，南京农学院承续了前金陵大学的中国农史资料的整理与研究工作，以后又调进了陈祖椝、胡锡文等同志，成立南京农学院农业历史研究组，为开展农业史研究奠定了基础。（孟美怡：《金善宝》，第 115 页）

资料二（信件） 1952 年院系调整，南京大学农学院与金陵大学农学院合并，成立南京农学院，金老任南京农学院的首任院长。学校合并后，南京农学院保存的古农书在数量和质量上在全国农业院校中首屈一指，金老重视发挥这一批古农书的作用，特地把河南农学院的史地专家万国鼎教授调到南农，并争取中国农科院和南农双重领导成立南京农学院农业历史研究组。（《南京农业大学沈丽娟教授的信》，2005 年 12 月 6 日）

资料三（传记） 抗日战争期间，金陵大学迁至重庆。万国鼎曾一度中断农史研究，到政治大学任教授……抗战胜利后，于 1946 年 5 月，由重庆回到南京，仍在政治大学任教。1949 年 4 月，政治大学迁往广州，万国鼎留在南京……后政治大学解散，他一度没有工作，赋闲家居。1951 年 3 月到北京参加华北人民革命大学政治研究院学习，毕业后分到河南省人民政府农林厅工作，1953 年 8 月调到河南农学院农学系，1954 年 4 月 12 日调到南京农学院担任农史资料的整理研究工作。（金善宝主编：《中国现代农学家传 第 2 卷》，湖南科学技术出版社，1989 年，第 66 页）

4—5 月，注意培养学生德、智、体的全面发展，带头参加体育锻炼。

资料一（文章） 作者鼓励同学们锻炼好身体，努力学习，共同为建设祖国的社会主义、保卫我们伟大的祖国而奋斗。（金善宝：《写在第二届春季运动会以后》，《南京农林生活》第 30 期，1954 年 4 月 14 日）

资料二（照片） 金善宝参加 400 米赛跑，到达终点，留影。（见图 100、图 101）

图 100

5 月，出席南京市爱国卫生评模代表会议。

资料（照片） 在南京市爱国卫生评模代表会上合影。（前左起：金善宝、柯庆施，见图 102）

6 月 25 日，发表《继续为和平解决朝鲜问题而斗争》一文。

图 101

图 102

资料(文章) 作者表示,要继续为和平解决朝鲜问题而斗争。(金善宝:《继续为和平解决朝鲜问题而斗争》,《新华日报》1954 年 6 月 25 日第 3 版)

7 月,发表《文教工作的有力保障》一文。

资料(文章) 作者认为新宪法是文教工作的有力保障。(金善宝:《文教工作的有力保障》,《九三社讯》1954 年第 7 号,第 6—7 页)

9 月 5 日,在南京市人民政府交际处参加酒会。

资料(其他) 酒会邀请函。(见图 103)

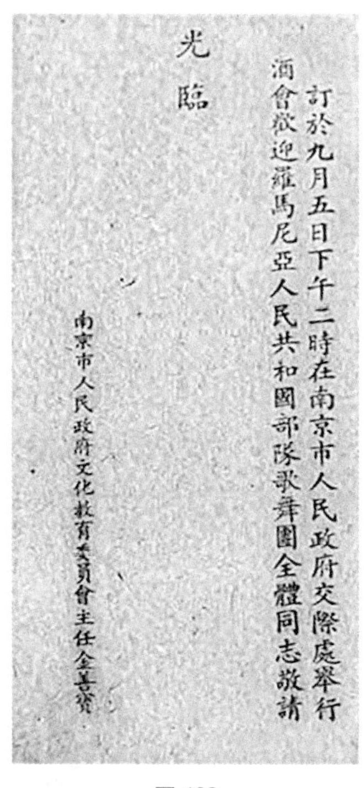
訂於九月五日下午二時在南京市人民政府交際處舉行
酒會歡迎羅馬尼亞人民共和國部隊歌舞團全體同志敬請
光臨
南京市人民政府文化教育委員會主任金善寶

图 103

9 月 15—29 日,参加第一届全国人民代表大会第一次会议,发表感言。

资料一(证件) 第一届全国人大代表的当选证书。(见图 104)

资料二(证件) 参加第一届全国人大代表第一次会议的出席证。(见图 105 - 1、图 105 - 2)

中華人民共和國第一屆全國人民代表大會
代表當選證書
姓名 金善寶
年齡 六十歲
性別 男
代表單位 江蘇省
中央選舉委員會
中央選舉委員會印
一九五四年九月一日

图 104

中華人民共和國第一屆全國人民代表大會第一次會議
出席證

图 105－1

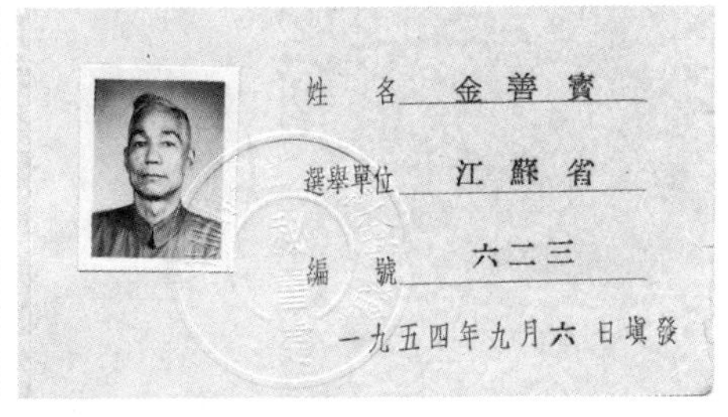

姓名 金善寶
選舉單位 江蘇省
編號 六二三
一九五四年九月六日填發

图 105－2

资料三(照片) 全国一届人大的部分农业劳动模范、农业工作者合影(三排右八为金善宝)。(见图 106)

图 106

资料四(文章) 作者根据一届人大宪法草案“公民有受教育的权利”“国家对从事科学、教育、文学、艺术和其他文化事业的公民的创造性工作,给以鼓励和帮助”这两条发表感言,认为这是中华人民共和国文教工作的有力保障,我国的文化教育和科学事业将会有无限广阔的前途。(金善宝:《文教工作的有力保障》,《九三社讯》1954 年第 7 号,第 6—7 页)

10 月 27 日—11 月 12 日,参加第二次全国高等农林教育会议,平息了一场建院之初的风波。

资料(传记) 1952 年,中央大学农学院与金陵大学农学院合并成立南京农学院。不久,高教部在北京召开教育会议,金善宝院长与南京农学院一位副院长前往参加了会议。会间,他们与沈阳农学院院长张克威相聚,在亲切交谈中,张克威院长向金善宝院长提出支持沈阳农学院部分教授的要求,同时拿出了一份详细的商调名单,金善宝表示南京农学院的教学任务重,难以从命。开完高教会,金善宝回到南京。没过几天,南京农学院内一片谣传,说在北京高教会上,张克威向金善宝要人时,凡是提到原来中央大学的人员,金善宝说一个也不行。而提到原金陵大学的人员,就说:“可以,可以。”攻击金善宝搞宗派主义。以致一度造成了学校教师思想的波动和不安,相互间增加了隔阂和矛盾。在去北京参加高教会议前,南京市主要领导同志曾经找金善宝谈话,要求他在高教会议上提出建议,把南京农学院与苏北农学院合并起来,迁址苏北,希望得到教育部的同意和支持。谈话后,金善宝立即跟学院有关领导人进行了认真讨论,大家都不同意两院合并的意见,认为这样做,只会削弱农学院的教学和科研力量,不利于我国农业科技人材的培养工作。为了这件事,金善宝后来在一次会议上被点名批评,批评者说:“金善宝要改变宗派思想。”金善宝没有为自己辩解,因为在当时的气氛下,即使解释,一时也难以使人弄清事情的真相。过了两年,高教部在北京召开全国高等学校教育会议。金善宝院长与副院长、党委副书记陈野萍同志出席了会议。会上,金善宝又与沈阳农学院张克威院长相遇。金善宝问张克威:“去年开会时,你向我要人,我是不是同意给哪些人,而不同意给哪些人?”张克威院长笑笑说:“你怎么如此健忘,当时你是封口如瓶,把得紧紧的,一个人也不肯放。"谈话时,陈野萍副院长也在场。真相大白了,后来陈野萍副院长利用多种场合为金善宝蒙受的冤屈进行解释,号召全院师生员工在院党委的领导下紧密团结起来,反对宗派主义思想对我们队伍的侵蚀。从而,一场持续一年之久的宗派主义斗争的风波终于平息下来,金善宝院长的声誉得到了维护,全院教师的革命团结更加加强了。(史锁达、任志高编:《著名农学家教育家金善宝》,第51—52页)

10月,成立技术联系小组,与南京郊区诸农业社建立了固定联系。

资料一(其他) 1954年10月,成立院技术联系小组,共有教授、讲师;助教21人参加,帮助李玉合作社和联众、一心农业生产合作社制定全面规划和技术辅导工作,被评选为南京市教科系统先进集体。(费旭、周邦任:《南京农业大学史志1914—1988》,第223页)

资料二(报道) 金老重视教育和农业生产相结合的办学方向,认为农学院的师生必须深入农村,联系农业生产实际,为发展农业生产服务,他亲自带领师生深入农业合作社,学习农业生产知识,进行技术指导,学院与当时的李玉和联众两个农业社和一心蔬菜生产合作社建立固定的联系制度,又与十月社和浦口红旗公社三河分社订立合同,师生定期下乡进行技术指导的同时,搜集生产资料,丰富教材内容。他本人也以丰富的小麦育种经验解决农业生产问题。(沈丽娟:《金善宝院长和南京农学院》,《中央大学南京校友会简讯》第25期,第27—28页)

资料三(传记) 1953年,全国农业合作化高潮兴起,急需农业技术支援,解决生产中的问题。金善宝抓住了这个大好时机,积极组织师生们到农业生产中去技术支援,开创了科技推广工作的新形式。1954年秋天,院里组成了一个技术联系小组,共有教授、讲师、助教21人参加,与南京郊区的李玉、联众两个农业社和一心蔬菜农业生产合作社建立了固定联系。根据各社生产中的问题加以研究,提出解决办法。在工作中,教师们发现李玉社要改变生产状况,关键是要确定生产方向。为此,他们详细调查了该社的地形、地势、土壤自然环境和生产、劳动组织等情况,暑假期间带领学生,到李玉社进行土地测量实习,调查测量了全部土地的耕地利用、土壤分析及作物栽培情况，绘制了测量地图。根据该社位于丘陵地区的特点，制定了改变单一经营，为农、林、牧、副相结合的多种经营模式，提高了社员收入，鼓舞了社员的生产热情。1955 年，李玉社除交纳国家定购粮食外，还多卖了 6 万斤余粮。（金作怡：《金善宝》，第 131 页）

是月，撰文《我国茶叶生产的新生》。

资料（文章） 我国栽培茶树已有两千多年的历史，是世界上茶树的原产地。现在世界上的产茶国家如印度、锡兰、印度尼西亚、日本等国的茶树都是直接或间接地从我国传入的。我国茶树分布在浙江、安徽、福建、湖南、湖北、江西、四川、云南等十六省五百余县。产量丰富、品质优良，名茶的品类很多。安徽黄山的"祁红"、福建武夷山的"岩茶"、浙江西湖的"龙井"、云南的"普洱"等都是国内外知名的名茶。茶的输出在世界市场上占有重要地位。但自十九世纪以来，茶叶市场受到国际上的操纵控制，茶业生产受到限制，逐渐下降……在共产党和人民政府的正确领导下，茶叶生产才获得了新生。主要表现在：一、垦复了荒废茶园、开辟了新式茶园。各地有条件垦复的荒芜茶园大部分都已垦复。如：湖南省 1949 年茶园面积仅及战前的 33%，1953 年已经恢复到战前的 80%……在开辟新茶园方面，仅福建省 1952—1953 年的一年中，就新辟茶园 19 000 多亩。国家新建或在原有基础上整顿、扩大了不少国营茶场，为今后的茶叶生产奠定了基础。二、发展了互助合作组织，改进了技术。技术的改进对产量的增加、品质的提高等方面起了很大作用。全国茶叶产量以 1949 年为 100，1953 年已增加到 188.34，1954 年估计可达到 200 以上。品质也显著提高，1953 年国营公司运销苏联中级以上茶叶的数量较 1952 年增加了 12.03%。三、茶农生活初步得到了改善。现在，随着茶叶生产的恢复和发展，生活大大改善，山村里设立了三所常年民校，一所民办小学……（金善宝：《我国茶叶生产的新生》，《新华月报》1954 年第 11 期，第 137—138 页）

11 月 22 日，发表《要很好地总结、发扬和运用我们伟大祖国的农业遗产》。

资料（文章） 作者认为祖国农业物产丰富、宝贵，号召我国农业科学工作者对我国的农业遗产加以整理、总结并运用于生产实践中。（金善宝：《要

很好地总结、发扬和运用我们伟大祖国的农业遗产》,《光明日报》1955 年 11 月 22 日第 2 版)

12 月 16 日,被任命为南京农学院院长。

资料(证件) 金善宝为南京农学院院长的任命书。(见图 107)

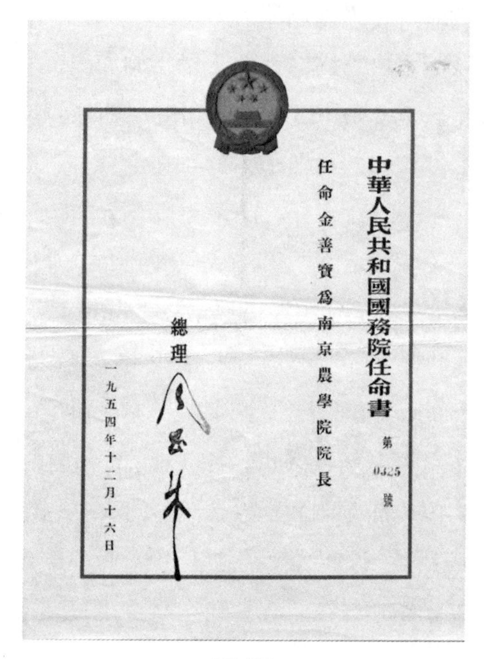

中華人民共和國國務院任命書

第0325號

任命金善寶爲南京農學院院長

總理

一九五四年十二月十六日

图 107

是年,开始主持“中国小麦的种类及其分布的研究”课题。

资料一(评价) 在过去研究的基础上,从 1954 年开始,主持“中国小麦的种类及其分布的研究”课题,扩大征集范围和研究规模,从全国 2 000 个县搜集到小麦品种 5 545 份。全部材料采用种植观察和室内分析相结合的方法,在南京农学院种植系统观察。(沈丽娟等:《金善宝教授的教育思想和学术观点及在小麦研究上的贡献》,《作物学报》1954 年第 4 期,第 388 页)

资料二(传记) 关于我国小麦的种类,金善宝从上个世纪二十年代初期,就开始搜集我国小麦品种的分类资料……一直没有放弃对小麦分类及其分布的研究,只是当时受各种条件的限制,所得结果不够全面……1954 年开始主持

“中国小麦的种类及其分布的研究”。(金作怡:《金善宝》,第 118 页)

1955 年　　61 岁

1 月,在南京农学院成立科学研究部。

资料(其他)　1954 年冬,在全国第二次高等农林教育会议上,强调了高等农林院校开展科学研究的重要意义。次年年初,金善宝立即借这个东风,在学校成立了科学研究部,请棉花专家冯泽芳教授担任科研部主任,领导全院开展研究工作,努力创造条件,添置了仪器设备、增加科研辅助人员,修建了温室、挂藏室等,并与农业部、省农业厅等单位积极联系,争取到研究课题 110 项,其中农业部委托 47 项,省农林厅委托 31 项,制定了各种规章制度,对选题不作限制,鼓励学生参加科学研究,并与华东农科所等院外单位合作,举办了专题报告会和学术讨论会,掀起了全院科学研究的热潮,当年完成 33 个科研项目。(费旭、周邦任:《南京农业大学史志 1914—1988》,第 221 页)

寒假期间,子女分别从北京、上海回南京。

资料(照片)　金善宝夫妇与子女摄于南京赤壁路 5 号。(见图 108)

图 108

3月21日,致信第一届全国人大常委会,提出推广向日葵的意见。

资料一(信件) 虽然去年我国遭到近百年未有的洪水,但由于国家进行了大规模的水利建设及全国人民的努力,全国的粮食总产量仍然比前年增加了百分之三,江苏是遭受水灾的重要区域之一,去年粮食总产量也比前年增产了百分之四。康藏、青藏两公路已正式通车,我国自己制造的飞机已飞上了天空。最近政府颁布了义务兵役制,南京市的招兵任务是一千名,但青年报名应征的已超过七千名。这些事实充分说明了广大青年对祖国的热爱、对保卫和建设祖国的决心。任何人对这些生动事例会感到无限兴奋、无限愉快,就我个人来说,我受到人民的信任,被选为全国人民代表大会代表,一方面感到无上光荣,另一方面自己能力很差,缺点很多,又感到无限惭愧,但我相信,在党的正确领导下,我要继续学习马列主义,紧密团结周围群众,努力做好我的岗位工作。兹附上“关于推广向日葵的几点意见”一稿,敬希查阅。我对于向日葵没有什么经验,这里所说的只是综合了平日和一部分农业科学工作者讨论的一些意见,难免有错误之处,仅供有关方面参考。(《给第一届全国人大常委会的信》,1955年3月21日)

资料二(手稿) 《关于推广向日葵的几点意见》,1955年3月。(见图109-1至图109-5)

4月9日,参加南京市第一届人民代表大会第三次会议,被选为南京市副市长。

资料(文件) 金善宝当选为南京市副市长的通知。(《通知》,1955年4月9日,见图110)

5月13日,收到农业部的复信,其推广向日葵的建议得到肯定。

资料(信件) 复信,认为金善宝的建议对我国今后发展油料生产的指导意义很大,并称于4月已发出“关于加强向日葵种植工作的通知”。(见图111-1至图111-3)

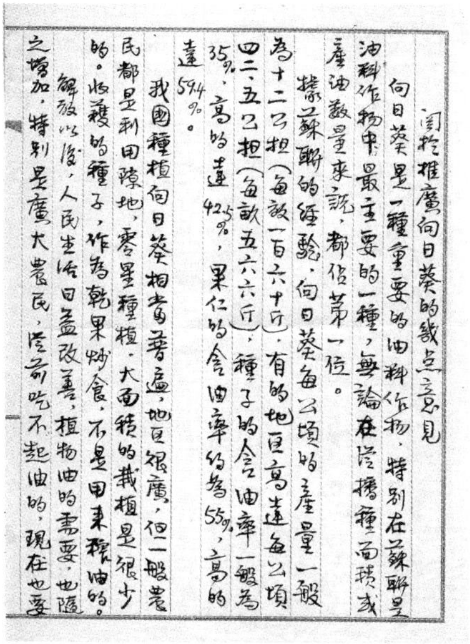

關於推廣向日葵的幾點意見

向日葵是一種重要的油料作物，特別在蘇聯是油料作物中最主要的一種，無論在播種面積或產油數量來說，都佔第一位。

據蘇聯的經驗，向日葵每公頃的產量一般為十二公担（每畝一百六十斤），有的地区高達每公頃四二.五公担（每畝五六六斤）。種子的含油率一般為35%，高的達42.5%，果仁的含油率約為55%，高的達59.4%。

我國種植向日葵相當普遍，地区很廣，但一般農民都是利田隙地，零星種植，大面積的栽植是很少的。收穫的種子，作為乾果炒食，不是用來榨油的。

解放以後，人民生活日益改善，植物油的需要，也隨之增加，特別是廣大農民，從前吃不起油的，現在也要

图 109－1

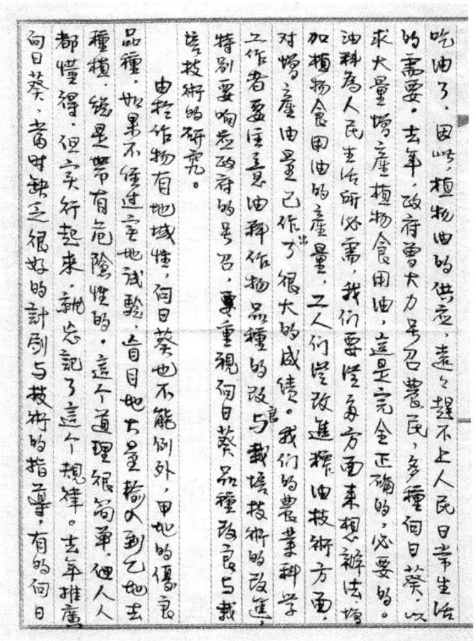

吃油了，因此，植物油的供应，遠遠趕不上人民日常生活的需要。去年，政府曾大力号召農民，多種向日葵，以求大量增產植物食用油，這是完全正確的，必要的。油料為人民生活所必需，我們要從多方面來想辦法，增加植物食用油的產量。工人們從改進榨油技術方面，对增產油量已作出了很大的成績。我們的農業科学工作者要注意油料作物品種的改良与栽培技術的改進，特別要响应政府的号召，要重視向日葵品種改良与栽培技術的研究。

由於作物有地域性，向日葵也不能例外，甲地的優良品種，如果不經過該地試驗，盲目地大量輸入到乙地去種植，總是帶有危險性的。這个道理很簡單，人人都懂得，但实行起來，就忘記了這个規律。去年推廣向日葵，當时缺乏很好的計劃与技術的指導，有的向日

图 109－2

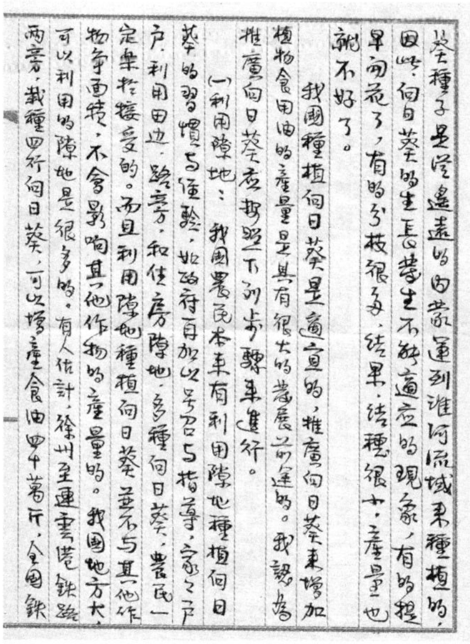

葵種子是從遙遠的內蒙運到淮河流域來種植的，因此，向日葵的生長發生不能適应的現象，有的提早開花了，有的分枝很多，結果、結穗很小，產量也就不好了。

我國種植向日葵是適宜的，推廣向日葵來增加植物食用油的產量是具有很大的發展前途的。我認為推廣向日葵应按照下列步驟來進行。

(一)利用隙地：我國農民本來有利用田隙地種植向日葵的習慣与經驗，如政府再加以号召与指導，家家户户利用田边、路旁、和住房隙地，多種向日葵，農民一定樂於接受的。而且利用隙地種植向日葵並不与其他作物爭面積，不會影响其他作物的產量的。我國地方大，可以利用的隙地是很多的。有人估計，徐州至連雲港鉄路兩旁，栽種四行向日葵，可以增產食油四十萬斤，全國鉄

图 109－3

路兩旁都種植四行向日葵，那么，植物油的產量就更可觀了。所以利用隙地，增產種植向日葵是增產植物食用油的有效方法。

(二)就地取材：為了保証農民不受損失，穩步推廣向日葵的種植，应当採用就地取材的方針，就是当地的品種在当地推廣，在試驗沒有得到結果以前，儘量避免引用外來的品種。一个品種在当地種植多年，總是比較有把握的，不會像外來的品種有早開花，或病害多，分枝多的現象。如果本地缺乏種子，可向鄰近地区引種，近地的種子，總比遠地的種子可靠些。

(三)培育優良品種：向日葵因用途不同，可分為三種類型：(1)食用種：－種子大，但不很飽滿，出油率低。(2)油用種：－種子短而小，但很飽滿，出油率高。

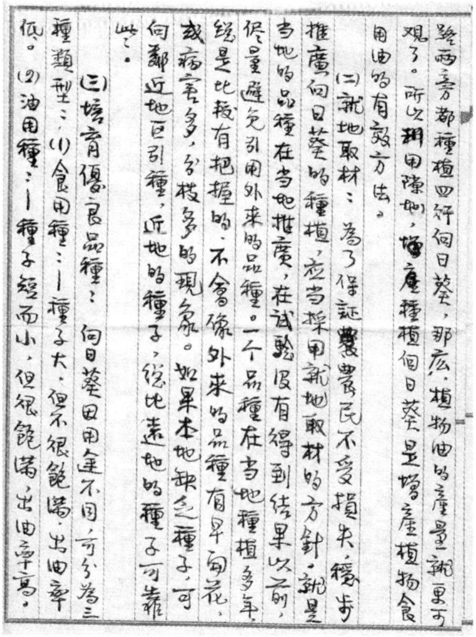

图 109－4

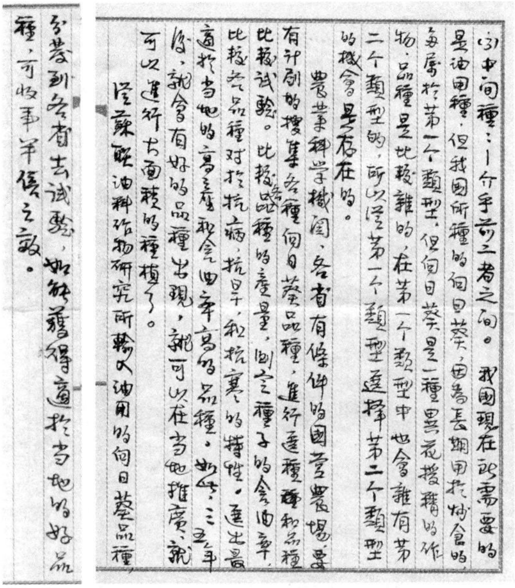

(3)中间種：1介乎前二者之间。我国现在所需要的是油用種，但我国所種的向日葵，由為長期用於炒食的，多屬於第一个類型，但向日葵是一種異花授精的作物，品種是比較雜的，在第一个類型中也會雜有第二个類型的，所以從第一个類型選擇第二个類型的機會是存在的。

農業科学機関，各省有條件的国营農場要有計劃的搜集各種向日葵品種，進行選種和品種比較試驗。比較各種的產量，測定種子的含油率，比較各品種对於抗病，抗旱，和抗寒的特性，選出最適於當地的高產和含油率高的品種。如此三五年後，就會有好的品種出現，就可以在當地推廣，就可以進行大面積的種植了。

從蘇联油料作物研究所輸入油用的向日葵品種，分發到各省去試驗，如能獲得適於當地的好品種，可收事半倍之效。

图 109－5

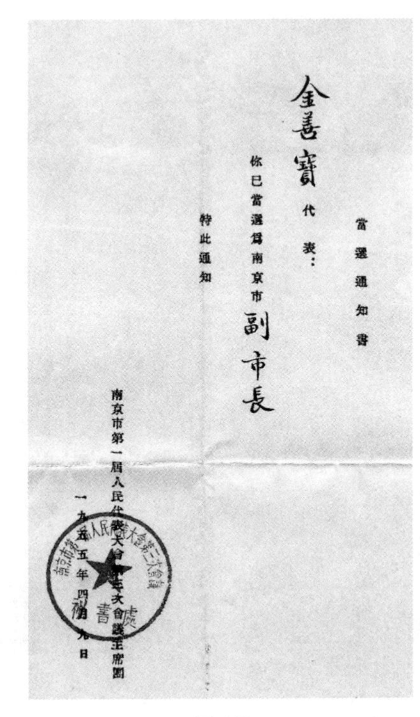
當選通知書

金善寶代表：

你已當選爲南京市副市長

特此通知

南京市第一屆人民代表大會第二次會議主席團

一九五五年四月九日

图 110

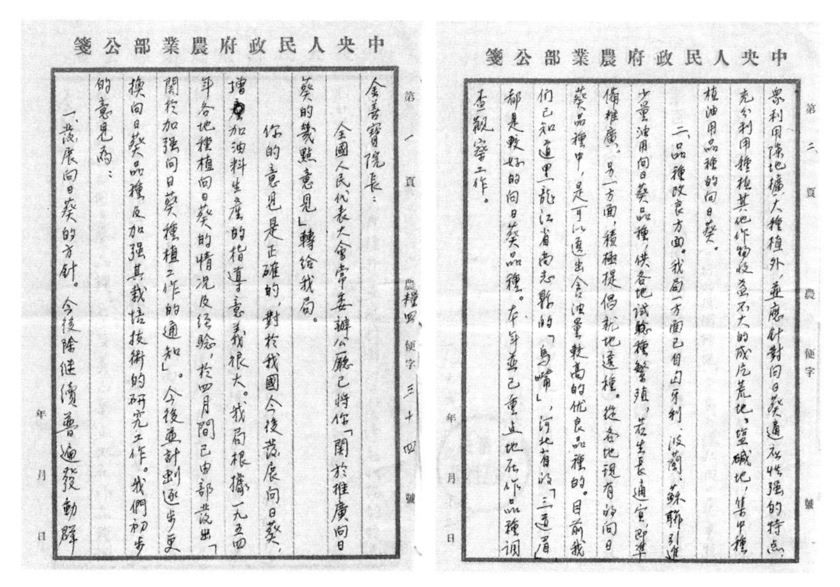

中央人民政府農業部公箋

第一頁 農糧四便字三十四號

金善寶院長：

全國人民代表大會常委辦公廳已將你「關於推廣向日葵的幾點意見」轉給我局。

你的意見是正確的，對於我國今後發展向日葵，增加油料生產的指導意義很大。我局根據一九五四年各地種植向日葵的情況及經驗，於四月間已由部發出「關於加強向日葵種植工作的通知」。今後並計劃逐步更換向日葵品種及加強其栽培技術的研究工作。我們初步的意見為：

一、發展向日葵的方針。今後除繼續普遍發動群

年 月 日

图 111－1

中央人民政府農業部公箋

第二頁 農 便字 號

眾利用隙地擴大種植外，並應針對向日葵適應性強的特點，充分利用種植其他作物收益不大的成片荒地、鹽碱地，集中種植油用品種的向日葵。

二、品種改良方面。我局一方面已自匈牙利、波蘭、蘇聯引進少量油用向日葵品種，供各地試驗繁殖，若生長適宜，即準備推廣。另一方面，積極提倡就地選種。從各地現有的向日葵品種中，是可以選出含油量較高的優良品種的。目前我們已知道黑龍江省尚志縣的「烏嘴」，河北省的「三道眉」都是較好的向日葵品種。本年並已重點地在作品種調查觀察工作。

年 月 日

图 111－2

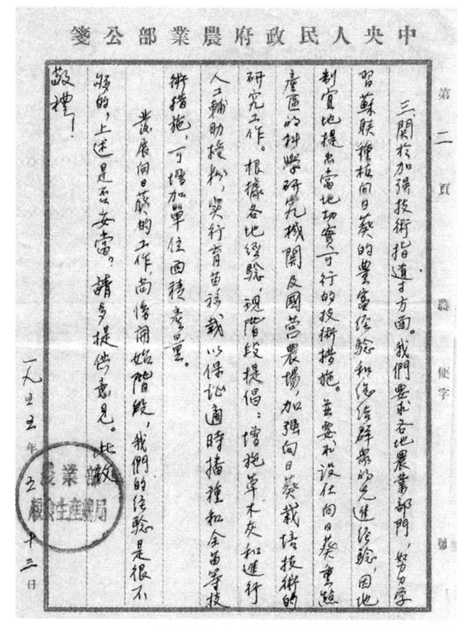

中央人民政府農業部公箋

第二頁 農 便字 號

三、關於加強技術指導方面。我們要求各地農業部門，努力學習蘇聯種植向日葵的豐富經驗和總結群眾的先進經驗，因地制宜地提出當地切實可行的技術措施。並要求設在向日葵重點產區的科學研究機關及國營農場，加強向日葵栽培技術的研究工作。根據各地經驗，現階段提倡：增施草木灰和進行人工輔助授粉，實行育苗移栽以保證適時播種和全苗等技術措施，可增加單位面積產量。

發展向日葵的工作，尚係開始階段，我們的經驗是很不夠的，上述是否妥當，請多提供意見。此致

敬禮！

農業部 糧食生產總局

一九五五年五月十三日

图 111－3

5 月 20 日，被任命为南京市体育运动委员会主任。

资料(文件) 江苏省人民委员会任命金善宝为南京市体育运动委员会主任。(《江苏省人民委员会任命通知书》，1955 年 5 月 20 日，见图 112)

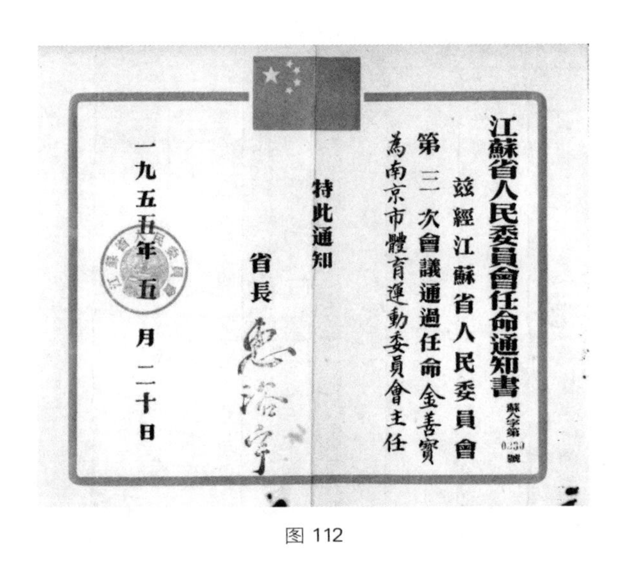

江蘇省人民委員會任命通知書

蘇人字第[illegible]號

茲經江蘇省人民委員會

第三次會議通過任命金善寶

爲南京市體育運動委員會主任

特此通知

省長 惠浴宇

一九五五年五月二十日

图 112

6 月 1 日，被聘为首批中国科学院生物学地学部委员。

资料一（证书） 《中国科学院聘任书》。（见图 113）

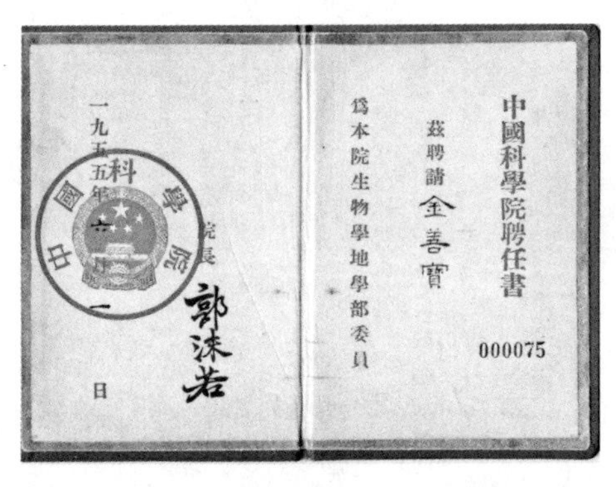

中國科學院聘任書

000075

茲聘請金善寶

爲本院生物學地學部委員

院長 郭沫若

一九五五年六月一日

图 113

资料二（其他） 冯泽芳与金善宝教授 1955 年同时当选为首批中国科学院生物学地学部委员。（费旭、周邦任：《南京农业大学史志 1914—1988》，第 222 页）

资料三（传记） 当年，南京农学院光荣入选中科院第一批学部委员的教授有两位，一位是棉花专家冯泽芳，另一位就是小麦专家金善宝，均为中国科学院生物学地学部委员。（杜振华等：《百年耕耘——金善宝传》，第 120 页）

6 月 28 日，被任命为南京农学院院长。

资料（档案） 高教部转发国务院任命金善宝为南京农学院院长的通知。（《通知》，1955 年 6 月 28 日，南京农业大学档案室 55－4，见图 114）

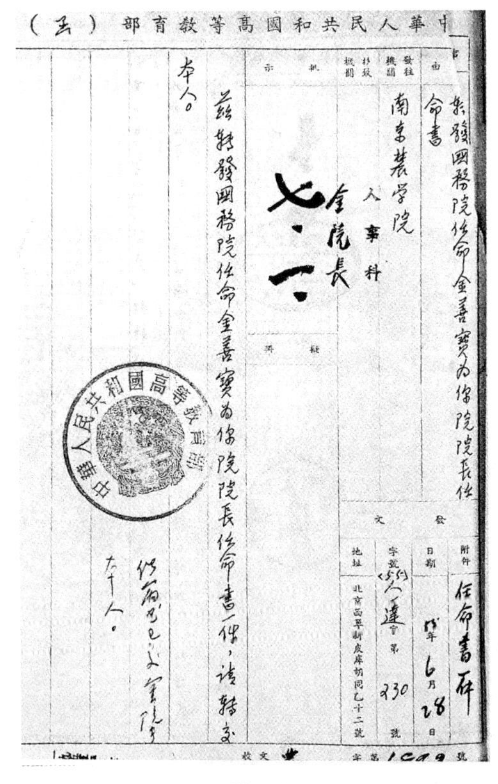

中華人民共和國高等教育部（函）

事由：茲發國務院任命金善寶為你院院長任命書

受文機關：南京農學院 人事科

批示：金院長 七·一

茲轉發國務院任命金善寶為你院院長任命書一件，請轉交本人。

任命書已交金院長本人。

發文　附件：任命書一件　日期：55 年 6 月 28 日　字號：（55）人達字第 230 號　地址：北京西單新皮庫胡同乙十二號

收文 字第 1689 號

图 114

7 月 18 日，向台湾农业科技工作者介绍祖国建设事业的伟大成就。

资料（手稿） 作者怀着满腔热忱，向台湾农业科技界的老朋友介绍 1949 年以来祖国在农业生产、文化、科学、教育战线方面的伟大成就，与 1949 年之前相比，成绩喜人。（金善宝：《对台湾农业科学工作者的广播稿》，1955 年 7 月 18 日）

7 月，创建中国农业遗产研究室。

资料一（信件） 《金善宝给朱局长的信》，1955 年 7 月。（见图 115）

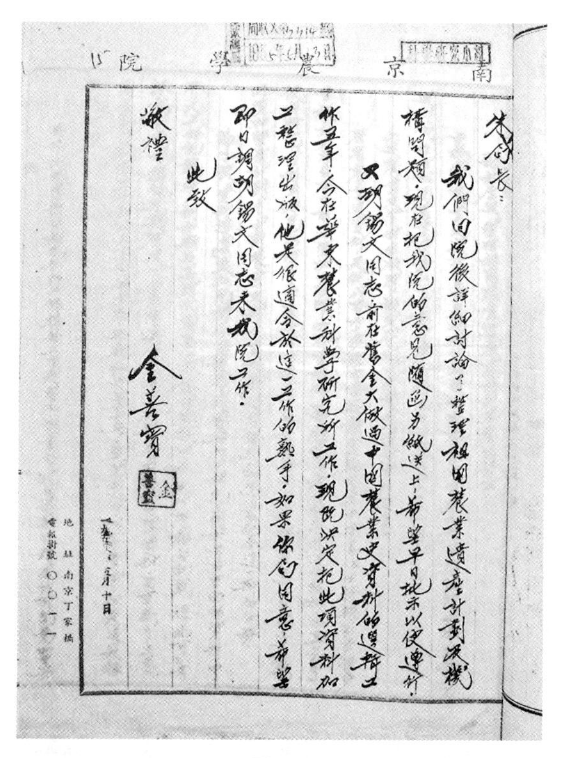

南京農學院

朱院長：

我們同院徵詳細討論了整理祖國農業遺產計劃及機構問題，現在把我院的意見隨函另紙送上，希望早日批示以便遵行。

又胡錫文同志前在舊金大做過中國農業史資料的選輯工作五年，今在華東農業科學研究所工作，現我院決定把此項資料加以整理出版，他是很適合於這一工作的熟手，如果你們同意，希望即日調胡錫文同志來我院工作。

此致

敬禮

金善寶

一九五五、三月十日

地址 南京丁家橋

電報掛號 〇〇一一

图 115

资料二(传记) 1955 年 4 月,农业部、中国农业科学院筹备小组在北京召开整理祖国农业遗产座谈会,金善宝亲自参加,在他和万国鼎教授等人的努力下,经农业部同意,1955 年 7 月,在南京农学院农业历史研究组的基础上,成立中国农业遗产研究室,由当时的中国农业科学院筹备小组和南京农学院共同领导,万国鼎为农业历史研究室主任,著名昆虫专家邹树文先生任顾问(前中大农学院院长),建立了中国第一个农业历史研究机构。中国农业遗产研究室成立之初,科研人员少,资料缺、设备差,困难很多,金善宝总是想方设法予以支持、解决。1958 年他调到北京之后,仍然十分关心中国农业遗产研究室的工作,每次回南京,总要到中国农业遗产研究室来看看,和全室人员一起研究工作开展情况。在金善宝的关心、支持下,遗产研究室主任万国鼎和全室科研人员共同努力,克服了重重困难,在短短几年时间内,在农史资料的搜集和整理,方志资料的搜集、整理出版,我国重要的古农书、《中国农学史》课题的研究等方面取得了很大成绩。首先,是对农史资料的搜集和整理。根据金善宝"广泛搜集资料,占有大量资料,是搞好农史研究的基础"的意见,研究室在1956—1959年期间,组织了相当一部分人力,分赴全国40多个大、中城市和100多个文史单位、大专院校、科学院、图书馆、博物馆和一部分知名的私人藏书家中,搜集了4 000多部笔记,杂考等古书,摘抄了1 540多万字的资料,整理成《中国农业史资料续编》157册(连同前金陵大学遗留下来的456册,共计613册,4 200多万字),内容涉及农业、畜牧业、农田水利、垦荒、农产品运销、农村组织、人口土地、农村经济等各个领域。在方志资料的搜集方面,他们从8 000多部地方志书中,搜集摘抄了3 600多万字的农史资料,经整理分为三大类,装订成680册。其中《方志综合资料》120册,《地方志分类资料》120册,以及《地方志物产》440册。二是,积极整理出版我国重要的古农书。在这方面,农史专家万国鼎发挥了重要作用。在他的带领下,中国农业遗产研究室整理出版的古农书有:《氾胜之书辑释》《齐民要术校释》《四民月令辑释》《农政全书校刊》《补农书校释》等10多部。其中《氾胜之书辑释》的出版,对我们了解2 000多年前的农业生产和农业科学技术水平有较大的学术价值。三是,为了对我国农业科学技术发展的历史渊源、历史特点及其规律进行探索,1959年开展了《中国农学史》课题的研究,1960年完成了《中国农学史》(初稿),于1959年和1984年分上下两集先后出版。这是我国第一部综合性的农业技术史著作,出版后,受到国内外农史界的广泛好评。此外,在广泛搜集农史资料的基础上,还编辑出版了《中国农学遗产选集》,从五十年代末至六十年代初,已出版的有《稻》《麦》《粮食作物》《棉》《麻》《豆类》《油料作物》《柑橘》等8个专辑的上编,为进一步开展农业史研究奠定了基础。(孟美怡:《金善宝》,第115—116页)

资料三(报道) 金老重视我国古农史的研究。中华文化数千年,历代劳动人民有很多农业生产精耕细作的优良传统记载,积累了丰富的农业典籍,如《周礼》《吕氏春秋》《管子》《氾胜之书》等。金老发现金陵大学农学院对中国农业史的资料整理和研究工作成绩显著,可惜因故中断了,为继承我国农业遗产，他亲自向中央农林部建议，建成农业遗产研究室，与中国农业科学院双重领导，并建议研究室设在南农，可充分利用现有资料。经批准后，经过调集专家，招聘人员，研究室广泛搜集占有大量资料，整理出版了《中国农业资料续编》《方志综合资料》《地方志分类资料》及《地方志物产》等，编辑出版了《中国农史》杂志，至今已发展为全国唯一的农业史展览中心，并建成中华农业文明博物馆。（沈丽娟：《金善宝院长和南京农学院》，《中央大学南京校友会简讯》第 25 期，第 28 页）

资料四（评价） 金善宝特别强调对中国农业历史遗产的继承和发展，正是在他的倡导和直接领导下，1955 年 7 月，正式成立了中国农业遗产研究室。（《中国农史》，2011 年 1 月，第 42 页）

8 月 18 日，中国农业科学代表团参加匈牙利玉米育种会议。

资料一（文章） 作者介绍了参加 1955 年 8 月在匈牙利科学院举行的玉米育种会议情况。与会代表来自 9 个国家。代表们反映玉米正在日益受到各国的重视。各国代表团对中国代表的重视，使作者深深感到我国在国际上的地位是很高的。（金善宝：《参加匈牙利玉米育种会议的回忆》，《新华日报》1956 年 1 月 24 日第 3 版）

资料二（照片） 金善宝（右二）访问匈牙利留影。（见图 116）

图 116

8 月，纪念珍珠婚。

资料(照片) 金善宝、姚璧辉夫妇结婚三十周年留影。(见图 117)

图 117

秋，增加技术合作的农业社。

资料一(其他) 1955 年正式成立院支援合作化工作组，6 个系 15 个教研组参加，从联系和支援的合作社有李玉(浦口顶山)、联众、一心 3 个初级社，增加为十月、玄武、吉祥、红光、和平、顶山、红旗 7 个高级社，共 8 091 户、16 622 人，耕地 65.951 亩，果园 3 061 亩，牛 952 头，猪 5 524 头。支援工作包括：1. 指导水稻浸种、合式秧田、水稻密植等；2. 制定轮作计划、建立饲料基地；3. 改进三包一奖制；4. 防治家畜疾病；5. 改进猪群饲养；6. 制定发展规划；7. 马尔采夫免耕耕作法试验；8. 举办业余技术学校；9. 蔬菜、果树技术指导。(费旭、周邦任：《南京农业大学史志 1914—1988》，第 224 页)

资料二(传记) 1955 年下半年，随着形势发展，农业生产对农业科学提出了新的要求，金善宝决定，技术联系小组人员扩大到由 6 个系 15 个教研组参加，支援的农业社又增加了十月、玄武、吉祥、红光、和平、顶山、红旗 7 个高级社，指导工作包括：水稻浸种、合式秧田、水稻密植、制定轮作计划、建立饲料基地、防治家畜疾病、改进猪群饲养、制定发展规划、举办业余技术学校、蔬菜和果树的技术指导。(金作怡：《金善宝》，第 132 页)

资料三(照片)　金善宝(右)和李玉(左)在李玉农业社的移植小麦地留影。(见图 118)

图 118

资料四(照片)　金善宝、姚璧辉夫妇和卢前琨在李玉农业社合影。(左起:李玉、卢前琨、金善宝、姚璧辉,见图 119)

图 119

资料五(照片)　金善宝(右一)去红旗社看小麦途中留影。(见图 120)

图 120

11 月 7 日，发表《我从苏联农业展览会上看到了苏联在农业生产上的伟大成就》。

资料（文章） 文中称，八月份赴匈牙利参加玉蜀黍育种代表大会，回国途中，在莫斯科以四天半的时间参观了苏联农业展览会，看到了苏联社会主义农业的巨大成就。（金善宝：《我从苏联农业展览会上看到了苏联在农业生产上的伟大成就》，《新华日报》1955 年 11 月 7 日第 2 版）

12 月 29 日，在江苏省第一届人民代表大会第三次会上，畅谈视察徐州专区农村的变化。

资料（文章） 作者称在徐州专区视察中，看到农业合作化运动给农村带来的巨大变化。鼓励南京的科学工作者投入到农业合作化高潮中去，积极开展技术指导；建议省领导组织科技队伍，全面规划，培训技术干部，为推进农业合作化作出贡献。（金善宝：《江苏省第一届人民代表大会第三次会议上的发言》，《新华日报》1955 年 12 月 29 日第 4 版）

12 月，在上海高等院校院长座谈会上，表达入党意愿。

资料（手稿） 吸收高级知识分子入党，很好，这是事实。有的人入党没有批准是一方面,但知识分子的不主动也是一方面。我认为其中思想复杂,原因很多,我个人就考虑面子问题,不批准怎么办?我抱有入党志愿已有十八年之久,最大的毛病就是缺乏决心,在重庆时我看了《西行漫记》中谈到徐特立同志五十岁时要入党,无人帮他加入,后来又有人请他入党……这对我影响很大,认为入党必须有别人来请,又认为入党必须到延安拿起武器去抗日,躲在后方是不行的。当时受到很多刺激(如调查农村受到种种阻碍),觉得没有希望。曾请潘菽同志介绍去看林祖涵同志,林老劝我到延安去,说到西安即有办法,我即打算与我的助教同去延安,不幸助教在嘉陵江洗澡中毒死在医院里,一个人去怕身体不好无人照顾,不久家眷又来了,结果未去。后来新闻考察团从延安归来发表了一篇文章,说延安吸收党员很严,此时自己觉得错过了机会,又想我在后方做工作也可以。工作可以做,但不要说我是共产党,既要入党,又这样怕死,这怎么行呢?胜利后石西民同志来南京,有一次我提出入党的问题,但结果没说出口,这不是资产阶级思想,至少也是小资产阶级思想……许多地下党员都出来了,我又给石西民同志谈过此事,后来做了个团友,从来也未开过会,以后就算了。开始时感到自己还是进步的,经过几次运动,感到了自己缺点很多,以党员的八项标准来看还是不够的,所以我把入党的事情又放下来,去年参加全国人民代表大会,讨论了宪法、五年计划,以后又做了科学院的学部委员,看到国家的发展情况,感到责任更加繁重,八月里去匈牙利一次,看到中国国际地位如此高,而我们的科学却很落后;最近参加农业科学工作会议,看到农业合作化的高潮,看到明年农业发展的情况,觉得作为一个农业科学工作者,必须担负起推动农业生产前进的任务来。看到这些入党的要求更加迫切了。从前觉得年纪大了(六十一岁),现在并不这样想,我认为自己做人才只有六十一年,过去的五十五岁不算什么。现在我身体不差……一天天地好了,比抗战前身体还好得多,自己认为至少还能为国家工作三十年,为社会主义做更多的事。但没有党的直接教育,工作是做不好的,因此在这里我表示坚决要求参加中国共产党。(金善宝:《在上海高教局高等院校院长座谈会上的发言》,1955 年 12 月)

1956 年　　62 岁

1 月 5 日，发表《向丰产能手学习》一文。

资料（文章） 江苏省高产农业社代表会议开幕，金善宝载文表示祝贺。会上表扬先进，总结高产经验，号召农业科学工作者向丰产能手学习，使他们的实践经验提高到科学水平。（金善宝：《向丰产能手学习》，《新华日报》1956 年 1 月 5 日第 2 版）

2 月 2 日，出席“江苏省农业高额丰产社代表会议”，发表《江苏省稻麦两熟增产的几点意见》。

资料（文章） 认为稻麦两熟的耕作制度，土地利用率大，年产量高，本省人多地少，一年种植两熟，劳力可以充分发挥，增加农村积累，以利扩大再生产，是适合本省情况的优良耕作制度。并对如何发展稻麦生产，扩大稻麦面积，提高单产，提出了一系列行之有效的意见：一、稻麦为本省的商品粮食，也是广大群众的主要口粮。大力推广稻麦两熟制和双季稻是完全可能的。二、如何发展稻麦生产，基本关键在于扩大稻、麦面积与提高单位面积产量。三、提高单产的办法是：1. 选用良种；2. 深耕细耙，适时播种；3. 合理密植，争取全苗；4. 增积肥料，合理施用；5. 加强灌溉、排水和中耕除草；6. 大力防治病虫害。（金善宝：《江苏省稻麦两熟增产的几点意见——在江苏省农业高额丰产社代表会议上的发言》，《华东农业科学通报》1956 年第 3 期，第 139—143 页）

2 月，经沈丽娟、顾民介绍，加入中国共产党。

资料一（文章） 我怀着入党的愿望已经许多年了，但一直不好意思说出口来，顾虑不批准面子难看。过去我虽然同情革命，但没有把革命的伟大事业当作自己应有的职责来看待，只有坐等别人来请我做客的思想，这是非常错误的。我是一个农业教育工作者，从抗战初期，在中华民族最危险的时候，看见八路军以拙劣的武器在平型关打了大胜仗，振奋了全国人心，从那时起，我就有了入党的愿望，但是缺乏决心，遇到困难退缩不前……经过了历次政治运动和政治学习，政治认识有了提高，觉得自己缺点很多，距离共产党员的条件还很远，又看到后来吸收的党员多半是青年，就认为自己年纪大了，没有入党的资格了，因此就把入党的问题搁了起来。去年苏联铁托夫专家对一位50多岁的教授说：中国高级知识分子应该积极争取入党。最近党中央召开的关于知识分子问题的会议上，批判了吸收识分子入党的关门主义倾向，并计划吸收高级知识分子入党。同时我又看到65岁高龄的刘仙洲同志已光荣入党了，其他各地也有许多高级知识分子入党，使我有了更大的争取入党的信心。党对知识分子的团结、教育、改造的方针是非常正确的，令人感动的……总之，几年来，党对科学工作者的重视与关怀是无微不至的，中国科学院还颁布了奖励科学工作者的条例，这对科学工作者是莫大的鼓舞。毛主席号召我们，要把我国的科学在几十年内赶上国际先进水平，我相信这是完全可能的。现在，我虽然光荣地被批准入党了，但我知道，我的缺点还很多，作为一个共产党员，在工作中任何一种缺点都会给党和人民的利益带来损失，因此，我向党保证，今后一定努力学习马克思列宁主义，提高革命觉悟，密切联系群众，全心全意做好学校岗位工作，把自己的一切献给党，为共产主义事业奋斗到底。（金善宝：《为共产主义事业奋斗到底》，《新华日报》1956年2月10日第3版）

资料二（传记） 1956年，他申请参加中国共产党，要我当介绍人。（沈丽娟：《难忘师生情》，收入孟美怡《金善宝》，第275页）

资料三（传记） 回到南京，金善宝向党组织正式递交了入党申请书，市府机关党支部要他找两名入党介绍人，他不清楚应找什么样的人做介绍人，支部告诉他要找与自己相处时间较长、了解较深的人。有人建议他找时任南京市的市长柯庆施，当时金善宝是南京市副市长，与市长柯庆施工作上也有颇多接触，应该说，找柯庆施作他的入党介绍人是无可厚非的。但是，金善宝认为，与自己相处时间最长、了解最深的还是他自己的学生沈丽娟。于是，他主动找沈丽娟和南农政治处的顾民做介绍人。1956年2月12日，中国共产党江苏省委、南京市委在南京市政府第一会议室为他举行了隆重的入党宣誓，江苏省委副书记刘顺元主持了宣誓仪式。他说："金善宝同志从三十年代起就靠拢党，拥护党，花甲之年仍然要求加入中国共产党，这一事实本身，就说明了中国共产党的光荣、伟大。今天，我们党吸收了一位老科学家，这是党的知识分子政策的一个胜利……"（孟美怡：《金善宝》，第104页）

资料四（传记） 1955年12月，全国教育工作会议召开，他在讲台上公开宣称，要求加入中国共产党；1956年2月，他实现了这个愿望。中共江苏省委和南京市委在大会议厅为他举行了隆重的入党宣誓仪式。主持仪式的省委副书记热情赞扬了花甲之年的金善宝一心向党、积极上进的革命精神，金善宝当即表示，决心当一名年老的新战士。（吴兆苏：《我国农业科学界的前驱——金善宝》，《传记文学》1993年第3期，第32页）

资料五（其他） 1956年2月，金善宝院长光荣入党，在校内外引起很大的反响，大大增强了党在学校的教学、科研工作中的政治力量。（费旭、周邦任：《南京农业大学史志1914—1988》，第225页）

3月7日，发表《农业科学工作者的任务》。

资料（文章） 作者号召农业科学工作者深入农村，向生产能手学习，总结高产经验，把科研成果应用到农业生产中。（金善宝：《农业科学工作者的任务》，《新华日报》1956年3月7日第3版）

3月14日，发表《农业科学工作者要积极投入提高农业生产的斗争》。

资料（文章） 为实现全国农业发展纲要的各项任务，作者号召农业科学工作者把农业科学与生产实践的多方面结合起来，针对农业生产中的问题进行研究，并用一切方法把科学成果应用到农业生产中去。（金善宝：《农业科学工作者要积极投入提高农业生产的斗争》，《解放日报》1956年3月14日第3版）

5月3日，在江苏省高等学校、科研机关党员干部会议上介绍南京农学院支援农业合作化的体会。

资料（手稿） 南京农学院为了以农业科学技术支援农业合作化，1954

年组成了由各系教师参加的农业合作化技术联系小组，帮助农民在栽培、种植规划、财会、培训等方面予以指导并取得显著成绩，同时也丰富了教材内容，明确了科研方面的研究任务与目标。（金善宝：《南京农学院支援农业合作化工作的体会》，1956 年 5 月 3 日）

5 月，研究制定南京农学院十二年（1956—1968）科学研究规划，掀起了全院科学研究的高潮。

资料一（传记） 1956 年，在“向科学进军”号召的鼓舞下，他会同科研部冯泽芳主任一起，研究制定了全院 12 年（1956—1968）科学研究规划，经过几次集体讨论，提出了 12 年内全院科学研究的方向和重点。各系普遍增设了副系主任和科研秘书，加强了对科研工作的组织领导。全院参加科研工作的教师占全院在职教师的 70%，讲师以上参加科研工作的占 83%。当年，有 5 篇论文参加了中国科学院中国自然科学史讨论会，学术气氛十分浓厚。这个阶段完成的科研成果有 73 项……作为南京农学院院长的金善宝，在南京市还兼任副市长的职务，尽管行政事务十分繁忙，却没有忘记一个小麦专家的本分，他的南大 2419 小麦良种，在抗战的烽火中，从南京到重庆，又回到南京，历时 20 多年，终于在长江流域大面积推广：他的中国小麦品种及其分布的研究，早在二十年代就开始了，几十年来，尽管时事沧桑，学校几经搬迁易名，他的小麦科学试验始终屹立在南农的试验田上……此外，院内一批知名教授，著名棉花专家冯泽芳，昆虫学家邹钟琳、邹树文，兽医学家罗清生等人，为祖国农业科学艰苦奋斗的光辉业绩，都给全校年轻的教师和学生们树立了榜样。榜样的力量是无穷的！祖国农业科学发展的远景召唤着他们，老一辈科学家“衣带渐宽终不悔，为伊消得人憔悴”的精神鼓舞了他们，使南农的中青年教师们在科学研究的实践中，逐渐锻炼成长为新中国农业科学教育事业的栋梁。（金作怡：《金善宝》，第 135—136 页）

资料二（其他） 1956 年在合作化高潮和“向科学进军”号召的鼓舞下，教师积极参加，有 168 名教师承担了 185 个项目，当年完成 56 项。1956 年 3 月 4 日，举行了全院第一次讨论会，有 22 篇论文宣读。5 月，制定了我院 12 年（1956—1968）科学研究规划（初稿），提出 12 年内的科研方向和重点……

6月,有5篇论文参加了中国科学院中国自然科学史讨论会,全院学术气氛浓厚。9月起举行学术报告会38次,出版了第一期《南京农学院学报》,发表论文13篇。10月,举行了纪念米丘林诞生100周年报告会,研究气氛更加活跃……这阶段共进行了353项研究,有成果的73项。(费旭、周邦任:《南京农业大学史志1914—1988》,第221页)

7月,去云南考察我国特有的小麦品种,命名为云南小麦。

资料一(传记) 1937—1943年,金善宝在云南发现的稀有小麦品种究竟属于哪一种分类呢?这是他多年以来一直牵挂的一个问题。1956年他带着这个问题再次去云南考察,在云南双江地区又采到一种有芒的品种,芒长达7厘米,镇康产的一种是白皮,其余都是红皮。检定结果,依据壳色、种皮色、颖毛和芒的性状变异,构成比较完整的分类系统。(金作怡:《金善宝》,第118—119页)

资料二(评价) 为此,他曾多次到云南考察,发现该品种的主要产区分布在云南省西部澜沧江的西南,包括镇康、双江、云县、临沧(缅宁)及腾冲等县,海拔高度均在1 000—1 700米之间,从各地搜集的品种中,没有发现此种类型。后经多方研究,他统称为云南小麦,并命名为普通小麦的云南小麦亚种(*T. aestivum*, *subsp yunnanese*, King),依据壳色、种皮色、颖毛和芒的性状变异,构成比较完整的分类系统。最终划分为6个变种。(沈丽娟等:《金善宝教授的农业教育思想和学术观点及在小麦研究上的贡献》,《作物学报》1998年第4期,第387页)

8月25日,发表《在共产党领导下,加强团结、信心百倍地沿着社会主义道路迈进》。

资料(文章) 作者认为我国科学文教事业近几年有了飞跃的发展,这与学习苏联教学改革是分不开的,但也需要创造性地向苏联学习,执行苏联的有些制度必须慎重考虑,在充分听取苏联专家意见的时候,也需要尊重中国专家的意见,坚决执行“百花齐放、百家争鸣”和“长期共存、互相监督”的方针。(金善宝:《在共产党领导下,加强团结、信心百倍地沿着社会主义道

路迈进》,《新华日报》1956年8月25日第7版)

9月1日,在南京农学院开学典礼上讲话。

资料(手稿) “讲话”在全面叙述了全国的大好形势之后,讲到学农的好处,学农需要具备吃苦的精神,要手脑并用、要能坐而定,也要起而行。要不怕脏等,又讲到农业院校要迁到城外去的理由等。(金善宝:《在南京农学院开学典礼上的讲话》,1956年9月1日)

9月14日,发表《要在农业科学研究上做出更多的成绩》。

资料(文章) 1956年党的第八次代表大会即将召开之际,金善宝在《南京日报》载文,号召农业科学工作者响应党的号召,积极向科学进军,以改变我国科学落后的面貌。(金善宝:《要在农业科学研究上做出更多的成绩》,《南京日报》1956年9月14日第3版)

11月2日,发表《小麦是重要的高产粮食作物》。

资料(著作) 论述稻麦两熟地区由于农民重稻轻麦,致使小麦低产的现状。列举乌克兰、新疆、西藏、江苏的高产事例,证明小麦是重要的高产粮食作物,并鼓励科学工作者们应为亩产500斤小麦和800斤水稻的目标而奋斗。(金善宝:《小麦是重要的高产粮食作物》,《新华日报》1956年11月2日第2版)

1957年　　63岁

春节,离别七年的女儿作美回到南京。

资料(照片) 二女儿金作美回南京探亲留影。(见图121)

2月20日—3月6日,撰文宣传中国农业展览会和中国农业生产的成就。

图 121

资料一(文章) 全国农业展览会总馆长金善宝在《人民日报》载文介绍1949年以来全国农业取得的巨大成就、创造和累积的先进生产经验、农业科学研究的成就,国家在经济上、技术上、人才上对农业的巨大支持,以及苏联等国的重要支援。(金善宝:《学习先进经验,争取农业生产的大丰收——全国农业展览会的展出及其意义》,《人民日报》1957年2月20日第3版)

资料二(文章) 以"总结经验,争取丰收"为题,在《友谊报》上介绍了举办中国农业展览会的宗旨,以及1949年以来全国农业生产、畜牧业、水利建设、农业科学研究等方面取得的巨大成就,揭示了我国农业生产的潜力,总结经验,推动提前实现和超额完成1956—1967年农业发展纲要计划。(金善宝:《总结经验,争取丰收》,《友谊报》1957年3月5日)

资料三(手稿) 讲话以全国农业展览馆总馆长的身份,通过2月20日全国农业展览会在北京隆重开幕展出的盛况,以各类粮食生产、经济作物增长和人民消费水平提高的具体数字说明,在中国共产党的领导下,5亿劳动农民和广大农业科学工作者积极努力,我国农业战线上取得了伟大成就。(《金善宝对台湾农业科学工作者的讲话稿》,1957年3月6日)

3月初,出席中国农业科学院成立大会,被任命为中国农业科学院副院长。

资料一(档案) 任命丁颖为中国农业科学院院长、金善宝为副院长。

据中央农村工作部4月30日(57)中农干通字第27号通知，

4月24日中央批准：

丁　颖　　任农业部中国农业科学院院长，仍兼华南农学院院长；

金善宝　　兼农业部中国农业科学院副院长；

陈凤桐　　任农业部中国农业科学院副院长；

程绍迥　　任农业部中国农业科学院副院长，免去畜牧兽医局副局长职务；

朱则民　　任农业部中国农业科学院副院长兼秘书长；

刘春安　　任农业部中国农业科学院副秘书长；

………

(《中华人民共和国农业部第59号通知》，1957年4月30日)

资料二(档案)　1957年3月中国农科院成立大会出席代表名单(中国农业科学院综合处)。

李克佐　金　绍　林　权　戴松恩　丁　颖　陈凤桐　金善宝

程绍迥　朱则民　刘春安　唐　川　何家泌　舒　联　板野新夫

鲍文奎　刘金旭　陆承祖　吴大斫

资料三(传记)　1957年3月1日，中国农业科学院正式成立。丁颖任院长，金善宝任副院长。(史锁达、任志高编：《著名农学家教育家金善宝》，第56页)

3月中旬，与在京学习的女儿作美相聚于北京景山公园。

资料(照片)　金作美与父亲(左二起：金善宝、金作美、王励生)在景山公园留影。(见图122)

4月4日，当选为全苏列宁农业科学院的通讯院士。

资料一(档案)　1957年5月27日，函知俞大绂、罗宗洛、金善宝三位同志为苏联农业科学院通讯院士。接苏联农业部和苏联列宁农业科学院来信通知，在1957年4月4日的苏联科学院全体大会上一致同意选出我国科学家俞大绂、罗宗洛、金善宝为苏联列宁农业科学院通讯院士，请你院分别通

图 122

知以上二位同志。(《57 农外瑞字第 94 号》,中国农业科学院综合处,1957 年 5 月 27 日)

资料二(证件) 证书。(见图 123－1、图 123－2)

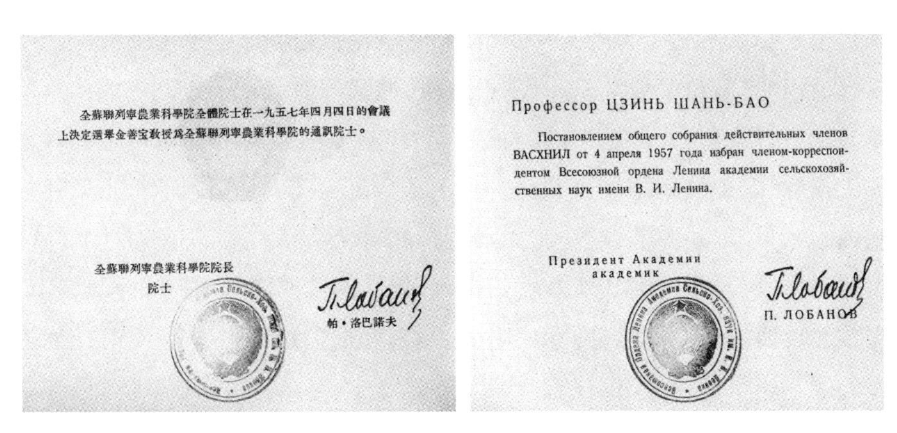

全蘇聯列寧農業科學院全體院士在一九五七年四月四日的會議上決定選舉金善宝教授爲全蘇聯列寧農業科學院的通訊院士。

全蘇聯列寧農業科學院院長
院士

帕・洛巴諾夫

图 123－1

Профессор ЦЗИНЬ ШАНЬ-БАО

Постановлением общего собрания действительных членов ВАСХНИЛ от 4 апреля 1957 года избран членом-корреспондентом Всесоюзной ордена Ленина академии сельскохозяйственных наук имени В. И. Ленина.

Президент Академии
академик

П. ЛОБАНОВ

图 123－2

资料三(报道) 金善宝谦逊地说:"苏联人民给予的荣誉称号,是对我国农业科学工作同志的关怀和鼓舞。如就个人来说,我贡献很少,感到很惭愧,今后只有更好地工作来答谢苏联人民的深厚友谊。"他接着说,从历次苏联农业科学家和我们之间友好的相互访问中,苏联同志对我国农业科学的关怀给我深刻的印象。他告诉记者说,最近将动笔写一篇介绍我国农民耕耘经验的论文,这是早些时候苏联报刊约他写的。几年来,金善宝院长的小麦研究工作是结合我国农业实际进行的。他选出的"南京2419号"小麦良种已在长江流域三千多万亩农田中被广泛采用,并且普遍获得了增产。目前他正在进行小麦分类和小麦生态类型的两项研究工作。金善宝是在本月4日苏联列宁农业科学院举行的会议上被选为通讯院士的。这是我国农业科学家第一次获得苏联科学界的荣誉称号。与金善宝同时获得通讯院士称号的还有我国优秀的植物病理学家俞大绂和植物生理学家罗宗洛。(《金善宝荣获苏联通讯院士称号》,《南京日报》1957年5月10日第2版)

4月8日,致信聂荣臻,力陈南京农学院迁至城外的必要性,得到聂荣臻的大力支持。

资料一(手稿) 1957年南农的教师大都愿意把学校迁到城外去的,我们曾经在中山门外的马群镇看好了校址,高教部也同意了。后来,卫岗的华东航空学院迁往西安,那里有现存的房屋和一千多亩耕地,我们争取迁到那里去。江苏省委也同意了。但南农的副院长兼党委第一书记□□不同意,我和她争论了很久,一时不得解决,她又不愿意把迁校问题提到院党委会上去讨论。一天,她突然约我和陈野萍、罗清生副院长到省委文教部去汇报,由副部长陶□(□□的丈夫)主持会议。我们分别向他汇报了迁校问题的意见,陈和罗因慑于陶□的势力,都附和了邓的意见,反对迁到城外去,我是坚决主张迁到城外去的。最后,陶□说:"你们有你们的意见,我们文教部也要发表一点意见,我们坚决要把南农留在城内,坚决反对迁到城外去。"……奇怪的是,仅仅过了两天,文教部一位姓周的副部长(忘其名字)亲口对我说:南农要迁到城外去是可以的。很明显,陶□那天说的话决不是代表文化部的,而是想借文化部的名义来压我一下罢了。后来我到北京开会，用个人名义写了一封信给聂副总理，陈述了留在城内的困难和迁到城外的种种理由，希望中央作出决定，把华东航空学院原来的房屋、土地拨给南京农学院。过了不久，江苏省委就叫南农迁到华东航空学院去了。1958 年八九月间，南京农学院终于遵照中央的指示，从城里的丁家桥迁到中山门外原来的华东航空学院去了。……迁校之后，张□□又把原来的一千多亩耕地送走了，学生田间实习要跑到江浦农场去，来往很不方便。（金善宝：《“文革”交代材料二》）

资料二（信件） 1957 年 4 月 8 日，金善宝就南农院址一事给聂荣臻写信。（《给聂荣臻的信》，1957 年 4 月 8 日，见图 124－1 至图 124－5）

资料三（手稿） 1990 年 12 月，事过 33 年之后，金善宝写下回忆文字。（见图 125）

资料四（报道） 南京农学院最初设在丁家桥，校舍简陋，农场面积小，学校周围机构林立，没有发展余地。金老认为农学院的学生必须深入农村，在农业生产环境中积累生产经验，与书本上的理论知识相结合，才能对发展

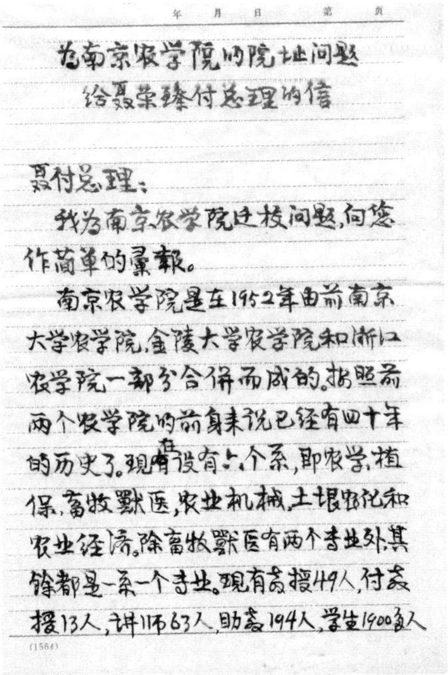

为南京农学院的院址问题
给聂荣臻付总理的信

聂付总理：

我为南京农学院迁校问题，向您作简单的汇报。

南京农学院是在1952年由前南京大学农学院、金陵大学农学院和浙江农学院一部分合併而成的。按照前两个农学院的前身来说已经有四十年的历史了。现在设有六个系，即农学、植保、畜牧兽医、农业机械、土壤农化和农业经济。除畜牧兽医有两个专业外，其余都是一系一个专业。现有教授49人，付教授13人，讲师63人，助教194人，学生1900多人

图 124－1

九年内发展最高额为3000人。

南京农学院的院址，在南京中山门内的丁家桥，由于附近农场面积小，不能适应教学与科研的需要。因此，从1951年起，我们即作迁出城外的计划，虽承南京市委和江苏省委的大力支持，但因种种原因，迁校计划，一再变动，迄今未能实现，教师情绪很不安定，相当影响教学与科学研究。

南京中山门外的航空学院建有三万多平方米的基本建设，自航院迁西安后，约在去年七月间，江苏省委曾经向国务院建议，航院旧址应让给南京农学院，惠浴宇省长在南京对二机部负责同志也当面谈过。因航院附近有二千亩的农

图 124－2

場。陵园又有一千畝土地可供应用。该处与华东农科所又近，交通亦较便利，作为南京农学院的院址是最适当的。但当时二机部因在中山门内的专科学校，拟迁至航院发展成为一万学生的航空学院。因此，省委的建议未能成为事实。近据高教部消息，航委发展成为航院的计划将有变动，认为航委没有迁至航院旧址的必要了。

但航委仍在作积极迁至航院旧址的打算，拟将航委原来校址出让给南农。南农如迁至航委有几点好处：1.基本建设较好，距新街口较近，生活方便；它的缺点：1.附近有机场，对上课有一定程度的干扰；2.只有八百亩

图 124－3

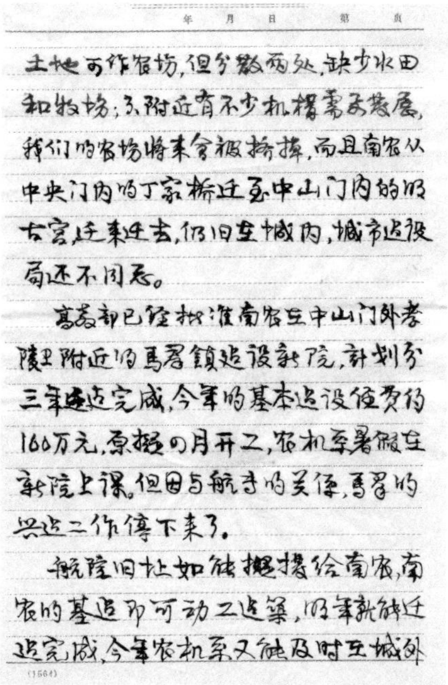

土地可作农场，但分散两处，缺少水田和牧场；3.附近有不少机关需要发展，我们的农场将来会被拆掉，而且南农从中央门内的丁家桥迁至中山门内的明故宫迁来迁去，仍旧在城内，城市建设局还不同意。

高教部已经批准南农在中山门外孝陵卫附近的马群镇建设新院，计划分三年建造完成，今年的基本建设经费为160万元，原拟四月开工，农机系暑假在新院上课。但因与航委的关系，马群的兴建工作停下来了。

航院旧址如能拨给南农，南农的基建即可动工建筑，明年就能迁建完成，今年农机系又能及时在城外

图 124－4

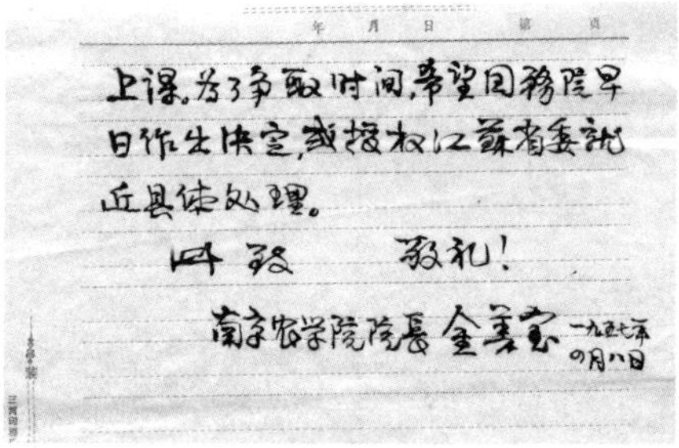

上课。为了争取时间，希望国务院早日作出决定，或授权江苏省委就近具体处理。

此致　　敬礼！

南京农学院院长 金善宝 一九五七年四月八日

图 124－5

农业科学有所作为，主张学校要迁到城外去。他当时已年过半百，亲自到北京向聂副总理报告，不辞劳苦，带领各部门和各系负责人到南京东郊调查、勘察地址，曾经到过黑墨营园艺场、卫岗童子山、马群等地，卫岗因华东航空学院迁至西安，留下 3 万多平方米的基本建设，校园有 2 000 多亩土地可以利用……金老和其他院领导准备将学院迁至卫岗。当时遇到不少阻力，金老以世界各国农业院校设在城郊为例进行耐心说服，终于在 1958 年 8—9 月间实现了从丁家桥迁卫岗办学的规划，这一举措为今日南农的发展打下了

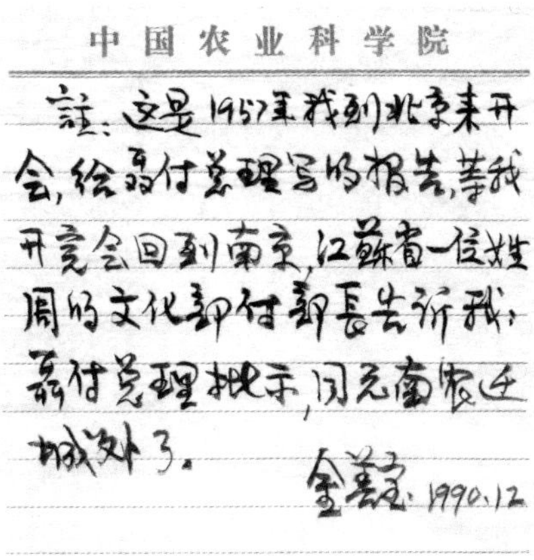

中国农业科学院

註：这是1957年我到北京来开会，给聂付总理写的报告，等我开完会回到南京，江苏省一位姓周的文化部付部長告诉我，聂付总理批示，同意南农迁城外了。

金善宝 1990.12

图 125

坚实的基础。（沈丽娟：《金善宝院长和南京农学院》，《中央大学南京校友会简讯》第 25 期，第 28 页）

资料五（传记） 在南农的发展问题上，金善宝的心里长期埋有一个心结！这个心结就是，要为南农发展成为一个现代化的农业大学，开辟一个广阔的空间！金善宝回顾了自己从农 30 多年以来成长的道路，回顾了……邹秉文先生成功的办学之路，以及世界名校美国康奈尔大学、明尼苏达大学农学院教学、科研和推广相结合的办学理念，说明农业院校的教学决不能仅仅停留在书本知识上，学生必须到实践中去充实提高。因此，他认为，在农业院校内部必须设有各种农作物、水产品种的试验农场和牧场，这是农业院校培养学生的第二课堂，以供各专业学生随时就近试验、学习，巩固所学的知识。同时，农业院校的师生都应该经常到农村去，在农村这个大自然的课堂里，不断充实提高，把农业科学知识和科技成果及时带给农民，以最大限度地发挥生产效益。正是基于这一点，早在抗战之前，金善宝就主张把农业院校搬到城外去，因为只有在城外，才能为农业院校的发展提供足够的空间。但那时由于种种条件限制，没有实现。目前，院系调整后的南京农学院，院址设在中央门内的丁家桥，学院校舍除了几幢破旧的铁皮房屋之外一无所有，附近农场面积很小。中大、金大两校农学院合并之后，无论从师资力量和招生人数方面，都比过去大大加强和扩充了，预计今后几年还会有很大发展。可是,学校周围机构林立,受地理环境限制,没有任何可能发展的余地。因而从建院开始,金善宝就极力主张将南农迁到城外去。几年来,金善宝和南农的几位教师一起勘察了南京郊区的许多地方,最后选中了南京中山门外、距孝陵卫较近的马群镇。在马群镇,原南京航空学院建有3万多平方米的基本建设,自航空学院迁西安后,金善宝就要求江苏省委向国务院建议,将航空学院旧址让给南农。他认为,附近有2 000亩农场,陵园又有1 000亩土地可供应用,该处离华东农科所(现江苏省农科院)较近,交通也比较方便,作为南农的院址是最适当的了。当时,对于南农院址的选择有两个方案:一个方案,就是金善宝极力主张迁往城外孝陵卫的方案;另一方案是中山门内明故宫附近原航空专科学校校址,那里基本建设较好,距繁华的市区新街口较近,生活方便。它的缺点是附近有机场,对上课有干扰,只有800亩土地可做农场,且分散两地,缺少水田和牧场,附近还有不少机构要发展,将来南农的农场还会被挤掉。而且,金善宝认为,从中央门内的丁家桥迁至中山门内的明故宫,迁来迁去还是在城内,意义不大。但是,有的同志并不理解金善宝的这番苦心,甚至院党委有个别人利用她和南京市委文化部某个人的私人关系,企图压制南农迁往城外的方案。对此,金善宝不为所动。当他知道这个所谓"文化部不同意南农迁往城外"的说法其实并不能代表文化部的意见时,就更加积极地向大家反复说明,方案的选择不能只顾眼前,要从发展的眼光,从有利于南京农学院的发展出发,并以当今世界各国农业院校大多设在城外郊区为例,耐心说服他们理解迁往城外的方案……1958年5月,高教部决定,南京农学院由丁家桥迁往中山门外卫岗、原华东航空学院旧址。6月,中共南京市委、市人委决定,将原华东航空学院旧址附近的紫金山合作社三、四分社划归南京农学院。8月,党中央做出了"关于改进农林大专学校教育的指示",指出:"所有大中城市举办的农林大专院校一律迁往农村或林区举办,使教育与生产劳动相结合。"1958年8—9月间,南京农学院终于遵照中央的指示,从城内的丁家桥迁到中山门外的卫岗。(金作怡:《金善宝》,第140—141页、第143页)

5月1日,代表南京农学院与十月社签订技术合作合同。

资料一(报道) 南京农学院与十月农业社技术合作合同签订仪式于1日下午隆重举行。中国农业科学院副院长、南京农学院院长金善宝和十月社主任张大炎分别代表双方在合同上签了字。他们之间在技术上的联系在前两年就开始了。在签字仪式前,张大炎主任在会上对教师们的辛勤指导和帮助表示感谢。他说:"去年虽遭受了自然灾害,但全社还比前年大丰产,年增产粮食六十四万多斤,这是与农学院先进技术指导分不开的。"接着,他举例说:"由于采用了先进的黄豆和玉米间植方法,使一千多亩地上的黄豆收成增产十万多斤;良种新法种植的元麦增产95%;在七百多亩地上种植的良种山芋,每亩也增产六百斤左右。"鬓须银白的金善宝在热烈的掌声中讲了话。他说:"十月社对我们丰富教学内容、提高师生感性知识帮助很大,农业社已成为师生理论联系实际最好的实习园地;我们两家已变成一家人了。"区技术推广站和农学院代表分别在会上宣读了技术合作合同和今年的农业技术辅导计划。合同上规定双方全面技术合作,可互派师生和社员参加各方生产实习和听课,农学院保证供应农业社动植物良种和先进技术指导,并争取多种方法传授先进知识。农业社也为农学院提供自己积累的耕耘经验。参加合同签订仪式的有农学院教师和十月社社员代表百余人。中共南京市委农村工作部副部长王勉和栖霞区委负责同志都在会上讲了话。(祖培:《知识分子与工农结合,农学院与十月社签订合作合同》,《南京日报》1957年5月2日第2版)

资料二(其他) 1957年5月1日,与十月社签订了技术合作合同,金善宝院长签了字。本年,十月社试种双季稻,仅早稻亩产达460斤,比过去增加60斤。和平社蔬菜栽培收入从上年的12万元增加到23万元。教师进行了"十月社第9队多角经营设计及其实施"的专题研究,使该队1957年平均收入超过当地平均收入的66%。教师在十月社李仁义生产队进行"农业社集体养猪安全措施研究",半年多时间,猪从2头发展到48头。(费旭、周邦任:《南京农业大学史志1914—1988》,第242页)

6月,学生、亲朋好友被打成右派,他感到迷茫、困惑。

资料(传记) 南京农学院的反右斗争是怎样搞起来的,身为一院之长的金善宝并不清楚……他还没有意识到被“划右”之后的严重性，有一次，他和几位同事因公外出，按照惯例，大家一齐坐市府给金善宝配的专车前往。在这几位同事中，有一位是他四十年代的女学生卢前琨已经被点名批判了。后来为了这件事，开会批判金善宝和右派分子同坐一辆汽车，立场不稳，和右派分子划不清界限，同情右派，重用右派等。对此，金善宝感到十分苦恼，回家后对他老伴说：“每个人都会犯错误的，我想不通，为什么一个人犯了错误要这样对待他们？竟然不能和我同坐一辆汽车？何况这个人还是我的学生，是我多年来科研合作的伙伴，于情于理，我怎么开得了这个口，拒绝她上我的车呢？”但是，不管金善宝想得通也好，想不通也罢，反右运动仍然是如火如荼地开展下去……他的亲朋好友中也有不少人被打成了右派……他的三侄子金孟达，自四十年代浙江大学毕业后，就在南京中央大学电机系工作。……新婚不久的金孟达夫妇，怀着满腔热忱，离开了居住多年的江南名城，双双来到塞外风沙迷漫的张家口，投身于祖国的军事建设。正当金善宝盼望金孟达为祖国军事建设作出贡献的时候，金孟达突然回到了南京，面对叔叔的盘问，他低着头只是说了一句：“犯错误了，下放到6902厂劳动。”金善宝明白了，只好长叹一声道：“好好劳动吧！争取早日改正错误！”可是，“好好劳动”这四个字，说起来容易，做起来却不简单，特别是对一个右派分子而言，其中包含了多少辛酸、苦难和屈辱，只有他们自己肚里知晓！后来又变本加厉、开除军籍和公职，作为四类分子被遣送回乡……当有的学生向他们的老师倾诉被划右派之后不能再从事农业科学和教育事业的苦恼时，有泪从不轻弹的金善宝会陪着这些学生，为他们的不幸，为祖国农业科学教育事业失去这样的栋梁而流下伤心的泪水。（金作怡：《金善宝》，第149—151页）

6月26日—7月15日，出席第一届全国人民代表大会第四次会议。

资料(证件) 代表证。（见图126）

7月24日，被聘为国务院科学规划委员会农业组副组长。

资料(证件) 金善宝被聘任为农业组副组长的聘书。（见图127）

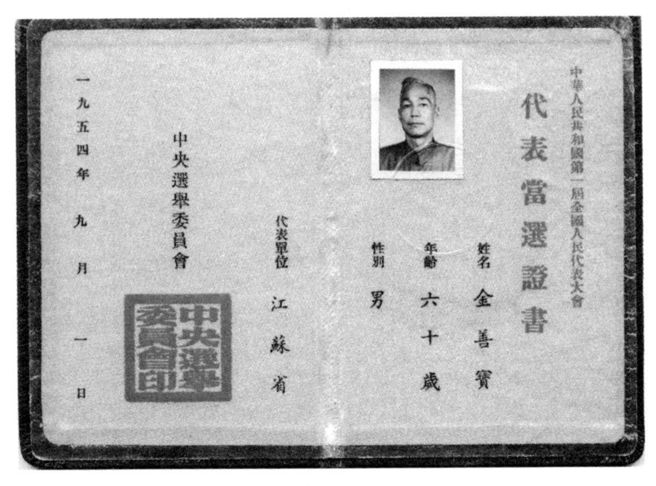

中華人民共和國第一屆全國人民代表大會

代表當選證書

姓名 金善寶

年齡 六十歲

性別 男

代表單位 江蘇省

中央選舉委員會

一九五四年九月一日

中央選舉委員會印

图 126

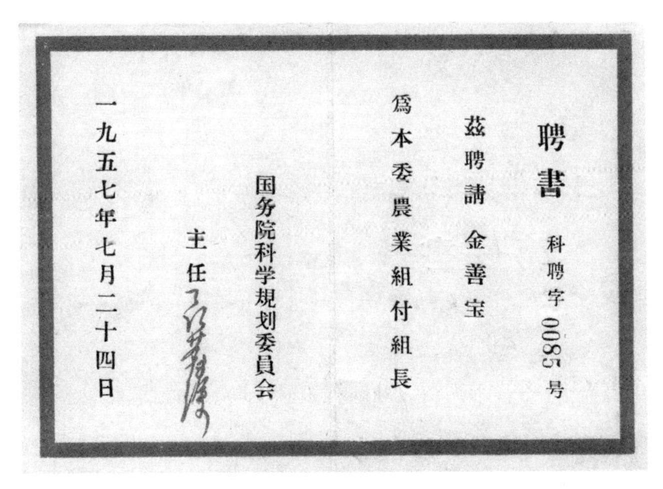

聘書

科聘字 0085 号

茲聘請金善宝

爲本委農業組付組長

国务院科学规划委员会

主任

一九五七年七月二十四日

图 127

8 月 24 日，应邀到西北农学院对农学系学生讲话，认为西北农业大有可为，鼓励青年学生担负起时代重任。

资料(手稿) 作者从远古的历史谈起，后稷是我国农业的祖先；我国历史上第一部重要的著作就是 400 多年前贾思勰的《齐民要术》；西北农学院的赵洪璋教授培育的“碧玛 1 号”小麦的种植面积已达 3 000 万亩。说明西北的农业大有可为。继而讲党的领导和青年学生在社会主义建设中应负的责

任等。（金善宝：《在西北农学院对农学系同学的讲话》，1957 年 8 月24 日）

9 月 6 日，被任命为中国农业科学院副院长。

资料一（证件） 被任命为中国农业科学院副院长的任命书。（见图 128）

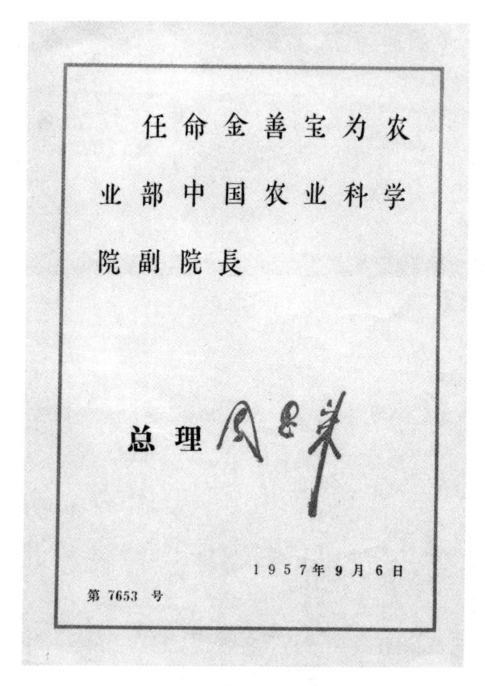
任命金善宝为农业部中国农业科学院副院長

总理 周恩来

1957年9月6日

第 7653 号

图 128

资料二（档案） 9 月 13 日，国务院发出任免丁颖等人职务的通知。

农业部：

1957 年 7 月 24 日函悉。

1957 年 9 月 6 日国务院全体会议第 57 次会议通过任命丁颖为中国农业科学院院长，金善宝、陈凤桐、程绍迥、朱则民为副院长。（国务院人事局：《通知》，农业部档案，1957 年 9 月 13 日）

10 月 12 日，任中国人民保卫世界和平委员会江苏省暨南京市分会主席。

资料一（其他） 中国人民保卫世界和平委员会江苏省分会和南京市分会均有部分委员因工作调动离开省、市，致使原有组织机构不能适应目前的工作需要。为此，经中国人民政治协商会议江苏省委员会第24次常务委员会协商通过，将省、市两分会组织合并为中国人民保卫世界和平委员会江苏省暨南京市分会。增补部分委员，扩大委员会组织：以金善宝为主席，并增补副主席。现特通知你为本会主席。（中国人民保卫世界和平委员会、江苏省暨南京市分会：《通知》，1957年10月12日）

资料二（照片） 金善宝（左）与加拿大友人、著名世界和平战士文幼章（中）摄于南京市交际处。（见图129）

图 129

10月26日，接受《文汇报》记者的采访，就长江流域抗旱种麦一事发表讲话。

资料（报道） 本社记者就当前抗旱种麦问题访问了著名的小麦专家、南京农学院院长金善宝。金善宝认为长江流域各省，现在正是种麦的季节，在有水源的地方，仍应抓紧时间抢种，在水源不足的地方，应依靠群众，充分运用老农的经验，寻找新的水源抗旱种麦。金善宝特别提到了节约用水的问题。他说，徐淮地区现在土壤非常干燥，应该指导农民改变条播，撒播苗的习惯，采取挑水点播的办法，这样少量的水就可以用来种更多的麦子。金善宝认为，在目前旱情仍继续发展的情况下，应特别注意麦田保墒，尽量减少土壤中水分蒸发。他说，在前季作物收割后，太阳一晒，地下水分会很快蒸发,这种田可以不要普遍翻耕,经过浅耕松土,间行播种,同时,间隔一定距离,开沟施土堆肥,这样可以增强土壤的蓄水能力,减少蒸发。他认为苏南晚稻地区都可用这个办法,在稻田的行间翻土条播或点播,等麦子出苗后再挖稻根,这样在时间上可以加快播种速度,又能起保墒抗旱的作用。对于那些已干硬龟裂,如果没有水源可资利用的土地,金善宝认为可以在当地适用的麦类品种中挑选春性品种,推迟到雨后播种。在播种前一天可以用冷水或温水浸种,到出芽时播在雨后已有水分的田里,会很快出苗。他认为用这种办法比现在干种下去等雨后出苗要好一些。因为现在干种下去的露籽多,出苗率很低。出土的麦苗,因土壤干燥,也会变得很软弱。他认为,苏北地区 10 月下旬播种,苏南地区 11 月上旬播种还是适时的。(《长江流域怎样抗旱种麦——小麦专家金善宝发表谈话》,《文汇报》1957 年 10 月 28 日第 2 版)

10 月,培育多年的小麦良种中大 2419 得到大面积的推广,成为我国当时种植面积最广的小麦良种。

资料一(论文) 文章论述了中大 2419 小麦。该品种自 1934 年开始选育至 1956 年已推广超过 3 600 万亩,成为我国种植面积最广的小麦良种。它具有丰产、稳产、适应性广、抗条锈病和黑穗病、抗吸浆虫、不易落粒等特性。由此可预见今后继续扩展的趋势,中大 2419 已成为我国种植面积最广的小麦良种。(金善宝、蔡旭等:《我国当前种植面积最广的小麦良种中大 2419 小麦》,收入王连铮主编《金善宝文选》,第 172—183 页)

资料二(著作) 本品种在所适应的地区增产效果显著。1949—1953 年在江苏、浙江、安徽三省 32 处的区域试验证明,比当地种增产 4.0%—46.3%;1951—1955 年在湖北省 6 处的区域试验结果也增产 4.0%—42.7% 不等。多年的生产实践结果,在长江中下游、西南各省、陕南、陇东、豫南等地区一般可比当地品种或老推广品种增产 10%—50%不等,在亩产 250—600 斤的范围内增产效果尤为显著,1959 年青海高原香日德农场获得了亩产千斤以上的高产纪录。总之,本品种具备了生育期短、综合丰产性好、抗多种病虫害等优良特性,今后在南方冬麦区和部分春麦区,将进一步在生产上发挥作用。(金善宝、刘定安主编:《中国小麦品种志》,1964 年,第 228 页)

资料三(图片) 我国当前种植面积最大的小麦良种中大 2419 小麦穗形。(《南京农学院研究专刊》第 1 号,1957 年 10 月,见图 130)

图 130

资料四(其他) 本世纪三十年代,我国引进原产意大利一系列小麦品种,在长江流域试验鉴定出一批良种,并分别定名为“中农 28”“南大 2419”矮立多,在生产上逐步推广应用,起到很大的增产作用。其中“南大 2419”,1942 年开始在四川省推广,后逐步向长江流域中、下游和南、北麦区发展。据 1958 年统计,全国种植面积达 7 000 万亩,成为国内分布最广的小麦品种。(农业部科学技术委员会、农业部科学技术司:《中国农业科技工作四十年 1949—1989》,中国科学技术出版社,1989 年,第 74 页)

资料五(传记) 南大 2419 的推广面积,据不完全统计,1954 年 600 万亩,1955 年 900 多万亩,1956 年扩大到 3 700 万亩,1957 年以后最高年份达到 7 000 万亩,约占全国小麦种植面积的五分之一。直至八十年代,在新疆、青海以及长江流域的种植面积仍在百万亩以上。因南大 2419 早熟、适应性好,丰产,抗条锈,各地用其作为杂交亲本,所得的优良衍生品种有 110 个,在我国 7 大麦区都有分布。各麦区的代表品种中,冬麦有鄂麦 6 号(湖北)、万年 2 号(江西)、望麦 15(江苏)、云南 778、内乡 19(河南),荆州 1 号(湖北)、南农大黑芒(江苏)、湘麦1号(湖南)、华麦7号(湖北)、阜阳4号(安徽)和安徽3号等。南大2419的使用年限,从1942年首先在四川省推广开始计算,到八十年代为止,前后长达40余年。南大2419推广面积之大,应用时间之长,种植地区之广,衍生品种之多,是中国小麦品种改良史上少见的,对发展我国小麦生产起了巨大作用。笑衍,是金善宝早在二十年代献身小麦之初,为自己起的雅号。含意是,笑看小麦良种繁衍之多也,在这个雅号里寄寓了他一生的追求。新中国成立后,他亲眼看到自己培育的小麦良种繁衍如此之多,推广面积如此之大,使用时间如此之长,怎能不使他感到由衷的高兴呢?真是:

沙坪坝上育禾苗,风雨交加试验搞。
二十年心血灌,二十载汗水浇。
八千里路云和月,滚滚长江浪和碓。
喜看良种繁衍广,万亩金麦迎风笑。

(金作怡:《金善宝》,第116—117页)

资料六(其他) 以金善宝教授为首的教师选育的高产优质小麦良种南大2419从选育成功到解放前的10年内,推广面积不到100万亩。解放后到六十年代初期已成为我国推广面积最大的小麦良种之一,每年推广面积超过7 000万亩,五十年代末期,还引到西藏高原试种,获得好收成。(费旭、周邦任:《南京农业大学史志1914—1988》,第243页)

11月17日,发表《种植高产饲料作物　适应增养猪子的需要》一文。

资料(文章) 此文是作者11月4日在"全国农业发展纲要"座谈会上的发言。作者认为全国农业发展纲要修正草案很完备,说明了三条新增内容:第十七条,发展山区经济;第七条,改良旧式农具,推广新式农具;第二条,提高粮食和其他农作物的产量。关于第二条如何增产的问题,作者认为可以大力养猪,增加农作物肥料,并且可以从种植高产饲料作物出发,以增养猪子。(金善宝:《种植高产饲料作物　适应增养猪子的需要》,《新华日报》1957年11月17日第2版)

11 月，完成《中国小麦之种类及其分布》(初稿)。

资料(论文) 全文从引言、前人的研究，说明了研究中国小麦分类之必要，将搜集到的 5 544 个小麦品种，初步检定分属于普通小麦、密穗小麦、圆锥小麦、硬粒小麦和云南小麦 5 个种和 126 个变种，就品种而论，其中大部分是普通小麦，约占总数 96.4%。假定云南小麦是一个新种。其中有 6 个变种，普通小麦的 93 个变种之中有 19 个，也初步假定它是新的变种。认为云南是我国小麦种类最丰富的地区，我国所有五种小麦在云南都有栽培，全国 126 个小麦变种在云南就占有 59 个，将近总数的一半。(金善宝：《中国小麦之种类及其分布》(初稿)，收入王连铮主编《金善宝文选》，第 184—205 页)

11 月 23 日—12 月，去莫斯科出席十月革命四十周年纪念大会及学术讨论会，参观访问有关研究所。

资料一(档案) 此次承苏联农业科学院邀请参加该院召开的十月革命四十周年纪念大会，同时奉国务院指派会同先往苏联的副部长等负责谈判中苏农业科学院科学技术合作议定书，会后并由苏联农业科学院邀请到列宁格勒、克拉斯诺达尔和在莫斯科等地参观一些农学院和农业科学研究所。……旅程经过：十一月二十三日由北京起程往莫斯科，二十四日到。二十六日至二十八日参加四十周年纪念大会。十一月三十日往列宁格勒，十二月四日回莫斯科。十二月七日往克拉斯诺达，十九日回莫斯科。一九五八年一月十八日签订中苏两院科学合作议定书。二十日由莫斯科回到北京。(中国农业科学院综合处：《参加全苏列宁农业科学院十月社会主义革命四十周年纪念大会简报》，1958 年)

资料二(照片) 11 月，金善宝(中)和水稻专家丁颖(左)摄于全苏列宁农业科学院。(见图 131)

资料三(照片) 12 月，金善宝和丁颖摄于全苏列宁农科院作物栽培所。(见图 132)

资料四(传记) 11 月，承全苏列宁农业科学院院长罗巴诺夫之邀，金善宝和水稻专家丁颖、中科院植物生理研究所所长罗宗洛、北京农业大学植保系教授俞大绂等一行 5 人，去莫斯科参加苏联 10 月革命 40 周年纪念大会。参加

图 131

图 132

大会的除苏联之外有中国、捷克斯洛伐克、保加利亚、波兰、德国、法国、英国共8个国家。苏联各院士和通讯院士参加的约200人，论文报告38篇，内容包括：育种、植保、农业机械畜牧兽医、国营农场和集体农庄的经营管理等。金善宝在会上做了“中国小麦的种类、分布及在育种上的成就”的学术报告，报告着重介绍了他发现的我国特有的普通小麦亚种——云南小麦，并以中国小麦的种类为例，对世界小麦的进化分类进行了分析。通过学术交流，他的发现和观点得到了与会科学家的高度肯定。（金作怡：《金善宝》，第112—113页）

资料五（其他） 5月，金善宝院长被选为苏联列宁农科院通讯院士，并参加学术报告会，宣读了《中国小麦的种类及其分布》的论文。（费旭、周邦任：《南京农业大学史志 1914—1988》，第241页）

1958年　64岁

2月27日，到南京浦口区红旗农业社三河分社考察。

资料（报道） 南京农学家院长金善宝最近到浦口区红旗农业社三河分社了解和研究小麦生长情况时，对该社干部提出的几个有关生产上的问题做了详细的解答和指导。与此同时，金院长和区委负责同志还交换了今后“南农”和该区农业社共同进行四项技术试验的意见。金院长首先对当前的麦苗生长情况提出了几点建议。他说：为了农业增产，麦苗稀密不均的田地需要移苗补缺。金院长认为，小麦撒播是个大缺点，这种播种法既有碍清除杂草，又难保全苗。他建议今后改进播种方法。乡总支书记崔继修同志立即表示：1958年秋种时做到全部条播。然后，金院长对南大2419小麦能否追施黄粪、目前麦田施肥是否可以再垩塘泥等问题进行了解答。金院长在解答南大2419小麦能否追施黄粪时说：由于今年初春暖，去年冬天雨雪少，温度高，小麦生长快，为了防止春寒、晚霜对小麦的袭击，造成减产，目前不宜对小麦追施黄粪等速效肥料，待三月中旬后追施黄粪肥料较为适宜。关于能否再垩塘泥的问题，金院长说：现在麦子正从发棵、分蘖后起身、拔节，而塘泥又是成块的潮土，加上缺少大冻、风化粉碎，现在垩上去不如春前和腊月弄得好，现在垩成块的塘泥，压了麦子，利少害多；要是用塘泥，最好先集中扒碎后再下麦田，这样有利麦苗正常生长。对于稻、麦两季田如何播种小麦的方法问题，金院长向乡、社干部讲道：稻板田种麦，耕起来土块大，耙不碎，播种后不易出全苗。他说，最好实行板田点播，不要翻耕，这样水分不易蒸发，容易出苗，麦子能增产。大家听了金院长的讲话，认为这些意见既科学，又实际，表示要积极去做。在这同时，金院长和浦口区委负责同志还研究了"南农"师生从现在开始，将在1958年内协同红旗社做四项技术试验，以创造典型，树立旗帜。经研究后，初步打算作试验田的有：在三河分社进行五亩地的玉米大红袍与金皇后间作杂交选种。在全区各社都建立各种品种的种子地，进行季季选种，年年选种……为了适应大量发展养猪等畜牧生产的需要及利用畜牧肥料促进农业增产，在"南农"的指导下，在全区范围要求建立饲料基地，试验种植胡萝卜、苞菜等青、精饲料，以满足畜牧业的需要，克服畜牧缺料问题。上述打算，由"南农"派教授同该区具体制定行动计划后立即生效。(华文明、史问径、何青辉、陈化痴：《对三麦的播种和追肥问题，金善宝院长答三河分社干部问，今年"南农"将在红旗社建立试验田作四项技术试验》，《南京日报》1958年3月5日第3版)

4月12日，应邀到合肥作访苏报告。

资料(报道) 安徽省科学联合会、省科普协会及合肥农学会，联合邀请临时来我省工作的中国农业科学院副院长、中国农学会副理事长金善宝专家，于今天下午二时在省科普协会会议厅作访苏报告。金善宝专家曾在去年10月间参加中国访苏科学技术代表团，在苏联进行了三个月时间的访问，对苏联科学技术、特别是对农业科学的状况进行了广泛的了解。因此，我省农业科学工作者将会从这次报告中，得到很多教益。(李禾兴：《农学专家金善宝今日在合肥作访苏报告》，《安徽日报》1958年4月12日第1版)

5月17日，在南京市郊红旗农业社进行技术指导。

资料一(报道) 5月17日晨，金院长在紧张的工作中，抽出时间往市郊红旗农业社进行技术指导。区委与正在区委开会的各乡社负责干部带领金院长参观了试验田和大田里的小麦。在田间，大家提出了生产上很多问题，如小麦赤霉病、秆锈病、叶锈病的防治，小麦的移栽、密植、选种、留种、玉米、大豆间作、玉米天然杂交优势，小麦条播与缺苗，双胞胎播种玉米等问题，金院长都一一作了解答。在经过一小段田头时，金院长随手选拔了 18 样麦穗头，并一一讲解给大家听，指出了今后选种、留种的重要性，并亲自作了如何选种的技术示范，有的同志着急地对金院长说：我们只知道选大穗头，一时还分辨不清。金院长当即答应在一两周内派师生来社帮助选种，并答应送他们一些玉米杂交丰产的品种。(《金院长到红旗社进行技术指导》,《南京农学院》第 113 期，1958 年 5 月 26 日)

资料二(照片) 金善宝(中)和南农师生在甘薯地里。(见图 133)

图 133

5 月 20 日—6 月 13 日，王更生到农业合作社进行实地考察，并撰文介绍农民的经验。

资料一(手稿) 今年小麦成熟期间(5 月 20 日至 6 月 13 日)，他和中国农业科学院党委书记王更生同志在淮北、苏北 13 个县的 19 个农业合作社看了一些农业生产情况，后来，又去湖北参加该省的冬播技术会议，向农民学习了很多东西，在此文中，介绍了许多农民的宝贵经验。(金善宝：《淮北农业考察——介绍几种生产经验》，1958 年 6 月 13 日)

资料二(文章) 文中畅谈他和中国农科院党委书记王更生在淮北 13 个县考察 20 个农业合作社小麦生长情况的感受，对专区生产问题提出了许多建议。(金善宝：《阜阳专区农业生产经验及今后注意的问题》,《阜阳报》

1958年6月11日第2版)

资料三(文章) 文中叙述:理论必须联系实际,科学必须为生产服务,这是社会主义建设中的重要原则。但目前的实际情况却与此相反,农业科学落后于生产十分突出。作者畅谈了淮北农业考察中的所见所闻,认为“在淮北的二十五天,胜过读了十年到二十年的书”,为此,号召农业科学工作者“要甘心做一个农民群众的小学生,以期在社会主义建设中作出应有的贡献”。(金善宝:《农业科学工作者要做农民群众的小学生》,《文汇报》1958年7月11日第1版)

6—8月,南京农学院迁至卫岗。

资料一(其他) 本院师生继续大量增加,丁家桥校址已不敷应用,院长金善宝竭力主张迁往城外办学。经多次请示江苏省和南京市政府领导,并由金院长亲自到北京向当时主管教育科学的聂荣臻副总理报告,在聂总的支持下,1958年5月,高教部决定南京农学院由丁家桥迁往中山门外卫岗原华东航空学院……新院址近千亩土地,已有教学、生活用房5栋。1958年6月,中共南京市委、市人委决定将卫岗校址周围的紫金山合作社三、四分社划归南京农学院。1958年8月,党中央发出了“关于农林大专学校教育的指示”,指出:“所有大中城市举办的农林大专院校一律迁往农村或林区办学,使教育与生产劳动相结合。”……1958年底,搬迁工作结束。(费旭、周邦任:《南京农业大学史志1914—1988》,第244页)

资料二(传记) 南农迁卫岗之后,校园建设飞速发展。按建筑面积计算,1958—1960年(包括农机分院)新建教学大楼、教室楼、职工宿舍、学生宿舍、扩建厂房、实验室、奶牛场、仓库等合计建筑面积72 587平方米,是迁校前1954—1955年两年建筑面积7 899平方米的9倍;如按基建费用计算,迁校后的1958年为807 369万元,是迁校前1957年79 480万元的10倍以上。此外,实验室建设也得到了快速发展,1959年,实验室由……8个,增加到77个,仪器设备总值……1959年达到3 980,1958年建立了同位素实验室,内有计数器、计量仪、辐射仪等,都达到了国内先进水平……时隔30多年之后,1994年10月,南京农业大学(原南京农学院)80周年校庆时,盖钧镒校长在庆祝校庆的晚宴上特别指出:“……在南京农业大学发展壮大的过程中,使我们深深体会到,当年老院长亲自为我们选定的卫岗校址是多么的正确和明智!”从1952—1958年,金善宝院长在南农任期6年。在这6年中,他用自己的一片挚诚,赢得了南农全体师生员工的信任和爱戴;用他点点滴滴的汗水,灌浇了南农这块莘莘学子的园地,终于使南农昂然地挺立在全国农业院校的前列。(金作怡:《金善宝》,第142—143页)

资料三(照片) 南京农学院(丁家桥旧址)图。(见图134)

图 134

资料四(照片) 南京农业大学(卫岗新址)图。(见图135)

7月22—29日,参加全国小麦病虫害会议,致开幕词,并做会议总结。

资料一(文章) 开幕词指出广大农民群众在防治病虫害方面取得的丰富经验,以及为了夺取小麦的更大丰收,全国小麦病虫害防治工作必须重点奋斗的目标和这次会议的要求。(金善宝:《全国小麦病虫工作会议开幕词》,《植病知识》1958年第4期,第193—194页)

资料二(文章) “总结”肯定了10个典型经验,为了提前消灭小麦主要病虫害,保证今后的丰收,根据大会讨论,提出了各地区小麦病虫害的防治

图 135

和研究规划。(金善宝:《全国小麦病虫工作会议总结》,《植病知识》1958 年第 4 期,第 194—196 页)

8 月 1 日,参加全国小麦研究工作跃进会议,并发言。

资料(手稿) 作者调查了淮北、苏北十三个县,发现了许多农民的生产经验:小麦高产不倒伏的经验、江苏省稻麦两熟地区的栽培经验、改良砂砾土的经验等,确定了农业科学工作者当前的任务。(金善宝:《从总结农民的经验基础上来提高我国的农业科学》,1958 年 8 月 1 日)

8 月 13 日,向台湾的农业科学工作者报告祖国农业生产的喜讯。

资料(手稿) 向台湾的农业科学工作者、老朋友们报告一年来祖国各地在小麦、棉花、玉米、大豆等农业产品方面的生产喜报。(金善宝:《对台湾农业科学工作者的广播稿》,1958 年 8 月 13 日)

8 月,在"南农"任职六年,因为人谦虚、敬业爱岗、作风平和,在全校师生中留下了良好口碑。

资料一(报道) 金善宝担任南京农学院院长时,为人谦虚、敬业爱岗,在全校师生中留下了良好的口碑。我在南京大学农学院读书时,金老有几件事让我印象深刻。其一,1955 年金老带几名助手到小麦试验地做调查,他看到一块行号牌上写着“碧麦3号”(应是“碧蚂3号”),先是惊讶,尔后风趣地说:“碧蚂成了瘪麦,真是差之毫厘,失之千里,一字之差,意思大走样。”并责令助手马上将错字改正过来。他认真严谨的治学精神令人敬佩。其二,20世纪50年代中期,学生的食宿由国家全包,伙食不错,主食不限量。然而,也存在着浪费粮食的现象。一次,金老来到学生食堂,见到有的饭桌上丢有不少米饭,肉包子中的肉被吃了,剩下包子皮,他很不高兴。后来在一次会上,金老将浪费粮食的行为做了严厉批评。他说:“爱惜粮食是中国人的传统美德,古人说:‘谁知盘中餐,粒粒皆辛苦。’现在一些年轻人不知道了。特别是我们学农的人,不爱惜粮食,更不应该。”其三,以前农学院位于丁家桥,校园南北见长,前后约有二里路。金老作为院长,又是南京市副市长,坐轿车进出校园是很正常的,但是他从不乘坐轿车在校园内来回奔驰,他一般都在大门口下车。我们经常看到他夹着公文包,在校园里独自走上数百米前往自己的办公室。他为人谦虚、作风平和的形象,为大家称赞。(汪若海:《为人师表(金善宝二)》,收入吕青主编《南繁小故事》,海南出版社,2016年,第6页)

资料二(报道) 金老以他政治上爱憎分明、治学上勤奋严谨、作风上正直不阿、生活上艰苦朴素的品格,融贯在他教书育人和领导岗位之中,在师生之间感情深厚,同事之间推心置腹,群众关系非常融洽,普遍受到师生的爱戴,提到金院长,大家都异口同声:他是我们最亲近的人。(沈丽娟:《金善宝院长和南京农学院》,收入《中央大学南京校友会简讯》第25期,第28—29页)

9月,奉调入北京,辞去南京的全部工作,任中国农业科学院副院长。

资料一(手稿) 我和丁老同一办公室面对面坐着,觉得无事可做,整天坐着冷板凳,约有两年多。(金善宝:《“文革”交代材料二》)

资料二(照片) 金善宝(左)与著名水稻专家、中国农科院院长丁颖(右)摄于中国农科院。(见图136)

资料三(传记) 1957年3月,北京成立了中国农业科学院,水稻专家丁颖教授被任命为中国农业科学院院长,金善宝被任命为副院长。接到任命后,南京市党组织曾找金善宝谈话说,以后有事可以到北京去走走,不过,屁股还是要坐在南京。意思很明确,就是金善宝今后的工作还是以南京为主。

图 136

可是“反右”之后，到了 1958 年，不知为什么又突然改变初衷，要他辞去南京的全部工作，去北京就职。这其中的奥妙，对金善宝来说，始终是个谜，无从知晓。对于南京，金善宝的感情是很深的。从 1917 年起，他就到南京来读书，毕业后就留在南京工作了。在南京，他立下了终身务农的志愿，走上了为祖国农业服务的道路，度过了他生命中最宝贵的青春年华，南京就是他的第二故乡。现在一旦要离开南京，说不清的种种留恋涌上心头，令人怅然若失。但是另一方面，他也感到十分庆幸，因为在南京，除了南农的工作之外，南京市政府的工作也要花费很多精力和时间，他认为，对于他这样一个毕生从事科学教育事业的人来说，从政毕竟不是自己的专长，常有勉为其难之感。而中国农业科学院是全国农业科学的最高研究机构，在那里，他又可以全身心地发挥自己的专长，从事小麦科学研究了。为此，他们全家都十分高兴。1958 年 9 月，金善宝带着这种矛盾的心情，告别了南京……和众多的亲朋好友举家来到了祖国的首都——北京。到北京后，担任农科院副院长。专车取消了，改为要车时随叫随到，农科院分配给他一套不足 90 平方米的住房。有些南京来的老朋友，看到这套住房与南京赤壁路 5 号的花园楼房相比相差很远，以为他受到降级处分了。可是金善宝却不是这样想，他感到十分满意。因为南京的房子虽然很大，可是作为一个穷教授，并没有与之相适应的家具来摆设……空荡荡的大房子内，在白天，实际上只有金善宝的司机一家三口，还有警卫员、保姆各一人。金善宝早出晚归，早起在家喝一碗牛奶，中午多半在南京农学院食堂搭伙，晚上回家经过山西路找一家面馆，吃一碗面了事。所以，对于一心扑在工作上的金善宝来说，房子虽大，并没有给他带来乐趣；“侍从”虽多，他却没有支使别人的习惯，反而感到很不方便。现在，房子虽然小一些，但完全够住了，免去了那么多繁文缛节，让他感到很轻松，很充实。更主要的是，他又回归到一个普通知识分子的位置上，可以和他的亲朋好友们亲密地来往了。令金善宝不解的是，既为农科院的副院长，却没有分工负责任何工作，他只能例行公事地参加一些院务会议，在会上的发言和意见，不但不受任何重视，反而常常遭到排斥。对于权，金善宝并不感兴趣，但是，在有关祖国农业科学、农业生产的发展，有关卫护科学真理的问题上，他是不会沉默的，总要仗义进言，因而往往与院党委某些领导的意见相左，受到冷遇。他想，既然来院的目的主要是从事小麦科学研究，就甩开一切专门搞小麦科学研究吧！没有想到的是，就连这一个最基本的愿望，也因缺少科研助手而不能实现！因此，金善宝和丁颖院长同在一个办公室，面对面地坐着，无事可做，整天坐着冷板凳，约有两年多时间。（金作怡：《金善宝》，第147—149、151—152页）

10—12月，发现农业生产中的浮夸现象，向王震作了汇报。

资料一（手稿） 那年正当小麦成熟期间，我在京浦路两旁看到生长得这么好的小麦，是从来没有见过的，在蚌埠约有10万亩小麦，生长茂密，直立不倒，亩产量何止四五百斤？到了七月间，各地报纸纷纷刊登了小麦小面积亩产达到二三千斤、四五千斤，有的甚至达到7 320斤的消息。当时，我对这种报道是很兴奋的，虽然有时也有些怀疑，因为这样高的产量是从来没有过的，我又没有亲眼见到，但总觉得怀疑是不应该的。后来在郑州开小麦工作会议时，有人做了关于亩产小麦7 320斤的报告，报告中说：每亩小麦有穗148万个，每穗有75粒……从此，我就开始怀疑了，认为就目前国内的农业生产水平是不可能的，觉得这个报告不切实际，从而推测，报上关于小麦亩产2 000～3 000斤或4 000～5 000斤的消息也都是虚假浮夸的。在这股浮夸风的影响下，有的人不顾“八字宪法”中强调的“合理密植”的“合理”二字，说愈密愈好……全国4亿多亩小麦，平均每亩产量不过100多斤，你现在每亩要播200斤种子，请问，你到那里去找这么多的种子啊？何况土地的肥力

是有限的,怎么能愈密愈好呢?(金善宝:《"文革"交代材料二》)

资料二(传记) 为此,坐着冷板凳的金善宝,心里想的仍然是中国的小麦科学!农科院内的小麦试验搞不成,就把目光转移到全中国,他怀着满腔热忱,奔向农村广阔的田野!河南是中国小麦的主要产区,1958 年他一连去了 3 次,对河南小麦生产、育种中的问题提出了许多宝贵意见;他走遍了淮北、苏北 13 个县,总结了农民稻麦两熟的耕作方法和改良砂矼土的经验……值得欣慰的是,广大农民和基层的农业科学工作者,对金善宝并没有白眼相待,他们以极大的热情欢迎这位白发苍苍、来自北京的农业科学家和小麦专家。他们认为,这位专家年老体弱,能不远千里,不辞劳苦,来到偏僻的农村,和他们一起讨论农业生产和小麦育种中的问题,这一事实本身,就说明这位专家的心里装着广大农民!和农民是一家人!是和农民心连着心的!而对金善宝来说,农民群众和基层的农业科技工作者发自内心的真挚感情,重新温暖了他的心,点燃了他进一步回报劳动人民的热情,鞭策着他更加激情满怀地奔波在献身祖国农业科学的大道上。(金作怡:《金善宝》,第 151—152 页)

资料三(传记) 1958 年"大跃进",金善宝作为浙江省的全国人大代表,来到浙江省考察。阔别故乡又是一个 10 年!他想,在"大跃进"的形势下,石峡口一定变化很大!为此,到达杭州后,他满怀欣喜、迫不及待地第一站就来到了石峡口……几百年来全村人赖以生存的手工造纸作坊被取缔了!世世代代祖传的蚕桑、缫丝业没有了!红红的柿子树、青翠的竹林被砍光了!奇怪的是,中午时分家家农户烟囱上的缕缕青烟也消失得无影无踪!"快到中午了,乡亲们怎么还不做饭呢?"他问陪同的村干部,被告知曰:"现在都吃大食堂了!各家各户不用做饭了!"于是,他又被引领到村里的大食堂前。在大食堂,金善宝看见,面黄肌瘦的乡亲们排着长长的队,每人拿着一个大盆等着打饭,得到的却只是一勺红薯加野菜的稀粥……这一勺稀汤里晃荡的粥,怎么能够一家人吃饱呢?金善宝的心沉重了!想起报上粮食亩产几千斤、上万斤的报道,作为一个农业科学家固然不敢相信,却万万没有想到,报道和实际之间的差距竟会如此之大!所谓的"大跃进",竟然给故乡人民带来这么大的灾难!而作为一个从小立志务农、改变农村落后面貌的农业科学家,对此却毫无所知,知道了也丝毫无能为力!一种严重的自责涌上心头，让他感到又难受又气闷，只能闷闷地在村里走着，一句话也说不出来！临别，他遥望着被砍得光秃秃的山峰，不无感慨地说了一句："石峡口的变化，就是石峡口的山变矮了一大截！"（金作怡：《金善宝》，第 307—308 页）

资料四(传记)　根据这一情况，金善宝在以后的农村调查中发现，农业生产并不像报上鼓吹得那样好，亩产量的计算存在着许多虚假现象，与实际相差甚远。如果政府按照上报的产量征粮，农民上缴公粮后，将无余粮过冬……为此，他感到十分担忧。回京后，他将农村的实际情况向王震同志作了汇报。他认为，长此下去，必将导致农村经济破产，影响整个国民经济，盼望中央能够及早采取措施。（金作怡：《金善宝》，第 153 页）

1959 年　65 岁

春，1958 年的"浮夸风"刮到了农科院，他卫护科学真理、实事求是，受到不点名批评，被指责为反对"大跃进"。

资料一(手稿)　1958 年的"浮夸风"不仅仅在农村，也刮到了农业科研单位。有的农业科研单位领导盲目追求粮食产量，不问作物秉性、地理条件……他们认为，北方盐碱重，种植水稻有压碱作用，可以改良盐碱地。因此在天津专区设立了水稻研究所，把水稻专家丁颖拖在北京，不让他到南方去搞水稻。对此，我极力反对。因为：北方水量有限，一亩水稻所需的水等于旱粮作物的五六倍，水稻多了，势必限制旱粮作物的生长。水田是有压碱作用，但在水田周围 500 米地区，就会受到泛碱的影响，所得不偿所失。如果这样盲目推广水稻，那么，黄淮地区的单产不但不能提高，反而会大大降低，这是在破坏黄淮地区的粮食生态。后来，经过一段时间的实践，这种盲目推广水稻的做法，终于被事实证明是错误的。（金善宝：《"文革"交代材料二》）

资料二(手稿)　1959 年春节前后，□□□在三楼会议室批评说："现在有苗头，有人对我们的'大跃进'不满……"对我进行了不点名的批评。（金善宝：《"文革"交代材料》二）

资料三(传记)　但是，金善宝这种实事求是、捍卫科学真理的精神，却被认为是反对“大跃进”！1959年春节前后，在农科院主楼三楼会议室的领导干部会议上，□□□批评说：“现在有苗头，有人对我们的‘大跃进’不满。”以后，又多次在会上对金善宝进行了不点名批评。为此，前农业部刘瑞龙副部长去华东前亲自来看望金善宝，好心地告诫他说：“我走了，你以后要好好接受党的领导！”（金作怡：《金善宝》，第156页）

3月4日，发表《1959年农业科学工作者的任务》。

资料（文章） 文中指出：农业科学工作者的任务是保证实现1959年农业生产指标，把广泛的科学技术活动和专业机构的研究结合起来，深入基点，对作物生长进行全面系统的记载，科学的总结；将研究成果迅速地推广到生产中去，使其在国民经济中迅速发挥作用。（金善宝：《1959年农业科学工作者的任务》，《文汇报》1959年3月4日第2版）

3—8月，组织全国著名小麦专家共同编著《中国小麦栽培学》。

资料一（口述） 1959年2月，在全国农业科学研究工作会议上决定，组织编写《中国水稻栽培学》和《中国小麦栽培学》。当年3月以金老为主编，组织全国著名小麦专家共同编著《中国小麦栽培学》。金老明确提出了写作的指导思想：1. 总结研究全国及国外的资料。1959年3月，金老亲自率领戴松恩、卜慕华、庄巧生、梅籍芳、蔡旭、吴兆苏、王玉成、曹尔昌、吴董成和我等到四川农业改进研究所住了一个月（因抗战时期，中央农业实验所由南京迁至该所），全面查阅有关小麦历史研究的技术档案。2. 参观丰产田，访问生产能手，分片分区开现场会、座谈会。4月份在成都召开南方小麦会，5月份在河南偃师召开北方小麦现场会。3. 强调集体创作。6—8月集中在香山饭店开始撰写，分工执笔，集体讨论修改，最后由卜慕华和我统稿，金老审稿、定稿。（《黄佩民访谈》，2017年5月）

资料二（手稿） 1959年中国农科院在成都召开小麦工作会议，有人对我说：分党组开会讨论，认为密植问题应该在科学上有一个新的提法，并已决定采用“依靠主穗”这个口号，向全国农业科学机关发出号召。我当即表示反对。回到院里，我对党委书记程照轩提了反对意见。认为分蘖是小麦、水稻等作物的重要特性，对增产、稳产有重要意义。过分抑制分蘖，不利于作物的发育。“依靠主穗”，就会无限地增加播种量，就是意味着愈密愈好，对生产将会起到相反的作用。后来在编写《中国小麦栽培学》的会议上，“依靠主穗”的问题成为大家辩论的焦点，我在会上强调党的方针政策，在科学问题上要百家争鸣，叫大家不要有顾虑，充分发表自己的意见。会议刚开始，发言的人大多数是反对“依靠主穗”的论点的；但是第二天，□□□不懂装懂，代表分党组发言，大谈依靠主穗论。于是，气氛就急转直下了。有人还指名批评我，说我反对“依靠主穗”的观点是错误的。于是，在《中国小麦栽培学》快要定稿的时候，里面充斥了“依靠主穗”的材料，我是该书的主编，却不准我改动一个字。在郑州小麦会议之后，院里做了总结，这个总结当然是经过党组批准的，我是不知道的。这个总结在《人民日报》上全文发表了，在这个总结里，北京、郑州等地的大量小麦材料证明，高产小麦都是具有 1—2 个分蘖穗的，完全反映了客观真实的情况。给“依靠主穗论者”一个无情打击。最后，我把《人民日报》的材料编进了《中国小麦栽培学》的定稿里，代替了“依靠主穗”的材料。（金善宝：《“文革”交代材料二 · 关于密植问题》）

4 月 18—28 日，出席第二届全国人民代表大会。

资料（证件） 金善宝的代表证。（见图 137 - 1、图 137 - 2）

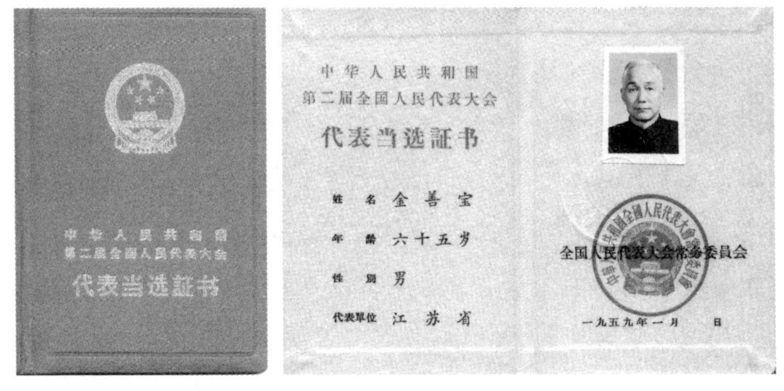

图 137 - 1　　图 137 - 2

5 月 3 日，发表《为祖国建设的伟大成就和平定西藏叛乱而欢呼》。

资料（文章） 他在第一届全国人大会议上，听了周总理的政府工作报告——总结了第一个五年计划的伟大成就，提出了1959年的宏伟规划；与此同时，又收到平定西藏叛乱的喜报，非常兴奋。为此撰文，为西藏人民的光明前途欢呼！（金善宝：《为祖国建设的伟大成就和平定西藏叛乱而欢呼》，《中国科学报》1959年5月3日第1版）

5月4日—6月7日，奔赴河南、江苏、山东等地，考察小麦的生长情况。

资料（文章） 作者从5月4日到6月20日，奔赴河南、江苏、山东等地，参观了14个人民公社、10个省专区、县农科所和3个农业院校的小麦生长情况。他欣喜地看到许多地区大面积的小麦丰产田，利用引黄渠道，建起了300千瓦的水电站等。由此，他看到了我国农村发展的前景。（金善宝：《下乡见闻》，《文汇报》1959年7月20日第2版）

7月，第三次到云南考察，确定云南小麦新亚种的发源地。

资料一（传记） 1959年金善宝第三次去云南，他从昆明坐汽车经过楚雄、大理、保山、潞西、镇康、云县等地，跑遍了整个澜沧江流域，寻找云南小麦新亚种的发源地，终于发现澜沧江流域是云南小麦新亚种分布的中心，这个地区从海拔1 300米到3 000多米都有小麦种植，高原地形复杂，"立体农业"的气候、生态特点是形成变异的重要因素，从而确定了云南是我国小麦种类最丰富的地区，也是我国小麦变异的中心。这个研究结果得到国内外小麦科学家的一致肯定。（金作怡：《金善宝》，第119页）

资料二（手稿） 云南小麦面积约600多万亩，南部地区因秆锈严重，产量不高，有时甚至颗粒无收，如改种抗病品种，稳定产量，小麦面积可以扩大一倍。大姚县小麦约27万亩，其中圆锥小麦亦称玉麦，从前占小麦面积的30%，从推广南大2419后，玉麦面积逐渐减少了。硬粒小麦只在宜山一带稍有种植。从乐丰、楚雄至下关，一路中上有密穗小麦，秆高而粗，距保山30公里的山上，拔海1 720公尺，有典型的密穗小麦，3月17日正在开花。祥云县普溯公路口旁山坡上、拔海1 940公尺，间有密穗小麦，均为红壳。红壳麦属密穗小麦，分布在大理、丽江、剑川、兰坪等县。长芒石扁头，属密穗小麦，分布在昆明、玉溪、建水、丽江等县，分布在 1 500—2 500 米地区，最高可达 3 000 米。密穗小麦耐干旱，适于高原旱地栽培，不适于平原湿地。在漾濞县的平坝上拔海 1 490 公尺，都是普通小麦，没有密穗小麦，夹杂生长着完全无芒的品种。洋麦是一种普通小麦的长芒种，红壳、穗疏，据说是 60 多年前由法国传教士引进的，耐旱，颖尖特别长，穗上部的颖尖短，下部的颖尖长，有的长达 3.5 公分。南大 2419 在昆明，三月六日就开始出穗，生长健壮，不倒，无锈病。粉光头分布在高寒山坡地，海拔 1 400—2 500 米。（金善宝：《云南小麦的种植情况》，1959 年）

9 月，赴青海柴达木盆地诸农场考察小麦丰产田。

资料一（档案） 青海省委、青海省人委并农牧业所：为了开展和加强青藏高原的农牧业科学研究工作，现由我院金善宝副院长带领王楚林副所长等人前往你省柴达木等有关地区考察气象、土壤、农作物以及畜牧业的发展和草原利用情况，并拟在你省适当地区筹建青藏高原综合研究机构，请你省予以具体指导和给予大力支持。（中国农业科学院：《金善宝副院长等三人前往青海柴达木等有关地区考察》，1959 年）

资料二（文章） 柴达木盆地的各国营农场创造了大面积丰产和高产的奇迹：如德令哈农场 7 000 亩小麦，亩产过千斤；赛什克和香日德两农场还有 1 500 斤以上的小麦高产田。这些成绩都打破了当时世界小麦大面积丰产和高产纪录。调查认为，青海拥有广大可耕地，有丰茂的水草，有丰富的钾肥、牛羊畜肥……青海将是我国重要的农业宝库。（金善宝：《青海——农业宝库》，《文汇报》1959 年 10 月 12 日第 2 版）

资料三（文章） 作者认为，柴达木盆地的春小麦丰产奇迹主要由于：一、盆地农业的发展是经过艰苦奋斗得来的：1954 年党派出了第一批尖兵，披荆斩棘，白天开荒，夜宿帐篷，忍受着零下二三十度的严寒，在德令哈建成了第一个国营农场。二、鼓舞人心的小麦大面积产量：德令哈农场 13 000 亩春小麦，平均亩产 1 057 斤；香日德农场平均亩产 1 102.5 斤，最高亩产 2 180 斤……三、获得高产的主要原因：柴达木原来是一块沙荒、碱滩，土壤的碱性很重，拓荒者和盐碱土开展了斗争，逐步变碱荒为良田。（金善宝：

《柴达木盆地的春小麦丰产奇迹》,《光明日报》1959年12月25日第2版)

资料四(照片) 金善宝(左)在青海香日德农场考察留影。(见图138)

图 138

资料五(照片) 金善宝(左四)在德令哈农场考察留影。(见图139)

图 139

资料六(照片) 金善宝(左)在赛什克农场考察留影。(见图140)

资料七(照片) 金善宝在雪山途中留影。(见图141)

资料八(照片) 南农校友聚于青海。(右起:曾光华、苏彬彦、金善宝、

图 140

图 141

戴自谦、郑葆民、曹以勤、陈梦宣。见图 142）

10 月，著成《中国小麦的种类及其分布》。

资料(论文) 《中国小麦的种类及其分布》主要论述了四个方面：一、中国小麦的种、变种及其分布，介绍了普通小麦及其亚种云南小麦、圆锥小麦、密穗小麦、硬粒小麦、波兰小麦和中国各种小麦分布的总趋势；二、中国几种特殊

图 142

小麦的性状及其分布；三、中国各地区普通小麦的主要性状特点；四、中国普通小麦的生态类型及其分布。（金善宝、吴兆苏、沈丽娟、薄元嘉等：《中国小麦的种类及其分布》，收入王连铮主编《金善宝文选》，第 206—241 页）

11 月，发表文章，主张养猪积肥以促进农业增产，并介绍农民在育种上的经验。

资料一（文章） 文章认为我国粮食作物低产的主要原因是缺乏肥料，并用各地养猪与粮食增产的实例说明，哪个地区养猪多，粮食增产就多。为了发展养猪事业，首先要解决饲料问题，故而又介绍了我国农民采用各种野草和利用各种作物的茎叶积累的丰富经验。作者建议因地制宜，扩大饲料基地。（金善宝：《养猪积肥与粮食增产》，《文汇报》1959 年 11 月 23 日第 2 版）

资料二（手稿） 作者介绍，自 1949 年以来涌现出许多农民选种家，用各种不同的育种方法选育出来的优良品种，对提高我国粮食产量起到了重要作用；分析了农民育种家获得成功的原因：鼓励农业科学工作者总结农民群

众的经验，把我国的作物育种工作迅速向前推进。（金善宝：《我国农民选种家在育种上的成就》，1959 年 11 月）

12 月 25 日，发表《柴达木盆地的春小麦丰产奇迹》。

资料（文章） 作者满怀欣喜地介绍柴达木盆地春小麦丰产的奇迹：第一，详细介绍了柴达木盆地农业的发展是怎样经过艰苦奋斗得来的；第二，介绍了小麦的大面积产量；第三，分析了获得小麦高产的主要原因；第四，展示了柴达木盆地的发展远景。（金善宝：《柴达木盆地的春小麦丰产奇迹》，《光明日报》1959 年 12 月 25 日第 2 版）

12 月 30 日，参加全国甘薯科学研究工作会议，并作总结报告。

资料（手稿） 1949 年至 1959 年，在中国共产党的正确领导下，甘薯科学研究工作获得了辉煌的成绩，群众的创造发明如雨后春笋，甘薯的栽培面积不断扩大，产量成倍翻番。在总结经验的基础上，作者提出了 1960 年的甘薯科学研究任务和为了完成任务应采取的工作方法。（金善宝：《全国甘薯科学研究工作会议总结报告》，1959 年 12 月 30 日）

1960 年　　66 岁

1—2 月，介绍青海柴达木盆地的小麦丰产奇迹和农民选种家的经验。

资料一（文章） 文章对比了我国十年来农业生产的增产情况与资本主义国家的情况，称在 1949—1958 年，我国粮食、棉花产量的增长和畜牧业的发展，都远远高于美国和其他资本主义国家。这说明中国共产党领导农业生产的正确性和社会主义制度的优越性。（金善宝：《我们一天天在上升》，《光明日报》1960 年 1 月 24 日第 2 版）

资料二（文章） 文章介绍了青海柴达木盆地诸多国营农场大面积小麦单产超千斤的事迹，分析了原是风沙千里、走兽出没之地的柴达木盆地获得丰产的原因，提出了进一步提高该地春小麦产量的有效措施。（金善宝、王

恒立:《春小麦高产的奇迹》,《科学大众》1960 年第 2 期,第 77 页)

资料三(文章) 1949 年以来,农民育种工作者获得了巨大的成就,作者分析了其中的原因,认为农业科学工作者需要深入基层,与农民群众互相学习,共同提高。(金善宝:《我国农民选种家在作物育种上的贡献》,《中国农业科学》1960 年第 1 期,第 40—42 页)

3—4 月,参加第二届全国人民代表大会第二次会议。

资料一(证件) 全国人大二届二次会议出席证。(见图 143)

图 143

资料二(手稿) 农业“八字宪法”是一个密切联系、相互促进的有机整体,土为基础,肥、水、种为前提,工为保证,字字重要,缺一不可,不能互相代替。因此,必须因时因地,并结合小麦生长、发育的特点综合运用,才能充分发挥增产作用。其中特别强调了“合理密植”中的“合理”二字。(金善宝:《农业“八字宪法”在小麦丰产栽培上的运用——在第二届全国人民代表大会上的发言》,1960 年 4 月)

6 月,发表《从编写理论著作来看党的领导农业科学》。

资料(文章) 1959 年 2 月,党向全国农业科学工作者发出号召:总结广大农民丰富的生产经验,编写系统性的理论著作。1959 年《中国小麦栽培学》《中国水稻栽培学》等九本农业理论著作的编写,是农业科技工作者在党的领导下,理论联系实际的成果,为我国现代农业科学奠定了良好的基础。

(金善宝:《从编写理论著作来看党的领导农业科学》,《文汇报》1960 年 6 月 16 日第 2 版)

9 月 24 日,在中央人民广播电台广播《中国农业科学工作者是怎样理论联系实际的?》。

资料(手稿) 作者通过广播,向苏联朋友介绍:中国的农业科学工作者响应中国共产党的号召,纷纷走向农村,同农民做朋友,虚心向他们学习,不但改造了农业科学工作者的思想,而且对提高农业生产和发展农业科学起了重大作用。(金善宝:《中国农业科学工作者是怎样理论联系实际的?》,1960 年 9 月 24 日)

10 月,在北京顺义牛栏山公社总结玉米的丰产经验。

资料一(报道) 金善宝参加北京秋收作物考察组,在北京顺义牛栏山公社总结玉米的丰产经验。(《科学大众》,1960 年 11 月)

资料二(报道) 《科学大众》(1960 年 11 月)的封面。(见图 144)

图 144

11 月 11 日，发表《河西小麦新貌》。

资料(文章) 作者叙述了河西小麦栽培历史悠久、自然条件复杂、小麦品种繁多的特点；称冬麦面积迅速扩大，从 1956 年的 3 000 多亩，将发展到今冬的 180 万亩；春麦冬播，从 1959 年 12 万亩的冬播面积，扩充到今年的 30 万亩。(金善宝：《河西小麦新貌》，《文汇报》1960 年 11 月 11 日第 2 版)

12 月 5 日，撰文《农业科学工作者要积极投入生产第一线》。

资料(手稿) 作者号召农业科学工作者积极投入生产第一线：研究并总结低产变高产的经验；研究高原地区的农业生产；研究工作既要注意当前，也要放眼未来，有预见性地做一些探索。(金善宝：《农业科学工作者要积极投入生产第一线》，1960 年 12 月 5 日)

12 月 22 日，发表《组织技术考察团推动农业生产的基本经验》。

资料(文章) 文章用大量的事实说明：开展技术考察，可以发掘群众的先进经验，解决生产中的问题，丰富科学内容，可以普及科学知识，激发广大农民群众学科学、办科学、用科学的热潮，推动农村中的技术革命。号召青年同学担负起时代的重任。(金善宝：《组织技术考察团推动农业生产的基本经验》，《光明日报》1960 年 12 月 22 日第 2 版)

是年，矮立多的种植面积超过 600 万亩。

资料一(著作) 本品种于 1942 年开始在四川省推广，以后陆续引到西南其他省区及长江流域各地，但到 1949 年以后种植面积才显著扩大。根据 1957—1960 年的不完全统计，全国种植面积已超过 600 万亩，主要分布在贵州、安徽、江苏、浙江、湖南、湖北、四川等省。其中以贵州的栽培面积最大，1959 年达 300 万亩；安徽次之，1957 年达 110 万亩，江苏和浙江各有 70—80 万亩；湖南、湖北、四川等省分别有 10—30 万亩不等；江西及福建北部、河南中南部、云南部分地区都有少量种植。总之，本品种在南方冬麦区的分布范围和种植面积仅次于南大 2419。(金善宝、刘定安主编：《中国小麦品种志》，第 230 页)

资料二(图片) 矮立多穗形图。(见图 145)

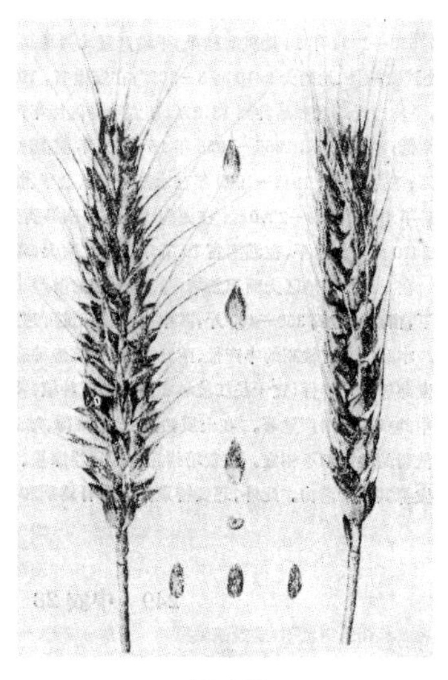

图 145

1961 年　　67 岁

1 月 18 日，撰文《科学要为“大办农业、大办粮食”服务》。

资料(文章)　全文论述了农业在国民经济中的地位、科学与农业生产的关系之后，重点讨论了科学工作者怎样为农业生产服务的问题。作者认为自然科学各个部门或多或少都和农业有关，都可以贡献出他们的力量。(金善宝：《科学要为“大办农业、大办粮食”服务》，《红专》1961 年 1 月 18 日)

1 月 25 日，在中国农业科学院所长会议上讲话。

资料(手稿)　讲话从如何利用品种资源来改进作物育种工作这个问题出发，分析了做好品种资源对作物育种的重要性，介绍了当时国内外品种资源的工作情况和存在问题，提出利用品种资源来改进作物育种工作的措施。(金善宝：《如何利用品种资源来改进作物育种工作》，1961 年 1 月 25 日)

1 月，发表《大办农业　大挖增产潜力》一文。

资料(文章) 作者认为在“大办农业,大办粮食”的大好形势下,农业科学工作者应注意总结低产变高产的经验,利用高原地区有利的条件,充分发挥高原地区增产的潜力,同时注意科学研究的预见性,将短期目标与长远考虑相结合,如作物育种中品种间杂交与远缘杂交的当前与长远关系等。(金善宝:《大办农业　大挖增产潜力》,《中国农业科学》1961 年第 1 期,第 4—6 页)

寒假,金孟浩从上海来北京探望双亲。

资料(照片) 金孟浩(左)与父母在农科院留影。(见图 146)

图 146

3 月,发表《青海柴达木盆地春小麦高产的调查分析》。

资料(文章) 在这风沙千里、走兽出没的不毛之地、高寒山区,只有在党的领导下,广大群众与不利的自然条件进行艰苦斗争,综合运用了农业“八字宪法”,才能创造出这样的丰收记录。作者提出今后技术上的改进意见。(金善宝、王恒立:《青海柴达木盆地春小麦高产的调查分析》,《中国农业科学》1961 年第 3 期,第 6 页)

4 月,主编的《中国小麦栽培学》出版。

资料(其他) 这是二十世纪五十年代末,我国首次以作物栽培为主题,组织知名专家集体撰写的一本反映当时我国栽培科学水平的专著，起到了开先启后的作用。全书共分 15 章，约 60 万字。先介绍了中华人民共和国成立十年来小麦生产和栽培技术改革的辉煌成就，接着叙述了我国小麦栽培技术的丰富遗产、小麦分布和区划、品种资源以及生物学基础，随后按照农业“八字宪法”分为轮作、深耕、施肥、灌溉、良种、密植、植保、管理、机具、收获等十章，详细叙述了每个“字”的有关技术措施及其科学道理。（余松烈：《中国小麦栽培学读后感》，《中国农业科学》1962 年 6 月，第 51—54 页）

5 月 1 日，偕子女共游北京远郊碧云寺。

资料（照片） 金善宝（中）与子女于碧云寺留影。（见图 147）

图 147

6 月 30 日，出席中国共产党成立四十周年大会。

资料一（手稿） 作者回顾了抗战时期在重庆苦难的日子里和新华日报馆的联系，庆幸在祖国西北的一角，有着那么一支强大的革命队伍，大大增强了抗战胜利的信心。在中国共产党的领导下，祖国欣欣向荣，科学事业蓬勃发展。回顾过去，展望将来，深感任重而道远。（金善宝：《二十年来的回忆》，1961 年 6 月 18 日）

资料二(请柬) 庆祝中国共产党成立四十周年大会的请柬。(见图 148)

庆祝中国共产党成立四十周年大会

定于一九六一年六月三十日下午三时

在人民大会堂举行敬請

出席

中国共产党中央委員会

图 148

7 月,与妻共游北京颐和园。

资料(照片) 金善宝(右)、姚璧辉摄于颐和园。(见图 149)

图 149

9—11月,与新疆且末农科所等单位的同行讨论古城废坑中的麦种情况。

资料一(信件) 金院长:您9月21日的信收到已半月了,为了把事实弄清,我们对该麦进行了一次访问和调查工作,因此直至现在才回信,很对不起。我根据您主编的《中国小麦栽培学》上的图样查对后,证明是波兰小麦的麦种之一,与“新疆若羌古麦”相同。现在的问题是这个麦种的来源和保存年代的问题。在访问中我们找到了从古城废地掘出麦种的维吉尔族老人沙吾提·模加勒特,据他说是1951年至1952年间(具体日期记不得)去古城找肥源,于一个贮麦籽的旧坑中找出了少许麦草,扬后得麦粒三粒(两粒饱满、一粒瘪的),看到麦粒很大,与一般不同,就带回种在地埂上,出苗两株,结果收麦一把,种过3—4年,至1955年已繁殖达3亩,收麦1 280斤。1956年由县农技站收集保存下来。我这次去古城没有掘到麦草、麦籽或炭化籽粒,这个古城废弃有多少年呢?访问群众都说不大清楚,有说一百多年的,有说几百年的。该麦种除掘出者外,其他人以前都未看见过,大概情况如此,至于详细情况有待调查。从上面的情况分析,种籽由原城遗留下来的,不是其他地区带去的,因其他地区以前未有这种麦。又是在地下坑中找出的,不可能是其他人、畜、鸟、雀所带往。年代虽未弄清,但年代长久是可以肯定的,这样长久的年代,种籽还具有发芽力是值得研究的问题。这也证明“若羌古麦”的传说系古墓中掘出,种后仍能发芽有可靠性,现在看您有什么指示和教导?有什么需要调查和访问的问题?有什么看法?请来信说明。金善宝批注:1. 古城是否在且末县境内?距县城多远?2. 贮麦的旧坑有多大?多深?3. 古城的年雨量约有多少?(唐先君:《讨论古城麦种》,1961年11月3日)

资料二(信件) 今年1月初我来作物所参加小麦品种鉴定会,你曾提到要几粒新疆古代小麦的种子。回新后我与新疆博物馆联系,在夏季要到了十几粒种子,据博物馆办公室同志谈,这是从南疆某地米竺古城古墓中挖出的,米竺古城是汉唐时代的一个城市,其他情况不清楚。我看种子形状接近现代的春小麦,但比现代栽培品种小些,由于地点不明确,不好与我们收集的南疆农家品种比较,现乘我所勾光昭同志来京之便,将这些种子

带上,请审定。(程祖壑:《挖出古小麦种子并托人带给金善宝》,1961 年 11 月28 日)

11—12 月,发起成立中国作物学会。

资料一(档案) 中国作物学会于 1961 年 12 月 20—28 日在湖南长沙召开第一次会员代表大会,正式成立。大会选举金善宝为理事长,杨开渠、胡竞良、戴松恩、蔡旭、何康为副理事长,戴松恩兼秘书长,另有 19 名常务理事和 26 名理事,组成了第一届理事会。隶属于中国农学会。(中国作物学会档案室)

资料二(照片) 中国作物学会第一届全国代表大会代表在长沙留影(金善宝在后排左三)。(见图 150)

图 150

资料三(传记) 1932 年春,美国康奈尔大学的六名中国留学生马保之、程世抚、金善宝、冯泽芳、卢守耕、管家骥率先发起成立中国作物改良学会。同年 7 月,和国内外农业界在《中华农学会报》103 期,又联名冯肇传、沈宗瀚、赵连芳、郝钦铭、沈寿铨、周承钥合计 11 人正式发表《中华作物改良学会缘起及旨趣》,正式成立中华作物改良学会。另据《中国农学会 66 周年纪念刊》记载：原有中华作物改良学会1932年成立于美国，次年移回南京，并入中华农学会……1961年成立中国作物学会，由45人组成第一届理事会，理事长金善宝，副理事长杨开渠、胡竞良、戴松恩、蔡旭、何康。常务理事王金陵等19人，秘书长戴松恩。可见金善宝与中国作物学会的渊源，他不仅是新中国成立后中国作物学会的发起人，也是中国作物学会的前身——1932年在美发起成立"中华作物改良学会"的六名留学生之一，当时还兼任中华作物改良学会在美国的联系人。（杜振华等：《百年耕耘——金善宝传》，第150—151页）

1962年　68岁

2月，发表《淮北平原的新石器时代小麦》。

资料一（论文）　作者根据1955年安徽省博物馆在新石器小麦的地层里发掘出的炭化小麦籽粒推定：1. 这种小麦可能是属于古代小麦的一种；2. 据推算，远在四千多年以前，在我国淮北平原就有小麦栽培了。作者认为，安徽省博物馆在亳县钓鱼台遗址发掘出来的新石器时代小麦，迄今为止，应是我国小麦栽培历史上最早的一种。它对研究我国小麦的起源和传播历史都具有极其重要的意义。（金善宝：《淮北平原的新石器时代小麦》，《作物学报》1962年第1期，收入王连铮主编《金善宝文选》，第257—262页）

资料二（报道）　外文报道（*La Chine Popnlaire*）对金善宝的介绍。（见图151）

3月，赴浙江考察。

资料（手稿）　1962年3月，金善宝去浙江省绍兴、宁波、舟山等地考察。文中，他用大量的数据、生动的实例，说明1949年后渔民生活提高的程度，并用渔民的一首歌谣"蚂蚁岛，机船对对照，产量年年高，生活天天好，公社红花开，人人齐欢笑，党的领导好，穷岛变成黄金岛"歌颂1949年后渔民的幸福

Kin Chan-pao, un autre agronome célèbre a préparé *La culture du blé en Chine*, résumé des succès réalisés dans l'accroissement du rendement par unité de surface.

L'agronome Kin Chan-pao.

图 151

生活。字里行间处处表露出其兴奋之情，他和当地渔民一齐欢笑了！（金善宝：《浙东调查》，1962 年 3 月）

3—4 月，出席第二届全国人民代表大会第三次会议。

资料（证件） 第二届全国人民代表大会第三次会议的出席证。（见图 152）

图 152

7 月，撰文怀念涂长望。

资料（文章） 作者从抗日战争时期在重庆，第一次在化龙桥新华日报馆见到长望同志说起，谈及中华人民共和国成立后，长望同志荣任中央气象局局长，在党的领导下为中国气象事业作出了卓越贡献。他是九三学社创始人之一，1959 年被选为九三学社副主席。当他病魔缠身，行动困难之时，还带了拐杖从气象局步行到作者家探望。在医院治疗期间，长望同志还在报上发表了《关于二十世纪气候变暖的问题》这一著名科学论文。（金善宝：《回忆长望同志》，《红专》1962 年第 7 期，第 13 页）

暑假，二女儿作美回京探望。

资料（照片） 全家摄于北京颐和园。（见图 153）

图 153

8—9 月，在国家科委农业组成员座谈会上，提出“农科院精简过了头”。不久，周总理亲笔批示，给农科院增加 400 个编制。

资料一（手稿） 早在一九五七年就成立了中国农业科学院，承担着全国农业科学重大理论和应用技术的研究任务，并肩负着全国农业科学研究的组织协调工作。在党中央、毛主席和周总理亲切关怀下，取得了不少成绩,对发展我国农业科学和农业生产起了一定的推动作用。但是,由于左倾路线的干扰,一九六〇年中国农业科学院行政机构进行大精减,科技人员减掉百分之七十五,使之伤筋动骨,大损元气。一九六二年毛主席针对这种情况,严肃地批评了当时的农业部。周总理批准给中国农科院增加四百人的编制,并及时拨了款,使农业科学院得到一定的恢复和发展。(金善宝:《把农业科学放到重要位置上来,加速我国农业现代化建设——在中国科协第二次全国代表大会上的讲话》,1980 年 3 月)

资料二(其他) 1960 年 7 月 1 日,中国农业科学院完成精简机构的任务,京内原有研究单位精简为 11 个,京外精简为 14 个。1962 年 9 月 29 日,周恩来总理在接见参加国家科学技术委员会农业组扩大会议的科学家时指出:“在精简中把农业科学研究机构精简过头了”“这些机构当然要恢复起来”,“科学研究方面的设备、仪器、人才和场地都要解决,可作为紧急措施来处理”。(《农科院大事记》)

资料三(口述) 1960 年……农业部精简机构和人员,作为下属单位的中国农业科学院首当其冲,砍掉 14 个研究所,精简 70%人员。以当时作物育种栽培研究所为例:由 100 多人精简到只剩 29 人(还包括已被明确精简到外地,暂时未离开的人员),重点学科的冬小麦育种研究也只保留 3 人。上有农业部的领导,院里有人积极执行,作为主管业务的副院长金善宝看在眼里,急在心中,实感无能为力。1962 年形势急转,在党中央北戴河的工作会议上,毛主席批评时任农业部长的廖鲁言:“不抓农业科学研究,还想不想当农业部长了!?”国家科委领导得知后,立即在北京召开科委农业组成员座谈会。丁院长、金善宝副院长、祖德明所长等老专家应邀到会,他们都从不同侧面反映,按农业部的安排,连着精简两年,过了头,搞得“皮包不住骨头了……现在难于有效地开展研究工作了”。党中央宣传部老专家的发言登载在《宣教动态》(发至中央委员的内部刊物)上了,中国农业科学院党组成员林山秘书长是徐特立的女婿,看到了几位老专家在座谈会上发言的内容。在会上,金老等一针见血地指出了当时农业科研单位的要害。1962 年 10 月,党的八届八中全会公报发表,其中明确写着“要加强农业科学研究”。随即周恩来总理批准“中国农业科学院增加 400 人的编制”。当中国农业科学院派出范垂宏、作物所派出徐贵荣等人事干部到农业部属重点农业院校去调人时，京外农业院校和科研单位刚开始“精简之风”……由于停止了继续“精简”，从全国农业单位调入400人，不仅增加了研究人员，而且使新开展的碱土改良、农业机械化栽培和深入农村实际、大办样板田等项工作迅速发展起来。(《吴景锋访谈》，2017年4月28日)

10月3日，在《人民日报》撰文，介绍我国作物品种工作的新成就。

资料(文章) 文章介绍了中华人民共和国成立十三年来农作物品种工作的成就，包括国内农家种的收集、整理、选优利用，国外引进种的鉴定利用和新品种的自主培育——这些新品种为我国农作物的增产发挥了巨大的作用。(金善宝：《我国作物品种工作的新成就》，《人民日报》1962年10月3日第2版)

10月7日，撰文《Abery氏关于栽培大麦起源的理论》。

资料(手稿) 文章从“大麦的种类穗轴坚韧的是从穗轴脆的演进而来的，这是无可怀疑的事实”谈起，对大麦可能演变的四种方式进行了理论分析和实践验证，得出结论，栽培大麦中的坚韧种是由脆轴的六棱种演变而来的。(金善宝：《Abery氏关于栽培大麦起源的理论》，1962年10月7日)

1963年　69岁

1月26日，与丁颖、钱学森、钱三强等百余位科学家受到刘少奇等国家领导人的亲切接见。

资料(文章) 1月26日出席全国科学技术协会举办的春节联欢晚会，在会见丁颖、竺可桢、吴有训、金善宝、华罗庚、钱三强、钱学森、黄家驷、蒲辅周、邓稼先、孙超、侯宝璋等一百多位著名科学家时说：我们国家的进步，我们国家的农业现代化、工业现代化、国防现代化、科学技术现代化，都要依靠全国人民的努力，依靠科学家的努力，尤其需要老科学家的带头。只要大家努力，我们的国家一定会进步得很快。（刘崇文、陈绍畴：《刘少奇年谱（1898—1969）下卷》，中央文献出版社，1996 年，第 570 页）

3 月初，出席全国农业科学技术工作会议。

资料（照片） 金善宝在北京参加全国农业技术工作会议。（前排左二为顾复生，左五为丁颖，左七为金善宝，右二为程绍迥。见图 154）

图 154

3 月 6 日，在中央人民广播电台播音，介绍稻麦组的讨论情况。

资料（手稿） 作者介绍参加全国农业科学技术工作会议稻麦组的讨论情况，认为我国粮食增产在相应的水肥条件下有很大潜力，并根据我国平原、山地、草原的不同特点，提出相应的发展措施。（金善宝：《小麦育种专家、中国农业科学院副院长金善宝同志在中央人民广播电台的广播讲话稿》，1963 年 3 月 6 日）

4 月，作美、作怡与父亲合影于友谊宾馆。

资料（照片） 4 月 12 日，金善宝与两个女儿摄于北京友谊宾馆大门前。（见图 155）

图 155

6 月，让新任秘书杜振华到科研一线。

资料一（传记） 1963 年，我被分配当金老的秘书，我的办公桌和他的办公桌面对面地放着。金老见我天天到他办公室来上班，有一天就对我说："这里的事我自己会做，你不用天天到我这里来，你主要的任务是做好试验研究工作，有事我会叫你。"这是他有意让我有更多的时间进行科学研究，以培养我独立工作的能力。我明白了他的意图以后，更加严格要求自己，努力去把工作做好。（杜振华：《我敬仰的金老》，收入孟美怡《金善宝》，第 279 页）

资料二（传记） 1963 年，刚从大学毕业不久的杜振华被分配到金善宝的办公室当秘书。金善宝告诉这位年轻人，我办公室里没有什么事，日常事务我自己会做，你正年轻力壮，不要把专业荒废了，还是多搞点研究好。于是，杜振华就专心致志地从事春小麦育种研究，一干就是几十年，从金善宝的得力助手成长为中国农业科学院的研究员、作物所副所长、麦系研究室主任、小麦育种学家，为我国小麦育种事业作出了贡献。（金作怡：《金善宝》，第 176、266 页）

7 月，任中朝友好代表团副团长，访问朝鲜。

资料一（照片） 中朝友好代表团访问朝鲜，金善宝在前排左三。（见图 156）

图 156

资料二(照片)　金善宝(右一)访问朝鲜。(见图 157)

图 157

资料三(传记)　金善宝以中朝友好协会代表团副团长的身份访问朝鲜。朝鲜人民以最高的礼遇、最热烈的场面欢迎他率领的代表团,所到之处无不是鲜花锦簇、欢呼的群众,使他深深感到作为一个中国人的光荣和骄傲。在朝鲜,他看到朝鲜的农业并不是很好,人民生活也不富裕,可是,无论是日常宴请还是招待的文艺晚会,其规格之高、排场之大,令人炫目,使他深感不安……他体会到朝鲜人民对中国人民寄予的厚望、作为一个古老的农业大国支援兄弟国家的责任。(孟美怡:《金善宝》,第 102 页)

8 月,申报成立中国农业科学院、南京农学院小麦品种研究室。

资料一(传记) 金善宝自调整到北京以来,一直在思考一个问题:自古以来,小麦一年只能播种一次,收获一次。能不能改变这千年不变的规律呢?春小麦在北京地区 3 月初播种,6 月下旬收获,在时间上,一年只利用了三分之一左右,其余三分之二的时间都用不上。如果能把剩下的时间也利用来加速春小麦繁殖,一年变成了两年或三年,在育种上的价值就十分可观了。小麦和其他农作物一样,育种周期较长,从杂交亲本的选配到初步获得一个遗传性稳定的新品种,一般需要 7—8 年,甚至 10 年之久的时间。“小麦育种周期太长了,一个人的生命有几个 10 年?”金善宝常常这样感叹!金善宝想到,1955 年去匈牙利访问时,匈牙利向国外大量出口玉米良种,为了加速繁殖,曾向我国提出,希望能到我国云南地区进行冬季玉米繁殖。他想:玉米可以冬繁,小麦能不能夏繁呢?我国幅员辽阔,地跨热带、温带和寒带,别的国家尚且想来利用我国这一优越的自然气候条件,我们自己为什么不能利用这一点进行春小麦繁殖、异地加代,加快春小麦育种进程呢?为了实现这一想法,他首先在北京地区进行春小麦的夏繁试验,他和杜振华在试验地搭起了凉棚,采用喷水降温等措施,连续两年试验都没有成功。后来,他又想到高山上海拔高,气候较冷,能不能进行小麦夏季繁殖呢?(孟美怡:《金善宝》,第 139—140 页)

资料二(口述) 小麦从杂交亲本选配到育成一个新品种,需要 7—8 年,金老感叹周期太长,一个人的生命有几个 7—8 年?他希望在有限的生命里育出更多、更好的小麦品种。金老 1955 年去匈牙利访问时,知道匈牙利是玉米出口大国,他们为了加速繁殖种子,曾向我国提出到我国云南冬繁的想法。他就想:玉米可以冬繁,小麦能不能夏繁呢?为了实现这个设想,我们首先在北京进行小麦夏播试验,他从浙江购置了竹帘,让我搭起凉棚(竹帘)采取喷水降温(铺设喷灌设备)的办法,经过两年试验都没有成功。(《杜振华访谈》,2017 年 2 月 24 日)

资料三(传记) 可是,要实现这个设想又谈何容易?首先,它需要一批技术精干的研究力量!在那个年代,金善宝这种打破常规的育种思想,必须得到院党委的同意和支持,否则不可能得到任何人力和试验条件!而金善宝自从 1958 年来京之后,在长达五年的时间之内,身边没有一个科研助手,直到 1963 年,杜振华才以院长秘书的身份调到他办公室。在农科院内,作物育种栽培研究所的研究人员都是研究冬麦的,也不能随便改变他们的研究方向。万般无奈之下,他想到了他的母校南京农学院,那里的很多教师都是长期从事春麦育种研究的,如果能和他们一起协作,不是一举两得吗?这个想法得到了党组书记朱则民的支持。经过协商,决定申报国家科委,中国农业科学院在南京农学院成立小麦品种室,受中国农业科学院的领导,由金善宝直接负责。(孟美怡:《金善宝》,第 138 页)

是月,赴内蒙古考察,提出合理利用草原的建议和发展小麦区的设想。

资料一(手稿) 调查了该地域农业生产自然资源的情况,分析了存在问题,认为该地区适宜于农林牧各业的发展,它既是很好的粮食生产基地,又是牧业生产基地,林业也大有发展前途,并对该区的农业生产、作物布局提出了建设性意见。(金善宝、林山、唐志发:《哲里木盟草原合理利用在农业上的调查报告》,1963 年 8 月 28 日)

资料二(手稿) 作者在调查了哲里木盟(今通辽市)气候寒冷、小麦单产不高、产量不稳定的种种不利因素之后,提出:要选育一批适应本地区自然环境的小麦良种,适时灌溉,做好秋季保墒工作、减少土中水分蒸发,根据本地区气候条件,改进小麦栽培方法,充分利用广大的甸子地等意见之后,认为哲里盟地区是可以发展小麦的。(金善宝:《哲里木盟地区能否发展小麦》,1963 年 9 月)

资料三(照片) 与唐志发(左一)等人调查留影。(见图 158)

资料四(照片) 与百岁老人(左二)合影。(见图 159)

图 158

图 159

9 月，接待来我国访问的朝鲜代表团。

资料(照片) 金善宝(左一)与访问我国的朝鲜农业代表团成员合影。(见图 160)

图 160

10 月，接待来我国访问的日本农业代表团。

资料(照片)　金善宝(右二)与来我国访问的日本农业代表团成员合影。(见图 161)

图 161

11 月 17 日—12 月 3 日，出席第二届全国人民代表大会第四次会议。

资料(证件) 金善宝的参会证件。(见图 162)

图 162

1964 年　　70 岁

2 月，国家科学技术委员会正式批准中国农业科学院与南京农学院合作建立小麦品种研究室。他兼任研究室主任。

资料一(档案) 农业部：(64)农技作字第 165 号文收悉，同意中国农业科学院与南京农学院合作建立小麦品种研究室。(中华人民共和国科学技术委员会：《批准成立中国农科院、南京农学院小麦品种研究室》，国家科学技术委员会(64)科五范字 153 号，1964 年 2 月 1 日，南京农业大学档案馆科 64 转移-1)

资料二(档案) 中国农业科学院、南京农学院：顷接国家科学技术委员会(64)科五范字 153 号文，同意中国农业科学院与南京农学院合作建立小麦品种研究室。但你院从现有的编制中解决该室的人员时，建议根据研究工作的进展逐步配备，开始几个人就行，最多不超过十人，特此通知。(中华人民共和国科学技术委员会、中华人民共和国农业部：《同意中国农业科学院与南京农学院合作建立小麦品种研究室》，1964 年 2 月 17 日，南京农业大学档案馆科 64 转移-1)

资料三(档案) 中国农业科学院、南京农学院：接中国农业科学院1964年7月4日(64)农院办秘技字第13号通知，一九六四年二月十七日农业部以(64)农技东字第309号文通知我院及南京农学院，国家科学技术委员会以(64)科五范字批准建立“中国农业科学院与南京农学院合作建立小麦品种研究室”，我院已刻制圆形塑料印章一枚，名为“中国农业科学院南京农学院小麦品种研究室”，希立即启用，并将启用日期通知有关单位。本室暂设在南京卫岗南京农学院内，并逾于八月一日起启用，报请备案，并抄至有关单位知照。1964年8月1日。(中国农业科学院、南京农学院：《小麦品种研究室关于启用印章的报告》，1964年8月1日，南京农业大学档案馆院64长乙-12)

资料四(其他) 1964年2月2日，国家科委正式批准建立小麦品种研究室，主任由金善宝教授担任，副主任为吴兆苏教授。下设育种组、资源组、遗传组三个组，除原有人员外，陆续设立专职研究人员、辅助人员和技工岗位。1964年、1965年在黑墨营农场进行试验，“文化大革命”期间在江浦农场辟地建室，曾建成研究楼一座，工作房(挂藏室、工作室、贮藏室、农具室)多间。(《南京农业大学发展史》编委会：《南京农业大学发展史 · 历史卷》，中国农业出版社，2012年，第303页)

3月，小麦品种研究室成员开始了艰苦奋斗、团结合作的创业史。

资料一(口述) 小麦研究室是怎么组建起来的呢？第一方面，小麦品种研究室是在南京农学院小麦遗传育种研究基础上组建起来的，基础是南农，那是小麦室的昨天；要讲到前天，那是中央大学农学院。一个基础设施就是硬件。硬件是在南农基础上建立起来的。江浦农场号称长江边万亩大农场，机械化水平比较高，当时划出100亩地给小麦室。第二方面，小麦遗传育种也是在南京农学院的遗传教研组的老师兼职的基础上建立起来的。第三方面，主持工作的基本上是南农的这些老师。当时金老是主任，吴兆苏教授是副主任，沈丽娟老师是副主任，专职主任是张春宝。几个方面的课题也以南农这些兼职老师为主。一个是品种资源，就是金老、薄元嘉老师为主的，育种是吴兆苏老师。发展以后又加上了一个辐射育种，刘大均老师、陈佩度、陆维忠。我们是常规育种。我们的育种目标是选育早熟、高产、抗病、适应性广、适合长江中下游种植的小麦新品种。关于小麦室的发展过程，我要讲三点：第一，我们小麦室的规模是逐步发展起来的。从现代角度来看非常简陋。尽管它是大型农场，实验地土质需要改良，基础设施是逐渐完善的。第二，我们当年的工作和生活条件非常简陋。住简易房，搭露天厕所，没有自来水。后来建了一排工作室，再加上仓库、晒场。第三，我们当时的选种手段非常落后。原农业部在平谷开了一个种子工作会议，江苏农学院和南农都派代表去参加。当时，广东农业局局长介绍了墨西哥国际小麦育种的现代化，大家触动很大。科技司找部分农业科研人员座谈，我也参加了。当时大家反映我们的育种手段很简陋。一般脱粒用手搓、用嘴吹壳。金院长对此很关心。有一次我到金院长家，他准备从河南调来几台小型脱粒机。当时有大量种子，有一百亩地，几万斤种子靠人工翻晒。如果没有风，就很困难。后来买个鼓风机，再后来是金老从河南买个扬场机。所以说设备是逐步完善的。另外，当时没有实验室了。金院长兼小麦室主任。当时小麦室发展到多大规模呢？在编 38 人：科技人员 21 人，工人 17 人。大家艰苦奋斗，团结合作，非常和谐。那真是一段可圈可点的创业史。(《周朝飞访谈》，2017 年 2 月 24 日)

资料二(报道) 1958 年，中央调金老任中国农科院副院长(后任院长)，他虽人离南农，始终关心着南农……1964 年经国家科委批准，还在南农设立小麦品种研究室，由他兼任主任，吴兆苏教授任副主任……每年数次到南农指导小麦研究，和他的弟子们或在室内分析小麦品种特性，或到田间观察小麦生长形态，使小麦研究不断深入发展。(沈丽娟：《金善宝院长和南京农学院》，《中央大学南京校友会通讯》第 25 期，第 29 页)

4 月，主编的《中国小麦品种志》第一辑出版。

资料一(著作) 这是我国第一本农作物品种志。全书共收集 1961 年以前我国 26 省(区)农业生产上曾经使用和正在使用的品种 623 个，其中地方品种占 84.1%，选育品种占 15.9%，标本照片 139 帧。品种概论阐述了我国小麦品种发展的概况，列举了我国各个小麦品种生态类型的特点和代表品种,列出了我国小麦的 6 个种(普通小麦、密穗小麦、圆锥小麦、硬粒小麦、东方小麦、波兰小麦)145 个变种的检索表。(董玉琛:《两本〈中国小麦品种志〉简介》,收入王连铮主编《金善宝文选》,第 431 页)

资料二(照片) 《中国小麦品种志》第一辑的封面。(见图 163)

图 163

6 月 10—20 日,应宁夏回族自治区农学会之邀,考察该区的小麦生产情况。

资料一(报道) 著名小麦专家、中国农业科学院副院长金善宝教授应自治区农学会邀请,于 6 月 10 日来我区考察小麦。在考察期间曾参观了银川、吴忠、灵武、青铜峡、平罗等县市部分社队的小麦丰产田、种子田和试验田,并向群众和干部了解了小麦生产情况。还到王太堡农业试验场、沙城土壤肥料试验站了解了小麦试验研究工作。6 月 20 日,自治区科学技术协会和农学会联合举办报告会,邀请金善宝教授做了关于宁夏小麦考察的学术报告。我区有关业务部门、科学研究机关、农业院校、县市农技站和国营农场等 40 多个单位的 350 余名科技人员出席了报告会。金善宝教授在报告中首先指出:宁夏引黄灌区春小麦的增产潜力很大,几年来也相继出现了一些小麦大面积高产的事例。科学技术工作者当前的重要任务是：更好地深入到群众中去，总结群众的生产经验，同时把科学技术交给群众，进一步提高全区小麦的单位面积产量。并认为在小麦育种工作方面，也取得了一定成绩。如当前生产上推广种植的碧玉麦、阿勃、幼士顿、85-3、84-14、南大2419以及宁农一号等良种，看来都适宜本区栽培。金善宝教授在谈到今年小麦发生锈病问题时指出：采用抗病品种是防止小麦锈病的一项根本性措施。从各地参观中可看出，高纯度的碧玉麦、阿勃、幼士顿、宁农一号、南大2419等品种都抗锈病。个别田块，碧玉麦有感染锈病的现象，研究部门要进一步进行研究，目前还不能下碧玉麦抗锈性已退化的结论。金善宝教授认为：从目前宁夏小麦锈病发生的情况来看，做好麦收前的选种工作十分重要。他建议有关部门及时组织一次声势浩大的群众性的小麦选种运动，并认为碧玉麦在宁夏种植面积较大，该品种也已经过多年的生产考验，产量稳定，在今后小麦品种布局上，仍应是一个主要的品种。但目前混杂情况严重。因此，应采取穗选方法，认真地做好该品种的选种工作。目前正是开展选种工作的大好时机。(《小麦专家金善宝来我区考察》，《宁夏农业科技》1964年第7期，第47页)

资料二(照片)　6月20日，金善宝在考察宁夏小麦的学术报告会上留影。(见图164)

图164

资料三(照片) 金善宝(中)在宁夏考察春小麦时留影。(见图 165)

图 165

资料四(照片) 6 月 13 日,金善宝(左五)和杜振华(右一)等人在宁夏黄河仁存渡口合影。(见图 166)

图 166

11 月 27 日,撰写《利用冬闲,移植冬麦》。

资料(手稿) 本文根据我国稻麦两熟地区(如太湖流域)因时间和劳力的矛盾而导致的小麦耕作粗放进而影响产量的问题,提出利用冬闲时间移植冬麦的办法,并建议从早期播种的小块麦田中,把已有几个分蘖的麦苗移

植到大田。如此,则成熟可以提前,产量可以增加。(金善宝:《利用冬闲,移植冬麦》,1964 年 11 月 27 日)

12 月 21 日起,出席第三届全国人民代表大会。

资料(证件) 第三届全国人民代表大会的代表当选证。(见图 167-1、图 167-2)

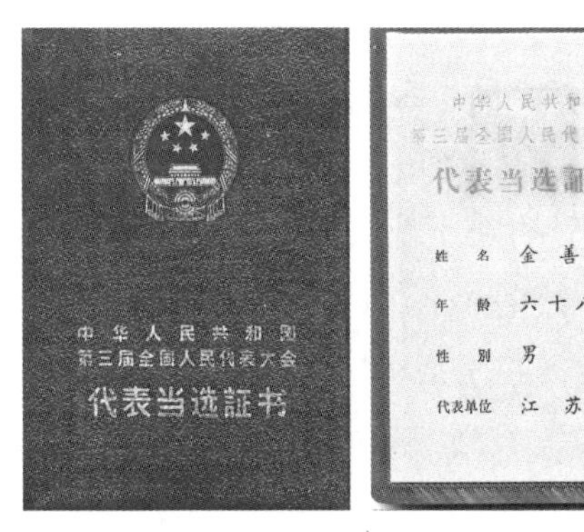

图 167-1

图 167-2

是年,看望杜振华及其家人。

资料(口述) 1963 年我被分配当金老的秘书,金老待我如亲人,对我非常和蔼和关怀,工作指导有方,即使在严酷的政治运动中,我们都能相互信任。1964 年令我非常惊喜的是,金老夫妇竟然到我家住的小平房来看望,并送玩具给我的小孩,使我们激动不已。(《杜振华访谈》,2017 年 4 月)

1965 年　　71 岁

2 月,出席全国农业科学实验工作会议并发言。

资料一(文章) 农业科学工作者下乡蹲点,同领导干部、农民群众一起建设旱涝保收、稳产、高产的样板田,运用科学研究,做出样子,示范推广,以点带片,以片带面,从生产队到公社,从公社到县,逐步推广到全国,使低产变高产,高产更高产。样板田把"科学为生产服务"的方针具体化了,促进了农业科学的革命化，是迅速改变我国农业生产面貌、全面稳产高产的主要途径，这是每一位农业科学工作者为发展我国社会主义现代化农业生产的奋斗方向。（金善宝：《样板田发展了农业生产，促进了农业科学革命化——在全国农业科学实验工作会议上的发言》，《中国农业科学》1965 年第 4 期，第 12—15 页）

资料二（报道） 中国新闻社北京消息：中国找到了迅速发展农业科学和有效促进农业高产的新途径。这是中国农业科学院副院长、著名农业专家金善宝教授最近在这里接见本社记者时谈到的。教授说，这个新途径就是目前正在全国许多地区开展起来的样板田运动。样板田是领导干部、科学技术人员和农民群众三者结合起来，在当地典型土地上进行综合性研究、示范和推广农业科学研究成果的基地，它的面积小的四五十亩，大的上万亩。教授说，样板田是中国共产党十五年来领导农业科学生产服务的经验总结，是中国的一个伟大创造，也是发展我国社会主义现代化农业生产的主要途径。这位从事农业科学工作已有四十多年历史的老教授，颇有感触地谈起了他这几十年来所经历的中国农业科学院的沧桑史。他说，我国是一个农业生产历史悠久的国家，在农民群众中积累着丰富的生产经验。但是由于近百年帝国主义的侵略以及封建主义、官僚资本主义的反动统治，使中国农业科学和农业生产一直处于极端落后的状态中。直到中华人民共和国成立，在中国共产党和人民政府的大力扶植和支持下，农业科学和农业生产才有了飞速的发展。农业科学贯彻执行科学为生产服务的方针，正起着一定的作用。教授接着说，我国农业迅速发展的形势，要求培养更多的农业科学技术人才，拿出更多的研究成果，改造大面积低产田等等。样板田的出现，正为解决这些问题创造了有利的条件。教授从科学研究工作这个角度详细地分析了样板田的四大好处：1. 把为生产服务的方针具体化了；2. 促进了农业科学的革命化；3. 成为迅速改变农业生产面貌、实现全国稳产高产的主要途径；4. 是锻炼农业科学技术人员又红又专的熔炉。教授说：样板田从它一开始出现就显示了强大的生命力和彻底的革命性。教授以江苏徐州专区毗连的三个公社所建立的十五万亩稳产高产的样板田为例，具体说明了样板田的伟大意义。这块样板田去年的粮食总产量比一九六三年增产一点三倍，比历史最高产量增产百分之二十点四，此外，在这块样板田里肯定和充实了一批研究成果，由于吸取了群众的宝贵经验，进一步丰富了农业科学技术，同时还发现了许多需要解决的新课题，吸引了数以千计的群众投入科学试验活动。教授说，像江苏太湖地区望亭公社的样板田去年就吸引了浙江二十三万人赶来参观、学习。这位小麦育种专家还特别提到去年许多地区小麦样板田取得的巨大成就。如北京一百万亩小麦样板田去年就增产了八千万斤。教授说，有些人曾经担心搞了样板田将会削弱或放弃室内的研究工作，恰恰不是这样，许多样板田的经验证明，通过样板田的工作发现了大批新课题，大大丰富和活跃了我们科学的研究内容。课题从实践中来，经过研究得出结论又回到实践去检验，如此不断循环，生产才能发展，科学也才能发展。老教授最后说，总之，我认为样板田确实是一条发展我国农业科学和农业生产的多快好省的道路，是农业科学实验工作的主要阵地。它是在毛泽东思想指导下发展起来的，是符合我国社会主义建设的规律的。(《中国找到了迅速发展农业科学和有效促进农业高产的新途径》，《中国新闻社》1965 年 2 月，第 1—3 页)

春，小麦品种研究室成为春小麦育种的一支重要力量。

资料一(传记) 1958 年，金师调任中国农业科学院院长以后，仍然关心着南京农学院的小麦研究。1964 年，在他的筹划下，南京农学院成立小麦品种研究室，他兼任研究室主任，吴兆苏教授和我任副主任。他每年都要数次回南京指导工作，每次回来，都要把我们叫到他身边，对数千份小麦品种的典型材料进行研究，或在室内研究分析其特征……或到田间观察其生长形态。1965 年，为了缩短小麦育种年限，他又提出南繁北育、异地加代的设想，为选定小麦的夏繁基地，要吴兆苏教授和我陪他到黄山等地考察。在他的指导下，小麦品种室和农科院的研究人员紧密协作，经过几年的不懈努力，终于使小麦育种年限从 10 年左右缩短为 3—4 年，育成了京红号系列小麦良种。(沈丽娟：《金师对农业教育、小麦科学事业的无私奉献》，收入孟美怡《金善宝》，第 374—375 页)

资料二(口述) 在小麦室成立后，金老每年至少来一次，有的年份来两次。我印象最深的是三次。有一次正值我和薄先生、夏穗生到附近生产队视察小麦生产情况。当时附近生产队都种我们的南农大黑芒。金老看到后非常高兴。1965 年,金老已到古稀之年,仍在思考新的研究课题。自古以来,小麦一年只能播种一次,收获一次,这样选育出一个小麦新品种至少要七八年时间,能不能打破这个规律,使小麦育种材料加代一年二次甚至三次。金老认为,可以利用我国自然地理的优越条件,以空间换取时间,来缩短育种年限。之后他带着助手到安徽黄山、江西庐山、井冈山等地考察,选择适合小麦夏季繁殖的地点,我亦有幸曾随同金老考察,他不顾年事已高,在海拔 1 000 多米的山区走访调查,查阅气象资料,了解农作物生长情况,最终选择在庐山、井冈山两地进行夏繁试验。金老亲自指导,制定方案,南京和北京两地的科技人员相互配合,组织实施。在夏繁小麦生长期间,金老还到现场检查指导……另外,每年金老到小麦室总是要我们跟他汇报小麦育种的进展情况和问题。比如我们提出育种手段落后的问题,他就帮我们弄到了小型脱粒机,还有大的扬场机。这说明金老很关心我们小麦室的成长发展。有时到地里,他会说我们的小麦育种要面向生产,面向产区,要内外结合。所以我们以金老这三句话作为工作指导。我们也在努力工作……大量地繁殖南农大黑芒。南农大黑芒原来是厚皮的,后来通过我们的努力,选了薄皮南农大黑芒。农民很欢迎这个新品种。江浦很快推广,安徽的和县大面积推广。(《周朝飞访谈》,2017 年 5 月)

资料三(传记) 小麦品种研究室的成立,成为金善宝春小麦育种研究的一支重要力量。根据金善宝的育种思想,北京、南京两地的研究人员紧密协作,正式开始了春小麦育种的试验工作。育种工作以改造四十年代选育的小麦品种——南大 2419 为主攻目标,在北京选用甘肃 96、欧柔、印度 798、原农 1 号等品种为亲本材料,进行杂交,希望选育出比印度 798 早熟、高产,比南大 2419 抗锈性好的春小麦新品种。(孟美怡:《金善宝》,第 138 页)

5 月,寻找春小麦的夏繁基地,得到谭震林的支持。

资料一(手稿) 1965 年夏,为了高山夏播,我和南京农学院的吴兆苏、沈丽娟等人到安徽的黄山和浙江的天目山去考察,因那里交通困难,山上又没有足够的耕地,觉得不够理想。后来,在农业部召开的一次会议上,我谈到小麦高山夏播问题,谭震林副总理建议:“你可以到井冈山去看看。”这是一个很大的启发,因为井冈山是我们伟大领袖毛主席领导中国人民革命的根据地,如果夏播小麦在井冈山首先获得成功,在小麦育种史上将具有特别重要的意义。(金善宝:《春小麦一年繁殖三代获得成功》,1968 年 8 月)

资料二(传记) 1965 年,他和小麦品种研究室的吴兆苏、沈丽娟教授一齐前往黄山实地考察,寻找适合春小麦夏季繁殖的场所。考察结果认为,黄山上土地较少,试验条件差,不适宜春小麦的夏繁试验。正在这个时候,谭震林(时任国务院副总理)和江一真(时任农业部代部长)找金善宝去开会,在会上,金善宝汇报了多年来设想搞一年繁殖 2—3 代小麦的计划。当他谈到黄山上条件不理想时,谭震林说:你可以到井冈山上去试试。(孟美怡:《金善宝》,第 140 页)

7 月 19 日,被任命为中国农业科学院院长。

资料一(档案) 三月二十四日中央批准:金善宝任中国农业科学院院长。(中共中央组织部:《关于金善宝任中国农业科学院院长的通知》,中共中央组织部(65)政通字第 322 号,1965 年 4 月 3 日,中央档案馆)

资料二(档案) 农科院:内务部 1965 年 7 月 23 日通知,1965 年 7 月 19 日国务院 157 次全体会议通过任命金善宝为中国农业科学院院长。(中国农业科学院综合处:《金善宝任中国农业科学院院长的通知》,农业部政治部(65)农政字 123 号,1965 年 7 月 30 日)

资料三(其他) 1965 年 7 月 19 日,国务院任命金善宝为中国农业科学院院长。(《中国农科院大事记》)

8 月,与妻子纪念红宝石婚。

资料(照片) 结婚四十周年留影。(见图 168 - 1、图 168 - 2)

10 月,在山西大寨参观学习。

资料一(照片) 金善宝(左二)在山西大寨留影。(见图 169)

一九六五年六月
结婚四十年

图 168－1　　图 168－2

图 169

资料二(照片)　金善宝(左四)在山西大寨留影。(见图 170)

11 月,在山东泰安考察农业。

资料(照片)　金善宝在泰安专区省庄公社留影。(前排左三起:韩专员、金善宝、刘鸣平。后排右二为杜振华。见图 171)

图 170

图 171

12月13日，出席全国同位素、辐射农业应用研究工作会议，并发表重要讲话。

资料(文章) 作者总结了这门新兴学科自1958年成立以来的发展过程，以及在农业科学各项领域内取得的成果。作者认为，原子能这门学科就人类历史来说，利用于军事是短暂的，而和平利用则是长远的、永恒的。所以原子能在农业科技上的应用一定要大大发展。对于这样一门新学科的发展，要从当前实际的需要和可能的条件出发，研究可以多种多样，有适当的灵活性，上下结合，密切协作，敢于独创，敢于胜利。原子能在农业上的应用潜力很大，大有可为。(《金善宝院长在全国同位素、辐射农业应用研究工作座谈会上的讲话》，收入王连铮主编《金善宝文选》，第268—271页)

1966年　　72岁

2月，与夫人欢度春节。

资料(照片) 与夫人摄于中国农科院宿舍红楼前。(见图172)

图172

5月，派小麦品种室的薄元嘉去井冈山考察。

资料一(手稿) 1966年5月，我托小麦品种室的薄元嘉去井冈山考察。(金善宝：《春小麦一年繁殖三代获得成功》，1968年8月)

资料二(传记) 5月,他派小麦品种室薄元嘉去井冈山考察。(孟美怡:《金善宝》,第140页)

7月,在井冈山桐木岭垦殖分场布置小麦杂交后代试验。

资料一(手稿) 7月间,在桐木岭的垦殖分场布置了小麦杂交后代试验。同时又在庐山牯岭的东方红公社作了同样试验,以资比较。由于当时院里的"文化大革命"运动比较紧张,没能派人在山上驻点,只是委托当地的贫下中农代管试验,虽然获得了种子,但没有得到详细的资料。(金善宝:《春小麦一年繁殖三代获得成功》,1968年8月)

资料二(传记) 7月,在桐木岭的垦殖分场布置了小麦杂交后代试验。同时,又在庐山牯岭的东方红公社作了同样试验,以资比较。当时,由于"文化大革命"的影响,没能派人在山上驻点,只是委托当地农民代管试验。虽然这一年获得了种子,但没有得到详细的第一手资料。(孟美怡:《金善宝》,第140页)

8月上旬,登庐山,确定庐山为小麦的夏繁基地,请植物园协助代管,得到九江市政府的大力支持。

资料(传记) 8月,金善宝亲自去庐山考察,发现庐山的试验条件很好,庐山植物园也有很好的技术力量,就请庐山植物园协助进行小麦的夏繁试验。他向植物园的同志讲解了小麦夏播繁殖在育种上的意义,并向九江市政府有关领导做了汇报,得到了九江市政府的大力支持。九江市政府为此拨专款2万元,进行道路修建,使道路从山脚下直通植物园。另外,还组织劳动力上山,搬石填土,扩大了小麦夏播试验的土地面积。(孟美怡:《金善宝》,第140页)

8月中旬,接农科院"造反派"命令,返回北京。

资料一(口述) 1966年8月,金老和我在庐山考察时,忽然接到院里造反派头头的电报,命令我们立即返京参加"文革"。当时从庐山回京要换几次车,庐山—南昌乘汽车,南昌—株洲,株洲—长沙—北京均乘火车。从南昌开往株洲的列车上,大串联的学生把车厢挤得满满的,连厕所里都站满了人。在这种情况下,上不上车呢?我心里很着急,上车吧,把金老挤坏了怎么办?不上车吧,院里造反派催促返京的命令不敢违抗,晚回去一天,就有被打成"反革命"的危险!金老看出我的矛盾心情,果断地说:"上车吧,不要再犹豫了!"这一天在火车上整整6个小时,没能吃饭,也没有喝上一口水,在拥挤的人群中,我搀扶着年过古稀的金老,从长沙一直站到株洲。从株洲到长沙换车时,已经是深夜了,没有赶上火车,我们找遍了车站附近的旅店,都早已客满了,只好回到车站候车室,在一条长椅上度过了难忘的一夜。(《杜振华访谈》,2017年4月)

资料二(传记) 8月,金善宝和杜振华正在庐山植物园考察,忽然接到农科院造反派的电报,命令他们立即回京参加"文化大革命"。他们只好匆匆结束了这次考察,离开了庐山植物园。当时,从庐山返回北京要换好几次车。先从庐山坐汽车到南昌,从南昌乘火车至株洲,株洲往北至长沙,再从长沙转车回北京。当他们来到南昌火车站时,开往株洲方向的列车上,革命大串联的学生早已把车厢挤得满满的,车站的秩序很乱。杜振华心里十分着急,上车吧,他担心这杂乱的人群把年逾古稀的金善宝挤倒了;不上车吧,院里造反派催得紧,刻不容缓,晚回去一天,就有可能被批斗,有被打成反革命、反动学术权威的危险。金善宝看出杜振华的焦急心情,果断地说:"上车吧,不要犹豫了!"从南昌去株洲,火车要走6个多小时,车厢里挤得水泄不通,天气又闷又热,在这6个小时之内,他们既没有吃饭、喝水,也不能上厕所,甚至连蹲下来休息一会儿的机会都没有。在拥挤的人群中,金善宝在杜振华的搀扶下,从南昌一直站到株洲。他们从株洲往北行,到达长沙车站时,已经是深夜了,开往北京的火车早已发出,只好到车站附近去找旅馆。可是,他们敲遍了车站附近大小旅馆的门,得到的回答都是"客满了"。他俩只好又回到车站候车室,在一条长椅上度过了难忘的一夜。(孟美怡:《金善宝》,第141—142页)

9—12月,回京后被分配到气象室"学习"。

资料一(口述) 回京后,金老"靠边站"了!不让他出外考察。没有办

法！（《杜振华访谈》,2017年4月）

资料二(传记) 1966年8月,史无前例的“文化大革命”开始了,其来势之凶猛,超过以往任何一次运动。值得庆幸的是,金善宝这个院长,有职无权的实际身份,在乱云飞渡中成为一道护身符,很大的程度上保护了他……在批斗走资本主义道路当权派、揭批资产阶级反动路线时,群众看得很清楚,农科院不管走什么道路,走资本主义也罢,社会主义也好,反正金善宝够不上当权派！至于资产阶级反动路线,排什么“左、中、右”黑名单等,金善宝更是不可能知晓,没准他自己还被列在“右”的黑名单之内呢?！只有“反动学术权威”这一条,还够得上一点边！于是,在一片极左的吆喝声中,有些同志迫于压力,不得不给他贴了几张大字报。大字报上说：金善宝是“反动学术权威”,却没有说出“反动”的具体内容。大字报上说：金善宝满脑袋资产阶级思想,也没有道明资产阶级思想的具体表现……空洞无物的大字报,不但没有击倒金善宝,反而给了他极大的安慰,使他体会到全院大多数职工、群众是了解自己、爱护自己的！为此,农科院群众组织的头头责令金善宝靠边站,分配他到气象室“学习”,交代问题。金师母见金善宝整天闷闷不乐,就提议将她在杭州已退休的弟弟姚步云接到北京来聚聚。没想到止当金师母姐弟相见,还没来得及畅述别情的时候,第二天一清早,砰砰砰！敲门声不断,一开门,就闯进来几个身穿绿军装,臂缠红袖章的红卫兵,他们用手指着姚步云厉声喝问：你是什么人？到这里来干什么？姚步云吓得战战兢兢,全身发抖,说不出话来。金善宝在旁边解释说,他是自己妻弟,在杭州退休了,请他来北京玩玩。红卫兵怒喝道：“赶快滚出北京,明天我们再来,如果你还没走,别怪我们不客气！”他们一边骂,一边环顾四周,指责金善宝家里没挂毛主席像,并在金善宝的书柜上贴了一张大字报,大字报上写道：“此柜的黄色书籍,限24小时之内全部清理完毕,否则后果自负！”金师母从未见过这样凶狠的人、这样凶猛的架势,完全被吓呆了！直到女儿下班回到家里,看见家里被翻得乱七八糟,询问原委,她母亲才一五一十地告诉她。当她看见书柜上的大字报时,诧异地问道：“爸爸的书柜里哪来什么黄色书籍呀?”金善宝苦笑着说：“大概是他们看见柜子里的线装古书,纸发黄了,就以为是黄色书籍了。”女儿嗤之以鼻：“无知,不用理他们！”她母亲害怕地说：“不行啊,他们明天还要来检查的,怎么办呢?"为此,女儿只好一夜不眠,连夜突击,将家里的书分成四类,一部分历史书籍如《史记》等,送到金善宝办公室书柜保存;马列主义、毛泽东著作和一些专业书籍放在家里;一部分文艺书籍因有"四旧"之嫌,只好忍痛烧毁;还有一些古典名著和世界名著,送到农科院"文革"小组请求鉴别。过了几个月,"文革"小组通知金善宝:你交来的书,我们已经检查过了,你可以拿回去了。他过去一看,见有价值的名著都没有了,只剩下几本被撕破的书,乱七八糟地扔在地上,也没有兴趣再拿回去了。后来,又发现保存在办公室书柜内的 24 本明朝版本《史记》,竟有 9 本不翼而飞,至今下落不明,令他十分心痛。至于金善宝的妻弟姚步云,到北京的第二天,就被撵回去了。听说火车上很拥挤,他扭了腰,一路忍痛回到杭州,又受当地造反派批斗,此后一直郁郁寡欢,不久脑溢血发作离开了人世。没想到金师母姐弟匆匆一晤,竟成永诀!(金作怡:《金善宝》,第 156—159 页)

资料三(传记) "文革"初期,大字报贴满墙,形势逼人。谁不写大字报,就会承受着"不想革命"的压力。我是金老的助手,不写他的大字报是过不了关的。当时我很苦恼,想不出来有什么可揭发的。有一天,金老对我说:"给我贴大字报,你不要有顾虑,你不写是交代不了的。"在这种人人自危的形势下,金老不仅不顾自保,反而关心我,为我解围,让我特别感动。在那动乱的极左年代,在我们这种上下级、老年人与年轻人之间,这种知心朋友般的真情是多么难得啊!(杜振华:《我敬仰的金老》,收入金作怡《金善宝》,第 364 页)

11—12 月,工宣队来院以后,他开始做早操,读晚报。

资料(手稿) 工宣队来了以后,有人告诉我:工宣队来了,我们全体职工每天早晨六点就要起来做早操。我说:我怎么办呢?他说:你年纪大了,可以不要参加了。我想,对,我应该例外。当唐指导员宣布:每周二至周五,早操,60 岁以上的人可以不跑步,我误听了,60 岁以上可以不参加早操。第一天早操后,我问赵时珍同志,你参加早操了吗?他说:参加了,不过没有跑步。他反问我:你参加早操了吗?我说:没有。他又问:得到批准了吗?我就答不出来了。想起工宣队进院时,我表过态,坚决服从工宣队的领导,接受工宣队的再教育,言犹在耳,墨迹未干,怎么能不遵守呢?于是,下定决心,每天参加早操,晚上参加读报。早上,正是我好睡的时候,早操时间很短,只有20分钟,误了时怎么办?于是,每天早上4点就开电灯,看看时间还早;5点又开电灯,还是早,又睡了;每天6点以前总是要起来了,有时起来半个小时,一切都准备好了,怎么6点半了,还不吹号啊?再仔细看看手表,原来还只有5点半呢……不久,唐指导员又正式宣布:每周一、三、五,三个晚上读报。刚开始,我想:白天8个小时学习,已经很累了,晚上还要2个小时读报,怎么办呢?后来我终于克服困难,在工宣队的领导下,早上参加早操,晚上参加读报,这样的集体生活,我还是生平第一次……我觉得自己变年轻了,身体锻炼得更好了。(金善宝:《"文革"交代材料·工宣队进入农科院》)

1967年　　73岁

春,坚持做小麦育种试验。

资料一(传记)　造反派让有"反动学术权威"之嫌的金善宝靠边站了。他想:人靠边了,思想可不能靠边,小麦生长是有季节性的,一年只能生长一次,错过了季节,就浪费了一年宝贵的时光,时不可失,不能再"泡"在这无谓的争斗之中了。他找到当时院里的头头,要求派人到云南省元谋县去做小麦冬繁试验。头头强调革命第一,不同意派人。于是,他只好写信给云南元谋农科所,请求他们协助完成这一年的小麦冬繁任务。后来,他又想把北京地区的小麦试验搞起来。在当时的条件下,要搞科学试验,一方面要冒"业务挂帅""白专道路"的危险;另一方面还要顶住来自各方面的阻力和压力。小麦试验需要大面积的试验地,而农科院的试验地,近年来被头头们一块块地送给了别人,他只好尽量缩小小麦试验的面积;试验地需要平整、排灌,却没有劳动力和灌溉设备;试验需要肥料、仪器和经费,全都无人理睬。一件件、一桩桩,都要年逾古稀的金善宝亲自去跑、亲自去过问,今天找这个头头,明天找那个头头,一次不行,再跑两次、三次。人们惊讶了,现在是什么时候？你还搞试验？！他回答："是的，要搞试验，中国几亿人口需要粮食，不搞试验，吃什么？"有人诬蔑他，这是搞个人名利，他说："党和国家已经给了我这么高的地位和荣誉，我还要什么名利？"甚至有人造谣，说他已经故去了。他在会上反驳说："阎王还没给我传票呢？就是有传票，我也不去！只要一息尚存，也要搞小麦育种。"小麦试验期间，从种到收，他几乎每天都风雨无阻地来到田间，在播种了2 000多个品系、品种的苗圃里去观察，去挑选。（孟美怡：《金善宝》，第142—143页）

资料二（报道） 林彪、"四人帮"把"反动专家""反动学术权威"的棍子向他打来。他靠边了。他想，人靠边，思想可不能靠边。为人民、为国家选育良种有什么错！他带着继续培育"京红"春麦新品种的请求，今天找这个"头头"，明天找那个"头头"。人们惊讶了。现在是什么时候，你还搞实验？是的。还要实验。不搞实验，靠什么吃饭？"头头"摇摇头。北京是冬麦区，搞春麦不是方向，不能搞！金老说，自然是可以改造的。育种工作就是要改造自然。北京冬麦在地里的生长期太长，一年三百六十天，它要在地里长二百六十天。种春麦只要一百一十五天，有利于改革耕作制度和农田基本建设，加速农业发展，为什么不能种春麦？有人诬蔑他，这是搞"个人名利"。他说，党和国家给我这么高的地位和荣誉，我还要什么名利？有人造谣他病了。他在会上反驳说，阎王还没传票给我，就是有传票，我也不去。只要一息尚存，也要为人民服务！战斗开始了。在农场工人积极支持下，从种到收，他几乎每天都风雨无阻地来到田间，在播种的二千多品系、品种的苗圃里，去观察、去挑选。（纪希晨：《第八十二个春天——记小麦专家、中国农业科学院院长金善宝》，《人民日报》1978年7月18日第4版，第3页）

资料三（传记） 他想人靠边了，小麦育种不能靠边，小麦生长是有季节性的，错过了季节，就错过了一年的宝贵时光。他想把北京地区的小麦试验搞起来。在当时的条件下，要搞科学试验，一方面要冒"业务挂帅""白专道路"的危险；另一方面还要顶住来自各方面的阻力和压力。小麦试验需要土地，但农科院的试验地自"文革"以来，已被军代表一块块送给了别人，他只好尽量缩小小麦试验的面积；试验地需要平整、排灌，却没有劳动力和灌溉设备；试验需要肥料、仪器和经费，全都无人理睬。一件件、一桩

桩，都要年逾古稀的金善宝亲自去跑、亲自去过问。（孟美怡：《金善宝》，第142—143页）

夏，确定小麦的夏繁基地，在井冈山、庐山两地同时进行小麦夏繁试验。

资料（口述） 小麦夏繁主要根据当时的条件，因为当时的人工气候室和温室的条件都比较差。六五年开始，金老就想着怎么加快小麦的育种年限，加快育种步伐。想正常的小麦秋播，十月底播种，六月初收获。思考怎么利用我们国家现有的地大物博的自然条件来增加一个世代。所以就选择夏天海拔比较高的地方，比如像附近的天目山、黄山、庐山、井冈山。另外比较远的地方，像昆明春城，夏天温度比较低。所以就准备从这几个地方来选。金老带了沈丽娟、薄元嘉、吴兆苏教授他们选了几个地方，包括黄山、庐山、井冈山。比较下来，天目山和黄山虽然离南京比较近，但是夏季容易受到台风的影响；而庐山、井冈山离海边比较远一些，受台风的影响比较小，最后确定在庐山——海拔有一千多米和井冈山铜木岭——就是五大哨口之一，海拔九百多米。从1966年开始选，正式开始大概是1967年夏季，周朝飞到庐山植物园，从播种待到收获。薄元嘉先生就在井冈山铜木岭分农场，从播种待到收获。而我在收获之前去送收获的工具，并且参加两个地方的收获工作。（《陈佩度访谈》，2017年5月）

9月，儿子金孟浩来京探望。

资料（照片） 金孟浩、陈慧英夫妇（后排左起）来京探望双亲。（见图173）

10月1日，应邀登上天安门城楼，见到了毛主席和周总理。

资料一（报道） 1967年国庆节，金老在天安门城楼上观礼。眼前，人群像红色的海洋，波浪滚滚。毛主席过来了，周总理过来了。周总理一看到金善宝，停下脚步，紧握他的手，万分关切地问道："金老，你们农业科学院怎么样？"周总理听他说很混乱，点了点头。炯炯目光里，燃烧着期待和希望："金老，农业科学院全靠你了！""不，不！"金老激动得连忙回答："全靠毛主席！全靠周总

图 173

理!”(纪希晨:《第八十二个春天——记小麦专家、中国农业科学院院长金善宝》,《农业科技通讯》1978 年第 10 期,第 4 页)

资料二(传记) 1967 年国庆节,金善宝收到国务院的请柬,邀请他到天安门城楼观礼。在城楼上,周恩来总理走过来同他握手,关切地询问:“金老,你们农业科学院怎么样?”他坦率地回答:“很乱!”周总理凝视着他,语气沉重地说:“金老,全靠你了!”金善宝感到很不安,激动地说:“不! 不! 全靠毛主席,全靠周总理!”总理的话,使金善宝多日不能平静,他想到在重庆乌云密布的日日夜夜,是周总理给他们这些在苦闷中探索的教授指明了方向;现在又是周总理无微不至的关怀,每当“五一”“十一”,就给他送来了观礼请柬,保护他免遭批斗。在农科院……作为一名院长,一个从旧社会过来的“反动学术权威”,竟然一次也未遭批斗,这种优惠待遇,实在是太难得了!(孟美怡:《金善宝》,第 158—159 页)

资料三(报道) 1967 年国庆节,金善宝应邀到天安门上观礼。周总理问金善宝:“你们农科院怎么样?”金善宝回答:“很乱!”周总理对金善宝说:“全靠你了,金老!”周总理的关怀,使得金善宝免遭揪斗。……金善宝不仅指导助手们进行小麦的育种加代工作,而且亲自登上黄山、井冈山、庐山去选择春麦夏繁的适宜地点,他又亲自到海南岛,在通什农科所(位于五指山

南）观察春麦冬繁的生长情况。（吴景锋：《动乱中的斗士（金善宝三）》，收入吕青主编《南繁小故事》，第 27 页）

10 月 8 日，致信井冈山一线的工作人员。

资料（信件） 《给井冈山一线薄元嘉的信》。（见图 174 - 1 至图 174 - 3）

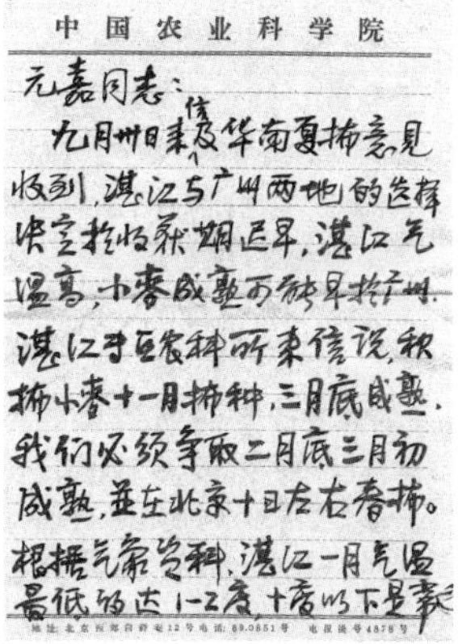
中国农业科学院

元嘉同志：

九月卅日来信及华南夏播意见收到，湛江与广州两地的选择决定于收获期迟早，湛江气温高，小麦成熟可能早于广州。湛江专区农科所来信说，秋播小麦十一月播种，三月底成熟。我们必须争取二月底三月初成熟，并在北京十日左右春播。根据气象资料，湛江一月气温最低能达1-2度，十度以下是常

图 174 - 1

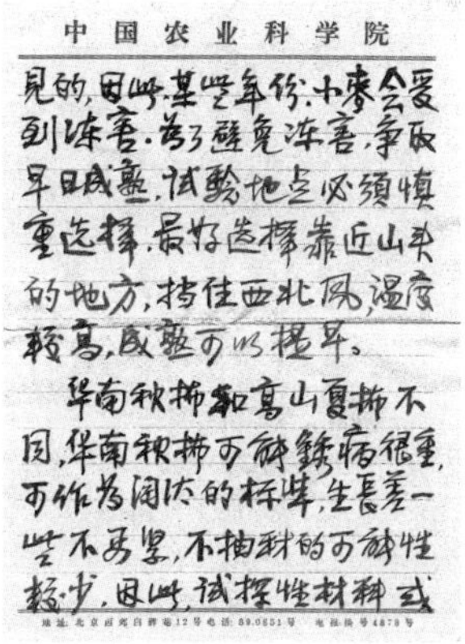
中国农业科学院

见的，因此某些年份，小麦会受到冻害。为了避免冻害，争取早日成熟，试验地点必须慎重选择，最好选择靠近山头的地方，挡住西北风，温度较高，成熟可以提早。

华南秋播和高山夏播不同，华南秋播可能锈病很重，可作为测验的标准，生长差一些不要紧，不抽穗的可能性较少，因此，试探性材料或

图 174 - 2

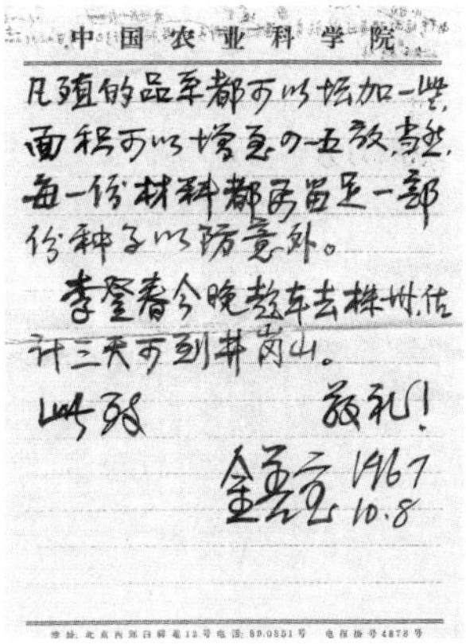
中国农业科学院

凡殖的品系都可以增加一些，面积可以增至四—五亩左右，每一份材料都要留足一部份种子以防意外。

李登春今晚搭车去株州，估计三天可到井冈山。

此致

敬礼！

金善宝 1967 10.8

图 174 - 3

10 月，迎来井冈山、庐山两地夏播小麦同时成功的喜讯。

资料一（传记） 当金善宝倡导小麦“南繁北育、异地加代”孤立无援之时，是小麦品种研究室——千里之遥的战友，勇于探索，义无反顾地奔往南繁第一线。1967 年，上有老、下有小、已是中年的薄元嘉、周朝飞，听从金老的召唤分别去井冈山、庐山驻点，播下了夏繁小麦的第一颗种子，从种到收，坚持在井山、庐山两地同时试验。在那粮食短缺的岁月，他们住在简陋的茅草房里，过着半饥半饱的生活，日日夜夜守护着这块小麦试验田，对小麦生长的全过程进行观察、记载，承担了小麦生长季节的全部体力劳动，记录下小麦生长季节的每一个变化，写下了几万字的试验报告。10 月间大部分品种成熟，有的杂交后代千粒重达到 50 克，碧玉麦 68 天就成熟，而且品质很好。南大 2419 长势很好，小区测产结果，亩产 200 多斤，认为井冈山、庐山夏播小麦初步获得成功，攻下了缩短小麦育种年限最为关键的堡垒。（杜振华等：《百年耕耘——金善宝传》，第 170—171 页）

资料二(传记) 他派小麦品种研究室的薄元嘉继续在井冈山驻点,周朝飞到庐山植物园,坚持在井冈山、庐山两地同时试验,对小麦生长的全过程进行观察记载、精心管理。7 月播种,10 月间大部分品种成熟。有的杂交后代千粒重达到 50 克,碧玉麦 68 天就成熟,而且品质很好。南大 2419 长势很好,小区测产结果,亩产 200 多斤。12 月做了总结,认为井冈山、庐山夏播小麦初步获得成功。随着井冈山、庐山的夏繁小麦获得成功,打破了我国小麦育种工作一年只能繁殖一代的局面,为我国小麦育种的快速发展打下一个良好的基础。庐山植物园此项试验成果获得了江西省科技成果奖。此后,高山小麦夏播繁殖经验很快在全国各育种单位普遍推广和应用,据不完全统计,仅到庐山进行小麦夏季繁殖的单位,高峰时多达 17 个。各省、市、自治区还利用当地的有利条件,广泛进行各种作物的夏播繁殖试验,取得了较好的结果。(孟美怡:《金善宝》,第 140、145 页)

资料三(口述) 高山夏播小麦经验很快在全国各育种单位普遍推广,据不完全统计,仅到庐山进行小麦夏播的单位,高峰时多达 17 个。各省、市、自治区还利用当地的有利条件,广泛进行各种作物的夏播繁殖试验,取得了很好的成果。庐山植物园因夏繁小麦成功,荣获江西省科技成果一等奖,受到当地群众敲锣打鼓的欢迎,可是在院内,金老每次向革委会“头头”汇报时,“头头”的态度都是冷冷的。这真是“墙内开花墙外香”了!(《杜振华访谈》,2017 年 4 月)

11 月,在总结小麦高山夏播成功的基础上,进一步提出湛江、海南岛等地秋播冬繁的设想和措施。

资料一(其他) 一、本试验的主要目的是:1. 了解小麦在高山夏播是否正常生长发育及其在栽培技术上的一套措施。2. 如何解决小麦夏播,温室栽培、春播、华南秋播以及南京正常秋播一年繁殖三代,在生育期方面的矛盾(即一年三代的生育期能否衔接)。3. 探索杂种早代材料,在不同的环境条件下种植对其后代遗传性形成的影响和稳定性,以及选择效果。4. 了解小麦高山夏播的产量和繁殖系数及生产上能否实行小麦夏播,发展山区小麦。二、试验结果:1. 供试材料……有 88%的材料能抽穗和成熟,籽粒饱满，品质良好。千粒重30克以上的占96.6%。南大2419繁殖试验小区测产208斤/亩，已超过当地小麦生产水平。夏播基本上是成功的。2. 夏播小麦在6月播种，生育期短的70天，多数110天左右，一般在10月下旬成熟。收获后，可以适时在南京秋播；或在华南秋播后，再至北方春播，为春小麦一年繁殖三代建立了基础。3. 杂种早代(F1、F2)材料，尤其是F2，分离变异范围很大，选择材料丰富。加速繁殖世代，可以提早获得稳定的类型。后期世代(F2以上)材料，分离变异较小，以加速扩大繁殖种子数量为主，可以提早鉴定评比或示范推广。4. 偏冬性材料都未抽穗。有12%的材料未收到种子。成熟材料中，成熟百分率在50%以上的，只占总数的30%。杂种的遗传变异规律以及选择依据很难掌握。这些问题需要进一步试验研究，逐步加以克服。(中国农业科学院、南京农学院小麦品种研究室：《小麦高山夏播初步总结》，1967年11月，第1—4页)

资料二(传记) 在高山夏播繁殖小麦成功的基础上，金善宝进一步提出在广东湛江、海南岛等地进行春小麦冬季繁殖的设想。6月，在北京收获小麦后，7月初，到江西井冈山桐木岭和庐山牯岭夏播，10月中旬收获夏繁小麦种子，当月下旬赶到广东湛江秋播，次年2月收获。(金作怡：《金善宝》，第184—185页)

资料三(口述) 庐山收获以后给我的任务是到广东湛江做试验。因为湛江的纬度低，冬天比较温暖。所以到那边可以再加代，十一月播种，第二年二月底，三月初就可以收获。所以那一年就是南京正常的秋播。六月初收了以后，再到庐山和井冈山夏播，六月中旬播种，十月下旬收获，收获以后，再接下去，到广东的湛江，十一月初播种，第二年三月初收获，再到黑龙江进行春播。这样就实现了一年三代。所以说从六七年的开始到六八年的春天，实现了小麦的一年三代。(《陈佩度访谈》，2017年4月)

12月，与湛江一线的工作人员交流。

资料一(口述) 在湛江南繁时，我们和金老常常书信联系。金老问的问题很细，我们回答他的问题以后，他还给我们及时回信。比如说，我汇报了湛江的播种情况，他就讲了哪种类型，需要怎么注意，需要怎么选。……

问他这些材料怎么处理？他也提出了意见，一个就是一部分材料要寄回北京，我们可以作为下个阶段的实验材料用。还有一个就是他们当地对这材料感兴趣，也可以留一部分，在当地试种、推广。所以说，金老讲得还是很仔细的。那一年，你不是还到了湛江，金老没能来成，还请你代表他亲自去地里看一看小麦长得怎么样吗？（《陈佩度访谈》，2017 年 4 月）

资料二(传记) 正处于青春年华的陈佩度被派往了广东湛江南繁第一线，那时候的湛江农村，生活十分艰苦，在物资供应十分匮乏的状况下，他没有埋怨，没有牢骚，身负繁重任务，披星戴月，边观察、边探索，并和远在京都的金老建立了密切联系，通过信件交流。金老的鼓励、金老的支持、问候，给予了他莫大的力量，使他克服了种种困难，坚持不懈地战斗在南繁第一线。（杜振华等：《百年耕耘——金善宝传》，第 174 页）

资料三(信件) 寄信给陈佩度，布置南繁小麦的任务。（见图 175 - 1 至图 175 - 3）

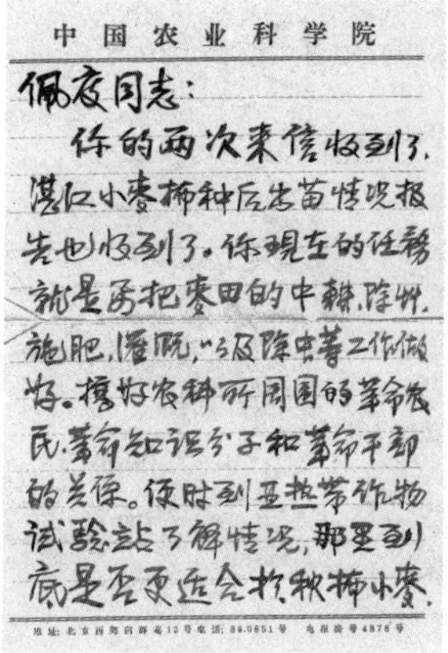

中国农业科学院

佩度同志：

你的两次来信收到了。湛江小麦播种后出苗情况报告也收到了。你现在的任务就是要把麦田的中耕、除草、施肥、灌溉，以及除虫等工作做好。搞好农科所周围的革命农民、革命知识分子和革命干部的关系。便时到亚热带作物试验站了解情况，那里到底是否更适合於秋播小麦。

图 175 - 1

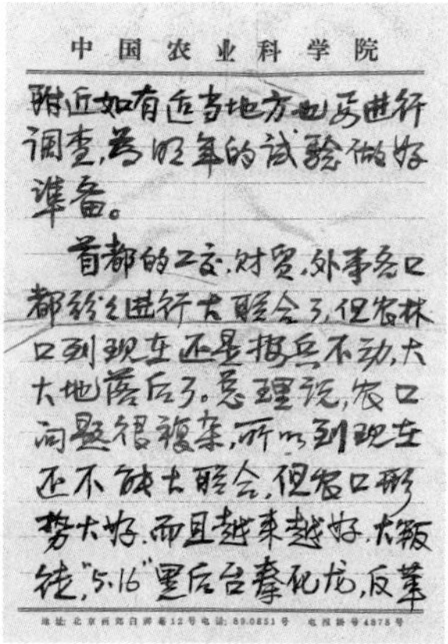

中国农业科学院

附近如有适当地方也要进行调查，为明年的试验做好准备。

首都的工交、财贸、外事各口都纷纷进行大联合了，但农林口到现在还是按兵不动，大大地落后了。总理说，农口问题很复杂，所以到现在还不能大联合，但农口形势大好，而且越来越好，大叛徒、“5.16”黑后台谭震林，反革

图 175 - 2

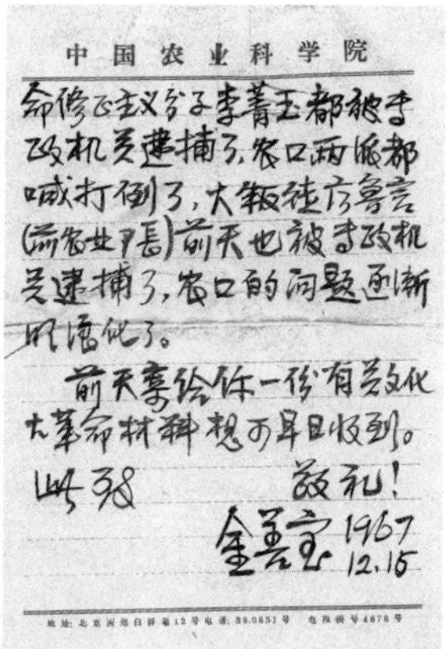

中国农业科学院

命修正主义分子李菁玉都被专政机关逮捕了，农口两派都喊打倒了，大叛徒廖鲁言（前农业部长）前天也被专政机关逮捕了，农口的问题逐渐明朗化了。

前天寄给你一份有关文化大革命材料想可早日收到。

此致

敬礼！

金善宝 1967 12.15

图 175 - 3

是年，育成京红 1—6 号等春小麦新品种。

资料一(档案) 第一阶段：1960—1967 年，以改造提高南大 2419 为主要目标，选用甘肃 96、欧柔、印度 798、原农 1 号等为亲本，拟选育出比印度 798 早熟、高产，比南大 2419 抗锈性较好的春小麦新品种，取代当时生产上应用的锈病重、成熟晚的“三联二号”等一些老品种。1967 年育成的“京红 1

号”，表现早熟、适应性强，株高 85 厘米左右，适于间套复种。其组合亲本为（欧柔×印度 798），这是我们首次育成的一个半矮秆小麦。在此阶段内还先后育成京红 2、3、4、5、6 号六个品种和京 1—35、京春 10 号、京春 31、品 16 等品种。这些品种(系)，除京红 4 号、6 号的抗锈性较好外，其余品种的抗锈性都不强，但在一般肥力水平条件下，适应性较好。其中，京红 1 号、4 号、5 号等品种在西北、华北和华南等麦区，都曾在生产上推广种植一定面积。（中国农业科学院作物所档案室：《春小麦的早熟性选育和异地加代》）

资料二(著作)　该书介绍了京红 1 号、5 号的育成、特性、产量和分布。（金善宝主编：《中国小麦品种志(1962—1982)》，农业出版社，1986 年，第 372—375 页）

资料三(著作)　该书介绍了杂交育成的京红 4 号、1 号、5 号及其衍生品种。（金善宝主编：《中国小麦品种及其系谱》，农业出版社，1983 年，第 222—226 页）

1968 年　　74 岁

1 月 2 日，继续与湛江南繁一线的工作人员交流。

资料(信件)　致信陈佩度，商讨南繁小麦应注意的问题。（《金善宝给陈佩度的信》，1968 年 1 月 2 日，见图 176、图 177－1、图 177－2）

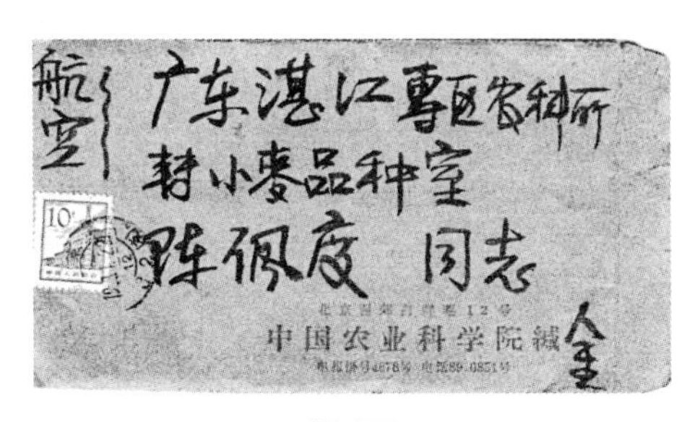

图 176

3 月，小麦品种室召开小麦高山夏播座谈会，认为 1966 年夏季开始在庐山、井冈山和湛江等地一年繁殖三代的小麦试验基本成功。

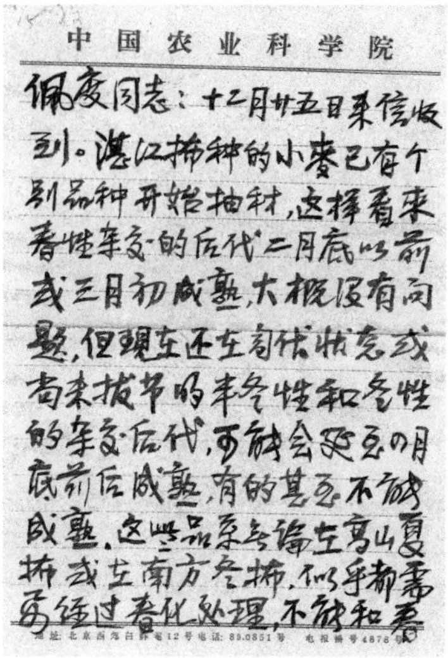

中国农业科学院

佩度同志：十二月廿五日来信收到。湛江播种的小麦已有个别品种开始抽穗，这样看来春性杂交的后代二月底以前或三月初成熟，大概没有问题，但现在还在匍伏状态或尚未拔节的半冬性和冬性的杂交后代，可能会延至四月底前后成熟，有的甚至不能成熟。这些品系冬播在高山夏播或在南方冬播，似乎都需要经过春化处理，不能和春

地址：北京西郊白祥庵12号电话：89.0851号 电报挂号4878号

图 177－1

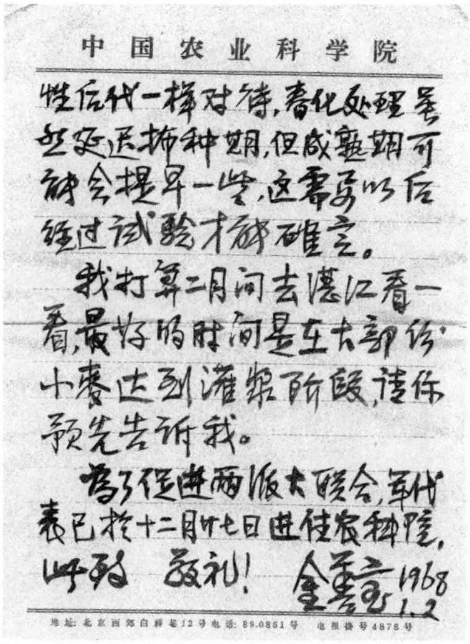

中国农业科学院

性后代一样对待，春化处理虽然延迟播种期，但成熟期可能会提早一些，这需要以后经过试验才能确定。

我打算二月间去湛江看一看，最好的时间是在大部份小麦达到灌浆阶段，请你预先告诉我。

我所促进两派大联合，军代表已于十二月廿七日进驻农科院，

此致 敬礼！

金善宝 1968 1.2

地址：北京西郊白祥庵12号电话：89.0851号 电报挂号4878号

图 177－2

资料(其他) 我院小麦品种室的同志为了满足我国农业生产飞速发展的需要，利用我国幅员广大、具有多种多样自然条件的特点，自 1966 年夏季开始，在庐山、井冈山和湛江等地进行了一年繁殖三代试验，获得基本成功，创造了小麦育种方法的新途径。庐山、井冈山两地夏播小麦试验的成功，引起了各地农业研究单位的重视，我院作物所、原子能所先后于 1966 年、1967 年参加了这项工作；今年 3 月，小麦品种室在南京召开了小麦高山夏播座谈会，会后不少单位主动要求参加今年的小麦夏播试验工作，如在庐山有湖北省农业科研所、中科院遗传研究所，在井冈山有中国农科院江苏分院、上海市农业科学研究院、江苏省扬州专区农科所和苏州专区农科所。(小麦品种研究室：《关于小麦高山夏播试验出差工作汇报》，1968 年 3 月)

4 月 19 日，和湛江南繁一线的慰问和嘱托。

资料(信件) 给佩度、明烈两位同志的信。(《关心小麦品种室佩度、明烈同志的工作》，1968 年 4 月 19 日，见图 178－1、图 178－2)

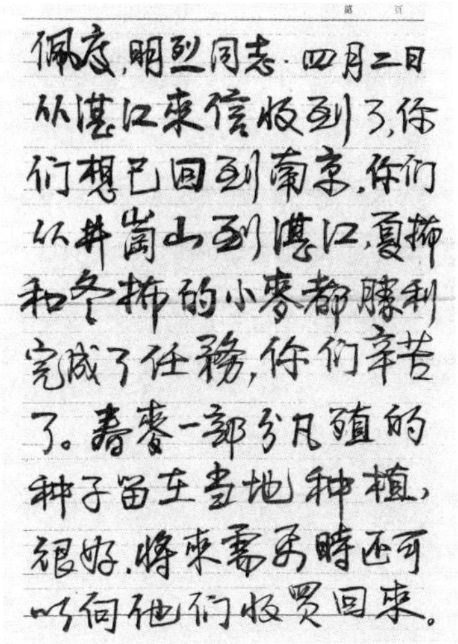

佩庭、明烈同志：四月二日从湛江来信收到了，你们想已回到南京。你们从井岗山到湛江，夏播和冬播的小麦都胜利完成了任务，你们辛苦了。春麦一部分繁殖的种子留在当地种植，很好。将来需要时还可以向他们收买回来。

图 178－1

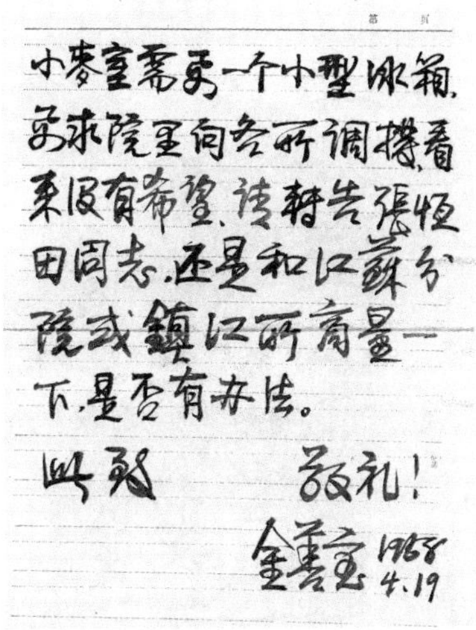

小麦室需要一个小型冰箱，要求院里向各所调拨看来很有希望，请转告张恒田同志。还是和江苏分院或镇江所商量一下，是否有办法。

此致

敬礼！

金善宝 1968 4.19

图 178－2

7 月，开始接受审查。

资料一（传记） 一天，金善宝正在气象室“学习”，头头带来两个陌生人，没有向他作任何介绍，也没有给他看介绍信，两位来客就十分蛮横地说：“金善宝，今天要你交代南京解放前夕应变委员会的问题，这个反动组织的主要成员、主要领导人有哪些破坏活动？”金善宝一听，茫茫然不知所以，只好先坦然坐下，平静地说：“什么应变委员会？我不知道，从来没听说过。”金善宝耐心地告诉他们，1949 年 4 月南京解放的时候，自己正在无锡江南大学教书，6 月份，江南大学的教学任务结束后，才回到南京，因此，对南京解放前夕的情况不清楚。但是这两个人依然凶狠狠地说，是蔡翘揭发你参加了应变委员会，这是个特务组织，你要老实交代！金善宝说：“不管是谁揭发的，不管这个应变委员会是什么性质，我没有参加，就不能随便乱说！”这两个人一听就火了，拍着桌子大声吼道：“金善宝，你放老实一点！你要老实交代！”金善宝也气得拍案而起，大声回击道：“我没有参加，就是没有参加，没有的事，我决不能随便乱说！”回到家里，他还气愤不已，对老伴说：“我没有的事，他们一定要强加于我，逼着我承认，真正岂有此理！”金师母听说老伴竟敢对造反派发脾气、拍桌子，十分惊讶，她劝老伴不要生气。女儿也在旁边劝爸爸说:“您放心,他们会去调查清楚的!”可是,金善宝参加过“反动组织”这条“新闻”霎时间传遍了整个农科大院,那帮一心想整垮金善宝的人高兴得连连叫好:“太好了,太好了,这一回可抓住金善宝的小辫子了!”从此,对金善宝的历史进行内查外调,不仅去金善宝的老家浙江诸暨调查,到金善宝工作过的南京、无锡、重庆等地调查,还到大连、成都等地,他女儿、女婿工作的单位去调查。(金作怡:《金善宝》,第162—164页)

资料二(手稿) 最近南京有人来农科院外调说:“1949年……我在南京中央大学参加了应变委员会。”过去,我只知道有个护校委员会,是反对把学校迁到台湾去的,农艺系助教沈丽娟、朱立宏、黎洪模等人是积极护校的。应变委员会这个名称过去从未听说过,是这次外调同志来才听到的。当抗日战争开始,我的政治态度就很明确,坚决站在伟大领袖毛主席的抗日革命路线一边,坚决反对蒋介石的反动投降路线。当国民党反动派貌似强大的时候,我的态度尚且如此,1949年春“钟山风云起苍黄、百万雄师过大江”,蒋家王朝已经到了彻底完蛋的时候,我不去参加护校委员会,却偏偏有人说,我参加了应变委员会,这怎么可能呢?我决不会糊涂到这种地步!这是和我当时的思想绝对不符合的!我……参加过什么会议,我现在一点也记不起来了,假如有人要我去参加辩论性的会议,我是会去参加的,如果我参加了会议,如果是辩论迁校问题,如果我发言的话,我肯定是反对迁校的,决不会允许把中央大学迁到台湾去的,也决不会吞吞吐吐,说些模棱两可的话。(金善宝:《“文革”交代材料·我的历史》)

资料三(传记) 对金善宝的历史调查,究竟花了多少时间,他本人并不清楚,但是,造反派叫他写个人历史的交代材料,前前后后延续了两年之久,也就是在这段时间里,他写下了许多珍贵的回忆,如抗战时期在重庆,有幸见到周恩来、毛泽东等人。另外,他还手抄了毛主席的《矛盾论》《实践论》等多篇著作,装订成册,留作纪念。(孟美怡:《金善宝》,第160页)

资料四(其他) 金善宝手抄并装订的毛主席著作。(见图179)

资料五(其他) 金善宝手迹。(见图180)

资料六(传记) 对金善宝的历史调查,前后持续了两年之久,耗费了大量人力、物力,终于查清了金善宝的“小辫子”有两条,一条是1945年8月,毛

图 179

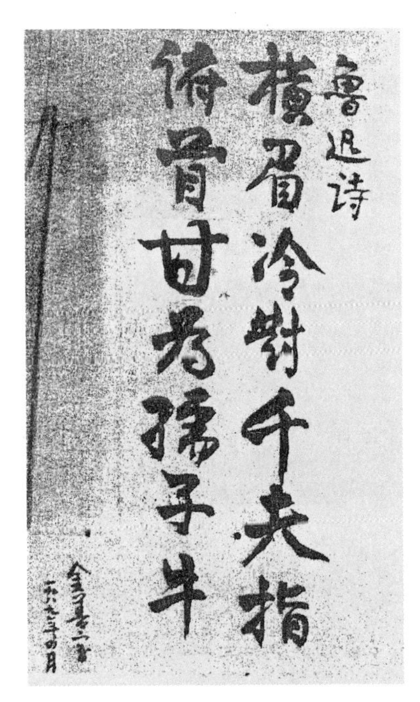

图 180

主席赴重庆和平谈判期间，中央大学金善宝等八位进步教授受到毛主席的亲切接见；另一条就是，应变委员会并不是什么反动组织，而是在中共地下党领导下反对中央大学迁往台湾的进步组织。金善宝虽然没有参加，也不知道什么是应变委员会，却和中大进步的师生一起，为保护中央大学留在南京、反对迁往台湾做了许多工作，这也就难怪蔡翘教授要“揭发、检举”他了。

直到20世纪70年代中期,"文化大革命"结束后,金善宝才知道这个应变委员会的原委。历史证明,在中共地下党的领导下,它圆满地完成了任务,把一个历史悠久的高等学府完好无损地交给了中华人民共和国,对人民作出了贡献。听到这个消息,金善宝感到十分欣慰。但是,他还是那句老话:"我没有参加,就是没有参加!"(金作怡:《金善宝》,第164页)

9月下旬,再登庐山,考察夏繁小麦。

资料一(其他) 我们为了了解今年小麦夏播试验的情况,于9月24日离开北京,9月29日到达庐山。现在,将庐山了解的情况做以下汇报:今年小麦夏播试验在中国科学院庐山植物园内进行。由于当地各级革委会的重视和支持、庐山植物园的工人和科学工作者的大力协助,今年庐山夏播基本成功。试验地5亩多,6月15日开始播种,8月28日开始收获,最早成熟的材料生育期只有66天,生育70天的材料也不少,大多数材料生育期是80—90天,夏播情况下,大部分材料都可正常成熟,植株一般同正常秋播的生长情况差异不大,感病轻的材料籽粒饱满,品质较好。同时,庐山各种病害发病比较充分,对育种材料的鉴定和选择极为有利。预计10月20日前,收获工作可告结束,收获种子可以适时在南京秋播,或湛江秋播后再在南京(北京)春播,实现一年繁殖三代。今年庐山夏播试验工作,自始至终得到江西省各级革委会的亲切关怀和热情支持,特别是庐山植物园革委会在人力、物力和技术条件上给予大力帮助和无私的支援,使这次试验工作能够顺利进行,并取得成功。今年5月初前来联系时,植物园的负责同志即表示:"这项工作在生产上很有意义,我们这里有条件,应该大力支持","需要什么就提出来,只要我们能办到的,一定尽力帮助解决,地可以随便选择,如果我们要用,也可以优先满足你们的需要"。因此,在整个试验过程中,要地有地,要工有工,要物有物。该园老工人罗享炳同志多次为我们选地量地,从整地播种到收获的整个试验过程中,经常为我们出谋划策……工人同志们说:"小麦一年种三次,庐山能种小麦,这是从没有听说过的事,今天我们试种小麦,一定要搞成功。"庐山植物园的大协作精神,令我们十分感动。……小麦一年繁殖三代的成果和图表……陈列在庐山植物园的献忠室内。小麦高山夏播试验成功,不仅可缩短小麦育种年限,同时也为当地山区发展小麦生产提供了可能性。当地工人、贫下中农看到庐山夏季种小麦,二个月可成熟,很感兴趣。过去,庐山只是一个单纯的游览地区,山上2 000多亩耕地,每年只是春季种一次马铃薯和蔬菜,土地利用率很低,而且没有粮食生产,经我们和庐山革委会商定,今年秋季将在庐山试种冬小麦,订于10月中旬播种,采用宽幅条播方法,明年春天套种马铃薯或夏季种植马铃薯。首先在山上三个生产大队和庐山植物园内试种,种子由小麦品种研究室提供。这项试验如果成功了,庐山山上2 000多亩耕地,每亩产量以200斤计,一年就可增加40万斤粮食。(金善宝、杜振华:《关于小麦高山夏播试验出差工作汇报》,1968年10月9日)

资料二(照片) 在庐山考察留影。(见图181)

图 181

资料三(照片) 金善宝(前中)和杜振华(后一)在庐山考察,与庐山植物园同志合影。(见图182)

10月,要求农科院尽快派人去湛江增援秋播,没有回音。

资料(手稿) 目前,庐山、井冈山两地的夏播收获工作已临近结束,按照一年繁殖三代的新途径,需到湛江进行秋播。据庐山参加夏播同志的意见,一年繁殖三代已经成功,这种方法在育种和生产上有很大意义,且又受

图 182

到各方面的欢迎,应该坚持下去,夏播材料收获后,即将部分材料送到湛江种植为好。另听中科院遗传所参加庐山夏播的同志介绍,他们所里的春麦育种材料,今年在庐山收获后,即到湛江秋播(用地8亩),并已去专人联系安排。小麦湛江秋播是一年繁殖三代的重要环节,为了尽快选育出优良品种,加速繁殖更多的良种,以满足农业生产的迫切需要,我们认为,我院小麦品种室在庐山、井冈山夏播收获的材料和作物所的春麦育种材料,应当尽快去湛江进行秋播.由于时间紧迫,请从速研究,给予指示。(金善宝、杜振华:《关于小麦高山夏播试验出差工作汇报》,1968年10月9日)

1969年　　75岁

春节,金孟浩来京看望父母。

资料(照片)　金孟浩携孙女金亚虹来京拜年。(见图183)

8月,春小麦一年繁殖三代的计划在我国首先实现了。

资料一(手稿)　一年繁殖三代试验获得基本成功。自1966年夏季开始,在井冈山、庐山、夏播取得成功的基础上,1968年春在南京秋季到广东省

图 183

湛江秋播，进行小麦一年繁殖三代试验，获得基本成功，创造了缩短小麦育种年限的新途径……要突破一年繁殖一代的限制，进行一年繁殖多代试验，主要矛盾在于夏季高温，关键在于夏播。一年四季，夏季不利用，在自然情况下是无法完成的。南京七、八两月较长时间的高温（平均气温 30℃—35℃以上）根本不适于小麦生长，小麦夏播是不可能成功的。

为了解决这个矛盾，我们进行了调查研究，确定井冈山、庐山两地进行小麦夏播，广东省湛江进行秋播，利用高山夏季气候冷凉和华南冬季温暖的特点，比较有利于小麦生长。各试验点情况如下：井冈山桐木岭垦殖分场试点：北纬 26°38′；海拔 970 米，夏季最高温度 32℃，历年七月份平均温度 24℃—25℃（八月份相似），10 月份平均最低温度 11℃—12℃。日照 6—9 月在 12 小时以上，10—11 月 11 小时左右。初霜期一般在 11 月中旬。庐山试验点设在牯岭东方红公社胜利大队（1968 年开始在是中科院庐山植物园）北纬 29°35′，海拔 1 200 米，历年各月平均温度约比井冈山低 2℃左右，前期高温威胁较轻，后期温度较低，初霜期较早，阴雾天多，对小麦成熟较为不利。

湛江专区农科所试点：位于湛江市赤坎以西八公里，北纬 21°15′。冬季温度较高，11 月份气温比南京 10 月份稍高（播种期），12 月—2 月气温与南京4月中旬—5月上旬相近(拔节、抽穗期),3月份气温与南京5月份相近(成熟期)。在湛江秋播缩去了在南京正常秋播条件下的越冬期。南京正常秋播小麦6月初可以收获,如果6月中旬送到高山夏播,10月中旬以前成熟,把井冈山、庐山夏播收获的种子送往湛江秋播(10月底—11月上旬播种),翌年3月中旬收获,再度寄回南京、北京春播,分别于6月中下旬成熟,则小麦一年繁殖三代就有可能成功。高山夏播从1966年起直至今年,已进入第4个试验年头,事实证明,一年繁殖三代,是加速小麦育种的有效途径之一。小麦一年繁殖三代,是通过“高山夏播—湛江秋播—南京、北京春播”的途径实现的。其中高山夏播是成败的关键。结果证明,高山夏播,六月中下旬播种,大部分春性,半冬性(春性较强)的冬小麦和春小麦品种能在10月底以前成熟,小区测产高的可达200斤/亩左右,且品质较好。湛江秋播,11月上旬播种,一般都在3月中下旬成熟,小区测产200斤/亩左右。高的达300斤/亩。南京和北京3月下旬至4月上旬春播,南京6月20日以前成熟,北京6月底至7月初成熟,再度送往高山夏播,生育期的衔接上问题不大,一年繁殖三代试验获得基本成功。(小麦品种研究室:《春小麦一年繁殖三代试验总结》,1969年8月)

资料二(手稿) 1967年,有人借口搞运动,要求停止高山夏播,但我们坚持在两山继续试验,并派人驻点观察记载,精心管理。7月初播种,10月大部分品种成熟。有的杂交后代千粒重达50克,南大2419生长得很好,小区测产结果,亩产200多斤。12月,我们做了总结,认为井冈山和庐山夏播小麦初步获得成功。10月下旬,我们又把新收获的种子带到广东的湛江去播种,1968年2月底至3月初收获,实现了春小麦一年繁殖三代的计划。(金善宝:《春小麦一年繁殖三代获得成功》,1968年8月)

资料三(传记) 他和他的助手们三年多的努力,终于实现了多年来的美好愿望,利用我国自然地理条件,一年繁殖三代小麦。这项研究,把春小麦新品种的选育时间,从10年左右缩短为3～4年,成为我国小麦育种工作中一个新的里程碑。现在,“南繁北育、异地加代”一词,已经成为农业科技的术语,“南繁北育”经验,也在玉米、高粱、水稻、谷子等作物上得到广泛应用,取得了显著成绩。(金作怡:《金善宝》,第184—185页)

冬，全国又刮起一股极左旋风，有人公开宣称，来农科院"拆庙"。

资料(传记) 1969年，全国又刮起了一股极左旋风，一时之间，有知识变成了有罪，交白卷成了"英雄"，"白卷英雄"到处作报告，批判17年的资产阶级教育路线，成了轰动一时的风流人物。这股极左的旋风也刮到了中国农科院内，当大批判的矛头指向全院广大的科技人员，批判知识分子是"精神贵族""臭鸡蛋""烂西红柿""要对知识分子进行全面专政"时，金善宝站出来说：知识分子是国家的财富，人民需要知识分子；当有人说什么；"农业科技人员下放农村蹲点，要蹲到共产主义"，"不下去，就武装押送下去，把眼泪哭干也得下去，"甚至还有人公开宣称，是到农科院来"拆庙"的。金善宝气愤地反驳说："农业科技人员到农村蹲点是为了理论和实践相结合，把科学知识带给农民。'蹲到共产主义'和'拆庙'的论调是妄图取消农业科学！"有人还在大会上公开讽刺打击金善宝："张铁生说的，你这个老院长可以回家抱孙子去了！"对此，他不屑一顾。(孟美怡：《金善宝》，第161页)

是年，京红1～6号在大面积生产条件下表现突出，全国已推广60万亩以上。

资料(档案) 我院在金善宝同志主持下，从1961—1969年先后育成京红1～6号春小麦新种……应用效果或鉴定意见：京红1号、2号、3号、4号、5号、6号六个小麦品种，在大面积生产条件下表现突出，一般比当地品种增产。全国已推广60万亩以上。(中国农业科学院春麦组：《科技成果登记表》，1977年8月，作科所档案室)

是年，小麦加代研究取得成果。

资料(口述) 小麦一年加代对于春性的类型比较实用。虽然夏季的温度比较低，但是在冬性品种来讲呢，要通过春化比较困难。所以春生的品种要打破种子的休眠，不经过春化处理就可以在井冈山、庐山或者是昆明可以正常开花、结实、收到种子。所以那一年金老对这个也作了指示。这是当初金老给我的一封信。这是我在湛江的时候金老亲笔写的，还是毛笔字。这是我到南边去播种出苗写汇报以后他给我的回信。另外我这里还有回来以后金老写给我和薄元嘉的信。主要内容还是希望我们对一年三代的主要性状的表现和遗传规律做一些研究。所以那几年我对南京正常秋播、井冈山夏播、湛江冬繁中植株的高度、抽穗期、成熟期以及在田间的长势长相，都做了详细的记载。春性强的，三个地方的表现比较一致。半冬性的就不行了。所以后来我们确定，对于春性的材料重点作为加代的主要材料，并且可以在异地进行适当的选择。另外，在育种当中，因为春性是显性的，所以在杂种一代，只要是冬性的、半冬性的和一个春性的品种杂交，F1 代是春性，杂交的当代种子就可以拿到夏播去加代。这是比较保险的，现在还继续应用。另外，对于春性类型的材料，要回交加代的进行世代选择。那么现在我们一方面在南京正常的秋播，另一方面在昆明进行夏季回交。通过人为选择的方法可以来选，再有一个就是春性比较强的、表现比较好的、准备繁殖种子扩大推广的，像宁麦三号，后来的南农 0686，这些材料都是在推广之前到昆明去加代繁殖种子，一下子就可以有比较多的种子来作区域实验、推广生产，所以这个效果还是比较明显的。从六五年到六六年开始，做到现在是 2017 年了。2016 年我们还在南京、昆明这样做，所以几十年通过这个实践考验是行之有效的。通过小麦加代研究还取得哪些成果呢？我印象比较深的有两个，一个就是宁麦三号即南农 701，到井冈山去加一代，在南京这边的条件下进行选择鉴定，选出抗性、产量性状比较好的品系，后来就很快稳定下来，加快了育种世代。另外一个就是我们现在还在继续培育的南农 9918、南农 0686 这两个新品种。南农 9918 是我们用小麦和簇毛麦杂交育成的抗白粉抗条锈病的易位系，又跟丰产、适应性好的扬麦 158 杂交，再用扬麦 158 回交，然后再在后代里选出来的品种。这个材料在选育过程当中我们就采用了一年两代的方式：就是在江浦正常秋播，然后到昆明去夏繁。在夏繁期间表现抗病、适应性好，产量也高。在南京表现产量高、适应性好，也抗病。最后加快了世代，另外一个是到后来通过区域生产试验后要大量的种子了，我们那一年就在那边繁殖了几亩地，一下子有几千斤种子拿过来就可以大面积的推广。0686 也是这样子，现在表现都很好。在当时昆明抗病性比较好的，云南省农科院从我们的这个品种里选出好的材料和当地的品种进行杂交筛选出好的。比如像这个云麦 52 又抗白粉病，产量又高，后来云麦 52 可以直接推广。另外一个云麦52作为杂交小麦的父本，配置了云杂五号。云杂五号是我们国家杂交小麦面积最大的一个。所以说，通过一年加代，一方面可以看品种的适应性，另外一方面可以加快育种的世代，对于重点材料还可以增加繁殖的数量，就看你怎么用？小麦的加代不光是原来的中国农科院、南京农学院这两个单位在用，现在全国其他育种单位都在用这个方法。你比如说小麦的夏繁，现在到昆明去的单位，除了南京农业大学、中国农科院作物所以外，江苏省的就有江苏省农科院和许多地区所，还有河南农科院等。（《陈佩度访谈》，2017年2月24日）

1970年　　76岁

1月，三女儿被调离北京。

资料（传记）　1969年12月，林彪发布1号"战备"命令，北京紧急疏散人口，金善宝身边的三女儿也于1970年初被调到大连工作。女儿离开北京后，金善宝夫妇两个年近八旬的老人，只能互相照顾，相依为命。老伴有病了，金善宝陪她去医院；金善宝病了，老伴陪他去看病；年幼的小外孙病了，老两口还要带着他去儿童医院就诊。时间长了，这对相互照顾的老夫妇，在附近的海淀医院出了名，海淀医院的医生、护士都以为他们是一对无儿无女的孤寡老人。就在金善宝夫妇孤苦无依的时候，又传来了长期住院的大女儿逝世的消息，这真是雪上加霜，金善宝瞒着老伴去医院见了大女儿最后一面，白发人送黑发人，伤痛之情难以言表。（金作怡：《金善宝》，第166页）

5月14日，纪登奎来农科院说：科研工作是依靠七千五，还是依靠七亿五？农业科研要靠广大群众，不是靠48个研究所。他坚持真理。

资料一（其他）　1970年5月14日，国务院副总理纪登奎在同中国农业科学院、林业科学院的工、军宣传队、革委会负责人的讲话中指出："科研工作是依靠农科院七千五百人，还是依靠七亿五千万人？是依靠研究所还是依靠农民的创造，农业研究要彻底走群众路线，不是靠48个研究所（指农林、水产方面),要靠广大群众搞。"此番话使农、林两院遭灭顶之灾,成为"文化大革命"重灾户。1970 年 8 月 23 日,国务院副总理纪登奎对"关于农科院、林科院体制改革的报告"批示:"同意报告第三次下放的方案,作为第一步,留下的新机构 620 人,待再审一次另批。"1970 年国务院决定撤销中国农业科学院的建制,与中国林业科学研究院合并,成立中国农林科学院。本年度,原农林口各部门所属科研单位 68 个,职工 13 963 人,下放后合并成立中国农林科学院,暂编 620 人(其中干部 603 人,工人 17 人),组成 35 个科技服务组,分别到全国有关基层生产单位蹲点。(《中国农科院大事记 1957—2006》)

资料二(手稿) 我是搞农业的,农业方面,我觉得受极左的干扰、破坏那是非常严重的。从纪登奎说起,他是中央政治局委员,也是管农业的,他到中国农业科学院,开了一个大会,说:"农业科学要提高,农业生产要发展,靠什么? 依靠七千五,还是七亿五?"那时候,我们农业科学院大概是七千五百多人,他的意思是,靠你们七千五没有用,应该靠七亿五。那个时候,我们有四十来个研究所,在北京有七八个,大部分都在地方搞些试验。他说这种所的工作人员全部下放,归地方,你们不要管。知识分子呢,接受贫下中农再教育,统统下去。我们那时七千五呀,在北京还有两千多人,后来只留下了六百二十多人,连工人都在内。他对那时一个当领导的同志说:你管管饭票就是了,别的事情不要管。这样一来,农业部长沙风就说:"农科院不是缩小,而是不要了,不必要了。开天辟地几千年,没有科学也种田。谁不会种蔬菜? 还要来个研究所干什么?"那时纪登奎说要下放,农业部一天至少要几个电话来催,那个所,怎么还不下去? 拼命地催,人家连铺盖都来不及弄,稀里哗啦都下去了。你这样讲,要依靠农民,要依靠七亿五呀,一个农科院七千五还不要紧。但是,各省还有农科院和农业院校呢,各省的农科院和农学院的研究人员也统统下放。那是很厉害的,影响很大。(金善宝:《在中国科协主席副主席、书记及部分全国学会理事长学习中央六中全会文件座谈会上的发言记录》,1977 年 7 月 9 日)

资料三(传记) 1970 年 5 月 14 日,中央主管农业的一位"大人物"来到农科院作报告说:"中国农业是依靠七亿五,还是依靠七千五(七亿五指全国农民，七千五指中国农科院当时的职工人数），这是举什么旗、抓什么纲、走什么道路的大是大非问题。”并指示农科院的一位领导说：“研究所全部下放，归地方，你们不要管，知识分子统统下去接受贫下中农再教育，你就管管饭票就是了。”于是，农业部里有的领导也跟着嚷嚷：“农科院不是要缩小，而是不要了！开天辟地几千年，没有科学也种田，谁不会种蔬菜、粮食，还要个研究所干什么？”听到这种谬论，金善宝实在忍无可忍了，他在会上气愤地反驳道：“农业科研是为农业生产服务的，是依靠七亿五还是七千五的说法是把农业科学和农业生产对立起来，从根本上否定农业科学技术对农业生产的巨大作用，妄图取消农业科学。今天，你们可利用手中的权力，把农科院拆掉，可是历史终将证明，农业科学对农业生产的巨大推动作用。”他和几位同志一起联名上书中央，要求保留中国农科院的科技力量，虽经四处奔走，却终于抵不住这股极左思潮的邪恶气焰，原农科院、林科院及水产研究院共有科研单位 42 个，职工 8 812 人，1970 年 8 月 23 日，在这位大人物的批示下，农、林两院合并（包括水产），除新机构选留 620 人外，其余全部下放或撤销。于是，农科院的 25 个研究所（室）下放的下放，解散的解散，整个农科院只剩下了一块空牌子。面对这一切对农业科学的践踏和破坏，金善宝十分痛心，想起周总理在天安门城楼上对自己说的话：“金老，农科院全靠你了！”感到无力回天，愧对周总理的期望。但是，金善宝作为一位农业科学家，这种坚决反对极左，维护农业科学的鲜明态度，使农科院广大科技人员心中有了一杆秤，在逆境中看到了祖国农业科学发展的希望！（金作怡：《金善宝》，第 164—165 页）

资料四（口述） 1970 年 5 月 14 日，一位青云直上的国务院副总理到中国农业科学院说：“农业科研工作是依靠七千五，还是依靠七亿五！（七千五指当时中国农科院职工总人数，七亿五是指当时全国农民人口），是依靠研究所还是依靠农民的创造，是举什么旗、走什么路的大是大非问题！农业要彻底走群众路线，要依靠广大群众搞。”由于他的鼓动和号召，把广大农民群众和专业农业科技机构和人员对立起来了，他还对一位管中国农业科学院的军代表说：“研究所全部下放，归地方，你们不要管，知识分子统统下去接受贫下中农再教育，院里管管发粮票就行了。”农业部也有人一起起哄，说什么"农科院不是要缩小,这是彻底不要了！开天辟地几千年,没有农科院也种田"。作为"靠边站"的院长,他听到这些荒谬伦的言论,十分难于容忍,真是强压怒火。在会上他提意见说:"知识分子应该接受贫下中农再教育,农业科技人员,应该到农村去解决生产中的实际问题和国家急需的重大问题。农科院不能被拆散。""三权"(人事关系管理权、科研任务安排权和国拨财务管理权)不应随意下放！(《吴景锋访谈》,2017 年 4 月)

6 月 5 日,农、林两院遵照"指示",上报"拆庙"方案。

资料(档案) 根据全国计划会议精神和……对农林科学研究体制整改的指示,深入地学习了毛主席的有关教导,在批判修正主义科研路线的基础上,通过群众反复讨论,提出如下整改方案:一、中国农林科学院的任务。1. 高举毛泽东思想伟大红旗,突出无产阶级政治,狠抓两个阶段、两条路线的斗争,坚决执行毛主席的无产阶级革命路线,实行政治建院,走"五·七"指示的光辉道路,加速对知识分子队伍的改造,实现思想革命化。2. 农林科技人员必须活学活用毛泽东思想,走与工农兵相结合的道路,与群众一道总结先进经验,逐步建立一支用毛泽东思想武装起来的以革命干部为骨干,以工人、贫下中农为主体,有革命知识分子参加的农林科技队伍,为实现和超过"农业发展纲要"和"大地园林化"而奋斗。3. 组织全国协作,协调科研计划,推广科研成果,组织经验交流,推动科技工作的发展。4. 开展物理、化学新技术在农、林业上应用的研究。开展微生物在农业上应用的研究,为粮、棉生产提供高产、优质、抗病新品种。5. 收集、整理国内外农、林科学技术情报;收集国外各种优良种子、苗木,组织试验、使用和推广。二、整改意见。根据上述任务,原农、林两院及水产共有科研单位 54 个,职工 10 081 人,拟保留 568 名,其余一律下放或撤销。(一)保留部分:1. 拟从原所属单位中选拔政治思想好、有一定业务能力的科技人员 318 名(农 170、林 120、水 38)及部属"五·七"干校抽调一批革命干部组成科技服务组(每组科技人员约五名左右),不带课题(除森工外),分别派往各地红旗单位或重大病疫区,同工人、贫下中农相结合,接受再教育,总结群众的先进经验。2. 拟将原子能农业利用研究所保留 67 人,作物生长刺激素、抗菌(生)素的研究和生产车间

55 人及林业新技术研究 4 人并入该所,名称拟定为中国农林科学院新技术应用研究所,共 126 人。3. 拟将原林科院情报所和农科院情报室合并为情报资料室,保留 37 人(农 20、林 17),国外引种工作 7 人(农 4、林 3)和森工航测小组 8 人并入该机构,共 52 人。4. 拟组织一个综合分析化验室,保留 20 人,承担科技服务组在总结群众经验中提出的科技问题,进行测量分析工作。5. 农林科学院拟保留一小型品种试验场,为国外引种试验和从事少量良种繁殖。6. 农林科学院本部拟设政工、办事、科研计划、后勤四个组,保留干部 52 人,工人按实际需要配备。7. 农林科学院院址,设原中国农科院院内。(二) 下放和撤销部分:植保、兽医、柑橘、作物、土肥等所带任务下放。仪器厂搬迁河南周口地区扶沟。中监所分别下放生药厂或兽研所,生物所待请示国家科委后专题解决。其他在京所按附表指定地区原建制下放,京外各所基本上按原建制就地下放。"五七"干校人员随原建制下放,干校撤销。农科院原服务队人员就地下放或随原单位下放,院部机关和农经所等撤销单位,原则上分配各所下放。(中国农业科学院、中国林业科学研究院:《关于中国农林科学院体制改革的方案(修改稿)》,1970 年 6 月 5 日)

8 月 23 日,农、林两院合并(包括水产),除新机构选留 620 人外,其余全部下放或撤销。

资料一(口述) 金善宝等几位同志联名上书,要求保留中国农科院多年培养积蓄的科技力量,四处奔波,也没能抵御这个极左逆流的狂潮。意见虽被全院人赞同,但执政者是当时农业部和农科院的军代表,他们在 1970 年 5 月下旬开始撤销中国农业科学院的建制:将 33 个科研机构下放地方 31 个(撤销 1 个),原子能利用研究所,因有钴源设施不便移动,名义上保留。由于大部分研究所、室急促下放、机构拆除,科研人员和资料散失严重,急于搬动的仪器设备有相当受损,使中国农业科学院多年的研究工作基础和将要完成的成果遭受了一场前所未有的浩劫!(《吴景锋访谈》,2017 年 4 月)

资料二(传记) 他和几位同志一起联名上书中央,要求保留中国农科院的科技力量,虽经四处奔走,却终于抵不住这股极左思潮的邪恶气焰,原农科院、林科院及水产研究院共有科研单位 42 个,职工 8 812 人,1970 年 8

月23日，在这位大人物的批示下，农、林两院合并（包括水产），除新机构选留620人外，其余全部下放或撤销。于是，农科院的25个研究所（室）下放的下放，解散的解散，整个农科院只剩下了一块空牌子。面对这一切对农业科学的践踏和破坏，金善宝十分痛心……（孟美怡：《金善宝》，第162页）

11月，完成手稿一篇。

资料（手稿） 作者比较了全世界栽培小麦单产最高的欧洲西北部几个国家的气候条件与我国柴达木盆地海拔3 000米的气候条件，认为我们应该积极利用盆地气候的有利因素，认真总结过去几年大面积高产的丰富经验，完全有可能在海拔3 000米的柴达木盆地，创造50万亩春小麦亩产千斤的大红旗。（金善宝：《在拔海三千公尺的柴达木盆地创造五十万亩春小麦亩产千斤的大红旗》，1970年11月27日）

1971年　　77岁

1月，唯一的助手杜振华被调走。经几次抗争，杜振华终于回归。

资料一（其他） 1971年1月7日，《中国农业科学院下放工作简报》中指出，全院原有35个单位，职工7 345人，根据农林两院体制改革方案，约需留下434人，占全院职工数的5.91%，应下放6 911人。截至1970年底，估计已下放京内外单位28个，职工5 899人，占应下放人数的85.3%。（《农科院大事记　1957—2006》）

资料二（传记） 正当他的小麦科学试验刚刚有点眉目的时候，突然一道命令下来，把他唯一的助手杜振华调走了！得知这个消息，他气愤极了，立刻找到生产组的头头□□抗议说："你们把杜振华调走，目的就是不让我搞小麦科学试验！我搞小麦育种有什么错？毛主席号召我们要抓革命、促生产，你们这样做，违反了毛主席的指示，真是岂有此理！"回到家里，他告诉老伴："他们欺侮我年纪大了，故意把我的助手调走，小麦试验就搞不成了，别的事，我都可以忍，不让我搞小麦试验，我决不能忍，我一定要和他们斗到底！"经过几次交涉，已经被调到原子能研究所的杜振华，终于又回来了！金善宝的这次抗争总算宣告胜利。他的小麦科学试验，就在这重重阻力下坚持下来。（金作怡：《金善宝》，第 182 页）

春节，金作美回京探亲。

资料（照片） 春节，金作美从四川成都回京探望双亲。（见图 184）

图 184

9 月，将《俄华辞典》送给助手杜振华。

资料（其他） 送给助手杜振华的《俄华辞典》。（见图 185）

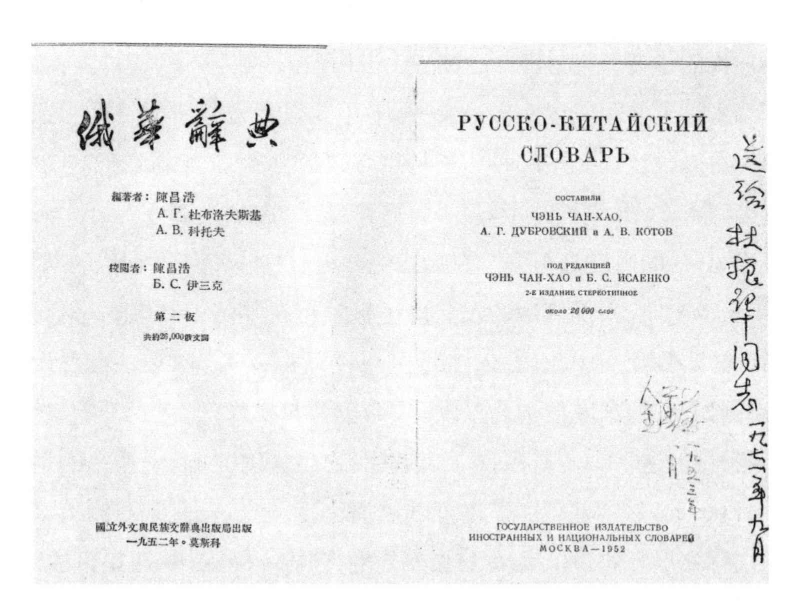

俄華辭典

編著者：陳昌浩
A. Г. 杜布洛夫斯基
A. B. 科托夫

校閲者：陳昌浩
Б. С. 伊三克

第二板

共約26,000俄文詞

國立外文與民族文辭典出版局出版
一九五二年 • 莫斯科

РУССКО-КИТАЙСКИЙ
СЛОВАРЬ

СОСТАВИЛИ
ЧЭНЬ ЧАН-ХАО,
А. Г. ДУБРОВСКИЙ и А. В. КОТОВ

ПОД РЕДАКЦИЕЙ
ЧЭНЬ ЧАН-ХАО и Б. С. ИСАЕНКО
2-Е ИЗДАНИЕ СТЕРЕОТИПНОЕ

около 26 000 слов

ГОСУДАРСТВЕННОЕ ИЗДАТЕЛЬСТВО
ИНОСТРАННЫХ И НАЦИОНАЛЬНЫХ СЛОВАРЕЙ
МОСКВА—1952

送给杜振华同志
一九七一年九月

图 185

11月，江苏省委作出决定："南京农学院迁扬州，与苏北农学院合并。"

资料(其他)　11月28日，中共江苏省委做出决定：南京农学院迁扬州，与苏北农学院合并，成立江苏农学院，由中共扬州地委领导。学校党政工作、领导班子建设、政治运动、干部管理、人事调配、教育革命等，由地委领导；专业设置与调整、招生、毕业分配、行政基建费、物资，由省有关部门管理。(费旭、周邦任：《南京农业大学史志1914—1988》，第272页)

1972年　　78岁

1月，向院核心小组汇报春小麦南繁北育的成果和下一步的育种计划，要求增加试验地和研究人员。

资料(手稿)　作物育种从杂交到育成一个新品种，一般需要10年左右的时间，远远不能适应我国社会主义农业发展的需要。为了加速春小麦的世代繁殖，我们从1966年开始，先后在井冈山、庐山、海南岛或湛江等地进行高山夏播试验。五年的试验证明，春性小麦在北京春播，高山夏播(井冈山或庐山)，南方秋播(海南岛或湛江)，一年繁殖三代，基本上获得了成功。一年繁殖三代的主要关键在于高山夏播。井冈山四五月是雨季，六月中旬以后雨季结束。七八月气候比较凉爽，七月中旬以后夏播小麦，十月二十日大部分品种可以收获。有些品种生长特别好，"碧玉麦"总生育期只有70天，品质又好。南大2419生长特别好，小区测产结果，亩产逾200斤，比当地山下的冬小麦50斤的亩产高得多。在庐山牯岭的夏播小麦获得相似的结果。因此，几年来，沪、宁、武汉等地的农业科学机关也在井冈山和庐山进行春性小麦夏播试验。我国高山比较多，各地区可以就近以适当的山地进行小麦夏播试验，例如，密云水库位于北京以北，海拔约500米，七八月份的气温比北京要低些，可能适于小麦夏播，又如北京西的门头沟区、斋堂公社的塔河，海拔700～800米。有人说，那里也可以夏播小麦。应该进行调查。小麦一年繁殖三代有几点好处：1. 大大缩短了育种年限，原来需要九年育成的新品种，一年繁殖三代，三年就能完成了。2. 一个杂交后代，在三个地区试种，既是繁殖后代的过程,又起到区域试验的作用。例如69－741这个新品种,在北京地区抗倒、抗三锈,但某些年份,白粉病严重,而在海南岛却生长很好,正在大量繁殖。3. 从三个不同地区培育出来的新品种,它的适应性往往比较大。例如,在北京、海南岛生长好的新品种,一般在宁夏、晋北、内蒙古等地都能适应。4. 春小麦生育期不过一百天左右,一年繁殖三代,育种工作者可以常年保持紧张的工作,便于在实践中获得更多的育种实践经验。5. 春小麦一年繁殖三代,既是一种育种方法,同时又是加速育成新品种的途径。几年来,我们推广了京红号5个品种,在生产上的反应还好。其中京红4号抗三锈,在银川的瘠薄地区,与15个优良品种比较,列为第一,亩产约700斤。京红5号抗条秆锈,从海南到晋北,表现都好,在晋北的大同市,亩产近700斤。京红1号,矮秆、抗倒伏、抗条秆锈,是个早熟品种,利于间作套种。现在有些杂交后代,穗大、产量高,出穗期比京红1号早几天,但成熟期并不比京红1号早。1969—1970年育成的新品系,在北京、海南各地试种也比较好,如69－741、70－5655、70－5321、69－915、69－917等品种,海南军区和农科所都在大力推广。根据我国农业生产的需要,计划在三五年内育出更多更好的春小麦新品种。分三方面进行:1. 早熟性。增加复种指数是粮食增产的重要条件,近年来南方两熟地区逐渐向三熟制发展,北方一熟制逐渐变为两年三熟或一年两熟。因此,在生产上对早熟品种要求越来越迫切。2. 高产性。近年来,我国灌溉面积逐年扩大,化肥生产也在迅速增加,在生产上要求供应耐肥、抗倒的高产品种,在冬麦区能否育成高产的春小麦新品种,有待实践来证明。我国还没有大面积亩产千斤以上的春小麦品种,这应该是我们努力的方向。3. 抗病性。选育高抗三种锈病、白粉病的新品种,在保证小麦高产的同时,改善春小麦品质,提高蛋白质、赖氨酸含量,育成更多更好的优质小麦。今年春小麦的杂交后代从一代到七、八代,约有100多个组合。第一、二代种子较少,以后各代种子较多,所占面积比较大。有几十个亲本加入做对照。以行数计,约有四五千行,总共约需试验地五亩。另有几个新品种和一些老品种。需要繁殖,每一个品种约需试验地半亩或一亩左右,共需试验地十亩。春小麦育种工作原由杜振华一人负责进行,1968年增加了陈孝,1970年又增加了张文祥,并随时由作物所派人协助工作。1971年陈孝、张文祥随作物所下放北京市后,只有杜振华一人在孤军作战。我们希望增加两名研究人员,并希望农场老工人罗松贵一道参加,组成一个工、青、老三结合的春小麦小组,在院生产组和试验农场的领导下,积极地进行春小麦育种工作。"中国人民有志气、有能力,一定要在不远的将来,赶上和超过世界先进水平",毛主席这一指示,大大地鼓舞了我,使我勇气百倍,甚至不知老之将至,下决心要在三五年内培育出一批赶超世界先进水平的新品种,为社会主义祖国争光。三五年的时间不算很长,我或者还可以看到它,我总希望能够看到它。这就是我的一点愿望。(金善宝:《春小麦育种计划》,1972 年 1 月)

2 月,提出农、林科学院作物育种计划的设想。

资料(手稿) 金善宝论述了中国农林科学院的育种目的,育种的重点(粮、棉、油三类),育种的方法(品种间杂交、辐射育种等),介绍了墨西哥、美国等国的小麦育种情况。提出为了迅速满足我国社会主义大农业生产发展的需要,为了积极赶超世界先进水平,建议将小麦、水稻、小黑麦、玉米、高粱、棉花、向日葵、大豆、花生、油菜等十大作物,每种作物组成一个育种小组,每个小组配备3~5 名研究人员。在院东门外和马连洼两个试验农场一共约有 400 亩土地,开展作物育种研究。(金善宝:《中国农林科学院作物育种计划》,1972 年 2 月)

春节,子女分别从上海、大连回京探望。

资料(照片) 1972 年春节,金善宝一家(前左:姚璧辉、金小卫、金善宝、金晓滨,后左:金孟浩、王尔鑑、金作怡)摄于北京。(见图 186)

1—6 月,南京农学院被撤销,与江苏农学院合并,原来南农的校舍,场地、农场,陆续被强行分割、霸占。

资料一(其他) 1972 年 1 月,南农教职工分批到达扬州。合并后,房屋面积仅有 4.8 万平(方)米(并校时,南京农学院建筑面积近 8 万平方米)。对于原南京农学院的校址和下属单位,省革委会先后作出决定,移交给别的单位。1972 年 4 月,卫岗的教学主楼和学生宿舍移交省委党校。6 月,决定将黑墨营农牧场移交给南京林产工业学院。8 月,将江浦农场的干部、工人以

图 186

及设备，交江苏省处理，直接由江浦县接管……这一系列决定，明确表示了江苏省委下定决心撤掉南京农学院。为此，原南农的广大教职工和苏农的一些教职工都有不同意见，有的领导人到省里汇报教育部职工的意见，均受到压制，当时广大教职工的心情是可以想象到的，原南农的一些领导干部和教师，因各种原因办理了离院手续。（费旭、周邦任：《南京农业大学史志1914—1988》，第272—273页）

资料二(传记) 1972年1月，南京农学院被迫迁到了扬州，与江苏农学院合并，搬迁时，很多仪器设备被摔烂，书籍资料散失无存，损失惨重。搬迁后，由于南京农学院师生员工人数大大超过了江苏农学院，江苏农学院原有的教室、宿舍、实验室根本无法容纳，以致学生没有教室上课，教师无法教学，科学研究更是无从谈起，搬去的仪器设备也无处存放，只好放在露天里，任凭风吹雨打，损失惨重。有人形容这种合并方法，就像把一个大瓶子装进一个小瓶子，是根本不可能的。唯一的办法是，把大瓶子砸烂，才能把大瓶的碎片装进小瓶里。这就是说，南京农学院与江苏农学院合并，实际上是砸烂了南京农学院，取消了南京农学院。原来南农的校舍，场地、农场都被强行分割、霸占……母校的厄运，牵动着赤子之心！（金作怡：《金善宝》，第236页）

6月26日—7月3日，赴银川参加全国春小麦现场经验交流会。

资料一(照片)　春小麦现场交流会留影并记录。(见图 187、图 188)

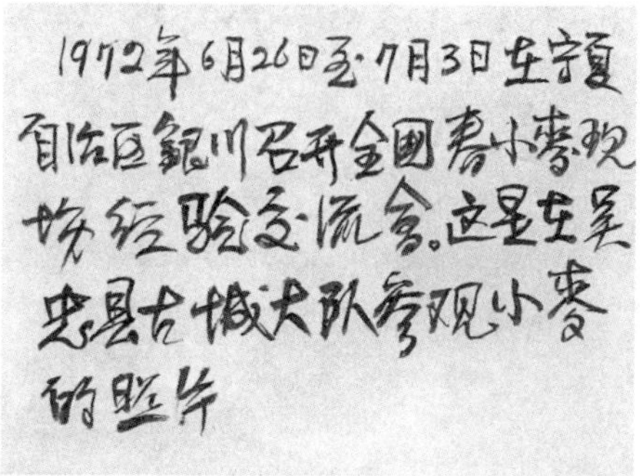

1972年6月26日至7月3日在宁夏自治区银川召开全国春小麦现场经验交流会。这是在吴忠县古城大队参观小麦的照片

图 187

图 188

资料二(照片)　金善宝(右三)和杜振华(右一)在宁夏银川吴忠王太堡试验场考察春小麦。(见图 189)

7 月,在农科院农业所的支持下,成立了春麦组。全组人员克服种种困难,坚持不懈地战斗在南繁第一线,在京组长也把关怀与温暖送到一线。

资料一(传记)　随着形势的发展和南繁北育小麦科学试验的迫切需要,在中国农科院农业所的支持下,增补了辛志勇、郭丽和尹福玉同志,于 1972 年成立了春麦组。1972 年初,刚从安徽萧县郭庄蹲点回来的辛志勇即被“应征入

图 189

伍”,1972 年麦收后,就要奔赴江西庐山夏繁基地了。临行,妻子刚刚生产,家中无人照顾,生平第一次为人之父的辛志勇,不顾新生婴儿的哇哇啼哭、妻子的眼泪和百般阻挠,坚定地带上育种材料和简单的行装,登上了南下的列车,奔赴江西庐山马铃薯育种站进行夏季加代;组长杜振华在江西井冈山茶场做夏播小麦试验时,腰疼病又犯了,他以坚强的意志,忍着剧烈的疼痛,坚持在南繁一线战斗,圆满完成了这一年的南繁任务;金老的助手尹福玉说:上个世纪七十年代,根据南繁北育试验工作的需要,我们每年冬季都要去海南岛或云南元谋县加代繁殖小麦,金老不止一次地去看望和慰问我们。当时,粮食定量低,副食品供应紧缺,南繁工作十分艰苦,田间劳动和所有的试验工作都由我们自己承担。金老自掏腰包购买食品慰问我们,问寒问暖,关心我们的工作和生活情况。并且不顾年迈和长途旅行的劳累,亲自下试验地,仔细观察每一份试验材料,和……一齐讨论。(杜振华等:《百年耕耘——金善宝传》,第 181—183 页)

资料二(传记) 有一年我在江西井冈山茶场做夏播小麦试验时,腰疼病又犯了,金老知道后,很快派了一位同事来帮助我工作,并给我捎来治腰疼的中药和一封用毛笔写的慰问信,深切地表达了对我的关心和鼓励。当时我欣喜地反复看了这封信,尽情享受着师长的关怀,感受着亲情、友情的温暖。在那生活、工作很困难的条件下,深得金老无微不至的关怀,增加了我克服困难的勇气。(杜振华:《我敬仰的金老》,收入金作怡《金善宝》,第 364 页)

8月22日—9月8日，赴南京参加南方十省市冬小麦协作座谈会，并三登庐山考察。

资料一(手稿) 8月22日—9月8日，我们出差南京、庐山等地，在南京参加了南方十省市冬小麦育种协作会议，会后到庐山了解今年小麦夏播情况，然后经南昌、上海回京。一、南方十省市小麦育种工作情况：1972年8月23—26日在南京市江苏省农科所召开了长江流域十省市冬小麦育种协作座谈会，到会代表计有云、贵、川、湘、鄂、赣、江、浙、皖、沪十省市的农业科学院(所)的代表以及南京大学、南京农学院小麦品种研究室、浙江农业大学、安徽农学院的代表，还有江苏省各专区的农科所、江苏省科技局的代表共30多人，会议由江苏省农科所革委会曲树芳同志主持，8月26日下午金善宝同志作了关于南方冬麦区小麦育种工作的发言……会议交流了各省各单位的小麦育种工作经验，如早熟育种、抗病育种、亲本选择、加速繁殖经验等。讨论并决定了南方冬麦区的新品种区域性试验和确定了参加区域性试验的优良品种。确定了小麦育种的奋斗目标，南方冬麦区的育种目标为：早熟、高产、优质、抗病。育种方法是以常规育种为主，同时开展小麦雄性不育、辐射育种、人工引变、单倍体等研究，对杂交后代采取高山夏播、南繁北育一年三代以缩短育种年限，尽快选育出优良品种，以适农业生产发展的需要。二、庐山小麦夏播情况：从1966年起，我们和南京农学院等单位在庐山选点，进行小麦高山夏播，几年的实践，庐山马铃薯育种站最为理想。庐山马铃薯育种站位于北纬28.35℃，海拔1 100多米，四面环山，是南面有山口、向着鄱阳湖的盆地，夏天气候凉爽，七、八月份最高平均温度22℃左右，七月份平均气温26℃左右，雨雾天较多，降雨量常年平均160毫米，雨季多在六月份以前，各月相对湿度在80%以上，初霜期一般在十一月上旬，土壤大都是黄壤土和棕壤土，对小麦生长较为适宜。……该站表示欢迎全国各地科研单位来此进行小麦夏播，并拿出二十九亩好地作为小麦夏播的试验田，现已修好了公路，汽车可直接开到该站。今年在该站进行小麦夏播的单位有：中国农林科学院春麦组、北京市农科所作物室、南京农学院小麦品种研究室、湖北省农科所、江西省农科所、浙江省杂交优势利用协作组、杭州市农科所等9个单位……今年小麦七月上中旬播种，麦苗长势良好，麦苗壮旺，分蘖多，八月中旬大部分抽穗扬花。但正在此关键时刻，恰遭九月台风袭，连续三天暴风暴雨，19日风稍停，但大雨仍在继续，四天降雨量150毫米，相当于一个月的降雨量，是庐山十五年未有的。（金善宝、袁世传：《关于南方十省市小麦育种工作情况和庐山小麦夏播情况汇报》，1972年9月13日）

资料二（照片） 金善宝（右四）和杜振华（右五）在庐山考察。（见图190）

图190

10月，小麦品种研究室完成《我国小麦地方品种资源的搜集整理和研究》（初稿）。

资料（手稿） 我国小麦栽培历史悠久，分布遍及全国，各地区气候、地形、土壤和耕作栽培制度多种多样，形成了极为丰富多彩的小麦地方品种资源，因而对小麦地方品种广泛的征集、研究，可为育种材料的合理利用、选种、调种、引种，提供科学依据。1956年通过2 000余个县市，共征集到5 000多个品种（包括春麦和冬麦），从中选取在各个地区有一定代表性的品种460个，分别在北京、徐州、郑州、武功、西宁、成都等12个试点进行生态试验，1959年发表了《中国小麦的种类及其分布》一文。1964年小麦品种室成立后，又向淮河—秦岭以南地区16个省市征集小麦地方品种2 002个。中国农科院送来《中国小麦品种志》冬麦区品种246个。将这些品种,按纬度自南向北,经度自东向西排列,分别编号种植观察分析,通过这些品种的冬春性鉴定、早熟性观察、耐湿性鉴定、分蘖性观察、植株形态、穗部性状、耐病性鉴定等,提出对我国冬春麦区划的意见。鉴于我国小麦地方品种具有对当地条件的高度适应性,这是保证稳产不可缺的因素,所以在育种工作中选用具有一定优点的地方品种作为亲本之一,具有一定的价值。建议各省市自治区农科所选择具有一定优点的地方品种加以保存、互相交流,分工协作,对提高小麦生产具有重要意义。(中国农科院、南京农学院小麦品种室:《我国小麦地方品种资源的搜集整理和研究(初稿)》,1972年10月)

是年,原小麦品种研究室培育的钟山2号,种植面积约20万亩。

资料一(著作) 介绍了钟山2号的培育、产量和分布。(金善宝主编:《中国小麦品种志(1962—1982年)》,第252页)

资料二(图片) 钟山2号穗和籽粒照。(金善宝主编:《中国小麦品种志(1962—1982年)》,第252页。见图191)

图191

1973年　　79岁

1月，赴海南岛考察南繁小麦。

资料一(照片)　金善宝(前左三)、陈佩度(二排左一)、张文祥(二排左二)、郭丽(二排右二)、杜振华(三排左二)、辛志勇(三排左三)在海南岛五指山农科所考察南繁小麦。(见图192)

图192

资料二(照片)　金善宝(右三)、陈佩度(左二)、郭丽(右一)摄于海南五指山小麦试验地。(见图193)

资料三(照片)　金善宝(左三)与辛志勇(右二)、郭丽(右二)在海南考察南繁小麦留影。(见图194)

图 193

图 194

3 月 27 日，为原南京农学院小麦品种室的研究人员安排，致信江苏省委领导。

资料(信件) 你们好！最近接到小麦品种室同志来信说，小麦品种室已和江苏农科所麦作系合并，成立了小麦品种室，他们感到很高兴。原南京农学院教授吴兆苏、讲师沈丽娟曾兼任小麦品种室副主任，还有讲师刘大钧参加小麦育种工作。他们对小麦品种室做了不少工作,并做出了一些成绩。现在南京农学院已和苏北农学院合并,教师力量比前更加雄厚,有些教学工作可能有重复,因此,他们三人都愿回到小麦品种室搞些科研工作,小麦品种室的同志比较年轻,实际经验不多,也需要他们去做些理论和实际的指导。这个问题,前几天卢良恕同志来京时,我和他当面谈了,他表示完全同意,并希望省领导予以支持,早日把吴、沈、刘三人调到农科所去。农科所的梅籍芳等同志从事小麦工作多年,对小麦育种具有丰富的经验,听说还在五七干校学习,如能分配他们继续搞小麦研究,农科所将拥有一支老、中、青结合、比较强的小麦科技队伍……在党的正确领导和关怀下,我国的作物育种事业有了很大的发展,育成了不少新品种,在生产上起了一定的作用。但不可否认,就棉、稻、麦三种作物来说,我国的品种工作和先进国家比较起来,还有很大的差距。江苏省在农业科学研究方面一向是领先的,小麦品种工作也是如此。今后小麦品种室的任务,不仅要为江苏省 1980 年粮食产量达到 550 亿斤作出贡献,还要带动长江流域各省把小麦工作迅速向前发展。小麦在历史上被看作是低产作物,而且给它戴上了"小春""小额"作物的帽子。但从"文化大革命"以来,由于江苏省各级党的正确领导,广大贫下中农和科技人员的积极努力,太湖流域的老大难地区和徐淮等地连续出现了小麦大面积亩产四五百斤到六七百斤的高产典型,为长江流域各省树立了小麦可以高产的光辉典范。预祝江苏省今年在农业科学和农业生产上获得更大的成绩!(《金善宝为小麦品种室人员安排问题,致信江苏省委领导》,1973 年 3 月 27 日)

5—6 月,参加全国小麦生产现场会议,到山东莱阳良种场、河北正定等地观察丰收的小麦。

资料一(手稿)　今年 5 月,我参加了农林部在石家庄召开的全国小麦生产现场会议,最近又到山东胶济铁路一带以及张家口地区,了解小麦生产形势大好,夏熟是丰收的。在石家庄的正定、栾城、藁城等县,坐汽车从一个县到另一个县,从这个公社到那个公社,到处见到的都是小麦丰产田,而且生长整齐,远远望去是一片麦海。在烟台地区的莱阳县,农民和科技人员用

"蚰包麦"以每亩十斤左右的播种量,在创造大面积千斤田;各县的科学实验网正在迅速形成,公社有技术推广站,大队有科学实验站,生产队有技术员。(金善宝:《庆祝中国共产党成立五十二周年》,1973年6月27日)

资料二(照片) 6月,金善宝(左二)在山东莱阳县良种场小麦地考察留影。(见图195)

图195

6月27日,撰文庆祝中国共产党成立五十二周年。

资料(手稿) 在《庆祝中国共产党成立五十二周年》一文中,他回顾了旧社会内忧外患,人民生活在水深火热之中,自己却束手无策、无能为力,不能不感到"个人奋斗"是徒劳,"科学救国"是幻想。中华人民共和国成立后,为教学、科研工作开辟了广阔前景,农业科学事业得到了空前未有的发展。新旧社会对比,深感生活在新社会的幸福。表示一定要遵循党的教导,在未来的年月里,贡献出沧海一粟的力量。(金善宝:《庆祝中国共产党成立五十二周年》,1973年6月27日)

6月,自1972年春麦组成立后,研究力量壮大了,先后育成京红7、8、9号和京春6082小麦新品种。

资料一(档案) 第二阶段,1967—1973年,以改造提高墨麦为主要目标。在育成京红1～6号的基础上，以“墨巴66”“st 1472/506”“奈里诺59”等为丰产抗锈亲本，拟选育出丰产性好、适应性和抗逆力都超过“墨麦”的春小麦新品种。在此期间，先后育成京红7、8、9号三个品种和编号为“6082”“京春70-5321”等品系。（中国农业科学院春麦组：《春小麦的早熟性选育和异地加代》，中国农科院作科所档案室）

资料二（评价） 采取北京春播—高山（井冈山、庐山）夏播—南方秋播一年繁殖三代的育种方法，1973年以来又育成了京红7号、8号、9号和“6082”等新品种（系），在早熟性、丰产性、抗逆性、籽粒品质方面都赶上或超过了墨西哥小麦……京红7、8、9三个春小麦新品种在全国十三个省、市、自治区三十多个科研、生产单位试验种，一般亩产四五百斤，高的七八百斤，有的亩产超过千斤。（中国农业科学院春麦组：《京红号科技成果登记表1961—1977》，中国农科院作科所档案室）

资料三（著作） 1969年中国农科院作物所以京红4号为母本与墨巴66杂交，经南繁北育，于1973年育成京红8号和京红9号。这两个品种的母本京红4号具有南大2419、印度798的适应性广等优良特性的遗传基础，中熟，后期落黄较好，继承了原农1号、印度798的抗锈性，对三种锈病高度抵抗，兼具其亲代的大穗、大粒、质佳的优点，白粒、角质、千粒重46克左右；缺点是穗码稀，尤其是茎秆高且软，易倒伏。为了克服以上的毛病，选取了在许多性状上可以互补的“对手”亲本——墨巴66，后者选自品系L8156（组合：拜尼莫姐妹系X加宝55），其亲本之一的加宝55含有1/2的加宝血缘……加宝系澳大利亚的著名小麦品种，具有抗秆锈、秆强、适应性广的特点，一般配合力也好，曾在澳大利亚大面积种植并多次有效地作为重要杂交亲本利用。因此墨巴66的一般配合力也较好，且其后代往往也具有较好的适应性。自六十年代末期从巴基斯坦引入我国以来，在内蒙古等地曾一度在生产上使用过，它对三种锈病高度抵抗且遗传力也强，茎秆矮壮，穗大多实，成穗率高。主要弱点是成熟晚，易早衰，籽粒小而秕瘦，常年千粒重25克左右。利用以上两个亲本杂交，第一代的综合性状表现良好，穗部和秆强都倾向父本墨巴66；籽粒则倾向母本京红4号；高抗三种锈病。有两个世代在广东省海南岛进行选育，表现也较好。育成品种京红9号的生育期比墨巴

66提早5天,与京红4号相同;株高与墨巴66相近而比母本低10～25厘米,经多点试种表现抗倒伏性强,表明墨巴66的矮秆性和秆强的遗传力还是很强的;苗期生长缓慢、叶片窄小、分蘖较多、成穗率较高等特点,也更倾向父本;落黄好,粒白色而饱满,质地也较好,具有母本的特色,但仍继承了父本籽粒小的缺点。(金善宝主编:《中国小麦品种及其系谱》,第230—231页)

资料四(传记) 自1972年成立春麦组后,研究力量壮大了,研究工作也取得了较快进展。在金善宝的带领下,春麦组的研究人员克服了种种困难,坚持不懈地活跃在小麦南繁北育的战线上,通过异地加代,先后育成了京红6号、7号、8号、9号,京春6082等春小麦新品种。这批品种的共同特点是,产量高、品质好、高抗小麦条锈、叶锈病和秆锈病,抗干热风,不早衰,深受春麦区广大农民的欢迎,特别是京红7号、8号、9号三个品种在河南、河北、张家口等地29个点的评比结果,产量大都超过了墨西哥小麦。(金作怡:《金善宝》,第190页)

7月3日,发表《喜见小麦育种工作蓬勃发展》。

资料(著作) 庆祝中国共产党成立五十二年,以"喜见小麦育种工作蓬勃发展"为题,发表感言,回顾半个多世纪以来新旧社会的对比,深深感受到生活在新时代的光荣、幸福。(金善宝:《喜见小麦育种工作蓬勃发展》,《光明日报》1973年7月3日第2版)

8月,京红7、8、9号小麦良种险被扼杀。

资料一(手稿) 京红7、8、9号小麦险被扼杀。(金善宝:《京红7、8、9号小麦险被扼杀》,1973年8月,见图196－1、图196－2)

资料二(传记) 没有想到的是,正当这三个小麦良种准备进一步选育、试验的时候,这个经历了重重困难和阻力取得的科研成果,又差一点被扼杀在摇篮之中!……有的人不知为什么总是不愿看到新生事物的成长,他们利用自己手中的权力,抓住了在品种试验过程中尚待完善的某些问题,就武断地给这三个品种扣上了莫须有的罪名,责令三个品种立即停止试验,甚至给金善宝下了一道"书面建议",把这三个品种的三万斤种子,全部磨成面粉

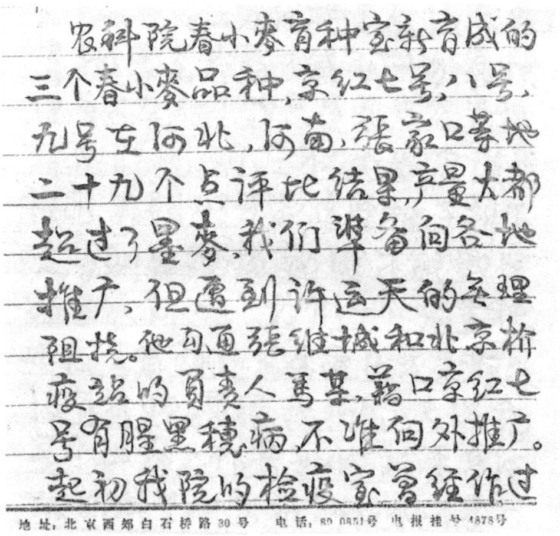

农科院春小麦育种室新育成的
三个春小麦品种，京红七号、八号、
九号在河北、河南、张家口等地
二十九个点评比结果，产量大都
超过了墨麦，我们准备向各地
推广，但遭到许运天的无理
阻挠。他勾通张维城和北京检
疫站的负责人马某，藉口京红七
号有腥黑穗病，不准向外推广。
起初我院的检疫室曾经作过

地址：北京西郊白石桥路30号　电话：89 0851号　电报挂号4878号

图 196－1

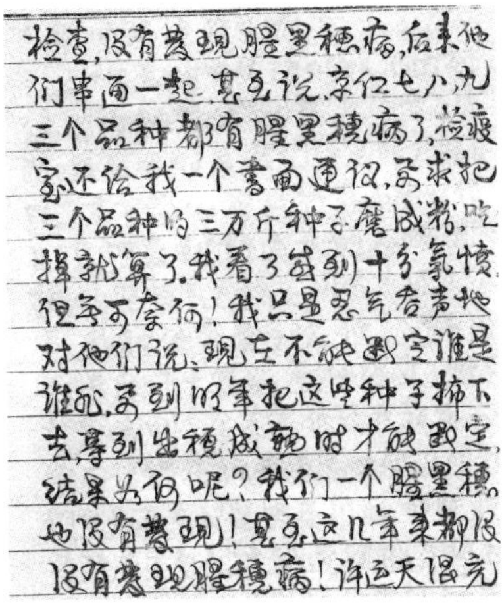

检查，没有发现腥黑穗病，后来他
们串通一起，甚至说京红七八九
三个品种都有腥黑穗病了，检疫
室还给我一个书面通知，要求把
三个品种的三万斤种子磨成粉吃
掉就算了。我看了感到十分气愤，
但无可奈何！我只是忍气吞声地
对他们说，现在不能断定谁是
谁非，要到明年把这些种子播下
去，等到出穗成熟时才能断定，
结果如何呢？我们一个腥黑穗
也没有发现！甚至这几年来都没
没有发现腥黑穗病！许运天没完

图 196－2

吃掉！面对强权，金善宝只好忍气吞声地对他们说："现在还不能断定谁是谁非，要到明年把这些种子播下去，等到小麦出穗成熟时才能断定。"结果怎么样呢？经评比试验证明，这三个品种的共同特点是，产量高、品质好、高抗小麦条锈、叶锈和秆锈病，抗干热风，不早衰。1975 年全国 11 个省（市、区）30 多个科研、生产单位，在 56 个品种对比试验点中，有 46 个试验点，京红 7 号、8 号、9 号单产名列第一。其早熟性、丰产性、适应性都超过了当时风靡世界、号称绿色革命的墨西哥小麦品种。该项成果获得了 1978 年全国科学大会奖。（金作怡：《金善宝》，第 190 页）

9 月 10 日，完成手稿《小麦品种资源和育种工作的几个问题》。

资料（手稿）　文章从"小麦是人类重要的粮食作物""我国小麦品种资源是世界上最丰富的"这两点谈起，讲了缩短小麦育种年限、小麦育种的方法和小麦育种中应该注意的几个问题——如早熟性、高产性、品质问题、野生种问题等。（金善宝：《小麦品种资源和育种工作的几个问题》，1973 年 9 月 10 日）

9 月 28 日，为推荐徐冠仁、鲍文奎两位科技人才，致信沙风部长。

资料（信件）　沙部长：昨晚因匆促参加会议，言犹未尽。兹就徐冠仁和鲍文奎两同志的科学工作情况，简单介绍如下，供你参考。徐冠仁同志，在抗战期间,去美国学习。在美十年,从事原子能辐射育种,有一定成就。约在1954年回国,担任原子能所长。当时正值美国杂交高粱取得初步成功,他出于热爱党、热爱祖国的志愿,冒了极大的危险,把亲自参加育成的高粱雄性不育的配套种子,装在牙膏壳里私运回国。那时原子能所的有关同志不让他搞这一工作。后来,他就交给了中国科学院遗传所(他兼任遗传所研究员)去搞。遗传所派了九个青年帮他搞。经过几年,杂交高粱成功了,拍摄了电影,《人民日报》发布了消息。原子能所开始感到杂交高粱的重要。现在杂交高粱在全国种植面积已达两千多万亩,在生产上起了很大作用,徐冠仁同志对我国杂交高粱的发展是有贡献的。鲍文奎同志,经过十多年的艰苦奋斗,对多倍体小黑麦的育种工作已经取得了显著的成绩。他把六倍体的小麦(42个染色体)和二倍体的黑麦(14个染色体)杂交,成为八倍体的小黑麦(56个染色体),创造了自然界的一个新种。小黑麦的特点是:抗锈、抗旱、抗白粉病。它的产量和一役的小麦相似,高的可达八百斤。种子的蛋白质含量达17%~21%,比一般小麦高三分之一以上,而且氨基酸多。鲍文奎同志还积极创制了近五千个小黑麦品种。这是我国小黑麦品种资源极可宝贵的财富,是任何其他国家所不及的。这就充分说明我国社会主义制度的优越性。近年来,推广的小黑麦一号、二号、三号、四号等品种,在贵州的威宁和宁夏的固原等高寒山区,最为突出。例如威宁县小麦生长不好,粮食不能自给,后来改种黑麦,产量很高,但因品质,国家不收购,每年积压了几十万斤粮食,远不出去。去年改种了小黑龙江麦,产量高、品质好,深受群众欢迎。正在全县推广。今年十月,加拿大和墨西哥联合召开小黑麦学术讨论会,邀请许多国家的代表参加会议。美国的甘撒斯州也在十月召开小黑麦讨论会,都指名邀请鲍文奎同志去参加会议,并作报告。鲍文奎同志因随科学院植物方面的考察团去日本,故分别寄去了论文。(《金善宝给沙风部长的信——介绍徐冠仁、鲍文奎的科学工作情况》,1973年9月28日)

10月,参加著名史学家贺昌群教授的追悼会。

资料(口述) 抗战时期在重庆,父亲金善宝和贺昌群教授都在原中央大学任教,两家住所相距不远。抗战胜利后回到南京,1947年,中央大学教授会上，公推贺昌群、金善宝、梁希等人起草“教授会宣言”，由贺昌群教授执笔完成。事后，马叙伦曾找贺、金、梁等人在夫子庙聚会商讨有关事宜，受到国民党当局的监视……中华人民共和国成立后，金、贺二人先后来京工作，故而成为世交。1973 年 10 月 1 日，贺昌群教授因病逝世，金善宝接到讣告，即去八宝山哀悼送别。(《金豆访谈》，2019 年)

11 月 6 日，因小麦锈病传播广，致信周恩来，建议召开全国小麦抗锈防病会议，保证全国小麦稳产、高产，得到周恩来的大力支持。

资料一(信件) 总理：小麦是人类最重要的细粮作物，种子的蛋白质含量高，具有人体所需要的 18 种氨基酸。在我国，小麦的耕地面积居第一位，播种面积和产量均居第二位，仅次于水稻。近年来，随着农业学大寨的深入开展，小麦生产呈现出一片大好形势，播种面积和单产均在迅速提高，增产潜力很大。为了夺取小麦持续高产，加速实现农业发展纲要，现对小麦生产中带全局性的锈病问题，提出粗浅意见，请求考虑。小麦锈病是一个传播很广、危急很大的病害，有秆锈、条锈、叶锈三种。秆锈病破坏小麦茎秆组织，一旦发生，减产严重。它分布在我国东北和长江以南，1923 年在东北大发生，减产 50%，从 1934 年到 1952 年先后在东北大流行五次，损失惨重，1954 年又在长江下游大发生，受害面积 8 000 万亩。条锈病分布在我国北方麦区，危害面积很大，1957 年……几千万亩“碧蚂 1 号”小麦遭到毁灭性损失；1964 年……河南、河北、山东等 6 省市受害面积一亿二千多万亩，估计损失粮食六十亿斤。叶锈病在南北各地都有，过去因为秆锈、条锈厉害，大家都集中力量对付这两个“敌人”，对叶锈病不够重视。这几年，条锈、秆锈有所控制，而叶锈病又起来了，从 1969 年开始，一年比一年严重，今年黄淮流域、西北和东北叶锈普遍发生，山东一省受害面积 3 000 万亩，损失小麦 7 亿多斤。此外，长江流域的赤霉病，今年也蔓延很广，江苏一省损失小麦 10 亿多斤。我国防止锈病有成功的经验，早在 1952 年，全国就成立有“小麦锈病防止委员会”，1964 年总理号召“打锈病歼灭战”，并制定了以抗病品种为主、以药剂防治、栽培措施为辅，土洋结合，综合防治的方针；农业部成立有抗锈指挥小组，组织有关省区联防协作;中国农业科学院组织全国有关科研单位测报锈病发生趋势,选育抗锈良种,总结推广群众抗锈经验。实践证明,这些措施是行之有效的。迄今十年,锈病问题有所减轻,看来就是过去多年努力的结果。当前条锈病、秆锈病的威胁依然存在,而叶锈病和赤霉病的危害特别突出,如不及早预防,叶锈病将会蔓延成灾,成为我国小麦高产稳产的障碍。为此,特提出以下建议:1. 加强锈病测报工作,恢复锈病测报网,与气象部门配合开展锈病中期预报。2. 组织有关省区联防协作,特别是对早发病地区和病源基地,要集中力量尽早消灭,以防蔓延。3. 加强防锈育种和其他抗锈措施的研究,特别要加强抗叶锈病的选育工作。一个抗锈新品种的选育,需要好几年时间,因此,育种工作要坚持不懈,经常要有5%的接班良种取代感病品种。同时,要做好良种繁育、防止抗锈性退化,改善栽培管理,品种合理搭配,防止单一化。对于抗锈、抗赤霉病药剂的研究、生产和储备,要安排落实。为了协调各省小麦的抗锈防病工作,请总理考虑,是否召开全国小麦抗锈防病会议,邀请有关门领导参加,以引起大家重视。并成立领导小组,经常协调工作,在人员上、物资经费上保证抗锈研究工作的积极开展。以上意见,妥否,请考虑。(《金善宝给周总理的信》,1973年11月6日)

资料二(传记) 这个建议得到了周总理的大力支持,农牧渔业部及时召开了全国小麦抗锈防病电话会议,各省区都成立了抗锈防病领导小组,协同作战,使各省区叶锈病、赤霉病得到了有效控制,保证了全国小麦生产。(孟美怡:《金善宝》,第204页)

是年,京红1号、5号在各地试种,获得高产。

资料(著作) 介绍了京红1号和京红5号的产量和分布情况。(金善宝主编:《中国小麦品种志(1962—1982年)》,第372、374页)

是年,根据黄淮平原小麦生产问题,制定新的育种目标,开始选育高产、高抗三种锈病、提高蛋白质、赖氨酸含量、耐迟播的品种。

资料一(传记) 为此,春小麦育种第三阶段(1973—1983年)的主攻目标是,选育高抗三种锈病、白粉病、产量比京红1~6号提高10%以上的春小麦新品种,同时强调春小麦品质选育,要求小麦籽粒蛋白质含量在 15%以上,赖氨酸含量在 0.3%以上。与此同时,鉴于黄淮平原是我国冬小麦的主要产区,历年来小麦播种面积占全国小麦播种面积的 40%左右。自六十年代末期以来,由于作物复种指数不断提高,生育期长的棉花、水稻等前茬作物面积不断增加,加上这个地区旱、涝灾害频繁,影响了小麦及时播种,以致晚播小麦比例逐年增大。据河南省周口地区统计,1983 年全区晚播小麦面积达 380 多万亩,占全区小麦播种面积的 47%;南阳地区晚播小麦面积 500 万亩,占全区小麦播种面积的 60%;一般地区也都在 20%~30%左右。由于小麦播种期推迟,相应地带来耕作粗放、施肥不足、小麦生长发育不良,产量下降。晚播小麦一般减产 20%~30%,有的达 50%以上,严重影响了这个地区农业生产的全面发展。为此,迅速解决晚播小麦的低产问题,是黄淮地区农业生产上的当务之急。针对黄淮地区小麦生产上存在的这一问题,从 1973 年起,金善宝的春小麦育种,除了继续面向北部春麦区外,同时积极为黄淮地区服务。为此,他们的育种目标,要求新品种对光照反应不敏感,耐迟播,而且高抗小麦三种锈病、白粉病,高产,且有优良的食用品质和加工品质。(杜振华等:《百年耕耘——金善宝传》,第 228—229 页)

资料二(档案) 1973 年用冬小麦洛夫林 18 为母本,与春小麦 IRN 68-181 杂交。经海南岛通什、云南省元谋秋播及北京春播,一年两代连续选育。(中国农科院春麦组:《优质小麦品种——中 7606、中 791》,第 1—2 页,1987 年,中国农科院作科所档案室)

资料三(口述) 因为湛江还是稍微偏北了一点儿,温度还比较低,所以七三年就到海南岛的通什农科所那边去做一年三代。当时去的单位有南京农学院的小麦品种研究室、中国农科院作物所、北京市农科院还有科学院遗传所、上海农科院等。我这里有一张照片,就是当初金老七三年到海南岛去的时候在田里的照片。我那一年刚好在那边搞一年加代。说明好多单位都在用这个方法进行育种的加代,即使到现在温室条件和人工比较好的条件,若试验材料占面积比较大,仍然需要在异地自然条件下进行。所以到昆明去夏繁,到海南去加代或者春播还是行之有效的方法。(《陈佩度访谈》,2017 年 2 月 24 日)

1974 年　　80 岁

2—3 月，先后考察了广州、湛江、佛山三个地区、六个县、十八个大队和单位的小麦长势，对广东省的小麦生产问题提出了很好的意见。

资料一(手稿)　受王震副总理委托，和林山、梁勇等同志考察了广东省小麦生产，先后看了广州、湛江、佛山等三个地区的六个县、十八个大队和单位的小麦，对广东省小麦生产、栽培方法、育种研究、进口外国种及品种安排、肥料等问题，提出了很好的意见，分析了广东省的气候条件，认为：广东不仅可以种小麦，而且可以创高产，广东发展小麦，大有可为。(广东省农科院办公室整理：《中国农林科学院金善宝同志对广东小麦生产问题的指示》，1974 年 3 月)

资料二(信件)　王震副总理：最近我们去南方广东省等地，以看小麦为重点，了解了一些农业生产的情况。广东省的农业生产形势很好，1974 年全面增产。关于小麦，广东是个新发展区，五十年代每年只种几十万亩，六十年代种了 100 多万亩，从 1971 年开始，种植面积迅速扩大，去年冬种已达 617 万亩。广东省的气候条件很好，从 11 月到第二年 3 月，正是小麦生长季节，雨量少而气温较高，其生长期比北方麦区和长江流域麦区都短，锈病和赤霉病也很轻，特别是从抽穗到成熟要延续 2 个月左右，比长江流域多 20 天到 1 个月，麦粒的营养积累多，籽粒饱满，千粒重高。从气候条件、小麦生理和生产实践分析，都足以说明广东省不仅可以种麦，而且可以全面高产。我们认为，广东推广小麦，种植方式要因地制宜。例如在冬种番薯、花生的地方，可推广间作小麦。品种方面，墨西哥种在广东推广很快，1973 年冬重点试种“墨麦”9.2 万亩，亩产 250 来斤，比本地麦增产 1 倍。去年冬种，扩大到 117 万亩，平均亩产约比本地麦多产 40～50 斤。各地都反映，自留的“墨麦”种子发芽率低。去年南海县收购“墨麦”种子 390 万斤，冬种时测定，有三分之二的种子发芽率在 50%以下，较好的三分之一也只有 50%～70%的发芽率。为了保证苗数，有的生产队每亩用量竟达 40～50 斤。佛山地区计划再从墨西哥进口200万斤种子，以保证今冬小麦的种植面积。我们认为，发芽率不高不是“墨麦”的特性，否则为什么从墨西哥调进来的麦种发芽率能在90%以上呢？显然，这是一个技术问题，必须从技术上加以解决，不能一碰到问题，就考虑进口。目前广东省正积极发展稻、麦一年三熟，多点试验三稻、一麦，一年四熟，复种指数大大增加。带来最突出的矛盾是肥料不足，地力下降。因为施肥不多，不仅麦子产量不够理想，而且在群众中产生了种麦是“借饭吃”、来年早稻要减产的思想。因此，要发展小麦，增加复种指数，必须广辟肥源。今年不少地方准备利用麦收后5～7天的时间养一次红萍，作早稻基肥。一些有草炭和煤的地方，拟大搞腐殖酸铵，都值得大力提倡推广。南海县盐步公社九村生产队大力贯彻养猪积肥的经验更应重视。此外，我们还了解到广东省在开展群众性科学试验方面有很好的成果。自从1956年潮阳县贫下中农选育出“矮脚南特”以来，全省上下育出了数以百计的丰产、抗倒的矮秆水稻新品种，我们的丰产、矮秆品种比菲律宾国际水稻所培育出的国际稻早问世十年，我们的矮秆品种，在六十年代初期，就已遍及全国稻区，促进了粮食生产。在培育丰产、矮秆稻方面，广东走在前面，作出了积极贡献。（金善宝：《对广东省小麦及农业生产的调查——给王震副总理的信》，1974年3月）

3月，撰文《喜看农业科学实验的大好形势》。

资料(手稿) 作者满怀欣喜地叙述了中华人民共和国成立以来农业科技工作者和广大贫下中农执行“以粮为纲”的方针，进行农业科学实验取得的成绩，列举了突出的科研成果，歌颂了各地农民培育的小麦、水稻、玉米、大豆等作物良种、创造的先进栽培技术。指出：当前我国抓革命、促生产的高潮已经来到，农业科技工作者必须阔步前进、紧紧跟上，把群众性科学实验运动推向新的水平。（金善宝：《喜看农业科学实验的大好形势》，1974年3月）

6月，与农科院农业所所长梁勇去陕西考察。

资料一(照片) 金善宝（后排中）和梁勇（左）在延安考察，摄于毛主席旧居前。（见图197）

图 197

资料二(照片) 梁勇(左)和金善宝(中)与延安农科所人员合影。(见图 198)

图 198

7月，纪念金婚。

资料(照片)　金善宝、姚璧辉夫妇摄于北京。(见图199)

图199

暑假，姐弟三人分别从成都、大连、上海三地回京团聚。

资料(照片)　祖孙三代合影。(见图200)

图200

冬，在云南元谋建立春小麦冬繁基地。

资料(口述)　七十年代初，金老为了在云南寻找适合的冬繁地，派我去中央气象局抄录元谋、昆明和西双版纳的气象资料。我遵命去中央气象局，受到热情接待，并送给我云南省近二十年来的气象资料合订本。回来后，金老阅看了所抄资料，决定先去元谋试种。这便有了1974年冬至1975年春的元谋春麦加代试种。这是我国在元谋进行加代繁殖的首次尝试，试种很成功，我们首次观察到不同春小麦品种的光温反映，给日后的小麦生态型研究一个很好的启示。(《陈孝访谈》,2018年10月)

1975年　　81岁

1月13—17日，出席第四届全国人民代表大会第一次会议并发言，认为我国农业生产的潜力来自农业生产和农业科学的紧密结合。

资料一(证件)　第四届全国人民代表大会当选证书。(见图201)

图201

资料二(证件)　第四届全国人民代表大会第一次会议签到证。(见图202)

资料三(手稿)　在隔断了十年之久，召开的四届人大一次会议天津代表的小组会上，他满怀激情回顾了中华人民共和国成立以来，在党的领导下，农业生产、农业科学取得的可喜成就，歌颂了广大劳动农民创造性的成果，用大量事实说明，农业科学来源于农业生产实践，哪里的群众性科学试验搞得好，哪里就能大幅度增产，农业生产的潜力就来源于农业科学和农业生产的紧密结合。(金善宝:《谈谈我国农业生产的潜力》,1975年1月13—17日)

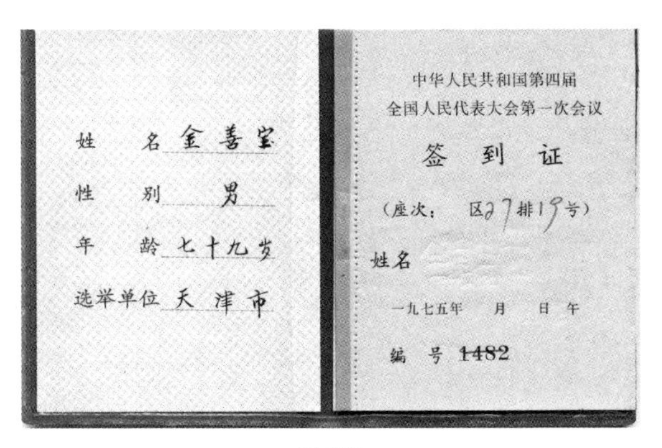
姓名 金善宝
性别 男
年龄 七十九岁
选举单位 天津市

中华人民共和国第四届
全国人民代表大会第一次会议
签到证
（座次：区27排19号）
姓名
一九七五年 月 日 午
编号 1482

图 202

资料四（文章） 作者参加第四届人民代表大会有感，认为现在中华人民共和国的农业形势越来越好，水稻、小麦的增产，小黑麦的培育成功等例子，都表明“中国人民有志气，有能力，一定要在不远的将来，赶上和超过世界先进水平”。大会提出的“四化”目标，农业科学工作者将遵照毛主席的教导“自力更生为主，争取外援为辅”，艰苦奋斗，继续努力，争取更大的胜利！（金善宝：《沿着毛主席无产阶级革命路线把农业科学技术工作推向前进》，《中国农业科学》1975 年第 1 期，第 7—9 页）

初夏，检查小麦的倒伏情况，鉴定每一个品系的抗倒伏能力。

资料（传记） 有人说，金善宝的一生是和小麦打交道的一生，他将自己的一生都献给了我国的小麦科学事业。此话一点不假。“每当春小麦生长季节，在北京西郊，中国农业科学院东门外的小麦试验田里，经常可以看见一位鬓发皆白的老人在碧绿的麦海里走走瞧瞧，有时还带着 7 岁的小外孙，一起跨越田间的沟沟坎坎，有时弯腰仔细观察，有时在笔记本上记点什么……”这是 1972 年中国新闻社记者在《大公报》上的一段报道。凡是中国农科院的职工，一看这段报道，就知道这位老人是他们的老院长，小麦育种家金善宝。1975 年初夏，正当小麦生长发育处于灌浆阶段，半夜里下了一场大雨。一夜的雨水会不会把试验地的小麦泡倒了？这一夜，金老的心一直嘀咕着，没有睡好觉。第二天，天刚蒙蒙亮，他就穿着胶鞋赶到试验地，顺着麦垄,一行一行地检查小麦的倒伏情况,鉴定每一个品系的抗倒伏能力。当春麦研究室的同志来到试验地时,他已经把试验地的小麦全部检查完了,正迎着朝阳返回宿舍。大家看到他两只脚上沾满了泥泞,满头银发在晨风中飘拂,很受感动,异口同声地说:“金老,您早!您不要太累了!”老伴见他天天去试验地,担心他的身体,劝他说:“不是年轻时候了,80多岁的人了,为什么每天还要往试验地里跑呢?”金老听后,对老伴打趣地说:“我们的小外孙寄托在邻居家里不是很好吗?你为什么还要天天去看呢?因为小外孙是你的宝贝,而小麦呢,是我的宝贝,我也要天天去看!”老伴拿他没有办法,只好笑笑了事。(金作怡:《金善宝》,第216页)

10月,三女儿回到北京。

资料(传记) 原任农业部部长江一真同志看见金善宝家中的困难情况,曾向时任农林科学院党的核心小组组长建议,调一个金老的子女回京,给以适当照顾。但是,这位核心组组长却冷冷地说:“像他这样的知识分子,需要照顾的还有很多……”当时,因江一真同志已经不是农业部长,也就不便再说什么了!后来,金善宝的二女儿作美从成都出差来京,看见家中的困难情况,想起党对知识青年上山下乡有一个新政策,规定每一对父母身边可以留一个子女,就根据这个政策,给中央写了一份报告,反映家里的困难,要求把在大连工作的三妹重新调回北京。报告一式四份,分送有关单位。但是,这四封信寄出去之后,一直石沉大海,杳无音讯。一直到1975年春节前后,金善宝才突然接到中央组织部的电话说,看见来信了!他们认为,金善宝家的困难很典型,早就应该解决,同意将作怡夫妇尽快调回北京,并委托农业部具体经办此事。这一年10月,三女在被调离了整整六年之后,夫妇双双又回到了北京。回京后,尽心尽意地照顾父母,母亲身体虚弱,经常感冒发烧,听说打“胎盘球蛋白”能增加抵抗力,她就一大早骑自行车去西单生物制品门市部排队购买;母亲两次生病住院,她衣不解带、日夜守候在母亲的病床边;那时,市场没有放开,物资供应十分匮乏,要想吃到活鸡、活鱼是十分困难的,为了给二老增加一点营养,她经常半夜两点起身,冒着凌厉的寒风,骑着自行车去西单菜市场排队买鸡,至少要排三四个小时队,才能买到一只活鸡。后来,为了多买一只鸡,她竟动员了刚刚 10 岁的儿子,母子俩清晨 4 点起身,坐头班车去西单排队,终于买到了两只活鸡。当香喷喷的菜肴端上了饭桌时,两个懂事的小外孙(一个 10 岁,一个 4 岁),从不争食,主动让爷爷、婆婆吃,爷爷婆婆也夹菜给两个小外孙。在金善宝家,这种尊老爱幼的气氛是自然而然形成的,并没有谁刻意去培养,当他听说友人家里娇惯孙儿,老人得不到应有的照顾时,才深切地感受到自己家庭的幸福,儿孙们孝心的可贵可爱。(金作怡:《金善宝》,第 167—168 页)

是年,京红 7 号、8 号、9 号和 6082 品种经对比鉴定试验,均优于号称绿色革命的墨西哥小麦。

资料一(评价) 1975 年京红 7 号、8 号、9 号、"6082"在全国 10 个省市 29 个点进行了品种对比鉴定试验,在 24 个点中占第一位,墨西哥小麦仅3 个点中占第一位,一般比墨西哥增产 5%～10%,高的近 20%。……呼市郊区良种场用 12 个墨麦品种参加评比,我院京红 9 号以亩产 762 斤居首位,超过所有墨麦品种,比墨麦增产 5%～33%,河南鹤壁市农科所以 5 个墨麦品种与我院 4 个新品种比较,我院新品种全部高于墨麦,名列前 4 名。宁夏农科所小麦评比中,京红 8 号单产 1 004 斤/亩,名列第一,比最好的墨麦增产 17.1%。宁夏王太堡农业试验场的小麦评比中,京红 9 号单产 1 054 斤/亩,名列第一,比最好的墨麦增产 6%。(中国农科院春麦组:《春小麦京红号成果报表、品种说明等有关材料》,1975 年,中国农科院作科所档案室)

资料二(评价) 1975 年,我们把所育成的京红 7 号、京红 8 号、京红 9 号三个品种(系),分发到 13 个省、市、自治区的 30 多个科研、生产单位,进行多点试验鉴定。根据所掌握的 10 个省、市、自治区 29 个试验单位的结果,这些新品种一般亩产四五百斤,高的七八百斤,有的亩产超过千斤。在 29 个单位中,产量居第一位的有 24 个单位。就供试品种中有墨西哥小麦的 22 个单位来看,其中有 17 个单位这些新品种的产量居第一位。各试验单位普遍反映,这几个新品种的适应性比较广,抗干热风和高温的能力大大优于墨麦。(中国农科院春麦组:《春小麦的早熟性选育和异地加代》,1978 年 7 月 1 日,中国农科院作科所档案室)

资料三(传记) 几年来,在金善宝的带领下,春麦组的研究人员克服了种种困难，坚持不懈地活跃在小麦南繁北育的战线上，通过异地加代，先后育成了京红6号、7号、8号、9号，京春6082等春小麦新品种。这批品种的共同特点是，产量高、品质好、高抗小麦条锈、叶锈病和秆锈病，抗干热风，不早衰，深受春麦区广大农民的欢迎，特别是京红7号、8号、9号三个品种在河南、河北、张家口等地29个点评比结果，产量大都超过了墨西哥小麦。（金作怡：《金善宝》，第190页）

1976年　　82岁

1月5日，参加全国《小麦育种学》审定稿会议。

资料（照片）　全国《小麦育种学》审定稿会议代表合影（前排左二为薄元嘉，左六为金善宝，二排右七为刘大钧）。（见图203）

图203

1月6日，《中国新闻》报道《让大地献出更多的食粮——访著名的小麦育种家金善宝》。

资料（报道） 每年春小麦生长季节，在北京西郊，中国农林科学院东门外的一片麦田里，经常可以看到一位鬓发皆白的老人到麦田里走走瞧瞧，有时还带着七岁的小外孙，一起跨越田间的沟沟坎坎，有时弯腰仔细观察，有时在笔记本上记点什么。这位老人就是八十高龄的著名的小麦育种家、原中国农业科学院院长、现中国农林科学院负责人金善宝。一个精神健旺的老人，最近接受记者访问，一次就畅谈了两个多小时，毫无倦意。据金老的助手郭丽说，金老不仅在小麦实验田里亲自指导播种，从苗期到收割的全部生产过程中，他都坚持观察、记载。他还经常到外地去观察、指导小麦育种工作。最近几年他就到过胶东半岛、雁北和内蒙古的呼和浩特、太湖流域、张家口坝上、太行山上、黄土高原、宁夏平原、赣西北山地，以至海南岛的五指山等许多地方。记者不禁向这位老科学家问道："您这样跑，不感到累吗？"金老笑着说："我看到那长得绿油油的麦苗，简直高兴极了，哪里会感到累！"金老是我国小麦育种工作的老前辈，解放前曾先后在原浙江大学、东南大学、中央大学任教，并在大学里兼做小麦育种的科学研究试验。

他说："我在旧社会度过了半个世纪，从事小麦育种研究也有二十几个寒暑，虽然经过个人奋斗，也有了点小小的成就，但研究成果往往会被别人窃去。那时，即使有好品种，也无法推广。当时我从国外一千八百个小麦品种中，研究选育出适于中国种植的优良品种南大 2419，一直没有得到重视，解放后才得到普遍推广。"停了一会儿，金老高兴地说：现在全国农村普遍建立了县、公社、大队和生产队的四级科学实验网。有几千万人参加的农业科学实验活动，正在全国蓬蓬勃勃地开展，它充分显示了人民群众的无限创造力。这样伟大的群众，在旧中国是连想也不敢想的。我们科技人员在这个群众性的科研活动中，既做出了很好的成绩，也受到了深刻的教育。比如研究玉米育种多年的老教授李竞雄，这几年和大寨有经验的社员群众一起搞玉米杂交育种试验，培育出几个增产效果明显、抗逆性强的玉米杂交组合。李教授兴奋地说：我搞了几十年的科研工作，从没搞过这么火红、效果这么明显的实验。金老最后说：我们的党、毛主席和优越的社会主义制度，为我们科学工作者指明了方向，提供了极好的条件，开拓了无限广阔的天地。我要为在本世纪末，实现农业、工业、国防和科学技术现代化，使我国国民经济走在世界前列的宏伟目标贡献自己的全部力量，决不因年高而懈怠。（中国新闻社记者：《让大地献出更多的食粮——访著名的小麦育种家金善宝》，《中国新闻》第7621期，1976年1月6日，第3—5页）

1月8日，听到周总理逝世的噩耗十分沉痛，发唁电悼念。

资料（传记） 1976年1月8日清晨，金善宝在云南省元谋县小麦冬繁基地，考察春小麦冬繁情况，突然从广播里听到周恩来总理逝世的噩耗，心情万分悲痛。他怀着沉痛的心情到邮局发了唁电，表示对周总理的悼念之情。回到北京，农科院的同志早已自发地组织起来，有的去买黑纱，有的在扎花圈，还有的忙着筹备追悼会……用中国民间传统的悼念方式，寄托对总理的哀思。正当大家在悲痛中忙碌的时候，没想到从上面传来了一道道禁令：不准戴黑纱、不准扎花圈、不准开追悼会……这是为什么啊？人民敬爱的总理逝世了，却不准人民悼念，金善宝和全院职工一样，怎么也想不通这个道理，想来想去，只有一个解释，这就是……有人反对周总理，妄图剥夺人民群众对总理的一片敬爱之情。但是，几十年来，周总理全心全意为人民，鞠躬尽瘁，死而后已，得到了亿万人民对总理的无限热爱、崇敬。总理爱人民、人民爱总理的深厚感情，岂是几道禁令所能割断的呢?！金善宝和全院职工一起戴上黑纱，胸佩白花，像悼念自己的亲人一样，悼念人民的好总理，举国上下沉浸在一片悲痛之中。（孟美怡：《金善宝》，第165—166页）

1月，在元谋冬繁基地查看春小麦的冬繁情况。

资料一（传记） 1976年1月，金老去云南查看春小麦冬季繁殖情况，由于旅途劳累，到了元谋县就病了。第二天还坚持要去试验田看小麦，助手考虑到试验田分散在两个小山村，山路崎岖难走，劝他休息一天，他坚决不肯。在元谋县逗留的几天里，他走遍了每块试验田，仔细听取了汇报，还参观了附近社队的麦田，调查了当地种植小麦的情况，并与有关领导和科技人员进行座谈。他这种不怕苦、不怕累、深入实际调查研究的工作精神，给当地的

干部和群众留下了深刻的印象。(金作怡:《金善宝》,第 217 页)

资料二(照片) 金善宝(中)在元谋冬繁基地留影。(见图 204)

图 204

4 月 4 日,在天安门沉痛哀悼周总理,受到无理刁难。

资料(传记) 这一年 3 月,金善宝去外地开会,4 月初回到北京,正值清明节来临之际,听说天安门广场举行了声势浩大的悼念总理的活动,他也很想去表达一下对总理的怀念之情。4 月 4 日清晨,他在女儿陪同下来到了天安门广场,只见广场上人山人海,成千上万的花圈、挽联堆放在人民英雄纪念碑周围,纪念碑旁一排排松柏树上缀满了人民群众精心制作的小白花。挽联上那一首首悼念总理、怒斥“四人帮”的诗词,读后令人肝肠寸断,那激烈悲壮的挽歌,回响在广场上空,震撼着神州大地。他在心里默默地说:“周总理,您是不朽的,您永远活在中国人民的心中!”与人民群众的意愿相反,4 月 5 日又接到命令,所有通往天安门广场的街道实行戒严,禁止通行,不准任何人、任何单位送花圈去天安门广场。但是,一个个凝结着人民群众无限哀思的花圈,仍然通过各种途径送到了纪念碑前。傍晚,惨案发生了,天安门前神圣的花圈被践踏，人民群众对周总理的真情受到了残酷镇压，天安门前悼念总理的活动，被宣布为“天安门反革命事件”。“四五”事件之后，凡是去过天安门广场、送过花圈、抄写过诗词的人，都被责令检查，“四人帮”还派工作组坐镇农科院，气氛十分紧张。金善宝去过天安门的事，不知怎么也让工作组知道了，他们派人搜集他的言论，动员群众揭发他的问题。许多好心的同志暗暗为他捏一把汗，有的同志悄悄到他家里来，劝他说话小心点。但是“说话小心点”从来不是金善宝的性格，金善宝的性格天生有点犟，想不通的事怎么也憋不住，非要一吐为快。在一次学习会上，他气愤地抗议说：“……在科学院时间很短，做了大量工作，在《科学院汇报提纲》中第一次提出了‘科学技术也是生产力’的观点，从思想上、生活上解决了科技人员长期以来没有解决的问题，得到了广大科技人员的衷心拥护，为什么要批判他？清明时节悼念亲人，是中国人民的传统习惯，我去天安门悼念周总理有什么错？作为一个中国公民、一个科学工作者，难道连这一点权利都没有吗？真是岂有此理！”金善宝这种坚持真理、横眉冷对“四人帮”的正义言行，得到了农科院革命群众的全力支持，结果，“四人帮”的工作组在农科院一无所获，只好灰溜溜地一走了之。（孟美怡：《金善宝》，第165—167页）

10月6日，“四人帮”被捕，连夜参加群众游行队伍庆祝。

资料(传记) 金善宝想得最多、担心最多的问题是中国的前途。饱受灾难的中国老百姓需要稳定，对于这一点，经历过几次改朝换代的金善宝是深有体会的，他再也不愿意看见过去的历史重演了。正当他忧心忡忡的时候，一天，他去办公室，看见几个人围在一起眉飞色舞地谈论着，个个喜形于色，他走过去问：“什么事？这么高兴！”他们说：“金老，告诉您一个特大喜讯，‘四人帮’倒台了！”年过八旬的金善宝一时没反应过来，茫然地问：“哪个‘四人帮’？”“还有哪个‘四人帮’？王、张、江、姚‘四人帮’呀！”他们笑着回答。这时，金善宝才恍然大悟，原来他们指的是王洪文、张春桥、江青、姚文元四个人，不禁又惊又喜，忙着又问：“消息可靠吗？”他们回答说：“消息绝对可靠，但是在报纸未公布之前，不要随便对人说，以防万一。”回到家里，他把这个好消息告诉了老伴和女儿，女儿又从她的好朋友那里得到了证实，全家兴奋不已。"'四人帮'倒台了!"这样一个全国人民盼望已久的特大喜讯,人人都想一吐为快,早已把"不要随便对人说"这句话,抛之脑后,大家奔走相告,信函、电话交流不断,几天之内,北京、上海、南京、天津、成都、保定等各大城市都已经家喻户晓,家家户户欢呼庆贺,许多人激动得掉下了眼泪。等到党内传达文件、报上正式公布之后,群众游行队伍就走上了街头,高呼:"打倒王、张、江、姚'四人帮'!""坚决拥护……党中央一举粉碎'四人帮'!"在中国农业科学院的游行队伍里,可以看见一位白发苍苍的老人,这就是年过八旬的金善宝。他精神抖擞地走在群众队伍前面,振臂高呼革命口号,声讨"四人帮"祸国殃民的罪行,就像当年庆祝无锡解放时一样高兴。(金作怡:《金善宝》,第199—200页)

是年,京红1号在全国种植10万亩,京红5号在全国种植50余万亩;京红8号、9号比墨西哥小麦显著增产。育成中7606这一优质小麦新品种。

资料一(档案) 1976年各地试种,继续表现良好,据26点的资料:京红7号、8号、9号和"6082"在22点中占第一位,其中两处与地方品种并列第一位。京红7号比墨麦增产4.2%~61.9%,京红8号比墨麦增产2%~30.4%,京红9号比墨麦增产5.8%~80.9%。(中国农业科学院作科所春麦组:《科技成果登记表1961—1977年》,中国农业科学院作科所档案室)

资料二(著作) 京红1号,1976年全国种植面积约10万亩,主要分布在山西省北部约6万余亩,其中忻县地区4万多亩,大同市1万多亩。由于该品种穗小,千粒重低,增产潜力受到一定的限制,目前仅在局部地区零星种植。京红5号,1976年在山西省曾种植25万亩,河北张家口地区种植2万亩,1978年山西省忻县地区仍种植有17万亩,占全区小麦面积的40%,是该地区半坡及山区地带的主栽品种。一般亩产350斤,最高达670斤。1979年在内蒙古不完全统计有5 511亩,一般亩产400斤,高达500多斤。在乌兰察布盟,最高亩产达600斤。山西、内蒙古等地的农民认为,该品种最大的优点是早熟、稳产,能逃过虫害(麦秆蝇)和干热风的危害,不青枯早衰。据1976年不完全统计,全国种植面积达50余万亩。(金善宝主编:《中国小麦品种志(1962—1982年)》,第372—373页)

资料三(著作) 由于京红9号较好地综合了双亲秆矮、抗锈、丰产、质佳的优点,而且在抗旱衰和适应性上也有了明显的提高,1976年在26个地点的产量试验结果均比墨西哥小麦增产显著,现已在内蒙古自治区的呼和浩特市、包头市、昭乌达盟,河北、山西以及山东省部分地区推广种植约40万亩。但因其籽粒小(千粒重30克左右),对个别叶锈生理小种(如叶中3号)感染,不抗白粉病,增产潜力受到一定限制。其姊妹系京红8号,与之相比则迥然不同,熟期比京红9号早2～3天,与京红4号相似或稍早,籽粒红色;千粒重高5～7克,品质优良,1976到1979年四年平均蛋白质含量为16.3%,赖氨酸为0.39%;苗期叶片茁壮,生长直立而快,分蘖力弱,成穗率低,仅在山西、河北、内蒙古等省(区)部分地区,作为中早熟品种搭配种植。(金善宝主编:《中国小麦品种及其系谱》,第230—231页)

资料四(档案) 介绍了中7606选育的几个特点。(中国农业科学院作科所春麦组:《优质小麦品种中7606、中791》,1987年5月5日,中国农业科学院作科所档案室)

1977年　83岁

1月8日,深切悼念周总理逝世一周年。

资料(手稿) 他怀着沉痛的心情回忆了抗战时期在重庆,周恩来同志对自己和中央大学进步教授们的热情关怀;中华人民共和国成立后,周总理日理万机,关心农业科学生产的发展,几次在关键时刻采取果断措施,杜绝了小麦条锈病的大面积发生;1969年国庆节在天安门城楼上,总理关心和鼓励农科院的研究人员,他表示一定要在党中央领导下,为实现周总理提出的四个现代化的宏伟目标而奋斗。(金善宝:《敬爱的周总理,我们永远怀念您——在中国农科院纪念周总理逝世一周年大会的讲话》,1977年1月8日)

1月31日,原计划去广西考察南繁小麦,因故未能成行,遂致函杜振华、

辛志勇说明情况，并询问南繁小麦的情况。

资料(信件) 因怕身体不能适应，不能前往广西，致函杜振华、辛志勇，询问南繁小麦的情况。(金善宝：《给战斗在南繁一线杜振华、辛志勇的信》，1977年1月31日，见图205-1、图205-2)

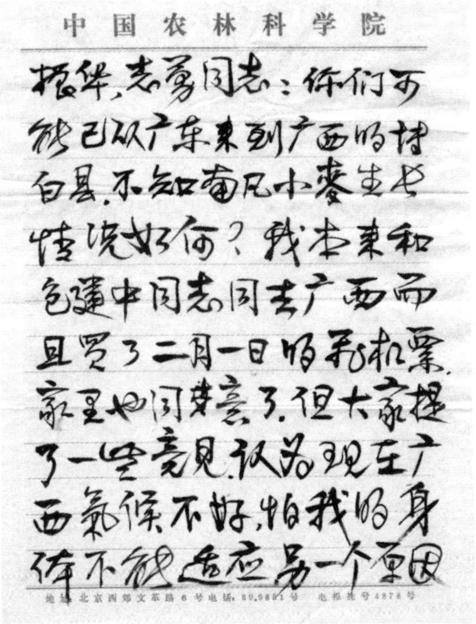

中国农林科学院

振华、志勇同志：你们可能已从广东来到广西的博白县。不知南繁小麦生长情况如何？我本来和包建中同志同去广西而且买了二月一日的飞机票。家里也同意了。但大家提了一些意见，认为现在广西气候不好，怕我的身体不能适应。另一个原因

图205-1

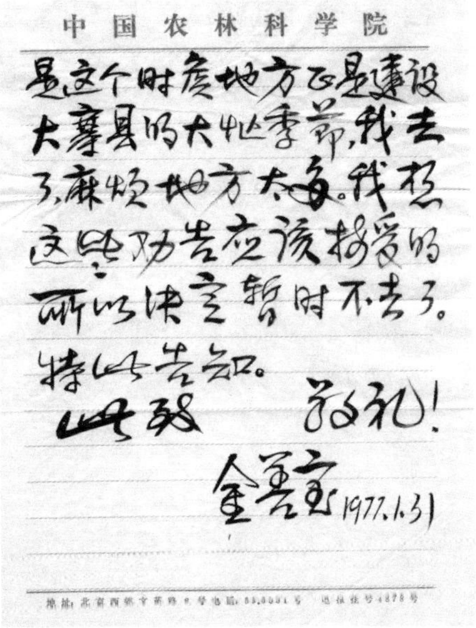

中国农林科学院

是这个时候地方正是建设大寨县的大忙季节，我去了麻烦地方太多。我想这些劝告应该接受的，所以决定暂时不去了。特此告知。

此致

敬礼！

金善宝 1977.1.31

图205-2

2月，因皖、鲁、豫、苏等省冬季干旱、缺苗严重，影响小麦增产，向农林部提出“关于抓好麦田移苗补栽”的建议。

资料(信件) 给农林部部长去信，提出抓好麦田移苗补栽的建议。(金善宝：《关于抓好麦田移苗补栽的建议——给农林部沙部长和杨、罗副部长的信》，1977年2月1日，见图206-1至图206-3)

7月9日，在座谈会上，回忆、批判了极左思潮对农业科学的摧残、伤害。

资料(手稿) 我对最近《建国以来党的若干历史问题的决议》、胡耀邦同志的讲话、中央这次改组，都认为是正确的。我感到欢欣鼓舞，我感到我们

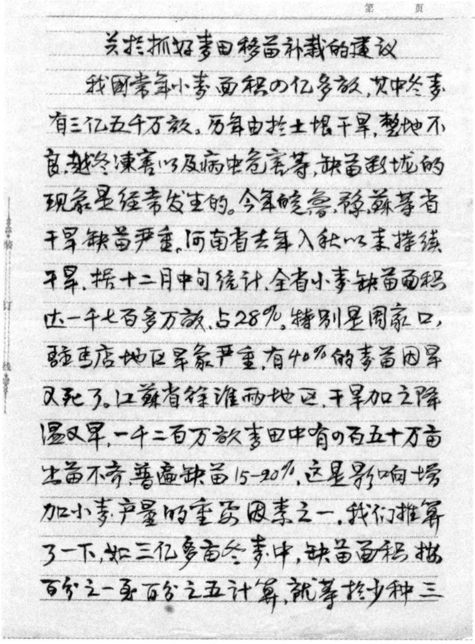

关於抓好麦田移苗补栽的建议

我国常年小麦面积四亿多亩，其中冬麦有三亿五千万亩。历年由於土壤干旱，整地不良，越冬冻害以及病虫危害等，缺苗断垄的现象是经常发生的。今年皖、鲁、豫、苏等省干旱缺苗严重。河南省去年入秋以来持续干旱，据十二月中旬统计，全省小麦缺苗面积达一千七百多万亩，占28%。特别是周家口、驻马店地区旱象严重，有40%的麦苗因旱又死了。江苏省徐淮两地区，干旱加之降温又早，一千二百万亩麦田中有四百五十万亩出苗不齐，普遍缺苗15-20%。这是影响增加小麦产量的重要因素之一。我们推算了一下，如三亿多亩冬麦中，缺苗面积，按百分之一至百分之五计算，就等於少种三

图 206－1

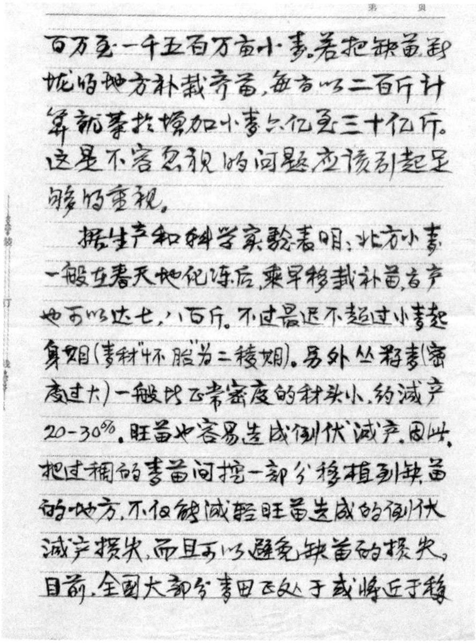

百万至一千五百万亩小麦。若把缺苗断垄的地方补栽齐苗，每亩以二百斤计算，就等於增加小麦六亿至三十亿斤。这是不容忽视的问题，应该引起足够的重视。

据生产和科学实验表明：北方小麦一般在春天地化冻后，乘早移栽补苗，亩产也可以达七、八百斤。不过最迟不超过小麦起身期（麦秆4个不脱为二棱期）。另外丛形麦（密度过大）一般比正常密度的秆头小，约减产20-30%。旺苗也容易造成倒伏减产。因此，把过稠的麦苗间挖一部分移植到缺苗的地方，不仅能减轻旺苗造成的倒伏减产损失，而且可以避免缺苗的损失。目前，全国大部分麦田正处于或将近于移

图 206－2

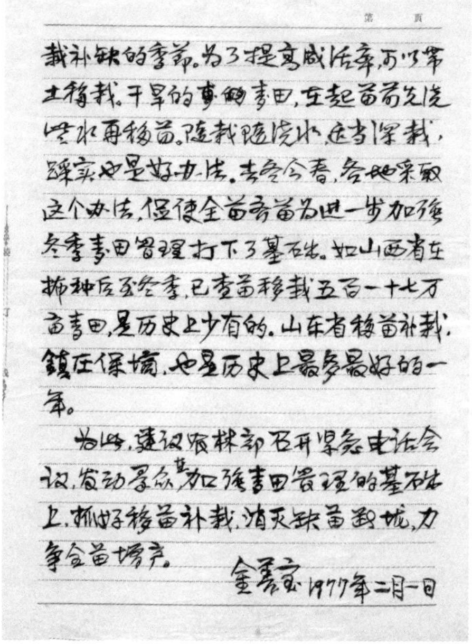

栽补缺的季节。为了提高成活率，可以带土移栽。干旱的麦田，在起苗前先浇些水再移苗。随栽随浇水，适当深栽，踩实也是好办法。去冬今春，各地采取这个办法，促使全苗齐苗为进一步加强冬季麦田管理打下了基础。如山西省在播种后至冬季，已查苗移栽五百一十七万亩麦田，是历史上少有的。山东省移苗补栽，镇压保墒，也是历史上最多最好的一年。

为此，建议农林部召开紧急电话会议，发动群众在加强麦田管理的基础上，抓好移苗补栽，消灭缺苗断垄，力争全苗增产。

金善宝 1977年二月一日

图 206－3

国家的形势越来越好,这是中央团结一致、正确领导的结果。我同大家讲讲我的思想。我是搞农业的,农业方面,我觉得受极左的干扰、破坏那是非常严重的……比如:南京农学院下放到了扬州,图书、仪器装箱下去了,损失很大,现在又回到南京,但房子、土地被占了,招生感到困难。农业生产怎么样呢?报纸上每到年终的时候,就讲今年农业大丰收,连着十五年农业大丰收,那到后来就揭穿了吧。但那个时候“四人帮”还没有打倒呀,有同志就讲,农业大丰收,农业大丰收,那是骗人的。就这样,农业科技人员都走了,有的到现在还没有回来,而且也不愿意回来了。农业科技人员说,我们风里来,雨里去,辛辛苦苦,但是,怎么样呢?看电影坐前排,开会坐边排,听报告坐后排。一公交,二财贸,没有办法到文教,但是,死也不到农林部门去报到。这样一种情况说明,农业方面是摧残得很厉害的。前几年,像北京农大招生,没有几个人报名。报第一志愿的,只有一个。没有人去报名,大家不要学农了,“四人帮”打倒以后,中央发了几个文件,对农业很重视,最近国家科委评科学奖,把农业方面的杂交水稻评为特等奖,奖金十万元,开大会的时候,国务院拍了一个贺电,方毅同志亲自授奖。山东有个“鲁棉一号”,获得一等奖。这样对农业方面的鼓舞很大,我是这样体会的……我们科学技术方面创造发明很多,作用很大,比方讲,卫星上天,人工合成牛胰岛素都很重要,但都没得到特等奖,而农业方面杂交水稻却获奖了,这说明国家重视农业,体现了“农、轻、重,农业为基础”这样一个方针政策。听说今年报考农业院校的人也比较多了。七五年下半年、七六年上半年,这是中国极左思潮非常厉害的时候……我们农业科学院就开会,就讨论,就要反,很积极。我那时是反对的,但农科院核心组印出来计划,要反,我没有办法了。那时,星期六下午大家学习,我到科研部去,我就讲;胡耀邦同志在科学院三个月,大家都很拥护他么,为什么要反?而且这是科学院的事情,关我们什么事呀?我到另外的一个地方去,又去讲了一下。嘿!过了两天,就有人到我家里来了,对我讲,您不要讲了,有人说要追查金善宝在你们这里讲了什么话,要查。这些好心人来通知我时,是在晚上来的,让他坐坐都不敢,马上就走,那时候农科院这方面是最“先进”的。七六年清明节我院群众贴了一张“清明时节忆亲人”的大字报,院核心组认为犯了严重的政治错误,百万群众在天安门悼念周总理,群众送了三个花圈,就拼命追查。四日那天,我到天安门看了一下,有人认为我思想顽固,狂妄地对我说:“你就回家抱孙子吧。”……那时不是有一个《汇报提纲》吗?当时农科院有一个人讲:“科学院讨论《汇报提纲》时,我就看出问题来了,我就不赞成,那时,我只看到风向,不晓得风源在什么地方,就是邓小平。”“批邓”那么大的声势,在大楼前面贴了两条大标语……七五年农科院组织北方十三省市到大寨去开会,开会就是“批邓”……所以我说包括这个农业部、农科院也是这样。有人还讲吗,北农大不是到延安去了吗,那时,张维城是北农大的校长,他到农科院来了,因为吃不开,他就跟我讲,假使我在延安农大不回来,我早已走在“朝农”的前头了。“朝农”,朝阳农学院,那时不是学朝农的经验吗?“批邓”与“批胡”,我们开了多少次大会,写了多少大字报。“四人帮”打倒了之后,游行。那时,沙风也去游行了,我们这里有人去游行,我也去了。过了十天我就讲了,为什么我们这个农科院现在这样冷冷清清呀?那个时候,我们这样热闹,现在“四人帮”打倒了,那你反过来热闹一下了。他们说我们没有冷冷清清呀,天安门游行,我们也去了。我说,你们敢不去吗?天安门游行去了就算了?就行了?我的意思是“四人帮”打倒之后,农业部也批判,也讲农、林口是“四人帮”流毒的重灾区、重灾户。承认这些。讲重灾区,具体什么样子呢?重灾在什么地方呢?什么人呢?没有讲。当然,沙风站不住了,走了,有人送他。说这是调动工作,说他成绩还是主要的,得出这样个结论。当然有许多人都调走了。我现在的意思是,不知道中央的政策到底怎么样,从前还讲讲“四人帮”的流毒要肃清呀,现在肃流毒也不讲了,是什么道理呀?比方农业部,这个有问题调走了,那个调走了,但是另外一些有问题的呢?有的人在外省站不住了,调到中央,中央站不住了,又调到农业部,农业部又站不住了,又调到别的地方去。我这里的人有问题了,调出去,可是外面同“四人帮”有关系的人又调到农科院来,就这样调来调去。我们农科院有个第二把手,叫贺致平同志,他是第一副院长、第一副书记。他来是要搞清农科院的问题。主要是批“左”,这好呀,对呀。他在两次所长会议上,都提农科院的问题主要是要批“左”。我说你喊了这么多日子,怎么还不批呀,哎呀,批不起来呀!有问题的调出去了,其他有问题的人又从别的单位调进来了。还是“四人帮”的人掌权。七八年，徐元泉同志从辽宁调到农科院任第一书记，第一件大事是在我院东门外七百亩地的试验农场实行分田到户的手法，建了许多职工宿舍和不必要的许多小围墙，还把几十亩地送给外单位。把五个所、室的试验场搞得支离破碎，使您无法进行试验。这是隐蔽的“四人帮”流毒。他对和“四人帮”有关系的分子总是百般庇护，甚至提拔重用，听不进逆耳之言。谁提到“四人帮”他就暴跳如雷。他极力反对包产到户的政策。他说：“包产到户不是把农村搞乱了吗？”公开和中央相对抗，这是为什么？现在有人对我说，朝阳农学院的张铁生是他首先推荐的。原来如此，我们到现在还没有批极左，这怎么办？现在的中央我觉得是好的，下面怎么办？……那时是一月份，现在已经七月份了，怎么没动静。我是担心在一个具体单位里头，有这种人你怎么办？这种人我说倒不一定要审判，是群众就不必追究。但是，作为一个领导，作为一个院的领导，作为一个所的领导，你批判了，你要负责任，不能这样马马虎虎过去。不处分你，你至少要检讨一下。对有些人我要问一问，你在七六年的时候，你对江青、张春桥，你是反对的，还是拥护的？你对邓小平同志是拥护的，还是反对的？你讲一讲么！现在为什么不让谈这个问题呢？这个两三年、三五年我觉得是长了一点，因为你不去整他，他来整你，这两三年，我年纪大，我就吃不消。斩草不除根，春风吹又生，流毒不肃清，卷土又重来。我认为在七六年“批邓”中表现很坏的，不论单位大小，都不能当第一把手。（金善宝：《在中国科协主席、副主席、书记及部分全国学会理事长学习中央文件座谈会上的发言》，1977 年 7 月 9 日）

8 月初，出席邓小平主持召开的科学和教育工作座谈会，汇报了农科院受“四人帮”迫害最深的情况，得到了邓小平的支持。

资料一（手稿） 出席邓小平组织召开的座谈会，汇报了农业科学院被影响的诸种情况。（金善宝：《肃清批判农科院极左思潮流毒材料》，见图 207）

资料二（传记） 1977 年 8 月，邓小平同志召开科学和教育工作座谈会，金善宝作为农业科技界的代表，也很荣幸地参加了这次会议。会上，邓小平

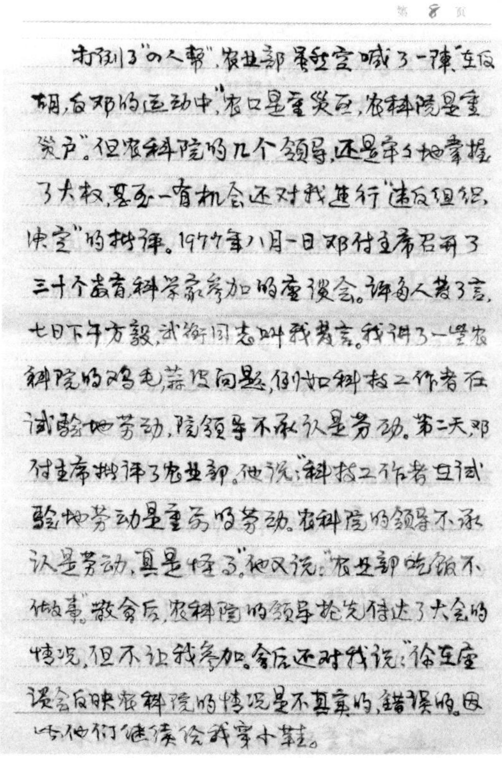

第 8 页

打倒了"四人帮"，农林部曾经宣喊了一阵"在反胡、反邓的运动中，"农口是重灾区，农科院是重灾户"。但农科院的几个领导，还是牢牢地掌握了大权，甚至一有机会还对我进行"违反组织决定"的批评。1977年八月一日邓付主席召开了三十个教育、科学家参加的座谈会。许多人发了言，七日下午方毅、武衡同志叫我发言。我讲了一些农科院的鸡毛蒜皮问题，例如科技工作者在试验地劳动，院领导不承认是劳动。第二天，邓付主席批评了农林部。他说："科技工作者在试验地劳动是重要的劳动。农科院的领导不承认是劳动，真是怪了。"他又说："农林部吃饭不做事。"散会后，农科院的领导抢先传达了大会的情况，但不让我参加。会后还对我说："你在座谈会反映农科院的情况是不真实的，错误的。"因此他们继续给我穿小鞋。

图 207

同志对大家说明了召开这次座谈会的目的，主要是想听听大家的意见，了解一下要赶上世界先进水平，从科学教育入手，当前首先应该解决的问题。座谈中，金善宝汇报了农科院受极左思潮摧残最深、流毒至今没有肃清的种种情况之后，提出一个问题，农业科技人员在试验地里的劳动算不算劳动？他说："现在农业科技人员在试验地里的劳动，从作物播种到成熟、收获的全部管理过程，都要亲自动手操作，和农村的大田劳动没有多大区别；所不同的是，除此之外，还要对农作物生长的全过程进行观察、记录，发现问题要及时采取措施，这样才能保证试验地里的作物品种试验获得成功。可是，现在有条规定，农业科技人员在试验地里的劳动不算劳动，农业科技人员每年还必须另外抽时间到农村或干校去劳动。这条规定和我们农业科学试验有很大矛盾，由于农业科学试验是有季节性的，往往在我们科学试验最关键的时刻,上面要抽调科技人员去干校或农村劳动,因而大大削弱了农业科学试验的力量,影响了农业科学试验的进程。”邓小平同志听完汇报后说:“在农业科学院内种庄稼不算劳动,要到农村种庄稼才算劳动,这真是怪事。好多农业院校自己培育品种,自己种田,怎么不是劳动?科学实验也是劳动。一定要用锄头才算劳动?一定要开车床才算劳动?”(孟美怡:《金善宝》,第172—173页)

8月,著名烟草专家左天觉应邀来访。

资料(照片) 美籍华人、著名烟草专家左天觉(右)应金善宝(中)之邀,携夫人(左)首次来访并留影。(见图208)

图208

8—9月,多方奔走、奋力争取恢复中国农科院建制,取得初步成果。

资料一(档案) 国务院:为认真贯彻落实党的十一大政治报告中提出的“科学研究工作,应当走到经济建设的前面”“要采取强有力的措施扩大和加快各级各类教育事业的发展的规模和速度”的战斗任务,根据邓副主席在科教座谈会上讲话和对华北农大、华北农机化学院的两次重要批示，我部党的核心小组对农林科学院和重点农林院校的领导进行了专门研究，现报告如下：（一）关于中国农林科学院和有关下放所问题。原中国农业科学院和林业科学研究院有专业所(室、厂)41 个，加上原农垦、水产两部所属院、所 6 个，共 47 个单位。1970 年体制下放后，农、林两院合并，只留下 4 所 1 站，院本身已没有多少研究力量，对下放专业所的科研工作，这几年受“四人帮”的干扰破坏很严重，专业科研工作受到极大的削弱，基础理论研究基本陷于停顿。粉碎“四人帮”，特别是关于科学工作的重要指示传达以后，广大农林科技人员精神振奋，迫切要求改变目前农林科研的落后状态。为了真正做到科学研究工作走到经济建设的前面，进而赶超世界先进水平，我们拟对科研管理体制进行必要的调整。1. 把中国农林科学院办成名副其实的全国农林科学研究中心。首先以揭批“四人帮”为动力把领导班子整顿好，建立和充实专业机构，实行党委领导下的所长分工负责制；抓紧落实党的知识分子政策，改善工作条件，给一些老科学家配备助手，尽快培养起自己的过硬的科研队伍；恢复技术职称，建立健全技术岗位责任制，保证每周至少必须有六分之五的业务工作时间，制定科学技术规划，立即抓好重点科研项目，尽快做出成绩，同时加强基础理论研究，切实做到能够解决一批关键性科技问题。2. 原下放北京市的作物育种栽培研究所、蔬菜研究所、农业气象研究室，拟收回为中国农林科学院的直属单位，以加强院本身的研究力量。3. 原下放的 31 个研究所，调整为以部为主、部和地方双重领导的管理体制，其中农业 19 个、林业 6 个、水产 5 个、热带作物 1 个，保持农林牧渔和农业十二个字起码都有一个全国性的专业研究机构。这些单位的科研计划、人事、财务、基建、物资归中国农林科学院管理，党政工作地方领导。在承担全国科研任务的同时，积极承担一部分地方的科研任务。4. 完全下放地方的有 9 个单位，其中农业 6 个、林业 3 个。这些单位，一般专业研究范围较窄或地方性较强，研究内容有重复，下放后，这些单位的科研任务可通过组织协作方式，继续发挥他们的作用。（二）关于重点高等院校问题(略)。（中国农业科学院综合处：《关于加强农林科教工作和调整农林科学教育体制的报告》，1977 年9 月27 日）

资料二(口述) 粉碎“四人帮”后,全国拨乱反正,全面落实党的各项政策。……1978 年 3 月之后,经国务院批准,陆续将下放的研究所、室按原建制收回。到 1982 年,金善宝为名誉院长,卢良恕接任院长时,院属研究所及下属机构,在京内已有 15 个;京外,河南有农田灌溉所、棉花所、郑州果树所;湖北有油料所、麻类所;山东有烟草所;浙江有茶叶所;上海有家畜血吸虫研究所;南京有农业遗产研究室;镇江有蚕业所;黑龙江有哈尔滨兽医所、甜菜所;吉林有特产所;四川有柑橘所;甘肃有兰州畜牧所、兽医所和中兽医所;内蒙古有草原所,全院职工已达 8 223 人。金善宝在粉碎“四人帮”、特别是参加了邓小平同志召开的科技座谈会和全国科学大会之后,更是精神焕发,在农牧渔业部何康等领导同志的支持下,对中国农业科学院在恢复中的建设和发展,倾注了大量心血,收到了令人敬佩的成效。(《吴景锋访谈》,2017 年 4 月)

资料三(传记) 中国农业科学院怎么样才能重新恢复和加强呢?金善宝提出,第一步,首先要把下放地方的各个研究所收回来,把下放农村长期蹲点的科研人员找回来,把被迫离开农科院,分散在全国各地的科研骨干请回来……为此,他积极上书中央领导,要求收回各个下放所,并和农业部何康副部长一起找到国家农委主任王任重,反映农业科学院下放所的种种问题,要求尽快收回下放在全国各地的研究所,得到了王任重同志的大力支持。(孟美怡:《金善宝》,第 174 页)

9 月 5 日,复信沈丽娟,传达全国科教会的精神,鼓励南农教职工为复校做出努力。

资料一(信件) 9 月 5 日,金善宝回复南京农学院沈丽娟,告知科教座谈会情况,提供南农复校建议。(金善宝:《写给沈丽娟关于南农复校的信》,1977 年 9 月 5 日,见图 209 - 1 至图 209 - 3)

资料二(传记) 1977 年 8 月,金善宝在科学与教育工作座谈会精神的鼓舞下,想到了被砸烂的南京农学院,显然,这种砸烂南农的做法完全违背了科学与教育工作座谈会的精神!他当即写信给南京农学院的沈丽娟教授,希望他们把南农的情况直接反映给中央,争取早日恢复南京农学院。……沈丽娟

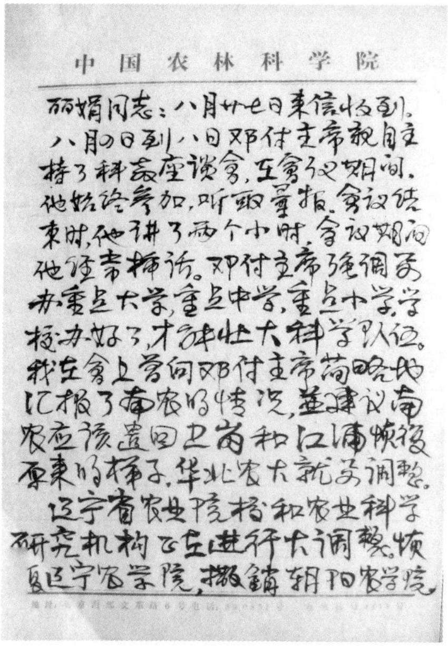

中国农林科学院

丽娟同志：八月廿七日来信收到。

八月四日到八日邓付主席亲自主持了科教座谈会，在会议期间，他始终参加，听取汇报。会议结束时，他讲了两个小时。会议期间他经常插话。邓付主席强调要办重点大学，重点中学，重点小学，学校办好了，才能壮大科学队伍。我在会上曾向邓付主席简略地汇报了南农的情况，并建议南农应该迁回卫岗和江浦恢复原来的样子。华北农大就要调整。

辽宁省农业院校和农业科学研究机构正在进行大调整，恢复辽宁农学院，撤销朝阳农学院

图 209－1

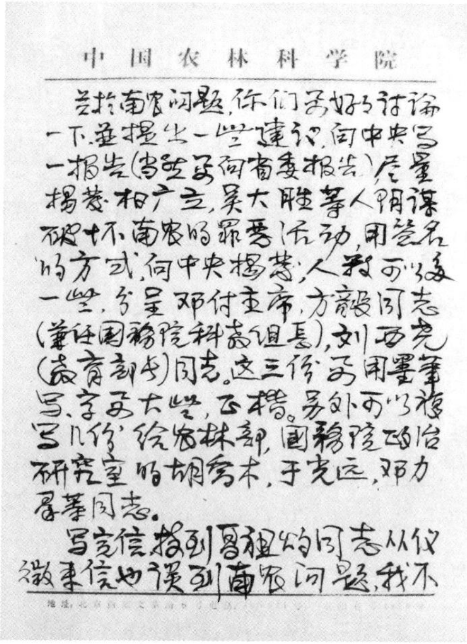

中国农林科学院

关于南农问题，你们要好好讨论一下，并提出一些建议，向中央写一报告（当然要向省委报告）尽量揭发杨广立、吴大胜等人阴谋破坏南农的罪恶活动，用签名的方式，向中央揭发，人数可以多一些。分呈邓付主席，方毅同志（兼任国务院科教组长），刘西尧（教育部长）同志。这三份要用毛笔写，字要大些，正楷。另外可以复写几份，给农林部，国务院政治研究室的胡乔木，于光远，邓力群等同志。

写完信接到曷祖的同志从仪徵来信也谈到南农问题，我不

图 209－2

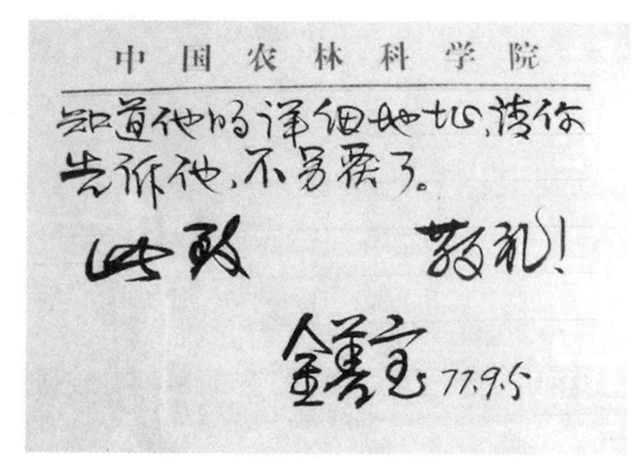
中国农林科学院

知道他的详细地址，请你告诉他，不另写了。

此致

敬礼！

金善宝 77.9.5

图 209－3

教授收到信后，立刻和南农原来的校长、教务主任、教授们商量，起草了一份报告，详细陈述了南京农学院与江苏农学院合并以后的种种弊端，要求恢复南京农学院。他们到北京的当天晚上，住在农业部招待所，第二天，金善宝就在农科院招待所内为他们安排了住处，和他们一起研究了报告内容，做了一些修改和补充。报告一式三份，分送农业部、教育部和江苏省委。农业部、教育部的领导分别接见了他们，对他们反映的意见十分重视。（孟美怡：

《金善宝》,第175—176页)

资料三(报道) 十年"文化大革命",南京农学院被"四人帮"江苏的代理人强令撤并入苏北农学院成立江苏农学院。1976年"四人帮"垮台后,党中央先后召开了科学大会和教育工作座谈会,科学春天的到来,极大地激励着南京农学院广大职工奋起要求拨乱反正,在卫岗恢复南京农学院……1978年8月,原南京农学院院长夏祖灼和我分别写信给金院长,希望他在京向中央反映南农广大教职工要求尽快复校,金老于9月5日给我复信,热情支持南农复校,并说他于8月8日参加了科教座谈会,亲自向邓小平同志反映了南农被撤的情况,并建议将南农迁回卫岗和江浦复校。(沈丽娟:《金善宝院长和南京农学院》,《中央大学南京校友会简讯》第25期,第29页)

资料四(文章) 我于1977年8月27日写信给我院首任院长金善宝教授(当时他已调任中国农业科学院院长),希望金老能争取,向中央反映,尽快恢复南京农学院。金老于1977年9月5日亲笔复信,热情支持南农复校。信上还说,他于8月5日参加了邓小平同志亲自主持的科教座谈会,邓小平同志提出,要办好重点大学、重点中学、重点小学,学校办好了,才能壮大科技队伍。金老在会议期间,曾向邓小平同志汇报南京农学院被撤并的情况,并建议将南京农学院回卫岗和江浦复校。金老在信中提议南农全体教职工要好好讨论复校问题,向省委、中央写报告,揭发"四人帮"在江苏的代理人撤并南京农学院的阴谋。我把金老的意见向南农的老领导做了汇报。(沈丽娟:《记南农复校的一次上访》,收入南京农大党委宣传部编《辉煌历程、时代见证——纪念改革开放三十年、复校三十年征稿选编》,2008年,第229页)

资料五(口述) 南农那时候又和初期一样,省里面又想把南农弄走,主要是想要我们那块地方。正好七一年一个全国的教育工作会议做了个决定,撤销南农,南农的教师学生搬到扬州,和苏北农学院合并,是七一年底这个文件下来的。七二年就搬去了,教师学生都去了,卫岗还没交出去,但省里已经安排了省委党校住进来了,因为省委党校要定期要调一些干部上来培训,正好可以利用我们的学生宿舍。另外就是把一部分房子、土地卖给南京无线电厂,南京无线电厂也很高兴,因为他们在城里只有很小一块地方,在卫岗又盖了宿舍楼,准备长期住下去了。"四人帮"粉碎以后,南农在扬州的一些老师、学生,就提出来想搬回来,当时大家就想着找金院长,对上层表表态,我们也都找不到关系,沈丽娟写信就是那时候的事情了。我也写了一封信给他,大概是 1977 年,粉碎“四人帮”之后不久,大家经常在一块议论,就讲找金院长,只有找金院长,才有希望。我就说好,那我写封信。金院长到扬州来过,他当时住在扬州的地委招待所,那时候没有汽车,我们一些老教师去看他。好像沈丽娟一直和他有联系,后来找他谈,所以 1977 年大家谈起来,我就说我来写一封信给他,那时候正好我要到北京附近郊区开个会,之后我就不大记得了。沈丽娟那个信是在我之后写的。好像是金老参加的邓小平座谈会之后,复了我们一封信,主要是写给沈丽娟,态度很明朗,很支持学校恢复。他对学校很有感情。(《夏祖灼访谈》,2016 年 11 月 2 日)

9 月 17 日,发表《为把我国变成世界第一个农业高产国家而奋斗》一文。

资料(报道) 平生多次受到毛泽东的接见,亲聆毛泽东的教导,这些使他永志不忘。在 82 岁高龄时,他立志为把我国变成世界第一个高产国家作贡献。(金善宝:《为把我国变成世界第一个农业高产国家而奋斗》,《光明日报》1977 年 9 月 17 日第 2 版)

9 月 20 日,给邓小平写信,要求恢复南京农学院。

资料一(信件) 尊敬的邓副主席:最近先后收到江苏农学院(大部系原南京农学院)部分教职工要我转呈给您的两封来信。信中谈了林彪和“四人帮”反党集团及其在江苏的代理人杨广立摧残农业教育……的罪行及其恶果和他们渴望恢复该校的请求。现随信送上,请审阅。我在原南京农学院及其前身工作了多年,因此,对南农也较了解与关心,原南京农学院在“文化大革命”之前,是农业部领导的重点高等学校,这个学校既是被“四人帮”的爪牙所破坏,现在就应该恢复,和北农大等院校一起作为农林部重点学校,为国家培养农业技术骨干和农业科研人材,如有需要,仍可招收一些留学生。这个学校历史悠久,师资、图书、设备等较好,过去在培养农业技术人材和科学研究等方面,都有一定贡献,今后在农业现代化工作中也必将有所贡献。(金善宝:《为南农复校给邓小平副主席的信》,1977 年 9 月 20 日)

资料二(报道) 后来,他又于1977年9月20日为南农复校向邓小平同志写信,他以自己在南农工作多年的老教师身份分析了恢复南农对于发展我国农业教育的重要意义,建议尽快恢复南京农学院。(沈丽娟:《金善宝院长和南京农学院》,《中央大学南京校友会简讯》第25期,第29页)

资料三(传记) 信件上呈之后,久久没有回音。这是因为,农林口是“四人帮”极左路线的重灾户,“四人帮”虽然倒台了,极左路线的流毒却仍然阴魂不散,在相当长的时间内影响着人们判别是非的能力,复校的阻力很大。在此期间,金善宝多次找到农林部的何康、郝中士、邹秉文、杨显东等同志,反映南农的情况,力陈南农复校的必要性,得到了他们的大力支持。(孟美怡:《金善宝》,第172页)

9月,为纪念毛主席逝世一周年撰文。

资料(手稿) 作者回忆:1945年抗战胜利后毛主席来重庆和平谈判期间,与中央大学八名教授受到毛主席的接见;中华人民共和国成立后,毛主席给了他五张任命书;作者认为,历年来毛主席对农业的重要指示为农业科技界指出了明确的奋斗方向。(金善宝:《永远怀念我们伟大领袖毛泽东主席——为毛泽东主席逝世一周年而作》,1977年9月)

10月5日,给邓小平写信,提出“用优良品种支援第三世界国家的设想”。

资料一(信件) 敬爱的邓副主席:最近我在思考这样一个问题,在农业上我们用什么东西援助第三世界的国家和人民为好?伟大领袖毛主席教导说:“有了优良品种即不增加劳动力和肥料,也可获得较多的收成。”我想用良种的方式向第三世界的国家和人民提供援助是一个较好的办法,这不仅使受援国见效快,收益大,打破国际垄断财团对优良品种的控制和垄断,同时,不管受援国领导阶层发生什么变化,象征两国人民友谊的种子将继续延绵不断。但是,第三世界国家与我国远隔重洋,怎样解决种子适应的问题?这个问题我们已取得一些经验,我国幅员广阔,自然条件优越,具有培育适应性广的优良品种的独特条件。例如,最近几年我院新育成的几个“京红号”春小麦品种,从西南边疆的云南到东北辽宁,从山东海滨到西北、内蒙古高原都能适应，而且获得较好的收成，一般亩产四五百斤，高的七八百斤，有的亩产超过千斤。据十个省、市、自治区二十九个单位试验总结的资料看，有二十四个单位"京红"品种产量占第一位，超过了墨西哥小麦品种的产量。墨西哥小麦在第三世界二十多个国家推广，其办法就是将培育的杂交后代进行选择，利用南方、北方的不同气候条件，一年种两代，一般三年即可定型。这样育成的品种不仅加速了育种进程，而且具有广泛的适应性，设想如果我们通过杂交取得的后代，分别在全国几十个不同气候条件的点进行培育，这样对其中最优良的品种，由当地国营农场大面积繁殖，就可以得到大量的种子，成为当地的良种基地，如需要对国外提供良种时，就可择其适应性广的一些品种与受援国气候相近似的作为提供良种的点。我国农作物品种资源极为丰富，只要充分发挥专业研究机构的骨干作用，实行专业队伍与群众运动相结合，由中国农林科学院牵头组织，在全国部署一个培育良种的网点，既节省人力、物力，避免重复，又可缩短育种年限，不断培育出新品种，使育种工作走在农业生产的前面。我认为，在农业上向第三世界国家和人民提供良种援助，比一般的经济、技术援助经济有效。如果这个建议可行，我愿意承担这项任务。作为一个农业科学工作者，应该下决心，利用自己有限的晚年，为党为人民做一些工作，以革命加拼命、拼命干革命的精神，把被"四人帮"在育种工作上耽误的时间抢回来，补上去，以实际行动贯彻落实《中共中央关于召开全国科学大会的通知》的精神，迎接全国科学大会的胜利召开。（金善宝：《用优良品种支援第三世界国家的设想——给邓小平副主席的信》，1977 年 10 月 5 日）

资料二（其他） 1977 年 10 月 5 日，金善宝同志给邓小平同志写信，建议用良种的方式向第三世界国家和人民提供援助。（《中国农科院大事记 1957—2006》）

10 月，出席全国农业科技情报会议，会后去南宁考察，回程到韶山瞻仰毛主席故居。

资料一（照片） 金善宝（左五）参加全国农业科技情报会议。（见图 210）

图 210

资料二(照片) 金善宝在全国农业科技情报会议上讲话留影。(见图 211)

图 211

资料三(照片) 金善宝(左二)在柳州园艺场考察留影。(见图 212)

图 212

资料四(照片) 金善宝参观韶山毛主席故居。(见图 213)

图 213

11 月,致信乔肖光,建议在桂林建立东亚柑橘育种中心。

资料(信件) 乔书记:上月全国农业科技情报会议在柳州召开,承自治区各级党委领导大力支持,使会议得到圆满成功,我们表示衷心的感谢。在会议期间,我曾经参观了桂林柑橘所,柑橘所的同志正在搞一个宏伟的规划,就是要把桂林柑橘所搞成东亚柑橘育种研究中心。他们说,香港市场上美国的柑橘都放在商店里卖,品质好、价钱高,我国的柑橘不能上商店,只能放在摊头里卖,对国际影响很不好。其实,我国的柑橘资源丰富,其中有很好的柑橘,如果加以整理、改良,潜力是很大的。在桂林建立柑橘育种中心,有它有利的条件:一、桂林地多人少,发展柑橘,不与粮食争地;二、桂林没有黄龙病;三、柑橘每亩的收益大,在柑橘所亩产五千斤的十亩,亩产六千斤的五亩,一般亩产一千斤,比粮食的收入大三四倍;四、桂林山水甲天下,国际友人前往游览的一年比一年多,我们应该向外宾显示一下,桂林不但山水好,柑橘育种中心也是冠全球的。因此,我殷切希望自治区党委对桂林柑橘所建成东亚柑橘育种中心的计划予以大力支持,在英明领袖华主席抓纲治国的伟大号召下,早日予以实现。我在南宁、柳州、桂林三个地区参观了农学院和八个研究所,感到有些科研工作,广西走在其他省市的前头了,因此柑橘育种工作希望广西带个头,把全国柑橘育种工作搞上去。“中国人民有志气,有能力,一定要在不远的将来赶上和超过世界先进水平”,“我们的目的一定要达到,我们的目的一定能达到”。(金善宝:《建议在桂林建立东亚柑橘育种中心——给乔肖光书记的信》,1977 年 11 月)

12 月 7 日,《光明日报》报道《人老心更红——记农业科学家金善宝和他的助手培育春麦良种的事迹》。

资料(报道) 最近,我们访问了刚从广西回来的著名小麦专家、中国农林科学院院长金善宝同志。他在广西参观了农学院和八个农业科研单位,到处呈现的一派热气腾腾的大好形势使他非常高兴。他说:形势喜人,形势逼人。我虽然年老体弱……一定要在两三年内再育出几个小麦优良品种,为我国农业高速度发展贡献力量。八十二岁高龄的金善宝同志,长期从事春麦育种工作。从一九六〇年以来的十七年中,他和他的助手一起,先后育出"京红号"九个春麦新品种和一批新品系。它们的成熟时间短,但产量却和冬麦差不多,很受农民群众的欢迎。据河北、山西、内蒙古、山东等省、自治区的不完全统计,第一批育出的"京红号"五个品种,到一九七六年已推广到六十万亩以上,目前仍在发展中。这些成绩是金善宝和他的助手共同努力的结果,也是他们在毛主席革命路线光辉照耀下,同错误路线、错误思想进行不屈不挠斗争的结果。一九五八年,金善宝从南京农学院调到北京中国农业科学院后就考虑一个问题:冬麦在北方生长期太长,一年三百六十五天,它要在地里过二百七十天,这对于冬天大搞农田基本建设很有妨碍,在某些地区对改革耕作制度也不利,而春小麦的生长期只有一百一十五天左右,它在北京是不是可以发展呢?当时在农业科学院有两种意见。有人认为,春小麦生长后期不耐高温,产量低,而且比冬小麦晚熟十天左右,影响下季作物播种,因此春麦在北京不是发展方向。金善宝认为,育种工作者的任务在于改造自然,只要育成早熟抗高温的品种,北京地区应该是可以种植春小麦的。金善宝想到人民的需要,想到高速度发展农业生产的需要,坚决主张在北京地区推广春麦。从此,金善宝开始了春麦育种实验工作。两年后,组织上正式给他配备助手,协助工作。经过几年的努力,开始有了结果。一九六七年,金善宝选育的早熟优良品系进入最后鉴定的阶段。那时,林彪、"四人帮"鼓吹"怀疑一切""打倒一切",一时间,"反动学术权威""反动专家"的帽子满天飞,他靠边了,全院的科研工作也基本停顿下来。眼看春麦播种期就要过去,他真是心急如焚啊!育种工作是继续还是中断?他想了很多,想得很远,毛主席在重庆谈判期间接见他时的幸福情景还历历在目……总理在一次座谈会上,勉励一些年纪大的知识分子为社会主义祖国多做贡献的亲切话语犹在耳边;多年来,党和国家多次给他荣誉,这一桩桩往事,使他鼓起了勇气,他想:自己是一个共产党员,为人民为国家选育良种有什么错!他下定决心把实验进行下去。第二天,他对助手杜振华说:"咱们的育种工作,今年还要继续搞。"这个工人家庭出身的年轻共产党员很赞成金善宝的意见。在院试验农场工人的热心支持下,这一年春麦育种工作不仅没有停,还选出五个早熟的"京红号"新品种。后来,这五个早熟品种在北京示范种植,却暴露了它们的弱点:成熟期提早了,但是丰产性却不够好,在生产上使用有很大的局限性。既要种子丰产性好,又要成熟期短,是常规育种工作中的难题。一般讲丰产性好的品种,生产期较长,而早熟品种往往生长期短,产量低。金善宝和他的助手们并没有被这个难题所吓倒。他们决心改造这五个早熟品种,使它既能早熟,又能丰产。这就必须找到丰产性好、抗病性强、遗传性好的品种作亲本,与它们分别杂交,育出新品种,但这个工作量是很大的,金善宝和他的助手们不怕风吹日晒,整天在自己播种的数目繁多的小麦品种中去寻找这种亲本。他们还经常到本院品种资源组播种的引种和原种圃中去观察,去挑选理想的亲本材料。一九七一年春,他们终于从二千多个品种中发现十几个秆矮、丰产性好、抗病性强的品种。大家兴高采烈、干劲百倍地投入杂交组合工作。小麦扬花了。每天大清早,金善宝就戴上老花眼镜,赶到试验地去,和助手们一起小心翼翼地把这十几个品种小麦的花粉,分别授到去了雄蕊的"京红号"的五年早熟品种的柱头上。连续几天,他们一共做了好几百个杂交组合。此后,金善宝就把这些杂交组合当成宝贝,不仅要他的助手们精心管理,而且自己一天要去观察好多回,并把它们的生长情况记在助手给他特制的试验记录本上。有一次,他身体很不舒服,老伴劝他不要到试验田去,他却饶有风趣地反问:"小外孙在邻居家很好,你为什么还要每天去看?因为他是你的宝贝。小麦就是我的宝贝。"第二年的六月,试验地的麦子成熟了,一片金黄的麦子长得喜人。但究竟哪个杂交组合好呢?金善宝和他的助手们又忙开了。他们顶着烈日,从二十多万株杂交后代里,精选出早熟、秆矮、穗大、籽粒饱满、抗病性好的单株。在骄阳似火的夏日,做这项工作,一个青年人边看边选,劳动一天,也要累得腰痛腿酸,年老多病的金善宝却不顾疲劳,一直坚持和助手们一起在试验田进行初选、复选和决选,连续工作十几天。有时助手们看他实在太累了,就劝他回家休息,但他只坐在地头上休息片刻,又接着干。他这种忘我的革命精神,对他的助手们也是很好的教育。经过这一年的辛勤劳动,他们获得了一批有希望的理想的杂交后代材料。过去育种是一年种一代,一个新品种育成,往往需要六年至八年的时间。为了尽快把这一批有希望的杂交后代材料选育出适合我国种植的秆矮、丰产性好、抗病性强、适应性广的春麦品种,他们决定充分利用我国幅员广阔的优越条件，春天在北京种，秋天再到海南岛等地去种。这样，他们只用了三四年的时间，就选育出了三个“京红号”新品种。在全国十个省、市、自治区二十九处品种的对比鉴定试验中，这三个新品种在二十四处，占第一位，平均亩产比墨西哥小麦增产一成至两成。其中有一个新品种的籽粒蛋白质的含量达百分之十五点四、赖氨酸含量为百分之零点三七，是我国大量推广的小麦良种中品质较好的一种。目前，这三个新品种正在各地加速繁殖，积极推广。金善宝在选育春麦良种的同时，也十分关心助手的成长。他处处以身作则，言传身教。一九六二年，杜振华开始给他当助手时，只坐在办公室搞些秘书工作。金善宝觉得这样不行，应该叫小杜参加更多的锻炼。一天，他对杜振华说：“这些秘书工作，我自己能做。你应该把精力用于学习和钻研业务上。”他把杜振华调到育种室去工作。当杜振华学习俄文缺少工具书时，他就将自己的《俄汉大辞典》送给他。他的另一个助手对有些病害不清楚，他就把有关这方面的书给他送去。今年小麦快成熟时，一天深夜，狂风暴雨大作，金善宝再也睡不着了。天刚刚亮，他就赶到试验田去观察。等助手来上班时，试验农场工人批评他们说：“你们这会儿才来，金老早已察看完毕回去了。”不一会，金善宝又来指导大家工作。助手们到南方育种时，他虽然不能跟着去，但在麦子成熟时，他总是千里迢迢地赶到那里实地察看。一九七六年一月，他去云南，由于旅途劳累，到了元谋县就病了。第二天，他还要到试验田去看小麦的生长情况。他的助手考虑到试验田分散在两个小山村，山路崎岖难走，他又有病，特别是知道他听到敬爱的周总理不幸逝世的消息，心情十分沉痛，劝他休息一天。他坚决不肯。他觉得对周总理最好的悼念，就是要学习周总理生命不息、战斗不止、彻底为人民服务的精神。在元谋县逗留的短短几天里，他走遍了每块试验田，仔细听取了助手的汇报，还参观了附近社队的麦田，调查了当地种植小麦的情况，并与有关领导和科技人员一起进行了座谈。他这种不怕苦、不怕累、深入实际调查研究的工作精神，给当地的干部和群众留下了深刻的印象。他的助手对我们说：“金老八十多岁了，还将自己的全部心血用于育种工作上，我们和他相比，相差很远。”现在，金善宝有四名助手，都以他为榜样，严格要求自己，一心扑在科研上。一次，杜振华的爱人生孩子刚满月，身体也不好，很需要他在家照顾，可是，他却不顾个人的困难，毫不犹豫地打起行李到海南岛去育种，半年后才回来。有的同志为了繁育种子，刚结婚不久就出发了。有的同志在南方育种期间，父亲去世也不回家。这一切，都是与金善宝的教育和帮助分不开的。现在，他的助手们又到云南去育种了，为在一九八〇年前再育出几个早熟、高产、抗病、蛋白质含量高的新春麦品种而努力。（《人老心更红——记农业科学家金善宝和他的助手培育春麦良种的事迹》，《光明日报》1977 年 12 月 7 日第 3 版）

12 月 12 日，10 月写的信得到回复。

资料（档案） 对外经济联络部三局张韵之向部领导反映中国支援第三世界国家的情况，以及针对金善宝同志写给邓副主席的处理情况。其中讲道："金善宝同志写给邓副主席的信，于 11 月初由部领导批转我局研办，现将有关情况报告如下：一、一九六九年至一九七七年间，我国通过科技合作途径向朝、罗、越、阿、南及其他亚非拉第三世界十六个国家提供粮食，蔬菜，瓜果（苗木、种子），药材（根、茎、种子），蚕种，绿肥，菌种，油料，棉花，烟草，甜菜，甘蔗，花卉（根、茎、种子），鸭、鹅种蛋及其他种子、苗木共七百六十八项（次）（详见清单）；二、我曾将对副主席批示、陈部长指示及金善宝同志的信复印送农林部、农林科学院有关单位研究，并商定由我局会同农林部外事局、科教局、种子局、农林科学院等单位共同研究，提出建议。十二月十二日，农林部外事局徐处长来电话告：农林部吴振副部长决定将金善宝同志信中提出的问题，提交明年农业科技规划会议安排。因此，有关局、所不需要再碰头研究了。并说，此事已征得金善宝同志同意。以上特报。"（张韵之：《给对外经济联络部部领导的信》，中央档案馆）

1978 年　　84 岁

1 月 6 日，中国农林科学院、农林部申请中央关于恢复"中国农业科学院"和"中国林业科学研究院"建制的报告。

资料一(档案) 现在的中国农林科学院,系原“中国农业科学院”和“中国林业科学研究院”合并而成的。最近已经中央批准正式成立国家林业总局,我部关于调整农林科学教育体制上的报告亦经党中央批示同意。根据以上情况,和方毅同志关于被不合理拆掉的科研机构争取尽快恢复的指示精神,为了进一步发展农林科学事业,使科学研究走到生产建设的前面,为高速度发展农林生产服务。我们研究有必要恢复原“中国农业科学院”和“中国林业科学研究院”的两个建制,以便加强领导,使科学研究与生产相结合,根据各自的特点,尽快把农林科学研究搞上去。(《关于恢复“中国农业科学院”和“中国林业科学研究院”建制的报告》,(78)农林(科)字第 12 号,中国农科院综合处档案室,1978 年)

资料二(档案) 中共中国农林科学院党的核心小组致函中共农林部党组,提出分开农林建制和部水产局直接领导水产工作区两条建议。(《中共中国农林科学院党的核心小组致中共农林部党组的函》,中国农业科学院综合处档案室,1978 年 1 月 6 日,见图 214)

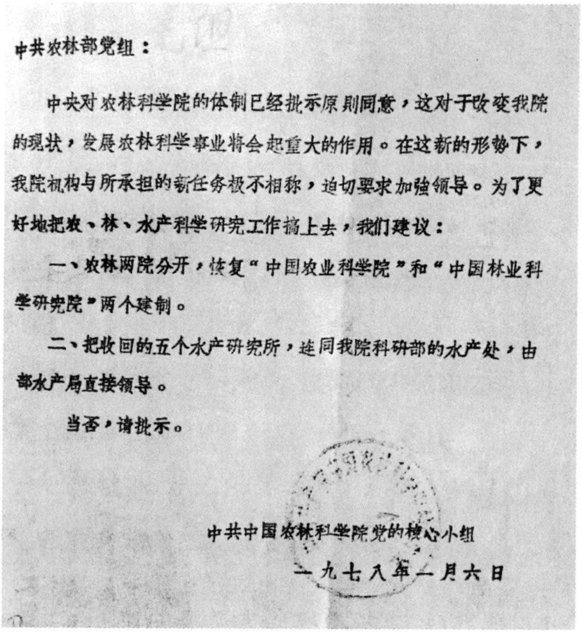

中共农林部党组：

中央对农林科学院的体制已经批示原则同意，这对于改变我院的现状，发展农林科学事业将会起重大的作用。在这新的形势下，我院机构与所承担的新任务极不相称，迫切要求加强领导。为了更好地把农、林、水产科学研究工作搞上去，我们建议：

一、农林两院分开，恢复“中国农业科学院”和“中国林业科学研究院”两个建制。

二、把收回的五个水产研究所，连同我院科研部的水产处，由部水产局直接领导。

当否，请批示。

中共中国农林科学院党的核心小组

一九七八年一月六日

图 214

是日,勉励三侄金孟达为祖国作出新贡献。

资料一(信件) 金善宝写信,勉励三侄金孟达为祖国作出新贡献。(金善宝:《写给三侄金孟达的信》,1978 年 1 月 6 日,见图 215)

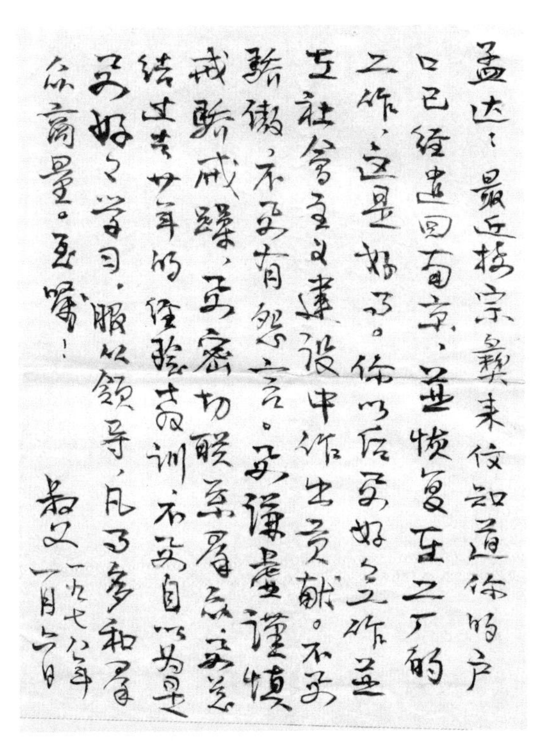

孟达：最近接宗彝来信知道你的户口已经迁回南京，并恢复在工厂的工作，这是好事。你以后要好好工作并在社会主义建设中作出贡献。不要骄傲，不要有怨言。要谦虚谨慎，戒骄戒躁，要密切联系群众，要总结过去廿年的经验教训，不要自以为是，要好好学习，服从领导，凡事多和群众商量。至嘱！

叔父 一九七八年一月六日

图 215

资料二(照片) 金孟达(右)与叔父金善宝摄于中国农科院红楼 207 室。(见图 216)

图 216

资料三(照片) 金善宝与金孟达(右)摄于北京双榆树南里二侄媳家。(见图 217)

图 217

1 月,出席全国科学技术规划会议和中国农学会座谈会。

资料一(文章) 文章回顾了我国农林科技战线上取得的成就和在“四人帮”干扰下农业科技工作中存在的问题,认为农业科学必须走在农业生产的前面。(金善宝:《农业科学研究要走在生产的前面》,《农业科技通讯》1978 年第 1 期,第 1—2 页)

资料二(照片) 金善宝(二排左五)参加中国农学会座谈会留影。(见图 218)

图 218

资料三(报道) 《农业科技通讯》报道金善宝等人在田间考察。(《农业科技通讯》1978 年第 1 期,见图 219)

左起:辛志勇、郭丽、金善宝、杜振华

图 219

资料四(文章) 从我国百分之八十是农业人口的实际出发,发扬劳力丰富优势、精耕细作的传统,用先进的科学技术和现代化装备武装农业,贯彻农业"八字宪法"。综合应用各项农业技术措施,逐步实现大地园林化、田间主要作物机械化、电气化、水利化、化学化,农林牧副渔有机地结合起来,保持良好的生态平衡,大搞农田基本建设,使沙漠变绿洲,黄河成碧流。向世界第一个高产国家迈进。(金善宝:《向世界第一个高产国家迈进》,《农村科学实验》1978 年第 1 期,第 4 页)

2 月 26 日—3 月 5 日,出席第五届全国人民代表大会第一次会议。

资料(证件) 代表证。(见图 220)

姓　　名 金善宝
性　　别 男
年　　龄 八十一
选举单位 浙江省
第 1812 号

全国人民代表大会
常务委员会
一九七八年二月　日

图 220

3 月 18—31 日，出席中央在北京召开的第一次全国科学大会，作“为把我国变成世界上第一个高产国家而奋斗”的发言，提出“发展农业科学技术的六点建议”。

资料一(报道)　参加全国科学大会的代表、中国农林科学院院长、小麦育种家金善宝、林学家郑万钧和兽医专家程绍迥等来到住地。(《加快步伐向科学技术现代化进军》,《人民日报》1978 年 3 月 16 日第 4 版)

资料二(传记)　1978 年 3 月 18 日，期盼已久的第一次全国科学大会在北京友谊宾馆开幕，这是我国科学史上一次空前的盛会。邓小平同志在开幕式上亲自宣布“四人帮”肆意摧残科学事业、迫害知识分子的状况一去不复返了。他说，四个现代化，关键是科学技术的现代化。没有现代科学技术，就不可能建设现代农业、现代工业、现代国防。没有科学技术的高速度发展，也就不可能有国民经济的高速度发展。他动员全党、全国，重视科学技术、制定规划，向科学技术进军。在这次大会上，邓小平明确提出了“科学技术是生产力”的伟大论断。当邓小平说到“知识分子的名誉要恢复”“知识分子中绝大多数是好样的”“无论从事科研工作的还是从事教育工作的，都是劳动者”“知识分子是工人阶级的一部分”的时候，会场上所有的人都激动起来，许多人已经泪流满面，老泪纵横。原中科院院长郭沫若因病不能到会，写了一首诗——《科学的春天》作为书面发言，由中央人民广播电台著名播音员虹云代为朗读：……日出江花红似火，春来江水绿如蓝。这是革命的春天，这是人民的春天，这是科学的春天！让我们张开双臂，热烈地拥抱这个春天吧！播音员抑扬顿挫的声音，真切地道出了与会科技工作者的心声！会场上这样激动的场面，也许现在的年轻人不能理解！……“文化大革命”中，中国科学院80%的高级知识分子被打成“资产阶级反动学术权威”“反革命修正主义分子”“外国特务”，很多人没有活过来。长期以来，一般知识分子都处于“臭老九”的贱民地位，何谓“臭老九”呢？前面黑八类是地主、富农、反革命、坏分子、右派(这五类又叫黑五类，简称“地富反坏右”)，叛徒、特务、走资派，知识分子排第九类，尽管已经排到末位，还不足以表达有人对知识分子的蔑视、厌恶之情，故而在“老九”前面再加个“臭”字，所以叫“臭老九”。……所以，邓小平的讲话对知识分子来说，实在是个翻天覆地的大变化。在这次大会上，金善宝以他优异的科学成就受到了大会表彰，荣获先进科学工作者奖，两项重大科技成果奖……大会发言时，他满怀激情地说：“我今年虽然已经82岁了，但我的心却充满了青春的活力，在实现四个现代化的长征道路上，我要把82岁当成28岁来过，把我的余年贡献给我国的小麦育种事业。”(孟美怡：《金善宝》，第177—178页)

资料三(文章) 他以十分兴奋的心情庆贺党中央一举粉碎“四人帮”，庆贺全国科学大会胜利召开。回顾了在党中央领导下，农业科学研究和农业生产取得的丰硕成果，说明农业生产的发展在很大程度上依赖于农业科学的进步，依赖于不断解决农业生产上出现的一批批关键性问题。为把我国变成世界上第一个高产国家，提出了迅速发展农业科学技术的六项建议。(金善宝：《为把我国变成世界上第一个高产国家而奋斗——1978年在全国科学大会上的发言》，收入王连铮主编《金善宝文选》，第274—277页)

资料四(文章) 我国著名农业科学家、中国农林科学院院长金善宝，三月二十七日在全国科学大会上发言，提出了迅速发展我国农业科学技术的六项建议。金善宝满怀激情地说，我今年虽然八十二岁了，但此时此刻的心中却充满着青春的活力。在实现四个现代化的长征道路上，我要把八十二岁当成二十八岁过，把我的余年贡献给我国的小麦育种事业。这六项建议是：一、建立两类农业科学研究中心。一类是专业性的研究中心，一类是区域性的研究中心。从中央、省、地到四级农科网的各级农业科研机构，应该分工合作，各有侧重，形成一个布局合理、专业设置齐全的全国农业科学实验网。决定恢复的中国农业科学院要体现出面向全国的特点，突出全国性重大科技问题和基础理论工作，迅速填补空白、缺门和加强薄弱学科，真正办成全国农业科研中心。同时也要根据我国自然区划的特点，选择一些省、自治区的研究机构，有重点地建设成为区域性的和专业性的研究中心。二、研究落实技术政策。当前在发展农业生产中，有两类政策问题需要解决，一类是经济政策，一类是技术政策。在“四人帮”的干扰破坏下，技术政策长期无人悉心研究。拿种子工作来讲，问题就不少。优良品种没有专门机构登记、鉴定，确定其适宜推广应用的区域。良种繁育体制不健全，繁殖推广速度慢，有的地方品种多、乱、杂。例如我院育成的京红七、八、九号春小麦品种，不仅秆矮、早熟、高产，而且适应性广，抗逆力强，抗病性好，由于没有专门机构加以鉴定，没有繁殖基地，没有采取有力措施进行推广。在推广农业技术的问题上，应当和允许各种不同意见的自由讨论和争论，不能用行政命令的办法，压制不同的意见。三、迅速培养建设一支宏大的农业科技队伍。要加速实现农业科学技术现代化，必须有一支数量足够、专业配套、拥有一批世界第一流科学家的农业科技队伍。全国重点农业院校，由于农业的地域性，应当每个大区都有。高等农林院校有相当一批科研力量，要充分发挥他们的作用。另一方面，又要采取切实有效措施，提高现有科技人员的业务水平。我们老一辈的农业科学家，肩负着传、帮、带的光荣任务，要积极带好研究生和进修生。敬爱的周总理在一九六二年接见国家科委农业组扩大会议的代表时，曾经语重心长地指出：要更好地培养新一代的农业科学技术人才，希望我们老一辈的农业科学家多带徒弟，同时自己也要继续努力，提高思想水平和业务水平。要认真落实华主席的指示，各级科研机构和国营农场等单位，都要为基层和社队培训技术骨干。四、搞好重大农业科研项目的协作研究。目前我国农业生产上还有一大批重大问题需要突破，如南方麦类赤霉病，东北地区每隔几年发生一次低温冷害，这些问题都应该继续组织有关方面力量协作研究，加强领导，早日获得解决。五、重视农业科学的基础工作和理论研究。农业科学是一门应用科学，有其自己的基础工作和理论研究课题。中华人民共和国成立以来，我们针对生产发展中存在的问题，在一些方面加强了基础研究工作，取得显著成效。如我国历史性的蝗灾问题，解放后通过大量基础研究，掌握了蝗虫生活习性和发生规律，采取改造蝗虫生活环境和药剂防治的"改治并举"方针，使数千年来的蝗灾得到控制。黏虫研究，通过调查和标记释放等试验，明确了这种害虫有远距离迁飞的习性，掌握了华北、东北的黏虫是由南方迁飞来的，并初步弄清了它的迁飞路线，每年可能作中期预报，为防治提供了科学依据。六、农业科学研究必须保持相对稳定性和连续性。农业科学研究的特点，一是实验周期长；二是农作物和畜禽生长发育受各种外界条件影响，因素复杂，地域性很强；三是研究对象是活体，认识生命活动规律比非生物要困难得多。因此，农业科学研究更加需要注意机构、课题和人员的相对稳定。金善宝说，我从事农业科学和农业教育已经半个多世纪。在半封建半殖民地的旧中国，国民党反动派残酷剥削和压迫农民，摧残农业，根本不关心农业科学事业。当时我们学农的人，虽然也想努力为发展农业做一些工作，但是在反动统治下，辛勤培育的一些品种根本不能在生产上推广应用。新中国成立以来，在毛主席革命路线指引下，我国农业科学研究机构从无到有，从小到大，群众性科学实验运动蓬勃开展，农业科技战线取得了大量科研成果，为发展我国社会主义农业作出了贡献。其中不少项目，达到了世界先进水平。但是由于林彪、"四人帮"的干扰破坏，我们同世界先进水平的差距拉大了。金善宝最后表示深信……在本世纪内实现四个现代化的伟大目标一定能够实现。（金善宝：《提出迅速发展农业科学技术的六项建议——中国农林科学院院长金善宝在全国科学大会上的发言》，《人民日报》1978 年 3 月 30 日第 3 版）

资料五（传记） 大会期间，金善宝抽空回到农科院，向全院工传达了全国科学大会的精神。他说……从此，"四人帮"迫害知识分子的情景一去不复返了，知识分子不再是"精神贵族"，不再是"臭老九"了，知识分子是推动生产发展的力量，可以抬起头来堂堂正正地做人了！可以全心全意投入祖国四个现代化建设中去了！我们农科院各个下放所也很快要收回来了！同志们，你们年轻人是大有作为的。我今年虽然已经 82 岁了，但我要把 82 岁当作 28 岁来过，和你们一起迎接祖国四个现代化的到来……老院长的激情，深深感染了全体与会同志，全场报以一阵阵热烈的掌声。传达结束后，金善宝快速走下讲台，也许是太激动了吧,下讲台时,他一脚踩空了台阶,“啪”的一声摔倒在地,吓得职工们“轰”的一声全场起立,担心老院长摔坏了。谁知老院长“唰”地一下很快又站了起来,快步走到自己的座位上。看见老院长这样矫健、灵活,全场同志都松了一口气,舒心地笑了。一时间,这件事情在农科院内传为美谈。(孟美怡:《金善宝》,第 178 页)

资料六(传记) 3 月 30 日,《人民日报》全文刊载了这六项建议,受到了中央极大重视,并陆续得到了采纳,对发展我国农业科学教育起到了很大作用。仅就农业教育来说,据南京农业大学董维春副校长了解:“在 1978 年以前,全国重点农业院校只有三所,即北京农业大学、北京农业机械化学院和南京农学院。1978 年以后……才逐步按各大区建立了重点农业院校;改革开放初至 2000 年全国高等教育宏观体制改革前,全国重点农业大专院校(不含林业)的布局为:华北地区北京农业大学、北京农业工程大学,1995 年两校合并为中国农业大学;东北地区沈阳农业大学;华东地区南京农业大学;华中地区华中农业大学,华南农业大学;西南地区西南农业大学,2005 年与西南师范大学等校合并为西南大学;西北地区西北农业大学,1999 年与西北林学院等单位合并成立西北农林科技大学。”各大区重点农业大学的建立,有利于农业教育和农业生产相结合,极大地推动了各地区农业生产的发展,取得了农业教育和农业生产双丰收的效果。(《董维春访谈》,2019 年 9 月 29 日)

3 月 30 日,荣获全国科学大会先进科学工作者奖。南大 2419、京红号小麦,获全国科学大会重大科技成果奖。

资料一(证件) 1978 年全国科学大会先进工作者和先进集体奖。(见图 221)

资料二(证件) 奖状(京红号小麦)。(见图 222)

资料三(证件) 奖状(冬小麦良种南大 2419)。(见图 223)

资料四(证件) 中国农业科学院为金善宝颁发的先进工作者奖状。(见图 224)

奖状

0001004

为表扬在我国科学技术工作中作出重大贡献的先进工作者和先进集体，特颁发此奖状，以资鼓励。

受奖者：金善宝

全国科学大会

一九七八年

图 221

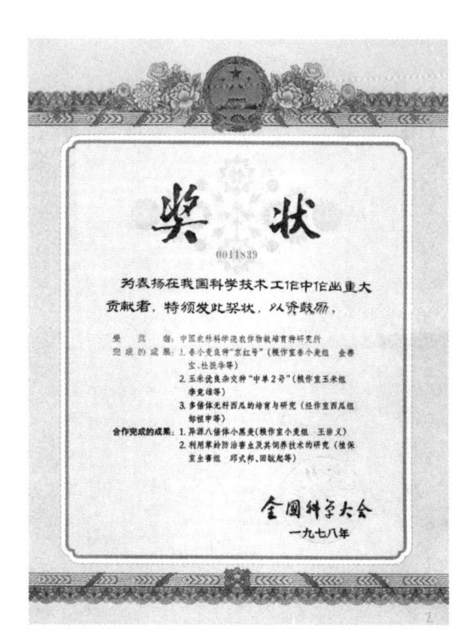
奖状

0011839

为表扬在我国科学技术工作中作出重大贡献者，特颁发此奖状，以资鼓励。

受　奖　者：中国农林科学院农作物栽培育种研究所

完成的成果：1. 春小麦良种“京红号”（粮作室春小麦组　金善宝、杜振华等）

2. 玉米优良杂交种“中单2号”（粮作室玉米组　李竞雄等）

3. 多倍体无籽西瓜的培育与研究（经作室西瓜组　郁祖申等）

合作完成的成果：1. 异源八倍体小黑麦（粮作室小麦组　王崇义）

2. 利用草蛉防治害虫及其饲养技术的研究（植保室虫害组　邱式邦、田毓起等）

全国科学大会

一九七八年

图 222

3 月，鲍文奎重回农科院，荣获先进工作者、全国劳动模范奖。

资料一（传记）　各下放所收回来之后，他又亲笔写信给当年被迫离开农

图 223

图 224

科院的技术骨干如鲍文奎等人，诚心诚意地邀请他们以农业科技事业的大局为重，重新回到农科院来工作。有人问他，你把鲍文奎叫回来，将来他再挨批斗，你有能力保护他吗？对此，他无言以对。可他认为，从发展祖国农业科学的事业出发，像鲍文奎这样在农业科学上颇有建树的科研骨干，应该回到全国农业科学研究的中心来。他坚信，极左思潮的统治年代是一去不复返了，正气必然压倒邪气，科学的春天必将到来。鲍文奎终于又回到了农科院作物研究所，几年间，他培育的"小黑麦 2 号""小黑麦 3 号"迅速在沂蒙山区、凉山、秦岭、伏牛山、大巴山、六盘山等地区种植，面积达40多万亩，一般每亩比当地小麦品种增产30%～50%。1978年3月，全国科学大会向鲍文奎颁发了先进工作者奖状，1979年被选为全国劳动模范，并被选为中国科学院生物学部委员，第五、六届人大代表。（孟美怡：《金善宝》，第249—250页）

资料二（口述） “文化大革命”期间，鲍文奎挨斗后，被赶出了农科院，他一直下放在北京市农科所工作。农科院下放所收回后，很多下放在北京市农科所的科技人员，都不愿回到中国农科院来，金老给鲍文奎写信，劝他以农业科学的事业为重，回到农科院来，鲍文奎接信后说：“金老叫我回来，那我一定得回来！”因为鲍文奎回来，带动了一大批下放的科技人员都回来了！（《韩林访谈》，2018年4月）

资料三（传记） 1939年夏季，我毕业于前中央大学农学院农艺系。当时的情景，犹如发生在昨天。因为这段经历，对以后的一切起了决定性的影响。我的毕业论文是在金善宝教授指导下进行的。题目是“小麦气孔特性与产量的关系”。那年夏天，金先生同他当时的助教蔡旭老师一同到四川西北松潘、平武一带考察小麦去了，到6月尚未回校。教我们昆虫的邹钟琳教授看到我在学期即将结束时尚未找到工作，就主动给我介绍到孙本忠先生那里去搞蚕桑。那时病、虫都属农艺系。我念过普通昆虫学和经济昆虫学，所以毕业后去养蚕，也算对口。我那时又急需找工作，所以，邹先生一提，我就同意了。可是，在上任前一星期左右，金先生回来了，一见面就对我说：“鲍文奎，你不要到孙本忠那里去！同蔡旭一道去成都。那里小麦缺人。蔡旭去当麦作股长。我已同李先闻说好了。”当时，李先闻是四川省农业改进所食粮组主任。这样，我就向同学借了旅费到成都四川省农业改进所工作去了。如果金先生晚回来十天，蚕桑可能成为我一生的主要工作……1956年秋到了北京，中国农业科学院正在筹建中，暂在北京农业大学工作了二年。1958年冬回到了中国农业科学院作物研究所。工作条件虽然很不理想，但稻、麦多倍体工作，还是取得了明显的进展。到1966年夏收后，已经有一些优良的八倍体小黑麦选系准备寄到各地去试种。……1971年随所下放北京市，工作仍继续进行。1973年小黑麦3号在贵州威宁试种成功。大学毕业时，我在金善宝先生的指导下做论文；工作后，又是金先生引导我走上小麦育种研究的道路；而后来的重要阶段，又是在金老的领导下进行稻、麦多倍体的研究工作。如果说我在育种研究方面有什么成就，那都是同金老的指导分不开的。我要沿着金老指引的道路继续走下去，争取对祖国和人民作出更大的贡献。（鲍文奎：《沿着金老指引的路子走下去》，收入任志高、史锁达编《著名农学家教育家金善宝》，第116—119页）

5月1日，出席北京东城区举办的青少年和劳动模范、科学家联欢大会。

资料（照片） 金善宝为东城区青少年题字。（见图225）

图225

5月4日，为南农复校问题，再次致信邓小平。

资料（信件） 金善宝为南农复校一事，再次致信邓小平。（金善宝：《致邓小平关于南农复校问题的信》，1978年5月4日，见图226-1至图226-4）

5月20日，《北京周报》（*Peking Review*）报道金善宝的先进事迹。

资料（报道） 《北京周报》（*Peking Review*）报道了金善宝的先进事迹。（ChouKo: Modernizing Science and Technology Forword March, in *Peking Review*）

6月，《民族画报》报道全国科学大会奖的相关事宜。

资料一（报道） 部分领奖代表（右三为金善宝）在领奖台上。（《民族画

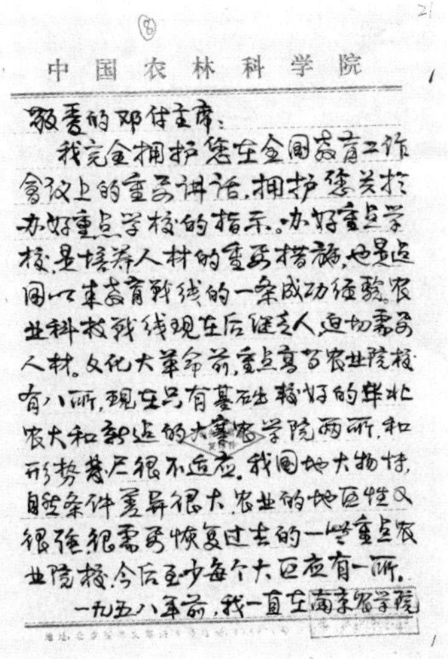

中国农林科学院

敬爱的邓付主席：

我完全拥护您在全国教育工作会议上的重要讲话，拥护您关于办好重点学校的指示。办好重点学校，是培养人材的重要措施，也是建国以来教育战线的一条成功经验。农业科技战线现在后继乏人，迫切需要人材。文化大革命前，重点高等农业院校有八所，现在只有基础较好的华北农大和新近的大寨农学院两所，和形势发展很不适应。我国地大物博，自然条件差异很大，农业的地区性又很强，很需要恢复过去的一些重点农业院校，今后至少每个大区应有一所。

一九五八年前，我一直在南京农学院

图 226－1

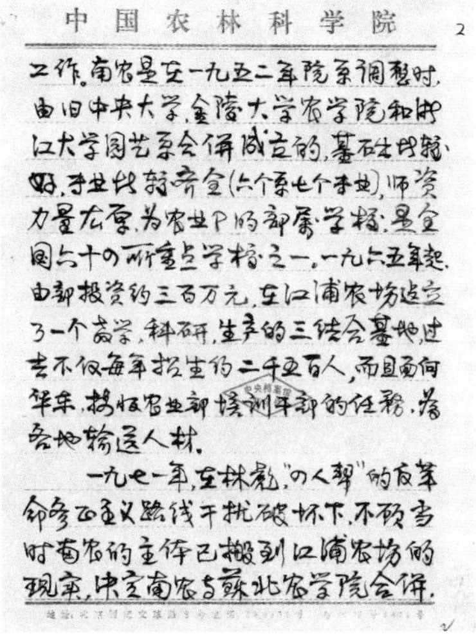

中国农林科学院

工作。南农是在一九五二年院系调整时，由旧中央大学、金陵大学农学院和浙江大学园艺系合併成立的，基础比较好，专业比较齐全（六个系七个专业），师资力量雄厚，为农业部的部属学校，是全国六十四所重点学校之一。一九六五年起，由部投资约三百万元，在江浦农场建立了一个教学、科研、生产的三结合基地，过去不仅每年招生约二千五百人，而且面向华东，接收农业部培训干部的任务，为各地输送人材。

一九七一年，在林彪、"四人帮"的反革命修正主义路线干扰破坏下，不顾当时南农的主体已搬到江浦农场的现实，决定南农与苏北农学院合併，

图 226－2

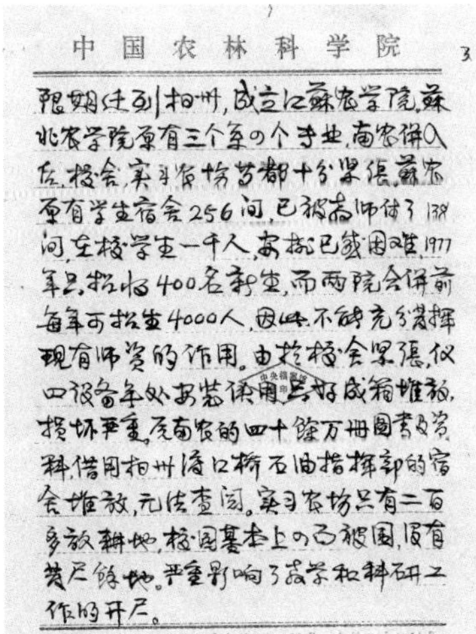

中国农林科学院

跟着迁到扬州，成立江苏农学院。苏北农学院原有三个系四个专业，南农併入后，校舍、实习农场等都十分紧张。苏农原有学生宿舍256间，已被教师住了138间，在校学生一千人，安排已感困难，1977年只招收400名新生，而两院合併前每年可招生4000人，因此不能充分发挥现有师资的作用。由于校舍紧张，仪器设备无处安装使用，只好成箱堆放，损坏严重。原南农的四十馀万册图书及资料，借用扬州渡江桥石油指挥部的宿舍堆放，无法查阅。实习农场只有二百多亩耕地，校园基本上已被围，仅有几尺馀地。严重影响了教学和科研工作的开展。

图 226－3

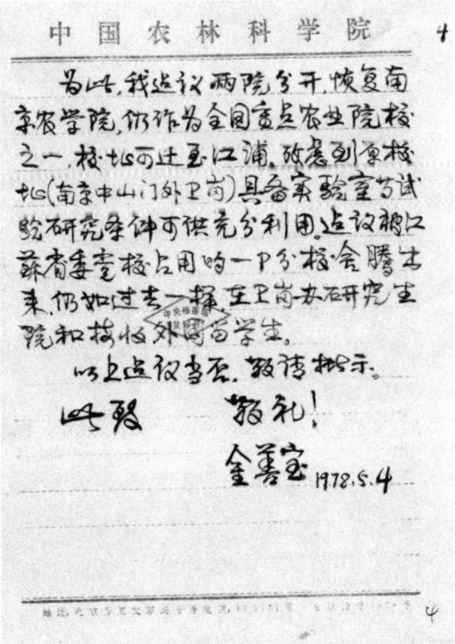

中国农林科学院

为此，我建议两院分开，恢复南京农学院，仍作为全国重点农业院校之一，校址可迁至江浦，或恢复到原校址（南京中山门外卫岗）具备实验室与试验研究条件可供充分利用。建议将江苏省委党校占用的一部分校舍腾出来，仍如过去一样，在卫岗办研究生院和接收外国留学生。

以上建议当否，敬请批示。

此致

敬礼！

金善宝 1978.5.4

图 226－4

报》1978 年第 6 期，见图 227）

资料二（报道） 金善宝接待全国科学大会的西藏代表参观农科院温室。（《民族画报》1978 年第 6 期，见图 228）

资料三（报道） 金善宝和他的助手（右起：杜振华、尹福玉、金善宝、辛志勇、郭丽）在农科院东门外小麦试验地。（《党领导下的科学家主题展览》，

图 227

图 228

2021 年 5 月,见图 229)

6 月 23 日,发表《农业科研要向现代化进军》。

资料(文章) 作者认为十年来,由于“四人帮”的干扰、破坏,拉大了我国农业科技与世界先进水平的差距,当代世界农业科学技术日新月异,我们必须打破常规,在速度和水平上来一个飞跃。为此撰文,为加速我国农业科

图 229

研事业的发展,提出几点看法。(金善宝:《农业科研要向现代化进军》,《光明日报》1978 年 6 月 23 日第 3 版)

7 月 5—17 日,赴太原出席中国农学会召开的全国农业学术讨论会并致闭幕词,会后去大同参加全国春小麦育种经验交流会。

资料一(文章) 全国农业学术讨论会开了 12 天,广泛交流了学术成果,提出了有关发展农业科学技术和生产的一批建议,通过到大寨、昔阳参观学习,受到了教育和鼓舞。经过充分酝酿,选出了中国农学会和四个分会新的理事会,希望与会代表把中央领导对农学界的亲切关怀和殷切期望带回去,把这次大会的精神和收获带回去,使之成为推动我们学会各项工作的强大动力。群策群力、努力赶超世界先进水平,为实现我国农业现代化努力奋斗。(《中国农学会“全国农业学术讨论会”闭幕词》,收入王连铮主编《金善宝文选》,第 278—280 页)

资料二(照片) 全国春小麦育种经验交流会成员留影,金善宝在一排右七。(见图 230)

图 230

资料三(照片)　金善宝(左四)一行在大同良种场考察留影。(见图 231－1、图 231－2)

图 231－1

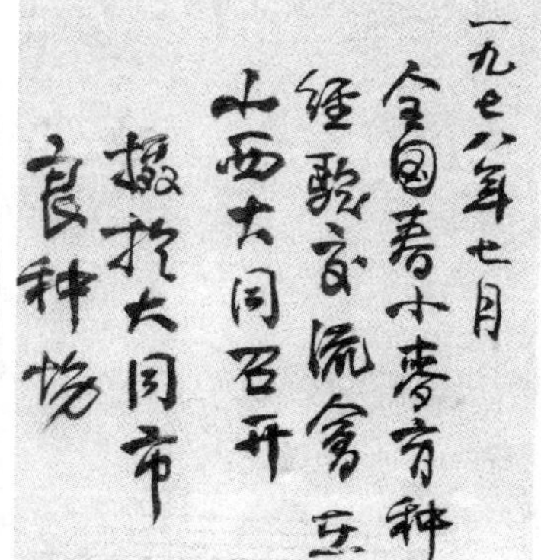

图 231－2

资料四(照片)　登应县木塔留影。(见图 232)

资料五(传记)　他这种对小麦科学孜孜以求、老骥伏枥的精神,深深感染了周围的同志,该院情报所高级编审过哉善赋诗赞曰:登攀更上一层楼,壮志凌云忘白头。雁北遍栽春小麦,塔尖放眼望丰收。(孟美怡:《金善宝》,第 198 页)

图 232

7 月 17 日，国务院批复，任命他为中国农业科学院院长。

资料一（档案） 国务院同意：金善宝同志任中国农业科学院院长。（中华人民共和国国务院：《关于金善宝等同志任职的批复》）

资料二（其他） 1978 年 7 月 17 日，国务院批复同意金善宝任中国农业科学院院长。（《中国农科院大事记（1957—2006）》）

7 月 18 日，《人民日报》报道《第八十二个春天——记小麦专家、中国农业科学院院长金善宝》。

资料（报道） 一九七八年的春天，是科学的春天，是历届全国人民代表大会代表、小麦专家、中国农业科学院院长金善宝的第八十二个春天。同是春天，今年不同往年。对许多老科学家来说，这是“枯木逢春”的百花盛开的春天。

逢春

三月二十七日下午，全国科学大会进入大会发言。当执行主席宣布金善宝发言时，这位坐在主席台的老人，立刻在雷鸣般的掌声中站了起来，健步走向铺着红地毯的讲台。

他毕生献身农业科学教育事业，是我国用现代科学方法培育小麦良种的开创者之一。

他选育的南大二四一九等小麦良种，遍及四川等十三个省区，许多人食用过这种小麦的面粉。

他著作的《实用小麦论》、主编的《中国小麦栽培学》，总结了广大群众生产实践和科学研究成果，为发展我国农业科学作出贡献。

许多人读过他的书，吃过他选育的小麦面粉，可是没有见过他的面。今天，他们见到老人戴着花镜，白发苍苍，精神焕发，声音朗朗地在人民大会堂的庄严讲台上发言，心中感到由衷的崇敬和喜悦。当他讲到，在实现四个现代化的长征路上，我要把八十二岁当作二十八岁过，决心在英明领袖华主席为首的党中央领导下，把余生贡献给我国小麦育种事业时，辉煌的大厅里，再次响起暴风雨般的掌声。

闭幕式上，为褒奖他对祖国农业科学的贡献，党和国家给他颁发了奖状。雄壮的军乐声中，金老望着胸前的大红花，鲜艳的红领巾，望着大厅内外，一队队挥舞花束的少年儿童，感到无比喜悦。他多么渴望有更多的青年，加入农业科学的队列中来！

“粮食未过关，快马再加鞭！”科学大会后金老站得更高，想得更多，看得更远。他忙着落实农业科学项目，力争农业科研工作走在生产的前面。他还根据和西藏农业代表的座谈，向党建议成立专门的科技队伍，登上世界屋脊，在西藏高原进行登攀世界小麦高峰的试验。他说，目前世界小麦单产最高的美国，新育成的格里斯品种最高亩产一千八百七十四斤。我国西藏由于海拔高，日照长，昼夜温差大，小麦生长期长达三百二十天至三百六十天，有利于物质积累和千粒重的提高，一九七七年七十万亩冬小麦平均四百多斤，最高亩产一千六百多斤。如果能充分利用西藏的自然条件，进一步改良品种，提高栽培技术，争取小麦单产两千斤是完全可能的。

五月，金老再次陪我们参观他的科学试验田。论年纪，他比我们中的任何一个都大几十岁，可是，他不拄拐杖，跨着大步，像小跑一样，走在人群的前面。同行的助手说，金老走遍祖国大地。从东海之滨到青藏高原，从海南岛到松花江畔，到处都留有他的足迹。山再高，路再险，也挡不住他。

金老站在绿波荡荡的麦浪中间，听着麦语，闻着麦香，说着各种麦子的名字。推广良种是农业“八字宪法”之一。今年仅试验地里，培育的小麦品种、品系即达三千多个。它们都是农业技术革命的火种。谈到这些新种，金老满怀信心地说：“一代、两代，我们一定能实现毛主席要把我国变成世界上第一个高产国家的遗愿！”

“老骥伏枥，志在千里”，旺盛的斗志，火热的心，使金老越活越年轻了。耀眼的阳光下，我望着他那清瘦红润的面庞，被风吹起的银光闪闪的白发，那走在田野上的坚实有力的步伐，忽然想到，金老不正是奋战在我国农业战线上的千里马吗？

千里马！伟大领袖毛主席、敬爱的周总理，早就关怀着他。在探寻农业科学的道路上，正是毛主席的教育、周总理的嘱托，祖国和人民的需要，使金老充满青春的活力，焕发出战斗的光辉。

希望

金老的大半生，在暗无天日的岁月中度过。他亲身经历的中华民族蒙受的欺凌和屈辱，他的心灵上铭刻着半封建半殖民地旧中国的惨痛记忆！往事浮在眼前，教他自新，催他觉醒，通过生活，认识了只有共产党才能救中国，救科学的真理。

一九一一年，靠父亲教私塾、母亲养蚕为生的少年金善宝，剪了头上的发辫，在辛亥革命的浪潮中，离开浙江诸暨县的山乡，跑到绍兴，投考革命党同盟会开办的陆军中学。后来，革命失败，秋瑾、王金发等革命党人遭到北洋军阀的屠杀。接着，袁世凯称帝，辫子又盘在头上了。他想，这究竟是为什么？

新的革命风暴，五四新文化运动，给金善宝带来新的启发。国家要富强，就得靠科学、靠教育救国。一九二〇年，他在南京高等师范农业专修科一毕业，立即投身农业科学的研究，同时，还用自己的工资，在家乡办起梓山小学,他想,每个大学生,如果都能在家乡办起学校,人民有了文化,国家不就富强了?

但是,呼啸的枪炮,溅血的屠刀,把幻想打破了。蒋介石绞杀了一九二七年的大革命。帝国主义的炮火,轰击着南京;反革命的腥风血雨,笼罩着南京。在白色恐怖中,他站在南京大胜关农事实验场的土地上,望着烟雨茫茫的钟山、滔滔不尽的长江,心如潮涌,黑暗的中国,哪儿才有光明?

满怀忧愤,他到了美国,在两个农业大学留学,歧视和凌辱使他无法继续学业。一次聚餐会上,有人说,把这些剩饭拿去给中国人吃吧!金善宝当场愤怒反驳:你们金元帝国,街头不是到处都有失业流浪者吗?在归国的海船上,望着海洋蓝色的波涛、自由飞翔的海鸥,他跟自己说:祖国啊!祖国啊!你何时才能独立强盛起来啊?

反动腐朽的国民党,对内残杀,对外投降,造成了满天的战火,遍地的灾荒。一九三一年,长江大水灾,沿江一片汪洋。南京的农业科学机构,从美国的棉麦借款里分得了一部分麦种。金善宝满怀希望,把它播种在试验地里。收获时节到了。谁知道搓开麦穗一看,一百多亩全是腥黑穗病的麦种。假借慈善援助,实行欺凌坑害,这就是帝国主义的道德哲学!满腔愤怒在燃烧。于是,他点燃起熊熊烈火,把全部麦子烧得干干净净。烧吧!烧吧!他烧掉了屈辱和幻想,得到了觉醒和力量。

金善宝下决心培育我国自己的小麦良种。

他回顾了我国小麦数千年的悠久历史,早在甲骨文中就有"麦"字。公元前六世纪的《诗经》上,便有"丘中有麦""毋食我麦"的诗句。以后,小麦由黄河流域逐步向江南发展。据樊绰《蛮书》记载,公元九世纪云南就种植小麦了。

他总结我国劳动农民种植小麦的丰富经验。不顾反动政府的压迫、生活的艰难、条件的恶劣,以顽强的毅力,从一九二八年到一九三四年搜集到全国七百九十县的小麦品种里,鉴定了江东门"南京赤壳""武进无芒"等优良品种。

但是,在黑暗的岁月里,这些可喜的成果,却像一朵鲜花,开放在寂寞的沙漠上。不但得不到重视和推广,反而遭遇到狂风暴雨的摧残。

一九三九年夏天，中央大学农艺系主任金善宝同助教蔡旭一起，沿着嘉陵江、涪江直到川西北松潘一带进行农业考察。反动教育头子陈果夫一听就骂起来：到乡下去，安的什么心？去煽动农民造反！经过平武时，几个手持短枪的大汉，给他们俩加上煽动"饥民暴动"的罪名，将其扣押起来。他愤怒，他苦闷。他望着踏有红军足迹的大雪山，仰天长问；苍茫大地，何时才能天亮？

《新华日报》像点燃在茫茫黑夜中的一盏明灯，在寒天激流里，传播着真理的春风。当时，他和梁希教授住在沙坪坝的一间小屋里，贫病交加，昏倒课堂外头。当他读到八路军在冰天雪地里消灭大量日寇的捷报；听到国民党动员向政府"献金"的叫嚷，心想，我决不把钱捐给丧地辱国的"刮民党"。共产党、八路军才是祖国的未来和希望。他拄着拐杖，不顾特务跟踪，来到重庆八路军办事处，对一位周同志说：收下这点钱吧！我的心，在延安，在八路将士的身上！

延安的大生产运动，特别使他向往。纺线线，开荒地，又种菜，又打粮。在那充满阳光的地方，"我这个搞农业的真可以大干一场！"延河水在心中激荡。他找到林伯渠同志，谈了自己的思想。林老鼓励他："不论在那里，都可以工作、斗争吆！"他想，我人不能亲身前往，也要设法把自己培育的良种播种在那光明圣洁的土地上。他把十多斤小麦种子交给《新华日报》编辑部。有一天，邓颖超同志亲自对他说："延安，已经收到你的种子了！"顿时，他高兴得连血液都沸腾起来了。

在黑暗和光明的搏斗里，伟大的共产主义战士、敬爱的周总理，在重庆领导着斗争，指引着方向。每当时局有什么变化，总理常常利用聚餐机会，给金善宝教授等分析时局，讲清形势，引导他们投身解放祖国的斗争。

雾重庆，最难忘，一九四五年八月二十八日，光明从天而降。伟大领袖毛主席的来临，像一轮红日照亮了阴霾迷蒙的山城。人们奔走相告，既喜悦又担心地谈论着这一惊天动地的壮举。在欢腾难忘的日子里，金善宝万万没有想到，他和几位知名教授，竟被邀请到嘉陵江边张治中的公馆里，见到了殷切想念的伟大领袖毛主席。

大家以无比崇敬和幸福的心情，向毛主席热烈问好。毛主席亲切地和大家一一握手。当毛主席看到年刚五十、已是满头白发的金善宝时，右手伸出两个指头，微笑着说，我比你大两岁！

毛主席征询大家对时局的意见。主席问金善宝：那位白头发老先生有什么意见呢？

金善宝凝望着高大魁伟、平易可亲的毛主席，禁不住一股热流从心头涌起。他有多少话要对主席讲啊！他恳切地说，“仗还是要打的！重庆这个虎狼之地，不能久留”。金善宝以无限热爱领袖的心情，请求主席早日离渝，为革命大业，多加保重。

毛主席频频向他点头。当他满怀激情同主席握别的时候，他从心底感到，新中国的曙光，已经在世界东方升起！

新生

南京解放了，中华人民共和国诞生了！

毛泽东主席任命金善宝为南京市副市长、华东农林部副部长兼南京农学院院长。含辛茹苦地度过了大半生的金善宝，在党的阳光下得到新生。他从个人地位的变化，深深感到党和国家多么重视科学。

一九四九年七月，解放战争还在西南进行，可是金善宝就已接到通知，来北京参加全国自然科学工作者代表会议了。会上，周总理勉励科学家努力工作，把知识才能贡献给祖国。金善宝边听边想：黑暗已经过去，光明的新时代到来了。在新的天地里，我一定要让更多的良种，播种在社会主义的土地上！

金老每年都到农民中去，既当学生，又当先生。他说：“不到群众中走走，你怎能认识祖国的伟大、人民的伟大呢？”他为系统总结群众经验，走遍东西南北，像辛勤的蜜蜂，在金色的麦浪里飞翔。通过广泛深入的调查，他和他的同事从全国各地征集到五千五百四十四个品种。经研究鉴定，分属于普通小麦、密穗小麦、圆锥小麦、硬粒小麦和云南小麦五个种、一百二十六个变种。他翻越千山万岭发现的云南小麦，是世界上独有的小麦新种。通过对小麦种类及其分布的系统研究，给我国小麦育种事业打下了坚实的基础。

春天，苏北拔节孕穗的小麦，突然遇到了寒潮袭击。成千成万亩小麦，面临着冻死的危险。一接到电话，金老带领十多位教授，连夜赶到当地。情况是严重的。许多小麦主茎冻枯了。一些教授主张，干脆翻掉麦子另种别的，能这样吗？他走遍苏北、淮北十三个县，总结当地群众防冻经验，适时浇水，加强管理，终于使小麦获得了好收成。

我国内陆最大的盆地柴达木和河西走廊，传来了小麦高产的喜讯。金老立即赶到那里。那辽阔的平原，纵横的河流，面积相当于三个江苏省的未被开垦的处女地，是祖国未来的粮仓。英雄的开垦者，在日照长、昼夜温差大的高原，采用推广麦种、深耕、压碱、洗碱和春麦冬播的办法，使小麦高产一千多斤，为西北农业增产开拓了新的前景。

生命对人只有一次。有的人未老先衰，有的人老当益壮。金老通过科学实践，改造思想。一九五六年，六十岁加入中国共产党。有人不解地说，快要入土的人了，该准备后事啦，还入党干什么？金老想，生命不息，斗争不止。他回顾了自己从民主主义启蒙到共产主义觉醒的经历，批判了过去入党要有人"请"的错误想法，认识到加入无产阶级先锋队，是一个阶级到一个阶级的转变，不能等"请"，而是要积极争取。他决心当一个年老的新战士，把六十岁作为新的生命的开始。他站在党旗下庄严宣誓："把我的一切贡献给党，为共产主义奋斗终生！"中共江苏省委副书记代表党组织讲话说，今天党接受了一位老科学家，这是党的知识分子政策的胜利，是马克思列宁主义的胜利！

战斗

一九六七年国庆节，金老在天安门城楼上观礼。眼前，人群像红色的海洋，波浪滚滚。

毛主席过来了，周总理过来了。周总理一看到金善宝，停下脚步，紧握他的手，万分关切地问道：

"金老，你们农业科学院怎么样？"

周总理听他说很混乱，点了点头。炯炯目光里，燃烧着期待和希望："金老，农业科学院全靠你了！"

"不，不！"金老激动得连忙回答："全靠毛主席！全靠周总理！"

敬爱的周总理，今后，我该怎么工作，才不辜负您的期望呢！十多年来，周总理的声音，一直在他耳边回响，鼓舞他顶住干扰，坚持战斗。

……林彪、"四人帮"把"反动专家""反动权威"的棍子，向他打来。他靠边了。他想，人靠边，思想可不能靠边。为人民为国家选育良种有什么错！他带着继续培育"京红"春麦新品种的请求，今天找这个"头头"，明天找那个"头头"。人们惊讶了。现在是什么时候，你还搞实验？是的。还要实验。不搞实验，靠什么吃饭？"头头"摇摇头。北京是冬麦区，搞春麦不是方向，不能搞！金老说，自然是可以改造。育种工作就是要改造自然。北京冬麦在地里生长期太长，一年三百六十天，它要在地里长二百六十天。种春麦只要一百一十五天，有利于改革耕作制度和农田基本建设，加速农业发展，为什么不能种春麦？有人诬蔑他，这是搞"个人名利"。他说，党和国家给我这么高的地位的荣誉，我还要什么名利？有人造谣他病了。他在会上反驳说，阎王还没传票给我，就是有传票，我也不去。只要一息尚存，也要为人民服务！

战斗开始了。在农场工人积极支持下，从种到收，他几乎每天都风雨无阻地来到田间，在播种的二千多品系、品种的苗圃里，去观察、去挑选，终于在一九七一年春，发现了十几个秆矮、丰产、抗病性强的品种。"京红"新材料诞生了，发芽了，扬花了。他心花怒放，站在田野上，戴着老花眼镜，弯着腰，亲自给小麦实行杂交授粉，在地里拔草。

夏天，骄阳似火。他和助手们顶着烈日，抹着汗水，从二十多万株杂交后代里，精选出早熟、穗大、抗病性好的"京红"单株。老伴见他年老体弱，劝他不要总往地里跑。他却饶有风趣地反问："小外孙在邻居家看得很好，你为什么还要天天去看呢？因为他是你的宝贝。小麦是我的宝贝，我得天天去。"

冬天，严寒袭着大地。可是，实验室的暖房里却充满春意。各种样品的育种小麦在吐穗扬花呢。夜半一阵北风刮起。他再也不能入睡。暖房的温度是否会下降？"京红"小麦是否会受冻呢？他怕惊动家人，自己颤颤抖抖从床上爬起，摸索着走到楼下，向大院北头走去。没有灯火，也没有人语，只有北风呼啸的声音。金老一个踉跄摔倒在水沟里。他爬起来，又向暖房走去。

培育良种是一种长期艰巨的劳动。育成一个小麦新品种，从杂交到推广，一般需要十年左右的时间。这怎么能满足我国高速度发展农业生产的需要呢？金老对助手们说，毛主席教导："多少事，从来急……一万年太久，只争朝夕。"必须设法加速"京红"新种的世代繁育。他们决定，利用我国幅员辽阔、兼具寒、温、热气候的优越条件，春天三月在北京播种，六、七月收下种子，立即拿到南方高山进行夏播，九月收获以后，再去海南岛或云南进行秋播。这样，一年就可繁殖两、三代"京红"春麦了。

金老为寻找适合夏播的地区，迢迢千里，不畏艰险，亲自登上海南岛的五指山区。又以七十岁的高龄，一步一步爬上海拔一千八百米的黄山之巅，在那里观察土壤、气候。接着，他又翻山越岭，来到了井冈山和庐山。在茨坪、庐山植物园革命群众帮助下，夏播"京红"春麦首次获得成功。胜利的欢乐，使他忘却了艰险。他带着收获的种子，踏上漫长的旅途，走进拥挤的车厢，奔向新的试验地点。有时喝不上水，吃不上饭。一天深夜到一个地方，找不到旅馆，他就在车站上，挤在人群里，像一只洁白的丹顶鹤，蹒跚着等到天亮。想到"四人帮"给祖国带来的灾难，想到毛主席要"只争朝夕"的召唤，再大的困难、险阻、疲累，也熄灭不了他那战斗的火焰。这位不知疲倦的战士，又来到了云南。他走遍翠绿的澜沧江河谷，越过湍急的江流，翻过一座座高山，找到了繁育小麦良种的理想地带，在元谋县建立了小麦试验站，加速了世代繁育。在大地上，作出了一年繁育两、三代春麦，只用三四年时间就培育出小麦新品种的新成果。

现在，"京红"号春麦已开始在祖国大地传播开来。从西南边疆到松辽平原，从山东海滨到西北高原，试种都获得了较好收成。前年宁夏试种有的最高亩产达一千零四十斤。一九七五年，全国十一个省的三十多个科研、生产单位在五十六个品种的对比试验中，"京红"七、八、九号有四十六个试验居首位，平均比墨西哥小麦增产一二成。

一九七六年一月，悲痛笼罩着祖国江山。金老一下飞机，就赶到天安门前。低头啜泣在雪白花圈的海洋中间。他愤怒地对人说，"悼念周总理有什么罪？谁反对周总理，谁就是历史的罪人！"

毛主席病逝后，祖国面临着"四人帮"篡党夺权的危险，金老深夜不眠。

旧中国的悲惨情景,一幕幕映在眼前。无产阶级江山,莫非真要改变?灯光下,他一张张奋笔书写着“四人一小撮,八亿是大众”“野火烧不尽,春风吹又生”的诗篇。十月,春雷响遍大地。他喊着口号,走在游行队伍的前面。欢庆英明领袖华主席,一举粉碎“四人帮”,迎来祖国万紫千红的春天!

播种

金老培育小麦种子,更播种培育着科学的种子。他曾任教四个大学。如今,桃李满天下。他的学生有的已是教授、科学家,而他学生的学生,也已遍布祖国各地了。

金老总希望有人超过他,并且支持他们,创造更大的成就。出席全国科学大会的八倍体小黑麦的创造者、年逾花甲的小麦专家鲍文奎,谈到这点时心情特别激动。

“金老是我的老师。他那坚强的事业心、正直无私的品德、认真负责的工作精神,是我们学习的榜样。一九三九年,大学毕业即失业,是金老给我介绍了职业,支持我搞小麦育种工作。当小黑麦研究取得明显进展,同时又遇到严重挫折的时候,又是党组织和金老及时给以支持,使这个人工合成的新物种,在大地上诞生、成长。现在贵州、甘肃等高寒山区已推广四十多万亩了。”在历史的长河中,老一辈是继往开来的桥梁。金老十分关注青年一代的成长,鼓舞他们为着明天的理想献出自己最大的力量。

一九六四的夏天,金老到了南京。他的学生、江苏农学院一位副教授向他汇报说,他有一个毕业不久的学生,在深入基层的锻炼中,通过细微的观察比较,在小麦孕穗期,可以从麦子的剑叶的迹象上,诊断出小麦黑穗病的病株。金老听了,立即冒雨赶到百里以外的农村,找到这个青年人,当场验证,热情给以鼓励:“你干得很好,要坚持下去!”师生三代会师田野的佳话,在群众中广为传颂。

党组织给金老配了秘书。他就对秘书说:“日常事务我会做,你年轻力壮,还是搞育种研究吧!”他的几个助手,经过十多年科学实践,现在已从幼苗茁壮成材了。新的科学种子的诞生,将会一代一代培育更多的新种。第八十二个春天,是战斗的春天,胜利的春天。金老坚信,在灿烂的春天,农业科学之花,必将开遍祖国原野。(纪希晨:《第八十二个春天——记小麦专

家、中国农业科学院院长金善宝》,《人民日报》1978 年 7 月 18 日第 4 版)

8 月,一批中字麦新品系进行产量试验。

资料一(照片) 金善宝在院办公室分析各省小麦生产。(见图 233)

图 233

资料二(档案) 第三阶段:从 1973 年开始到目前进行的工作,以选育早熟、高产、稳产、优质的突破性品种为主要目标,在过去工作的基础上,充分利用新的原始材料,大量进行复合杂交,广泛开展冬、春小麦杂交,以及筛选提高蛋白质和赖氨酸含量的品种材料……目前已初步育成一批优良的新品系。例如:穗大粒多、抗倒伏、高三种锈病和白粉病,在北京地区属中、晚熟类型的中 7605、中 7606、中 725、中 7726 等;穗大粒大、籽粒饱满度稳定、成熟落黄好,抗三种锈病,在北京地区属中熟类型的中 7708、中 7712、中 7601 等;早熟性突出,秆矮、抗倒伏、成穗率高、抗三种锈病、适宜高水肥条件种植的中 7503 等。这批新品系,目前正在进行产量试验和多点鉴定。(中国农业科学院春小麦育种组:《春小麦的早熟性选育和异地加代》,1978 年 7 月,中国农科院作物所档案室)

9 月 26 日,中央人民广播电台广播通讯《老科学家的春天》。

资料(报道) 甲:这次节目,请听本台记者的录音通讯:老科学家的春天。(乐曲 1)

乙：台湾同胞们，一个天气晴朗的日子，我在北京西郊中国农业科学院，见到了老院长、著名小麦专家金善宝先生。他那红润的面孔、轻快的动作、清晰的谈吐，谁见了也猜不出会有八十三岁的高龄了。

台湾省属亚热带气候，同胞们主要吃大米；而祖国大陆的北方，小麦是主要的食粮。金善宝先生身于小麦研究事业，他是我国一年培育两、三代春小麦良种新方法的开创者之一；他选育的小麦优良品种，撒播到咱们的大半个祖国；他的有关小麦品种、栽培……为发展祖国的农业科学作出了贡献。当我问到金老几十年来研究成果的时候，老人谦虚地笑笑笑说："没有什么，没有什么。"话题却从我国种小麦的历史开始了。金老告诉我：

（放录音）

"我们的祖国，地大物博，历史悠久。大麦小麦的这个'麦'字，早在甲骨文中就已经有了。公元前六世纪的《诗经》上，可以看到'丘中有麦''毋食我麦'这样的句子。小麦从黄河流域逐步向江南发展。古书上说，在一千年前，云南就已经种植小麦了。历代农民留下来的种植小麦的经验，真是我们的宝贵财富啊！"

同胞们，小麦是在万物诞生的春天里茁壮成长的，而金善宝先生开始从事小麦研究工作，却是祖国历史上的残冬季节。老人回忆起往事，民族的屈辱、个人的遭遇，至今历历在目。五十年前，他在美国的农业大学留学的时候，一次聚餐会上，有人竟说：把这些剩饭拿去给中国人吃吧！金善宝先生当场愤怒地给予有力的驳斥。在归国的海船上，他的心情是多么不平静啊！一九三三年，当权的国民党政府从所谓的"赈灾"的美国棉麦借款中，分出一部分麦种交给了南京的农业科学机构。金善宝先生满怀着希望，把它播种在试验地里。（乐曲 2）谁知成熟的时候，切开麦粒一看，每一粒都是又黑又腥的东西，农学上叫腥黑穗病。这完全是帝国主义有计划有预谋的坑害。金善宝先生怀着愤怒的心情点起一把火，把一百多亩小麦烧得干干净净。

金善宝先生决心为咱们祖国培育自己的良种，他以顽强的毅力，连续几年，从搜集到的七百九十个县的小麦品种里，鉴定出好几个优良品种；他又和同事选育出一个定名为南大二四一九的小麦良种。可是这些可喜的成果，都在旧中国严酷的现实中被淹没了。愤怒和苦闷之中的金善宝先生，多么盼望能有一天自己的爱国抱负得到施展。

黑暗的岁月终于过去了。(乐曲 3)中华民族的春天,也就是科学的春天。新中国诞生后,多少海外学者回到了祖国,多少有科学专长的人大显身手。金善宝先生他们选育的南大二四一九小麦良种,解放前被闲置多年,新中国成立中,很快推广到大江南北广大地区。含辛茹苦度过了大半生的金善宝先生满怀喜悦,他和同事们一起,从全国各地又征集了五千四百多个小麦品种,发展了研究工作;他发现的云南小麦是世界上独有的小麦新种。我国的农业科学研究事业也逐步发展起来。到现在……初步建设起从中央到地方包括农林牧渔各种专业的科学研究机构两千多个,高等中等农业院校三百所,有一半以上的县建立了县、公社、生产大队和生产队四级农业科学研究网,有组织的群众性科学实验队伍达一千四百万人。

在广阔的科学研究土地上,金善宝先生用全部的心血辛勤耕耘着。祖国的东西南北,都留下了这位小麦专家的足迹。有一次,老伴劝他,这么大年纪了,不要总是往地里跑,金善宝先生却饶有风趣地说:“咱们的小外孙在邻居家看管得很好,你为什么还要天天去看他呢?因为他是你的宝贝。小麦是我的宝贝,我也得天天去。”

春雨秋风中,麦香麦浪里,金善宝老人反复思考着这样一个问题:以往培育、推广一个春小麦新品种,需要十来年时间,为了适应祖国农业高速发展的需要,以后能不能加快呢?他决心到土壤、气候多样的祖国大地寻找天然试验场,向大自然索取更多的春天!

金老的助手杜振华高兴地告诉我说:

“现在,金老已经为我国开创了加速选育春小麦育种的新方法,时间缩短为三四年。他带领着我们,春天,在北京播种一次,进行杂交选育;夏天,把收下来的种子拿到江西庐山或井冈山上去种,那里气候适合,和北京的春天差不多;秋天,在云南或海南岛又可以播下第三代春小麦了。用术语说,这叫加速世代繁育。金老当年七十多岁高龄,跋山涉水、亲自调查研究、选定了这些试验点,各地科研单位和农民们,也给了我们热情的支持。”

我看到了用这种新方法选育出来的春小麦新品种——“京红”七、八、九号。颗颗种子,黄澄澄,光润润,它们早熟、抗病又高产。金老和助手们心血的结晶,如今已经在祖国的大地上传播开来。在十三个省、市二十二个单位和世界上著名的墨西哥小麦种子对比种植,有十九个单位"京红"号三个新品种的产量,超过了墨西哥小麦。

老育种专家的春天,也是桃李满天下的春天。金善宝先生……曾经在四个大学任教。他的学生有不少已经是教授、科学家。自然界原来不存在的新物种——异源八倍体小黑麦的人工创造者鲍文奎就是其中的一个。金老学生的学生,更是遍布祖国各地了。

在访问中,我看到金老一张早年的照片,不禁惊讶地问:"金老,几十前照的相,您的头发怎么就已经是白的呢?"金老挺了挺身子,感慨地说:

"我五十岁的时候,头发就全白了。当时中央大学的同事称我为全校五老之一。那时候,我常常用两根手杖走路。有一次正上着课,一下子就昏倒了。现在台湾的老朋友也许不相信,解放以后,我手杖一天也没有用过。原来胃大出血好几次,现在什么东西都能吃。你看,大陆二十九省、市,我只剩下三个省没有跑过了。能够为祖国的伟大建设事业、为农业现代化出力,是我心情最舒畅的事了。我虽然已经八十三岁,还在作出更多的贡献。我希望台湾科学界的朋友们,也能早日投身到社会主义祖国实现四个现代化的伟大事业中来。"

刚才播送的是本台记者的录音通讯:老科学家的春天。

台湾同胞们,这次"我们的祖国"节目播送完了。(王淑、陈琛采写:《老科学家的春天》,中央人民广播电台,1978年9月26日)

10月25日,接待为复校问题上访北京的原南京农学院职工,得到有关领导的支持。

资料一(报道) 在江苏省委阻止复校的情况下,广大教职工推出代表团上访北京,我们18日抵京,到金老宿舍拜访,金老表示完全同意复校,提醒我们尚需拜访中央科、教委的领导,并由中国农科院提供方便,早日实现中央领导接见代表团。1978年10月25日晚7时,在中国农科院院长办公室二楼会议室由金老的秘书贾士荣安排了会场,贾士荣告诉我们说:"大家是金老请来的客人,在会上希望畅所欲言。"当时有教育部正副部长刘西尧、高圻，农林部正副部长杨立功、何康及两部秘书等参加了接见，在听取了代表团的老教授们介绍南农悠久历史、恢复重建后将发挥重大作用的发言后，两位部长都表示，同意大家意见，答应上报国务院，同时转达江苏省委。（沈丽娟：《金善宝院长和南京农学院》，《中央大学南京校友会简讯》第25期，第29页）

资料二（档案） 杨部长：你们是18号来的吧！你们为了办好农业教育，是热心农业教育到这里来，你们在学校工作多年，对学校是有感情的，我们和刘部长今天听听你们的意见。有的情况我们是知道的，听听你们意见我们回去研究，如实向省委传达你们的意见，向国务院反映你们的意见。学校如何解决，你们学校是由江苏省委管的，校址问题的解决还得由省委解决。搬回卫岗有很多道理，情况并不这么简单，也不单是一个党校问题，不是党校搬招待所才是得行，一搬就解决了，你们的意见可以讲，到省里也可以讲，对的可以讲，不对的也可以讲。我们作为国务院的一个部门，不可能直接来解决你们的校址问题，一方面可以把你们的意见传达省委和向国务院反映，部的意见可以向省委讲，向国务院请示。请你们回去向教职工做这方面工作，我们按照组织原则解决这个问题。当时合并和要求搬回卫岗，说是路线错误，都不要这么讲。你们对搬回的好处想得多，想的有很多好处，有很多方便，但要从省委处理这个问题有些什么困难，设身处地地想想，不是这么简单，要从农业院校的当前和发展来看，从全局来看还有什么问题。最后国务院什么意见，还得由省委处理，我们还要和刘部长研究。刘部长：我同意杨部长意见，你们的心情我很理解，你们是要想把教育事业搞上去的，但情况复杂，放在我们面前不光是你们一个学校的问题，历史情况复杂，面对情况也比较复杂，摆在面前的有你们学校、福建水产学院、林学院、农机学院、矿业学院（教育秘书插话，有10个，臧局长插话，农林院校有6个），情况复杂。从我们办教育的讲，愿意多搞点房子，有些问题还要研究商量，要北京搬出去的高校被“四人帮”耽搁了，至今未搞起来。你们学校问题，我们研究商量一下，把你们的意见向省委传达和向国务院反映，我们商量一下提个意见报国务院。许书记的讲话没有骗你们，我们说过的有个过程，我们也发了文，这是事实没有骗你们，我们当时说是有根据的，这个我们负责,同志们的心情完全理解。邹老,回去你们代我向他问好。最后怎么定,听省委,听中央的。一九七八年十月二十五日晚七时于中国农业科学院三楼会议室。同时参加接见的还有:农村部副部长何康、科教局局长臧成耀同志、秘书孙翔科、科教局小陈同志……(沈丽娟记录:《农林部部杨立功部长、教育部刘西尧部长接见南京农学院代表团讲话记录》,1978 年 10 月 25 日,南京农业大学档案馆)

10 月,《农业科技通讯》报道他的事迹。

资料(报道) 金善宝在小麦试验田的照片登在《农业科技通讯》1978 年第 10 期的封面上。(见图 234)

图 234

12 月,国务院批准中国农业科学院下放的研究所陆续搬回北京。

资料一(其他) 1978 年 12 月 6 日,方毅等中央领导批示,同意柑橘所、茶叶、蚕业、郑州果树分所、遗产室和甘肃畜牧三室的领导体制,以地方为主双重领导改为以部为主双重领导。郑州果树研究分所改为中国农业科学院郑州果树研究所，兰州畜牧研究室改为中国农业科学院兰州畜牧研究所。1978 年 12 月 12 日，农业部杨立功部长在中国农业科学院工作会议上讲话转告：12 月 10 日下午 3 时，纪登奎、陈永贵副总理把我们找去，纪登奎说："1970 年我的讲话是错误的，没有禁区，你们可以批评，搞错了就改正。"1978 年 12 月 15 日，何康副部长传达中共中央、国务院批准中国农业科学院迁出下放的研究所搬回北京，对下放以地方为主双重领导的研究所，恢复以部为主的领导建制。(《中国农科院大事记(1957—2006)》)

资料二(口述) 粉碎"四人帮"后，全国拨乱反正，全面落实党的各项政策。金善宝和时任国家农委副主任农林部副部长的何康，一起到中央陈述收回中国农业科学院下放所、室，恢复中国农业科学院的完整建制，对发展我国农业和农业科学的重要性，1978 年 3 月之后，经国务院批准，陆续将下放的研究所室按原建制收回。到 1982 年，他被任命为名誉院长，卢良恕接任院长时，院属研究所及下属机构，在京内已有 15 个；京外，河南有农田灌溉所、棉花所、郑州果树所；湖北有油料所、麻类所；山东有烟草所；浙江有茶叶所；上海有家畜血吸虫研究所；南京有农业遗产研究室；镇江有蚕业所；黑龙江有哈尔滨兽医所、甜菜所；吉林有特产所；四川有柑橘所；甘肃有兰州畜牧所、兽医所和中兽医所；内蒙古有草原所，全院职工已达 8 223 人。金善宝在粉碎"四人帮"后，特别是参加了邓小平同志召开的科技座谈会和全国科学大会后更是精神焕发，在农牧渔业部何康等领导同志的支持下，对中国农业科学院在恢复中加强建设和发展，倾注了大量心血，收到了令人敬佩的成效，是功不可没的。(《吴景锋访谈》，2017 年 4 月)

1979 年　　85 岁

1 月 2 日—2 月 7 日，中共中央做出了恢复南京农学院的决定，中共农林部党组、江苏省委发出"贯彻中央关于南京农学院复校问题的实施意见"。

资料一(档案) 中共农林部党组、中共江苏省委：关于南京农学院复校问题，中央意见，拟去南京江浦原南京农学院分院校址复校，在卫岗设立研究部为妥。望做好该院师生员工的思想工作，尽快地把这问题解决好。特此通知。（中共中央办公厅：《关于南京农学院复校问题的电报》，1979 年 1 月 2 日，南京农业大学档案馆永久-1）

资料二（档案） 中共中央办公厅：我们接到中央办公厅一月二日关于南京农学院复校问题的电报后，认真进行了研究。我们拥护中央这个决定。根据中央来电指示精神，结合学院的实际情况，提出如下几点实施意见。一、为了加强复校工作的领导，决定成立领导小组，由胡宏同志为组长，何康、臧成耀、郑康同志为副组长，陈西光、谢邦佐、陈良、叶春生、李成田、许震化同志为组员。领导小组下设工作组以督促检查实施意见的贯彻执行。二、为了迅速恢复南京农学院，继续办好江苏农学院，在江苏农学院党的核心小组下，分别组成两个学院的筹备小组。南京农学院筹备小组由陈西光、刘程九等同志组成；江苏农学院筹备小组由谢邦佐、杨建民、张干全等同志组成，分别负责该院的筹建工作。两院在分设前的教学科研和日常工作，以及分设中的有关问题，仍由江苏农学院党的核心小组负责统一处理。三、为确保南京农学院能于今秋招生上课，可以先在南农卫岗原校址招生办学。原南农迁往扬州的教职工，可先迁回南京。为此，省委党校使用的校舍先让出一部分，最迟于今年五月底前全部归还。其他单位使用的校舍、土地和新建部分，待实地调查后，根据国务院 166 号文件精神，提出具体处理意见。原属南京农学院的实验农牧场应予收回，具体问题，可和有关方面洽议解决，以利教学科研工作。四、关于在江浦农场复校问题，由农林部、省有关部门和学校组织专门小组抓紧勘察、规划，尽早提出方案，报上级审批。五、南农和苏农两院的分设是个复杂而又细致的工作，江苏农学院党的核心小组和两院筹备小组应认真做好所属人员的政治思想工作和纪律教育。两院师生员工均应从大局出发，本着互谅、互让、安定团结、有利工作的精神，充分协商、妥善解决。关于人员、物资、仪器设备、图书资料，原则上在合并前属哪个学院的，仍归哪个学院。特殊情况，由双方协商解决。并校后添置的物资、器材、图书资料等由双方协商解决。学生分属问题，应事先做好工作，妥善处理。具体分设方案，可由江苏农学院党的核心小组研究提出，报农林部和省革委会批准后执行。(中共农林部党组、中共江苏省委:《贯彻中央关于南京农学院复校问题的实施意见》,农林发(1979)第5号、苏季发(1979)第13号,1979年2月7日,南京农业大学档案馆永久-1)

资料三(传记) 南京农学院复校后不久,金善宝怀着十分复杂的心情从北京赶到南京,看望久别的母校。他看见刚刚复校的南农,被砸得支离破碎,元气大伤,原有校舍被5个单位占用,江浦农场、卫岗农场也分别划归江浦县和南京市农场,归还工作十分艰巨。全校师生员工的工作和生活条件十分艰苦……86个实验室只恢复了一半,教师一家三代住在一间房间内,可是全体师生员工没有一句怨言,精神状态很好,信心十足,决心团结一致渡过难关,恢复学校面貌。对此,又让金善宝看到了南农恢复和发展的希望,颇感欣慰。后来在南京的一次会议上,他遇见了时任江苏省委书记……他指着金善宝的鼻子说:"啊! 金善宝,南京农学院的事,原来是你在捣鬼啊!"恢复南农拆并创伤的工作是十分艰巨的! 学校经过努力,通过各种渠道呼吁和交涉,各单位占用南农的校舍从1979年开始迁出,直至1983年才按协议归还了部分土地和房屋(个别单位一直拖到1986年)。1984年,学校又新盖了一批教学和生活用房,学校面貌才开始转机。1984年7月,经教育部、农牧渔业部同意,南京农学院改名为南京农业大学。在国家改革开放方针的指引下,从此走上了蓬勃发展的道路。(金作怡:《金善宝》,第238页)

资料四(报道) 1979年1月,中共中央办公厅下发了"关于南京农学院复校"的电报指示,使南农得以迁回卫岗办学。1984年7月31日,又经教育部、农牧渔业部同意南京农学院更名为南京农业大学。在改革开放决策的指引下,南农坚持科学发展,现已初步建成以农业和生命科学为特色的多科性农业大学,正在不断向前跨越,向更高目标奋进。(沈丽娟:《金善宝院长和南京农学院》,《中央大学南京校友会简讯》第25期,第29页)

资料五(其他) 1979年1月,中共中央办公厅发出了"关于南京农学院复校问题"的电报指示,1979年1月11日,中共农林部党组、中共江苏省委联合提出了"贯彻中央关于南京农学院复校问题的实施意见"。(费旭、周邦任:《南京农业大学史志1914—1988》,第379页)

2月12日，被聘为国家科学技术委员会农业专业组副组长。

资料(证件) 中华人民共和国国家科学技术委员会主任方毅任命金善宝为中华人民共和国国家科学技术委员会农业专业组副组长。(见图235)

兹聘请金善宝同志

为中华人民共和国国家

科学技术委员会 农业

专业组副组长

专聘字第 0652号

主任

方毅

图235

2月16日，出席在合肥召开的全国农作物品种资源科研工作会议。

资料(文章) 作者叙述了农作物品种资源科研工作的重要性和目前存在的问题，认为我们必须从战略着眼，予以充分重视，组织全国有关力量统筹安排、分工协作，促使我国农作物品种资源科研工作大干快上，为实现农业现代化和赶超世界先进水平作出贡献。(金善宝:《在全国农作物品种资源科研工作会议上的讲话》，收入王连铮主编《金善宝文选》，第281页)

3月26日，去杭州参加农业原子能学会成立大会，鼓励青年勤奋学习，立志赶超前人。

资料一(报道) 我国著名科学家、中国农业科学院院长金善宝同志说，我们更寄希望于广大青壮年科技工作者，希望你们树立攀登科学高峰的雄心，立下实现四个现代化的大志，勤奋学习，刻苦钻研，为建设现代化的祖国作出更大的贡献。金善宝同志是在三月二十六日于杭州召开的中国原子能农学会成立大会上讲这番话的。金善宝同志以八十三岁的高龄，从北京赶来参加大会。在会议开幕式上就讲了话，并特别寄希望于青壮年，老一辈科学家的殷切期望，受到了出席会议的广大青壮年科技工作者的热烈欢迎。金善宝同志在讲话中说：党中央已向全党发出号召，要集中主要精力，尽快地把农业搞上去。农业是国民经济的基础，不搞好农业，四个现代化就无从谈起。要搞好农业，必须大抓农业科研工作，使农业科学技术走在农业生产的前面，这是我们农业科学技术工作者义不容辞的责任……毛主席就曾指出，要打科学技术这一仗，不打这一仗，生产力无法提高。确实如此，一个国家不掌握现代科学技术，就要被动挨打；一个企业不用现代科学技术武装，就要逐渐被淘汰。农业生产也是这样，不用现代科学技术和现代管理方法，我们的农业就不能摆脱靠天吃饭、靠"人海战术"、靠小农经济体系管理农业的落后局面。在座的大多数同志都是原子能农业利用研究方面的科技工作者，我们的任务就是要用原子能现代新技术来研究农业，武装农业，推动农业的大发展，赶超世界先进水平。金善宝同志指出，参加这次会议的，有像我这样的一些老人，更多的是一些青壮年同志。我们这些老人愿把有限的晚年献给祖国的四个现代化的宏伟事业。我们更寄希望于广大青壮年科技工作者，希望你们树立攀登科学高峰的雄心，立下实现四个现代化的大志，勤奋努力，刻苦钻研，牢记马克思的名言："在科学上没有平坦的大道，只有不畏劳苦沿着陡峭山路攀登的人，才有希望达到光辉的顶点。"科学的发展，当然离不开劳动人民的实践，但同时也是和个人的勤奋努力分不开的。创立太阳系学说的哥白尼、发现机械运动三定律的牛顿、创立生物进化论的达尔文、创立相对论的爱因斯坦，以及中国古代科学家张衡、祖冲之、李时珍等，哪一个不是经过个人的勤奋钻研，才有所发现、有所发明的呢？我们伟大领袖毛主席，执掌党和国家大事，日理万机，在年已高龄的情况下，仍然挤出时间，孜孜不倦，潜心钻研原子物理学、土壤学和外语等。想想毛主席这种勤奋学习的精神，我们广大科技工作者和领导干部还有什么话好说呢？希望广大农业科技工作者，特别是青壮年科技工作者，要努力掌握基础理论知识，掌握现代的先进科学技术，熟练掌握一门至数门外国语，培养严谨的科研作风和实事求是的态度，忘我工作，勇猛攻关，立志赶超前人。难道古代中国能有那么多的发明创造，而现代的中国就办不到吗？难道西方资产阶级能够做到的，东方无产阶级就做不到吗？我看是能够做到的。我们必将涌现出更多的世界第一流科学家。希望广大科技工作者,在向农业现代化进军的新长征中,不断取得新的成就。(《要有第一流的农业科学家》,《浙江日报》1979年3月30日第3版)

资料二(传记) 早在1979年,金善宝在杭州参加中国原子能农学会成立大会时,他在会上就热情洋溢地鼓励年青一代说:"参加这次会议的,有像我这样的一些老人,更多的是一些青壮年同志。我们这些老人愿把有限的晚年献给祖国的四个现代化的宏伟事业。我们更寄希望于广大青壮年科技工作者,希望你们树立攀登科学高峰的雄心,立下实现四个现代化的大志,勤奋学习,刻苦钻研,牢记马克思的名言:'在科学上没有平坦的大道,只有不畏劳苦沿着陡峭山路攀登的人,才有希望达到光辉的顶点。'"他还列举了创立太阳系学说的哥白尼、发现机械运动三大定律的牛顿、创立生物进化论的达尔文、创立相对论的爱因斯坦,以及中国古代科学家张衡、祖冲之、李时珍等,哪一个不是经过个人的勤奋钻研,才有所发现,有所发明的呢?他要求中青年科技工作者,要努力掌握基础理论知识,掌握现代的先进科学技术,熟练地掌握一门至数门外国语,培养严谨的科研作风和实事求是的态度,忘我工作,勇猛攻关,立志赶超前人。他的讲话赢得了广大与会科技工作者的热烈拥护和欢迎。(史锁达、任志高编:《著名农学家教育家金善宝》,第79页)

3月27日,偕中国农学会理事长杨显东视察中国农科院茶叶所。

资料一(报道) 我国著名的农业科学家、中国农业科学院院长金善宝教授于春茶期间,来到风景秀丽的中国农科院茶叶研究所检查工作。85岁高龄的金老精神矍铄,视察了研究室、场,详细了解科研情况,观看了实验操作,饶有风趣地鉴赏了名茶。临行前,金老向全所职工讲了话,勉励大家树雄心、立壮志,解放思想,敢于创新,努力赶超世界先进水平。和金老同时来所检查工作的还有中国农学会理事长杨显东等人。(《金老来所检查工作》,《中国茶叶》1979年第4期)

资料二(照片) 金善宝(左一)和杨显东(左二)看采茶机。(见图236)

资料三(照片) 金善宝、杨显东、庄晚芳(左起)看龙井茶制造车间。(见图237)

图 236

图 237

3月28—29日，参观浙江省农科院、浙江农业大学的小麦试验田。

资料一(照片) 金善宝在浙江省农科院小麦地考察留影。(见图238)

图238

资料二(照片) 金善宝(中)在浙江省农科院菜地留影。(见图239)

图239

资料三(照片) 金善宝在浙江农业大学留影。前右二起为李曙轩、杨显东、金善宝,左二为丁振麟。(见图 240)

图 240

资料四(照片) 金善宝在浙江农大小麦试验田考察留影。左起依次为李曙轩、庄晚芳、杨显东周承钥、金善宝、陆星恒、丁振麟、陈锡臣。(见图 241)

图 241

资料五(照片) 金善宝在杭州军队招待所留影。(见图 242)

图 242

资料六(照片) 在浙江留影。(见图 243)

图 243

3 月,中国农业原子能学会恢复。支持并卫护科学家徐冠仁的工作。

资料一(口述) 恢复农业原子能学会时,张□□支持行政干部任□做会长。金老说:这完全是不妥的,徐冠仁是著名的农业原子能专家,二级教授、学部委员，不能当会长，反而让一个行政干部来当，这成何体统？这个会长自然应该是徐冠仁！张□□批评金老：排挤党政干部，违反党的领导原则。金老说：党的领导是按党的原则办事，是集体领导，不是一个人说了算！后来中国科协支持金老的意见，徐冠仁做了会长。（《韩林访谈》，2018年5月）

资料二（照片） 徐冠仁（左）和金善宝（右）交谈留影。（见图244）

图244

4月初，回到故乡石峡口探望乡亲。

资料一（传记） 1979年4月，金善宝带着这份感情再次来到了石峡口。他看到刚刚经历动乱洗劫的乡亲们，虽然生活困难，却没有任何牢骚，也没有丝毫怨言，在“亲贤睦族”之风的沐浴下，正在相互提携，共渡难关，迎接新的生活！当他远眺青山环抱，绿水环绕，苍松翠柏，林茂竹香之时，不禁深深感叹，多么美丽的故乡、多么淳朴的乡亲、多么好的人民啊！我爱你们，愧对你们，我该如何回报你们的恩情呢！（金作怡：《金善宝》，309—310页）

资料二(照片) 金善宝与乡亲们亲切交谈。(见图 245)

图 245

资料三(照片) 金善宝站在 100 多年前曾祖父朝奉公出资修建的余庆桥上。(见图 246)

图 246

资料四(其他) 金善宝手迹。(见图 247)

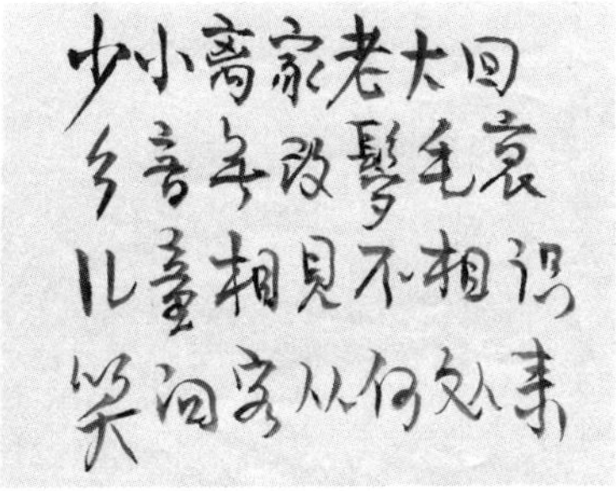

少小离家老大回
乡音无改鬓毛衰
儿童相见不相识
笑问客从何处来

图 247

资料五(照片) 金善宝与乡亲们合影。(见图 248)

图 248

4 月上旬,在绍兴、镇江等地考察小麦的生长情况。

资料一(照片) 金善宝(左三)在绍兴农田考察留影。(见图 249)

4 月,发表《消除污染 保护好农业环境》一文。

资料(文章) 文章指出,虽然我国在消除污染、保护农业环境等方面做了一些工作,但解决得不是那么好,我们要吸取教训,重视环境保护,大力开展科学研究,积极宣传推广防治污染技术,保护好森林、草原、园林和各种珍

图 249

贵野生动植物资源，防患于未然。（金善宝：《消除污染 保护好农业环境》，《环境保护》1979 年第 4 期，第 3—4 页）

5 月 7 日，被聘为农业部科学技术委员会主任委员。

资料（证件） 聘请金善宝为农业部科学技术委员会主任委员的证书。（见图 250）

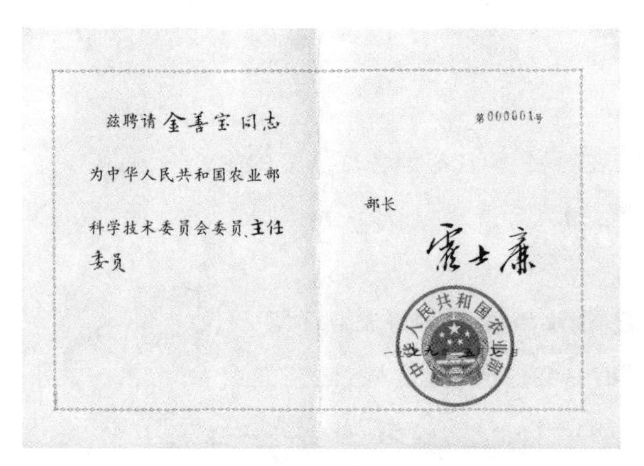

兹聘请金善宝同志

为中华人民共和国农业部

科学技术委员会委员、主任

委员

第000001号

部长

霍士康

中华人民共和国农业部

图 250

5 月 12 日，出席农业部科学技术委员会成立大会。

资料一(照片) 农业部科技委员会成立大会与会人员合影，前排左一戴松恩、左三李曙轩、左五程绍迥、左六吴觉农、左七金善宝、左十一何康、左十三杨显东、左十四沈其益、右二邹钟琳；二排左一黄瑞采、左七蔡旭、左十二胡祥璧、左十四徐冠仁；三排左四李竞雄、左六马闻天、左八鲍文奎。(见图 251)

图 251

资料二(手稿) "讲话"首先说明农业部科学技术委员会成立的目的、主要任务。会议将要讨论全国农牧业科技长远规划和年度计划，要审议一些科研成果，把当前的调整工作同远大目标密切结合起来，争取多出快出成果，使农业科学技术走在农业生产的前面。鼓励委员们加强学习，为国家、为人民、实现农业现代化作出应有的贡献。(金善宝:《在农业部科学技术委员会成立大会开幕式上的讲话》，1979 年 5 月 12 日)

5 月 29 日，被聘为科学技术委员会农业生物学学科组名誉组长。

资料(证件) 聘请金善宝担任科学技术委员会农业生物学学科组名誉组长的聘书。(见图 252)

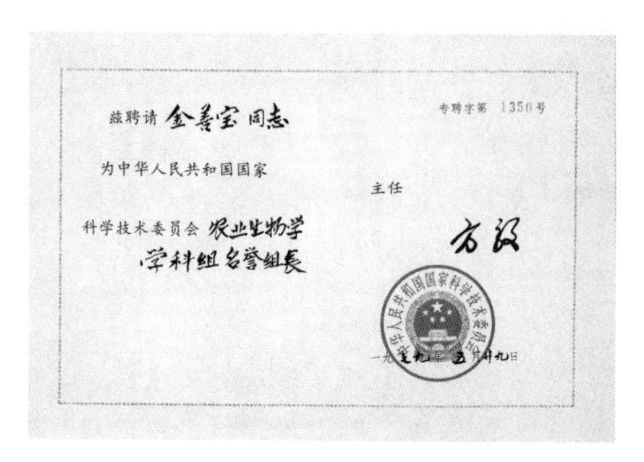

兹聘请金善宝同志　　专聘字第 1350号

为中华人民共和国国家科学技术委员会农业生物学学科组名誉组長

主任

方毅

一九七九年五月廿九日

图 252

6—7 月，出席第五届全国人民代表大会第二次会议。

资料(证件)　出席证。(见图 253－1、图 253－2)

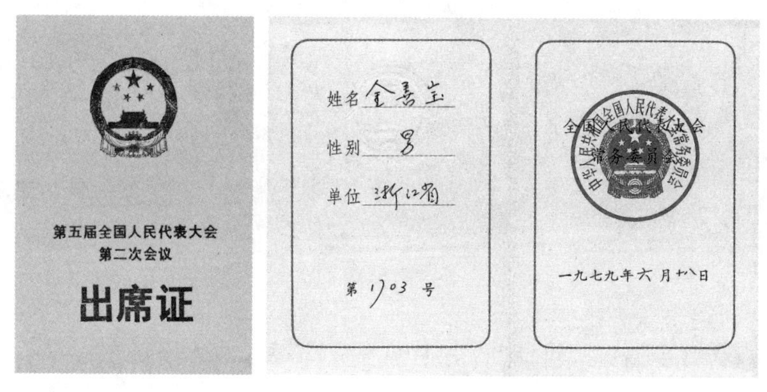

第五届全国人民代表大会

第二次会议

出席证

姓名　金善宝

性别　男

单位　浙江省

第 1703 号

全国人民代表大会常务委员会

一九七九年六月十八日

图 253－1　　图 253－2

7 月 8 日，发表《加强农业科学研究，促进农业现代化》一文。

资料(文章)　文章认为实现我国农业现代化的根本目标，必须充分考虑我国人口众多、耕地面积偏少的特点。大幅度提高农业的单位面积产量和培育优良品种是农业增产的重要因素。(金善宝：《加强农业科学研究，促进农业现代化》，《北京科技报》1979 年 7 月 6 日第 3 版)

8 月 11 日，参加方毅召开的农业科学家座谈会。

资料(报道) 国务院副总理、国家科委主任、中国科学院院长方毅，十一日上午邀请农业科学家和有关方面的专家，就怎样充分发挥科学技术的作用、加速我国农业发展的问题，进行了座谈。应邀出席座谈会的科学家有金善宝、程绍迥、陶鼎来、蔡旭、郑万钧、程纯枢、夏世富、黄秉维、曾呈奎、张致一、吴仲贤、王世之、邵启全、田波、刘后培等。国家科委、国家农委的负责同志童大林、杜润生等也出席了座谈会。在座谈中，大家强调指出，过去不少地区，由于片面强调粮食生产，不惜滥伐森林、毁坏草原、围湖造田，结果糟蹋了资源、影响了农民的经济收入，破坏了生态环境，贻害子孙、后果极为严重。有的地方，不引以为训，直到现在还在毁林开荒。这种违反《森林法》的情况，必须加制止。怎样解决我国九亿多人口的粮食问题，农业科学家们指出，我国不但耕地有限，粮食亩产要大幅度增加也是很不容易的，仅仅从粮食作物上打主意，是不可能根本解决我国农业问题的。应该从我国优越的自然条件和各种丰富的自然资源、农业资源和人力资源出发，考虑如何全面发展农林牧副渔各业并逐步改变我国的食物构成。(《农业科学家在方毅副总理邀请的座谈会上指出：按自然规律全面发展农业将出现崭新面貌》，《人民日报》1979 年 8 月 14 日第 1 版)

10 月 11—20 日，参加九三学社中央第三次全国代表大会，当选为九三学社第六届中央委员会副主席。

资料(其他) 1979 年 10 月 11 日至 20 日，九三学社在我国开始向四个现代化进军的重要时刻，召开了社的具有历史性意义的第三次全国社员代表大会……第三次全国代表大会选举许德珩同志为九三学社主席，周培源、潘菽、茅以升、严济慈、税西恒、金善宝、卢于道、王竹溪、柯召、孙承佩为副主席，选举产生了社的第六届中央委员会。(《九三学社简史》征求意见稿，1995 年，第 67 页)

12 月底，向台湾科学文教界朋友贺新年。

资料一(手稿) 金善宝向台湾科学文教界朋友们祝贺新年。(金善宝：《向台湾科学文教界朋友们祝贺新年》，1979 年 12 月，见图 254 - 1 至 254 - 7)

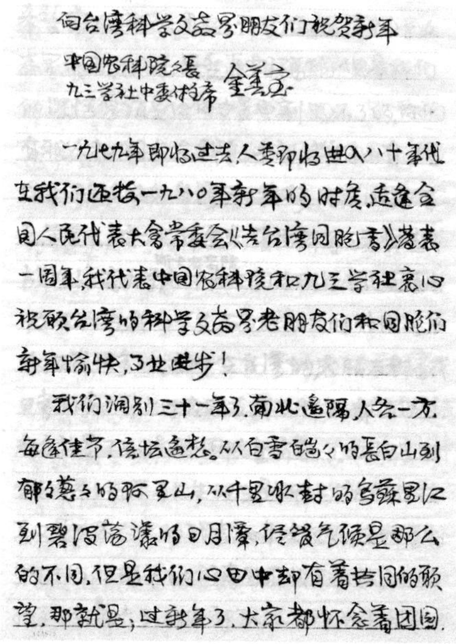

向台湾科学文教界朋友们祝贺新年

中国农科院院长
九三学社中委付主席 金善宝

一九七九年即将过去，人类即将进入八十年代。在我们迎接一九八○年新年的时候，适逢全国人民代表大会常委会《告台湾同胞书》发表一周年，我代表中国农科院和九三学社衷心祝愿台湾的科学文教界老朋友们和同胞们新年愉快，事业进步！

我们阔别三十一年了，南北遥隔，人各一方，每逢佳节，倍增思念。从白雪皑皑的长白山到郁郁葱葱的阿里山，从千里冰封的乌苏里江到碧波荡漾的日月潭，经纬气候是那么的不同，但是我们心田中却有着共同的愿望，那就是：过新年了，大家都怀念着团圆，

图 254－1

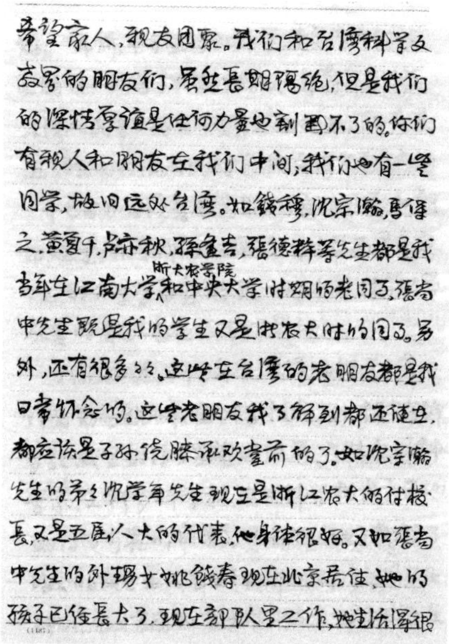

希望家人、亲友团聚。我们和台湾科学文教界的朋友们，虽然长期隔绝，但是我们的深情厚谊是任何力量也割断不了的。你们有亲人和朋友在我们中间；我们也有一些同学、故旧远处台湾。如钱穆、沈宗瀚、马保之、黄夏千、卢亦秋、孙逢吉、张德粹等先生都是我青年在江南大学、浙大农学院和中央大学时期的老同事。张[illegible]中先生既是我的学生又是浙农大时的同事。另外，还有很多很多。这些在台湾的老朋友都是我日常怀念的。这些老朋友我了解到都还健在，都应该是子孙绕膝，承欢堂前的了。如沈宗瀚先生的弟弟沈学年先生现在是浙江农大的付校长，又是五届人大的代表，他身体很好。又如张[illegible]中先生的外甥女姚锦春现在北京居住，她的孩子已经长大了，现在部队里工作，她生活得很

图 254－2

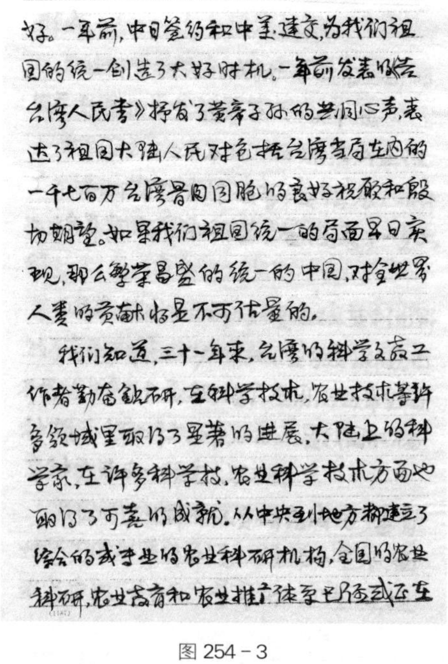

好。一年前，中日签约和中美建交，为我们祖国的统一创造了大好时机。一年前发表的《告台湾人民书》抒发了黄帝子孙的共同心声，表达了祖国大陆人民对包括台湾当局在内的一千七百万台湾骨肉同胞的良好祝愿和殷切期望。如果我们祖国统一的局面早日实现，那么繁荣昌盛的统一的中国，对全世界人类的贡献将是不可估量的。

我们知道，三十一年来，台湾的科学文教工作者勤奋钻研，在科学技术、农业技术等许多领域里取得了显著的进展。大陆上的科学家，在许多科学技术、农业科学技术方面也取得了可喜的成就。从中央到地方都建立了综合的或专业的农业科研机构，全国的农业科研、农业教育和农业推广体系已经形成或正在

图 254－3

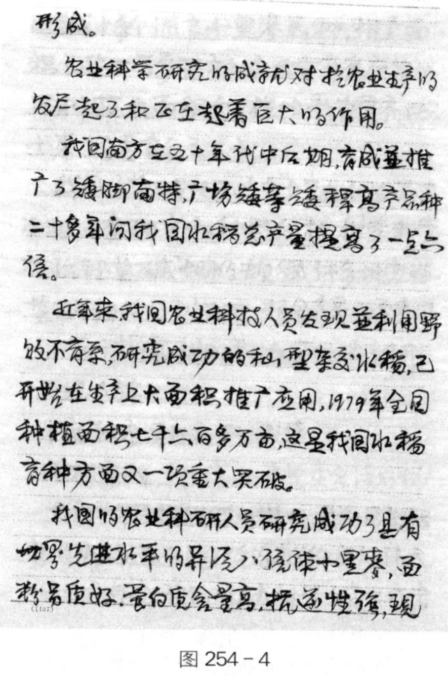

形成。

农业科学研究的成就对于农业生产的发展起了和正在起着巨大的作用。

我国南方在五十年代中后期，育成并推广了矮脚南特、广场矮等矮秆高产品种，二十多年间我国水稻总产量提高了一点六倍。

近年来，我国农业科技人员发现并利用野败不育系，研究成功的籼型杂交水稻，已开始在生产上大面积推广应用，1979年全国种植面积七千六百多万亩，这是我国水稻育种方面又一项重大突破。

我国的农业科研人员研究成功了具有世界先进水平的异源八倍体小黑麦，面粉质好，蛋白质含量高，抗逆性强，现

图 254－4

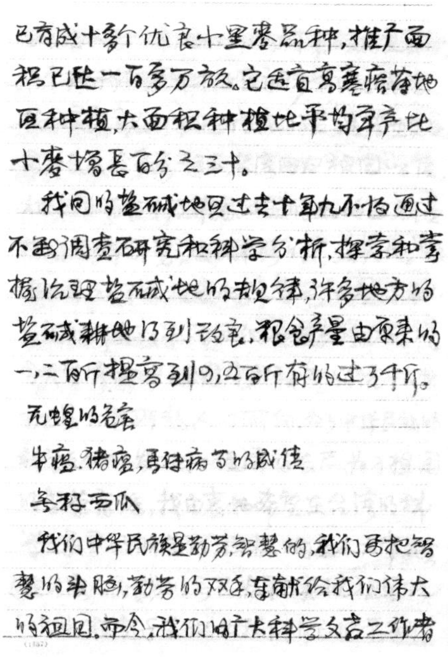

已育成十多个优良小麦品种，推广面积已达一百多万亩。它适宜在高寒瘠薄地区种植，大面积种植地平均单产比小麦增长百分之三十。

我国的盐碱地过去十年几不能通过不断调查研究和科学分析，探索和掌握治理盐碱地的规律，许多地方的盐碱耕地得到改良，粮食产量由原来的一二百斤提高到四五百斤有的过了千斤。

无蝗的危害

牛瘟、猪瘟，马传病等的成绩

各种西瓜

我们中华民族是勤劳智慧的，我们要把智慧的头脑，勤劳的双手，奉献给我们伟大的祖国。而今，我们的广大科学文教工作者

图 254－5

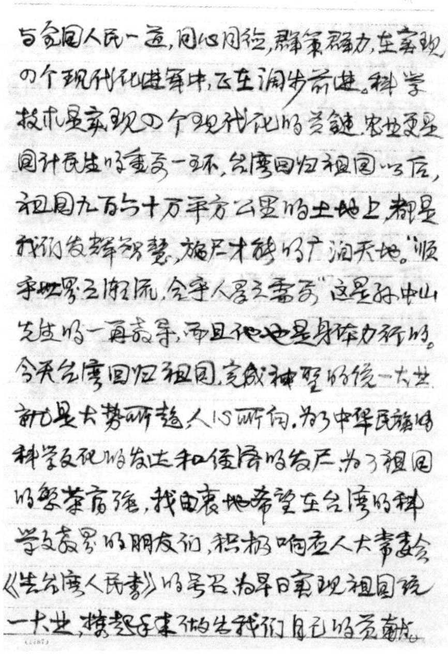

与全国人民一道，同心同德，群策群力，在实现四个现代化进军中，飞速阔步前进。科学技术是实现四个现代化的关键，农业更是国计民生的重要一环，台湾回归祖国以后，祖国九百六十万平方公里的土地上，都是我们发挥智慧，施展才能的广阔天地。"顺乎世界之潮流，合乎人群之需要"这是孙中山先生的一再教导，而且他也是身体力行的。今天台湾回归祖国，完成神圣的统一大业，就是大势所趋人心所向。为了中华民族的科学文化的发达和经济的发展，为了祖国的繁荣富强，我由衷地希望在台湾的科学文教界的朋友们，积极响应人大常委会《告台湾人民书》的号召，为早日实现祖国统一大业，携起手来贡献出我们自己的力量。

图 254－6

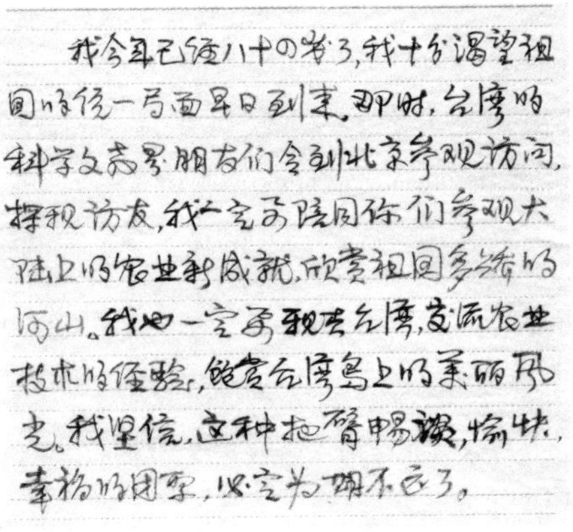

我今年已经八十四岁了，我十分渴望祖国的统一早日到来。那时，台湾的科学文教界朋友们会到北京参观访问，探亲访友，我一定要陪同你们参观大陆上的农业新成就，欣赏祖国多娇的河山。我也一定要到台湾，交流农业技术的经验，饱览台湾岛上的美丽风光。我坚信，这种把臂畅谈，愉快，幸福的团聚，必定为期不远了。

图 254－7

资料二(文章)　作者于 1979 年 12 月底，即将进入二十世纪八十年代前夕，在《大公报》上发表《向台湾科学文教界朋友们祝贺新年》一文，畅谈海峡两岸农业科学技术的成就、大好河山的自然风光、亲友故旧的深情厚谊，字里行间充满了对台湾友人的思念之情和盼望祖国统一的愿望。(金善宝：

《向台湾科学文教界朋友们祝贺新年》,《大公报》1979年12月27日第3版)

资料三(传记) 新中国成立以来,金善宝时刻心系台湾农学界的老朋友、老同事,盼望祖国早日统一。他多次通过报纸、广播电台,向台湾农业科技界的朋友们表达自己的心声……改革开放的春风吹遍了祖国大地之后,有一次,他从一份海外邮来的报纸上看到,他的一位朋友游日月潭后写的文章《白云深处是吾家》。他很希望这位海外游子和台湾农业界的朋友能回到“白云深处”的故乡来探亲访友,了解祖国农业建设方面的新成就,看一看大江南北的大好春光。1980年新年前夕,他写了一篇《向台湾科教界朋友贺新年》的文章,字里行间充满了对台湾友人的怀念之情,他写道:我们阔别31年了,南北遥隔,人各一方,每逢佳节,倍增遥想,从白雪皑皑的长白山,到郁郁葱葱的阿里山;从千里冰封的乌苏里江到碧波荡漾的日月潭,尽管气候是那么的不同,但是我们的心田中却有着共同的愿望,那就是过新年了,大家都惦念着团圆,希望家人、亲友团聚。我们和台湾科学、文教界的朋友们,虽然长期隔绝,但是我们的深情厚谊是任何力量也隔断不了的。你们有亲友在我们中间,我们也有一些同学、故旧远在台湾……我今年已经84岁了,我十分渴望祖国的统一局面早日到来。那时,台湾的科学文教界朋友们到北京参观、访问、探亲、访友,我一定陪同你们参观大陆上的农业新成就,欣赏祖国多娇的河山,我也一定要亲自去台湾,交流农业技术的经验,饱览岛上的风光……这篇文章发表在1979年12月27日香港的《大公报》上,不久,《文汇报》、澳门的《澳门日报》以及美国纽约的《华侨时报》都转载了。它打动了多少海外游子的爱国之心,引起了多少台湾老朋友的思乡之情,其中一位金善宝的学生读了老师的文章后,心潮澎湃,感慨万千,在给金善宝的信中写道:“近读吾师在香港《大公报》发表的《向台湾科教界贺新年》宏文,更为感人,台湾各界希望祖国统一者当不乏其人。惜主政当局仍无动于衷,引为怅怅。该文在台一般人士无法读到,生原拟影印寄台,恐有不便,乃以邮简抄录数节……当可到达……读到祖国的报章杂志,对祖国的进步情况得悉大概……身居海外,甚愿见祖国统一能早日实现,而旅美学人向往祖国统一者众。倘……能制定办法鼓励学人回归,为祖国尽一份职责,则定能踊跃响应,于四化当有补益。”寥寥数语,道出了海外赤子热爱祖国、热切盼望祖

国早日统一,愿为祖国四化建设贡献力量的迫切心情。(孟美怡:《金善宝》,第218—219页)

是年,育成优质小麦新品种中7902、中791。

资料一(档案) 中7902的亲本组合为"中7605×中7601",中7605与中7606是姐妹系,适于黄淮麦区作晚茬麦推广。中791的组合为"中7605×中7402"。1977年春配制,经云南元谋秋播,北京春播,一年两代选择,1979年F4代时在北京春播生长整齐,对三种锈病表现免疫,高抗白粉病,丰产性好,当年按系统混收,在繁种阶段表现较好,直接拿到生产中试种,一举成功。从杂交到育成,前后仅用三年时间。(《中7902、中791小麦情况介绍》,中国农科院作科所档案室)

资料二(传记) 经过几年努力,他们终于选育出一批耐迟播、抗病性强、稳产、高产、适应性广的小麦新品系中7606、中7902、中791等。这批新品系在黄淮地区经过4年试种,增产效果显著,一般比当地推广品种增产20%左右,高产地块每亩……800多斤。由于这批品种耐迟播,在一般情况下,可比其他品种晚播15~45天,大大缓解了这个地区秋收秋种时机具、畜力和劳力紧张的矛盾,受到广大农民的欢迎。中7606、中7902等品种,群众统称为"中字麦",无论是深山、浅山、丘陵、平原还是水田、旱地都适宜种植,增产效果都比较明显。由于中字麦对光照反应不敏感,所以春、夏、秋、冬四季都能播种,并能正常抽穗、开花、灌浆和成熟。在品质上,中字麦蛋白质含量比一般小麦品种高20%左右,赖氨酸含量高10%以上。晚播小麦的培育成功,打破了冬小麦的常规栽培规律,在育种史上是一个突破。随着晚播小麦的推广,它将有力地推动黄淮地区耕作制度的改革,促进这一地区农业生产的发展,同时,也赋予小麦育种研究工作以新的内容。(史锁达、任志高编:《著名农学家教育家金善宝》,第76页)

是年,写就手稿一篇。

资料(手稿) 作者历述中华人民共和国成立以来农业科学技术极大地推动了农业生产的发展,但是由于"四人帮"的干扰破坏,拉大了我国农业科学与西方发达国家的差距，为了实现农业现代化，在今后八年内应做好重点研究。（金善宝：《尽快把农业科学研究搞上去》，1979 年）

是年，当选中国作物学会第二届理事长。

资料（档案） 1979 年在山西省太原市举行的全国农业学术讨论会期间，进行换届选举，并组成了第二届理事会。金善宝为理事长，戴松恩、蔡旭、陈永康、方悴农、吴绍睽、孙仲逸、袁隆平为副理事长，戴松恩兼秘书长。另有 11 名常务理事和 85 名理事组成第二届理事会。（《中国作物学会沿革》，中国农科院作科所档案室）

1980 年　　86 岁

1 月 9 日，参加著名棉花专家冯泽芳的追悼会，并致悼词。

资料一（传记） 1979 年冬天，在全国纠正了一大批冤假错案之后，金善宝教授的老同学冯泽芳教授的子女冯一民、冯紫云和他们年迈的母亲，分别从南京、新疆赶来北京，要求为他们的父亲 1959 年的冤案平反昭雪。为了照顾好冯师母的起居，金善宝夫妇邀请冯师母住在自己家里。（孟美怡：《金善宝》，第 243 页）

资料二（传记） 1980 年 1 月 9 日，中国农业科学院在北京八宝山革命公墓礼堂召开了冯泽芳先生的追悼会。冯泽芳夫人孟成玉率领从北大荒、新疆、南京大三角赶来的子女及孙辈，参加了追悼会。追悼会前，冯泽芳的子女从北京来到安阳寻找父亲的遗骨。1959 年，冯泽芳的遗体简单地埋葬在棉花所西北几里外的地里。经历十年动乱后，坟墓早已无影无踪，棉花所人员和附近农民，没有一个说得出去向。眼前一片白茫茫棉田，冯泽芳的遗骨，已经永远溶化在他毕生耕耘的棉花地里了。棉田就是他的墓地，棉花就是他的墓志铭。参加追悼会的有农业部、中国农业科学院、北京农业大学等单位的领导及冯泽芳先生的同窗、同事、学生、亲朋好友等。在追悼会上，中国农业科学院院长金善宝致悼词，对

冯泽芳一生作出了高度评价。（云琅民：《冯泽芳》，中国农业科技出版社，2016 年，第 209 页）

1 月 15—20 日，召开中国农业科学院学术委员会议，主持“小麦生态研究”这一重大课题。

资料一（口述） 粉碎“四人帮”后，金善宝恢复了中国农业科学院院长的职务，兼学术委员会主任，其间我任中国农业科学院学术委员会学术秘书，现就我所知道的几件事回忆如下：十年动乱，对科研工作破坏很严重，学术委员会停止工作，科技成果无机构鉴定。有的科研人员对科研作出了重大贡献，大半生已过还没有高级职称，这些都是学术委员会的分内工作，迫切需要恢复学术委员会工作，金老向院党组建议，立即召开学术委员会委员会议，开展正常工作。为了筹备这次会议，农科院请严济慈副委员长出席接见农科院来自全国各地的学术委员，全国人大回函说，严老没有时间。后来，由金老个人出面，让我去请严老，严老答应了。后来，又想请钱学森来作报告，金老又让我去请，到了钱家说明来意，钱老高兴地说：金老让我去，我一定去。全国各地的学术委员因为“文化大革命”，十多年没来北京，感慨万分，严济慈在人民大会堂会见了中国农业科学院全体委员和工作人员，著名科学家钱学森到会作了“中国科学发展道路的报告”，内容非常生动，给大家很大鼓舞。在学术委员会分组讨论会上，金老讲道：粉碎“四人帮”后，科学春天来到了，我们不但要努力开展科研工作，也要批判“四人帮”对科研工作的破坏。有些干部受“四人帮”毒害很深，必须批判，举例说了中国农业科学院原党组副书记张□□，受“四人帮”毒害影响，批判“四人帮”不积极，在批右倾翻案风时劲头很大，是错误的，必须引起重视。金老爱憎分明，受到委员们的赞同支持，在金老的大力支持下，学术委员会恢复了正常工作，促进了科研工作的进展。……学术委员会在友谊宾馆召开会议，中国农科院原党组书记陈□□……写信，认为在友谊宾馆召开学术委员会是铺张浪费，当时农科院的几位领导都声明在友谊宾馆开会与自己无关，推脱责任，金老主动承担起责任说：“在友谊宾馆召开学术委员会议，这件事不会有错，即使上面领导批评了，我们也不能承认错误！如果真是错了，我负这个责任！”党委书记徐元泉听说后惊讶地说:“没有想到他敢说这样的话!”后来,因为原农业部部长、副部长都到会参加了会议,他们认为不存在铺张浪费问题,此事才算了结。金老勇于承担责任的工作作风受到同志们的赞扬。(《韩林访谈》,2018 年 5 月)

资料二(文章) 在 1980 年 1 月 15 日中国农业科学院学术委员会恢复的会议上,他回顾了学术委员会 23 年前成立,23 年后恢复的全过程,声讨了“四人帮”对知识分子的践踏,对科学事业的摧残,肯定了农业战线的广大科技工作者在极其困难的条件下,坚持工作,坚持研究,做出了很大成绩,很多研究已经接近或达到了世界先进水平。指出这次学术委员会的任务就是:紧紧围绕努力实现农业科学技术现代化这个主题。(金善宝:《金善宝院长在中国农业科学院学术委员会会议上的讲话》,收入王连铮主编《金善宝文选》,第 287 页)

资料三(传记) 金善宝在半个多世纪小麦育种研究的过程中,深刻体会到气候条件、地理环境对不同小麦类型生长发育的影响。我国是一个幅员辽阔,气候、土壤、生物资源极为丰富多样而又复杂的国家,小麦品种类型丰富,生态环境类型齐全而独特,为研究小麦生态提供了世界上少有的宝贵条件。他认为,深入探讨我国不同地理、气候条件下,不同品种类型小麦的生长发育特点,科学地划分小麦品种生态型,对于科学地制定全国小麦区划具有十分重要的意义。为此,他在春小麦育种研究取得了初步成效后,就向国家科委申请,将“小麦生态研究”这项基础理论性的课题列入国家重大科研项目。1980 年 1 月,当他接到国家科委批准《小麦生态研究》列入国家自然科学基金课题的通知时,十分高兴。为了课题研究的需要,他又积极争取,得到了中国农科院院长基金的资助,为开展课题研究创造了条件。(孟美怡:《金善宝》,第 186—187 页)

2 月 16 日,中央领导来到中国农业科学院,同农业科学家们座谈,讨论如何加速我国农业现代化进程的问题。

资料一(其他) 中央领导在农科院发表讲话:“今天是大年初一,是中国人民的传统节日,我和任重同志一齐来看望大家,同大家一齐欢度春节,更主要的是来听听你们对加速农业现代化建设速度的想法。一年之计在于春。实现四个现代化，农业是基础，我国有 10 亿人口，首先要解决吃饭穿衣问题，所以四个现代化能不能快一些，关键是农业。要想加速我国社会主义建设的步子，农业这个基础必须要搞好。今天给大家出个题目，中国农业现代化到 2000 年能达到什么程度？达到什么目标？中国 960 万平方公里，情况千差万别，华东地少人多，东北地多人少，西北干旱严重，生态平衡破坏、水土严重流失；有的地方四季常青，有的地方高寒，有的年降雨量 2 000 多毫米，有的只有几十毫米，甚至不下雨。情况这样复杂，我们的农业现代化到 2000 年究竟是什么样子呢？还有大面积的草原、山地，怎么综合利用？有许多科学问题要解决……”出席人员有王任重副总理、张平化、霍士廉、朱荣、何康、杨显东、徐元泉、金善宝、贺致平、何光文、程绍迥等 34 人。(《中央领导到中国农业科学院座谈如何加速发展我国农业现代化建设问题记录》，1980 年 2 月 16 日)

资料二(其他) 1980 年 2 月 16 日……到中国农业科学院视察，同部分科学家座谈关于加速发展我国农业现代化建设问题。1980 年 3 月 5—9 日，中国农业科学院在北京召开全国农业科学院院长会议，传达了……在中国农业科学院的讲话，讨论我国农业现代化等一系列重要问题。1980 年 11 月，中国农业科学院提出“关于加速我国农业现代化建设的设想”“我国牧业现代化建设的设想”和“我国农业科学发展的设想”上报国务院。(《中国农科院大事记(1957—2006)》)

资料三(传记) 八十年代第一个春节的大年初一(1980 年 2 月 16 日下午)，时任党中央主席的华国锋同志来到了中国农科院，同农科院的 30 多名农业科学家一齐座谈，如何进一步加速我国社会主义现代化建设的步子。会上，华国锋同志说：今天是大年初一，是中国人民的传统节日，我和任重同志一齐来看望大家，同大家一齐欢度春节。更重要的是，来听听你们对加速农业现代化的想法，请大家谈一谈，到本世纪末，我国农业现代化到底能搞到什么程度？我国那时候的农业情况会变成什么样子了？华主席认为：中国是一个人口众多的国家，农业是我们国民经济的基础，要加速我国社会主义建设的步子，农业这个基础必须要搞好，农业现代化搞得不好，对工业、国防和科学技术三个现代化建设关系极大。为此,对今后20年的农业要发展到什么程度?应该有个设想,这很重要,这样,我们心里就有数,才能明确今后5年或10年里,我们重点应该抓住一些什么问题……根据华国锋同志提出的问题,与会专家们纷纷畅所欲言,各抒己见。为了贯彻、落实华国锋同志的指示,院党组研究决定,1980年3月5—9日在京召开全国各省农业科学院院长会议,传达了华主席在中国农科院的讲话,讨论了我国农业现代化等一系列问题。根据会议讨论总结,同年11月,中国农科院通过反复研究,提出了"关于加速我国农业现代化的设想",上报国务院总理华国锋同志。(金作怡:《金善宝》,第212—215页)

2月,《红专》报道《爱国一家怀故人》。

资料(报道)

共同心声

七九岁末,金老向台湾科学文教界祝贺新年的文章,同时发表在香港的《大公报》《文汇报》《新晚报》,澳门的《澳门日报》,以及美国纽约的《华侨日报》等报纸上。披露之广,在过去是少见的。为什么如此引人注目呢?此事还要从头说起。去年七月间,台北《联合报》发表了台湾"农业发展委员会主任"李崇道博士的访问记。李氏提出愿向祖国大陆提供必要的技术资料。金老认为我们的农业技术应当交流,互相接触,中华民族的科学文化应当由我们共同发展创造,对李氏的态度表示欢迎,愿与台湾农业科学方面互相合作,交流经验,欢迎他们到祖国大陆来参观访问。这是广大科学工作者(包括台湾科学文教工作者在内)的共同心声和渴望祖国统一的强烈愿望。

扫除障碍

三个月过去了。十一月二十九日的台北《"中央"日报》上刊了一则署名冯志清的报道,把祖国的大陆与台湾农技方面互相合作、交流经验的愿望,歪曲为我们要获得其农业技术,还说我们的农艺人员最近正利用传自台湾的多倍体西瓜种子,进行组织培养研究,说什么我们在组织培养方面的能力并不高,能否成功,还是个疑问。

对于这种歪曲事实的宣传,是加以驳斥,还是不予理睬呢?金老考虑由于台湾和大陆长期隔绝,彼此互不了解,许多事情以讹传讹,引起猜疑、误会,现在,已经到了消除误会的时候。大家都要拨开云雾,认识现实,肯定现实,扫除统一道路上的障碍。为此,争取实现通邮通航,探亲访友,参观学习,增加直接接触的机会是完全必要的,根本不存在单方面"猎取"技术资料的问题。至于祖国大陆上农业科学研究所取得的进展,是举世瞩目的事,毋庸置辩。

新年怀旧

一九八〇年元旦就要到了。金老想起了台湾科学文教界的老朋友。多年来,金老从台湾及海外报刊,看过老友们一些思乡怀亲的诗词,记得一位老朋友游日月潭诗,有"白云深处是吾家"之句,引起金老的同情。渴望这位朋友和台湾的故旧回到"白云深处"的故乡探亲访友,参观大陆上的农业新成就,欣赏北国风光、江南春色,更可抒发诗兴;南京是金老的第二故乡,金老在台湾的老同事,对南京的一山一水,印象是很深的,一旦旧地重游,晋谒中山陵,泛舟玄武湖,赏长江大桥之夜景,尝曲园之风味,当不胜感慨系之。新年之后,春节即将到来,人们都在惦念着节日与家人和亲友团聚。金老同台湾故旧阔别三十多年,大家都是子孙满堂的人了。金老在想,这些后代都是从未见过面的,难道老一辈不该重逢,后辈不该相识吗?不!现在已经到了应该团聚的时候了。为此,金老借着向台湾科学文教界的朋友们祝贺新年之际,对时常萦念的在台湾的老朋友,当年在江南大学、中央大学和浙江大学时的老同志钱穆等先生寄以深切的怀念。

三十年来,祖国大陆上的农业科学研究有了很大的发展,从中央到各省市、各地区和大部分县都建立了综合的或专业的农业科研机构,全国的农业科学研究、农业教育和农业技术推广体系已经或正在形成。这些可喜的成就,尽管博得了世界各国的称赞,但是由于长期阻隔,台湾的科学家对大陆的变化,不甚了解或完全不了解。所以,金老在祝贺新年文章中,畅谈了大陆上农业科学研究的成就,介绍了南方研究培育并推广的水稻矮秆品种,二十多年间,提高水稻部产量的情况;提到了农业科技人员发现并利用……籼型水稻杂交研究成功的情况;报道了具有世界先进水平的异源八倍体小黑麦品种,开始大面积推广的消息。特别是从一九六〇年开始研究培育的多倍体无籽西瓜,早已培育成功,大面积种植,七七年日本木原均博士来我国,高兴地把两个无籽西瓜带回日本。事实面前,台北报纸上对我的歪曲,不驳自破了。

听了金老的叙述的全过程,使我完全懂得了为什么海外报纸纷纷刊登他的文章的道理,同理也明白了同金老阔别三十多年的老学生,为什么远隔重洋急切来鸿的原因。那就是金老的文章出于肺腑,掬诚相告,因而感人至深。甚至感动得那位老学生不得不动起笔来,抄录数节,函告在台亲友。由此可见,台湾各界及旅居海外华侨渴望祖国统一者大有人在,金老的文章正反映了大势之所趋、人心之所向,所以获得了各方面的欢迎。(百里:《爱国一家怀故人》,《红专》1980 年第 2 期,第 24 页)

是月,在九三中央学习讨论会上发言。

资料(报道) 《公报》振兴人心,顶重要的是三件大事:为少奇同志平反,建立中央书记处,拉下了四个人。中央是团结的,就看下面怎么办了……有的单位,在一九七五、七六年间,"四人帮"的代理人嚣张得不得了!他们狠批什么"三株大毒草",大会上一而再、再而三地"批邓",甚至叫嚷要"拆庙"。"四人帮"粉碎后,这些人并未检讨,还在做官,而且还有人庇护他们。我认为至少应该检查一下,澄清是非,否则,群众积极性是调不起来的。(金善宝:《在社中央学习会学习讨论党的十一届五中全会公报的发言》,《红专》1980 年第 2 期,第 25 页)

3 月 15—23 日,出席全国科学技术协会第二次代表大会,当选为科协副主席,并作"把农业科学放到重要位置上来,加速我国农业现代化建设"的发言。

资料一(其他) 1980 年 3 月,中国科协召开第二次全国代表大会,这是科协进入发展新阶段的里程碑。在中共十一届三中全会路线指引下,经过拨乱反正,明确了科协在社会主义现代化事业中的地位、作用,学会组织和学术交流活动有了新的发展,科学普及工作走出了新路,咨询建议、国际交往都打开了新局面,科技工作者群众团体的面貌焕然一新。中国科协二届主席、副主席名单：主席周培源，副主席裴丽生、钱学森、黄家驷、刘述周、严济慈、茅以升、华罗庚、张维、林兰英、杨显东、杨石先、钱三强、金善宝、王淦昌、王顺桐。（中国科学技术协会编：《中国科协“二大”》，收入《中国科学技术协会（1958—1988）》，第 12 页）

资料二（手稿） “讲话”叙述了中国农科院经历了 1960 年和 1970 年两次大精简。粉碎“四人帮”后，农业科学得到了新生。农业科学家们面对自己大半生为之辛勤耕耘的农业科学园地，怀着对国家、民族的高度责任感，在极其艰苦的条件下，克服重重困难，使农业科学事业逐步恢复和发展，出现了今天的新局面，加速了农业现代化的进程。（金善宝：《把农业科学放到重要位置上来，加速我国农业现代化建设——在中国科协第二次全国代表大会上的讲话》，1980 年 3 月）

4 月 14 日，为进口大型温室设备给农业部部长写信。

资料（信件） 部长：为了发展我国的科学技术事业，促进现代化建设，从国外进口一些先进仪器和先进设备是需要的。但是，现在在引进这些仪器和设备中，发现有些并不是必需的、急需的。中国农业科学院蔬菜所要从保加利亚引进价值二百五十万美元的九十亩温室的全套设备就是一个例子。这类问题，不仅中国农科院有，如果检查一下，估计其他单位也可能存在。当前，我们的国家底子薄，财政经济收入还不高，必须集中财力、物力用到四化建设最需要的地方去。为了珍惜国家有限的财力，我建议，凡引进国外先进仪器或设备，都应该是必要的、急需的，防止盲目引进，贪大求洋，大手大脚花钱。同时，在决定是否引进时，应该充分考虑有关科学工作者的意见，党政领导不要包办代替。当否，请考虑。附上杨显东等同志给士廉、朱荣、何康同志的建议书。（金善宝：《建议农业部领导谨慎进口大型温室设备》，1980 年 4 月 14 日）

4 月，云南大学教授、昆虫专家曹诚一寄来照片，慰问金师及师母。

资料（照片） 曹诚一自摄照并记录。（见图 255、图 256）

图 255

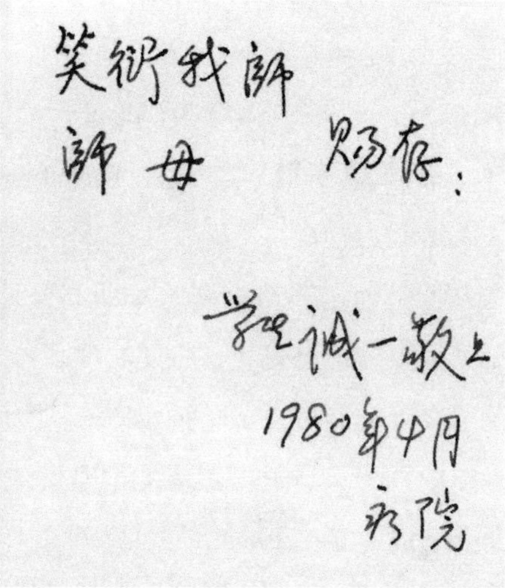

笑衍我師
師母 賜存：

学生诚一敬上
1980年4月
[illegible]

图 256

是月，美籍华人、著名昆虫学家欧世璜来京。

资料(照片)　众人合影，左起吴福桢、凌立、金善宝、欧世璜、欧夫人。(见图 257)

图 257

5月，被聘为国家科学技术委员会自然科学奖励委员会委员。

资料(证件)　金善宝被聘为国家科学技术委员会自然科学奖励委员会委员的聘书。(见图258)

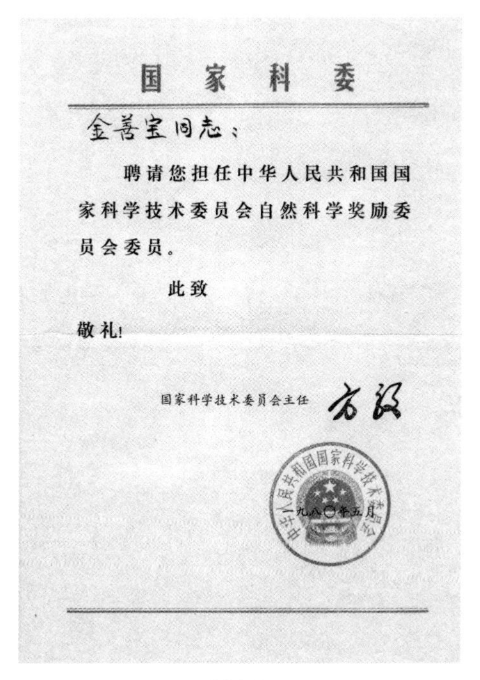
国家科委

金善宝同志：

聘请您担任中华人民共和国国家科学技术委员会自然科学奖励委员会委员。

此致

敬礼！

国家科学技术委员会主任 方毅

一九八〇年五月

图258

6月，接山东莱阳大面积小麦高产的喜报，与农科院副院长贺致平立即赶往胶东半岛，考察丰收小麦的长势。

资料一(传记)　1980年6月，金老刚从呼和浩特、集宁、丰镇和雁北地区考察小麦归来，还没来得及休息，又突然接到山东省莱阳县良种场的邀请电报，电报称，大面积小麦亩产突破千斤。小麦一直被称作是低产作物，大面积亩产上千斤，这是个破天荒的纪录，对于一辈子从事小麦研究的金老来说，这真是一个天大的喜讯。他控制不住内心的激动，为了弄清楚千斤麦的真实情况，立即带领助手们，风尘仆仆地踏上了开往济南的夜车。从济南到位于胶东半岛的莱阳县有350多公里，为了能在沿途多参观学习一些小麦高产的经验，他提出改变原订的旅程计划，不乘火车，改乘汽车前往。

一路上，他不顾疲劳，边赶路，边参观学习，认真听取各地小麦经验介绍，马不停蹄地奔波在胶东大地上，如饥似渴地向胶东人民学习，把这些宝贵经验点点滴滴地汇集在中国小麦育种和栽培科学的宝库中。（孟美怡：《金善宝》，第198页）

资料二（照片） 金善宝（左一）和贺致平（左四）等人在山东莱阳考察丰收小麦的长势。（见图259）

图259

资料三（照片） 金善宝（左二）和贺致平（右一）在山东莱阳考察小麦长势。（见图260）

8月11日，《中国新闻社》发表《小麦专家金善宝教授》一文。

资料（报道） 在火热的阳光下，一个头戴草帽的老年人站在北京郊区的麦地里，凝视着一株株麦穗，时时跟麦行间几个三四十岁的人交谈着。天空飘来一片云彩挡住了太阳，老人摘下草帽当扇子；露出满头银丝，在清风中飘拂，闪闪发亮。他尽管两颊消瘦，但脸色红润；那两道透过镜片的炯炯目光，总是在探索着、永不疲倦地探索着什么……这就是我最近访问八十五岁高龄的著名的小麦专家、中国农业科学院院长金善宝教授时，他给我的第一印象。他是中国用现代科学方法培育小麦良种的开创者之一，他选育的

图 260

南大二四一九等小麦良种，曾在十三个省区广泛使用。早在 1928 年，他发表的《中国小麦分类之初步》，是反映小麦种类的第一篇科学文献。他 1934 年的著作《实用小麦论》是中国第一部联系实际的小麦学的大学课本，他 1943 年发表的论文《中国小麦区域》，为中国小麦的生态区划奠立了基础。……他征集了全国各地的地方小麦品种……对中国固有的小麦品种资源进行了系统研究，于 1957 年发表了著名论文《中国小麦之种类及其分布》，并从中发现了为中国所独有的云南小麦新种。他 1961 年主编的《中国小麦栽培学》和 1964 年主编的《中国小麦品种志》，是中国同类著作中内容最丰富的理论著作。目前，他正在主编着一部六十万字的新书：《中国小麦品种及其系谱》。这位把毕生精力贡献给祖国和人民的教授常常说："中国有句古话，'民以食为天'。如何让人民吃饱吃好，每一个中国人都有自己的责任；我们农业科学家更负有重大责任！"

"民以食为天"

1895 年，金善宝出生于华东浙江省诸暨县农村，旧中国被侵略、被奴役、哀鸿遍地、民不聊生的悲惨现实，深深地印在这位少年的心里。

二十三岁那年，他考上了南京高等师范农业专修科。毕业，留在校办小麦试验场当技术员。第一次拿到薪水时，他想起自己村里连一所小学也没有。于是此后,他把自己薪水的一部分按月寄了回去,给村子里办起了第一所小学。

1930年秋,他去美国,先后在康奈尔大学研究院和明尼苏达大学研究院专攻农业。1932年冬天,他抱着使祖国独立富强的愿望回国。先后在浙江大学、南京中央大学任教。他决心自己培育小麦良种。为此,他继续进行1925年就已开始的搜集全国各地小麦品种的工作。到1934年,他终于从搜集到的全国七百九十个县的农家小麦品种中,鉴定和培育出了江东门、武进无芒、南京赤壳等良种,在一些地方推广使用。

1937年抗战全面爆发后,金教授只身随同中央大学迁去四川重庆。当时条件十分困难。他和森林系梁希教授合住一间房子;房子小到仅能放下两张单人床和一张小条桌。小条桌只有两个抽屉,他跟梁教授各用一个。科研经费、设备就更谈不上了。即使在这种情况下,金教授也没有放松他的小麦研究。他多次带领助教、学生下乡考察,并经过艰苦努力,从引进的三千多个国外小麦品种中,又选育出了适合于在中国栽培的南大二四一九和矮立多两个好品种。但是,国民党政府对推广良种的建议不予理睬,他就把种子交给了中国共产党设在重庆的新华日报社,请报社转到当时中共中央所在地延安去。过了些日子,中共驻重庆代表周恩来的夫人邓颖超(现任全国人大常委会副委员长)亲自告诉他:“延安已经收到了你的种子!”金教授听了非常高兴,他从两个政权的对比中开始觉得拯救中国的希望在延安。

从此,金教授常常和其他教授一起,去会见周恩来,聆听周恩来对时局的精辟分析。一九四五年八月二十八日,为了跟国民党商讨国共合作问题,中共中央主席毛泽东从延安飞到了重庆。有一天,金教授和其他几位知名的教授,被邀请到嘉陵江畔的国民党爱国将领张治中公馆……会见了毛主席。毛主席问他对时局有什么看法。金教授恳切地说:“打仗是难免的,我们担心毛先生的安全;这重庆是虎狼之地,不可久留!”

科研新天地

一九四九年新中国的诞生,为金教授的科研工作开辟了广阔的天地,就在这一年,华东和长江流域有一亿亩农田受到水灾,金教授废寝忘食地研究对策,提出了多种马铃薯和移植冬小麦以度次年春荒的意见。他的意见很快得到了人民政府的重视。当时农民不会也不相信冬小麦能移植,他就亲自在南京郊区给农民作示范,终于使这一措施迅速推广。金教授选育出来的良种南大二四一九,迅速在南方各省得到推广。到五十年代末期,这个良种的种植总面积曾经达到近五百万公顷,成为中国作物引种成功的范例。

五十年代后期,金教授调来北京中国农业科学院,在担任繁忙的领导工作的同时,他一直亲自主持小麦的育种工作,带领助手们先后育出"京红"一号至九号等良种和一些新品系。现在,京红号推广面积已达六万公顷,并正在继续扩展中。

目前,金教授的助手是年龄从三十八岁到四十五岁的六位助理研究员,在他的指导下,助手们不但继续做着选育京红号的实验,而且还做着品质育种和远缘杂交育种两个课题的研究。国家拨给他一点七五公顷试验地和每年人民币两万元研究费。试验地离他家约两公里,他每天都要往地里跑两趟,今年六月的一天,夜里下了一场暴风雨。第二天清早,老人不顾泥泞,穿上雨靴下地了。回到家里,他高兴地对八十岁的老伴说:"经过这场暴风雨,我们培育的小麦品种在抗倒伏性能上又经受了一场考验!"他老伴说:"你这么大年纪了,为什么还是天天跑去看你的麦子?"他回答道:"小外孙寄托在邻居家里,没灾没病的,你干吗要老跑去看他呢?"原来老教授的小女儿在北京铁道科学院当工程师(他的长女在四川成都科技大学当副教授,儿子在上海交通大学当讲师),就住在他家隔壁,老太太喜爱小外孙,一天去看几趟,所以老教授一说,老太太也笑起来了。

不断开辟新的领域

育种工作的周期很长,从培育到能在生产上推广,需要十年左右时间。"人生几何? 十年时间实在太长!"金教授常常这样叹息,他着手探索这样一个问题:中国土地广大,自然条件十分复杂,气候、日照、雨水情况差异甚大;如果充分利用自然条件的多样性,实行异地加代繁育,岂不就可以加速育种工作的进程?

一九六五年,他带领他的学生吴兆苏教授(现任南京农学院农艺系主任)、沈丽娟教授(女,现任南京农学院科研部主任),跋山涉水到南方的安徽黄山、江西庐山等地去考察,以寻找适合加代繁育良种试验的好地方。第二年，他带领助手们，先在北京播种春小麦良种的第一代，六月下旬收获后，七月中旬到庐山去播种繁育，在九月下旬第二代良种就问世了。以后，又把种子带到亚热带的海南岛和云南，繁育成功第三代。这一异地多代繁育良种成了中国小麦加代繁育的有效措施之一，推动了各种作物利用不同地理条件进行异地加代繁育工作的蓬勃发展，大大缩短了作物育种的周期。七十岁在中国一直称作“古稀之年”。金教授年逾古稀而工作热情不亚青年。去年一年里，他从北京去安徽合肥、河南郑州、山西大同各一次，去浙江杭州两次，往返旅程合计达一万零九百公里。今年头半年他又在山东省跑了许多地方，同农业科学工作者和农民进行多次座谈，总结他们在盐碱地里获得小麦高产的经验。

桃李满天下

中国素以“桃李满天下”的话，来赞誉一位教师培养出了很多有才华的学生。金教授正是这样。他从事小麦研究和教学到现在六十年了，他培养出来的学生和助手数以千计，他早期的学生，大部分都在大陆，也有的在台湾。

金教授经常启发学生和助手们时刻注意到从中国的实际，从人民的需要出发来考虑研究工作的方向。这是极为可贵的指导。一次，在试验地里，助手们谈到了国外育种工作强调矮秆，言外之意是我们也应该发展矮秆品种。金教授说：“我们国家大，农民现在还比较贫困，他们需要麦秆作燃料，搞编织副业。麦秆还可以用来造纸，用途很大，我们培育良种要从人民的实际需要出发。只要秆子高到不易倒伏的高就行了，不要过分强调矮秆。”

在今年小麦抽穗扬花季节，一天，他在田间看到助手们做杂交授粉时遗弃了不少大穗型麦穗，他立即把助手们召唤拢来，在地头开个小会。老教授说：“有的同志看到大穗型麦种在北京地区晚熟早衰，就不愿做这些品种的杂交了。但是，我们祖国幅员宽广。西北的青海省和甘肃省，以及其他麦区，气候比较寒冷，正需要大穗型的麦种呢！我们的育种工作，不能只看到一个局部地区，要看到全中国！”

金教授不仅自己有许多学生，他的学生又有了学生……今年年初，他邀请全国六十多位小麦专家，在北京开会讨论由他主编的《中国小麦品种及其系谱》的部分初稿时，参加者有不少就是他从二十年代到五十年代各个时期的学生，还有他的学生的学生。讨论会结束时，几代师生同堂欢宴，共祝金教授健康长寿。（沈苏儒、彭先初：《小麦专家金善宝教授》，《中国新闻社》1980 年第 12 期，第 1—4 页）

8 月 30 日—9 月 10 日，出席第五届全国人民代表大会第三次会议。

资料（证件） 代表证。（见图 261）

图 261

9 月 5 日，在《中国主要农作物栽培学》编写工作座谈会上发言。

资料（手稿） 发言指出，我国农业历史悠久，在长达一万年的生产实践中积累了丰富的经验，形成了我国独有的精耕细作的优良传统；历史上有关农业的记载有 470 多种。中华人民共和国成立后各地创造了多种多样、实行用地和养地相结合的种植方式，开展了作物高产的生理、生态、土肥、植保、光能利用等综合研究，从而发展和丰富了作物栽培科学。为此，总结这些新经验、新理论，重新编写一套作物栽培科学理论著作是十分必要的。（金善宝：《在〈中国主要农作物栽培学〉编写工作座谈会上的发言》，1980 年 9 月 5 日）

11 月 24 日，在全国作物栽培科学讨论会上讲话。

资料(手稿) 首先声讨了“四人帮”摧残农业科学的罪行,阐述了这次会议的目的是要通过论文讨论、学术交流,认真总结我国作物栽培研究的成就、经验和教训,探讨在农业现代化过程中,作物栽培研究的理论基础、研究对象和方法手段,使作物栽培这门直接服务于生产的学科,在恢复、发展我国农业生产和实现农业现代化中发挥更加突出的作用。(金善宝:《在全国作物栽培科学讨论会上的讲话》,1980 年 11 月 24 日)

12 月,参加全国植物线虫讲习班结业典礼。

资料(照片) 金善宝(右)在全国植物线虫讲习班上留影。(见图 262)

图 262

是年,南大 2419 在全国种植面积仍有 300 万亩左右,为我国小麦育种一个重要的骨干亲本材料。

资料一(著作) 在二十世纪六十年代中期以后,种植面积开始缩小。主要原因是小麦生产条件不断改善,施肥水平和生产水平日益提高,对小麦品种要求高产、多抗、早熟等更加迫切,而本品种存在不能耐肥高产,秆高、易倒,赤霉病较重,易在穗上发芽,熟期不太早等缺点,不能适应生产发展的需要,因此逐步被新育成的良种所代替。据 1980 年统计,全国共有 300 万亩左右。本品种在我国小麦育种上,可利用其适应性广、丰产性好、抗条锈、配合力好等优点,作为亲本利用,近十多年来具有南大 2419 的血缘选育成一批优良新品种,并在生产上已经大量推广。如辐射育成的鄂麦 6 号(湖北),系统选育的万年 2 号(江西)、望麦 15(江苏)、云南 778、内乡 19(河南),杂交育成的荆州 1 号(湖北)、南农大黑芒(江苏)、湘麦 1 号(湖南)、华麦 7 号(湖北)、阜阳 4 号(安徽)和安徽 3 号等 50 个新品种,在长江中下游冬麦区已推广 2 560 多万亩。在全国用本品种育成的小麦新品种总计 101 个。本品种已成为我国小麦育种上的一个重要骨干亲本材料。(金善宝、刘定安主编:《中国小麦品种志(1962—1982)》,第 224 页)

老科学家学术成长资料采集工程
老科学家资料长编丛书

金善宝资料长编

下卷

金作怡 高 俊 编著

1895年
7月2日诞生

1926年
从东南大学
农艺系毕业

1928年
发表中国第一部小麦分类文献
《中国小麦分类之初步》

1933年
完成美国的学业
回国

1934年
出版中国第一本小麦专著
《实用小麦论》

1955年
被聘为中国科学院
生物学地学部委员

1978年
南大2419、京红号小麦
获全国科学大会重大科技成果奖

上海交通大學出版社
SHANGHAI JIAO TONG UNIVERSITY PRESS

1981年　　87岁

1月，《中国建设》英文版(*China Reconctructs*)报道了他的事迹。

资料(报道)　英文版《中国建设》介绍了金善宝的事迹。(Peng Xianchu, He Helps in Feed Millions, in *China Reconctructs*, 1981, pp.27－28)

2月25日，发表《八五老翁思故里》。

资料(文章)　作者叙述1962、1979年两次回故乡浙江诸暨的所见所闻，相信故乡人民一定能在实现农业现代化中不断作出新贡献。(金善宝:《八五老翁思故里》,《浙江日报》1981年2月25日第3版)

2月，发表《加强农业生物学研究 促进农业现代化》。

资料(文章)　作者叙述了研究农业生物学的任务、目的，认为最主要的是，能动地按照人类的需要去支配它，改造它，使它更有益于人类。如杂交水稻的育成和推广、异源八倍体小黑麦的人工合成并在高寒山区的推广等，都是在较为深入的研究了这些作物的生物学特性的基础上，采取了相应的育种技术而获得的现代农业科学成就。(金善宝:《加强农业生物学研究 促进农业现代化》,《生物学通报》1981年第2期，第1页)

4月10日，鼓励春麦室成员在研究中多方探索。

资料(其他)　我们是搞春小麦育种的，一年一代觉得太慢了，发展到一年两代、三代，期望早一点出品种。这几年的经验是，一年三代要经过高山夏播……做了几年，选到好的东西不多，这与选择有关，只是好的要，不好的不要不行。看来一年两代比较好。元谋这个地点还是比较好的，问题是，在元谋好的，到北京不见了。选择面要宽一些，两地气候条件不同，抽穗到成熟相差很大，在南方好的，仍要拿到那边去；同样，在北京也应这样。这方面的经验要总结一下。采用冬春麦杂交是好的，也可以和搞冬麦的合作。与外面协作是必要的,但大单位不好,小单位为好。快成熟时一定要去看,新疆那里今年还是要去看看,如果我身体好也去看看。像这样的单位要抓住。有的单位要几万斤种子,要想法繁殖。我们的目的是育成新的品种能在生产上应用。品比的对照用“墨他”不太好,每年总在末位。用什么品种为好?区试为什么不进行了?繁殖种子可否在附近公社进行,可以补贴。要做好一个计划,什么人到什么地方去。要了解情况,去人他们也会更重视。……品质育种与分析室合作,成绩是双方的,一个院的,要什么钱?药品费你分析室可以做预算嘛!有余力也应搞些提高的、理论性的工作,如大小麦杂交。英国1920年左右出版的书中就已记载有大小麦杂交工作。我认为可以试一下。“文化大革命”前南京小麦室,我就主张他们搞过;杜振华工作时,我也让他试做过。我们是想把大麦的早熟性转移到小麦上来,但我看在北京的大麦成熟期并不比小麦早。木原均做山羊草的核置换工作许多年了,遗传所在做孤雌生殖的研究……只要能改进小麦的工作都可以试试,但仅仅是探索性的。杂交还是在温室做好。在做杂交时要集中全力去做,要多做组合,机会就多了。我的意见能做到1 000多个,做时人要多,从青年中训练十几个人来做。杂交方法,浙江有用电子计算机选配组合的。(金善宝:《在春麦室开会时的发言》,1981年4月10日)

4月17日,发表《科学实验一定要实事求是》。

资料(文章) 就4月7日记者关于《马铃薯生产技术实现重大突破》的报道发表评述,强调科学实验一定要实事求是,决不能言过其实。(金善宝、方悴农:《科学实验一定要实事求是》,《人民日报》1981年4月17日第4版)

春,原小麦品种室所育宁麦3号在江苏省推广已达216万亩。

资料(著作) 1979年双三熟制面积缩小,宁麦3号的种植面积迅速扩大到120万亩左右,据1981年统计,江苏省推广面积已达216万亩,目前主要分布在镇江、苏州、淮阴、南通等地区及南京市郊县;上海市松江、青浦等县,已有2万亩;在安徽省滁县地区有30多万亩;浙江省杭嘉湖地区也有一定种植面积,今后尚有进一步扩大的趋势。(金善宝、刘定安主编:《中国小麦品种志(1962—1982)》,第245—246页)

6 月 24 日，发表《社会主义赋予农业科学新的生命》。

资料（文章） 作者以自己的工作经历，回忆了我国农业科学事业的发展变化，用众多具体事例说明，只有在中国共产党的领导下，才能更快地发展我国的农业生产和农业科学事业，社会主义赋予农业科学新的生命。（金善宝：《社会主义赋予农业科学新的生命》，《光明日报》1981 年 6 月 24 日第 2 版）

6 月 25 日，致信中央领导，为河南省小麦生产献良策。

资料（信件） 金善宝致信中央领导，为河南省小麦生产献良策。（金善宝：《就河南小麦一事给方毅、万里、林乎加的信》，1981 年 6 月 25 日，见图 263－1 至图 263－5）

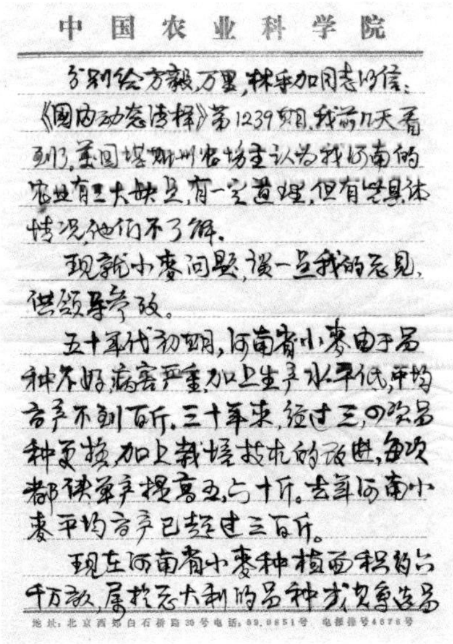

中国农业科学院

分别给方毅、万里、林乎加同志的信：

《国内动态清样》第1239期，我前几天看到了，美国堪萨斯州农场主认为我河南的农业有三大缺点，有一定道理，但有些具体情况他们不了解。

现就小麦问题，谈一点我的意见，供领导参考。

五十年代初期，河南省小麦由于品种不好，病害严重，加上生产水平低，平均亩产不到百斤。三十年来，经过三、四次品种更换，加上栽培技术的改进，每次都使单产提高五、六十斤。去年河南小麦平均亩产已超过三百斤。

现在河南省小麦种植面积约六千万亩，属于意大利的品种有阿夫等品

地址：北京西郊白石桥路30号电话：89.9851号 电报挂号4876号

图 263－1

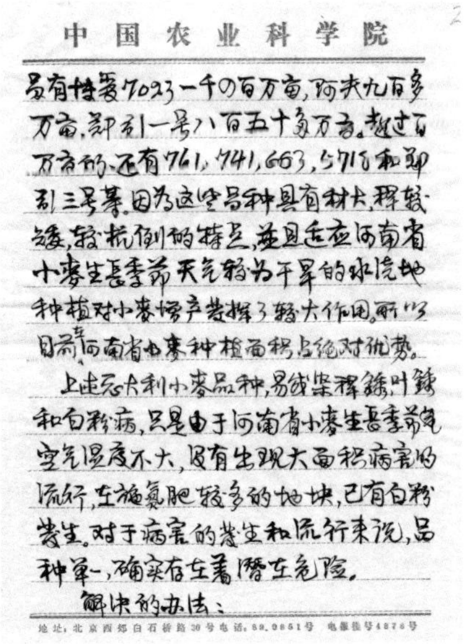

2

中国农业科学院

种有博爱7023一千四百万亩，阿夫九百多万亩，郑引一号八百五十多万亩。超过百万亩的还有741、741、663、5718和郑引三号等。因为这些品种具有穗大、秆较矮，较抗倒的特点，并且适应河南省小麦生长季节天气较为干旱的环境地种植，对小麦增产发挥了较大作用。所以目前在河南省小麦种植面积占绝对优势。

上述意大利小麦品种，易感条锈叶锈和白粉病，只是由于河南省小麦生长季节空气湿度不大，没有出现大面积病害的流行，在施氮肥较多的地块，已有白粉发生。对于病害的发生和流行来说，品种单一，确实存在着潜在危险。

解决的办法：

地址：北京西郊白石桥路30号电话：89.9851号 电报挂号4876号

图 263－2

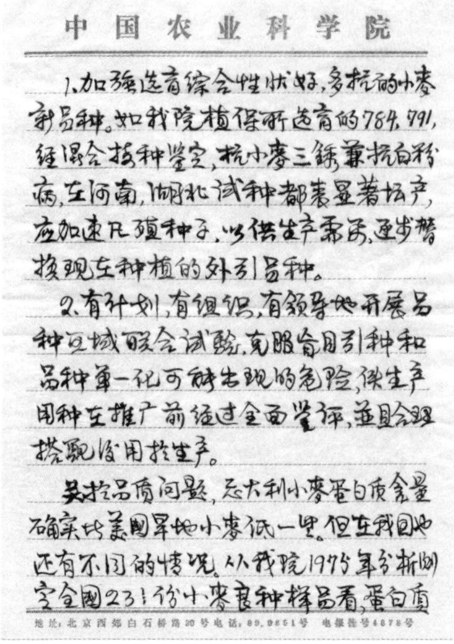

中国农业科学院

1.加强选育综合性状好，多抗的小麦新品种。如我院植保所选育的784、791，经混合接种鉴定，抗小麦三锈兼抗白粉病，在河南、湖北试种都表现显著增产，应加速繁殖种子，以供生产需要，逐步替换现在种植的外引品种。

2.有计划、有组织、有领导地开展品种区域联合试验，克服盲目引种和品种单一化可能出现的危险，使生产用种在推广前经过全面鉴评，并且合理搭配使用于生产。

关于品质问题，意大利小麦蛋白质含量确实比美国旱地小麦低一些。但在我国也还有不同的情况。从我院1975年分析测定全国2231份小麦良种样品看，蛋白质

地址：北京西郊白石桥路30号电话：89.0851号　电报挂号4878号

图 263－3

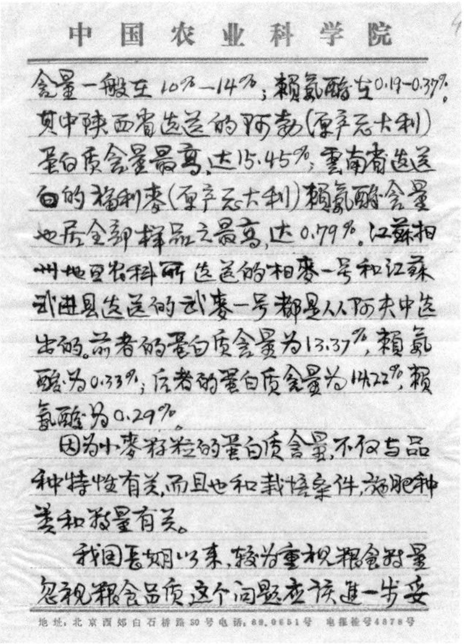

中国农业科学院

含量一般在10%—14%；赖氨酸在0.19—0.37%。其中陕西省选送的阿勃（原产意大利）蛋白质含量最高，达15.45%；云南省选送的福利麦（原产意大利）赖氨酸含量也居全部样品之最高，达0.79%。江苏扬州地区农科所选送的扬麦一号和江苏武进县选送的武麦一号都是从阿夫中选出的。前者的蛋白质含量为13.37%，赖氨酸为0.33%；后者的蛋白质含量为14.22%，赖氨酸为0.29%。

因为小麦籽粒的蛋白质含量，不仅与品种特性有关，而且也和栽培条件、施肥种类和数量有关。

我国长期以来，较为重视粮食数量，忽视粮食品质，这个问题应该进一步妥

地址：北京西郊白石桥路30号电话：89.0851号　电报挂号4878号

图 263－4

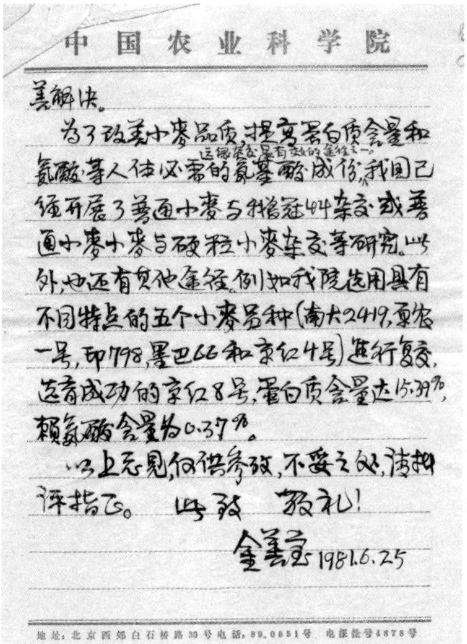

中国农业科学院

善解决。

为了改善小麦品质，提高蛋白质含量和氨酸等人体必需的氨基酸成份，远缘杂交是有效的途径之一。我国已经开展了普通小麦与[illegible]44杂交，或普通小麦与硬粒小麦杂交等研究。此外，也还有其他途径。例如我院选用具有不同特点的五个小麦品种（南大2419、京农一号、印798、墨巴66和京红4号）进行复交，选育成功的京红8号，蛋白质含量达15.39%，赖氨酸含量为0.37%。

以上意见，仅供参考，不妥之处，请批评指正。　此致　敬礼！

金善宝 1981.6.25

地址：北京西郊白石桥路30号电话：89.0851号　电报挂号4878号

图 263－5

8月16—22日，出席全国太谷核不育小麦科研协作大会，鼎力支持归侨学者邓景扬的太谷核不育小麦研究，博得方毅的赞扬。

资料一(口述) 1978 年 7 月,从事作物生理研究的邓景扬博士,随作物所回到中国农业科学院后,两次向金善宝院长汇报他的太谷核不育小麦研究的进展,金老也亲自到他的试验地和温室里细心地观察过,对其研究方法和技术路线给予肯定。经细胞学观察,其染色体没有异常现象。邓景扬把分离出的可育株与多种普通小麦进行正反交,其后代中也没有出现不育株。1979 年得到了明确的鉴定结果:这株小麦的不育性是受控于一个显性雄性核不育基因,他把这株小麦命名为"太谷核不育小麦"。经查阅大量资料后,认为太谷核不育小麦是世界禾本科作物中第一次被发现的突变体,它可以作为小麦育种的工具,应用它提高现行杂交方法,是一项投资省、产出多、质量好、效益大的小麦育种新技术。然而,邓景扬对太谷核不育小麦的鉴定研究结果和在小麦育种应用方面的设想,虽然在国外引起了几位著名学者、专家的重视,当时国内有关学术界并非完全赞同。为此,金善宝院长着重强调:我认为,在世界上,中国人第一次发现显性雄性核不育小麦突变体,应该在中国第一流的科学刊物上正式发表为宜;以院研究生院院长的名义,批准邓景扬招收六名研究生协助深入研究;并和方悴农一起,多方向国家科委、原农业部汇报,终于得到了主持国家科委工作的方毅副总理,农委副主任、原农业部副部长何康和朱荣,以及院、所领导的大力支持。1981 年 8 月 16—22 日,在北京科学会堂召开了方毅副总理出席并讲话的全国太谷核不育小麦科研协作大会。这次会议,组织起 23 个省市、44 个单位 120 名科研人员参加的全国协作队伍。原农业部拨专款为其研究工作急需修建了温室,为加强和深入研究工作提供保障。由于国家科委、原农业部的直接支持,党和国家领导人邓小平等都有相应批示,内参上也有相应报道。物理学家杨振宁也对太谷核不育小麦有赞誉性的评价。因此,工作进展较顺利,除邓景扬亲自选出轮抗 6 号和轮抗 7 号抗盐碱小麦品种外,他的研究生刘秉华 1986 年在《中国科学》上正式发表了太谷核不育小麦的基因定位观点。基因定位明确后,刘秉华又以矮变 1 号小麦为标记性状,将其转育成矮败小麦,保持了太谷核不育小麦的优点,克服了它的不足。经他们十年的奋力工作,矮败小麦群体改良的成果显著,抗倒、抗病、产量、品质和熟期的改良指标都得到了提升。从其轮选群体中选获的轮选 981,矮秆、大穗、抗病、品质优、熟期中等偏早,推广前景广阔。由于在全国小麦育种中应用广泛且成效喜人,矮败小麦曾被推荐获国家科技进步特等奖。至2008年,全国利用矮败育成优良品种,通过省级以上审定的已达42个,在生产上作出了突出贡献。2010年矮败小麦正式获得国家科技进步一等奖,位居农业奖项前列。如今,金善宝院长鼎力支持的太谷核不育小麦研究、邓景扬博士用心血浇灌的太谷核不育小麦,已在中华大地结出累累硕果。(《吴景锋访谈》,2017年4月28日)

资料二(照片) 与太古核不育专家邓景扬、黄泳沂夫妇在农科院主楼前合影。(见图264)

图264

8月23—26日,去北戴河参加鉴26小麦良种推广工作座谈会。

资料一(照片) 金善宝去北戴河参加鉴26小麦推广会途中留影(左起:吴凤林、梁勇、金善宝、李登春)。(见图265)

资料二(照片) 金善宝(前排右八)参加鉴26小麦良种推广工作座谈会留影。(见图266)

资料三(照片) 金善宝(左二)、梁勇(左一)等在山海关留影。(见图267)

图 265

图 266

图 267

9月25日，在科学技术委员会第三次会议上讲话。

资料(手稿) 认为两年来的实践，证明了农业发展"一靠政策、二靠科学"的伟大决策抓住了发展我国农业生产的关键。靠政策解决了生产关系问题，调动了广大农民的生产积极性；靠科学解决了生产技术问题，用科学技术的力量，加速农业生产的发展。二者相互渗透、相互推动、相互制约。当前，一个群众性的学科学、用科学的热潮正在广大农村兴起，为此，我们农业科技工作者必须根据新形势的特点，制订我们的工作规划，加快农牧业生产的发展。(金善宝：《在科学技术委员会第三次会议上的讲话》，1981年9月25日)

9月，接待意大利农业代表团，参加中意两国农业科技协作签字仪式。

资料一(传记) 1981年9月，他代表中国农业科学院与意大利农业研究委员会签订的"中意两国农业技术合作协议"，合同期5年，合同期满无特殊情况，继续生效。20多年来，双方合作良好，对促进中国农业科学技术现代化起到了很好的作用。(杜振华等：《百年耕耘——金善宝传》，第274页)

资料二(照片) 金善宝参加中、意两国为农业科技合作举办的签字仪式。(见图268)

图268

10月10日，回复国务院科技干部局征求意见的信。

资料(信件) 国务院科学技术干部局：10月6日信收悉。关于如何充分发挥中青年科技人员作用的问题，就我所了解的，提出几点不成熟的意见，仅供参考。1. 中青年科技干部，目前在研究单位都是承上启下的中坚力量，在需要相当体力劳动的农业科研单位更是如此。一般年龄在 50 岁上下的，在十年动乱前多为科研九级以上，这次多数又都晋升一级，相当一部分负有行政职务，关键是发挥业务上的专长，使他们真正独立发挥工作上的引领作用。一般 40～50 岁的，都有 20 年左右的工龄。正属年富力强。但由于 14 年工资未调，多数是七七年或七九年晋升一级或二级，目前多数为 12 级，少数为 11 级，10 级的则是更少些。他们上赡父母，下抚子女，经济负担较重，住房拥挤，学习条件差；有一部分人夫妻两地分居，对他们，关键是解决一些实际问题，解除后顾之忧，使其能迅速将主要精力投入科研工作。40 岁以下的科研人员，有一部分也存在上述问题；有一部分则是工作安排、专业对口和业务水平提高的问题。2. 科技人员的管理，主要依靠所在的研究室的了解和考核更为实际些，可以考虑允许老科学家自选助手，领导批准的办法。有利于研究工作的密切配合，也有利于老科学家更主动发挥传、帮、带的作用。3. 中青年科技人员，由于历史原因，一般存在着外语基础差、操作仪器的技能较为生疏等弱点，应根据工作需要，从实际出发，密切结合当前从事的工作，有计划地组织专业进修，创造实际应用和操作条件等，加以弥补。（金善宝：《回复国务院科技干部局“关于如何充分发挥中青年科技人员作用问题”的信》，1981 年 10 月 10 日）

10 月 23 日，发表《民以食为天》一文。

资料（文章） 作者就联合国粮农组织把 10 月 16 日定为世界粮食日发表感言。认为具有悠久历史的中华民族“以农立国”著称于世。中国有句古话：“国以农为本，民以食为天。”我国人口九亿七千多万，幅员 960 万平方公里，15 亿亩耕地。这就是说，在占世界百分之七的耕地面积的国度里，养活了世界上近四分之一的人口，这是一件了不起的大事！粮食生产不仅是生产周期长的自然再生产过程，而且是需要有长远计划和周密管理制度的经济再生产过程。它的研究领域直接或间接涉及许多学科，如自然资源的合理利用，农田基本建设、水土保持和水利设施，改良品种、耕作栽培、植物保护、农业机械、农业气象等等，只有运用好各门农业科学技术，人为地协调平衡，才能使其变为有效的生产力，发挥增产粮食的作用。在粮食生产中，各种农业技术措施是外因。对植物的外部形态、内部代谢类型等特点具有潜在能起遗传作用的，直接用于生产的，主要是种子(还有块根、块茎、枝条等)。因此，改良品种是粮食作物生产中最重要、最有效、最经济的技术措施……今后，我们要充分利用优良的育种材料，发挥各种育种方法之所长，互相补充，提高效率，缩短育种工作周期，使新的优良品种不断用于生产。在我国，扩大耕地面积虽然还有一定潜力，但已不是很大。为了保持农业的生态平衡，决不能再乱垦乱伐了。从长远看，提高单位面积产量是解决粮食问题最重要的途径。我国现有耕地中，高产、稳产田，只占五分之一强，大面积的中产、低产田应是今后增产粮食的主攻方向。在改良低产田时，要十分重视增施有机肥料，种植解磷能力强、含钾量高的绿肥……发展农业，"一靠政策、二靠科学"。农业科学工作者要适应新形势的发展，积极开展农业科学技术研究，为解决当前农业生产中的问题服务，为农业现代化建设服务，为中国和世界增产粮食作出贡献。(金善宝:《民以食为天》，《光明日报》1981 年 10 月 23 日第 3 版)

11 月 29 日，致信宋任穷，表示引退后仍然一如既往。

资料(信件) 宋部长：您好！在党的亲切关怀下，我于 1958 年来中国农科院工作，至今已有二十余年，为我国的农业科学贡献了一点微薄的力量。现在我的年岁已高，组织上决定让我引退，并于我名誉院长的职务，这是党对我的再一次关怀，我向党表示衷心的感谢！……我虽然引退了，但我的生命是和祖国的农业科学联系在一起的。今后，我仍将一如既往，积极关注祖国农业科学的发展，并为之做一些有益的工作。(金善宝:《给宋部长的信》，1981 年 11 月 29 日)

12 月 9 日，宋任穷复信。

资料(信件) 宋任穷复信，商讨农科院领导班子的组成问题，勉励金善宝做出新贡献。(宋任穷:《给金善宝同志的复信》，1981 年 12 月 9 日，见图 269 - 1 至图 269 - 3)

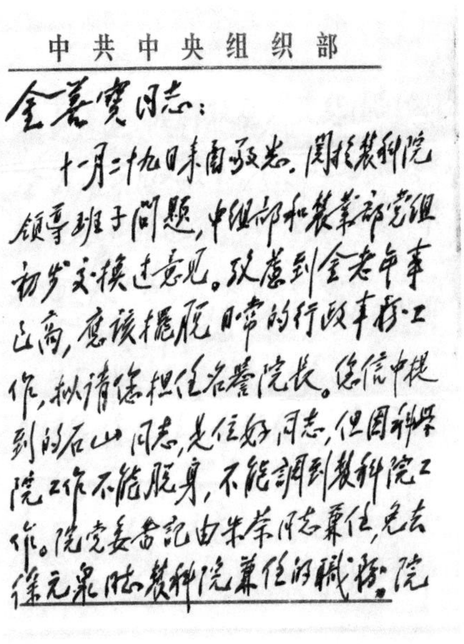

中共中央组织部

金善宝同志：

十月二十九日来函敬悉。关于农科院领导班子问题，中组部和农业部党组初步交换过意见。考虑到金老年事已高，应该摆脱日常的行政事务工作，拟请您担任名誉院长。您信中提到的石山同志，是位好同志，但因科学院工作不能脱身，不能调到农科院工作。院党委书记由朱荣同志兼任，免去徐元泉的农科院兼任的职务。院

图 269 - 1

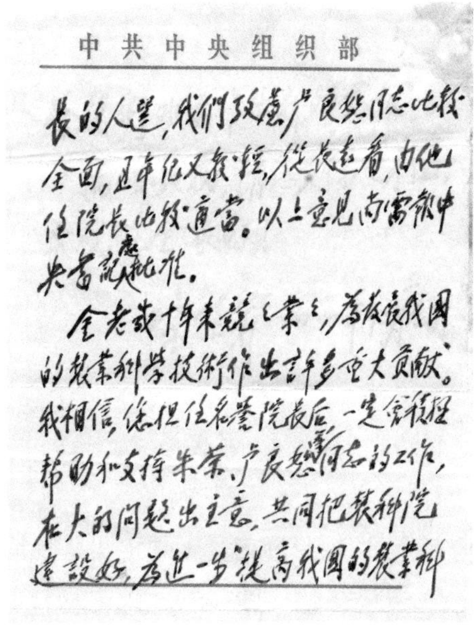

中共中央组织部

长的人选，我们考虑卢良恕同志比较全面，且年纪又较轻，从长远看，由他任院长比较适当。以上意见尚需报中央书记处批准。

金老几十年来兢兢业业，为发展我国的农业科学技术作出许多重大贡献。我相信，您担任名誉院长后，一定会积极帮助和支持朱荣、卢良恕同志的工作，在大的问题出主意，共同把农科院建设好，为进一步提高我国的农业科

图 269 - 2

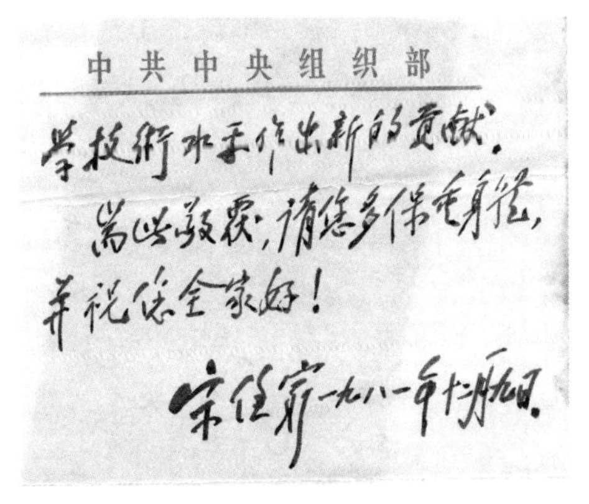

中共中央组织部

学技术水平作出新的贡献。

専此敬覆，请您多保重身体，

并祝您全家好！

宋任穷 一九八一年十一月九日

图 269 - 3

冬，探望杜振华之妻。

资料一(传记) 1981 年冬，我还在云南省元谋县"南繁"时，突然接到一封电报，说我爱人因病住院，让我速回北京，原来是我妻子住进了北大医院的肿瘤科，疑是患了乳腺癌。当时已是 87 岁高龄的金老亲临病房去看望她，使她惊喜不已，激动不已，当皓首苍鬓的金老，伸出温暖的手握着我妻子的手时，她感动得热泪盈眶，心里充满了无限感激之情！金老走后，同室病友

都非常感慨，羡慕我妻子真有福气。（杜振华：《我敬仰的金老》，收入孟美怡《金善宝》，第280页）

资料二（传记） 1981年冬天，一位助手的爱人住了医院。金院长知道后，心里比谁都着急，他不顾自己年事已高，急忙赶往医院看望。病人和家属看到满首皓发的老院长亲临病房，双双感动得热泪盈眶，说不出话来。（史锁达、任志高编：《著名农学家教育家金善宝》，第68页）

1982年　　88岁

1月，接受湖南科学技术出版社的邀请，主编《中国现代农学家传》。

资料一（传记） 1982年年初，湖南科学技术出版社委托金善宝主持编纂《中国现代农学家传》一书，他觉得这是一件十分有意义的工作，欣然接受了这一任务。……他同副主编吴景锋一起讨论了这部传记入选人员的专业范围和基本条件。确定入选人员的专业包括农业、林业的各有关专业，入选人员的条件主要是两条：一是爱祖国、爱人民，二是在农业、林业科学上有卓越建树，治学严谨、联系实际的专家学者。其中特别强调，在日寇侵华期间，凡是丧失民族气节、为日本人做过事的人，不能入选本传记……约稿信发出后，经有关方面推荐，一共收集到120多位农（林）学家的传记材料。历时6年，完成了审稿和定稿工作，先后分两卷出版。列传人中，既有二十年代以来，为祖国农业建设作出了重要贡献、已故和健在的农业科学家、教授，也有目前正在农业战线上担负重任，为建设农业现代化做出新成绩的后起之秀，以其内容涉及农业领域的广度和三分之二世纪的长度，客观上构成了中国现代农业科技和教育史的一个重要部分。对于追溯我国二十世纪二十年代以来农业科技教育发展过程具有重要的参考价值。（孟美怡：《金善宝》，第211—212页）

是月，祝贺《农业科研管理》创刊。

资料（文章） 文章认为，农业科研管理是一门重要的学问。农业现代化，必须以农业科学技术的发展为先导，而农业科学管理是否科学化、现代化,对其发展速度的影响极其重要。《农业科研管理》的创刊,为我们开辟了在这方面总结经验、交流成果、组织协作、提出改革建议的园地。对提高我国农业科研管理水平起到促进作用。(金善宝:《祝贺〈农业科研管理〉创刊》,《农业科研管理》1982 年第 1 期,第 1—2 页)

2 月 15 日,出席全国土壤学术讨论会及中国农学会土壤肥料研究会成立大会。

资料(照片) 全国土壤学术讨论会部分人员(前排左五起:杨显东、金善宝)留影。(见图 270)

图 270

3 月 6 日,出席华南三省区小麦科研协作会,参观并访问广西农科院,讨论其研究方向。

资料一(照片) 华南三省区小麦科研协作十周年纪念会成员(前排左三金善宝、后排左一吴景锋)留影。(见图 271)

资料二(照片) 金善宝在广西农科院室主任以上干部座谈会留影。(见图 272)

图 271

图 272

资料三(照片) 金善宝(中)在广西农科院考察。(见图 273)

图 273

资料四(照片) 金善宝(右)在广西农科院试验田留影。(见图 274)

图 274

4 月 20 日,被聘为《中国农业百科全书》农作物卷编辑委员会主任委员。

资料(证件) 《中国农业百科全书》农作物卷编辑委员会主任委员的聘书。(见图 275)

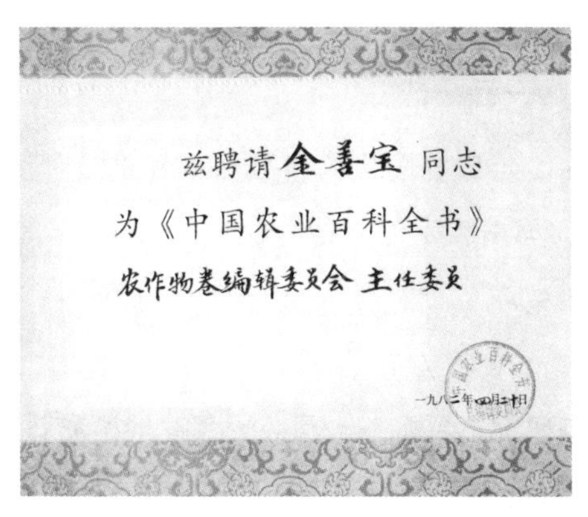

兹聘请金善宝同志
为《中国农业百科全书》
农作物卷编辑委员会 主任委员

一九八二年四月二十日

图 275

4 月 23 日,参加《中国农业百科全书 · 农作物卷》编委会成立大会。

资料(照片) 参加《中国农业百科全书 · 农作物卷》编委会成立大会并

合影(一排：左三卢良恕、右四周承钥、右五金善宝。二排左起：吴景锋、庄巧生、曾道孝,右四李竞雄。三排左五卢浩然、右一陈孝。四排左二王连铮、左四黄佩珉、右四鲍文奎)。(见图 276)

图 276

4 月,被聘为 1982 年度全国优秀科技图书评选工作顾问。

资料(证件) 中国出版工作者协会颁发的 1982 年度全国优秀科技图书评选工作顾问聘书。(见图 277)

5 月,《小麦生态研究》课题在全国不同海拔地区布设了 42 个试验点。

资料(传记) 在他主持下,从 1982—1985 年,在北纬 49°26′至北纬 23°08′,东经 86°34′至东经 127°21′的我国范围内,布设了从海拔 8.9 米至 3836 米的 42 个试验点,以中国农业科学院作物栽培研究所牵头,农业气象研究所配合,组织了全国 41 个农业科研单位和农业院校,开展了三个试验年

图 277

度的小麦生态联合试验。用代表不同类型的 31 个参试品种，按照统一的设计原则，采用分期播种以补充创造不同光温条件的方法，系统调查小麦生长发育过程的有关特性，并联系相应的气象资料，进行整理分析，获得了丰富的试验资料和大量的试验数据，从中提出了一些新观点，揭示了一些共同规律。（孟美怡：《金善宝》，第 187 页）

6 月 25 日，被聘为《中国农业百科全书》总编辑委员会副主任。

资料（证件） 金善宝担任《中国农业百科全书》总编辑委员会副主任的聘书。（见图 278）

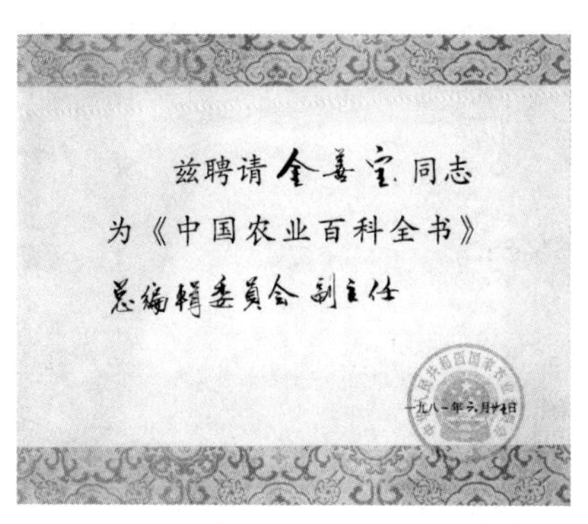

图 278

7 月，“中国小麦的种类及其分布”这一研究项目获 1982 年自然科学三等奖。

资料（证件） “中国小麦的种类及其分布”这一研究项目获 1982 年自然科学三等奖。（图 279）

証　書

300002

为表彰在自然科学方面取得突出成果、作出重要贡献者，特颁发此証书，以资鼓励。

项目名称：中国小麦的种类及其分布

主要作者：金善宝（中国农业科学院），吴兆苏等（南京农学院）

奖励等级：三等

奖章号码：00753

中华人民共和国
国家科学技术委员会主任　方毅

一九八二年七月

图 279

8 月，赴黑龙江三江平原考察。

资料一(照片)　金善宝(二排中)和吴景锋(二排右一)摄于黑龙江友谊农场。(见图 280)

中国农业科学院院长金善宝同志视察黑龙江省友谊农场合影
一九八二年八月

图 280

资料二 金善宝(左二)、吴景锋(右一)在甜菜所玉米地。(见图 281)

图 201

资料三(照片) 金善宝、吴景锋(左三起)摄于呼兰甜菜所。(见图 282)

图 282

夏，从东北三江平原考察归来。

资料(照片)　金善宝、姚璧辉夫妇摄于中国农科院园。(见图 283)

图 283

9 月，完成《三江平原观感》一文。

资料(文章)　作者 8 月到东北三江平原佳木斯、黑龙江农垦总场、友谊农场、洪河农场等地，考察了垦区的农牧渔业、土壤、地势、排灌设施，查阅了二十多年的统计资料。认为，三江平原土地多，地势平坦，发展农业具备一定优势。但由于地面坡度不大，河槽窄而浅，泄水能力差，大部分为黏质草甸土，因此，不仅要排水治涝，还要蓄水防旱，营造防护林，凡属开垦荒地，都纳入国家计划，开一块，保一块，垦建结合，逐步建立起三江平原优良的农田、森林、草地、湖泽和江河的生态系统。(金善宝：《三江平原观感》，收入王连铮主编《金善宝文选》，第 297 页)

10 月 23 日，“中国小麦的种类及其分布”课题获全国自然科学三等奖。

资料(证件)　“中国小麦的种类及其分布”奖状。(见图 284)

11 月 16 日，为我国进口小麦的安全问题致信外贸部。

资料一(信件)　负责粮食进口的领导同志：我看到了 1982 年 10 月 22 日《参考资料》上刊登的“美国植物学家特里翁宣传美小麦黑穗病不传染”，说我国因担心黑穗病而不购买美国西部小麦是一种误会。我认为我国的立

証書

300002

为表彰在自然科学方面取得突出成果、作出重要贡献者，特颁发此証书，以资鼓励。

项目名称：中国小麦的种类及其分布

主要作者：金善宝（中国农业科学院），吴兆苏等（南京农学院）

奖励等级：三等

奖章号码：00753

中华人民共和国
国家科学技术委员会主任 方毅
一九八二年七月

图 284

场是正确的。资本家、农场主都是唯利是图的，切不可轻信为他们的利益而叫卖的“学者”。我作为一名多年从事小麦科研的工作者，在这方面是深有体会的。1931 年长江大水成灾后，南京农业科研机构，从美国给的棉麦贷款中分得一部分来自美国的麦子，凭肉眼观看麦粒是饱满的，我们把它播在试验田里了。到收获前，搓开麦穗一看，所种的百余亩小麦，几乎全是腥黑穗病的麦穗子！为了防止小黑穗病的扩散、传染蔓延，只好全部烧掉了！历史的经验证明，对美国人在这个问题上说三道四，决不能不作分析，掉以轻心，否则会铸成我国在小麦育种和生产上的大患。我建议在进口小麦的问题上，一定要继续严格坚持对病、虫的检疫制度！这方面不存在什么“误会”可言，必须用科学态度认真对待。以上建议，供参考。（金善宝：《为我国进口小麦的安全问题给外贸部的信》，1982 年 11 月 16 日）

资料二(报道) 一位植物学家说，中国人对传染病(不仅仅是对黑穗病这样的小麦真菌病)根深蒂固的担心显然是美国西北部的粮食种植者不能在十亿人口的中国市场上找到买主的一个重要原因。州立俄勒冈大学的爱德华·特里翁博士说:“中国人深信,TCK 黑穗病会从他们冬小麦产区的一个角落发生,像鼠疫一样迅速蔓延到全国,毁掉全部的小麦作物。”“甚至在各种想象得到的条件下进行了两年试验,没有发现科学证据以证明他们的担心有任何根据的今天,他们仍然抱着这一想法不放。”特里翁是美国农业部的科学家。在一九七四年中国人拒绝接受数百万蒲式耳的美国西北部小麦后,他曾在美国西北部和中国同中国科学家一起工作了两年,以研究 TCK 小麦黑穗病的性质和危害。“黑穗病”是由在十分有限的条件下损害麦粒花部的真菌引起的。中国政府当时说,它不愿冒让中国农作物染上黑穗病的风险,并且拒绝在种植者和中间买卖人能够保证他们的货物没有一个黑穗病孢子之前再购买美国太平洋沿岸西北部的粮食。这样一个条件是无法接受的,因而使美国的经理人员目瞪口呆。(《美植物学家特里翁宣传美小麦黑穗病不传染,说我因担心黑穗病而不购买美西部小麦是一种误会》,《参考资料》,1982 年 10 月 22 日)

11 月 30 日,退居二线。

资料一(证件) 中国农业科学院名誉院长任命书。(见图 285)

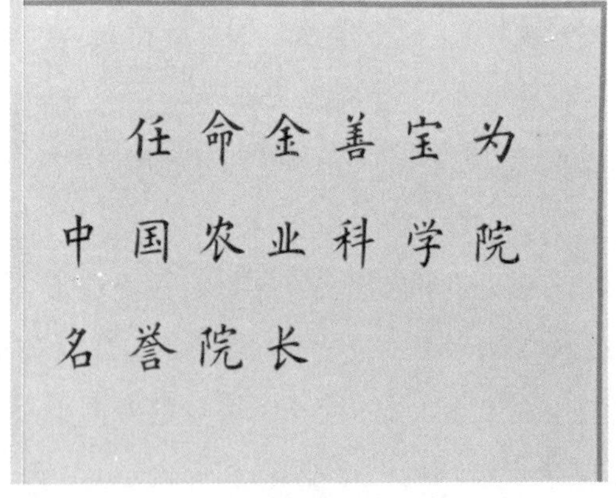
任命金善宝为
中国农业科学院
名誉院长

图 285

资料二(传记) 金善宝从不居功自傲,总是把前进的脚步站到零的位置。他深感自己年岁大了,担负繁重的领导工作精力不够了,曾多次向中央组织部和农牧渔业部推荐中国农业科学院院长人选，主动要求让位给比自己年轻的同志。当《人民日报》记者采访他，问他是怎样考虑这一问题时，他坦率而诚恳地说："人生的价值不在于长生不老，而在于顺乎自然和社会的发展。老年人要为新一代着想，让位给新人。新陈代谢在科技界也毫不例外。""老年人不下来，新人也上不去，这势必要给'四化'建设带来不利的影响。"当他接到中央组织部部长宋任穷给他的复信，告诉他中央将接受他的意见，任命他为中国农业科学院名誉院长，并告知将调江苏省农业科学院院长卢良恕接替他的院长职务时，他十分高兴。卢良恕同志到任后，他热情欢迎，积极支持，还执意把自己兼任的中国农业科学院学术委员会主任和研究生院院长的职务也让给卢良恕同志。……记者问他担任名誉院长有什么想法？他若有所思地在纸上写了"实者虚之，虚者实之"八个字，解释说："过去，我虽然身任院长，其实我只醉心于科学研究，醉心于小麦育种，至于全院的工作，上有党委，下有各部门职工，并不需要我操心，所以实际上我只是一个'名誉院长'；现在退居二线，真正做了名誉院长，职位虚了，却能干一些力所能及的实事，如春小麦育种研究，不仅能培育出一批增产优质的小麦良种，还可以带出一批春小麦育种的人才来，这才是我一生最大的乐趣。"（史锁达、任志高编：《著名农学家教育家金善宝》，第78页）

资料三(传记) 正如金善宝所说，他在农业科研的实践中，培养造就了一批青出于蓝而胜于蓝的一代。上个世纪六十年代，当众多的人们热衷于"革命大批判"，困扰在无谓的争斗中时，他的助手们却在这位"反动学术权威"的坚持下，把他们的汗水洒在了确有实际贡献的南繁北育第一线。……他们没有虚度年华，而是在育成多个小麦良种的同时，成长为具有丰富实践经验的小麦专家。实现了金老"早出成果、早出人才"的愿望。实际上，1967 年庐山"夏繁"小麦的成功，它的影响，决不仅仅限于北京、限于当时的"农业科学院"；它轰动了全国整个农业口。据统计，当年去庐山"夏繁"小麦试验的单位就有 17 个，人数上百人。多年来，"南繁北育"经验，在玉米、高粱、水稻、谷子等作物上同样得到了广泛应用，在为国家增产粮食做出贡献的同时，也在农业科研的实践中造就了一大批科研人才。在……科研人员大量断档的情况下，这批“南繁北育”第一线艰苦磨炼出来的农业科学专业人才，无可替代地成为开创中国农业现代化进程中一支异军突起的生力军。（杜振华等：《百年耕耘——金善宝传》，第302页）

11月，参加《中国小麦品种志（1962—1982）》定稿会。

资料一（照片） 金善宝（中）与董玉琛（右）在定稿会留影并记录。（见图286、图287）

图286

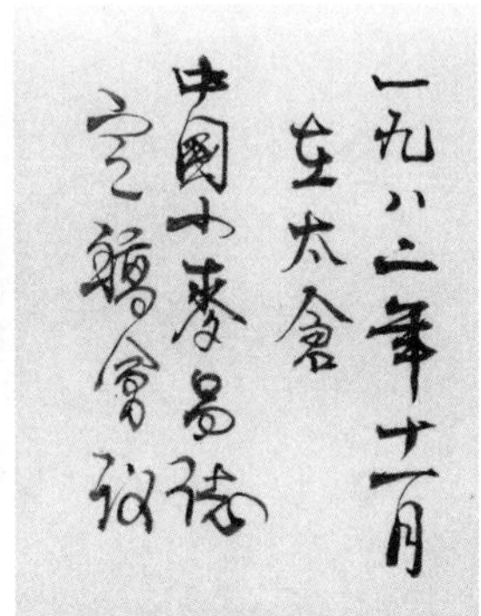

图287

资料二（照片） 定稿会成员留影（一排左一钱曼懋、左三薄元嘉。右起：董玉琛、张树榛、庄巧生、金善宝。三排左二吴景锋）。（见图288）

资料三（文章） 《中国小麦品种志》第二辑编写时，各单位把有关品种稿件送到北京，由编委会编审。当时有专门的编写经费，定稿后，11月份在江苏太仓召开审稿会，与会专家、学者颇多，江苏省农业领导部门十分重视和支持，派专人协助安排住宿。当时金老已是90岁的耄耋老人，仍然参加了审稿会。（杜振华等：《百年耕耘——金善宝传》，第239页）

12月，开始为作物所完成国家科研项目的基本科研条件而奔波。

资料一（口述） 金老年近九旬，早已退居二线，却亲自为解决作物所完成国家“六五”“七五”“八五”时期的科研项目的基本科研条件而奔波：

图 288

中国农业科学院建院时,周围很宽阔,大部分是农民的蔬菜地。本院不仅在墙外有东、南、北三个试验用的圃场2 000多亩地,而且院内也可以安排两三亩地的玉米隔离区三四块。随着1971年农科院各研究所、室的下放,原有的试验场地也占用,甚至连外语学院也占据了中国农业科学院的600多亩试验场……到1978年7月,被下放到北京市的“两所一室”(作物育种栽培研究所、蔬菜研究所和农业气象研究室),又回到中国农科院时,除几经周折,通过农林部和国务院,才收回外语学院占去的600亩地外,其他已有建筑物的用地已成不动的事实,又因扩宽马路等占地,原作物所的试验用地所剩无几,难以满足水稻、小麦、玉米、大豆和小黑麦等作物田间育种栽培研究课题的需要。下放八年,研究工作所需的仪器设备,无论是带去的还是这段时间购置的,一律留在北京市农林科学院,被称作“人员净身回院”。由于当时工作条件颇为困难,有相当一部分科研人员认为北京市生活、工作条件相对稳定一些,想留在北京市，连遗传专家、小黑麦育种已取得阶段成果的鲍文奎先生，都在犹豫“是否回中国农科院”。金老得知后，心情很沉痛，他说：鲍文奎不回来，我用绳子绑也把他绑回来。我们要为国家解忧，工作条件是可以争取和创造的。在金老的感召下，作物所绝大多数科研人员随所一起回到了中国农业科学院。他们克服了试验地不足等困难，住在北京林学院，骑自行车来中国农科院内上下班，在1976年搭的防震棚屋子里工作，靠蜂窝煤炉取暖……他们一致要求早日解决试验地的问题。1982年12月，金院长带领随他去三江平原考察的吴景锋和秘书尹福玉，去拜会王震副总理，首先汇报了近半个月所见三江平原目前的垦荒局面，王震副总理也向他介绍了新疆生产建设兵团的形势。随即问金老，农科院现在工作上有什么困难，金老即提出院里试验地被占去大部分，主要用地的作物所难于开展工作，王震副总理说：“我向紫阳同志说，争取早日解决了。”金老说：“他们已经在昌平物色了一块地，只要部里批准和拨款，就可以和北京市办购地手续了。”王震副总理了解了作物新的工作困境，表示要尽快解决。（《吴景锋访谈》，2017年4月28日）

是年，小麦品种室1969年育成的宁麦7317种植面积已超过20万亩，并有进一步发展的趋势。

资料（著作） 原中国农科院南京农学院小麦品种研究室于1969年以意大利品系St2422/464为母本，阿夫为父本，进行杂交后选出新品系，1973年该室并入原江苏省农科所，继续进行选育而成的中晚熟高产品种。属*erythrospermum* Körn.变种。1976—1978年连续三年参加江苏省淮南片小麦良种区域试验，表现突出。在1976年的19个区域试点中，有16个点比武麦1号增产2.7%～26.5%，平均增产12.5%。自1979年起，在省内进行生产示范。在较大面积的示范点中，平均亩产785斤。其中还有亩产超千斤的点。江苏农科院自1976年起，连续五年进行高产栽培试验，其中2年亩产在800斤以上，3年超千斤，最高1 138斤。宁麦7317大面积栽培，亩产可稳定在700～800斤，是高产小麦新品种，适于稻麦两熟地区高肥水条件下种植。1981年在江苏省的镇江、苏州、南通等地区和南京市郊县扩大推广。安徽省的滁县地区及上海市部分县也开始引进试种，1982 年种植面积已超过 20 万亩，并有进一步发展的趋势。（金善宝、刘定安主编：《中国小麦品种志(1962—1982)》，第 253 页）

1983 年　89 岁

1 月 1 日，新华社报道《老科学家金善宝勇于提携中年科技人员》。

资料一（报道）　被认为“论文水平不高”，多年未解决技术职称问题的科技人员宋槐兴，不久前被中国农业科学院评为副研究员。人们在传颂这件事时，都称赞老院长、著名育种学家金善宝勇于提携后进的精神。五十二岁的宋槐兴，一九五二年毕业于南昌农业专科学校农艺科，分配到中国农科院作物研究所的前身——华北农业科学研究所作物系工作。三年后，本着“党叫干啥就干啥”的精神，正确处理个人利益与革命工作需要的关系，服从组织分配到西藏当农业技术员。此后，他在西藏比较艰苦的工作和生活条件下，兢兢业业地连续工作了十八年。在此期间，把小麦优良品种南大二四一九从内地引入西藏，使它第一次在海拔三千六百多米的高原上生长繁殖，收到了两万多斤种子，为在西藏推广这种小麦奠定了基础；第一次把北京鸭、来亨鸡、约克夏猪、荷兰种奶牛等内地优良禽畜品种引进西藏，使它们在高海拔地区安家落户。宋槐兴还同藏族同胞一起，四处收集地方品种，发掘地方良种资源，经过对征集到的品种的比较观察，为西藏选育成功了一个开花早、荚多粒大、抗病虫害能力强、增产效果显著的蚕豆品种。后来，这种蚕豆成为西藏参加全国农业展览的第一个优良品种，并且推广到了青海、甘肃、云南等省。他为西藏农业科学事业的发展作出了出色贡献，直到一九七三年，才调回中国农业科学院，先后在畜牧研究所和作物研究所工作。

去年上半年，中国农业科学院科技人员评定和晋升技术职称时，一些长期在内地工作、与宋槐兴学历和工龄相同的科技人员，被评上了副研究员。宋槐兴该评个啥呢？作物所学术委员会对他在西藏工作期间的成绩是肯定的，但部分群众觉得他“论文水平不高”，经过多次讨论，结论悬而未决。

在不久前中国农科院的一次学术委员会会议上，作物所有关领导把宋槐兴的职称评定作为“遗留问题”提了出来。与会者讨论这个问题时，意见纷纭。正在会议“卡壳”的时候，院长、院学术委员会主任委员金善宝听说了这件事，他说：“宋槐兴同志在西藏工作十八年，他的技术简历我看过，成绩不错；评定技术职称，不能只看论文写得好不好，更要看实际工作能力和具体贡献，我建议给他评为副研究员！”金老说出了许多人的心里话，与会者一致赞成这个意见。现在，中国农科院已经正式批准晋升宋槐兴为副研究员。（周长年：《老科学家金善宝勇于提携中年科技人员》，新华社 1983 年 1 月 1 日）

资料二（传记） 作为一代农业教育家，金善宝十分重视农业科技人才的培养。在四个现代化建设的高潮中，他经常想的是，十年浩劫，大量的农业科技人才流失，要实现农业现代化，当务之急，是培养一支世界一流的农业科学技术队伍。1978 年在全国科学大会上，他提出“迅速培养一支宏大的农业科技队伍”的建议。在他任中国农业科学院长期间，亲自兼任研究院院长，关心青年成长，主张不拘一格培养人才，为年轻人创造条件，充分发挥他们的聪明才智。原华北农科所的宋槐兴同志，1955 年响应党的号召，自愿支援西藏，到拉萨后工作几经变动，1965 年调到西藏农科所，1973 年回到中国农林科学院，1978 年才回到作物所。1982 年评定技术职称时，他未能晋升。金善宝了解情况后说：“他虽然是农业中专毕业，但在西藏那样困难的条件下，深入实际搞农业技术推广，有苏武牧羊那么长时间，很不容易！他还选育出拉萨 1 号蚕豆品种，是有一定技术水平的，不能只看学历，要重视实际工作能力……”宋槐兴同志晋升高级农艺师后，工作热情更加高涨，无论是担任科研处副处长或所办公室主任，都尽心竭力做好科研管理工作，在管理岗位上作出了贡献。（孟美怡：《金善宝》第 188—189 页）

1 月，在九三天津分社对农业科技人员讲话。

资料（手稿） 针对农业科技工作者如何为普及农业科学技术多作贡献，讲了三个问题：一是如何使关乎我国国计民生的粮食产量稳定、持续地增长；二是我国农业科研单位发展的历史及其与世界先进国家的差距；三是农业科技工作者应怎样为普及农业技术多做贡献。(金善宝:《为普及农业科学技术多做贡献——在九三学社天津分社农业科技座谈会上的讲话》,1983 年 1 月)

2 月,继续为改善作物所的基本科研条件而奔波。

资料(口述) 1983 年春节的大年初二,主持原农业部工作的何康副部长要来给金老拜年。院办公室接到电话通知金老;金老立即打电话告诉吴景锋(曾任他的秘书,时任作物所副所长),让他通知李奇真所长,马上一齐到家里来。他们到金老家里时,何部长和卢良恕院长已经在座了。在互贺新春的气氛中,何部长说:“金老、卢良恕院长,作物所目前的困难我们都知道,要求征购的 1 000 亩试验地和计划申请修建的实验办公楼,我们考虑上世界银行第二期农业科技教育项目,用国内配套经费购地、盖楼,贷款中有较大比重的经费可以直接从国外购进一批仪器设备……”临别要下楼梯时,他握着金老的手说:“老人家,请放心吧! 作物所的事,1 000 亩地、5 000 平方米的楼,我们一定抓紧办好。”下了楼梯到门口,卢院长对李奇真所长说:“贷款项目安排老吴直接抓吧!”

正月十六日,何部长带领有关司、局领导到农科院邀集院领导和有关职能部门负责人一起,由作物所人员带领,去昌平县马驰口公社实地踏看预征购的试验地,大家认为土地需加平整,再打两眼机井保证能灌溉,做试验是可以的。(《吴景锋访谈》,2017 年 4 月 28 日)

3 月 15 日—4 月 5 日,在福州、莆田、晋江等地考察,认为发展福建农业要从经济效益上着眼。

资料一(报道) 四月五日,中国农业科学院名誉院长金善宝在结束了对我省的农业科学考察以后,在宾馆对来访的记者说:发展福建农业,要从经济效益上着眼。

金老已是八十七高龄的老人,他从三月二十五日开始,在我省进行了为期十一天的农业科学考察,参观了六个科研单位、一个高等院校、一个县良种场,还有三个生产大队。行程一千多公里。当记者征询他对开创福建农业发展新局面的意见时，金老说，福建是八山一水一分田，山多海阔，潜力很大。福建省委提出念好“山海经”是完全正确的。民以食为天，粮食很重要。要把粮食搞上去，在福建尤其要把水稻生产与科研搞上去。我是研究小麦的。福建小麦育种工作是有成绩的，育成了不少小麦良种，在华南麦区有较大面积的推广。在青海、甘肃等春麦区也有一定的面积，我希望适当多种一些小麦，但也要因地制宜，讲求经济效益。根据福建的气候和土壤条件，很适合发展果树、茶叶，甚至还可以种桑养蚕。因此，建议在抓好粮食生产的同时，积极发展多种经营，因地制宜多种果树、茶、桑等及其他经济作物，积极发展畜牧业，尤其是食草动物，福建山多海阔，但目前出产的东西不多，如果我们把山和海利用起来，水果、肉食品多了，粮食消费量就会减少一些，逐步改变食物结构，福建是经济特区，经济特区就要争取多出口、多创汇，果品、茶叶、蚕丝都可以出口换取外汇，何乐而不为呢？花卉可以美化环境，也可以出口换取外汇，应该很好地进行研究。金老说，当前，值得注意的问题是，要根据福建的特点，在摸清农业资源的基础上，认真做好区划和规划。果树、茶叶、桑等在哪里发展，发展什么品种等等，这里有大量的工作要做，有大量的科学技术问题要解决。如柑橘黄龙病问题，荔枝成年树不结果的问题，要好好研究。不要盲目发展，一哄而上；要扎扎实实。否则，将来还要返工的，我们要根据自己的特点进行建设，不要照搬外国的经验，要有福建的特色。（刘志敏：《中国农业科学院名誉院长金善宝在我省考察后说发展福建农业要从经济效益上着眼》，《福建日报》1983 年 4 月 7 日第 1 版）

资料二（照片） 听取福建农科院稻麦所科技人员关于小麦育种情况的汇报。（右起：杜振华、黄至溥、金善宝、福建省常委书记胡宏，见图 289）

3 月 25 日，《人民日报》报道《“用人之道当其壮”——访中国农科院名誉院长金善宝》。

资料（报道） “人生的价值不在于长生不老，而在于顺乎自然和社会的发展。老年人要为新一代着想，让位给新人。新陈代谢在科技界也毫不例外。”退休在家的 87 岁著名农学家、育种学家金善宝，听我说明来意后，马上就做了点题式的回答。接着，老科学家挺了挺瘦削的身躯，摘掉帽子，露出了满头银

图 289

丝,他深有所感地说:“科技界年龄老化的现象很严重,全国副研究员、副教授以上职称的人有30%在60岁以上。他们有真才实学,经验丰富,但许多人不能坚持正常工作,是个值得研究的问题。老人下不来,新人也上不去,势必给四化建设带来不种的影响。因此,我主张老专家也要有个正规的行政退休制度。我退休很晚,是不足取的。”谈到退休,他认为:“退是为了工作,不能一退了之,首先要选好接班人。”金老退休前就向农牧渔业部、中组部多次推荐院领导的新人选。不久,宋任穷亲笔复信告诉他,决定调江苏农科院院长卢良恕接替他,金老十分高兴。很快,他又接到了国务院任命书,当了中国农科院的名誉院长。卢良恕到任后,金老除了向他交代院长工作外,还执意把自己兼任的院学术委员会主任和研究生院院长职位也让给他。金善宝提出:“不仅要选拔中青年科技人员当领导,还要给他们以应有的学术地位。特别对那些基层科技人员,不能光看论文、外语水平,应根据他们的实际工作能力和贡献授予职称。”“用人之道当其壮,这是古人留的金箴宝训。”金善宝对科技界存在的论资排辈现象深感不安。他说:“必须革除这个弊端,老专家也不应恋栈贪位。年轻人说‘大树底下好乘凉’,我们可不能让‘大树底下不长草’啊!现在正当用人之秋，不能叫千里马老死于槽枥之间。”我请金老谈一下退休后的体会，他若有所思地在纸上写下“实则虚之，虚则实之”八个字，解释说：“退休后当了名誉院长，免去行政职务，职位虚了，却能干一些力所能及的实事。”他告诉我，去年，他去广西、黑龙江考察，回到北京还向中央领导当面汇报了边远地区科技人员的工作和生活条件。金老还打算把进行了20多年的春小麦育种研究搞到底，同时，带出一批春小麦育种的人才来。（魏亚南：《“用人之道当其壮”——访中国农科院名誉院长金善宝》，《人民日报》1983年3月25日第3版）

3月，为作物所完成国家科研项目的奔波初见成效。

资料（口述） 1983年3月17日，部（83）农（计基）14号文批准作物所建筑面积为5 000平方米的楼房，投资247.1万元，1984年9月动工，1986年6月末竣工。一层为计算机和中心实验室，书库和档案室。附有500人的学术报告厅及外宾接待客人。二层为生理生化实验室和部分办公室。三层为无菌接种室、多倍体和花培实验室。四层为细胞和重点作物遗传实验室。（《吴景锋访谈》，2017年4月28日）

5月6日，任中国农学会六十六周年纪念会评审委员会委员，受到中国农学会的表彰，被选为名誉会长。

资料一（信件） 同志：我会荣幸地通知您，经（具体单位名称）推荐，我会评审委员会讨论通过，特向您郑重颁发由陈云同志亲笔题赠的，从事农业科学工作作50年的表彰状。同时奉赠《中国农业》画册一本，《中国农学会66周年纪念刊》一册。

祝您　余热辉煌，健康长寿。

中国农学会66周年纪念会评审委员会

杨显东　金善宝　吴觉农　程绍迥　卢良恕　沈其益　张心一
戴松恩　蔡邦华　沈　隽　蔡　旭　裘维蕃　方悴农　陈　仁
华　恕　蒋仲良

（中国农学会：《中国农学会66周年纪念会为颁发从事农业科学工作50年表彰状的通知》，收入中国农学会编《中国农学会66周年纪念刊（1917—

1983)》,第 44 页)

资料二(报道) 杨显东、金善宝担任中国农学会名誉会长,会长为卢良恕,在 1983 年 5 月 6 日第三届第一次理事会通过。(中国农学会:《中国农学会第三届理事会名单》,《中国农学会 66 周年纪念刊(1917—1983)》,第 130 页)

5 月 23 日,在中国农业图书馆协会成立大会上讲话。

资料一(文章) 作者引用历史典故(刘邦打败项羽之后论功行赏,认为功劳最大的是管理后勤的萧何),说明图书馆是农业教育和科研工作的后勤部,必须重视图书馆工作,以进一步推动农业教育和科研事业的发展。(金善宝:《在中国农业图书馆协会成立大会上讲话》,《农业图书馆》1983 年 12 月创刊号,第 12 页)

资料二(照片) 金善宝(右)在中国农业图书馆协会成立大会上讲话。(见图 290)

图 290

资料三(报道) 金老(金善宝)是我国著名的农学家、教育家,是小麦育种奠基人。他一生为农业科研和教育事业呕心沥血,做出了巨大贡献。我于 1963 年春来院图书馆工作,借书处与院长办公室是近邻,与老院长经常见面,耳濡目染……金老德高望重,学识渊博,特别值得提及的是,他深知文献信息在工作中的作用,因而极为关注图书馆,重视信息事业的发展。……1983 年 5 月 23 日在北京成立"中国农业图书馆协会"(后改为中国农学会农业图书馆分会)。当时,金老是我院名誉院长,年过八十有七,已是耄耋之年。但金老耳聪目明,精神矍铄,仍兴致勃勃地前往位于西山脚下的宾馆出席成立大会。金老在讲话中生动地讲述了历史上秦汉之际有关萧何的故事:萧何与韩信、张良是汉初三杰。秦末楚汉战争时,韩信为大将,萧何留守关中,输运粮饷,支援前线。垓下一战,项羽兵败,汉军夺取咸阳,诸将进城皆争抢金帛财物,独有萧何青睐图书、律令、档册等,搜集保护,后又筑天禄、石渠等阁,妥善予以珍藏。由于"何得秦书",从中掌握天下要塞、户口多少、经济状况以及民情风俗等,对汉初克敌制胜、兴邦治国起了重要作用。刘邦极为赏识萧何的才能,论功行赏,位居第一,封为丞相;司马迁也说他"位冠群臣,声施后世"。……金老讲这段故事,就是提醒有关领导及与会代表,要重视后勤工作,科研工作有成绩,不要忘记图书馆。他语重心长地说:"我院有三十几个研究所,最大最重要的一个研究所应该是图书馆。"他希望协会成立后,从各方面组织起来,开展协作,发挥图书馆文献资源优势,做出更大的成就。根据协会章程与活动计划,协会拟于1983年底创办会刊《农业图书馆》(林山馆长任主编,我是编委,兼责任编辑),同年8月10日,时任协会秘书长的白磊邀我一起前往院长办公室,请金老为刊物题词。金老当即放下手中的工作,欣然研墨挥毫,连续写了好几幅任我们挑选,金老的题词是"努力办好《农业图书馆》,为发展农业科研、教育和生产服务",刊登在同年12月出版的创刊号上,后来,院机构改革,图书馆与情报所合并,组建文献信息中心,《农业图书馆》于1989年与《农业科技情报工作》合刊,改名为《农业图书情报学刊》。20多年来,金老的题词是座右铭,为我们指明办刊的方向,时时激励我们不断进取,决心把刊物办得更好。(王永厚:《金老关注图书馆》,《中国农科院报》2007年第20期第2版)

5月24日,为作物所"六五""七五""八五"时期攻关创造条件,初获成效。

资料一(档案) 中国农科院:(83)农科院(作字)109号、132号文收悉。根据你院科研任务和国家确定的重点攻关任务——作物所新品种选育研究等项目,已初步确定在昌平沙河公社购地950亩,建立中国农科院作物遗传育种、耕作栽培科研中心试验基地。现对基地建设计划任务书作如下批复。

一、主要任务：开展以小麦、玉米为主，兼顾水稻、大豆的遗传育种和耕作栽培研究，进行纯种、纯系的扩大繁殖，为良种繁殖单位提供新育成的优良品种原种，直接为“六五”“七五”粮食增产服务，为进一步发展主要粮食作物科学研究准备现代化的科研基础。二、基地隶属关系：属院作物所领导。人员编制定编为30人，由农科院内部调剂解决，不另增编。事业经费等，亦由院统筹安排，不另增指标。三、建设规模：在昌平沙河公社征地950亩，除用作试验地外，并建筑实验室、农机具库、良种库、必要生活用房等2 500平方米，以及灌溉、道路、围墙等建设项目。四、建设总投资：包括地上建筑物、水利灌溉、征地费用、室外工程等一切费用，总投资控制在600万元。该项投资，由部切块下达你院的基本建设投资指标中解决，不另增加。五、建设时间：一九八三年完成征地及基地建设前期准备工作和总体规划的审批。整个基地建设，要求一九八五年全部建成。另：关于征购土地的申请报告，部以(83)农计字34号文已上报北京市人民政府审批，征地数由1 000亩，调整为950亩。请接文后，抓紧与有关部门联系，办理征地手续，争取尽快开始基地建设等项工作。(中华人民共和国农牧渔业部：《关于中国农科院昌平试验基地计划任务书的批复》(83)农计字第85号，1983年5月24日，农科院作科所档案室)

资料二(口述)　1983年5月24日，部正式下达了“关于中国农业科学院昌平试验基地计划任务书的批复”，同时批准基地编制30人隶属作物所领导。1983年6月2日，北京市政府批准作物所在昌平沙河镇西沙屯征购试验地农田。1983年北京市规划局核发昌平试验基地“建筑用地许可证”。9月6日至12月21日，吴景锋和惠茂桃受所党委委托，代表作物所与西沙屯、马驰口和白浮三个村分别签订征地协议，共计70.24公顷，征地费用527万元(核每亩5 000元)分三年付清，全部费用由部批准的作物所世界银行贷款项目内部配套财政部拨款的经费中支付。利用世界银行贷款，作物所在二十世纪八十年代中后期，先后派出国外读学位的留学生、访问学者和参加国际学术会议人员100多人次，增强了研究人员在本领域内的国际交流能力，购入一大批先进仪器设备，充实了相应的实验室，增强了研究能力，全面提升了作物所的科研水平……主持和承担了“六五”“七五”“八五”时期国家攻关项目和“863”课题，获得国家和部级多项奖励……1984 年院长会议决定：作物所昌平基地西北侧 9.33 公顷，划拨给畜牧所建基地；1988 年土肥所与作物所协商，将昌平基地西南侧 2 公顷拨给土肥所，作永久性肥力鉴定基地。其后，北京市京昌公路，占掉部分基地试验田，均按每亩八万元赔付。作物所的全体职工都说：如果没有金院长亲自为我们的基本研究条件奔走，请求王震副总理和何康部长等领导的直接支持，作物所收回后的建设和发展不可能这样快！（《吴景锋访谈》，2017 年 4 月 28 日）

5 月，主编的《中国小麦品种及其系谱》出版。

资料（著作） 该书总结了我国近三十年来小麦品种的演变历史、种质资源利用情况、亲本选配经验及育种成果，不仅填补了我国在作物育种方面进行全面系谱分析的空白，而且对于进一步提高小麦育种水平也有重要意义。全书共分 12 章，58 万字，充分体现了中国特色，受到了国际同行专家的好评，1983 年 5 月由农业出版社出版。（金善宝：《中国小麦品种及其系谱》，农业出版社，1983 年）

6 月 6—21 日，出席第六届全国人民代表大会第一次会议。

资料一（证件） 第六届全国人大代表证。（见图 291 - 1、图 291 - 2）

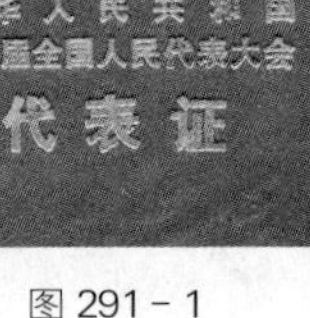

图 291 - 1

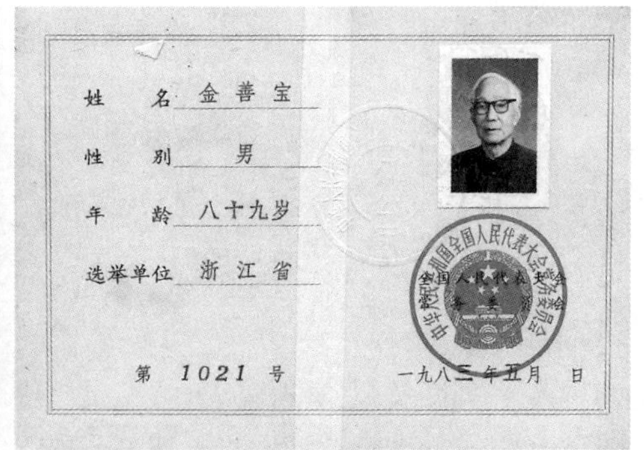
姓　名　金善宝
性　别　男
年　龄　八十九岁
选举单位　浙江省
第　1021　号　　一九八三年五月　日

图 291 - 2

资料二（证件） 第六届全国人大代表一次会议出席证。（见图 292 - 1、图 292 - 2）

图 292－1

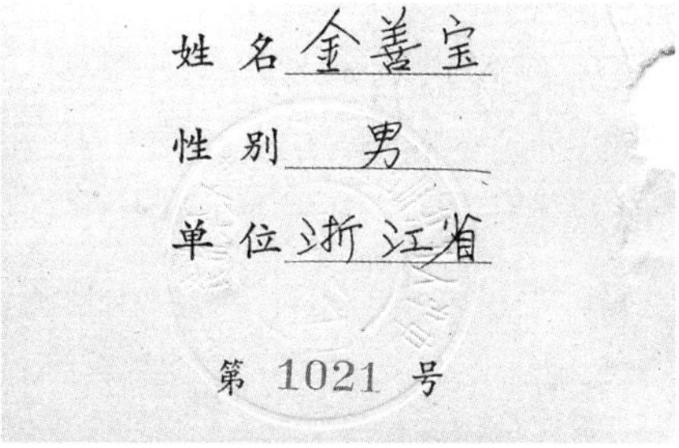

姓名 金善宝
性别 男
单位 浙江省
第 1021 号

图 292－2

6 月,《健康之友》报道《怎样由先衰到老壮——访八十七岁的金善宝教授》。

资料(报道)　一些读者来信,希望刊物多介绍些身体怎样由弱变强的经验。他们最爱读这方面的文章。为此,我们专访了著名的小麦专家金善宝教授,请他谈谈这方面的体会。八十七岁高龄的金老现在是中国科学院生物学部委员、全国科协副主席、中国农业科学院名誉院长和第六届全国人大代表。去年夏天,当他得知一些同志对黑龙江三江平原的开发有争议,便决定亲自去看看。八月骄阳似火,金老或者搭上汽车,在不平坦的公路上颠簸三四个小时,或者乘坐火车硬座,摇晃大半天,随同的年轻人都感到很疲劳,可金老兴致勃勃,顶着烈日,抹着汗水,从一个农场奔向另一个农场。以往,不少人到了三江平原上最大的友谊农场就返回了,而金老不满足,他还要继续往前走,一直到了靠近边境的洪河农场,往返九天,行程万余里。耄耋之年的金老,身体如此强健,真是难得,同志们无不钦佩、羡慕。当金老考察回京,正忙着向中央领导同志写报告时,我们在中国农科院的一幢宿舍楼里,见到了他。身材清瘦、行动利索、思路敏捷,没有龙钟之态的金老,完全不像是年近九旬的老人,看上去,真比他的实际年龄要小二十来岁。我们把这个直观印象说了出来,金老笑了,他说:“现在我的身体还不错,吃得下,睡得着,没什么大病,可你们不知道我在青年、中年时期,身体糟透了!”解放前,金老在南京的中央大学执教,患有相当严重的胃病,一连三年,每年大出血一次。有一回,他竟昏倒在课堂上,是学生们把他送进医院,认为十二指肠溃疡。四十出头,他已经拄起拐杖,不到五十岁,头发就全白了,被称为中央大学“四老”之一。1945 年,毛主席到重庆同国民党政府和平谈判期间,在张治中公馆里,接见了一些进步教授。金老被邀,他坐在后面一排。会见当中,毛主席说:“坐在后面的那位老先生有什么高见啊?”金老连忙站起来说:“主席,我比你还小两岁呢!”毛主席听了非常吃惊。对于这种早衰,金老认为,生活不安定、身体有病是一个原因,而主要的是精神长期抑郁造成的。金老是位有理想有抱负的爱国知识分子,他曾想靠科学、靠教育救国,但在旧社会,这些幻想都破灭了。1939 年,他任中央农艺系主任,和助手蔡旭一起到四川农村推广新的小麦品种,反动教育头子陈果夫得知后破口大骂,当他们行至平武时,竟以“煽动饥民暴动”的罪名将他们拘留起来。农学家不许去农村,岂有此理? 金老愤懑、郁闷,又无奈何。在那黑暗的岁月里,精神上的长期压抑,加上胃病的折磨,终于使他华发早生,未老先衰! 俗话说:“心宽体胖”,“胸怀开阔,年过一百”。金老对此深有体会。他说:“精神愉快对健康关系很大,解放后,我的身体越来越好,就是因为我的心情一直很愉快。”解放后,党和政府很关心金老。1949 年 7 月,南京解放不久,周总理就邀请他到北京参加科学技术考察团,到东北考察。后来,又任命他为南京农学院院长、南京市副市长、华东行政委员会农业部副部长。最教金老高兴的是:他的才智得以在祖国的农业科学事业上充分发挥了,他含辛茹苦培育的南大 2419 小麦优良品种终于在长江流域大面积推广;他著的《实用小麦论》、主编的《中国小麦栽培学》等书陆续出版。金老扬眉吐气,心花怒放,高兴极了,加上经一位老中医医治,胃病也好了,不仅扔掉了拐杖,身体比很多同龄人更为健康。人们都说:金老真是越活越年轻了。坐在一旁的金师母也已八十二岁高龄。她指着金老说:你们要他讲讲长寿之道,我看他就是不生气。他的脑子是“结冰”的,人家当着面骂他,他照吃照睡,满不在乎。有人贴大字报,说他搞小麦加代繁殖工作是名利思想。他看了一笑了之。他这个人从来不想当官发财,一辈子老老实实读书,做学问。一个人不为名、不为利,心胸开阔,不为那些杂七杂八的是非小事缠心,既不气闷,也不伤神,不就长寿了吗? 金老听了这一番叙述,也会心地笑了。金老的秘书吴景锋说:平时,金老关心国家大事,专心致力于小麦的研究工作,无关紧要的事,即使别人怎么说,他都不受干扰,金师母的比喻再贴切、生动不过了。这,大概就是金老的养生之道吧! 在金老那里,我们又了解到,在健身方面,他也很有些体会。培育良种是一项艰苦的工作,育成一个小麦新品种,从杂交到推广,一般需要十年左右的时间,金老总是亲自试验、观察、培育。特别是小麦抽穗后到麦收前一个月,是麦子成长的关键,选种也就在这个时期进行,金老更经常到麦田里……农科院小麦试验田离金老的办公室和住处有的三里,有的五里。本来他要汽车是随叫随到的,但他不要,年年坚持来回步行。到了地里,不断走着观察,做记录,给小麦杂交授粉和拔草。同志们特为他准备了一个马扎,想让他坐着多歇歇,可金老一个上午最多坐上半小时,休息一下,又继续在田里忙碌起来。金师母怕他这么大年纪,累坏了身体,不让他去,说:"麦子长得好好的,你天天看什么?"金老反问她:"我们的外孙不也长得好好的?你还天天领着干什么?你宝贝外孙,我宝贝小麦。"金师母又好气又好笑,说不服他,只有让他去了。每天清晨,金老起床后,独自一人出去散步,总要走上四五里地才回家。多在户外活动,多走路,适当参加体力劳动,这"两多一适"是金老身体强壮的又一重要之道。现在,金老每天早上六点起床,午睡两小时,晚上九点一定上床。生活有规律,饮食有定量。最近,金老已退居二线,但仍孜孜不倦地进行着二十多年来研究的春小麦育种工作和主持编写著作。告别时,我们衷心祝愿这对早已度过金婚的老夫妻健康长寿。(雪琴、方玲:《怎样由先衰到老壮——访八十七岁的金善宝教授》,《健康之友》1983 年第 6 期,第 3—4 页)

是月,《档案工作》报道《农业科技档案是发展农业生产的必要条件——访金善宝同志》。

资料(报道) 八十八岁高龄的金善宝同志,担任着中国农学会名誉会长、中国科学院学部委员和中国农科院名誉院长等职。金老目明耳聪,思路清晰,精神矍铄。最近他在百忙中,接受了国家档案局同志的访问。金老在谈话中,忆起周恩来同志对档案工作的重视。金老说:"我记得 1956 年周总理在关于知识分子问题的报告中讲道,'为了实现向科学进军的计划,我们必须为发展科学研究准备一切必要的条件。在这里,具有首要意义的是要使科学家得到必要的图书、档案资料、技术资料和其他工作条件。'周总理的指示,充分说明了科技档案资料的重要性和它的地位作用。"金老参加了五十年代周总理和陈毅副总理主持召集的知识分子会议……听了周总理关于知识分子问题的报告,对周总理关于档案资料工作的指示一直铭记在心。农业科研工作周期长,露天作业,要坚持田间记录，积累资料，做好档案资料工作，依赖档案资料进行总结提高，上升为科学规律，这是金老的切身体验。金老说："我是搞小麦育种工作的，在小麦新品种的选育过程中，要系统地积累资料，田间调查和室内考种都有大量数据，要进行整理和保存，便于进行分析，研究规律，选出新品种。要选育一个新品种至少要八九年，因为一年只能种一次，一个人的一生有几个八九年？因此就要缩短育种年限。我国地域广大，可以利用这个条件，春天在北方种，夏天到南方高山上种。近几年又到云南去种。种下，收起来，到春天又到北方种。一年繁殖两代。在这个过程中，都要做好田间记录，积累资料，建立档案。可见，农业科技档案资料也是来之不易的呀！"金老在长期的农业科研实践中深知科学研究是离不开科技档案资料的。金老说："前几年我们编写的《中国小麦品种及其系谱》一书，即将出版。书中撰辑的小麦品种很多，对于各个品种来源、分布都需要查阅很多档案资料，弄清祖宗三代的来龙去脉。缺少档案资料，就无依据查考。碧玉麦……是从澳大利亚马奎斯小麦品种选育出来的。为弄清碧玉麦的情况，我们费了很大劲，不仅找不到有关的档案资料，就连北京图书馆、北京农业大学图书馆和南京农学院图书馆都没有这方面的资料。从……书中看到，它的适应性很强，只要能种小麦的地方，它都能生长。在我国已推广到广西，后来又推广到西北，西北农学院赵洪璋教搜到蚂蚱麦与碧玉麦杂交后，育成碧蚂一号，推广了九千万亩，到现在，它还是一个好品种，但有关它的历史资料却找不到，它的系谱渊源弄不清楚了。可见档案资料和图书资料直接关系着科学研究的顺利进行。"金老对做好科技档案资料工作是寄予很大期望的。金老对我国农业科研、农业生产过程中留存必要的档案资料十分关心。金老意味深长地说，像我国第一个搞成的杂交水稻、小麦 T 型雄性不育杂交实验，山西太谷县郭家堡公社高忠丽同志发现的单基因控制的显性的核不育材料、小黑麦八倍体实验等等，对于小麦育种很有价值，这些活动都应当很好记录下来，作为档案保存。但可惜的是，我们农业科研、种植等方面的档案资料很不完整，农业科技档案资料工作是农业经济管理工作的一个十分薄弱的环节，迫切需要予以加强。不少人吃过金老选育的小麦面粉，不少人读过金老所著的书，不少人查阅使用过凝结着金老勤劳智慧的档案资料。然而了解一下金老对农业科技档案资料工作的关怀与重视，对做好这项工作，以便更好地为农业现代化建设服务，是有教益的。（杨娜：《农业科技档案是发展农业生产的必要条件——访金善宝同志》，《档案工作》1983 年第 6 期，第 26 页）

7 月中旬，与农科院职工共游承德避暑山庄。

资料（照片） 金善宝与吴凤林（右）在承德避暑山庄。（见图 293）

图 293

暑期，承德归来摄于农科院西门，孙女金小卫来京探望。

资料（照片） 金善宝夫妇摄于中国农科院西门。（见图 294）

图 294

8 月 10 日，为《农业图书馆》题字。

资料（其他） 金善宝的题字。（见图 295）

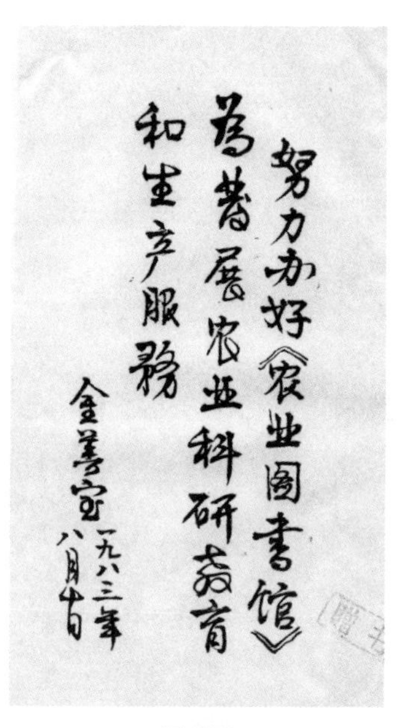

图 295

9 月 3 日，九三学社内蒙古自治区工作委员会筹委会成立，代表社中央到会祝贺，会后，去草原所考察。

资料一（手稿） 贺词首先谈到，九三学社以全世界反法西斯侵略战争伟大胜利的日子命名的重要意义；指出，在党的三中全会路线指引下，今后社员们各自工作的岗位，就是为四化服务的主要阵地。勉励内蒙古工委筹委会，要努力贯彻党中央关于“种草种树，发展畜牧，改造山川，治穷致富”发展西北的战略方针，同心协力，为建设大西北贡献力量。（金善宝：《在九三学社内蒙古自治区委换届选举大会上的讲话》，1983 年 9 月 3 日）

资料二（传记） 1983 年 9 月 3 日，九三学社内蒙古自治区工作委员会筹委会成立，88 岁的金善宝代表社中央到会祝贺！他在致贺词中说：“今天是 9 月 3 日，是第二次世界大战、也是全世界反法西斯侵略战争伟大胜利 38 周年纪念日。我们九三学社之所以命名为九三，就是为了纪念这一伟大胜利。我社内蒙古工委筹委会今天成立，也具有深远的历史意义……”他说：“在党的三中全会路线指引下，今后社员们各自的工作的岗位，就是我社社员为四化服务的主要阵地！几年来，各级组织在推动社员做好岗位工作的同时，面向社会，发挥智力团作用,开辟了许多新的领域,作出了有益的贡献……”他希望:“内蒙古工委筹委会在党的领导下,进一步打开为四化建设服务的新局面,贯彻党中央关于‘种草种树,发展畜牧,改造山川,治穷致富’发展西北的战略方针,同心协力,为建设大西北贡献力量。”(金作怡:《金善宝》,第281—282页)

资料三(照片) 九三学社内蒙古自治区工作委员会筹委会成立大会留影。(见图296)

图296

资料四(照片) 和内蒙古自治区九三区委领导合影(左起:王桂铮、钱君伟、金善宝、涂友仁、陈杰)。(见图297)

图297

资料五(照片) 金善宝(前排中)与内蒙古自治区九三区委老社员合影。(见图298)

图298

资料六(照片) 金善宝(右三)、尹福玉(右一)在中国农科院草原所。(见图299)

图299

10 月 14 日，参加“六五”全国玉米育种专家组会议。

资料(照片) “六五”全国玉米育种攻关专家组成员合影(前排左三李竞雄、左四金善宝、左六许运天。后排右二吴景锋)。(见图 300)

图 300

11 月 12 日，在中国作物学会第三届理事会闭幕式上讲话，勉励中青年科技工作者：“勿忘团结奋斗，努力振兴中华。”

资料一(手稿) 作为作物学会的一位老会员，在大会快要结束的时候，来看望大家，祝贺大会开得成功。预祝学会在今后的工作中取得新的成绩。更大的希望寄托于已经为我国农作物科技发展作出重大贡献的中青年，在党的领导下，“勿忘团结奋斗、努力振兴中华”，为我国经济建设和作物科学的发展作出新的贡献。(金善宝：《在中国作物学会第三届理事扩大会闭幕式上的讲话》，1983 年 11 月 12 日)

资料二(照片) 参加中国作物学会第三届理事会并留影。(见图 301)

资料三(照片) 参加作物学会的成员摄于农科院主楼前(左三起：吴景

图 301

锋、徐冠仁、□□□、李竞雄、邓景扬、金善宝。右二起：杜振华、庄巧生。右七鲍文奎)。(见图 302)

图 302

12 月 2—14 日，出席九三学社第四次社员代表大会，当选为九三学社第七届中央委员会副主席。

资料一(其他) 1983年12月2日至14日,为贯彻中共十二大精神,九三学社召开了社的第四次全国代表大会……大会选举产生了社的第七届中央委员会,许德珩任主席,周培源、潘菽、茅以升、严济慈、金善宝、卢于道、柯召、孙承佩、徐采栋、郝治纯(女)、安振东任副主席,赵伟之任秘书长。(九三学社中央社史办公室:《九三学社简史》征求意见稿,第71—72页)

资料二(照片) 参加九三学社第七届中央委员会,当选为九三学社中央副主席(前排左起:金善宝、严济慈、周培源、许德珩、潘菽、茅以升。后排左起:赵伟之、安振东、柯立、孙承佩、徐采栋、郝诒纯)。(见图303)

图303

资料三(照片) 河北省九三学社社员代表与九三学社中央领导合影(前排左二起:金善宝、严济慈、周培源)。(见图304)

资料四(照片) 内蒙古自治区人大代表与九三学社中央领导合影(前左起:金善宝、严济慈、周培源、柯立)。(见图305)

12月28日,纪念生平挚友、著名林学家梁希教授百年诞辰。

资料一(文章) 作者回忆了他和梁希教授从1932在杭州最初相识到抗

图 304

图 305

战时期在重庆两人同住一室的日子。他们志趣相投，政见相同，一起参加了自然科学座谈会，同当时共产党的机关报新华日报社取得了密切联系，《新华日报》如同黑夜里的明灯，指引着知识界航行的方向。（金善宝：《我和梁希教授同住一室的日子》，收入梁希纪念集编辑组编《梁希纪念集》，中国林业出版社，1983 年，第 16—19 页）

资料二（照片） 梁希像。（见图 306）

图 306

资料三(传记) 梁希教授是我国杰出的林学家、教育家和政治活动家,中国科学院学部委员、中国林学会理事长。解放前,曾任北京农业专门学校、浙江大学、中央大学教授及中国农学会理事长。解放后,曾任南京大学校务委员会主席、中华人民共和国林业部部长、全国人民代表大会代表、中国人民政治协商会议全国委员会常务委员、中华人民共和国科学普及协会主席、中华人民共和国科学技术协会副主席、九三学社副主席。梁希教授生于一八八三年十二月二十八日,浙江省吴兴县双林镇人,一九五八年十二月十日在北京患肺癌逝世,享年七十六岁。(周慧明:《梁希》,收入金善宝主编《中国现代农学家传(第一卷)》,第 13—21 页)

1984 年　　90 岁

1 月 11 日,得到中国农学会颁发的表彰状。

资料(证书) 表彰状。(见图 307)

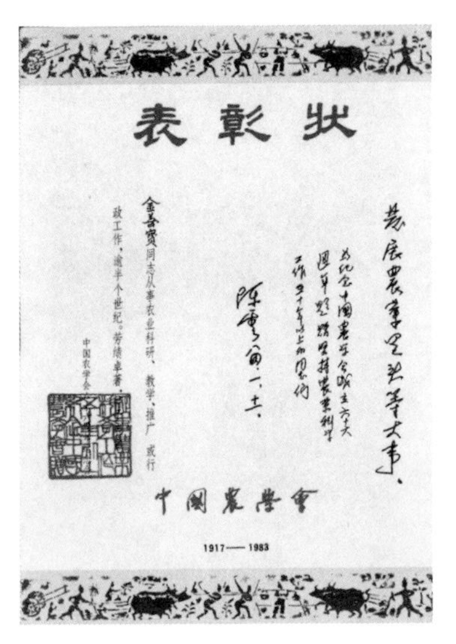
表彰状

发展农业是头等大事

金善宝同志从事农业科研、教学、推广或行政工作，逾半个世纪。劳绩卓著，

中国农学会

中國農學會

1917——1983

图 307

春，到陕西武功杨陵镇参加全国小麦攻关经验交流会。

资料一（照片） 全国小麦攻关经验交流会与会人员合影（一排左一：郭丽。右二：李英婵。二排左起：徐育成、曾启明、庄巧生、金善宝、王恒立、李登春。三排左三起：杜振华、刘俊秀、尹福玉、李春华、赵双宁）。（见图 308）

图 308

资料二(照片) 和庄巧生(左)、王恒立(右)阅览会议文件留影。(见图309)

图309

资料三(照片) 颁奖留影。(见图310)

图310

资料四(照片) 与春麦室和小麦品种室成员摄于陕西武功(前排左起:郭丽、邵学芝。后排左起:陈佩度、杜振华、吴兆苏、金善宝)。(见图311)

资料五(照片) 喜遇原小麦品种室成员并留影(左起:陈佩度、刘大钧、金善宝、吴兆苏)。(见图312)

图 311

图 312

资料六(照片)　会议期间到西安半坡遗址参观留影。(见图313)

图313

4月,游览北京植物园。

资料(照片)　北京植物园留影。(见图314)

图314

5月上旬,赴南阳视察中字麦。

资料一(传记) 1984年的中原大地,处处飘逸着小麦的清香,千万亩麦子像一块巨大的地毯,铺满了大地。在这丰收的喜悦里,河南人民迎来了中字麦(“中”代表中国农科院)的培育者——金善宝。他头戴草帽,精神饱满地对新野、邓县、内乡、南阳等县进行小麦考察。数日里,他访问农家,奔走田间,走访农科所,充分征求各方面对中字麦的意见,中字麦通过几年的试种,已在中州大地扎下了根,充分显示了它的增产优势。河南人民感谢为他们培育良种的人,欢迎他的到来。

黄淮流域是我国冬小麦的主要产区,历年小麦播种面积占全国总播种面积的40%左右。自六十年代后期以来,随着作物复种指数的不断提高,生育期长的棉花、水稻等前茬作物面积不断增加,以及该地区旱、涝灾害发生频繁,直接影响小麦及时播种,造成晚播小麦比例逐年增大。据河南省周口地区统计,1983年全区晚播小麦面积达380多万亩,占全区小麦播种面积的47%。南阳地区1983年晚播小麦面积达500万亩,占全区小麦播种面积的60%。一般地区,晚播小麦面积也都在20%~30%。由于小麦播期推迟,相应地带来耕作粗放,施肥不足,致使小麦生长发育不良,产量下降。晚播小麦一般减产20%~30%,严重地块达50%以上。因此晚播小麦田成了黄淮地区农业生产上的拉腿田,严重影响着这个地区农业生产的全面发展。迅速解决晚播小麦的低产问题,是黄淮地区农业生产上的当务之急。

金善宝和他的助手们一起,针对黄淮地区小麦生产上存在的这一问题,从1973年起,春小麦育种除了继续面向北部春麦区外,积极为黄淮地区服务。他们的育种目标是:要求新品种高抗小麦“三锈”和白粉病,产量比京红1~6号每亩提高100斤以上,蛋白质含量达15%以上,赖氨酸含量在0.3%以上。此外,还特别强调品种对光照反应不敏感、耐迟播等特性。

经过几年努力,他们终于选育出一批耐迟播、抗病性强、稳产、高产、适应性广的小麦新品系中7606、中7902等。这批新品系在黄淮地区经过四年试种,增产效果显著,一般可比当地推广品种增产20%左右,高产地块亩产可达800多斤。由于这批品种耐迟播,在一般情况下,可比其他品种晚播15~45天,从而大大缓解了这个地区秋收秋种时机具、畜力和劳力紧张的矛盾,受到广大农民的欢迎。

中 7606、中 7902 等品种，群众统称为“中字麦”。无论是深山、浅山、丘陵、平原，还是水田、旱地，都适宜种植，增产效果都比较明显。由于中字麦对光照反应不敏感，所以春、夏、秋、冬四季都能播种，并能正常抽穗、开花、灌浆和成熟。在品质上，中字麦蛋白质含量比一般小麦品种高 20%左右，赖氨酸含量高 10%以上。

晚播小麦的培育成功，打破了冬小麦的常规栽培规律，在育种上是一个突破。随着晚播小麦的推广，它将有力地推动黄淮地区耕作制度的改革，促进这一地区农业生产的发展，同时，也赋予小麦育种研究工作以新的内容。

中 7606 是 1973 年用冬性品种洛大林 13 做母本，春性品种 IRN68 - 181 做父本，杂交后，经北京、海南岛、云南异地加代繁殖育成。中 7902 是 1977 年用中 7605 做母本，中 7601 做父本，杂交后，经异地加代繁殖育成。这批品种都是在不同的纬度、生态条件下选育而成的。在北京地区春播，夏熟，生长发育期间温度由低到高，日照时间由短到长；在云南和海南岛秋播，冬熟，温度由高到低，日照由长到短，从而使这批品种对温度、光照具有广泛的适应性。

为适应党的十一届三中全会以来我国农村的新形势，适应农业生产结构的变化和商品生产的发展，金善宝和他的助手们正协力同心，在春小麦育种工作的征途上迈开了新的步伐。（史锁达、任志高编：《著名农学家教育家金善宝》，第 75—77 页）

资料二（传记） 1984 年 5 月，中原大地传来了金老主持研究的中 7606、中 7902 等小麦优良品种丰收的捷报。几年来的辛勤耕耘，终于换来了丰收的喜悦，使 89 岁的金老激动得顾不上病重的老伴，立刻赶往河南。在灿烂的阳光下，他头戴草帽，精神饱满地地对新野、邓县、内乡、南阳等县的小麦进行考察。数日里，他奔走田间，访问农家，走访了各县农科所，充分征求各方面对“中字麦”的意见，了解到这些品种经过几年试种，充分显示了它的增产优势，已经在中原大地扎下了根。

这一年，《泰安日报》《济南日报》先后发表散文诗《当小夜曲弹响的时候》，热情赞颂金善宝的迟播小麦……作者仇润芝用优美的诗句，表达了广大农民对迟播小麦无限喜爱的心情。在沉甸甸的麦穗上，在丰收的麦田里，育种家的心怀和广大农民的思想感情完全融为一体。（金作怡：《金善宝》，第 194—195 页）

资料三(照片) 河南郑州小麦晚播会议成员合影(前排左二起：辛志勇、杜振华。左六：金善宝)。(见图 315)

图 315

资料四(照片) 与尹福玉(右一)在河南新野张营中字麦的麦地考察留影。(见图 316)

图 316

资料五(照片)　春麦组成员在河南新野中字麦丰收麦地考察留影(左起：郭丽、吴景锋、杜振华、金善宝、尹福玉)。(见图317)

图317

资料六(照片)　金善宝(中)在河南内乡县马山口乡访问农家留影。(见图318)

图318

资料七(照片) 《南阳农业科技》封面人物。(见图 319)

图 319

资料八(照片) 在河南南阳中字麦的麦地留影。(见图 320)

图 320

5 月 15—31 日,出席第六届全国人民代表大会第二次会议。

资料(证件) 出席证。(见图 321)

图 321

6 月，与国际友人、农科院作物所众位专家在小麦试验田。

资料(照片)　众人在中国农科院东门外小麦试验田留影(左起：陈孝、邓景扬、尹福玉、金善宝、外国专家、杜振华)。(见图 322)

图 322

是月，《中国科技史杂志》发表他的传记。

资料(传记)　中国农业科学院名誉院长、中国农学会名誉会长金善宝教授，是我国现代卓著的农业教育家和科学家，本世纪中国小麦研究的重要奠基者之一。他从事教育,为我国培养了现在农业高等院校的不少知名教授;他从事科学研究,培育出在长江中、下游,西南、华南大面积推广起了显著增产作用的南大2419……

解放前,他是一位潜心治学和专研小麦、追求进步的教授。解放后,在党的关怀下他的智慧开了花,科研成果得以推广,用来为人民造福。一九五六年,他光荣地参加了伟大的中国共产党……

他不但是硕果累累的农业科学家,而且是一位桃李满天下的辛勤园丁。有些从事农业教育和科研工作的外籍华人和侨胞学者来访,都要亲自拜访他们当年的老师——金老。

他作为农业科学家出访过匈牙利、苏联和朝鲜,通过学术交流,促进了人民之间的友谊,他还被授予全苏列宁农业科学院通讯院士。

立志学农重实践

一八九五年七月二日,金善宝出生在浙江省诸暨县枫桥镇大东乡石口村。这个盛产毛竹的山村,共有三百多户人家,但都姓金。父亲是教私塾的秀才,他从小在家跟父亲读书。不幸,在他十三岁时父亲病故,家境日趋困难。母亲是一位勤劳的农村妇女、养蚕能手。他幼年时,经常帮助母亲养蚕,栽树苗,进山采竹笋和砍柴,农村的劳动生活培养了他务农的志趣。

为了争取学习的机会,他曾几次投奔公费的学校,因时局的变故均中途辍学。最后考入绍兴浙江省立第五中学(这是一座具有革命传统的学校,蔡元培是第三任校长,鲁迅先生也曾在该校任教)。母亲节衣缩食,终日辛勤养蚕,勉强维持了他中学四年毕业。他想考大学,但当时家里的经济条件,无论如何已经无法再支持他了。他得知南京高等师范农业专修科不收学费和饭费后,便决定去投考。农民的疾苦、求知的欲望激励他立志学农。他被录取了,母亲卖掉家中所有的蚕茧,给他买了蚊帐和行李,姑母资助二十九元钱,送他入学了。

当时的南京高师农科主任是邹秉文先生(农业部顾问),学校除了理论教学外,还设有实习课,有时利用暑假进行农业考察,这些都是他最感兴趣的。有一次,他到浙江农事试验场实习,发现场里的技术人员连波尔多液都不会配制。他告诫自己，学到的科学技术要会用，要用好，必须亲自动手操作，亲眼看到实际效果。

一九二〇年金善宝在南京高等师范农业专修科读完三年，毕业后被留在校小麦试验农场当技术员。这个试验场，是荣毅仁同志的父亲荣宗敬每年资助五千元办起来的，有一百零六亩小麦试验田。在这里，他开始了小麦育种研究。一年后，南京高师改为东南大学，农业专修科也改为本科，学制由三年改为四年，又在南京城外大胜关租地，办了一个有一千三百亩地的东南大学试验总场，他到总场继续任技术员。一九二六年又回校补读一年学分，完成大学农学本科全部学业。

一九二七年秋，他到宁波浙江第四中学教了半年农业课，一九二八年春到杭州劳农学院（现浙江农业大学前身）任教。一九三〇年七月赴美国留学，先在康奈尔大学研究院做研究生，后来到明尼苏达大学研究作物育种。科学知识没有国界，学者是有祖国的。他出国的目的是要亲自了解国外的农作物育种方法、理论和实践操作技术，他的最大愿望是能以自己的学识为祖国的农业服务。

一九三三年二月回国，先后在浙江大学农学院、南京中央大学农学院任副教授、教授。出国前后，断续经过八年，他从搜集到的小麦农家品种中评选出“南京赤壳”“武进无芒”“姜堰黄皮”和江东门等优良品种。特别是从南京江东门外的地方品种中选出的小麦优良品种——江东门，它的早熟性极为明显，而且这一特性遗传力强，迄今仍作为我国小麦育种的重要早熟种质资源之一；江苏、辽宁等地的小麦育种家，利用它或其衍生品种作亲本，育成了不少早熟小麦品种。他结合教学和科研工作，编著了《大豆几种性状与油分及蛋白质之关系》《近代玉米育种法》《实用小麦论》，发表了对我国小麦的研究和生产具有重要理论意义的专著、论文《中国小麦区域》和《中国小麦分类之初步》。

黑夜里的鏖战

一九三七年，日本侵略者的铁蹄步步向我国心脏地带逼近。当时金善宝是南京中央大学农艺系教授，随校迁到重庆。那时，当教授所得的薪水维持几口之家生活也有困难，而且搬迁又规定一般教授不准带家眷。在重庆沙坪坝,他和梁希教授住在临时建筑的一间十多平方米的平房里,室内放两张单人床,一张两屉小桌子,每人用一个抽屉。他们朝夕相处,情同手足,推心置腹,无话不谈。

尽管当时生活和工作条件都很困难,他仍然坚持小麦育种研究,把从国内各地征集的小麦品种和从国外引入的一千多份材料,进行了深入细致的观察、鉴评,从中选育出了碧玉麦、矮立多和中大 2419(后改名为南大 2419)等优良品种。

一九三九年夏天,身为中央大学农艺系教授的金善宝和助手蔡旭一起,沿嘉陵江、涪江到川西北的松潘一带,进行农业考察,同时推广他们选育的良种。途经平武县时,竟遭到几个手持短枪的歹徒的非法搜查和扣押。当他们据理提出质问时,歹徒们拿出一纸有官印的县府公文,诬陷他们看地图、查阅地方气象资料、了解农业生产情况等是所谓"汉奸行为""有意煽动饥民暴动"。

这次无端被扣押,使他气愤已极,更联想起一九三一年长江大水灾后,南京的农业科研机构从美国的棉麦借款中分得一部分来自美国的麦子,他在试验田里播种了一百多亩,收获前发现全是腥黑穗病的穗子——看来麦子是拌了病菌的,否则决不会如此严重的发病。美国资本家、农场主挖空心思地欺侮我们,他们想的是卖给你麦子赚钱,作种子自己生产就要遭到坑害。那时,他也是在十分气愤的情况下,亲手点起一把火,把长在地里的病麦用熊熊的烈火全部烧光。他决心自己从事选育小麦品种工作,走中国人自己应走的路。

时隔八年,两件事,使他悟出一条朴素的道理:帝国主义不可信,反动统治者只能压榨人民。在那长夜难明的旧社会,无论是教育还是科学,都救不了国,救不了民。

一次,他在讲课时因胃病大出血而昏倒在讲台上,被同学们抬回宿舍。梁希教授关切地照料他,并怒不可遏地向同学们诉说了当局无视教授们疾苦的种种勾当。在抗日战争处于敌我相持的艰苦时期,人民心向共产党,把抗战胜利的希望寄托在人民子弟兵身上。在雾都重庆,周恩来同志、《新华日报》就是知识界信赖和敬仰的地方。他在沙坪坝居住期间,通过潘菽同志等人和新华日报社取得了联系，经常去听抗战形势报告和参加座谈。

一九三八年，时逢“七七”抗战周年纪念日，校方出面号召：“为抗日将士捐款。”有的教授出于对抗战的关心，自愿捐赠五元、十元，绰号为“四维礼义廉”的人也出了三十元。他认为，这不过是跑到后方享清福的国民党官僚们搜刮民财的手段而已。因此，他待在宿舍不去应捐，这一举动在当时却不被同事们所理解。其实，他早已把一百元钱捐赠给《新华日报》了。年终，他又看到《新华日报》上登有为八路军捐赠寒衣的报道，他和梁希教授决定再一次把钱献给真正在前线同日本侵略者浴血奋战的、共产党领导的抗日军民。从沙坪坝到《新华日报》社址的化龙桥有六七里路，梁希教授因患关节炎行动不便，金善宝教授带着钱送往八路军驻渝办事处。次日，《新华日报》刊登一条新闻：梁金先生为抗日战士捐赠冬服款贰佰元。这梁金是谁？多人不晓。日常有所接触的人猜测说：“准是同居一室的两老。”那时，虽然金善宝教授只有四十多岁，已经鬓发皆白，在贫病交加的条件下坚持教学和科研工作，又拄着手杖，所以也被列入“老”字的行列了。

大约在一九三九年春，由几个在重庆的著名大学的教授，组织起了“自然科学座谈会”。组织是公开的，其成员是不公开的，《新华日报》社社长潘梓年同志经常直接或间接指导他们的活动。活动的地点也不固定，多半是以座谈、聚餐等形式进行。在当时虎狼当道、特务横行的重庆，他们不畏艰险，除自动学习讨论《自然辩证法》外，还经常去听《新华日报》组织的形势报告，有时直接聆听周恩来同志的演讲或参加座谈。虽然前后有近二十位教授参加活动，而经常出席的主要是梁希、潘菽、涂长望、谢立惠、干铎和金善宝。

在延安开展大生产运动期间，他为自己不能去参加而遗憾，便送上了自己选育的良种。后来，在新华日报社，邓颖超同志亲自告诉他：“延安已经收到了您送的种子。”他感到延安的抗日军民知道了他的心意，由衷地高兴。

一九四五年，在举世瞩目的国共两党重庆谈判期间，金善宝同几位在渝的著名教授一起，被邀请到嘉陵江边的张治中公馆，毛泽东主席亲切地会见了他们。当毛主席望着乌发过早变白了的金善宝时，问道：“老先生对时局有何高见？”当毛主席得知他刚五十岁时，立刻伸出两个手指，笑着说：“啊！

我比你大两岁。”此时，他心情无比激动，有许多话想说，又不知从何谈起，只说了最想说的两句：“仗还是要打的，此地不可久留。请毛主席早日离渝。”

这次难忘的会见，更加鼓舞他积极投入反饥饿、反压迫、反内战以及营救进步学生的斗争。在黑夜的鏖战中，使他看到了光明，他更加坚信，一个崭新的中国一定会在共产党、毛主席的领导下建立起来。

一九四六年，他又随中央大学迁校，回到南京。

阳光沐浴的新生

解放战争隆隆的炮声，拨开了黑暗的夜幕，曙光就在前头。一九四八年，台中农学院正式发来聘书，请农学界全国知名的教授金善宝去任教，他断然拒绝了优厚的待遇，却应荣毅仁同志之聘，去无锡江南大学农学院农艺系任主任兼教授。

他所盼望的一天终于来到了——一九四九年四月二十三日，南京解放了。在旧社会度过半个多世纪的金善宝，从此获得了新生。他回到南京，决心在中国共产党的领导下，为祖国的农业教育和农业科学研究事业，贡献自己的全部智慧和力量。

同年七月，当人民解放军正以排山倒海之势向南方……广大地区胜利进军的时候，党已经考虑到国家科学技术的发展问题了。由周恩来同志主持，在北京召开了著名科学家参加的科学座谈会，金善宝应邀出席了这次会议。会后，他参加了以竺可桢教授为团长的科学考察团，到东北解放区进行农业和有关方面的考察工作。途中在报上看到中央大学改组为南京大学，他被任命为南京大学农学院院长的消息。

一九四九年秋，华东发生大水灾，一亿多亩农田被淹没，秋收受到了影响。金善宝带领南大农学院的一些教授，亲自到灾区淮阴实地调查研究，提出了种土豆、移栽小麦的救灾措施。在《新华日报》上发表了《移栽冬麦救春荒》，同时深入农村宣传推广移栽技术。后来，仅在徐州地区就移栽冬麦四十多万亩，收到了良好的救灾效果，为华东地区在大灾之年的农业生产作出了贡献。

一九五〇年五月，金善宝被中央人民政府主席毛泽东任命为华东军政委员会农林部副部长、南京市副市长。

在半封建半殖民地的旧中国，一些有志之士在万难中探求富国利民之术，然而即使在科研上获得了某些成果，也难以推广利用，为民造福。南大2419这个小麦良种，从选育成功到解放前的十年时间，推广面积不到一百万亩。解放后，由于党和政府的重视，有组织地进行了推广，从长江两岸迅速向南北麦区扩展；五十年代中后期、六十年代初期已成为我国推广面积最大的小麦良种之一，每年推广面积超过七千万亩。五十年代末期，这个良种被引到西藏高原试种，也获得了好收成。一九八一年据湖北一个省的统计，还种植一百二十多万亩。几十年来，金善宝和他的助手们共同选育的这个小麦良种，在我国小麦增产上作出了不可磨灭的重要贡献。

一九五七年三月，中国农业科学院正式在北京成立，金善宝同志兼任副院长。次年九月调来北京任职。他虽已年过花甲，在农业科学战线上却是一名顽强拼搏的勇士。为了了解各地农业生产的现状，作为研究工作的基础，他踏遍了我国主要农业区：从长江三角洲到黄淮以南，从河西走廊到松嫩平原，从南海之滨到云贵高原，到处都留下了他的足迹和汗水。

在小麦起源和分类研究方面，他独树一帜，结合小麦生态型的研究，在理论上具有重要的建树。一九五七年，发表了《中国小麦之种类及其分布》，从全国各地征集来五千五百四十四个小麦品种，经过检定，属于普通小麦、密穗小麦、圆锥小麦、硬粒小麦和云南小麦……5个种，126个变种。我国普通小麦经鉴定有93个变种，其中19个和云南小麦6个变种是他新定名的。经过对中国小麦5个种的地理分布进行仔细研究，确定云南是我国小麦最丰富地区，是我国小麦变异的中心。高原地势复杂是形成品种变异的重要因素。他三次去过云南考察小麦的分布情况，发现澜沧江流域是云南小麦新种分布的中心，它在海拔二千五百米的地区也有种植。

在进行具有重要理论意义的试验研究的同时，他十分重视应用研究和深入生产实际的调查研究。为了总结我国小麦科研和生产的成果，他同有关专家、科技人员一起，由他主编了《中国小麦栽培学》，这是我国有关小麦的一本巨著。

身处逆境不动摇

正当他夜以继日忘我工作的时候，史无前例的“十年内乱”开始了。他作为继丁颖教授之后第二位中国农业科学院院长，也被“勒令”靠边站了。全院的科研工作处于混乱、停顿的状态。

一九六七年国庆节，他被请到天安门上观礼。敬爱的周总理走过来同他握手，关切地询问：“金老，你们农业科学院怎么样？”他对总理坦率的回答：“很乱！”周总理凝视着他，语气沉重地说：“全靠你了，金老！”他感到很不安，急促地对总理说：“不！不！全靠毛主席、周总理……”周总理的话使他多日不能平静，想到当年在重庆乱云飞渡的日日夜夜，正是毛主席、周总理给他和千百个在苦闷中探索光明的教授指明了方向；现在又是周总理无微不至的关怀，使他免遭揪斗。他一直在思索：应该怎么办？最后，决心排除种种干扰和阻力，从自己的科研工作做起。

他找助手商量，继续进行春麦育种的各项安排，按计划逐项开展研究工作。在那乘火车都难以找到个座位的年月里，年近八旬的金老不仅指导助手们进行南繁北育的加代工作，而且亲自登上黄山、井冈山、庐山去选择夏繁的适宜地点；亲自去海南岛，渡过万泉河，翻越五指山，观察春麦冬繁时的生长情况。

一九七六年一月，他不顾年老体弱，千里迢迢亲赴云南省元谋县，实地察看南繁春小麦成熟前的长相。由于旅途的劳累，特别是在火车站听到了敬爱的周总理逝世的噩耗，悲痛欲绝，到元谋县就病倒了。金老扶病亲笔写了唁电拍回北京。病情稍好转，他就坚持到分散在两个山村的试验地去看，在崎岖的山路上艰难地行走着。金老正以学习周总理“生命不息，战斗不止”的工作精神，悼念着周总理。他深入田间实地调查，同科技人员座谈，交流学术见解，他严谨的治学态度、平易近人的作风，给当地干部和群众留下了难以忘怀的深刻印象。

在那动乱的年月，搞研究工作何止是要克服许多物质条件上的困难！还要顶着“只拉车不看路”“要成名成家”……一连串的政治帽子的压力。金老和他的助手们始终没有动摇，他们坚信搞作物良种选育，对国家对人民都是有利的，从长远需要看，更不能耽误时间。为了争取时间，他们利用我国幅员广阔的优越自然条件的特点，春麦在北京春种夏收；带上种子到海南岛或元谋，秋种冬收，一年内两种两收，加快了一个世代进程，缩短了育成品种的年限；同时，在育种的过程中，使育种材料在地理差异上经受了由低温到高温，由高温再到低温，日照由短到长，再由长到短的自然变化，以及不同病害或不同病害生理小种致病的考验，易于筛选出具有广泛适应性和抗病性的优良品种。

第一批育成的“京红号”春麦品种，在全国十个省、市、区二十九处品种比较试验中，有二十四处占第一位，平均亩产比当时引入我国的“绿色革命”的小麦品种——墨西哥小麦，增产一到二成，一九七六年已推广六十多万亩。

春风中的欢笑

粉碎“四人帮”，年逾八旬的金老心花怒放。一九七七年八月上旬，他应邀参加了邓小平同志召开的科学和教育工作座谈会，他向小平同志反映了“四人帮”横行时，在农业科学院试验地种庄稼“不算劳动”的怪事。小平同志明确地予以肯定，他感到春风拂面，犹如一九四九年七月周总理召开的科学座谈会一样，逢人便讲：“严冬已经过去，科学的春天即将到来。”一九七八年，金善宝同志步履矫健地走上全国科学大会的讲台，抒发自己喜悦的胸怀，要在有生之年为农业科学现代化事业贡献一切的决心。

他坚决拥护党的十一届三中全会以来的各项方针政策，以更加意气风发的实际工作回答党对知识分子的信任和关怀。他在继续指导助手们进行春麦育种研究的同时，已经开始着手总结科研工作的经验。一批新育成的春麦新品种陆续投入生产鉴定和示范；由他主编的总结了我国三十多年来小麦种质资源利用情况和育种成果的《中国小麦品种及其系谱》一书，一九八三年正式出版了；继一九六四年出版的《中国小麦品种志》由他主编的续编，即《中国小麦品种志(1962—1982)》，已经定稿付印；由他主持，邀集全国著名的农作物专家、教授和科技人员共同编写的《中国农业百科全书》农作物卷开始进入审稿阶段。

五十年代末期，由他主持进行研究完成的研究成果《中国小麦之种类及其分布》，对我国小麦种质资源系统了解和对育种及栽培基本问题的认识，有着十分重要的理论意义，一九八二年，荣获国家自然科学三等奖。

在庆祝中国共产党成立六十周年的前夕，他以无比喜悦的心情，在《光明日报》上发表了一篇题为《社会主义赋予农业科学新的生命》，文中最后一段说:“回顾过去,展望未来,我深深地体会到没有中国共产党就没有新中国,没有共产党领导实现社会主义,就没有新中国农业科学事业的重大发展。我国的农业科学事业尽管受到了‘左倾’错误的影响,受到了林彪,‘四人帮’反革命集团的破坏,但是,我们的成绩还是巨大的,是主流,这一点是不容置疑的。当然,如果没有这些干扰和破坏,我们的成绩和进步一定会更大。现在党中央已经制定了正确的路线、方针和政策,进一步明确了科学技术要走在生产建设的前面,要为经济建设服务。……在全党、全国各族人民欢庆党诞生六十周年之际,我作为农业科技战线上的一名老兵,决心在有生之年为党为人民多做工作,同时以极其欣慰的心情,更寄希望于已经为我国农业科学事业作出了重要贡献的广大中青年农业科技工作者,希望他们在伟大、光荣、正确的中国共产党领导下,为更快地发展我国农业生产和农业科学事业,为把我们伟大的祖国早日建成为现代化的、具有高度物质文明和高度精神文明的社会主义强国贡献一切力量!”

一九八二年春天,八十七岁高龄的金老到广西参加南方三省(区)小麦科研协作会,冒着风雨到田里观察小麦与天兰冰草杂交的后代材料,同年秋天,他到黑龙江省三江平原进行农业考察,虽然旅途劳累,他还不时地要停车下去看看一望无际大平原上,丰收在望的大豆。晚间,他睡在新开发的红河农场临时的简易木房里,尽管渠旁草丛中蚊虫成团,梦中的金老,却发出了呵呵的笑声。

已经退居二线的金老,为有卢良恕同志这样有学识、有才干、有战略远见,年富力强、尊老爱下,能团结一班人共同搞好工作的内行专家接替农科院院长工作而高兴。一九八三年三月,他兴致勃勃地到……福建,考察春小麦。在厦门的海岸边,他颇有感触地对随行人员说:“一九四八年我没去台湾是完全正确的。现在,那里有我的同事和学生,我希望台湾早日回归祖国,完成祖国统一大业,到那时,我要去台湾看看……”老人深沉地叹了一口气说:“我们是幸福的呀……”

是的,在幸福的晚年,他作为老一代农业科学家的一员,在新旧社会都工作了三十多年,抚今追昔,感慨万端。当他坐在庆祝中国共产党建党六十周年大会主席台上的时候；当他列席党的十二大和出席六届一次全国人代大会的时候，他激情满怀，赏心悦目。他看到了充满生机和希望的社会主义祖国的未来，温暖的春风吹遍了祖国的大地，他也在欢笑声中继续工作着……（杜景玉：《我国现代卓著的农学家金善宝教授》，《中国科技史杂志》1984 年第 2 期，第 83—87 页）

7 月，主编的《中国小麦品种及其系谱》荣获 1983 年度全国优秀科技图书一等奖。

资料（证件） 全国优秀科技图书一等奖证书。（见图 323）

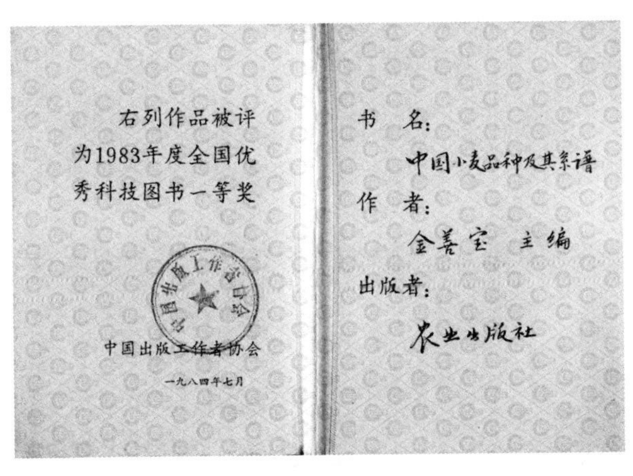
右列作品被评
为1983年度全国优
秀科技图书一等奖
中国出版工作者协会
一九八四年七月
书 名：
中国小麦品种及其系谱
作 者：
金善宝 主编
出版者：
农业出版社

图 323

8 月上旬，出席小麦生态试验会。

资料一（照片） 全国小麦生态试验会的与会成员合影（二排左一吴景锋、左七金善宝，三排左九曹广才）。（见图 324）

资料二（传记） 在他主持下，从 1982—1985 年，在北纬 49°26′至北纬 23°08′，东经 86°34′至东经 127°21′的我国范围内，布设了从海拔 8.9 米至 3 836米的 42 个试验点，以中国农业科学院作物栽培研究所牵头，农业气象研究所配合，组织了全国 41 个农业科研单位和农业院校，开展了 3 个试验年度的小麦生态联合试验。用代表不同类型的 31 个参试品种，按照统一的设计原则，采用分期播种以补充创造不同光温条件的方法，系统调查过程的有

图 324

关特性，并联系相应的气象资料，进行整理分析，获得了丰富的试验资料和大量的试验数据，从中提出了一些新观点，揭示了一些共同规律。（孟美怡：《金善宝》，第 185 页）

8 月 15 日，为出版《中国现代农学家》一书作序，致信方毅。

资料一（信件） 方毅同志：您好！多时未见面了！去年，湖南科技出版社决定编一套《中国现代农学家传记》。医学家传记请黄家驷主编；生物学家传记请谈家祯主编；农学家传记找到我了，推却不允，只得从命。目前《中国农学家传记》第一集已编完，定于明年 5 月前正式出版。出版社的副总编找到家里来，让我代他们请您为本书写一篇序言，并送上他们写好的“约稿”和“初审工作小结”以及提供撰写序言的材料。第一集列传人有梁希、丁颖、农业方面的生物学部委员、一部分一、二级教授、研究员和较为年轻的卢良恕、刘应祥、袁隆平等 50 人。等样书印出后，请出版社送上。知您工作很忙，不该多打扰，如能拨冗挥笔数语，对出版社、列传人和我本人都是很大支持；对读者也是很大鼓舞。如确有不便，也不必为难，由我回复他们便可。（金

善宝:《为出版〈中国现代农学家传记〉给方毅同志的信》,1984 年 8 月 15 日)

资料二(其他) 方毅副总理写道:我国自古以来就有为著名人物立传的传统。为中国现代农学家立传,是表彰他们所作贡献的方法之一。看了这些传记,可以追寻老一代科学家奋斗的足迹,了解他们所走过的艰苦历程。这对后来人是一种很好的教育。(方毅:《序言》,收入金善宝主编《中国现代农学家传》,第 1—2 页)

8 月 28 日,参加冀西北高寒旱区夏播小麦观摩交流会。

资料(档案) 金善宝认为,夏播小麦是有希望的,有前途的,可以发展;要注意防病,选用抗病品种;可以使一年两代变三代;要筛选更多的新品种;种树种草为夏播创造条件;夏麦协作会可以轮流坐庄等。(金善宝:《在全国夏播小麦观摩交流会上的讲话》,中国农科院作科所档案室,1984 年 8 月 28 日)

9 月 14 日,老伴姚璧辉因病辞世。

资料一(传记) 八十年代以来,金师母的双眼因患白内障影响了视力。刚开始时,医生们说等白内障成熟了以后再动手术。可是到了 1984 年,当她的双眼完全失明之后,医生们又说她年岁大了,不敢动手术了。金师母原来是一个很开朗的人,双眼失明之后,她的心情十分烦躁,这种烦躁情绪严重影响了她的健康,1984 年上半年,曾先后两次心肌梗塞,经医院抢救后,才脱离危险。9 月 14 日早晨,金师母突然呼吸急促,家人急忙送海淀医院急诊室治疗,终因抢救无效去世了……(孟美怡:《金善宝》,第 257 页)

资料二(传记) 金善宝和他的老伴姚璧辉,半个多世纪以来,双方的同学每逢见面,总会笑着打趣他们道:"金元宝、摇进来!"原来,璧辉女士原名姚金兰,后来虽然改了名,但她的同班好友们仍然亲切地叫她"金兰",因而,大家很自然地就将他们夫妻的名字按其谐音称为"金元宝、摇进来"了。金善宝听了,总是淡淡地笑笑说:"我们家里从来没有什么金元宝,我给予金兰的只有实实在在的感情、朴朴实实的生活。"而金兰呢,也以此为满足,她常说："青菜豆腐吃了保平安，粗茶淡饭饱，布衣暖，足矣！"并以自已的一生，实践了这个诺言。有趣的是，他们一个是来自偏僻山村的农家子，一个是从小生长在杭州城里的姑娘；一个以乡下人为荣，一个以城里人自居；在这个乡下人辛勤耕耘的园地里，是这个城里人为他撑起了半边天。他们就是这样相互厮守着，度过了一生一世，风风雨雨六十年。（杜振华等：《百年耕耘——金善宝传》，第280页）

资料三（照片） 金善宝、姚璧辉合影。（见图325）

图325

资料四（照片） 与家人合影。（见图326）

9月30日，发表《农业科学要策马扬鞭》一文。

资料（文章） 为迎接国庆三十五周年，金善宝撰文回顾中华人民共和国成立以来我国农业取得的辉煌成就，并号召农业科技工作者为实现20世纪末的伟大目标，策马加鞭向前进。（金善宝：《农业科学要策马扬鞭》，《光明日报》1984年9月30日第2版）

9月，《农业科技通讯》报道《中7606、中7902春小麦晚冬播大有可为》，

图 326

《世界农业》报道《著名老专家畅谈中国农业成就》。

资料一(报道) 近几年,我们在黄淮麦区及其毗连的长江中下游部分地区试种晚冬播小麦新品种取得成功。事实证明:中 7606、中 7902 晚冬播大有可为。它不但晚播不减产,晚播也不晚收,而且可以获得高产、优质的效果。这对促进该地区粮食和经济作物的全面均衡增产,对发展农村商品经济,都具有重要的意义。这两个品种现正在黄淮麦区扩大试种、示范,河南省种子公司也在进行生产试验。(杜振华:《中 7606、中 7902 春小麦晚冬播大有可为》,《农业科技通讯》1984 年第 9 期,第 6—7 页)

资料二(报道) 《农业科技通讯》1984 年第 9 期封面是中字麦的生长图。(见图 327)

资料三(报道) 金善宝(中国农业科学院名誉院长、小麦专家):我国是古老的农业大国,几千年来,我们的祖先在农业科学的各个方面作出了卓越的贡献。近年来,我国和国际间开展了广泛的学术交流活动,相互学习,取长补短,使我国的农业科学进一步向前发展。中国农科院从 1978 年开始,先后派往美国、英国、法国、加拿大、日本、联邦德国、澳大利亚、南斯拉夫等十多个国家共一百多名科研人员,或进修或合作研究或参加国际会议,同时也

图 327

邀请外国专家来中国讲学。中国已与国际水稻所等大多数国际科学研究中心建立了学术交流或资料交换或人员互访的关系。仅中国农科院科研管理部从 1980 年以来,便接待了美、英、法、日以及国际农业研究中心专家 40 多批。不少是国际名流学者,如国际玉米小麦中心专家、诺贝尔奖获得者、著名的小麦玉米育种专家布洛格曾几次来到中国进行学术交流。通过这些活动,我们了解了国外近年农业科研动向以及教学与农业研究动态。同时在作物育种、分子生物学、兽医、畜牧、植病、生态学、遗传工程、电子计算机等在农业上的应用,以及果树、蔬菜等几十个专业方面,沟通了我们和发达国家间的信息。以生物防治为例,通过交流了解到美国为防治 223 种害虫引进天敌 600 多种,现已有 120 种害虫达到一定程度的防治效果,其中 42 种达到彻底消灭。近年我院共引进天敌一百多种次,大都已在饲养、保种、试验、观察中发现可喜的苗头,有的已取得明显效果。丽蚜小蜂是温室白虱的重要天敌,目前我院生防室已向全国 10 省、市 26 个单位提供了蜂种。在其他方面也都有多种不同程度的收益,愿国际科技交流在今后的实践中发挥更大的作用。(《著名老专家畅谈中国农业成就》,《世界农业》1984 年第 9 期,第 3—6 页)

10 月 8 日,《人民日报》报道《良种小麦改变了黄淮麦区生产面貌——著

名小麦专家金善宝等培育出一批小麦新品种》。

资料(报道) 由我国著名小麦专家金善宝主持培育成功的耐迟播、品质好的小麦新品种中7606、中7902等,在黄淮麦区推广四年来,证明增产效果显著,受到群众欢迎。黄淮流域是我国冬小麦主要产区,小麦播种面积占全国总面积的40%。由于这一地区作物复种指数较高,加上秋季经常发生旱、涝灾害,小麦常常因为不能及时播种,造成晚茬麦比例过高,直接影响小麦生产发育,一般减20%~30%,严重的可达50%……1980年以来,该地区农业部门从中国农业科学院引进由金善宝等主持培育成功的一批中字号春小麦,作晚播小麦品种。经四年试种,一般可比当地推广品种增产20%以上,高产地块亩产达八百多斤,其中中7606、中7902等品种表现突出。这批新品种的特点:耐迟播,适播期长,比冬麦品种可迟播十五至四十天;抗病力强,尤其高抗三锈和白粉病;后期耐高温,去年6月在河南经受33~35℃高温,成熟正常。(史锁达:《良种小麦改变了黄淮麦区生产面貌——著名小麦专家金善宝等培养出一批小麦新品种》,《人民日报》1984年10月8日第3版)

10月,诸暨县委书记陈章方来访。

资料(照片) 金善宝(右)与诸暨县委书记陈章方(左)亲切交谈。(见图328)

图328

12月23日,《泰安日报》报道《当小夜曲弹响的时候》,热情赞扬春麦组培育的中字麦。

资料(报道) 《泰安日报》报道《当小夜曲弹响的时候》,热情赞扬春麦组培育的中字麦。(仇润芝:《当小夜曲弹响的时候》,《泰安日报》1984 年 12 月 23 日第 1 版,见图 329)

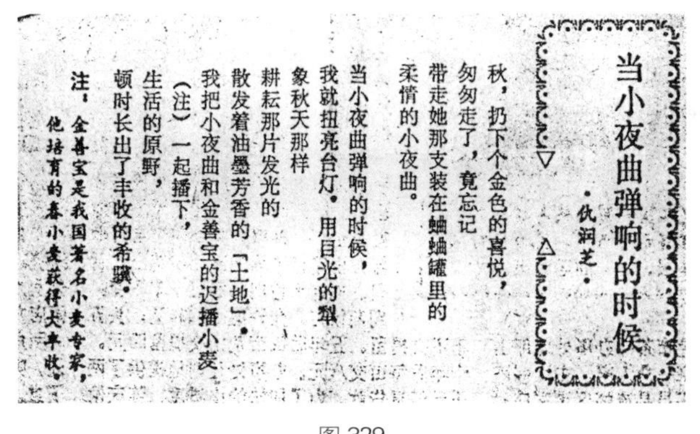

当小夜曲弹响的时候

·仇润芝·

秋，扔下个金色的喜悦，
匆匆走了，竟忘记
带走她那支装在蛐蛐罐里的
柔情的小夜曲。

当小夜曲弹响的时候，
我就扭亮台灯。用目光的犁
象秋天那样
耕耘那片发光的
散发着油墨芳香的「土地」。
我把小夜曲和金善宝的迟播小麦
（注）一起播下，
生活的原野，
顿时长出了丰收的希冀。

注：金善宝是我国著名小麦专家，他培育的春小麦获得大丰收。

图 329

1985 年　　91 岁

春节,中国农业科学院、朱则民、汪闻韶等祝贺他跨入九旬高寿。

资料一(照片)　摄于农科院饭厅。(见图 330)

图 330

资料二(其他) 原党组书记朱则民贺金善宝九旬高寿。(见图331)

贺金善宝同志行将九旬高寿

七绝一首

(一九八五年二月)

脑清体健(1)九旬翁!
科教赤忱献与农!
雪后劲松横翠碧(2)!
篇篇锦绣唤东风!

(1) “三种人”谣传金老糊涂有病，故正之。

(2) 金老既经过十年反革命大动乱的冲击，又受“三种人”的无情折磨，始终坚持正气。

图331

资料三(照片) 水利专家、中科院院士汪闻韶、严素秋夫妇前来拜年。(见图332)

图332

2月25日，为《院士春秋》题字。

资料(其他) 为《院士春秋》题字。(见图333)

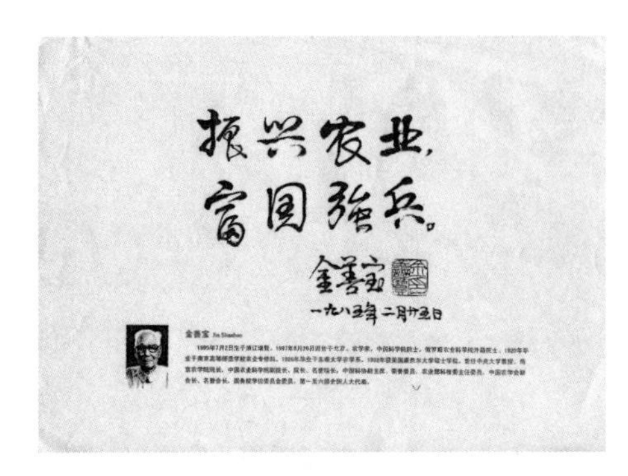

图 333

2 月，《中国农业科学》发表《中国小麦品种及其系谱》的评价。

资料（评价） 我国从事现代小麦品种改良工作是从本世纪二十年代开始的。半个多世纪特别是解放三十多年来，通过各种育种途径和方法，育成了数以千计的优良品种，全国已实现三至五次的品种更换，每次更换又都有力地促进了小麦生产的发展。回顾小麦品种演变的历史，总结不同时期各麦区利用小麦种质资料开展工作的经验，对提高小麦育种水平、促进育种科学的发展是非常必要的。就杂交育种来说，最重要的是环绕育种目标，选用适当的亲本，合理配置组合，这是决定工作成败的关键。因此，联系主要育成品种的选育过程和性状表现，分析其系谱组成，不仅可以了解亲代和各代在主要经济性状上的遗传、继承关系，并能够掌握一些亲本材料的性状配合表现，以及不同组配方式对各代性状形成的影响。这有助于使依靠经验为主的育种，上升为更有科学预见的育种。《中国小麦品种及其系谱》正是从这种要求出发，它不是全国小麦育种成果汇编成的“品种志”，也不同于一般的“育种学”，而是以分析论述我国小麦育成品种及其系谱为其中心内容，总结我国利用国内外小麦种质资源和选配亲本的经验，并探讨了主要经济性状的遗传传递关系。本书的问世，在世界小麦品种演变史的文献中，填补了我国在这方面的空白，这是一本反映我国小麦育种发展、具有重要作用的理论著作。本书将全国划分为十个麦区，每个麦区写为一章，每章的内容包括三个方面：一是概述本麦区的地理范围、自然条件和小麦生产与品种的面貌；二是简要回顾本麦区小麦品种的演变历史；三是对主要育成品种，按其特色或组合特点，分析其系谱和性状遗传关系，这是本书的主体部分。另外，在第一章绪论中，概括了我国小麦地方品种的基本特性和利用国内外小麦种质资源的一般效果；在第十二章中论述了亲本选配的一般规律，骨干亲本的作用和抗锈、早熟、矮化高产育种的基本经验，这也体现了理论与实际的结合。既把全国各方面的经验加以集中和系统化，上升到理论高度加以阐述，又有利于对小麦育种实践进行分区指导。此外，在附录中列有我国育成的大约一千个小麦品种及其重要亲本的系谱表，以及 50 多个主要小麦育种点的自然条件和基础资料，这也便于读者备查，起到工具书的作用。本书由我国著名小麦育种专家金善宝同志主持，组织了全国各麦区主要小麦育种单位的数十位同志参加撰写，前后花了将近三年的时间，提供资料的涉及科研、教学、生产部门的二百二十多个单位。这是又一项社会主义大协作的成果，也充分体现了我国科研的特色，本书出版之后即受到国内外同行的重视。我于去年十一月间前往设在墨西哥的"国际玉米小麦改良中心"访问时，曾携带数册作为礼品相赠，该"中心"小麦计划主任柯蒂斯博士当即提出，要求将本书翻译为英文本和西班牙文本，以便广为交流，事实将证明，本书的出版对进一步提高我国小麦育种科学水平，促进小麦生产发展和实现农业现代化都有积极意义。（卢良恕：《反映我国小麦育种科学发展的新成就——评〈中国小麦品种及其系谱〉》，《中国农业科学》1985 年第 3 期，第96 页）

3 月 14 日，祝贺浙江同乡吴耕民教授九十华诞。

资料（手稿） 贺吴耕民教授九十华诞。（见图 334）

3 月，主编的《中国现代农学家传》第一卷出版。

资料一（报道） 这是我国第一部系统地介绍我国农学家生平事迹的书。由九十高龄的著名农学家金善宝主编。方毅同志为本书写了序言。此书问世后，受到了广大读者的欢迎。金老是中国农业科学院名誉院长，是我国老一辈农业教育家、小麦育种学家。他曾任中国农业科学院院长，现为中国科学家学部委员、中国科协副主席、国务院学位委员会委员。他从事农业科学研究和教学工作已达六十五年。金老一生不仅选育了很多小麦育种，还撰写了多部著

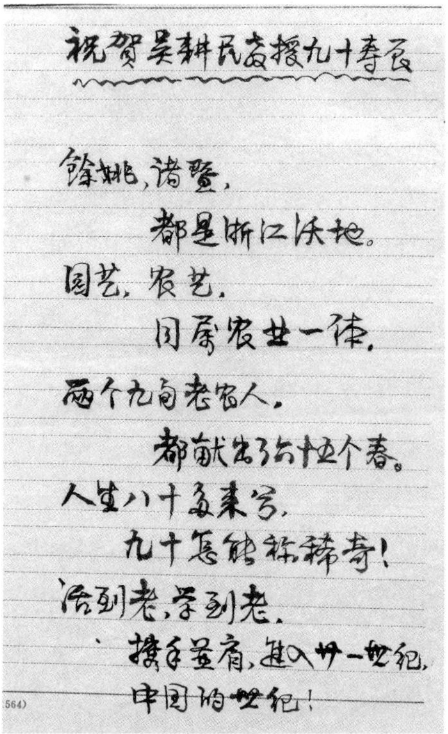

祝贺吴耕民教授九十寿辰

余姚，诸暨，
都是浙江沃地。
园艺，农艺，
同属农业一体。
两个九旬老农人，
都献出了六十五个春。
人生八十多来兮，
九十怎能称稀奇！
活到老，学到老，
携手并肩，进入廿一世纪，
中国的世纪！

图334

作，更重要的是他教育和培育了大批农业科学家、教育家，他们在各自的工作岗位上作出了贡献，由他主编丛书《中国现代农学家传》无疑是最适合的。在一九八二年底，金老就产生过编辑这套书的想法。一九七八年全国科学大会以后，他经常收到一些青年来信，询问老一代农学家的经历和成就等，有些刊物也常送来一些农学家“小传”的文稿请他审阅。金老认为，趁着一些老科学家还健在，应该“抢救”这类资料，编辑出版。他的这一想法，正好与出版社的提议不谋而合。所以金老愉快地接受了出版社的邀请，担任了《中国现代农学家传》主编工作。他不顾当时……八十七岁高龄，立刻与副主编吴景锋具体拟定编写计划，他热望着，用自己晚年的余热，把《中国现代农学家传》一卷一卷地编辑出版。在这以后的一年多时间里，金老与吴景锋同志一起，收集与整理了第一卷文稿。他请农业科学院的主要领导同志审阅了第一卷的列传人名单后，就投入了发“约稿信”和收阅《传记》文稿的工作。不到半年时间，全国各地先后寄回文稿和补充材料三百多份，近57万字。材料之丰富，速度之快，超过原来的预料。北京农业大学党委统战部和南京农业大学党委宣传部接到约稿信后，就迅速为已故的列传人确定了合适的撰稿者；河南省委有关领导同志亲自审阅了农民小麦栽培专家刘应祥的传记稿；山西农业大学党委派专人查阅档案，为已故校长、生物统计学家王绶的《传记》搜集材料；中国农业科学院原子能所党委负责同志还亲自为该所老专家撰写《传记》。传物栽培育种学家、广西农学院名誉院长孙仲逸，不顾八旬高龄，从南宁专程赴京，亲自把《传记》文稿交到金老手上。审阅文稿，这是一项很细致而严谨的工作。很多琐事，吴景锋同志主动承担了；许多人的传记稿，金老逐篇过目，有许多被列传的人，还是金老早年的同学或学生，作为见证人，一些史实，需要他慎重审定。工作量较大，金老耄耋之年，也为此倾注了自己的心血。《中国现代农学家传》第一卷出版之后，以其鲜明的特色吸引着读者。这本书记载的主要是健在的农（林）学家。各篇传记作者又都是列传人选定的学生、助手，有的是多次采访报道过被列传人的记者、作家。因此，传记内容比较翔实，叙述得生动、亲切。特别是在每篇传记后面，附有列传人的主要论著目录索引，便于读者查阅。现收入的列传人，是……在农（林）业科研和教育方面作出重要贡献的五十八位老科学家，其中，有我国著名的林学家梁希、水稻栽培育种学家丁颖、作物遗传育种学家戴松恩、李竞雄、鲍文奎，植物病理学家和微生物学家俞大绂，农业昆虫学家邱式邦，畜牧学家郑丕留，园艺学家曾勉，小麦育种学家蔡旭、庄巧生及杂交水稻专家袁隆平。从新书中，可以学到列传人成功的治学经验与科研方法。而他们的科研途径，完全是“中国式”的现代农林科研之路。从这个意义看，《传记》是有关专业科技人员的一本好科研“教科书”。新书介绍的科学有许多是二十、三十、四十年代从欧美或日本学成归国的早期留学生，也有新中国培养的一代新的农学家，还有一些新成长起来的农民科学家。尽管他们的出身、经历和学术探求的道路千差万别，但是有一条是共同的：这就是他们都怀着一颗热爱社会主义祖国的赤诚之心，在科研、教学和生产岗位上，都以实现农业现代化为自己的奋斗目标。传记主要从生平、重大贡献与成就，治学态度与方法等方面再现了遴选者的精神面貌。这样，《传记》无疑也是一本很好的爱国主义教材。新书出版之时，南京农业大学党委就准备将《传记》作为优秀学生的奖励用书。现在，金老以“老骥伏枥”的精力又投入了主编《中国现代农学家传》第二卷的工作。他与出版社确定，将这套丛书一卷一卷地编辑出版。随着我国农业现代化的进程，它将留下一代又一代杰出的中国现代农学家的奋斗业绩与前进的足迹。（贺晓兴：《智慧在绿色王国闪光——金善宝教授主编的〈中国现代农学家传〉》，《作物学报》1985 年第 3 期，第 118 页）

资料二（其他） 该书是我国有史以来，较系统、较完整地介绍了百余名中国农学家生平、学术成就和对我国农业发展作出贡献的传记丛书。两卷书分别于 1985 年 3 月和 1989 年 8 月，由湖南科学技术出版社出版，湖南省新华印刷二厂印刷。第一卷 49.3 万字，列传人 58 名；第二卷 44.0 万字，列传人 52 名。列传人中，有我国现代著名的农、林教育家，农、林学家，农业科技教育组织管理家，农业经济、科技情报信息和农史研究专家。有作物遗传育种、作物栽培、土壤农化、农业昆虫、植物病理、农业微生物、畜牧兽医、果树园艺、蚕桑茶叶、生理生化和生物统计等学科专家。既有二十年代以来，为祖国农业建设作出了重要贡献已故的和健在的农业科学家、教授，也有目前正在农业战线不同岗位上担负重任，为建设具有中国特色的社会主义现代化农业作出了新成绩的后起之秀。书序依列传人的出生年月日先后排列，有每位列传人的照片。文中都较为翔实地介绍了其生平简历、学术成就、研究成果和在某一领域中广泛的社会活动、对祖国农业发展做出的突出贡献。对列传人中牵扯历史遗留问题者，经与有关组织联系商榷，都作出了恰当的结论，在其传记文中做了入情入理的表述。对列传人发表的重要学术论文和著述，都进行了广泛的搜集，目录按发表时间顺序附于文后。因此，在一定意义上说，《中国现代农学家传》，以其内容涉及农业领域的广度和三分之二世纪的长度而言，在客观上构成了中国现代农业科技和教育史的一个重要部分。对于追逐我国 20 世纪 20 年代以来，农业科技教育发展过程，查询某一学科研究的前人工作，也是具有重要价值的参考文献。传记的撰写人，多数是列传人的助手、学生，也有的是多次采访，报道过列传人事迹的作家或记者。他们满含激情，尊重知识、尊重人才，表彰了老一代农学家勤奋耕耘的业绩，启迪中青年为社会主义祖国农业现代化的拼搏奉献精神。方毅同志为《中国现代农学家传》写的序言中，热情洋溢地弘扬了老一代农学家治学严谨、勇于探索的优良学风和坚韧不拔、不畏困难、潜心农业利教事业的刻苦精神。希望读者追寻他们奋斗的足迹,了解他们所走过的艰苦历程,从中得到激励,在科学技术日新月异发展的当代,农业科技要有新的追求、新的突破、新的进展。(吴景锋:《两卷〈中国现代农学家传〉简介》,收入王连铮主编《金善宝文选》,第 435 页)

3 月 27 日—4 月 10 日,出席第六届全国人民代表大会第三次会议。

资料(证件) 出席证。(见图 335 - 1、图 335 - 2)

图 335 - 1

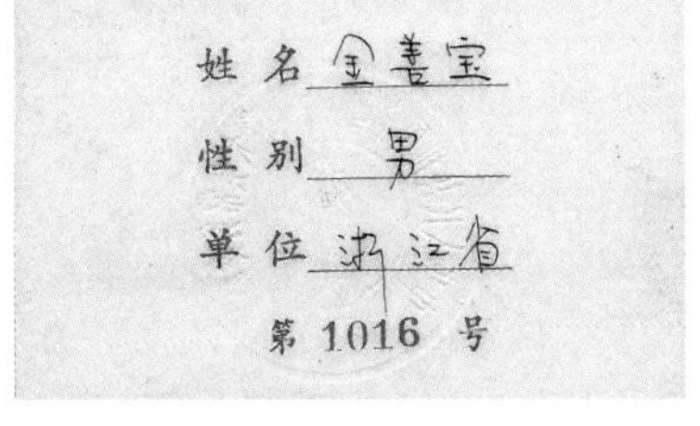

图 335 - 2

是年春至 1988 年,京红 9 号在内蒙古种植 11 万亩。

资料(著作) 京红 5 号 1974 年经 10 省(市)29 个单位试验,普遍表现良好,综合性状优于墨西哥小麦品种。1975 年北京市海淀区东升乡大钟寺大队白塔二队种植 5 亩,平均亩产 375 kg,同年在内蒙古呼和浩特市郊良种场有 18 个参试品种,其中有 12 个是从墨西哥新引进的品种,京红 9 号产量居首位,平均亩产 381.3 kg,比对照墨西哥小麦品种卡捷姆增产 11.3%。宁夏农科院王太堡试验场品比试验,平均亩产 527.4 kg。1976 年在各地继续试验,26 个试验点结果,京红 9 号比当时广泛种植的墨西哥小麦品种增产 5.8%~80.9%。概括各地试验试种结果,该品种表现早熟、矮秆、抗倒伏、丰产、适应性广,一般条件下亩产 300 kg 左右,在适宜的高水肥条件下亩产可达 400~500 kg。该品种适于北京、天津、河北北部、内蒙古、宁夏、青海、新疆等春麦区种植。据农业部全国种子总站统计,1985—1988 年在内蒙古每年种植 11 万亩。(金善宝主编:《中国小麦品种志(1983—1993)》,中国农业出版社,1997 年,第 330—331 页)

4 月，被授予第一届学科评议组纪念章。

资料(证件) 国务院学位委员会第一届学科评议组工作纪念章。(见图 336)

图 336

6 月上旬，在史各庄、农科院东门外小麦试验田观察冬麦长势。

资料一(照片) 金善宝在北京史各庄小麦试验田考察(左起：尹福玉、金善宝、刘书旺、农民技术员、杜振华)。(见图 337)

图 337

资料二(照片)　金善宝(中)、李登春(左)、石社民(右)在小麦试验地留影。(见图 338)

图 338

资料三(照片)　金善宝(右二)、李登春(左一)、石社民(左二)、杜振华(右一)在中国农科院东门外小麦试验田间留影。(见图 339)

图 339

6月中旬，与农科院职工同游北戴河、山海关。

资料一(照片)　金善宝(右)、尹福玉(左)在北戴河留影。(见图340)

图340

资料二(照片)　吴景锋(左二)、金善宝(左三)、梁勇(左四)同游北戴河留影。(见图341)

图341

资料三(照片) 金善宝在山海关留影。(见图342)

图342

6月下旬,《著名农学家教育家金善宝》一书出版。

资料一(报道) 金善宝是我国著名农学家和教育家,在国内外均享有盛誉。他数十年如一日,宵衣旰食,呕心沥血,为振兴祖国的农业付出了艰苦的劳动。而他的高尚情操、朴实作风亦为人师表。金善宝少年时期即为改变中国贫穷落后的面貌而立志从农;学成后,先从事农业教育,教书又育人,数十年中为我国培养了大批农业专家,真可谓"桃李满天下"。五十年代中期以后,专事农业科学研究,尤其在小麦分类和育种方面的研究,成就卓著,以"小麦专家"而闻名中外。耄耋之年,仍壮心不已,真是"老骥伏枥,志在千里"。今年七月二日,是金善宝先生九十寿辰。为了给金老祝寿并庆贺他六十多年来对我国农业教育和科学研究所做的杰出贡献,中国农业科学院史锁达、任志高同志编写了《著名农学家教育家金善宝》一书,将由农业出版社出版。该书主要内容分为两大部分:第一部分,以传记性的文体概述了金老的生平事迹；第二部分，回忆与祝愿，是他的部分学生(著名专家)为他九十寿辰而写的祝词。正文前面八个插页中有反映金老一生主要活动的照片。随后，有农牧渔业部部长何康和原农业部副部长、现全国人大常委会委员刘瑞龙为金老九十寿辰的亲笔题词。中国农业科学院院长卢良恕为本书写了序言。应特别指出的是，金老一生的成就，不仅仅是育成了多少个小麦品种和撰写了多少部著作，更重要的是他教育和培养的大批农业科学家、教育家，在各自的工作岗位上同他一样为祖国农业教育和科研作出了贡献。本书介绍金老的学生有柯象寅、胡祥璧、周可涌、俞履圻、何家泌、蒋耀、蒋次升、徐永椿、鲍文奎、曹诚一、李曙轩、卢浩然、余友泰、肖常斐、吴兆苏、马世均、范胜兰、张驹、夏祖灼、黎洪模、汪可宁、黄滋康、罗毓权、孙济中、徐冠仁、蒋仲良、黄至溥、徐豹等撰写的文章。本书的出版，将对我国农业战线上广大读者有所助益。(范林：《向读者推荐〈著名农学家教育家金善宝〉》，1985 年 6 月)

资料二(传记) 《著名农学家教育家金善宝》封面。(见图 343)

图 343

资料三(传记) 金善宝同志是我国农学界的老前辈，1985 年 7 月 2 日已是九十高龄了。我国农学界八九十岁的人不少，甚至有百岁高龄的。但是像金老这样年高而耳聪目明、思想敏捷、手脚灵便、保持工作能力者，实在非常难得。一个人随着年岁增长，各部分器官不免要老化。多年来金老的血压一直很不稳定。1974年5月下旬，中国农业科学院在山东莱阳召开全国小麦高额丰产科学讨论会，山东省的领导很重视，农委负责人亲自用小车送金老去现场。当天下午从济南出发到淄博后请医生给他量血压，一位女医生看高压升到230毫米汞柱，心情十分紧张，昌潍地委书记和我们也都很不安，他却平静如常，还安慰大家说是不要紧的，休息休息就可以恢复。也真是“人定胜天”，休息一晚改乘火车去莱阳，照常参加会议，不仅参观莱阳县的小麦高产现场，还去黄县下丁家大队、蓬莱县聂家大队和烟台地区农业科学研究所参观。金老从不服老。我国历来的说法是“人生七十古来稀”，金老过了这个年龄，却说“七十不稀奇，八十多来兮，六十还是小弟弟”。1978年，党中央和国务院在北京召开全国科学大会。金老这一年已经是八十二岁高龄。在这个全国人民翘首迎接科学春天到来的庄严的主席台上，金老热情洋溢地发完言，向大会宣布：“为了实现四个现代化，我八十二要当二十八岁来过。”全场报以经久不息的掌声。几十年来，金老担任过教授、院长、学部委员、南京市副市长以至中国科协全国委员会副主席、九三学社中央委员会副主席和历届全国人大代表等重要职务，花去了他巨大的时间和精力，但是他从不放弃对小麦的科学研究。1934年他的著作《实用小麦论》出版后，一面继续培养人才，一面亲自从事小麦育种实践，成功地选育出南大2419，从五十年代开始直到七十年代初期二十多年，他选育的这个品种成为长江流域十四个省市的主栽品种，有的年份推广面积达七千多万亩。1957年中国农业科学院成立后，他从南京来到北京，先后任副院长、院长。这里是冬小麦的边缘地区，沿长城从东到西跨越八九个省、市、自治区的广大国土上是谷子、玉米、高粱和莜麦、土豆的主产区，小麦的产量低而不稳，极少栽培，农民世世代代以杂粮充饥，仅过年过节，年老有病的难得吃点面食。为改变这种状况，他和他的助手杜振华同志着手春小麦品种的选育，经过二十多年始终不渝的努力，终于选出京红号和中字号一系列高产抗病的春小麦品种，使这个地带的小麦播种面积逐年扩大。同时，黄淮平原是我国的主要产麦区，麦田面积达1.7亿亩，约占麦田总面积的40%，近年来由于扩大复种面积，腾茬晚，常年约有四分之一的麦田不能及时播种，而原有的冬小麦品种播种过晚、产量锐减。金老主持育成的中字号小麦品种、中7606、中7902是冬春麦杂交后代，在河南省的安阳、郑州、开封、周口、南阳等地十一月份播种还可得600斤左右的产量，比当地原有品种晚播可增产20%～30%，深受农民的欢迎，为粮食增产作出重大的贡献。金善宝同志的严谨不懈的科学作风和人老心不老的精神永远值得我们学习。（方悴农：《记金老二三事》，收入史锁达、任志高编《著名农学家教育家金善宝》，第113—115页）

资料四（照片） 金老与方悴农摄于中国农科院。（见图344）

图344

资料五（传记） 金善宝先生的一生是从事科研与教育的一生，是为人民服务的一生。年虽老而志不衰，是对金先生最真实的写照。1978年金先生在科学大会上宣称，八十二岁要像二十八岁那样，为农业科学和农业发展继续贡献力量。这不仅是对我们起鼓舞作用的豪言壮语，而且是以实际行动，作为我们的模范。就在这样的高龄，金先生仍然不辞辛劳，去边远地区调查野生小麦，研究小麦的起源与分类，主编了《中国小麦品种志》，得到国际学者的赞扬。在庆祝金先生九十大寿的时刻，我脑海里激起阵阵回忆。首先想到的，是金先生的美德与学风。金先生在冬麦变春麦、春麦变冬麦试验风行的年代，没有随风兴浪。金先生在“小麦密植，可以亩产一万斤、二万斤”的浮夸声中，没有随声附和……金先生尊重科学和坚持科学态度。金先生执教数十年，桃李满天下，为我国育才作出了卓越贡献。不仅如此，金先生在尊重人才和使用人才方面，也是大公无私，忠诚地执行了党的知识分子政策。当然，金先生还有很多事迹值得我们赞颂与学习，由于篇幅，不能尽述。在此谨祝金先生健康长寿，为社会主义建设与改革立新功。(徐冠仁:《贺金老九十大寿》，收入史锁达、任志高编《著名农学家教育家金善宝》，第 115—116 页)

资料六(传记) 我 1940 年在中央大学农学院农艺系毕业。我从武汉大学农艺系到中央大学读三年级，那年的必修课程之一是作物栽培学，金先生给我们上小麦栽培学，蔡旭先生带实习；在学校农场里，金先生亲自把着手教我小麦杂交技术，教我们认识小麦的不同品种和它们的特性。这是我学生物科学以来，第一次接触生产实际和真正了解学农的意义和目的。从那时候起，金先生谨严的治学精神、进步的思想和正直的为人，就不断影响和教育我，作为我深切敬仰的楷模。1939 年到现在，近半个世纪了，金先生一直关心和帮助我，像关心自己的子女一样。几十年来，这种师生间的深情厚谊，鞭策和鼓励着我，使我常常提醒自己：不能辜负老师的教诲和厚望。我在这里仅举出老师对我影响最深、我记忆最牢的几件事：1. 1939 年，正当国民党反动派掀起第一次反共高潮，沙坪坝中央大学校园里的斗争是激烈的。为了争取大多数，扩大我党的影响，地下党支部通过学生救亡组织义卖《新华日报》，发动女同学制作手工艺品义卖，得款捐献前线抗日士兵。在中央大学第一个用高价义买《新华日报》的就是我们的金先生。由于金先生的社会地位和在群众中的威望，反动派无可奈何；而此举在广大群众中的影响是极大的。2. 1945 年，毛主席从延安飞抵重庆，进行举世瞩目的"重庆谈判"，金先生就在此时得到毛主席的召见。同年九月，也就是日寇刚投降，金先生应熊庆来先生之约，到云南大学农学院讲学，他非常高兴地到当时号称"民主堡垒"的昆明来了。先生密切关心国家的前途和命运，在昆明学生"反内战、反饥饿、反迫害"的"一二·一"运动中，金先生参加了广大学生队伍的游行行列，并且走在队伍的前列，鼓舞了学生和革命人民的斗志。新中国建立时，金先生年已半百；作为科学家，在新的历史时期，先生又积极地投入了新的战斗。在科学研究工作中，金先生一生都是一位实干家。小麦优良品种南大 2419 是金先生培育的；先生一直都没有中断过小麦育种工作，六十年代初，先生已近古稀之年，还曾远至云南保山，调查当时严重流行的小麦锈病和该病的防治工作。十一届三中全会以后,先生已皓首高龄,然而更加精神焕发,为小麦育种工作,近至华北,远至海南岛等地。先生一生为科学、为共产主义事业奋斗不息的斗志,激励我四十几年来怀着敬慕的心情学习我的老师,不敢懈怠。(曹诚一:《敬爱的金师是我一生的楷模》,收入史锁达、任志高编《著名农学家教育家金善宝》,第123—124页)

资料七(传记) 1949年夏,解放不久的南京,中央大学的毕业生纷纷走上西南服务团的战斗岗位。我因肺结核未能前去。一个晚上,我们去看望我们的院长金善宝老师,他关切地对我们说:“解放了,新中国的农业建设有着广阔的前途,特别是辽阔的北方,我可以介绍你们到那里去参加建设。”不久后的一个傍晚,我和爱人同班同学何宁,手持金老师的亲笔介绍信来到北京,面见当时黑龙江省省长冯仲云同志,他热情地接待了我们,当即送我们到北京大学的“东北干部队”集训,九月来到吉林省公主岭,直到今天。是金老师送我走上了东北农业科学研究的道路。小麦是我从事农业科研工作的第一课。在我为数不多的从学校带来的科技书中,金老师的《实用小麦论》总是放在案头。它使我想起老师给我们讲授《麦作学》时的情景,这本书也是我工作中的主要老师。当我对东北冬小麦的遗传变异和春小麦的发育特性研究取得一些结果,有机会去参加青岛召开的我国第一次遗传学座谈会时,金老师特别高兴,勉励我努力进取。中国是大豆的故乡,东北的大豆驰名世界。由于形势的发展,1956年由我筹建生理研究室,金老师是中国大豆研究的老前辈。在他的“既要解决生产问题,又要注意理论概括”的思想指导下,从实际出发,与东北师范大学生物系密切合作,制订了一个从生长发育、产量构成到营养、激素的大豆生理研究三年计划。工作开展了起来,第一年即获得了大量基础资料。时代波浪的冲击,工作没有按计划进行下去。十一届三中全会的春风吹遍了祖国每一个角落。事物都将以它本来的面目来展示其前景,中国大豆的科学研究获得了前所未有的生机。在东北大豆主产中心地区建立大豆研究所的喜讯表达了多少大豆科学工作者的心愿!建立大豆生理生化研究室的任务再次落到我的头上。年纪的流逝,体力的弱变,知识的老化,令人怅茫。我到北京看望金老,在他那老当益壮的神情、不畏艰难的进取精神面前,深感愧惭。以老师为楷模,迎接困难,是我应该走的道路！“要为选育出高产优质的品种努力。要抓住我国特别丰富的大豆资源这个优势踏踏实实地工作。”金老的教诲给我们的工作指明了方向。几年来，我们在研究高产大豆基因型碳氮代谢和产量潜力，找出指标的同时，着力于大豆资源，包括栽培资源和野生资源的生理、生态研究和品质鉴定，明确了中国大豆蛋白资源的地理分布规律和野生大豆的高蛋白特点，为高蛋白育种和蛋白利用提供了材料和依据；明确了大豆，特别是野生大豆的光周期特性及日夜温度对发育的重要影响，做出了区划，为大豆的引种和育种提供了依据。1982 年以来在国际会议上发表论文四篇，得到了金老的关怀。通过我国丰富的不同生态条件下栽培资源和野生资源的同步研究，从光温生态、品质化学、种子蛋白电泳三个方面得出了大豆起源于我国黄河流域的同一论点。金老亲自审阅了《大豆起源地的三个新论据》的论文，还高兴地亲笔做了推荐。金老语重心长地对我说：“大豆是中国的国宝，中国人应该在大豆研究上作出更多的贡献。”作为金老的学生，我们将遵循他的教导，奋力进击，为中国的农业科学、大豆科学争光。（徐豹：《金老师对我的教导》，收入史锁达、任志高编《著名农学家教育家金善宝》，第 131—133 页）

资料八（传记） 时光飞逝，金师行将九十，他体态健好，焕发着革命青春。我既羡慕他老人家的干劲，也羡慕他更上耄耋。回忆起三十八年前四川重庆松林坡中央大学农学院生活的情景，金师给我的印象最深。当时我在农艺系二年级，金师任系主任，担任作物栽培学及其他课程的教授，对小麦一章，尤属发挥，同学们均喜欢听。他一方面重视教导效果，一方面关心民族存亡，保护思想进步的学生。当时生活条件很差，他的身体很不好，但他仍以各种方式（如去昆明等地讲学，请邹秉文先生讲演等），一方面传播学识，另一方面沟通被压迫者的心声。我当时虽与金师单独接触较少，但内心是折服他的学识和为人。1946 年，中央大学东迁南京，金师和梁希等进步教授领导大家在旧的基础上重新建立，我在中央大学农学院担任助教，深感金师是个慈祥而又很有原则的人，许多方面是值得学习的。我于 1950 年夏季调来北京华北农业科学研究所，1957 年筹备成立中国农业科学院，金老奉调来京，担任院领导，我们都很高兴。小麦锈病的问题，他一直很关心。记得 1964 年在友谊宾馆召开锈病会议，他和我们曾经根据会议集中的意见，在一起研究锈病工作者和育种工作者如何搞好协作，群策群力，推动灭锈歼灭战的进程。这一年，我在甘肃甘谷驻点。甘谷在我国小麦条锈病防治上是个有战略意义的地区，他和戴松恩先生亲自下去检查和推动，当时已届古稀年岁，到农村锈病防治田察看如何进行防治工作，到海拔一千六七百米的地方察看是否适合盖低温温室等，给我留下了难以忘怀的印象。金师是一个强烈的爱祖国、爱人民、爱事业的学者，他桃李满天下，是我国小麦科学界的主要奠基人之一。十年动乱期间，他实事求是，不随声附和。有一次，我来院部了解人工光照应用时，他主动带我们到温室亲自介绍，亲切感人。1978 年 1 月，我得脑溢血住院，金老对我非常关心和爱护。当时金师母还因心脏病住在医院里，但他得悉我生病的第二天，即到医院里来探望，仔细向我爱人询问病情，并亲自找医院领导，要医院重视给我治病，还让他的助手几次来探望，找医生了解病情进展情况。金老的关怀给予我很大的安慰和鼓舞，增强了我和疾病作斗争的信心。（汪可宁：《我心中的金师》，收入史锁达、任志高编《著名农学家教育家金善宝》，第 133—135 页）

资料九（传记） “小麦只在白天开花，夜里不开花。”这是从前普遍的说法。真的小麦在夜里绝对不开花吗？金善宝老师提着马灯到麦田里，通夜观察，终于看到了，小麦在夜里也有开花，不过数量很少。这件事使当时还是学生的我，内心里就敬佩不已。金老师的这种扎扎实实的钻研精神，敦厚正直、朴实无华的品质，以及他对教学、科研、生产一起做，还兼管农场不怕艰苦的工作方法和作风，都给了我很深刻的教育。南京中央大学农学院当时选育推广了好几个优良小麦品种，如南宿州、江东门、13215 等等，推广的范围相当大，在生产上起了不小的作用，也是与金老师的辛勤劳动分不开的。1935 年，我从南京中央大学农艺系毕业，迄今已 50 年，我也已 73 岁了。在我的工作中如果有一点成绩，都含有金老师对我的熏陶作用。（周可涌：《老师的精神》，收入史锁达、任志高编《著名农学家教育家金善宝》，第 135 页）

6 月 30 日，南京农业大学校长刘大钧暨全体师生发来贺信。

资料（信件） 南京农业大学校长刘大钧暨全体师生发来贺信。（刘大钧等：《祝贺金老九十大寿》，1985 年 6 月 30 日。见图 345－1 至 345－5）

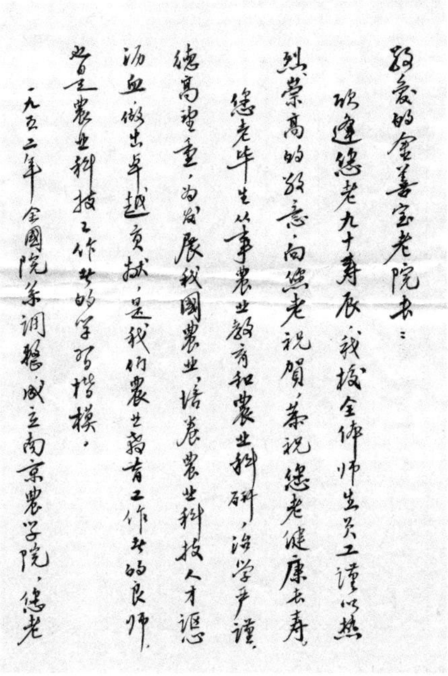

敬爱的金善宝老院长：

欣逢您老九十寿辰，我校全体师生员工谨以热烈、崇高的敬意，向您老祝贺，恭祝您老健康长寿。

您老毕生从事农业教育和农业科研，治学严谨，德高望重，为发展我国农业，培养农业科技人才呕心沥血，做出卓越贡献，是我们农业教育工作者的良师，也是农业科技工作者的学习楷模。

一九五二年全国院系调整，成立南京农学院，您老

图 345 - 1

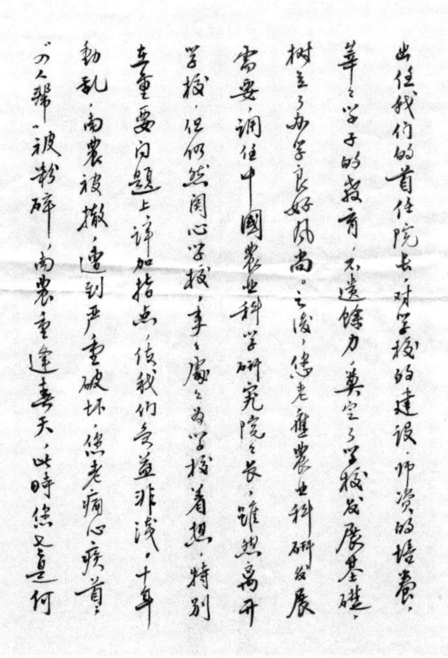

出任我们的首任院长，对学校的建设、师资的培养、莘莘学子的教育，不遗余力，奠定了学校发展基础，树立了办学良好风尚。之后，您老应农业科研发展需要，调任中國农业科学研究院院长，虽然离开学校，但仍然关心学校，事事处处为学校着想，特别在重要问题上详加指点，使我们受益非浅。十年动乱，南农被撤，遭到严重破坏，您老痛心疾首；“四人帮”被粉碎，南农重逢春天，此時您又是何

图 345 - 2

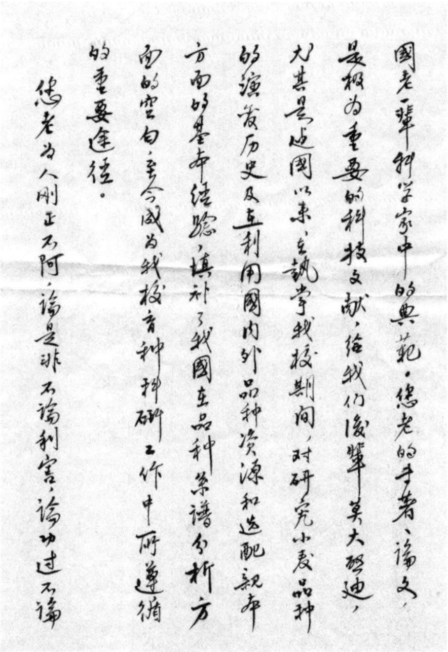

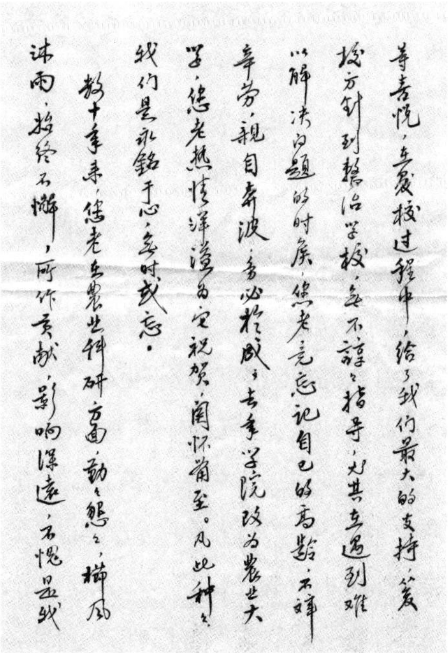

等喜悦，在复校过程中，给了我们最大的支持，复校方针到整治学校，无不谆谆指导，尤其在遇到难以解决问题的时候，您老竟忘记自己的高龄，不辞辛劳，亲自奔波，务必促成。去年学院改为农业大学，您老热情洋溢为它祝贺，关怀备至。凡此种种，我们是永铭于心，无时或忘。

数十年来，您老在农业科研方面，勤勤恳恳，栉风沐雨，始终不懈，所作贡献，影响深远，不愧是我

图 345 - 4

國老一辈科学家中的典范。您老的专著、论文，是极为重要的科技文献，给我们后辈莫大启迪，尤其是建国以来，主持我校期间，对研究小麦品种的演变历史及其利用國内外品种资源和选配亲本方面的基本经验，填补了我國在品种系谱分析方面的空白，至今成为我校育种科研工作中所遵循的重要途径。

您老为人刚正不阿，论是非不论利害，论功过不论

图 345 - 3

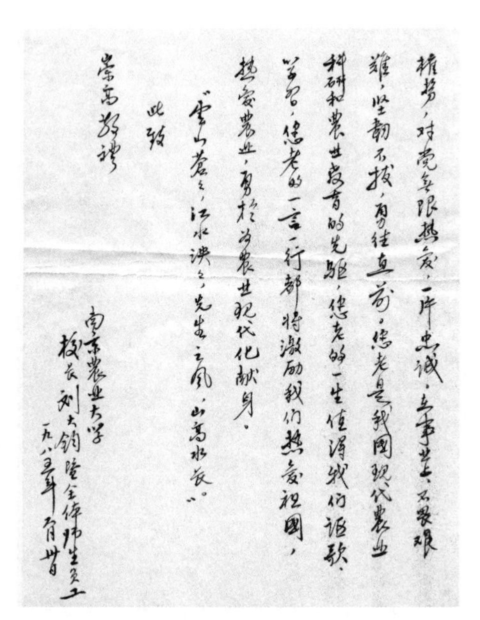

权势，对党无限热爱，一片忠诚，在事业上不畏艰难，坚韧不拔，勇往直前，您老是我国现代农业科研和农业教育的先驱，您老的一生值得我们讴歌、学习，您老的一言一行都将激励我们热爱祖国，热爱农业，勇于为农业现代化献身。

“云山苍苍，江水泱泱，先生之风，山高水长。”

此致

崇高敬礼

南京农业大学

校长 刘大钧 暨全体师生员工

一九八五年五月卅日

图 345－5

6 月，河南农科院六位专家发来贺信。

资料(信件) 金老，您的一生是向往真理、追求光明、为人民服务的一生；无论是风雨如磐的昔日，还是浩劫罕见的昨天，您总像刚强的松柏，怀着赤子之心，毫不动摇地向着光明！金老，您的一生，是在科研和教育岗位上，忘我工作，潜心研究，取得卓越成就的一生，小麦研究就是您的生命！为此，您可以不惜身体，不顾家庭，不计个人荣辱，披荆斩棘、呕心沥血，为国家培养出了一个个优良品种，撰写出一部部科学论著，浇灌出代代桃李。你像人梯一样，为祖国的四化建设，托起了一根根栋梁！金老，您的一生，是谦虚谨慎、严以律己、高风亮节的一生，您身为领导，又德高望重，却没有“官”的作风；您用党和人民的最小给予，对党和人民作出了最大贡献！敬爱的金老啊！在此千言万语难尽之时，仅用以下几句，表示我们的心意：功德福全民，桃李遍天下。春秋九十载，高寿享天年。更期逾百岁，龙跃在人间。区区此祝贺，馨祷献尊前。(《柯象寅、何家泌、赵德芳、黄肇曾、张庆吉、王植璧写的联名贺信》，1985 年 6 月)

7 月 1 日，方毅发来贺信。

资料(信件) 方毅副总理给金善宝发来贺信。(方毅:《祝贺金老从事农业科研教育六十五年暨九十寿辰》,1985 年 7 月 1 日。见图 346 - 1、图 346 - 2)

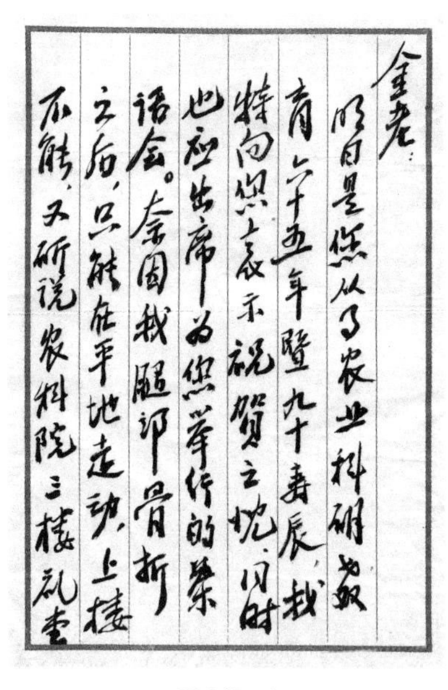
金老：
明日是您从事农业科研教育六十五年暨九十寿辰，我特向您表示祝贺之忱。同时也应出席为您举行的茶话会。奈因我腿部骨折之后，只能在平地走动，上楼不能，又听说农科院三楼礼堂

图 346 - 1

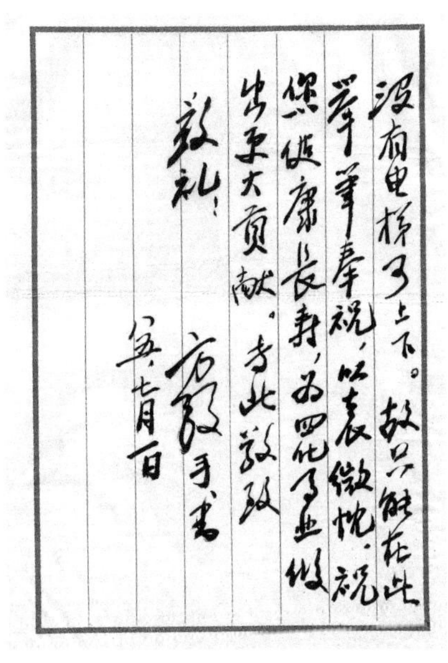
没有电梯可上下。故只能在此举笔奉祝，以表微忱。祝您健康长寿，为四化多做出更大贡献。专此敬致
敬礼！
方毅手书
八五、七月一日

图 346 - 2

7 月 2 日，中国科学院、中国科学技术协会、九三学社中央、中国农业科学院联合举办金善宝同志从事农业科研教育六十五年暨九十寿辰茶话会。

资料一(报道) 在我国农业科学和教育园地里辛勤耕耘了六十五个春秋，年已九旬的金善宝教授，七月二日，在中国农科院受到百余名科技、教育工作者的热烈祝贺。中国农科院名誉院长、中国农学会名誉会长金善宝教授，是我国著名的农业教育家、科学家。半个多世纪以来，他为我国小麦育种研究和农业生产发展，为培养农业科技人才，呕心沥血，作出了卓著贡献。他言传身教，桃李满天下，有不少学生已成为知名教授和高级研究人员。金老是我国用现代科学方法培育小麦良种的开拓者之一。由他亲自选育的南大 2419 小麦品种，遍及全国二十多个省(市、区)，推广面积曾达七千多万亩。他所主持研究、育成的“京红号”“中字号”春小麦品种，已在大部分春麦区和冬麦区大面积推广。金老认真从事农业理论著作，他所撰写的小麦论著在

理论和实践上都有着重要意义。严济慈、钱学森、裴丽生、吴明瑜、刘瑞龙、朱荣等到会祝贺。中国农科院院长卢良恕主持了今天的会议,并向金善宝赠送了纪念品。(徐闻:《百余名科技、教育工作者在京集会　祝贺金善宝辛勤耕耘六十五载》,《光明日报》1985 年 7 月 3 日第 1 版)

资料二(报道)　今年七月二日,中国农业科学院举行茶话会,祝贺中国农业科学院名誉院长、我国著名的农业教育家、农业科学家金善宝同志从事农业科研教育六十五周年暨九十大寿。会上,中共中央政治局委员王震、方毅分别送来寿星和贺信。人大常委副委员长严济慈、科学家钱学森以及金老的学生等纷纷发表贺词。全国二十七个农业科研单位和海外学者发来了充满敬意的贺电。九十高龄的金老,满头银丝,精神矍铄,满面春风地向周围的同事、朋友和学生们频频颔首致谢。金善宝自一九二〇年就开始从事农业科技工作,是我国用现代科学方法培育小麦良种的开拓者之一。早在三十年代,金老就从全国七百九十个县的小麦品种中鉴定出江东门、南京赤谷、武进无芒等品种,其中有些至今仍作为我国小麦育种的重要早熟种质资源被利用。四十年代,他从世界各地的三千多份材料中,选育出南大 2419 优良品种……后在长江流域十三个省市大面积推广,最高达七千多万亩,起到显著增产作用。五十年代他又从全国各地征集到的五千五百多份材料中,经研究鉴定,将我国小麦品种划分为五个种、一百一十六个变种,并首先发现了我国特有的小麦新种——云南小麦。一九五七年至一九五九年,他主持研究发表的《中国小麦之种类及其分布》,成为国内外研究我国小麦分类的基本文献,被授予国家自然科学三等奖。六十年代以来,金善宝主持研究春小麦主育种工作,先后育成一批“京红号”春小麦新品种,已在华北春小麦区、南方冬小麦区推广,荣获一九七八年全国科学大会的奖励。近几年来他又成功地育出中 7606、中 7902 等春小麦优良品种。金老早年留学美国,曾先后在浙江大学农学院、中央大学农学院等五所农业学院担任教授和领导职务。他言传身教,桃李满天下,不少学生以至学生的学生已经成为知名的教授和高级研究人员。他治学严谨,著述等身,许多著作已经成为我国农学和小麦科研方面的教科书和经典。近些年来,金老虽然年事已高,但他仍然每年抽出时间到各地农村进行实地考察。一九八二年,他以八十七岁高龄,北赴黑龙江,南达广西,考察边区的科技工作现状，回京后即向中央做了建设性的汇报；一九八三年他前往福建省考察当地小麦品种，一九八四年他又到陕西、河南、河北了解小麦科研和生产情况。金老每到一地，都深入田头、农户，对那里的农业生产和科研提出有益的建议。金老主张“用人之道当其壮”。他多次呼吁要尽快改变科技界年龄老化状况，扶持中青年科技人员“挑大梁”，他前些年辞退了农科院院长职务，让出了院学术委员会主任和研究生院院长职位，支持自己的继任者创造性地工作。他还经常给暂时没有受到重视的年轻人撑腰、打气。年届九十的金老，至今仍不知疲倦地从事着他的“育种”工作。用他的话来讲：一曰良种，二曰育良材。（陈满正：《六十五年勤育种——农学家金善宝九旬高龄壮心不已》，《人民日报（海外版）》1985 年 7 月 23 日第 4 版）

资料三（其他） 中国农业科学院庆贺金老九十寿辰的贺联、贺卡。（见图 347 - 1、图 347 - 2）

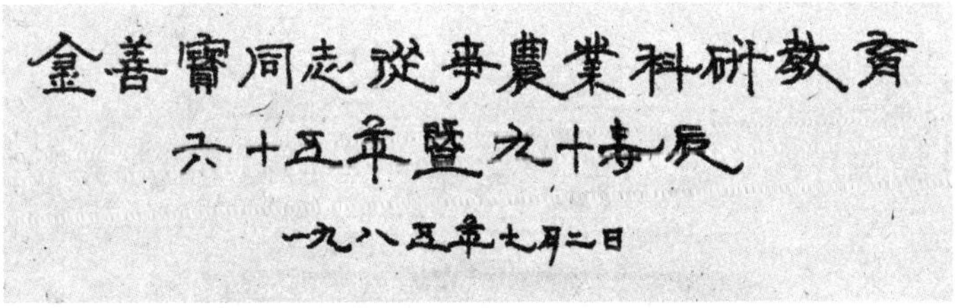

金善寶同志從事農業科研教育
六十五年暨九十壽辰
一九八五年七月二日

图 347 - 1

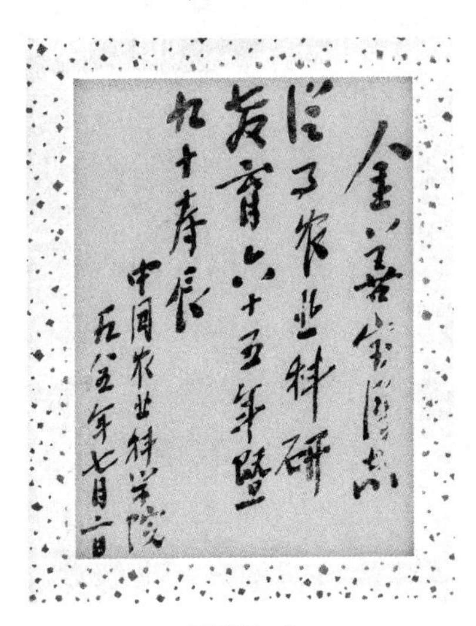
金善宝同志
从事农业科研
教育六十五年暨
九十寿辰
中国农业科学院
八五年七月二日

图 347 - 2

资料四(其他) 何康庆贺金老九十寿辰的贺卡。(见图348)

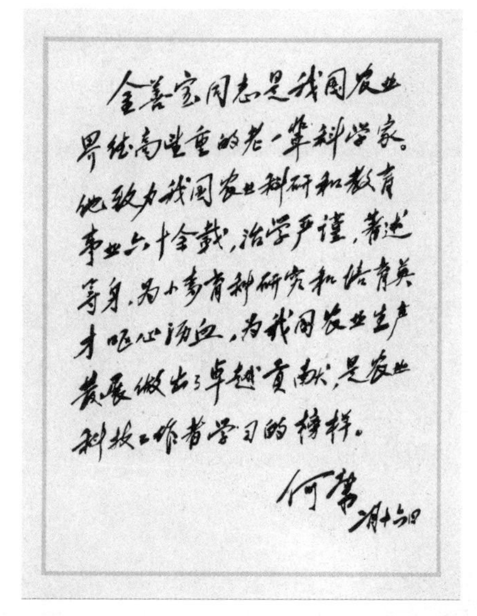

金善宝同志是我国农业界德高望重的老一辈科学家。他致力我国农业科研和教育事业六十余载，治学严谨，著述等身，为小麦育种研究和培育英才呕心沥血，为我国农业生产发展做出了卓越贡献，是农业科技工作者学习的榜样。

何康
7月十六日

图348

资料五(照片) 金善宝在九十寿辰茶话会留影。(见图349)

图349

资料六(照片) 茶话会留影。(见图 350－1、图 350－2)

图 350－1

图 350－2

资料七(信件) 朱则民的贺词。(见图351)

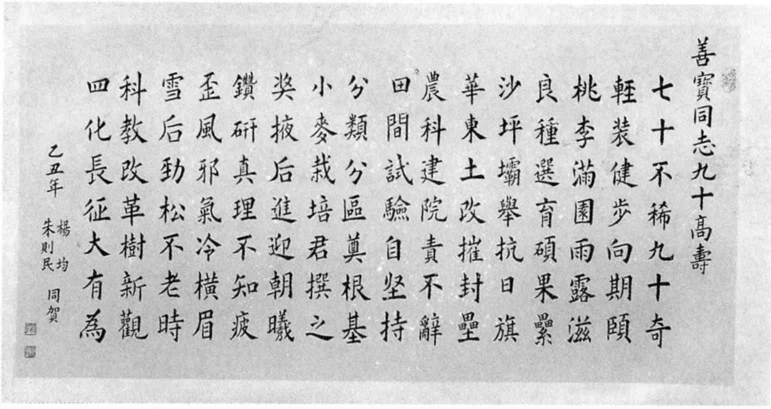

图351

资料八(其他) 朱则民夫人杨均的贺词。(见图352)

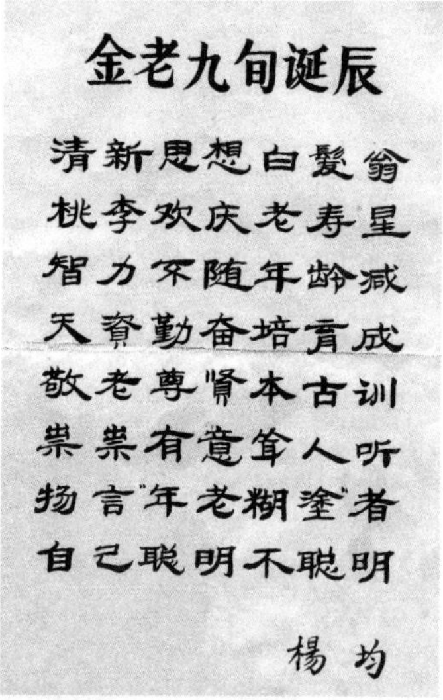

图352

资料九(其他) 刘瑞龙的贺词。(见图353)

资料十(其他) 金人一、黄淑芳、史锁达、过哉善四位农学家的贺联。(见图354)

资料十一(其他) 茶话会上展出的科研成果。(见图355)

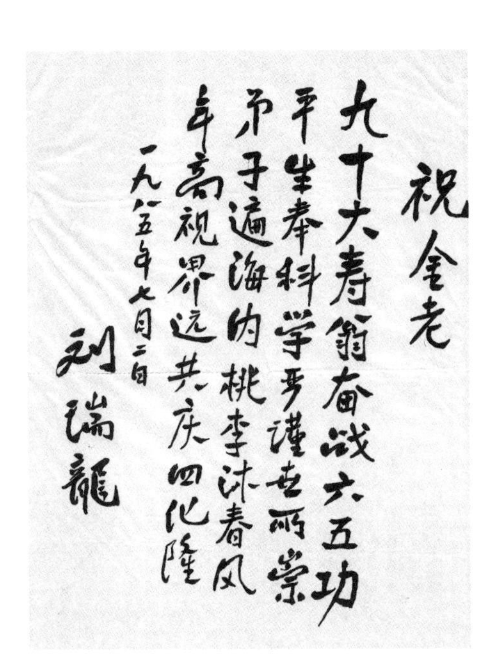
祝全老
九十大寿翁奋战六五功
弟子遍海内桃李沐春风
年高视界远共庆四化隆
一九八五年七月二日
刘瑞龍

图 353

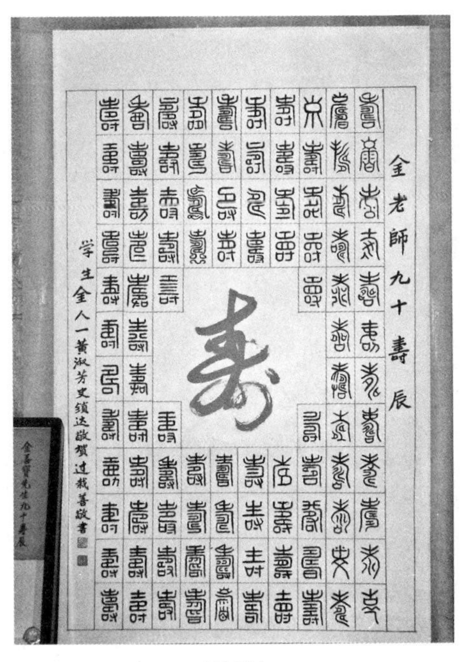
全老師九十壽辰

图 354

图 355

资料十二(其他) 茶话会上展出的礼品。(见图 356)

图 356

7月，四十多年前的学生从全国各地云集北京，再次祝贺金师九秩寿辰。

资料一（传记） 1985年7月的一天上午，中国农科院灰楼小食堂里，时时传出朗朗的笑声，这笑声吸引了众多的来往行人，是什么人在这儿这么高兴呢?！原来是金善宝和他半个世纪以前的学生，久别重逢了！金善宝的学生……年纪大的已有70多岁了，最小的也已60开外。他们冒着酷暑，不远千里，从各地赶到北京，不为别的，为的是祝贺他们当年的老师90寿辰！世界上还有什么比这种师生情谊更可贵的呢?！这里有安徽农业大学教授、水稻育种学家李洪模和夫人徐静雯教授，有异源八倍体小黑麦新物种的创始人、荣获1978年全国科学大会奖的中科院院士鲍文奎，有半个世纪以来一直追随金老学习和工作，南京农业大学作物育种学教授、博士生导师吴兆苏，还有著名遗传育种学家、中科院院士徐冠仁，棉花专家黄滋康、蒋仲良，农业害螨研究专家罗毓权……接着，徐静雯等人捧出一幅油画，揭开上面盖的红色丝绸，展现出在蓝天白云下，一片金色的麦浪中，画上的金善宝正在仔细观察小麦的生长。画面上写着"祝贺金老师90寿辰"。当金老接过这份珍贵的礼物时，无比激动地说："这是我的学生对我一生从事科学、教育事业的最高奖赏。"庆祝会由中科院院士徐冠仁主持、致祝寿词，鲍文奎、俞履圻、罗毓权等当今各行各业的农学专家、学者，满怀深情回顾了在抗战的烽火中、艰难困苦年代的师生情……中科院院士、著名小麦专家蔡旭，因病住院不能到会，委托他的长子给老师带来了亲切的祝福。这个祝福，令金善宝十分感动！他不会忘记，他们师生二人在战火纷飞中共同培育了中大2419小麦，新中国成立以后大面积推广；他不会忘记，在敌机大轰炸下，他们师生两人，共同完成了《中国近三十来小麦改进史》；1961年，他们又联合发起成立中国作物学会；更不会忘记，这位昔日的学生，今天青出于蓝而胜于蓝的小麦专家，一生遭受的磨难和他献身小麦科学事业坚强拼搏的意志……著名小麦遗传育种学家吴兆苏，从上大学开始，就受到金老的精心培养、百般爱护和信任，他由衷地敬佩金老的道德品质和治学精神，誓以继承和发扬金老的学术思想和小麦育种事业为己任。为此，吴兆苏近半个世纪以来的学术活动基本是追随金老学习和工作的活动。会上，他引用范仲淹《严先生祠堂记》的结语，赞颂金老："云山苍苍，江水泱泱。先生之风，山高水长。"这是金善宝全体学生的一致心声。于是，金老用最古老、简朴的方法接待了他的学生。他吩咐家人杀了几只鸡，买了几十袋方便面，请大家吃鸡汤长寿面。寿宴虽然简单，大家却吃得十分开心，仿佛又回到了上个世纪四十年代同窗共读的情景。金老望着自己的学生，很多人也已经是白发苍苍，不由思绪万千。当年，他们都是风华正茂的热血青年，都拥有一颗振兴中华、报效祖国的赤子之心，现在几十年过去了，他们把自己的青春献给了祖国的农业建设，献给了祖国的农业科学、教育事业，为振兴祖国农业作出了重要贡献，其中很多人已成为国内外知名的专家……作为一名辛勤耕耘的园丁，能亲眼看到学生们的成就，看见学生们青出于蓝而胜于蓝，他自然是无比的欣慰；可是，他也同样看重、挂念那些扎根祖国边区建设，把自己的青春、才华无私奉献给祖国边区农业建设的学生们。当他每隔几年来到内蒙古、东北垦区、西北青海等地考察时，发现这里的农业发生了天翻地覆的变化，他就会想起当年那些自愿报名来到这荒凉边区的学生们，是他们，改变了这里的一切！是他们，用自己的青春和汗水，默默地无私奉献，才使祖国的粮食年年增产！才使一片片黄土地披上了绿装！才使祖国的江山变得分外妖娆！（杜振华等：《百年耕耘——金善宝传》，第276—278页）

资料二（照片） 学生们献画留影（左起：徐冠仁、金善宝、徐静斐）。（见图357）

图357

资料三(其他) 祝寿者名单。(见图 358)

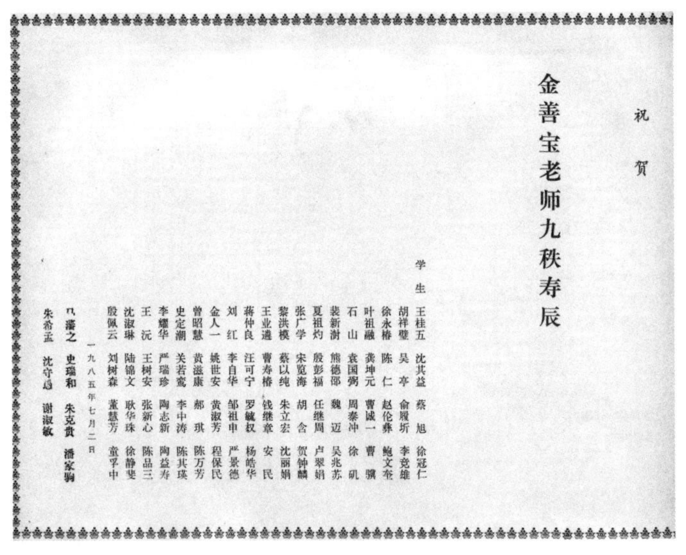

祝贺

金善宝老师九秩寿辰

学生

王桂五 沈其益 蔡　旭 徐冠仁
胡祥璧 吴　亭 俞履圻 李竞雄
徐永椿 陈　仁 赵伦彝 鲍文奎
叶祖融 龚坤元 曹诚一 曹　骥
石　山 袁国弼 周泰冲 徐　矶
裴新澍 熊德邵 魏　迈 吴兆苏
夏祖灼 殷彭福 任继周 卢翠娟
张广学 宋览海 胡　含 贺钟麟
黎洪模 蔡以纯 朱立宏 沈丽娟
王业遴 曹寿椿 钱继章 安　民
蒋仲良 汪可宁 罗毓权 杨皓华
刘　红 李自华 邹祖申 严景德
金人一 姚世安 黄淑芳 程保民
曾昭慧 黄滋康 郝　琪 陈万芳
史定潮 关若鸾 李中涛 陈其瑛
李耀华 严瑞珍 陶志新 陶益寿
王　沅 王树安 张新心 陈品三
沈淑琳 陆锦文 耿华珠 徐静斐
殷佩云 刘树森 董慧芳 童孚中

一九八五年七月二日

[illegible]藩之 史瑞和 朱克贵 潘家驹
朱希孟 沈守[illegible] 谢淑敏

图 358

资料四(照片) 中科院院士徐冠仁主持(右一)金老(右二)的祝寿会留影。(见图 359)

图 359

资料五(照片) 学生敬酒留影。(左二起：罗毓权、吴兆苏、金善宝、徐静斐,见图360)

图360

资料六(照片) 祝寿会全体成员合影及名单。(见图361-1、图361-2)

资料七(照片) 学生们席散后在金老家中聚会留影。(左起：宋览海、沈丽娟、周朝飞、金老、罗毓权、吴兆苏、苏仁山,见图362)

是月,记录学生们的学术成长。

资料一(传记) 金善宝从事农业教育达二十七年之久。二十七年中,他忠于职守,从教认真、严谨,师生感情亲密、真挚。为了事业,他乐于吃苦,勇于拼搏,深受学生们爱戴。他爱学生,学生更爱他。现在,他的学生遍布全国,在我国农业科学的各个领域中担负着重要的研究、教学任务或领导职务,为发展我国的农业科学和促进农业生产的发展作出了贡献。(史锁达、任志高编:《著名农学家教育家金善宝》,第84页)

资料二(手稿) 蔡旭,小麦专家、中科院院士,1934年毕业于前中央大学农艺系,协助我培育出使用年限长达40年之久的中大2419小麦良种。他倡导利用细胞质雄性不育,开展小麦杂种优势利用研究,为发展北京市和北方冬麦区小麦生产,提高我国小麦育种科学水平作出了重大贡献;他为华北

图 361 - 1

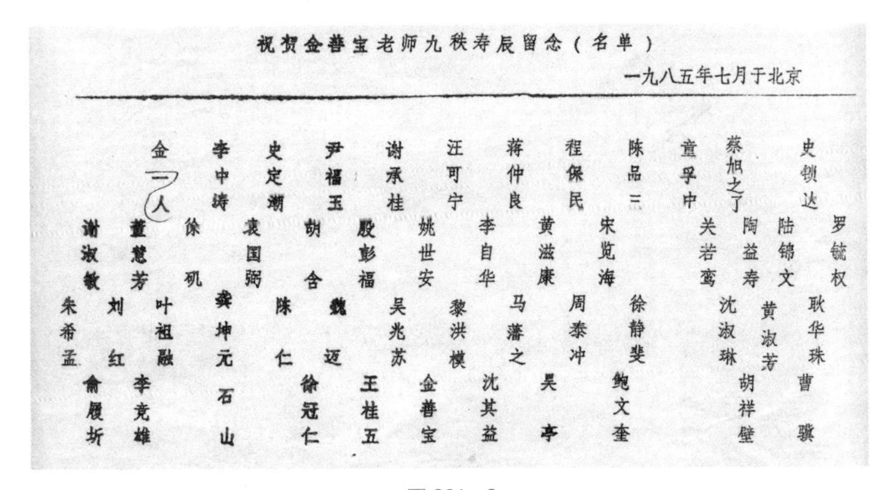

祝贺金善宝老师九秩寿辰留念(名单)

一九八五年七月于北京

金一人 李中涛 史定潮 尹福玉 谢承桂 汪可宁 蒋仲良 程保民 陈品三 童孚中 蔡旭之了 史锁达

谢淑敏 董慧芳 徐矾 袁国弼 胡含 殷彭福 姚世安 李自华 黄滋康 宋览海 关若鸾 陶益寿 陆锦文 罗铽权

朱希孟 刘红 叶祖融 龚坤元 陈仁 魏迈 吴光苏 黎洪模 马藩之 周泰冲 徐静斐 沈淑琳 黄淑芳 耿华珠

俞履圻 李竞雄 石山 徐冠仁 王桂五 金善宝 沈其益 吴亭 鲍文奎 胡祥璧 曹骥

图 361 - 2

地区选育出农大 183、东方红 3 号、农大 139 等多批丰产、抗锈、适应性好的小麦优良品种;荣获 1978 年全国科学大会先进工作者奖。他坚持走理论与实践相结合、科技为生产服务的道路,为国家培养了大批农学专业人才。他倡导利用细胞质雄性不育,开展小麦杂种优势利用研究,为发展北京市和北方冬麦区小麦生产,提高我国小麦育种科学水平作出了重大贡献。八十年代初,他年逾古稀,又患心脏病,行动需借助手杖。但他坚持每天自带午饭乘公共汽车去东北旺小麦试验地工作。1985 年,他因患心肌梗塞住院,经常

图 362

在床头翻阅田间记载的小册子。他视事业重于生命，真正做到了生命不息，战斗不止。(《金善宝札记》，1985 年)

资料三(照片) 蔡旭(右二)金善宝(右一)参加太谷核不育小麦会议。(见图 363)

图 363

资料四(手稿) 俞履圻,稻种资源专家,1935 年毕业于前中央大学农艺系。曾任河北省天津稻作所品种研究室主任,河北农林科学院副院长、中国农科院品资所研究员、院学术委员会委员,湘潭中北省政协副主席。主持云南稻种资源考察,摸清了云南水稻分布及野生稻资源情况,获农牧渔业部 1981 年技术改进一等奖,主持全国野生稻资源普查。考察和搜集研究,获农牧渔业部 1982 年技术改进一等奖。(史锁达、任志高编:《著名农学家教育家金善宝》,第 88—89 页)

资料五(照片) 俞履圻(左)在金老寿辰会上发言。(见图 364)

图 364

资料六(传记) 柯象寅,水稻育种及栽培专家。1935 年毕业于前中央大学农艺系,1835—1937 年在美国威斯康星大学研究院学习,获硕士、博士学位。曾任中央大学、复旦大学、武汉大学教授、农学院院长、河南省农业科学院粮食作物所所长、研究生部主任、院学术委员会主任,中国水稻所学术委员,中国作物学会名誉理事,河南省农学会名誉会长等。主持育成适合黄河两岸种植的郑粳 12 号和生育期短、产量高的早熟品种“郑州旱粳”,先后获科学大会奖及省、部级科学研究成果奖 10 项。(史锁达、任志高编:《著名农学家教育家金善宝》,第 84—85 页)

资料七(传记) 蒋耀,农机专家。1937 年毕业于中央大学农学院农艺系。四十多年来在农机具设计方面,发明的东风 2S 型机动水稻插秧机,与 1978 年获全国科学技术大会奖励,此外还发明了机动去稗籽、稻谷机,华东畜力水田犁、人力液体化肥深施器;主要论文著作有《蓖麻籽剥壳机研究设计》《华东水田地区农具调查报告》。(史锁达、任志高编:《著名农学家教育家金善宝》,第 92—93 页)

资料八(传记) 鲍文奎,作物遗传育种专家、中科院院士,1939 年毕业于前中央大学农艺系。1847 年赴美国加州理工学院研究生部学习,获博士学位。曾任第七届北京市人大代表,第五、六届全国人大代表。在开拓我国植物多倍体遗传育种工作中克服重重困难,解决了一个又一个世界性难题,使四倍体水稻和八倍体小黑麦的科研工作获得了突破性进展,在世界上首次将异源八倍体小黑麦应用于生产。……1970 年下放北京市农林科学研究所,以幸存 1/3 的小黑麦品系继续杂交选育。1978 年听从金师召唤,又回到了中国农科院作物所。数十年来,以坚韧不拔的毅力、锲而不舍的精神,选育出“小黑麦 2 号”“小黑麦 3 号”等一批抗逆性强、蛋白质含量高、发酵品质好的小黑麦新品种,在西北、西南等山区推广,受到广大农民欢迎。1978 年获全国科学大会奖。1979 年被评为全国劳动模范。(史锁达、任志高编:《著名农学家教育家金善宝》,第 96 页)

资料九(照片) 鲍文奎(右)、金善宝(左)在农科院小麦试验田。(见图 365)

图 365

资料十(传记) 曹诚一,昆虫专家、农业教育家,1940年前中央大学农艺系毕业。先后任云南林学院、西南林学院教授,中国农学会第一届理事,中国植物保护学会第一、二届理事,云南植物保护学会第一、二届副理事长。擅长瓢虫科。先后发表十七个新种。合撰有《异色瓢虫色斑类型在云南的地理变异》等论文,其中,《云南瓢虫科昆虫名录》记载云南瓢虫七亚科、四十六属、一百六十八种。撰有《双齿长蠹——中国新记录》等论文,编著《中国壳斗科树木虫害》。这位1938年经方毅同志介绍入党的老党员,牢记着中央大学金善宝教授"实践出真知"的教导,把自己的一生献给了昆虫事业。多年来,她的研究成果被国内外有关专业杂志引用、摘录。她的事迹被录入《华夏妇女名人词典》、英国剑桥国际名人中心的《国际名人传记词典》和美国传记中心的《世界五千名人》等。(史锁达、任志高编:《著名农学家教育家金善宝》,第96—97页)

资料十一(传记) 卢浩然,作物遗传育种家,1940年毕业于前中央大学农艺系。1946年获印度孟买大学博士学位。曾任中央大学农艺系副教授,协和大学农学院、厦门大学农学院、福建农学院教授、副院长,全国政协委员、中国遗传学会理事、福建省遗传学会理事长等。主要从事水稻矮化育种和水稻杂优的研究,黄麻的遗传与育种。先后选育黄麻良种10个,其中梅峰4号、闽麻5号、179三个良种推广60多万亩,受1978年福建省科学大会表扬、1979年科研成果第二、三等奖和1984年福建省高教厅科学三等奖。40多年来,先后发表学术论文和科普文章90余篇。(史锁达、任志高编:《著名农学家教育家金善宝》,第98—99页)

资料十二(照片) 卢浩然(右)从福建来京看望金师。(见图366)

资料十三(传记) 吴兆苏,小麦育种专家、农业教育家。1942年毕业于前中央大学农学院农艺系。曾任南京农业大学教授、江苏省种子学会第二届理事长、博士生导师、小麦育种和太谷核不育小麦两专家组成员,分别承担了"长江中下游地区高产、稳产优质小麦新品种选育及有关理论与方法的研究"和"太谷核不育小麦应用于基因建拓的研究",在国际合作上,参加了国际冬小麦品种联合试验网、国际锈病及白粉病圃的试验研究等。长期遵循金善宝的育种思想和技术路线,从事小麦育种与小麦品种分类的研究,育成南大2419小麦良种,最大推广面积每年达7 000万亩,种植年限长达40

图 366

年,为发展中国小麦生产起了重大作用,获 1978 年全国科学大会奖。《中国小麦的种类及其分布》的研究,获 1982 年国家自然科学三等奖、"宁麦 1 号"获 1983 年农牧渔业部改进一等奖。1990 年出版了《小麦育种学》,获国家教委科技进步甲类二等奖、全国优秀科技图书二等奖等。(史锁达、任志高编:《著名农学家教育家金善宝》,第 99—103 页)

资料十四(照片) 与吴兆苏(右)摄于中国农业科学院园中。(见图 367)

图 367

资料十五(传记) 朱立宏,水稻遗传育种家、农业教育家,1945 年毕业于前中央大学农学院农艺系,1950 年密歇根州立大学硕士毕业后,放弃了继续求学的计划,立即回国,担任南京农学院作物遗传育种教研组主任。在他的带领下,创建了作物遗传育种专业,下设普通遗传学、细胞遗传学、作物育种学和统计遗传学等教研组,开展了各种主要作物的遗传育种研究,为国家培养了大批不同学位、不同层次的作物遗传育种专业人才。朱立宏潜心研究、挖掘水稻抗病资源,对水稻抗白叶枯病遗传资源的评价与利用进行了广泛系统的研究,在开拓中国水稻抗病遗传育种研究领域和探究水稻矮秆资源方面作出了重要贡献。(杜振华等:《百年耕耘——金善宝传》,第 107—108 页)

资料十六(照片) 作物遗传育种专家朱立宏、沈丽娟夫妇与金老亲切交谈。(见图 368)

图 368

资料十七(传记) 励志精神代代传。他在农业教育岗位上培养的英才遍神州。从时间上分析,这正是……抗战最艰苦的年代,战斗在抗战第一线的战士极需粮食支援,生活在后方饥寒交迫的百姓需要粮食温饱,而祖国的大好河山、大面积的粮田被日寇侵占,粮食在很大程度上成了决定战争胜负的重要因素。在这个决定祖国命运的关键时刻,农业院校的毕业生肩负着挽救祖国危亡的使命，走上了农业战线的各个岗位，为争取抗战胜利作出了应有的贡献。……他们满怀热情投入新中国建设，奔向了祖国的四面八方，农业战线的各行各业，奉献了自己的一生。更可贵的是，在他们献身祖国农业的道路上，不仅仅有不怕苦、不怕累的品德，更具有百折不挠、坚韧不拔、历经坎坷、矢志不移的意志，为祖国农业献出自己生命的伟大胸怀。

譬如：原北京农业大学教授、中科院院士、著名小麦遗传育种学家蔡旭……下放陕北农村——延安清泉沟（克山病区）劳改，结果身患克山病，遭受精神和生活上的种种磨难；农大迁到河北涿县时，他精心培育的60亩小麦田被挖毁，大批育种材料丢失，迫使这位视小麦育种如生命的人、在任何艰难困苦条件下从不落泪的汉子第一次落泪了！八十年代农大搬回北京后，他不顾克山病、心脏病的缠绕，在生活十分艰难的条件下，行动需借助手杖，坚持每天自带午饭，乘公共汽车去东北旺小麦试验地工作。1985年，他因患心肌梗塞住院，直到去世前几天还在床头翻阅田间记载的小册子。他视事业重于生命，真正做到了生命不息，战斗不止。

中国农业科学院研究员、中科院院士、著名作物遗传育种学家鲍文奎……被打成“反动学术权威”……夫妇俩一边挨斗，一边坚持育种，为开拓我国植物多倍体遗传育种克服了重重困难，解决了一个又一个世界性难题，使四倍体水稻和八倍体小黑麦的科研工作获得了突破性进展，在世界上首次将异源八倍体小黑麦应用于生产……遗憾的是，他在不断的探索中，突然倒下，走完了生命的最后一程 。

1938年经方毅同志介绍，入党的云南大学教授、著名昆虫专家曹诚一，在肉体上、精神上受到极大摧残，身体又遭病魔袭击，生活不能自理的状况下，仍然坚持昆虫学研究。她在日记里写道：“生命只有一次，最后的光和热更要珍惜！怯懦和绝望不属于奋斗一生的人！”“人生真正的快乐，在于把每滴血都消耗光才钻进黄土里。”“共产党员最大的快乐是战斗到生命的最后一息……”她用自己的生命实现了这个庄严的誓言。

南京农业大学教授、著名小麦专家吴兆苏，八十年代参加《小麦品种及其系谱》一书的编审工作，因心脏病发作住院治疗，他不顾个人安危，在病床上，一边打点滴，一边写稿、改稿。结果，他交来的稿件，张张页页都沾上了他打点滴时流下的血迹。他也因此过早地离开了这个世界。

这就是金善宝在农业教育的岗位上，竭尽一生培养、扶持的一代又一代农业科技人才！他们为祖国农业科学教育事业奉献了毕生精力的同时，也为中华人民共和国的农业科学教育培养了大批接班人，在许多专业会议上，出现了几代师生共聚一堂的动人场面。他们是20—21世纪中国农业科技发展史上承上启下的一代，他们为支援抗日战争胜利奉献了青春年华；为建设繁荣富强的中华人民共和国立下了不朽功勋；对促进中华人民共和国农业现代化起到了关键性作用。他们一生遭受的磨难、顽强拼搏的意志、艰苦朴实的生活、不屈不挠的献身精神，古今少有，世所罕见！他们的一生平凡、崎岖而又伟大！他们对祖国农林科学教育事业的奉献精神、青出于蓝而胜于蓝的业绩，必将与日月同辉，在中国农业科技发展史上写下浓墨重彩的一页。（杜振华等：《百年耕耘——金善宝传》，第301—303页）

8月，子女、孙辈远道来贺其寿辰。

资料一（照片） 和子女摄于中国农业科学院花园。（见图369）

图369

资料二(照片) 全家合影于农科院水池边。(见图370)

图370

是月,探望因病住院的学生蔡旭。

资料(手稿) 闻知蔡旭因病住进友谊医院,金善宝去医院探望未见,遂留便条。(见图371)

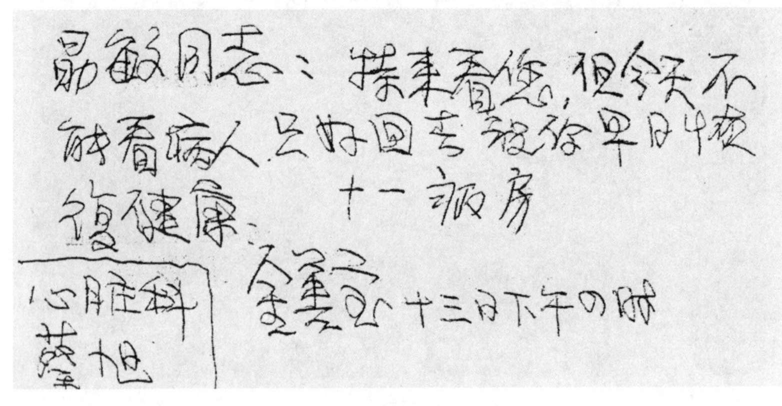

昂敏同志:特来看您,但今天不能看病人,只好回去。祝你早日恢复健康。

十一病房

金善宝 十三日下午四时

心脏科

蔡旭

图371

9 月 3 日，庆祝九三学社建社四十周年大会上讲话。

资料一（文章） 纪念建社四十周年，作者回忆了抗战期间在重庆与《新华日报》的联系，周恩来的亲切教导、毛主席的接见，为他们指明了前进的方向。饮水思源，作者感谢党的教育，走上了革命的光明道路。（金善宝：《抚今追昔　继往开来——纪念我社建社四十周年感怀》，《红专》1985 年第 9 期，第 16—17 页）

资料二（照片） 金善宝在庆祝九三学社成立四十周年大会上讲话（左起：严济慈、金善宝）。（见图 372）

图 372

资料三（照片） 金善宝（右一）在九三学社成立四十周年大会上。（见图 373）

9 月，沈丽娟发表《卓越的农业教育家小麦专家金善宝教授》一文。

资料（评价） 金善宝教授是南京农学院第一任老院长、是我国农业界德高望重的老一辈科学家，他从事农业教育和科学研究达六十五年之久，今年七月是他的九十寿庆。何康、卢良恕、方悴农、徐冠仁、鲍文奎等领导、专家、教授为庆祝金老的功绩，发表了回忆和祝愿的文章；钱学森教授在庆祝大会上做了感人肺腑的发言。我自四十年代到五十年代曾是金老的学生和助教，在他的长期教诲中，使我体会到他为什么被……公认为是一位政治上、学术上对真理的忠诚献身者和追求者。

图 373

一、金老是很早支持和赞助我国革命的老一辈科学家。

抗日战争期间他为支持解放区的大生产运动,把自己精选的小麦优良品种通过新华日报社从重庆送到延安。热情鼓励学生到解放区去投身革命,我曾看到他送别秦怀素同志的情景。1945 年在云南大学讲学期间,他在关于反对内战、敦促国共合作的 300 名教授的联合呼吁书上签名。在重庆他……参加了促进国共合作的“一・二五”大游行。抗日战争结束,中央大学迁回南京,他和梁希、涂长望、潘菽、干铎等老教授一直支持地下党的工作,在白色恐怖下,为回避特务视线,经常有一些进步师生在金老家中集会。南京解放后,金老被任命为华东军政委员会农林部副部长、南京市副市长、南京大学农学院院长等。他 1956 年 2 月参加了中国共产党,是江苏省最先入党的老一辈科学家,他的入党是有其深厚的思想基础的。

二、金老是卓越的农业教育家,一贯诲人不倦,把我国的农业教育作为自己毕生的事业。

他言传身教,培养学生爱祖国,爱科学,爱人民……金老是南京农学院的第一任院长,一直关心南农的建设和发展。1957 年前,他一方面组织教授们讨论,否定了并迁南农的议论;另一方面考虑南农原址丁家桥校舍无发展余地,亲自向中央有关领导陈述详情,争取国务院作出了南农迁至卫岗办学的决定,为南农的发展创造了条件……南农被撤并,他对这种摧残农业教育的错误十分义愤。十一届三中全会以后,他为了整个农业教育事业的发展,极力主张恢复被撤并的南京农学院,并建议全国各大区增设重点农业院校。他不顾某些人的指责,走访中央有关领导同志,鼓励南农教师向高教部、农业部负责同志汇报南农对我国培养农业科技人才和促进农业科研所起的作用,反映要求恢复南农的迫切心情。1979 年初,党中央批准南农回原址复校。这所有六十多年历史的老校终于重获新生。

三、金老是我国有卓越贡献的小麦专家和农学家。

金老是我国小麦品种资源科学研究的奠基人。1928 年发表了《中国小麦分类之初步》,1934 年出版了《实用小麦论》,在书中分析了小麦的种类特性和分类方法,1943 年发表了《中国小麦的区域》。这些论著对我国小麦分类和生态区划的研究,具有重要的指导意义。新中国成立以后,金老主持组成中国小麦分类的研究组。经过多年努力,从全国 2 000 多个县收集到小麦地方品种 5 544 份,进行分类研究,判定中国小麦分属普通小麦(*T. acstivum L.*)、密穗小麦(*T. Compactum Host*)、圆锥小麦(*T. turgidum L.*)、硬粒小麦(*T. durum Desf.*)、波兰小麦(*T. polomicum L.*)等 5 个种 126 个变种,其中 22 个变种是金老定名的。于 1959 年发表了《中国小麦的种类及其分布》的专著。他从二十年代到五十年代历经三十多年,对中国小麦的分类进行了精心研究,为中国小麦科学的发展奠定了基础。

金老是云南小麦的发现者和定名人,我国是世界小麦起源的重要次生中心。1937 年他从云南省征得的小麦品种中发现有一品种无芒,白壳,穗轴坚硬而脆,易于折断,籽粒和颖壳很难分离,小穗靠紧穗轴,所呈角度甚小,小穗从穗节基部折断,种子颊面呈三角形,既与普通小麦有很多差异,又不同于斯卑尔脱小麦(*T. spelat L.*),在世界小麦分类学文献中,没有发现相似的品种类型,很难找到它的植物分类学的地位。其染色体数目(2n = 42),后经实地考察,发现其主要分布在云南省西部澜沧江的西南,包括镇康、双江、云县、临沧(即缅宁)及腾冲等县,其他各省都没有这种类型的小麦品种。因此，金老称其为云南小麦，经多方研究，定名为普通小麦的一个亚种（*T. aestivum subsp yunnanese King*）。云南小麦的发现，对研究中国小麦的起源、进化和分布，提供了重要的科学依据，这是金老的一大贡献。

近半个多世纪来，金老为我国小麦育种的研究作出了卓越贡献。1920年南京高等师范农业专修科建立的皇城小麦试验场是我国首先用科学方法进行小麦育种的试验场，他在这里进行小麦育种研究，1921年他在东南大学的南京大胜关农事试验场继续进行小麦研究工作。先后选出姜堰黄皮、武进无芒、南京赤壳、江东门等优良品种，其中江东门成为不少改良品种的“早源”，在生产上充分发挥作用。后又从国外引进的3 000多份小麦品种中，经过系统选育，于1939年选出适合我国长江流域中下游地区栽培的南大2419、矮立多、玉皮等优良品种，其中南大2419在新中国成立后迅速从长江两岸扩展到陕甘、两广、云贵等地，推广面积最大时达7 000多万亩，占全国小麦种植面积的五分之一。直到八十年代在新疆、青海及长江流域的种植面积仍有百万亩以上。南大2419小麦的推广面积之大、应用时间之长、种植地区之广、衍生品种之多是改良小麦中少有的。南大2419对发展我国的小麦生产起了极大的作用。金老的贡献，永载史册。

金老是我国小麦育种研究异地加代的创始人，为了缩短小麦的育种进程，1965年前后，他已七十高龄，不辞辛劳……带领助手跋山涉水，先后到五指山区、黄山、庐山、井冈山以及云南的金沙江畔进行考察。1966年在庐山、井冈山夏繁试验成功，后又在云南省元谋县建立小麦夏繁试验站。他的夏繁加代法，很快在我国各地育种单位推广，加快了我国小麦育种的速度。

金老的学术成就和论述，受到苏联农业科学界的重视和赞佩。1957年访苏时被选为全苏列宁农业科学院的通讯院士。

以上仅是我亲自了解和参加过一部分工作的记述，对金老的贡献未能概全。在此谨祝他老人家健康长寿，为祖国的社会主义农业现代化与科技和教育的改革再立新功。（沈丽娟：《卓越的农业教育家小麦专家金善宝教授》，《南京农业大学学报》1985年第3期，第122—123页）

10月5日，在农科院园中巧遇作物所李登春、石社民夫妇。

资料（照片） 金善宝（中）与作物所李登春（右）、石社民（左）夫妇摄于农科院水池边。（见图374）

图374

10月，原小麦品种研室育成的宁麦6号，在江苏、浙江、安徽一带种植50万亩。

资料（著作） 文章介绍了宁麦6号（宁麦7317）的来历与类别、特征特性、产量和分布，以及栽培特点。（金善宝主编：《中国小麦品种志（1983—1993）》，中国农业出版社，1997年，第248页）

是月，出席中国科学院在人民大会堂召开的庆祝会，隆重庆祝131名科学家从事科技、教育工作五十年。

资料一（报道） 今天，中国科学院在人民大会堂召开庆祝会，隆重庆祝131名中国科学院京区学部委员、科学家从事科技、教育工作五十年。这些科学家，以忘我的献身精神，在不同的科学领域中取得了辉煌的成就，为祖国科技事业和经济建设的发展作出了重大的贡献。这些科学家中，年纪最大的是金善宝，他已满九十周岁。十九世纪出生的还有茅以升、潘菽、张孝骞、蔡翘、汪胡桢、乐森玙……夏纬瑛、诸福棠、秦仁昌。今年七十岁的现任中国科学院院长卢嘉锡,是这些科学家中年纪最轻的。“年轻”的还有钱三强、何泽慧、王大珩、武衡、彭醒武等著名科学家。国务委员方毅向大会写来贺信,他说:为了科技事业的不断发展,你们精心培育了一批又一批优秀人才。直至今天,还在著书立说,指导学生,将自己毕生科研实践中积累的学识和经验传授给后人。以渊博的学识,严谨的治学态度,孜孜不倦的求索精神,高尚的科学道德,展现了老科学家的高风亮节,为新一代科技工作者树立了榜样。(韩玉琪:《中国科学院隆重集会——庆祝一三一名科学家从事科技教育五十年》,《科学报》1985 年 10 月 9 日第 1 版)

资料二(信件) 中国科学院:荣臻同志接到关于请出席老专家从事科学教育工作五十年的请柬后,嘱即转达他的谢意,并因自己行动不便,不能欢聚,深表遗憾!谨诗数语聊表祝贺之忱:五十年来风雨惊,共为兴华尽才能。中华科教有今日,国人称颂在诸公。(聂荣臻:《给庆祝 131 名科学家从事科技、教育工作五十年大会的贺信》)

资料三(证件) 中国科学院颁发的表彰状。(见图 375)

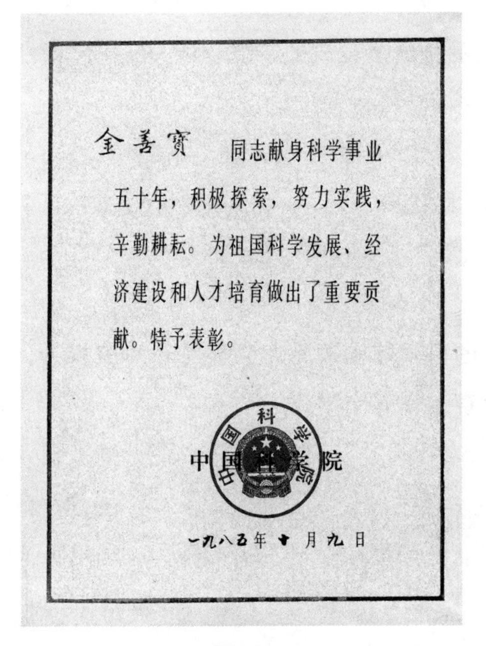
金善寶 同志献身科学事业五十年,积极探索,努力实践,辛勤耕耘。为祖国科学发展、经济建设和人才培育做出了重要贡献。特予表彰。

中国科学院

一九八五年十月九日

图 375

11月5日，《明报》报道《农业教育家金善宝主持小麦研究工作》。

资料(报道)　最近，中国科学院为金善宝、贝时璋、周培源等一百三十一位老科学家献身科教五十载而举行庆祝会，并在会上颁发荣誉奖状给他们，以表示国家对他们的感谢。关于贝时璋，我已于十月九日在本版介绍过了；至于金善宝，他是浙江省诸暨县人，生于清光绪二十一年(一八九五年)。他在一九一三年秋进入浙江绍兴县第五中学去求学。一九一七年秋他转入南京高等师范学校农业专科读书；一九二〇年他毕业了，并在该校小麦试验农场当技术员。一九二〇年十二月六日南京高等师范学校改为东南大学，由郭秉文(江苏省江浦县人)任校长；金善宝仍在该试验总场任技术员。一九二六年他在东南大学补读一年学分。一九二七年他毕业于东南大学农科，随即，进宁波市浙江第四中学，讲授农业课，一九二八年春他转往杭州劳农学院(即今日浙江农业大学之前身)任教。一九三〇年七月他赴美国，进康奈尔大学研究院入读研究生，其后，他转往明尼苏达大学研究作物育种。一九三三年初回国后，他先在浙江大学农学院农艺系任副教授，后进中央大学农艺系任教授、系主任；他又兼任无锡江南大学农艺系教授。一九四九年他当选为九三学社(成立于一九四六年)中央理事会理事；同年十二月他任华东军政委员会农林部副部长。一九五〇年三月他任南京大学农学院院长；同年五月任南京市副市长。一九五四年九月他当选为第一届全国人民代表大会江苏省代表。一九五五年他任中国科学院生物学部地质学学部委员，同年八月他率领中国农业科学研究工作者代表团赴匈牙利访问。一九五六年二月他加入了中国共产党，同年五月他当选为苏联列宁农业科学院通讯院士，同年七月起，他在南京大学农学院主持小麦品种的研究工作。一九五七年一月中国科学院将生物学地质学学部分为生物学学部、地质学学部，他任生物学学部委员，同年三月他任中国农业科学院副院长，同年五月他进行中国小麦的分类和小麦生态类型的研究工作。他具有农业专长知识，可说是小麦专家。他大部分时间在南京大学农学院进行小麦研究工作，除工作方面的活动外，甚少见其露面。他的著作有《实用小麦论》(一九三三年商务印书馆出版)，《中国小麦栽培学》(一九六〇年农业出版社出版)。他又主编《中国现代农学家传》，已在一九八五年三月出版第一卷。(《农业教育家金

善宝主持小麦研究工作》,《明报》1985 年 11 月 5 日)

12 月 12 日,《人民日报(海外版)》报道《人生"三部曲"——访著名农业科学家金善宝》。

资料(报道) 十月的中国农科院,一片红叶。记者穿过一条开满鲜花的小径,来到一座普通的宿舍楼。拜访了我国著名的农业科学家——金善宝。金老的宿舍使我惊愕:两间旧房,除了书籍和农业标本外,几乎没有什么摆设。他一头银发,但精神矍铄,对我说道:"我灯头不高了,已做不了什么事。""好,金老,就谈您过去九十多年的生命之灯是怎么燃烧的吧?"我点出了话题。

赤子之心

金老先从他的身世谈起。

一八九五年,他在浙江会稽山下的诸暨县石峡口村出生了,私塾的父亲给他取名叫金善宝。父亲临终时对他说:"我没给你留下什么家业,只留下两句话:一是要有气节,二是要有本事。"这两句话,深深刻在他幼小的心灵里。他母亲是方圆几十里出名的养蚕能手,她传给儿子的是两种美德:一是热爱农业,二是勤劳朴实。

金老擘着指头算了算说:"一九二〇年我从南京高等师范农业专修科毕业后,在大胜关农业试验场工作,一九二七年在浙江大学农学院任教。我热爱祖国历史悠久的农业生产,但对传统的耕作技术并不满足。一九三〇年,我告别了妻子,远渡重洋,到美国康奈尔大学农学院学习,毕业时一个美国人留我说:'你们国家很穷,研究条件很差,就在美国工作吧。'我毫不犹豫地回答:'知识没有国界,可学者是有祖国的。正因为我的祖国很穷,我才要回去为他致富。如果因为母亲穷就离开她,这不是正常人的感情。'一九三二年,我回到了祖国贫困、战乱的土地上,在中央大学农学院当教授。"

讲到刚回国的工作,金老十分激动,当时的中国千疮百孔,多灾多难,长江泛滥成灾。国民党政府向美国借债,其中一部分是棉花贷款。金善宝发现贷款小麦中,有些品种粒实饱满、整齐,便留下一部分当试验材料,希望从中选出一些适合我国栽培的小麦来。哪料到美国当局为了防止中国利用这些小麦当种子，在麦粒上拌上了腥黑穗病菌，一百多亩试验地的小麦都得了腥黑穗病。金善宝吃惊，愤怒，亲自点燃起熊熊烈火，把麦子全部烧光。在火光中他看到了祖国的出路，在于炎黄子孙自己改变穷困面貌。从此，他开始培育小麦良种的工作。

“我在黑暗中摸索着，到处寻找真理。终于从延安看到了希望。”金老接着给我们讲起他支持延安大生产的事。他一九四三年在重庆听说延安军民开展大生产运动，便把自己多年精选的小麦种子挑了又挑，拣了又拣，一包包装好，送到《新华日报》，请他们转送到延安。有一次，邓颖超同志转告他：“您培育的良种已在延安开花结果，人民感谢你们！”讲到这些，金老高兴地站起来说：“我当时听到这句话，激动得热泪盈眶，好像看到解放区军民吃着用我送去的麦种生产出来的面粉，热情地投入生产，勇敢地走上前线……”

金老对祖国、对人民的赤子之心始终不渝。

“小麦之父”

金老谈了自己的一个体会：“偌大的世界上，有些水在发电，有些水则白白流入大海。一个人的价值首先决定于忘我的程度。”是的，他就是一直在用生命之“水”忘我地发“电”，照亮他探索的道路，不断揭示出小麦的奥妙，被世界上一些专家称为“小麦之父”。

“育种需要掌握各种品种资源”，金老深有体会地说：“因此，我走遍北国江南，从七百九十多个县收集了五千五百四十四份小麦地方品种，并对这些品种一份份进行鉴定、记载。”这使我明白了一个事实，为什么在普通小麦中，被世界各国科学家定名的八十多个品种，其中就有二十二个是金老研究后定的名。

金老沉默了一会说：“在旧中国，一个新品种增产效果好、群众欢迎有何用？根本没人推广，只能星星点点地种成‘盆景’。”金老感慨地说：“解放后，这种小麦在各级政府的推广下，种植面积如同发酵的白面一样，迅速向外膨胀，遍布十几个省市，最多……七千多万亩，占全国小麦播种总面积的五分之一。这是过去做梦都想不到的。”

金老还谈道周总理对他的鼓励。一九六七年，金老在天安门城楼观礼，周总理看到后，走过来拉住他的手说："金老，你们的农业科学院怎么样?"该怎么回答呢？照实说出农科院的混乱局面吧，不忍心给总理增加不快；说假话编一套好形势吧，又不会，内心的矛盾导致语言的混乱。总理看出了金老的苦衷，重重地握了一下他的手，深情的目光闪烁着殷切的希望，最后只说一句话："金老，农业科学院全靠你了。"这句话，像警钟，激励着他的责任感；像号角，鼓舞着他前进。他发现北方的冬小麦生长期二百六十天，太长，影响作物倒茬，就想，为什么不能种春小麦呢？他开始了选育春小麦良种的工作。按正常的步骤，从亲本成功到推广要十年的时间，金老哪能等得及啊！怎么办？金老提出一个大胆的设想，利用我国地域辽阔的特点，三月份在北京播种，六月份收获后立即到南部山区夏播，收获后再到海南岛秋播，南繁北育，一年内由繁殖一代变为三代，只用三四年时间，"京红"号春小麦推广开了。十一个省市的实践证明，这种春小麦比墨西哥小麦增产一至二成。

金老不仅是卓越的实践者，而且在小麦理论研究上硕果累累。他和我一块算了一下；三十年代，他撰写了《实用小麦论》，现在仍作为各高等农业院校的教材；四十年代，他发表了《中国小麦区域》论文，成为我国小麦分类和生活区别的指路灯；六十年代，他的《中国小麦栽培学》和《中国小麦品种志》两部著作，指导着小麦栽培和种科；八十年代，他不顾八十多岁的高龄，又写出《中国小麦品种及其系谱》一书。

辛勤的园丁

谈起金老培养人才，他意味深长地说："一个人就是浑身都是铁，也打不出几颗钉，要发展祖国的农业科研事业，需要大批专家、教授、学者。"就是在这种思想指导下，他一边培育小麦良种，一边培养科研良才。我忽然在桌子上发现一份祝贺金老九十寿辰的名单：鲍文奎、沈其益、蒋仲良、刘红、黄滋康、胡祥璧……如同一颗颗明星，在农业科学的各领域里闪闪发光。不完全统计，他有二十多学生在农业科研各部门居"排头"地位。

我问到他当教师的"秘诀"，他笑笑说："我搞教育二十七年，最重要的体会是作为教师，要当楷模。"这是他个人的写照。他一贯忠于职守，认真从教。抗日战争时期，他在中央大学任教，一间陋室，两人栖身；两身布衣，勉强御寒；三餐粗饭，凑合充饥，给学生讲课仍一丝不苟。他边写边讲，粉笔灰飞扬，常呛得他咳嗽不止，真撑不住了，坐下来歇歇再讲，有一次，他正在课堂上讲课，突然胃大出血，昏倒在讲台上。智力、体力、精力都跟不上，他一直在超负荷运转，因而早衰，不到五十岁，就鬓须皆白。

他还提到一点："在培养学生时，要引导大家理论联系实际，从实践中得到真知。"接着他举了辽宁省农科院高级农艺师马世钧和范世兰的例子。这两个学生四十年代在中央大学农学院学习时，只知埋头读书，金老喜欢他们，语重心长地说："读万卷书，还要行万里路。"从此，这两个人到实践中调查研究，发现中国旱地农业面积大，便决定以此作为研究方向。金老支持他们的这种选择。现在，这对夫妇已成为旱地农业专家，为旱地农业摸出了一套增产的路子。

在回来的路上，我回忆了金老介绍的九十个春秋，忽然想到他这些年，是在用心血写"赤子""专家""园丁"三部曲，这正是人生最美好的三部曲。（段心强：《人生"三部曲"——访著名农业科学家金善宝》，《人民日报（海外版）》1985 年 12 月 12 日第 2 版）

12 月 15 日，得意门生、著名小麦育种家蔡旭因病逝世。

资料（口述） 蔡旭和金老的师生关系很深，1934 年蔡旭于中央大学农艺系毕业后，曾任金老助教达六年之久，他协助金老培育了全国种植面积最大的中大 2419 小麦良种，他们在一起合作编写了中国第一部《中国近三十年来的小麦改进史》。中华人民共和国成立后，他俩虽然不在一个单位，工作上却常有联系，并在一起编著《小麦栽培学》《小麦品种志》等专业书籍，在各种农业专业会议上也常见面。1985 年 7 月 2 日，欣逢金老九十寿辰，蔡旭接到请柬，因病住院不能参加盛典，嘱其子代为前往农科院祝贺。金老知道蔡旭生病后，常去友谊医院探望。1985 年 12 月 15 日，蔡旭因病逝世，金老赴追悼会，哀悼送别。（《金豆访谈》，2018 年）

1986 年　　92 岁

2 月，参加《农业百科全书　农作物卷》的编委会议。

资料(照片) 参加《农业百科全书　农作物卷》编委会议留影(右一陈孝、右四庄巧生、右五金善宝)。(见图376)

图376

是月,主编的《中国小麦品种志(1962—1982)》出版。

资料(著作) 《中国小麦品种志(1962—1982)》,入志的品种472个,为1962—1982年生产上使用的小麦品种。其中绝大多数是选育品种,地方品种仅23个,且大都是在西藏、云南、贵州种植的,说明这段时间内我国小麦品种事业发展很快,阐述了我国小麦品种在这二十年间的演变,探讨了我国小麦品种的渊源,分析了我国小麦品种的选育途径,是我国作物品种演变、选育和使用的总结,对我国小麦生产和育种起了重要作用。(金善宝主编:《中国小麦品种志(1962—1982)》)

春节,与家人同赴延庆看冰灯。

资料(照片) 金善宝偕全家赴延庆看冰灯留影。(见图377)

图 377

3 月 25 日，出席第六届全国人民代表大会第四次会议。

资料（证件） 金善宝的出席证。（见图 378－1、图 378－2）

图 378－1

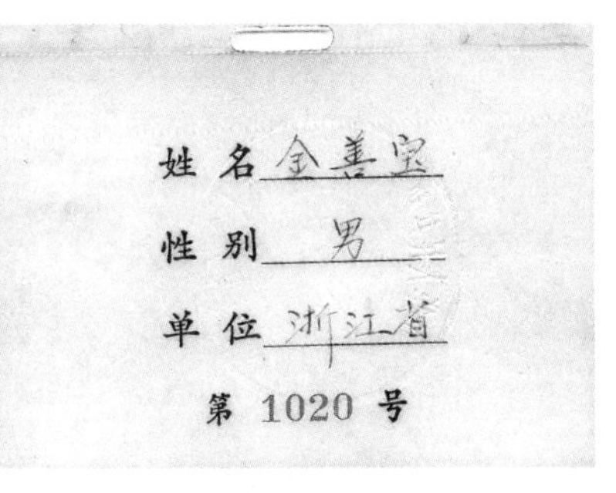

图 378－2

3 月，主编的《中国小麦品种及其系谱》获 1985 年科学技术进步一等奖。

资料（证件） 农牧渔业部给科技进步一等奖《中国小麦品种及其系谱》的主要完成人金善宝颁发的证书。（见图 379）

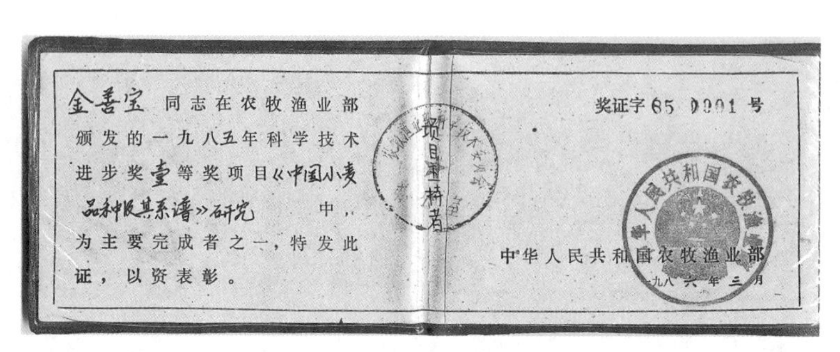

金善宝 同志在农牧渔业部颁发的一九八五年科学技术进步奖壹等奖项目《中国小麦品种及其系谱》研究 中，为主要完成者之一，特发此证，以资表彰。

奖证字 85 0001 号

中华人民共和国农牧渔业部

一九八六年三月

图 379

4 月，出席中国作物学会栽培委员会成立大会。

资料（照片） 中国作物学会栽培委员会成立大会合影（金善宝在二排中）。（见图 380）

图 380

6 月，出席中国科协第三次全国代表大会，被选为荣誉委员。

资料一（其他） 1986 年 6 月，中国科协召开第三次全国代表大会，这次大会是在改革、开放的新形势下，动员和组织科技工作者为实现“七五”计划而奋斗的盛会。

中国科协三届主席　周培源　　　中国科协副主席　　（略）

中国科协荣誉委员：王顺桐　王淦昌　许杰　苏步青　汪德昭　沈鸿　陈世骧　杨显东　金善宝　高士其　谈家祯　黄汲清　董纯才　裴丽生　沈其益　袁青（“中国科协三大”《中国科学技术协会》，1958—1988，第13页）

资料二（证件）　金善宝的中国科协荣誉委员证书。（见图381）

授予金善宝同志为中国科学技术协会荣誉委员

中国科学技术协会第三届全国委员会
一九八六年六月二十七日

图381

7月2日，庆贺92岁生日，与春麦组全体成员合影。

资料（照片）　春麦组全体成员合影于农科院水池边（前排左起：刘树旺、张文祥、辛志勇、杜振华、尹福玉。后排左起：杨华、徐惠君、黄惠宇、金善宝、郭丽、陈孝）。（见图382）

7月20日，与胡子昂等人撰文，纪念我国著名农学家邹秉文。

资料一（文章）　纪念著名农学家、农业教育家邹秉文先生逝世，与胡子昂等四人共同撰文，追忆他一生为我国农业的发展和现代化，在创建农业科研机构、培养农业人才、引进国外先进技术和优良品种、创立出口商检事业和化肥工业方面做出的重大贡献。（胡子昂、茅以升、金善宝、吴觉农：《纪念我国著

图 382

名农学家邹秉文先生》,《人民日报》1986 年 7 月 20 日)

资料二(照片) 邹秉文像。(见图 383)

图 383

8 月 1 日,致信曹诚一。

资料(信件) 致信祝贺曹诚一。(《金善宝给曹诚一的信》,1986 年 8 月 1 日)(见图 384-1、图 384-2)

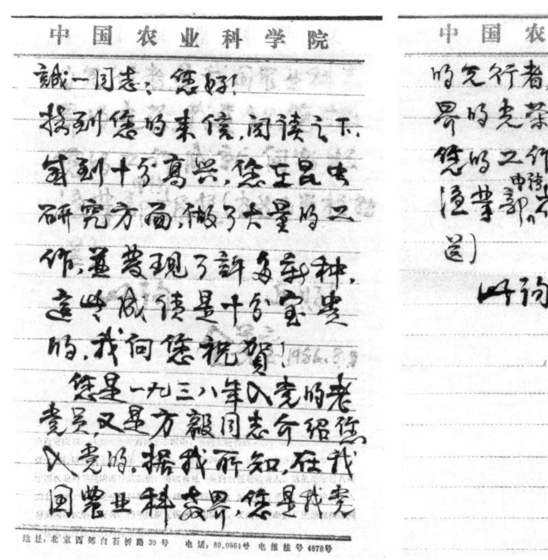

中国农业科学院

诚一同志：您好！

接到您的来信，阅读之下，感到十分高兴。您在昆虫研究方面，做了大量的工作，并发现了许多新种，这些成绩是十分宝贵的。我向您祝贺！

您是一九三八年入党的老党员，又是方毅同志介绍您入党的。据我所知，在我国农业科技界，您是我党

地址：北京西郊白石桥路30号　电话：89.0951号　电报挂号4878号

图 384－1

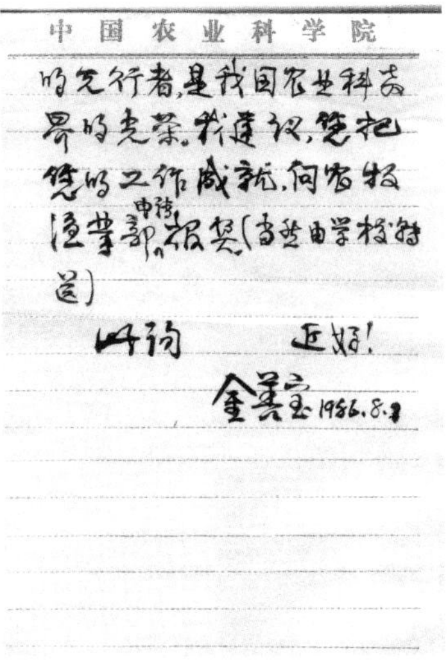

中国农业科学院

的先行者，是我国农业科技界的光荣。我建议，您把您的工作成就，向农牧渔业部申请报奖（可经由学校转送）

此询　近好！

金善宝 1986.8.8

图 384－2

8 月 8 日，出席第六届全国人民代表大会第四次会议。

资料(证件)　全国六届人大代表视察证(全国人大代表常务委员会，1986 年 8 月)。(见图 385)

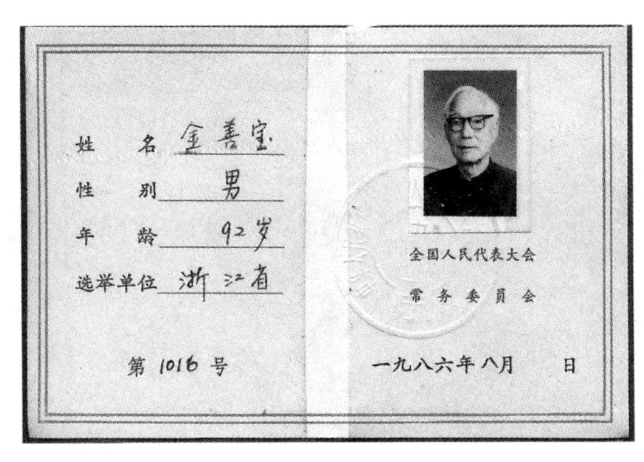

姓　名　金善宝

性　别　男

年　龄　92岁

选举单位　浙江省

第 1016 号

全国人民代表大会

常务委员会

一九八六年八月　日

图 385

8 月，被美国农业服务基金会授予永久荣誉会员金牌。

资料(照片)　原农业部副部长何康(右)受美国农业服务基金会委托，向金善宝(左)颁发永久荣誉会员。(见图 386)

图 386

是月，发表《为灿烂的中华农业增辉》。

资料(文章)　作者叙述了我国灿烂的农业历史，称自己作为炎黄子孙，立志为中华增光添辉，为发展中国农业献身。(金善宝:《为灿烂的中华农业增辉》，收入《著名科学家谈智力开发》，广东人民出版社，1986 年，第 104—109 页)

10 月初，参加《农业百科全书 · 农作物卷》统稿会，视察中国农业科学院茶叶所。

资料一(照片)　金善宝(中)参加《农业百科全书 · 农作物卷》统稿会。(见图 387)

图 387

资料二(照片)　在中国农业科学院茶叶所留影。(见图 388)

图 388

10 月中旬,参观浙江农业大学。

资料一(照片)　金善宝在浙江农业大学题字(左起:尹福玉、陈锡臣、金善宝、孔祥有、朱祖祥、吴耕民、蒋次升、李曙轩、陈子元)。(见图 389)

图 389

资料二(报道) 10月23日下午,我国著名农业科学家、中国科学院学部委员、九三学社中央副主席、中国农科院名誉院长、全国六届人大代表、92岁高龄的金善宝先生来校参观访问。金老是我校的老校友,曾于1930年前后,在我校的前身——老浙大农学院执教。他毕生从事农业教育和农业科学研究,是闻名于世的小麦专家。金老来母校参观访问,受到师生热烈欢迎。孔祥有、陈子元等领导同志和吴耕民、陆星垣、周承钥、李曙轩教授等,陪同金老参观了我校的教学科研成果展览,并登上中心大楼七楼楼顶,眺望了校园秀丽景色。(《著名农业科学家、老校友金善宝先生来校参观访问》,《浙江农业大学报》1986年10月30日第2版)

资料三(照片) 在浙江农业大学七楼楼顶与老校友合影(左起:蒋次升、张磊、□□□、陆星垣、吴薛腾、周承钥、尹福玉、金善宝、陈子元、吴耕民、李曙轩、朱祖祥、俞全德、陈锡臣、孔祥有)。(见图390)

图390

资料四(照片) 与老友吴耕民(右)于浙江大学留影。(见图391)

10月下旬,带领全家回到故乡石峡口。

资料一(视频) 一辆面包车从杭州中国农科院茶叶研究所开出,直往

图 391

绍兴方向驶去。第一站来到了绍兴市立第一中学，在校长的陪同下，参观了校园、校舍，看到了金老前几年应母校之约为之题写的“科学馆”三字，高高悬挂在科学馆的墙头上。之后，汽车又飞也似的向诸暨方向驰去，田野里一片片绿茵茵的、黄灿灿的庄稼，路旁的柳树迎风摇曳，伴随着故乡泥土的芳香迎面扑来，汽车进入会稽山区后，只见山上青松、绿竹映衬，山下茶林、桑园环抱，山谷间，流水潺潺，金老的心激动起来，对司机说：“下车吧，前面路不好走。”这时，村里的孩子们早已把金老的车团团围住，乡亲们闻讯赶来，金老和乡亲亲切握手交谈，摄影留念。（“回乡”存目，老科学家学术成长资料馆藏基地）

资料二(照片)　在故居余庆堂祖屋前留影。（见图 392）

资料三(照片)　与石峡口乡亲交谈。（见图 393）

资料四(照片)　全家相聚于诸暨。（见图 394）

资料五(照片)　重游诸暨名胜并留影。（见图 395）

资料六(传记)　时光匆匆、岁月悠悠，金善宝已达 91 岁高龄。耄耋之年的金老，在繁忙的工作之余，还是常常想起他的故乡石峡口。他想，现在国家改革开放了，对于地少人多的石峡口来说，是一个改善山村经济的大好时机，

图 392

图 393

石峡口的经济状况有什么变化？乡亲们的生活是不是改善了？众多的问题，一直在他的头脑里盘旋。正好，1986 年 10 月，中国农科院杭州茶叶所开会，金老开完会后，就带着这些问题去石峡口了。与以往不同的是，这一次不只是他一个人，女儿和女婿正好在杭州出差，他们想和父亲一起回老家看看；二侄媳唐文淑侨居美国多年，刚刚回国定居，很想观光一下祖国山河；在上海工作的

图 394

图 395

儿子孟浩、儿媳陈慧英，利用假日专程来杭州看望父亲；加上秘书尹福玉，一行七人，浙江省乡镇企业局为金老安排了一辆小面包，汽车飞也似的向诸暨方向驰去。一路上，田野里一片片绿茵茵的、黄灿灿的庄稼，令人目不暇接；路旁的柳树迎风摇曳，伴随着故乡泥土的芳香迎面扑来，汽车进入会稽山区后，只见山上青松、绿竹映衬，山下茶林、桑园环抱，山谷间，流水潺潺……啊！故乡！以她浓厚的乡土气息、特有的大自然风光，迎接远方游子的归来。汽车渐渐驶入了乐山乡，远远看见一座熟悉的山庄，像所有江南的村舍一样，黑色的瓦，白色的墙。金老的心激动起来，对司机说："下车吧，前面路不好走。"这时，村里的孩子们早已把金老的车团团围住，乡亲们也闻讯赶来，金老在众乡亲的簇拥下下了车，向村里走去。在众乡亲中，无论是年长的，年轻的，金老一个也不认识，他们自然也不认识金老，不知道这位老人来自何方？真是"少小离家老大回，乡音无改鬓毛衰。儿童相见不相识，笑问客从何处来"。终于，从村里出来几位老者，他们远远地看见金老，就急忙跑过来，亲切地叫着"善宝叔""九斤叔"，金老和他们一一握手、问好，坐在村口的大石头上和他们亲切交谈。他们还记得金老儿子的名字，连连问孟浩来了吗？金老把孟浩夫妇叫过来拜见大哥大嫂。聊了一会家常，就一起来到金老的老宅余庆堂门口，这是一幢类似北京四合院的二层住宅，四面是屋，中间一个天井，还是金老的曾祖父朝奉太公留下的遗产，算起来已有150多年的历史了，祖父启明公分到两间房子，祖父又将这两间房子传给自己的独子安普公(金善宝的父亲)，金老就是在这两间房子里出生、成长，一直到1917年才离家去南京高等师范农科上学。现在这两间房子里，住的是金老的堂侄，这套院落其他东西厢房里住的，也都是朝奉太公的子孙。他走进老宅堂屋，侄孙们端来一个长条凳让他坐下，他环顾四周，见房屋虽然破旧，但收拾得还算整齐，堂屋里仍然砌着大灶大锅，堆着柴火；走进里屋，看见他母亲当年用过的双人床、四方桌、衣柜等家具依然存在，不免睹物生情，想起自己的童年时代，想起哺育自己的母亲在这里度过了她艰难的一生。母亲去世已经60多年了，自己也已进入耄耋之年，但是母亲养育的恩情却是永远也不能忘记的！金老默默地坐了十几分钟，直到儿女们催他到村里去看看，才恋恋不舍地走出了这所老宅。他在村前村后转了一圈，看见他孩提时代经常去抓鱼、捉蟹的小溪仍然是碧波荡漾，流水潺潺；看见他少年时代经常去打柴的后山仍然是郁郁葱葱，青竹、茶树、柿子树参差其间。村里，低矮的猪圈闭着，鸡笼的门开着，猪呀、鸡呀，四处乱窜……久违的山村景象，令金老流连忘返。有人在旁提醒他，时间不早了，该回去了！乡亲们一直把金老送到村口，连连说："明年再来啊！不要忘了石峡口！"金老也不断地说忘不了，忘不了,我一定会回来的! 等金老上了车,汽车走远了,回头望去,尘土飞扬中,还能依稀地看见乡亲们站在村口,挥手送别。回到诸暨招待所,儿女们就议论开了。……只有金老对家乡的感觉和子女们不一样,他嘴上不说,心里却在想:"比前几年好多了! 虽然脏一些,最起码村民们有饭吃了! 可以自己养鸡、养猪了! 这就是一个好兆头!"他接受了子女们的建议,设法改变家乡贫穷落后的面貌,为家乡人民做点贡献。为此,他先后找浙江省乡镇企业管理局、南京农业大学……去石峡口实地考察,他们提出开发石峡口的两个方案,一是办一个螺丝加工厂,省企管局负责销路;二是,开发山区茶树资源,经营茶叶经济。但是,两个方案所需资金,都需要向银行贷款。据说,五金螺丝厂的执照和贷款批下来后,由于当时的村干部担心还不出贷款,也就不了了之。后来,这本执照转给了邻近的店口镇,现在,店口镇已经成为有名的五金汽配之乡。石峡口失去了一次改变面貌的机会。金老这个心愿,只好深深地埋藏在心底。之后不久,他接到石峡口书记金德兴的一封信,信中述说,为了石峡口的农业用水和生活用水方便,经上级批准,正在建造石峡水库,上面拨了 300 吨水泥,可是只建造了 3 层,水泥就全部用完了,虽经再三反映,均无人理会,眼看水库建设要半途而废了……金善宝接信后,立即和浙江省水利局沟通,说明家乡建设水库中遇到的困难,500 吨水泥很快就调拨到了石峡口,保证了石峡水库工程的顺利完工。(金作怡:《金善宝》,第 310—314 页)

资料七(照片) 父子两人在杭州留影。(见图 396)

图 396

10 月 28 日，来到改名后的南京农业大学，全校召开欢迎大会。

资料一(传记) 这个时候的金老，已经年逾 90，他离开南农已经 30 多年，他和南农的科研合作也早已告一段落，应该说，他和南农已经不会有什么联系了。可是，他和南农这种与生俱来、血浓于水的深情，不但没有中断，反而与日俱增。八十年代以来，他每次去南方出差，总要绕道经过南京，去南农走走看看，每次去，都看到南农有很大变化；每次去，都发现南农有很大进步，他感到极大的欣慰！1986 年 10 月，他怀着十分兴奋的心情来到了改名以后的南京农业大学，学校在大礼堂举行了全体师生员工的欢迎大会，会上，党委书记费旭请金老坐着给大家讲讲话，可 92 岁的金老坚决不肯，一定要站着讲，这一讲就讲了两个多小时，他回忆了南农建院、从城内迁到城外卫岗、复校等问题，勉励大家努力把南京农业大学办得更好，越来越好，一定要把南京农业大学办成世界一流、现代化的农业大学，为祖国农业科学教育作出新的贡献……讲话中，他的言谈笑语、字字句句，无不透露出这位老院长对南京农大的一片挚诚，对祖国农业科学教育的无限热爱，对莘莘学子寄予的厚望，还有他老骥伏枥、锲而不舍的精神，给全校师生员工留下了深刻印象。(金作怡：《金善宝》，第 239 页)

资料二(照片) 向全校师生敬礼留影(左起：金善宝、费旭)。(见图 397)

图 397

资料三(照片) 党委书记费旭请金老坐着给大家讲讲话，可 92 岁的金善宝坚决不肯，一定要站着讲，这一讲就讲了两个多小时(左起：费旭、金善宝)。(见图 398)

图 398

资料四(照片) 与南京农业大学的教授座谈(左起：杜念兴、马育华、朱克贵、金善宝、刘大钧、李扬汉、樊庆笙)。(见图 399)

图 399

资料五(照片) 在南京农业大学图书馆查看《小麦品种志》。(见图400)

资料六(照片) 在南京农业大学小麦试验田留影。(盖钧镒摄,见图 401)

图 400

图 401

资料七(照片) 金善宝(左二)与吴兆苏(左一)、沈丽娟(左三)、朱立宏(右一)在南京农业大学小麦试验田留影。(见图 402)

图 402

10 月 31 日—11 月初，造访江苏省农业科学院、南京林业大学。

资料一（照片） 金善宝在江苏农业科学院和原小麦品种室与薄元嘉、周朝飞等人合影(前排左起：疏仁山、薄元嘉、金善宝、周朝飞、熊宝山。后排左起：刘淑芬、赵寅槐、尹福玉、陆维忠)。(见图 403)

资料二（照片） 在南京林业大学留影(左一尹福玉、熊文愈、杨致平、金善宝、王明庥、周铭章、区炽南、郝文荣、马钰琦、□□□、朱国昌)。(见图 404)

资料三（照片） 10 月 31 日，与蒋耀(左一)在江苏省农科院学术楼。(见图 405)

资料四（文章） 父亲曾告诉我，走进大学以后，他不仅跟随恩师金善宝攻读农艺，还能在恩师的支持和帮助下边当农艺助教，边读农业机械研究生……1957 年反右运动席卷全国，父亲遭受不公对待、受尽冷眼和歧视时，从太老师那里获得的永远是鞭策和鼓励。父亲没有消沉，而是一如既往，“咬定青山不放松”……1986 年，太老师南下视察……此时正是“风雨过后见

图 403

图 404

图 405

彩虹”,太老师无比欣慰,父亲百感交集,师生之间有着千言万语、永远说不完。(蒋乃群:《农机、农艺相融合——蒋耀逝世八周年纪念之二》,2022 年)

11 月 10 日,完成手稿《抗战期间在重庆》。

资料(手稿) 文章回忆了抗战期间在重庆艰难的教学生活、苦难多病的岁月同梁希等挚友与新华日报馆的联系。作者回忆:在周恩来同志的感召下,增强了抗战胜利的信心,看到了祖国的希望。(金善宝:《抗战期间在重庆》,1986 年 11 月 10 日)

12 月,在《谈技术科学》一书中,发表《科学技术和农业现代化》一文。

资料(文章) 作者剖析了我国农业的基本特点,解读了农业现代化的概念,进而表述了农业科学技术的进步和发展才能实现农业现代化这一观点。(金善宝:《科学技术和农业现代化》,收入张维等著《谈技术科学》,知识出版社,1986 年,第 179—184 页)

是月,左天觉来访。

资料(照片) 左天觉(右)来访留影。(见图 406)

图 406

是年，京红 10 号在河北省的种植面积达 13 万亩。

资料(著作) 杜振华和张文祥的文章介绍了京红 10 号的来历与类别、产量与分布，以及栽培特点。（金善宝主编：《中国小麦品种志 1983—1993》，第 331 页）

1987 年 93 岁

1 月，《中国茶叶》封面发表其照片。

资料(报道) 《中国茶叶》1987 年第 1 期封面。（见图 407）

2 月 6 日，《科技日报》报道《生命融进须眉间——农学家金善宝谈他与文艺》。

资料(报道) （你不会想到眼前这位科学家竟有九十二岁的高龄，那双慈善、智慧的眼睛摄进了近一个世纪的风云聚散，而老人对祖国农业科学事业的一腔热爱，对祖国优秀文学遗产的毕生衷情，已融进了雪白的须眉。）回

图 407

头看我一生追求奋斗的起点,可以说是从求学开始的。我十五岁离家出走,投考到当时反清革命志士王金发主办的陆军中学学习。学了不到半年,学校被迫停办。我又报考了绍兴第五中学继续求学。也许是与我那曾作过清朝秀才的父亲教诲有关,我特别喜欢品读古文,至今我还珍藏着一套不全的明朝版本的《史记》。《史记》的文学价值很高,我特别赏识《史记》里项羽气盖一世的英武,钦佩蔺相如过人的胆识智谋,尤其是那种以江山社稷为重、不计前嫌的大度。但我最崇敬的还是《史记》的作者司马迁。因为我每每读起《史记》,都感到一种巨大的正义力量在激励我。这种力量是通过作者对历史是非的公正裁断表现出来的,就连当朝皇帝他也敢嘲弄评说。"李陵之祸"没有减少他的耿耿锐气,他饱经忧患的一生就是一部极壮美、极深刻的悲剧。可叹的是历史的悲剧往往重演。我最珍爱的《史记》也难免……这时，金老又递过来一厚叠字帖，神情却一下子变得像天真、谦虚的小学生。）这些都是我学着写的，写得不好。但我是很喜欢书法的，练字已成为我生活里最愉快的一件事了。（我细品着金老的书法，有抄写毛泽东著作、诗词的，有抄写历代优秀诗篇的，或草书，或小楷，挺拔浑厚，刚毅之气跃然纸上，我禁不住连声赞叹。）我写得与古人差远了。西安有个碑林博物馆，那儿石碑上的书法真是美不胜收啊，你可一定要看看。（我笑答我的故乡就是古都西安，碑林曾是我流连忘返的地方。金老和我相视大笑，我愈发感觉到老人那颗热爱祖国、热爱事业、热爱生活的赤子之心。记得培根曾说过，科学使人深刻，读史使人明智，读诗使人灵秀，凡有所学，皆成性格。眼前金老这明智而灵秀，大概也和读史、读诗有关吧？听我问起喜欢哪些古诗，金老兴致不衰……）也许是很小就离开家乡四处颠沛的缘故吧，我最喜欢读贺知章的《回乡偶书》。你看这幅油画，是我的四十名学生，为了庆贺我的九十岁生日，凑了三百元钱，恳请徐悲鸿画室的一位高手，参照我六十多岁时的照片画的。你看这样子不正像诗中描写的那样“乡音无改鬓毛衰，儿童相见不相识”吗？老喽，每次看见这幅画，读起这首诗，我都是很感慨的。（我望着那幅油画，画中的金老手攥着一束金灿灿的麦穗，笑立在青山绿水、滚滚麦浪之中。金老生命的根深植在祖国的土地上，和祖国分担了近一个世纪的风雨霹雳，在这春回大地的时刻，我衷心地祝愿金老健康长寿。）（郭艳秋：《生命融进须眉间——农学家金善宝谈他与文艺》，《科技日报》1987 年 2 月 6 日第 4 版）

2 月，出席《小麦生态研究》全国写作小组会议。

资料（照片） 金善宝（二排左四）与《小麦生态研究》全国写作小组会成员合影。（见图 408）

3 月 16 日，出席我国第一次优质小麦品种面包鉴评会。

资料一（评价） 1987 年 3 月 16 日，中国农科院作物所和南阳行署联合在首都召开了我国第一次优质小麦品种面包鉴评会，参加鉴评会的有国家科委、农牧渔业部、新华社、中国种子公司、河南省农牧厅、商业部

图 408

后化所、北京市粮科所、北京市粮食工业公司、北京农业大学、中美示范面粉厂、钓鱼台国宾馆、义利食品公司、北京饭店、建国饭店、西苑饭店等28个单位的领导、专家、教授、记者、名师和科技工作者等84人。其中副部级1人、司局级12人、学部委员3人、高级职称16人、中级职称15人。会议由中国农科院作物所所长李奇真主持。中国农科院名誉院长、92岁高龄的金善宝教授首先在会上讲话,他兴致勃勃地说:“同志们都很忙,今天能挤时间来参加这次鉴评会,充分说明大家对我国优质小麦科研和生产是十分重视和关心的。”……提请会议鉴评的面包共3个品种,鉴评采取专家和群众相结合的方式,以专家鉴评结果为主要依据。鉴评组由9名专家组成。鉴评组评分结果是:1号86.3分,2号88.8分,3号89.2分。群众组评分结果分别为:87.3分、86.1分、85.7分。1号、2号面包用的面粉,是南阳地区引进中国农科院作物所育成的中791、中7606小麦品种,经邓县面粉厂磨制的精粉,出粉率为52.5%;3号面包用的面粉是进口优质小麦,经中美示范面粉厂磨制的强力粉,出粉率为35%～40%。邓县面粉厂的设备和工艺都不如中美示范面粉厂。大家一致认为,我国自己育成的两个优质小麦品种烤制的面包质量,已经接近或赶上进口优质小麦磨制的强力粉所烤制的面包水平。如果采用统一的面粉加工工艺流程和根据不同品种特性,采取各自最佳的烘烤工艺技术,这两个品种的面包质量可能更好一些。鉴评意见公布后……大家在发言中一致认为:由我国著名小麦专家金善宝主持选育的中7606、中791优质小麦加工的面粉,填补了我国优质面包专用粉的空白。鉴评结果表明,用两个中麦面粉烤制的面包与进口麦强力粉烤制的面包质量不相上下。与会人员都为我国自己育成的优质小麦品种和面包专用粉的诞生感到高兴和自豪。可以预料我国靠进口优质小麦的日子不会太长了。(优质小麦品种面包鉴评会筹备组编:《优质小麦品种面包鉴评会资料汇编》,1987年,第1—4页)

资料二(评价) 九十二岁的金老兴致勃勃地说:“同志们工作都很忙,今天能够放下自己的工作,前来参加这次会议,充分说明大家对我国优质小麦科研和生产的关心。”讲话中,他叙述了我国是十亿人口大国,也是个落后的农业国。长期以来,吃饭问题相当突出,农业生产中只注重数量,不讲质量。面包小麦都要依靠进口。如今,农业生产得到了发展,城乡人民生活进一步提高,不仅要吃饱,而且要吃好。我们自己培育出了优质面包小麦,请领导、专家们鉴评。(优质小麦品种面包鉴评会筹备组编:《优质小麦品种面包鉴定会汇编》,第25页)

资料三(照片) 在北京优质小麦品种面包鉴评会上讲话留影。(见图409)

资料四(评价) 鉴评小组对中7606、中791两个春小麦品种进行了认真鉴评。一致认为:一、提供鉴评的两个春小麦品种所烤制的面包,其综合指标已接近或达到了用进口小麦所烤制的优质面包水平。二、根据测定的面包体积、形状、纹理结构、弹性、色泽、口感等指标,综合评分为:中7606,88.8分;中791,86.3分;强力粉89.2分;三者相差不多,特别是中7606与强力粉无甚差异。三、对照为强力粉,是由中美示范面粉厂用进口小麦磨制的高精度粉,出粉率为35%～40%;而中7606、中791则由河南邓县面粉厂磨

图 409

制的精粉，出粉率为 52.5%，粉粒较前者为粗。如果用统一精度的面粉进行试验，则中 7606、中 791 的烘烤效果可能还要好些。大家认为，烘烤品质达到优质指标的面粉，还可针对品种特点，相应改进制粉工艺，调整配方和改善技术，使烘烤出的面包品质更佳。（优质小麦品种面包鉴评会筹备组编：《优质小麦品种面包鉴评会资料汇编》，第 5 页）

资料五（评价） 鉴评组对中 791 和中 7606 等面粉做出的面包作出评价。（优质小麦品种面包鉴评会筹备组编：《优质小麦品种面包鉴评会资料汇编》，第 7 页，见图 410）

鉴评组评分结果

1987.3.16

代号	品种名称	面包体积(35分)	面包皮 形状(10分)	面包皮 色泽(5分)	面包心 纹理结构(20分)	面包心 弹性(15分)	面包心 色泽(含平滑度)(10分)	面包心 口感(5分)	总分
1	中791	30	8.67	4.48	16.78	13.33	8.55	4.44	86.25
2	中7606	30	9.39	4.72	18.11	13.67	8.28	4.61	88.78
3	强力粉（CK）	30	8.06	4.56	18.28	14.22	9.33	4.72	89.17

制粉厂家：1、2号 邓县面粉厂 ， 3号 中美示范面粉厂

品种产地：1、2号 南阳 ， 3号 进口

食品加工单位：北京钓鱼台国宾馆

举办单位：中国农业科学院作物所、南阳行署

鉴评时间、地点：1987年3月16日 北京

图 410

资料六(评价) 北京义利食品公司试验结果：1、2 号面粉，不可以加工面包。3 号面粉(中 791，中国农科院培育)，烤制的面包体态丰满，超过模具，外皮薄而光洁好；表皮色泽焦黄均匀，面包心洁白细腻，口感麦香味纯正细腻，纹理均匀，气孔一样。4 号面粉(中 7606，中国农科院培育)烤制的面包质量同 3 号面粉。5 号面粉(宛 7107，南阳地区农科所培育)，略需改变工艺，尚可加工面包。(优质小麦品种面包鉴评会筹备组编：《优质小麦品种面包鉴评会资料汇编》，第 22 页)

资料七(评价) 钓鱼台国宾馆面包师张荣生在鉴评会上发言：我们用中国面粉烤制面包还是第一次，质量相当不错，从数字统计看只差 0.4 分，如果将制作面包的工艺加以改进，可能会超过强力粉。强力粉稳定性较差。希望中 7606 超过强力粉，填补国家空白，面包业的发展越来越快，需要的量很大，我们没有外销，不知道群众喜爱情况。从义利食品厂投放市场情况看，群众对面包的需求量大了。实验面包是第一次，不敢肯定哪一种比较好，评委的看法和我们看法大致相同，中 7606、中 791 在面包行业中是可做面包的。希望今后能保证质量，一定要稳定。强力粉有时不稳定，做出的面包也不太好，好的工艺完全可以做出好的面包。(优质小麦品种面包鉴评会筹备组编：《优质小麦品种面包鉴评会资料汇编》，第 41 页)

资料八(照片) 中字麦面粉制作的面包。(见图 411)

图 411

资料九(照片) 进口强力粉和中字麦制成的面包。(见图 412)

图 412

资料十(照片) 金善宝(左二)在钓鱼台国宾馆面包房参观国产优质麦制作的面包。(见图 413)

图 413

资料十一(照片) 中字麦 7606 的穗形。(见图 414)

资料十二(照片) 中 791 小麦。(见图 415)

资料十三(传记) 金善宝在他的育种实践中,对小麦的品质问题一向

图 414

图 415

特别关注。据测试，他们育成的中字麦，蛋白质含量比当地一般品种高 20%左右，赖氨酸含量高 16%以上。如京红 10 号、冬丰 1 号、中 7606 和中 791 等都是营养价值高、加工品质好的春、冬麦新品种，其中中 7606、中 791 蛋白质含量分别为16.88%和17.22%,湿面筋含量为38.4%和41.5%。1987年,经北京、上海、南阳三处有关专家多次测试、鉴定,其面粉理化性状优良、稳定。经实验室烘焙和有关厂家生产试验,由该面粉制成的面包综合质量优良,达到了用进口优质小麦磨制的强力粉面包质量水平。以往我国生产的优质面包,都是靠进口优质麦磨制的强力粉制成的,中7606、中791的育成和推广,填补了我国优质面包小麦的空白,可以预期,结束优质面包小麦依靠进口的日子不远了!(孟美怡:《金善宝》,第158页)

资料十四(报道) 中国农业科学家已经选育出适合于做高级质量面包的小麦新品种,这是中国农业科学院于星期二公布的。小麦新品种中791和中7606的粗蛋白含量分别为17.22%和16.88%,都高于平均值13%;其面筋含量分别高达41.5%和38.4%,而其他品种的面筋含量平均只有24.09%。赖氨酸含量和出粉率分析结果表明,这两个新品种都高于推广地区所有其他品种。一位参与分析的专家说,由新品种生产的面粉做成的面包与进口面粉制成的面包在形状、色泽和纹理结构等方面不相上下。"中国是世界主要小麦生产国之一,已经培育了许多小麦品种。但是,过去农民只认为生产够自己食用就成了,而很少关心培育生产高质量面包品种。现在的小麦通常粗蛋白含量和面筋含量都较低,不如进口的做面包的面粉。直到现在,中国还依靠进口为各宾馆和大饭店提供做面包的面粉。中国农业科学院于1979年培育出适合于做面包的小麦品种。这两个新的小麦品种就是他们研究的结果。1986年这两个新品种已在河南省南阳地区较大面积种植。现在该地区约种植了13 000公顷,每公斤产量3 000公斤。"(《新的小麦　更好的面包》[New Wheat, better bread],《中国日报》[China Daily]1987年3月20日第3版)

资料十五(报道) 我国有了适合制作优质面包的小麦新品种,结束靠进口专用面粉加工优质面包的日子为期不远了。用中7606、中791小麦面粉制作的面包,经专家鉴评认为,无论是体积、形状、色泽、弹性,还是口感等各项品质标准,都接近或达到用进口专用粉制作的优质面包的水平。(《我国两个小麦新品种适合制作优质面包》,《文汇报》1987年5月18日第1版)

资料十六(报道) 著名小麦专家庄巧生3月16日在北京宣布:我国用

进口小麦烘制优质面包的时代可望早日结束。中国农科院作物所已培育出优质小麦品种中 7606、中 791，用它们烘制的面包与进口强力粉烘制的面包比较，各项指标均无差异。……我国小麦生产有了很大发展，单产与总产的增长速度超过了几个小麦生产大国。然而，国产小麦多数品种面筋的质量差，不适合加工优质面包的要求。许多大中城市靠进口国外优质小麦或面粉烘烤优质面包，以满足群众、外国旅游者的需要。近年来，不少科研单位在培育、鉴定优质小麦方面做了许多工作，取得了一些成果。其中我国著名小麦育种老专家金善宝及其助手杜振华等选育的中 7606、中 791 品种，不仅产量高，而且品质优良。他们与河南省南阳地区共同协作，开展小麦磨粉和加工品种试验研究，取得可喜成果。目前这两个品种推广面积已达 20 万亩。（李春华：《我国培育出烤制优质面包的小麦新品种》，《科技日报》1987 年 3 月 23 日第 1 版）

3 月 25 日—4 月 11 日，出席第六届全国人民代表大会第五次会议，并于浙江代表团驻地接受《光明日报》记者的采访。

资料一（证件） 金善宝的出席证。（见图 416－1、图 416－2）

图 416－1

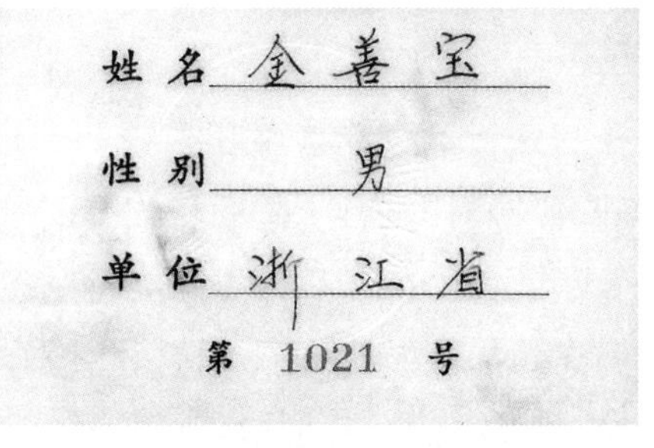
姓名 金善宝
性别 男
单位 浙江省
第 1021 号

图 416－2

资料二（证件） 金善宝的报到证。（见图 417）

资料三（报道） 金善宝教授，92 岁高龄，步履稳健，思想清晰，谈到高兴处还发出爽朗的笑声。在浙江代表团驻地，他一见到记者，就谈起参加这次大会的一点感想，说把农业摆在基础的地位，摆对了。金老把他对祖国的爱洒在了广阔田野上，献给了亿万农民，为发展我国的农业教育和农业科学事业，整整工作了六十多年，他究竟培养了多少位农业科学家，他和他的学生

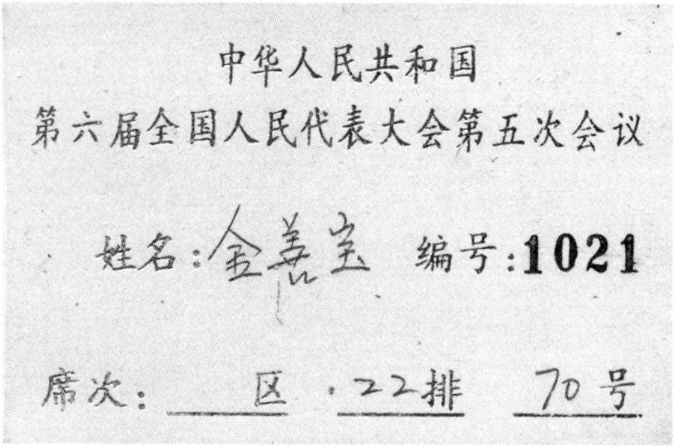

中华人民共和国
第六届全国人民代表大会第五次会议

姓名：金善宝　编号：1021

席次：　区　22排　70号

图 417

究竟给亿万农民培养出了多少个优良品种，那是很难准确计算的。“我多年没到农村去了，对农村情况不很了解。”金老说。但是，他时刻关怀着农村，这次会上，他从浙江代表们那里了解了好多农村情况。“我听他们谈到，这几年从领导方面来说，对农业有所忽视，水利失修，防治病虫害、兽医等工作没人管了。所以，我认为，现在还是要强调以农业为基础，要牢固地树立这个思想。”金老说……党中央毛主席确定的以农业为基础、以工业为主导的方针和农轻重的排列顺序，是完全正确的。“那个时候，把农业放在第一位，国务院专门有一位副总理抓农业。我那时候在南京，记得聂荣臻副总理抓过农业。”老人谈起一件往事，南京农学院院址本来在城内丁家桥，校舍不够，又没有多少土地，所以他主张迁往城外孝陵卫，因为那里有　所迁走的学校留下的好多房子，供教学和科研用的土地面积也大。“世界上哪一个国家的农学院都在城外，不在城里”，老人说。但是，一些同志坚持在城里办，省里文教部门的个别领导人也不主张搬。后来，他到北京参加会议，写了一封信给聂荣臻副总理，阐述农学院要迁往城外的理由，等会议开完他回到南京，就听到搬迁的问题已经解决。“中央对农业重视，这个问题解决得好快！”金老至今谈起还深为感慨。后来谭震林副总理抓农业，经常到农业科学院来开座谈会。国家科委范长江副主任也常到农科院来，跟专家们讨论问题。金老还谈道，当时遇到一个问题不易解决。“范长江说，他是‘不到黄河心不死’，我说我是‘不到长城非好汉’。这两句话，我至今还清楚记得。”“……1970 年一位抓农业的副总理到农科院开过一次会”，老人说：“他提出一句话：农业科学要提高，农业生产要发展，是依靠七千五(当时农科院全体工作人员有7500人)，还是依靠七亿五(农民)?"他这一句话，几乎摧毁了全国的农业科研事业，当时所有的农学院、农科院统统下放，这个损失太大了。老人说，要记住这个教训才对。"在一般人看来，农业同工业比，工业重要，一个理由就是农业是容易的，工业是难的"，老人阐述着，"我在许多场合讲，农业比工业难。为什么这样说，因为工业的对象是无生命的东西，今天失败了，明天可以再搞，失败几万次而取得成功，也不要很长时间。农业不行，它是有生命的东西，作物的生长、发育有一定程序，受环境条件如气候、土壤、病虫害等影响。育种，今天失败了，得明年才能重来。一个人有多少个明年?"老人说，国际上的各种奖金，以诺贝尔为最高，但这么多年来，得奖的农业成果只有一项，说明农业是一个困难的课题。(张天来：《应对农业科研给予足够重视——访人大代表、中国农业科学院名誉院长金善宝》，《光明日报》1987年4月8日第2版)

5月，去南阳参加优质小麦评定会。

资料一(评价) 鉴定意见：(一)该研究课题设计合理，研究方法和手段先进，测试数据准确，资料系统也较完整，在北京、上海和南阳三市分别进行的鉴评与鉴定结果基本一致，表明用中791和中7606两个优质小麦品种所烤制的面包，其综合指标已接近或达到了进口小麦磨制的强力粉所烤制的优质面包的水平。(二)该研究课题立题思想明确，技术思路先进，经济效益显著，研究成果达到国内领先水平。是利用国产小麦优质面包专用粉的良好开端，这是一项重要科研成果。希望对现有技术资料加以修改和完善，并改进制粉工艺，使科研成果达到更高水平。(河南省科学技术委员会：《技术鉴定书》，豫科管字(87018)号，1987年5月12日)

资料二(档案) 在中国农科院名誉院长金善宝主持下，利用冬春小麦杂交的方法，育成了中7606和中791春性小麦新品种，在我国河南、鲁南、苏北和皖北等地作为晚茬麦种植，一般亩产250～300公斤，高者……350公斤以上，比当地推广的品种增产10%～15%左右，目前推广面积已……20余万亩。大面积推广应用，对于解决因前茬作物腾茬晚和由于雨涝、干旱等原因造成的晚播麦田减产有着重要意义。近年来,同河南南阳地区合作,经多次测试,面粉理化性状优良而稳定,蛋白质含量分别为16.88%和17.22%,湿面筋含量为38.4%和41.5%。实验室烘焙和有关厂家生产试验,面包综合质量优良。经北京、上海、南阳三处有关专家鉴定,其结果基本一致,达到用进口优质小麦磨制的强力粉面包质量水平。目前我国生产优质面包都是靠进口优质麦磨制的强力粉制成的。中7606和中791的育成和推广,填补了我国生产优质面包小麦品种的空白,是利用国产小麦生产优质面包专用粉良好的开端。结束优质面包小麦依靠进口的日子为期不远了。这项成果是在国家经委、国家科委和农牧渔业部大力关怀和支持下取得的,这次的面包样品是钓鱼台国宾馆加工的,在此一并致谢。(中国农业科学院作物所:《我国优质面包小麦选育成功》,中国农业科学院作物所档案室,1987年5月25日)

资料三(照片) 金善宝(前排左四)在南阳优质小麦鉴定会同与会人员留影。(见图418)

图418

资料四(照片) 金善宝(中)、尹福玉(左)在南阳优质小麦鉴定会上。(见图419)

资料五(报道) 在中国农科院名誉院长金善宝主持下,利用冬春小麦杂交,育成了中7605和中791春性小麦新品种。在我国河南、鲁南、苏北和皖北

图 419

等地作为晚茬麦种植，一般亩产 250～300 公斤以上，比当地推广品种增产 10%～15%左右。目前推广面积已……20 余万亩。近年来，中国农科院作物所与河南南阳地区合作，经多次测试，两种新品种面粉理化性状优良而稳定，蛋白质含量分别为 16.88%和 17.22%，湿面筋含量为 38.4%和 41.5%。实验室烘焙和有关厂家生产试验表明，面包综合质量优良。经北京、上海、南阳三处有关专家鉴定，结果基本一致，达到用进口优质小麦磨制的强力粉面包质量水平。中 7606 和中 791 的育成和推广，填补了我国的空白，是我国利用国产小麦生产优质面包专用粉的良好开端。（尹福玉：《我国优质面包小麦选育成功》，《农业科技要闻》第 65 期，1987 年 8 月 25 日，第 2—3 页）

6 月，发表《寄语留学青年》。

资料（文章） 年届九十二岁的金善宝，寄语留学青年，以自己早年留学美国，归国后六十多年的经历，鼓励当今的留学朋友，用“他山之石”把“美玉雕琢”，为振兴中华农业献身。（金善宝：《他山之石，可以攻玉》，《神州传人》1987 年第 3 期，第 4—5 页）

8 月 12 日，出席中国农学会第五届全国代表大会，被选为名誉会长。

资料（证件） 中国农学会名誉会长荣誉证书。（见图 420）

荣誉证书

兹经中国农学會第五届全国
会員代表大會一致通过
金善寶同志為名誉會長

中國農学會
一九八七年八月十四日

图 420

8 月，参加冀西北夏播小麦座谈会。

资料一(照片)　金善宝(前排左五)、尹福玉(后排右一)在冀西北夏播小麦座谈会上留影。(见图 421)

图 421

资料二(手稿)　在座谈会上，回忆了六十年代初期，试验高山夏播，一年繁殖三代小麦的种种阻力，深有感触地说：历史经验告诉我们，一个新生事物的发生、发展，总要经过一段迂回曲折的过程。假如它是错误的，会在中途夭折；如果它是正确的，总会取得成功。夏播和小麦就是很好的例子。（金善宝：《在冀西北夏播小麦座谈会的发言》，1987 年 8 月）

资料三（传记） 春小麦一年繁殖三代的成功，使金善宝感受很深，事隔十年之后，他在 1987 年参加冀西北夏播小麦座谈会上，回忆了这段曲折的经历，深有感触地说："一个新生事物的发生、发展，总要经历过一段迂回曲折的过程。如果它是错误的，就会在中途夭折；如果它是正确的，坚持下去，总会取得成功。夏播小麦就是一个很好的例子。"（金作怡：《金善宝》，第 191 页）

是月，《种子世界》报道《农业教育家、小麦专家金善宝》。

资料（报道） 文章介绍了他的成长经历和学术成就。粉碎"四人帮"后，他更加激情满怀，看到了充满生机、充满希望的社会主义祖国的未来，他在欢笑中继续前进。（王秀荣：《农业教育家、小麦专家金善宝》，《种子世界》1987 年第 8 期）

9 月 12 日，致信方毅。

资料（信件） 写信向方毅致谢。（《金善宝给方毅副总理的致谢信》，1987 年 9 月 12 日，见图 422）

9 月 18 日，对李璠的《东山新石器遗址考察报告》持肯定态度。

资料（手稿） 我高兴地审阅了李璠同志在甘肃省民乐县东山新石器遗址的考察报告。这是一个与我国栽培植物发展史和农业起源有关的重要考察。作者于 1985、1986 两年先后到东灰山遗址现场考察，他除广泛收集了遗址中的各种石器和陶器外，特别重要的是，他在遗址的文化灰土层中，发现了小麦、大麦、高粱、粟、稷等农作物的碳化籽粒和山羊、黄牛、猪等的部分牙齿和碎骨，此外，还在遗址发现石祖和骨器。遗址的碳十四年代测定，树轮校正年代为5 000 ± 159 年。在一个遗址同时发现我国现在北方栽培的五种主要农作物的古代碳化种子，尚属首次。而且小麦、大麦和高粱的发现，可

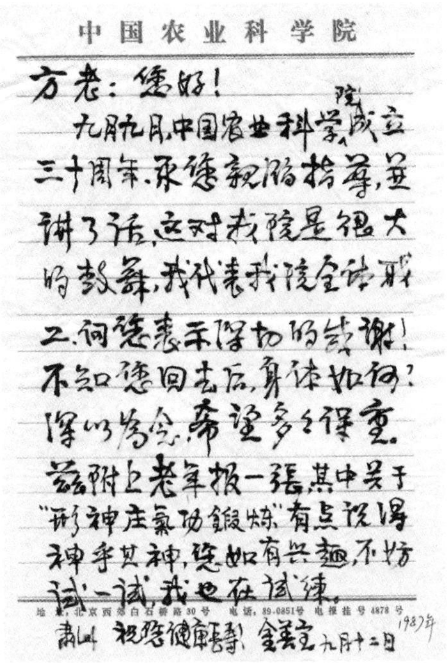

中国农业科学院

方老：您好！

九月九日中国农业科学院成立三十周年，承您亲临指导，并讲了话，这对我院是很大的鼓舞，我代表我院全体职工，向您表示深切的谢意！不知您回去后，身体如何？深以为念。希望多多保重。

兹附上老年报一张，其中关于"形神庄气功锻炼"有点说得神乎其神，您如有兴趣，不妨试一试，我也在试练。

地址：北京西郊白石桥路30号　电话：89·0851号　电报挂号4878号

肃此　祝您健康长寿　金善宝　九月十二日　1987年

图 422

以填补我国考古上长期未解决的空白。在遗址中发现石祖，可以与我国崇拜祖先的历史传统和"祖"字的起源联系起来，甲骨文青铜器上的祖字的象形文字同石祖的形象是一模一样的。所以作者此次发现对黄河流域文化作出了较全面的反映。也就是说，在距今五千年以前我们的先民在黄河流域中上游的西部地区已经广泛种植小麦、大麦、高粱、粟、稷和饲养山羊、黄牛和猪等家养动物了，这些对阐明我国主要农作物的发展史和农业起源具有重要意义。应当明确，这是一个重要发现和科研成果，应予以较高科学水平的评价。建议尽快将此发现在报刊上予以公布和在学报上发表作者的考察报告。（金善宝：《对李璠同志〈东山新石器遗址考察报告〉的一点看法和建议》，1987 年 9 月 18 日）

9 月，在河北蔚县看夏播小麦。

资料(照片)　金善宝(左三)在河北蔚县看夏播小麦。(见图 423)

图 423

10 月 3 日，畅游北京植物园。

资料（照片） 在北京植物园留影。（见图 424）

图 424

10 月，参加河北农大建校八十五周年校庆，参观该校的小麦试验田。

资料一（手稿） 1987 年 9 月，去保定参加河北农业大学 85 周年校庆，总结这次保定之行，有以下几点收获：1. 参观学习了河北农业大学的教学、科研成果展览，与河北农大的校长陶学郁等同志交流了农业教育的办学经验。华北地区有这样一个历史悠久、设备齐全、师资力量雄厚的农业高等学府，我深感欣慰。2. 会见了河北省领导，相互就河北省农业生产中的问题及其规划设想进行了磋商，并观察了保定地区几个县的农业生产情况。3. 有幸参观了1562年种植的老槐树，并在树下摄影留念。4. 交换题字，增进友谊。（金善宝：《河北农大85周年校庆杂记》，1987年9月）

资料二（照片） 在河北农业大学85周年校庆大会上讲话留影。（见图425）

图425

资料三（照片） 金善宝（右三）在河北农业大学的小麦试验地留影。（见图426）

图426

是月，为江南大学校庆四十周年题字。

资料(其他)　为江南大学校庆四十周年题词留影。(见图 427)

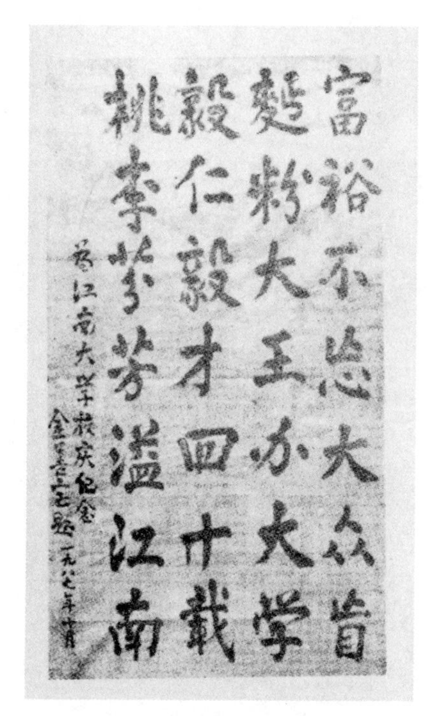

图 427

11 月，应邀参加第六届全国运动会，会后，去深圳农业技术中心参观。

资料一(证件)　工作证。(见图 428)

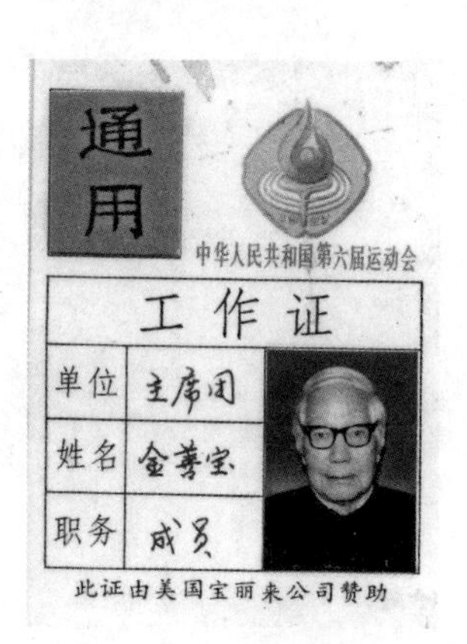

通用

中华人民共和国第六届运动会

工作证

单位	主席团
姓名	金善宝
职务	成员

此证由美国宝丽来公司赞助

图 428

资料二(照片)　金善宝(右二)在会场留影。(见图429)

图429

资料三(照片)　在深圳农业技术中心留影。(见图430)

图430

资料四(照片)　在深圳农业技术中心蔬菜大棚参观留影。(见图431)

资料五(手稿)　1987年11月,我应邀参加广州第六届全运会观礼,全运会之后,广东省组织观礼团去深圳参观,我们看见深圳由一个小的村庄,改革开放后短短几年就发展成为一个现代化的大城市,到处高楼林立、市场

图 431

繁荣,人们的工作、生活节奏都十分紧张,一片繁荣景象。深圳的农业怎样呢?这是我所关心的,也是一个现代化城市赖以生存发展的基础。于是,我们又去参观了深圳农业科学研究中心,那里不但环境优美,而且研究设施齐全,蔬菜大棚里培养的大白菜优良品种长势很好,在一个占地面积不算大,如此繁华的闹市,能辟出这样幽静的一角,从事农业科学研究,足见当地政府对农业科学研究的重视。(金善宝:《闹市中幽静的一角》,1987 年 11 月)

12 月,为小麦生态研究的经费问题致信方毅。

资料(信件) 方毅同志:您好!我主持的全国小麦生态研究,是一个着眼于小麦不同种植区域、不同温光条件下,各类品种生态型表现特点的宏观研究,对于小麦育种和栽培是基础理论性课题。从 1982 年开展试验以来,有不同生态区的 42 个单位协作进行。用不同类型的 31 个品种,异地分期播种,田间试验与室内的形态解剖观察、测试分析相结合。课题经费由原中国科学院基金资助了 10 万元。1986 年进入研究工作的阶段性总结后,由于信息量大,数据处理相当多,又得到国家自然科学基金 3 万元和中国农业科学院院长基金 1 万元,作为总结费。目前,各协作点的总结基本完成,在总体试验报告的基础上,各单位的试验资料写成的专题论文总计超过 100 篇,部分单位进行了成果鉴定。课题已建立有 399 万数据的数据库,为以后查询有关材料奠定了基础。研究所获结果,将出版《小麦生态研究论文集》。初步总结已获一些规律性的东西,但因试验品种较少,各单位要求增加到 60 个(即冬性、半冬性、春性各 20 个),研究延续 2 年,向国家自然科学基金委员会申请延续课题,要求再资助 10 万元,只获准 3 万元。今年 10 月,召开全国协作会,各单位反映经费少,又无别的渠道补充,无法再支持下去。因此,申请国家科委再资助一些,请予以关照和支持。(金善宝:《申请增加小麦生态研究经费》,1987 年 12 月)

是年,为树立国家尊严,要求新建的中国农科院办公大楼竣工,现为农业图书馆。

资料一(传记) 在改善农业科学院的科研条件方面,还有一件事,一直憋在金善宝心头,久久不能释怀。那是在 1965 年,一个日本农业考察组来我国访问,在中国农业科学院的大楼前拍了一张照片,嘲弄地说:“这还是我们华北农事试验场的大楼呢!”回国后,他们将这张照片发表在他们的专业刊物上,并注明:“这是华北农事试验场时期的大楼,现为中国农业科学院。”这件事,深深地刺痛了金善宝。他请求农业部,无论如何,我们也要盖一座比这座旧楼更好的大楼。此意见得到了时任国家科委副主任范长江的赞扬和支持,列入国家计划。然而十年动乱,国民经济到了崩溃边缘,该计划也就无从谈起了。粉碎“四人帮”后,当中国大地迎来了科学的春天时,金善宝的心愿又提到了日程。国家批准了中国农科院请北京建筑设计院提供的建楼方案,但因面积超过了当时建委规定的最大限额,难于动工修建。为此,金善宝写了一封信,在中国科协召开的 1981 年学部委员年会上,亲自递交万里副总理。万里在主席台上看信后,深为这位老人的爱国激情和事业心所感动,当即批给国家建委,并告诉金善宝,让农科院去找韩光主任。1982 年,盼望多年的中国农业科学院办公图书大楼终于动工了,第一期工程 9 000 多平方米,第二期工程 13 000 多平方米,至 1987 年中国农业科学院建院 30 周年之际全部竣工。至于那栋日本侵略者占领北平后,为掠夺我国华北农业资源和产品建起的旧楼,曾在日本专业刊物上一再吹捧的建筑,在庆祝抗日战争和世界反法西斯战争胜利60周年的声浪中,已被夷为平地。(金作怡:《金善宝》,第211—212页)

资料二(照片) 在中国农业科学院的陈旧办公楼留影。(见图432)

图432

资料三(照片) 二十世纪九十年代新建的办公楼。(见图433)

图433

资料四(照片) 现改造为农业图书馆。(见图434)

图 434

1988 年　　94 岁

1 月，《农业科技通讯》第 1 期报道《著名农学家教育家——金善宝》

资料(报道)　金善宝出生农村，半个多世纪以来，他宵衣旰食、呕心劣血，几十年如一日，勤勤恳恳致力于我国农业科学和农业教育事业，作出了卓著贡献。(夏溪:《著名农学家教育家——金善宝》，《农业科技通讯》1988 年第 1 期，第 36 页)

3 月，到浙江湖州，为梁希陵园剪彩。

资料一(报道)　1988 年 3 月，九三学社为梁希在他家乡浙江湖州建立塑像，93 岁的金老前往参加揭幕典礼。省里预先为金老安排在杭州某宾馆下榻，金老不去，却住到远离市区的省农科院下属的一个研究所的招待所里。原杭州大学校长、心理学家陈立教授感慨地说:“我已 86 岁，对金老这样的高尚风格，仍视为表率。”(陈伯敏:《中央大学北京校友会研究院通讯》，1996 年第 1 期)

资料二(照片) 金善宝为梁希陵园剪彩致辞。(见图 435)

图 435

资料三(照片) 金善宝(左一)为梁希陵园培土。(见图 436)

图 436

资料四(照片) 金善宝(左)与梁希的学生、义女、林学家周慧明(右)在

梁希陵园的梁希雕像前留影。(见图 437)

图 437

资料五(照片) 金善宝(右二)与梁希当年的学生、助手在梁希雕像前。(见图 438)

图 438

5 月 11 日，给诸暨领导写信。

资料（信件） 给诸暨领导写信，请求帮助。（《给诸暨领导的信》，1988 年 5 月 11 日，见图 439－1、图 439－2）

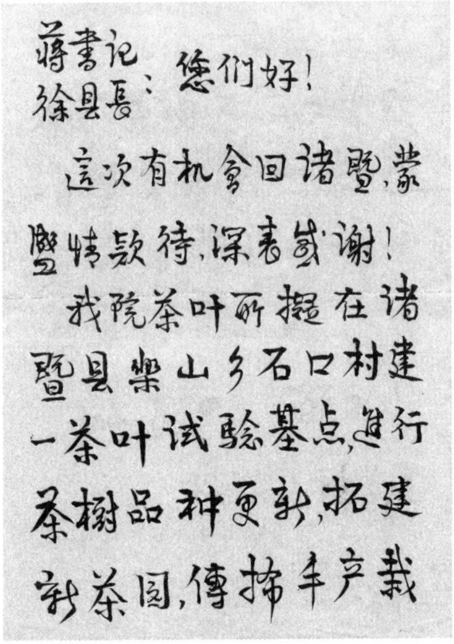

蒋书记
徐县长：您们好！

这次有机会回诸暨，蒙盛情款待，深表感谢！

我院茶叶所拟在诸暨县栗山乡石口村建一茶叶试验基点，进行茶树品种更新，拓建新茶园，传播丰产栽

图 439－1

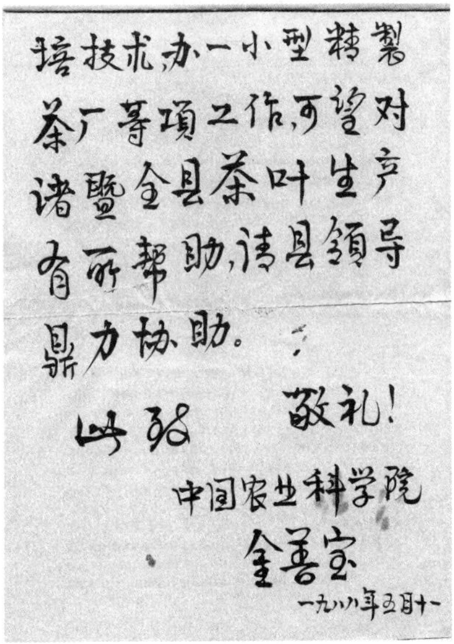

培技术，办一小型精制茶厂等项工作，可望对诸暨全县茶叶生产有所帮助，请县领导鼎力协助。

此致 敬礼！

中国农业科学院
金善宝
一九八八年五月十一

图 439－2

5 月，到杭州参加浙江省九三学社会议。

资料（照片） 金善宝和浙江省九三分社社员在一起（前排左二：金善宝。后排左五：金孟达）。（见图 440）

6 月 3 日，王震看望金善宝。

资料一（图片） 金善宝在照片背面留字。（见图 441）

资料二（手稿） 1988 年 6 月，因为朋友所托，有些事情想找王震同志谈谈，又想到王震同志现在已是国家副主席了，国事繁忙，怎好再去打扰他呢？但是，不知为什么，这个念头一冒出来之后，就很难再抹去了，也许是想见见老领导、老朋友的一种渴望吧，犹疑再三终于鼓起勇气，拨通了王震办公室的电话，通过联系，定于 6 月 3 日上午 9 点去王震同志家中拜访。6 月 3 日早晨，我们如约来到王震副主席家的大门口，把我的姓名和预约的时间告诉了守卫的

图 440

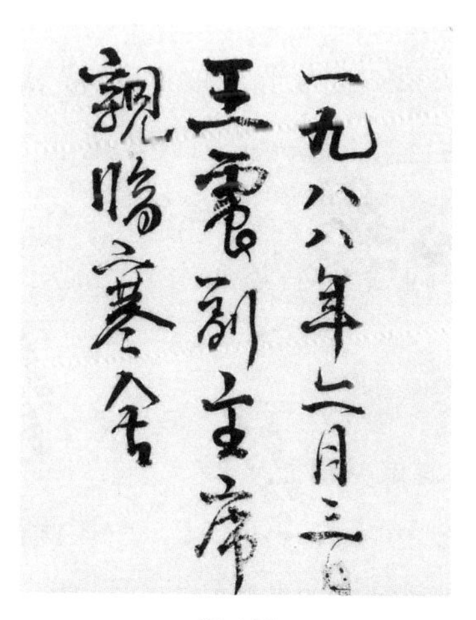

图 441

解放军同志，良久，进去通报的同志出来说，王震同志昨晚开会，回来很晚，还没起床呢！我听了感到很不安，心想王震同志国事这样繁忙，我还来打扰他，太不应该了，回到家中，还很懊悔这次唐突的拜访。吃完中饭，正在午休，忽然被女儿叫醒，她说："爸，快起来，刚才接到电话，王震副主席要来看您。"我十分震惊，立刻起床，往窗外一看，只见红楼周围已布满了保卫人员，正在等待国家副主席的到来。果然，没有几分钟，王震同志的汽车就到了。我赶紧下楼迎接，王震同志和我热情握手、问好。他身穿一套黑色的中山装，手拿一根拐杖，上了二楼，到家里坐下后，我见他有点气喘，就拿了一盒自己常吃的药给他，他吃了一点，觉得好多了。问我：这是什么药？我说：这是痰咳净。他让随来的护士记住这个药名，回去也要吃这个药。女儿端上切好的西瓜和冷饮，他都不吃，只喝了几口茶。他告诉我，上午起床后，值班人员告诉他，金老来看他，因为他还没有起床只好回去了。他听了十分生气，对值班人员说："金老比我大八岁，这么大岁数了来看我，你们怎么可以不叫醒我，让他白跑一趟，我怎么对得起他呢？"跟来的护士告诉我们："当时王副主席很生气，马上要到金老家来，经值班人员劝说，下午还有外事活动，等外事活动结束后再去吧，王副主席才勉强同意了，这不！外事活动一结束，就直接来金老家了。"王震同志告诉在座的人员："我和金老是老朋友了，1959年大刮'浮夸风'的时候，报上到处都在吹嘘小麦亩产几千斤、一万斤的时候，我请金老到农村去调查一下，金老去河南、安徽、山东等地调查，并将调查的实际情况告诉了我，我又将金老调查的情况向党中央作了汇报，中央很重视……"接着对我说："金老，在这件事情上，你是立了功的！"又竖起大拇指说："金老，你是这个！"说起改革开放，谈起深圳，王震同志的兴致更浓，有说不完的话……这次珍贵的会见，令人永远难忘，会见中所摄的照片，将留作永久的纪念。（金善宝：《珍贵的会见》，1988年6月3日）

6月，辛勤劳作于小麦试验田。

资料一（照片） 在农科院东门外小麦试验田间留影。（见图442）

资料二（照片） 金善宝（中）和小黑麦专家严玉瑞（左）在试验田留影。（见图443）

是月，主编的《中国品种志》第一辑获1987年科学技术进步一等奖。

资料（证件） 《中国品种志》第一辑获1987年科学技术进步一等奖。（见图444）

图 442

图 443

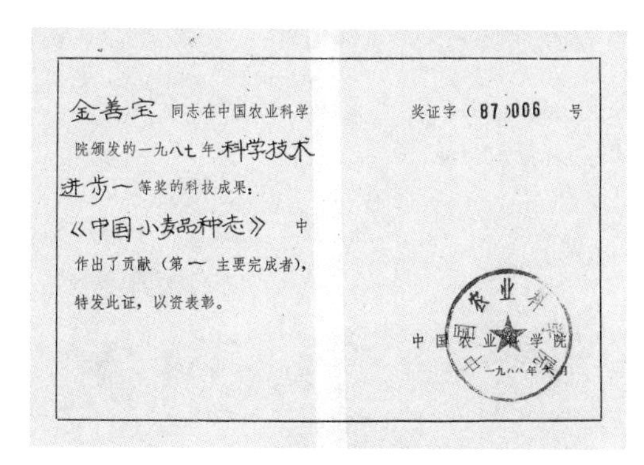

金善宝同志在中国农业科学院颁发的一九八七年科学技术进步一等奖的科技成果：

《中国小麦品种志》中作出了贡献（第一 主要完成者），

特发此证，以资表彰。

奖证字（87）006 号

中国农业科学院

一九八八年 月

图 444

7 月 2 日，为《中国农业科技发展史略》一书题字。

资料(照片) 金善宝题词。(见图 445)

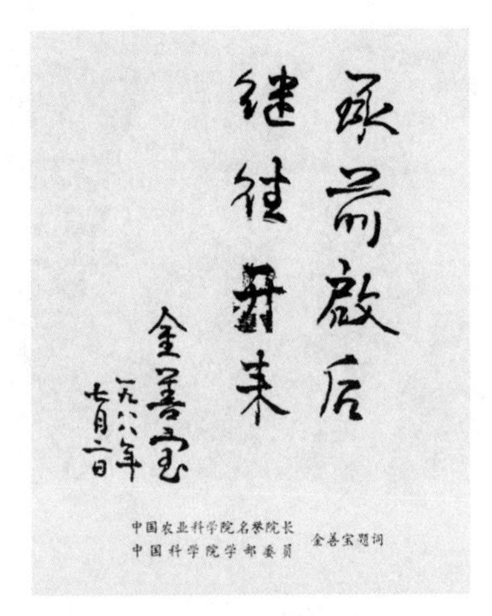

图 445

7 月，被任命为中国农业科学院名誉院长。

资料一(档案) 国务院任命金善宝为中国农业科学院名誉院长。(《中华人民共和国国务院任免通知》，1988 年，见图 446)

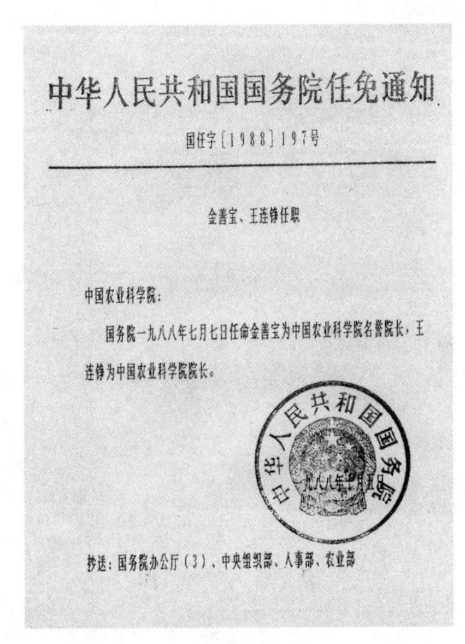

中华人民共和国国务院任免通知

国任字[1988]197号

金善宝、王连铮任职

中国农业科学院：

国务院一九八八年七月七日任命金善宝为中国农业科学院名誉院长，王连铮为中国农业科学院院长。

中华人民共和国国务院
一九八八年七月五日

抄送：国务院办公厅(3)、中央组织部、人事部、农业部

图 446

资料二(证件)　任命书。(见图 447)

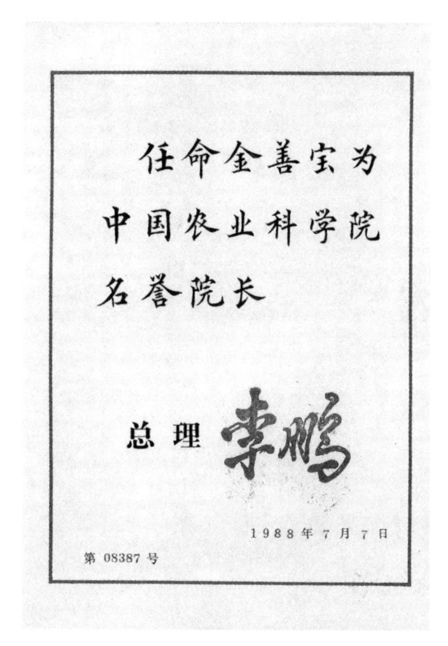
任命金善宝为
中国农业科学院
名誉院长

总理　李鹏

1988 年 7 月 7 日

第 08387 号

图 447

是月,发表《抗战期间在重庆》。

资料(文章)　作者回忆了抗战期间在重庆中央大学艰难的教学生活、苦难多病的岁月、与《新华日报》馆的联系,并称在周恩来同志的感召下,增强了抗战胜利的信心,看到了祖国的希望。(金善宝:《抗战期间在重庆》,收入《文史资料选辑》第 15 辑,第 19—26 页)

8 月 22 日,为民办龙飞农科所题字。

资料一(其他)　为民办龙飞农科所题字。(见图 448)

资料二(报道)　九三学社中央副主席、中国农业科学院前任院长、国内外著名小麦育种家金善宝教授,为了表示对刚刚成立的黑龙江龙飞农业研究所的祝愿和期望,不顾九十四岁高龄,欣然着墨,作了上面的题词,这充分表达了我国老一辈农业科学家对当今农业科研体制改革中新生事物的支持和关怀,也指明了民办农业研究所的努力方向,对我所今后发展和长远建设

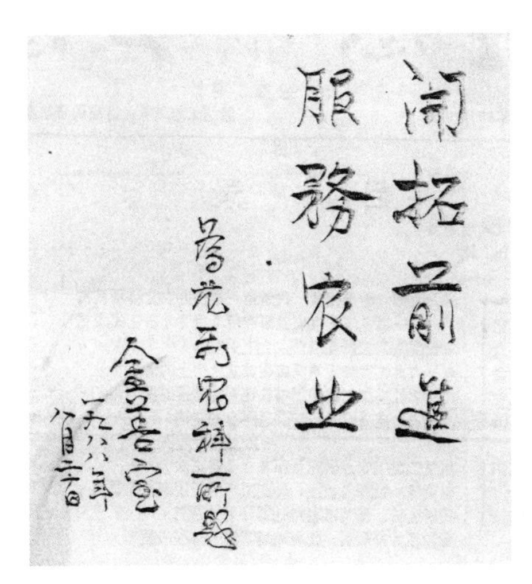

图 448

必将起着无可比拟的精神鼓舞作用。（翟裕宗：《发刊词》,《信息与动态》1988 年 10 月 22 日第 1 版）

9 月 3 日，出席老同学、著名植保专家吴福桢教授的九十寿辰庆贺会。

资料（照片） 在吴福桢九十寿辰庆贺会上留影。（见图 449）

图 449

9 月，代表九三学社中央参加内蒙古自治区的社员代表大会。

资料一（照片） 在“九三”内蒙古自治区第二次社员代表大会上讲话留影。（见图 450）

图 450

资料二(照片)　与九三学社内蒙古自治区区委的同志合影。(见图451)

图 451

资料三(传记)　1988 年 9 月 3 日,九三学社内蒙古自治区第二次社员代表大会开幕,金善宝又以 93 岁的高龄,到会祝贺。他说:中共十三大以后,我们要在社会主义和爱国主义两面旗帜下,广泛团结高中级分子,促进科技、教育和社会生产力的发展,促进改革开放,当前我国处在经济、政治、文化全面改革的攻坚阶段,我们要为民服务、为国分忧,要为改革开放和维

护社会主义的安定团结作出贡献。(金作怡:《金善宝》,第 283 页)

10 月下旬,参加江苏省九三学社的社员代表大会。

资料一(传记) 1988 年 10 月,九三学社江苏省委召开第二次社员代表大会,金老从呼和浩特回京后,没过几天,又风尘仆仆地赶往南京。在会上,他十分风趣地说:"我很高兴能来南京参加这次大会,我今年 93 岁了,正好代表九三中央来向江苏省九三学社的换届大会表示热烈祝贺……"金老的讲话博得了全体代表热烈的掌声。大会期间,许多南京的老同志、老朋友都来招待所看望金老,省委的韩培信、孙颔,省政府的顾秀莲、陈根兴,省委统战部的沙人麟、尹法声,省农科院的高亮之、金钛、江枫,南京农大的刘大钧,还有画家李汝骅等。(金作怡:《金善宝》,第 283 页)

资料二(照片) 在九三学社江苏省第二次社员代表大会会场留影。(见图 452)

图 452

资料三(文章) 讲话指出:在当前形势下,"九三"作为与党长期合作、风雨同舟的民主党派之一,要有高度的社会责任感和使命感,为民服务,为党分忧。一切工作要有利于安定团结,有利于祖国统一,有利于社会发展和社会进步。(金善宝:《在九三学社江苏第二次社员代表大会上的讲话》,《江苏社讯》1988 年 11 期,第 4—5 页)

资料四(照片) 金善宝(左二)、高觉敷(左一)在九三学社江苏省第二次社员代表大会主席台上。(见图 453)

图 453

资料五(报道) 1988 年 10 月 27 日下午,《江苏社讯》的编辑人员在省委 307 招待所采访了社中央副主席金善宝同志。

记者:金老,您这次代表社中央到南京来参加九三学社江苏省第二次代表大会,大家都深受鼓舞。《江苏社讯》要出省代表大会的专辑,大家都想在专辑上看到有关金老的报道,我们特地来采访您。听说您和南京的渊源很深。

金善宝:1917 年,我在南京高等师范学习,1920 年毕业。

记者:这所学校现在还在吗?

金善宝:1921 年改为东南大学,解放后改为南京工学院。

记者:最近又改回来了,仍叫东南大学。听说刘伯承担任南京市市长时,您担任副市长。

金善宝：我担任副市长时，刘伯承已经调任了。我从1950年干到1958年，1958年以后调到北京去了。

记者：1917年至1958年，在南京待了四十年了。

金善宝：有四十年了。

记者：听说您还担任过南京农学院院长，华东军政委员会农林部副部长。

金善宝：那是1950年的事了。

记者：您这次南下金陵，走马看花，感觉如何？

金善宝：变化不小，绿化很好，花园城市，名不虚传。另外，市场活跃，商品丰富，宾馆服务的态度亦好。

记者：这次来宁，见到不少老朋友吧？

金善宝：江渭清来看了我。另外，省委的韩培信、孙颔，省政府的顾秀莲、陈根兴，省委统战部的沙人麟、尹法声，省农科院的高亮之、刘金钛、江枫，南京农大的刘大钧，还有画家李汝骅等同志，我们都见了面。

记者：听说江渭清同志宴请您时，曾即席口占一首七绝。

金善宝：是的。

这时，金老的秘书尹福玉同志拿出了他笔录的诗稿。尹福玉同志说：你们请金老题的词，金老已经写好了。大家一看，是“科学结硕果，民主开新花”十个大字。

记者：谢谢金老。金老这次来宁小住，短短几天，应接不暇。

金善宝：是的，还有不少省代表大会的代表来访，刚才还有代表来谈到组织发展问题，我看只要符合要求，面可以广一些。

记者：金老，您认为社的思想建设应注意些什么？

金善宝：解放思想，转变观念。按发展商品经济和建设社会主义民主政治的要求来看，我社的现状和形势的要求是不适应的，不是一般的不适应，是很不适应。长期以来，我社是关起门来搞“自我教育”，对政治漠不关心，缺乏参与意识。我们必须增强政党意识，才能有效地参政议政。

记者：希望金老能给《江苏社讯》的两千多名读者——全省的广大社员提点希望。

金善宝：希望？（微笑）好吧，我说点，作为一个社员，要讲民主与科学。做工作，要积极，要争取贡献。在社会上，在生活中，遇到有不公正的事，不能袖手旁观，大至国家的命运，小至他人的冷暖。这样，也提高了九三的威信。

记者：金老，还有两个多小时，您就要离宁返京了，祝一路顺风。

金善宝：谢谢，再见！（纵光：《秋高气爽话今昔　情真意切寄同仁》，《江苏社讯》1988 年第 5 期，第 28 页）

资料六（其他）　江渭清即席贺金老的诗稿。（见图 454）

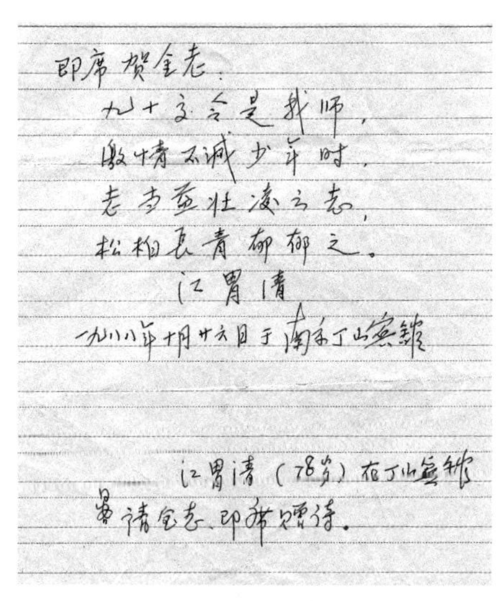
即席贺金老：
九十高令是我师，
激情不减少年时，
老当益壮凌云志，
松柏长青郁郁之。
江渭清
一九八八年十月廿六日于南京丁山宾馆

江渭清（78岁）在丁山宾馆
宴请金老，即席赠诗。

图 454

12 月 28 日，参加农科院养蜂所建所三十周年所庆。

资料（照片）　中国农科院养蜂所成立 30 周年所庆与会人员合影（金老为左五）。（见图 455）

12 月，为《南京农业大学新闻选辑》作序，为之题字的《河南小麦栽培学》出版。

资料一（文章）　序言简述了南京农业大学的历史，回顾了学校在建校三十多年来为培养农业科技人才和管理人才作出的重大贡献。（金善宝：《南京农业大学新闻选辑》，南京大学出版社，1988 年，第 1 页）

资料二（其他）　为《河南小麦栽培学》题字。（见图 456）

图 455

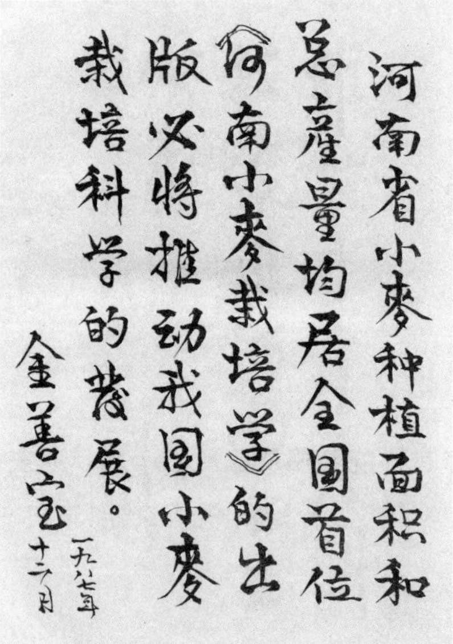

河南省小麦种植面积和总产量均居全国首位《河南小麦栽培学》的出版必将推动我国小麦栽培科学的发展。

金善宝 一九八七年十二月

图 456

是年，完成两部百科全书的编审工作。

资料(报道)　1988 年，由金善宝主持翻译的美国农业技术推广基金会主席恩斯明格主编的《食物与营养百科全书》完成了审校工作，这是一部收集了世界各国食物的营养及其含量、内容非常全面的著作。同年，他还完成了《中国农业百科全书·农作物卷》的审稿工作。(《年逾九旬的农学家、教育家,一年完成两部百科全书编审工作》。李方诗、培康等主编《中国人物年鉴》,华艺出版社,1989年,第245—246页)

1989年　　95岁

1月,参加九三学社第五次全国社员代表大会,当选为第八届九三学社中央名誉主席。

资料一(证件)　金善宝在九三学社第八届中央委员会上当选为名誉主席。(见图457)

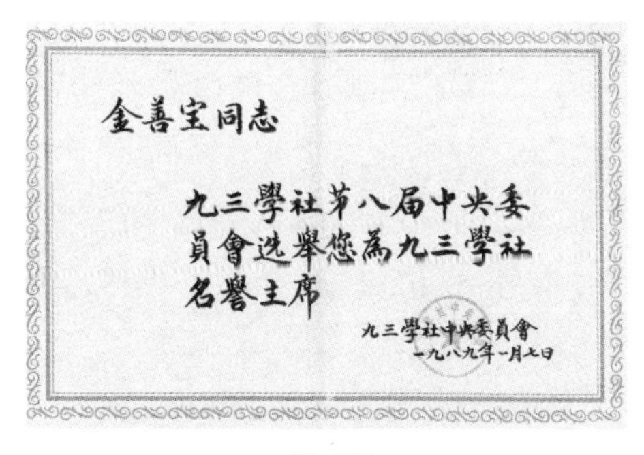

金善宝同志

九三學社第八届中央委員會选舉您爲九三學社名譽主席

九三學社中央委員會
一九八九年一月七日

图457

资料二(信件)　敬爱的金善宝同志:我们参加九三学社第五次社员代表大会的全体同志,怀着崇敬的心情,代表全社三万七千社员,一致拥护您担任九三学社名誉主席,并向您致以崇高的敬意和亲切的问候!您是著名的政治活动家和科学家,是我社德高望重的领导人。近半个世纪以来,您高举民主与科学的旗帜,领导我社与中国共产党风雨同舟,亲密合作,为新中国的建立和发展,为九三学社的建立和发展,作出了不可磨灭的贡献,赢得了全社同志的衷心爱戴和社会各界的广泛尊敬。您的伟绩将永远铭刻在我们心里。数十年来,您满怀炽热的爱国之情,为中国的富强和人民的幸福无私奉献了自己的一切,为中国的社会进步和科技教育事业的发展立下了不朽的功绩,您伴随着时代的步伐不断前进,成为中国知识分子的杰出代表。

您的崇高精神境界和思想风貌,将永远激励和教育我们不断前进。如今,为了九三学社事业的发展,您又以无私的精神主动让贤,竭诚支持比较年轻的同志承担重任。这种高风亮节,全社同志无比钦敬。我们全体代表满怀深情向您致敬,并殷切期望您今后继续指导社的工作。敬爱的金善宝同志,请您放心,我们一定会沿着您所开创的道路继续前进,推动九三学社的事业不断向前发展。我们要继承和发扬我社爱国主义的光荣传统,民主与科学的光荣传统,同共产党亲密合作的光荣传统,积极投身改革开放、建设有中国特色的社会主义的伟大事业,为统一祖国和振兴中华的宏伟大业不断作出自己的贡献!(《九三学社第五次全国社员代表大会给金善宝的致敬信》,1989 年 1 月 8 日)

资料三(其他) 为贯彻中共十三大精神,1988 年 12 月 31 日至 1989 年 1 月 5 日,九三学社召开了社的第五次全国代表大会……社的五大选举产生了社的第八届中央委员会。选举许德珩、严济慈、茅以升、金善宝为名誉主席,周培源任主席。(《九三学社简史》征求意见稿,第 75 页)

资料四(报道) 在九三学社第八次代表大会上,金善宝被推举为九三学社中央名誉主席。(李方诗、培康等主编:《中国人物年鉴》,1990 年,第 268—269 页)

4 月,主编的《现代农艺师手册》出版。

资料(著作) 这是一部农业"小百科",包括农业各学科、农业生产各领域的基础知识,国内外近年来农业科学新的理论知识、应用技术和新机具、新方法,以及农业技术经济、农村商品经济的有关知识和分析论证。(金善宝主编:《现代农艺师手册》序,北京出版社,1989 年)

5 月,与吴兆苏共赴蚌埠看小麦。

资料一(照片) 金善宝(左三)、吴兆苏(左二)、李燮和(左一)共赴蚌埠看小麦留影。(见图 458)

资料二(照片) 金善宝(右二)、吴兆苏(右四)和当地科研人员在蚌埠小麦丰产田留影。(见图 459)

图 458

图 459

资料三(照片) 金善宝(前排左一)和吴兆苏(前排左二)在李燮和夫妇(后排)家中。(见图460)

图460

6月,与美国的恩斯明格(M. E. Ensminger)博士交流,组织译著《食物与营养百科全书》的出版事宜。

资料一(传记) 同年,美国农业服务基金会主席、著名畜牧专家、营养学家、社会活动家M. E. Ensminger(恩斯明格)博士,首先来到了封闭20多年的中华人民共和国首都——北京,当众多的国人抱着迟疑的目光在旁观望时,"靠边站"的金善宝却雍容大度、不失热情地接待了这位西方来客,双方交谈甚欢。之后,恩斯明格博士又先后数次来华,与这位中国著名的农学家、小麦专家结下了国际友谊,并将自己和美国食物与营养保健领域中三位著名专家集体编著的《食物与营养百科全书》赠送给他。到了八十年代,当国人生活水平日益提高,急需增加食物营养知识之时,金老将此书送交农业出版社推荐出版,并通过出版社组织了50多名专家、教授进行翻译、校审,根据我国国情,针对不同读者的需要和实用价值内容,按专题分成5个专辑,全书2 800个条目、300万字、1 600张插图。(杜振华等:《百年耕耘——金善宝传》,第273页)

资料二(信件) M. E. Ensminger(恩斯明格)博士：您好！前年您送给我的两本书，即食物与营养百科全书(*Foods & Nutrition Encyclopedia*)是一部价值很高的书，我和我的朋友们都很喜欢它。现在由农业出版社组织40位研究人员进行翻译，预计1989年可以出版，届时当送赠指正。(金善宝：《给美国农业服务基金会主席恩斯明格博士的信》，1989年6月)

资料三(其他) 近年来，随着生活的明显改善，人们普遍开始注意摄食养生之道，迫切要求有关饮食营养方面的科学知识。但长期以来，广大群众几乎是只求一饱，不及其他。所以我国对食物营养问题研究不多，积累的真正有深厚科学基础的资料缺乏，很难满足广大读者的较高要求，也不能适应对外开放和膳食结构与饮食习惯改革形势发展的需要。在这个背景下，中国农业科学院名誉院长金善宝推荐翻译出版美国《食物与营养百科全书》，适得其时。(《食物与营养》出版说明，农业出版社，1989年6月)

资料四(照片) 《食物与营养百科全书》封面。(见图461)

图461

资料五(其他) 金善宝为《食物与营养百科全书》中译本题字。(见图462)

由美国农业服务基金会主席恩斯明格(M.E.Ensminger)博士主编的《食物与营养百科全书》系统而又全面地介绍了食物、营养和保健的关係，該書以美国的材料为基础，收集了許多国家有关资料，取材广泛，内容丰富，是一部好書，现已譯成中文出版，它對改善我国人民的飲食卫生，提高人民的健康水平，將会起到很好的作用。

金善宝

一九八六年
十一月

图462

是月，为南京农业大学题词。

资料(其他) 题词。(见图463)

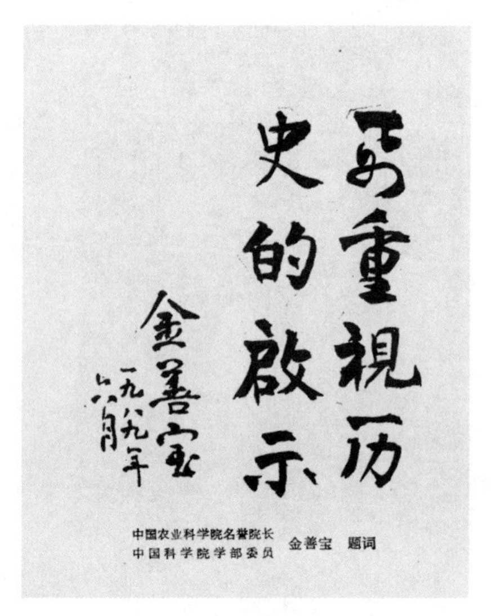

要重視历史的啟示
金善宝
一九八九年六月
中国农业科学院名誉院长
中国科学院学部委员
金善宝 题词

图463

7 月 2 日,庆祝 94 岁寿辰。

资料(照片) 全家庆贺金善宝的 94 岁寿辰留影。(见图 464)

图 464

8 月,主编的《中国现代农学家传》第二卷出版。

资料(著作) 《中国现代农学家传》第二卷封面。(见图 465)

图 465

10 月初，中国水稻所在杭州正式成立，应邀参加奠基典礼，会后去浙江省农业科学院参观小麦试验田。

资料一（照片） 金善宝（左四）、何康（左三）、朱祖祥（左二）赶往中国水稻所成立大会会场。（见图 466）

图 466

资料二（照片） 金善宝（中）、刘更另（左）、朱祖祥（右）在中国水稻所成立大会合影。（见图 467）

图 467

资料三(照片) 金善宝(左三)和沈桂芳(左一)在浙江省农业科学院小麦地考察留影。(见图468)

图468

10月上旬,顺道去故乡诸暨石峡口探望。

资料一(传记) 1989年,中国水稻所在杭州正式成立,金善宝应邀参加奠基典礼,利用这个机会,金善宝又回到了日思夜想的故土。这次他看见的石峡口,是一个整洁、美丽的山村,洁净的水泥路,白色的房屋,苍翠的山峰,潺潺流水的小溪,一切还是那样熟悉、那样亲切……众乡亲们闻讯赶来,金善峰、金广仁、金孟理、金高月、阿坤婶、高才婶等,将金善宝团团围住,问长问短,述说别情。他们告诉金善宝,村里实行了联产承包、分田到户后,生活水平有了提高,建造了自来水,重修了村口的余庆桥,生活也方便多了。他们还陪同金善宝一起观光了村容,参观了新建成的水库,重游了石峡胜景,当金善宝看到形似"蹲狮、眠牛"的石峡山景时,忽然想起了600多年前石峡始祖——海四公的《石峡赋》……这次回乡,让金善宝感到欣慰的是,石峡口的生活有了一个好的开端!虽然乡亲们的生活还不富裕,可是,他相信,有了好的开端,美好的前景就不再远了!(金作怡:《金善宝》,第314—315页)

资料二(照片) 金善宝(中)回到家乡诸暨石峡口,坐在石阶上和乡亲们亲切交谈并合影。(见图469)

图469

资料三(照片) 金善宝(左二)和乡亲们亲切交谈并合影。(见图470)

图470

资料四(照片) 金善宝(左三)、沈桂芳(左二)观看石峡口古迹留影。(见图471)

图 471

10 月 12 日，祝贺九三学社中央名誉主席许德珩百岁寿辰。

资料一(其他)　1989 年 10 月 12 日，许德珩欢度百岁寿辰……周培源、严济慈、金善宝等人共祝许德珩大寿。(《九三学社简史》征求意见稿，第 149 页)

资料二(照片)　金善宝(左三)祝贺九三学社中央名誉主席许德珩(左二)百岁寿辰留影。(见图 472)

图 472

11 月，荣获中国科学院荣誉章。

资料(证件) 中国科学院荣誉章。(见图 473)

图 473

1990 年　　96 岁

2 月 17 日，《北京日报》报道《活一百岁并不遥远——访小麦专家金善宝》。

资料(报道) 在和平年月里，谁不想多活几年？健康长寿，这几乎是对老年人最良好的祝愿了。然而并非每个人都坚信自己能活过一般人。因此，人们总想探知一些长寿的秘密。好吧，让我们看看，有着“中国小麦之父”之誉的金善宝老人，是怎样使自己长寿的吧。金老目前是九三学社中央名誉主席、中科院学部委员，今年 96 岁。当我看到他的时候，如果有人告诉我，他今年 69 岁，我信。虽说满头银发，可面色红润，双目有神，言谈举止毫不迟钝。上楼下楼，不用拐棍，走起路来，腰板倍儿直！每天下两小时象棋。我这次采访，他和我谈了两小时，毫无倦容。他跟我说，去年他去内蒙古考察，徒步登上了海拔一千米的山。有一回检查身体，医生对他全身的健康状况惊讶不已，还以为他把年龄填错了呢！其实，年轻的时候他身体并不好。繁重的科研和教学常把他压趴下。四十年代他当教授时，连着三年，一到秋天就闹胃病，找了位名叫吴汇川的中医，吃了几剂中药，很见效。当时，金老在南京。荣毅仁先生的父亲在无锡创办的江南大学聘金善宝为客座教授。要就职，又要求医。怎么办呢？吴先生想了想，告诉他一个偏方：每天早晚服七枚苦参子。这是产于福建的苦参种子。金善宝吃到第三天，血止住了；吃到第七天，大便正常了；吃到第十天，肠胃舒服了。几个月后，他的胃病全好了，至今未犯过。金善宝五十多岁时就被人称为“金老”。因为他那时就满头银发了。一场大病，使金善宝多少留意了一下关于生命的研究。那么金老是怎么养生健身的呢？一是，重视运动。金老年轻时，爱踢足球、长跑，60 岁之后热衷于慢跑和登山，80 岁以后打太极拳，90 岁以后以散步为主。二是，节制饮食。他一生从未吸过烟，早晨散步归来喝杯牛奶，吃一个鸡蛋；中午吃二两米饭或面食；晚上只喝杯牛奶，睡前吃些水果。三是，乐观开朗，保持正常的心理平衡。他脾气随和，凡事付之一笑。……五是，清心寡欲，注意情志修养，生活上从不追求奢华，待人诚恳率直，不图名利，随遇而安。这些品德使他经常能保持心境平和，与世无争，与人无争，这大概也是他长寿的秘诀吧?!（刘一达：《活一百岁并不遥远——访小麦专家金善宝》，《北京日报》1990 年 2 月 17 日第 2 版）

3 月 15 日，被聘为《中国小麦学》编写委员会主编。

资料(证件) 聘书。（见图 474）

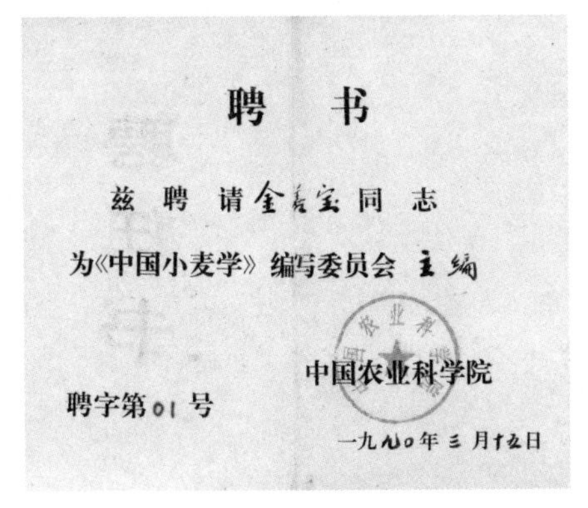

聘　书

兹聘请金善宝同志

为《中国小麦学》编写委员会主编

中国农业科学院

聘字第 01 号

一九九〇年三月十五日

图 474

6月，《大众健康》报道《金善宝的长寿之道》。

资料（报道） 报道总结了采访"金善宝长寿之道"的三点体会：1. 保持乐观态度，不论事业上和生活中遇到多大的困难、挫折，都要心平气和。喜怒哀乐是人之常性，关键在于自我控制，遇事要豁达，心胸开阔。2. 淡泊寡欲，"晋代嵇康讲养生有五难：名利不去为一难；喜怒不除为二难；声色不去为三难；滋味不去为四难；神虑神散为五难。依我看这五难里最难去的是名利。许多人折寿的原因就在于名利上欲望太盛，不能做到淡泊清心，宁静致远"。3. 动则不衰。这个"动"字，不单指身体运动，还指大脑的活动。他说：对于老年人来说，危害最大的是精神老化，一些老人一旦离退休，无事可做，无所用心，必然会感到生活空虚，产生一种孤独感，因而经常看书、看报、散步、交友，做一些力所及的事情，是保障身体健康的重要因素。（刘一达：《金善宝的长寿之道》，《大众健康》1990年第6期，第36—37页）

7月2日，庆贺生日。

资料一（照片） 祝贺会现场留影（左二起：金善宝、王连铮、刘志澄、梁克用）。（见图475）

图475

资料二(照片) 中国科学院院长周光召(左)送来庆贺花篮。(见图476)

图 476

资料三(照片) 九三学社领导送来了大型生日蛋糕(左起:赵伟初、金善宝)。(见图 477)

图 477

资料四(照片) 生日留影。(见图 478)

图 478

资料五(照片) 与孙子、孙媳合影。(见图 479)

图 479

7 月,《山东小麦》一书出版。

资料(其他) 为《山东小麦》一书题字。(见图 480)

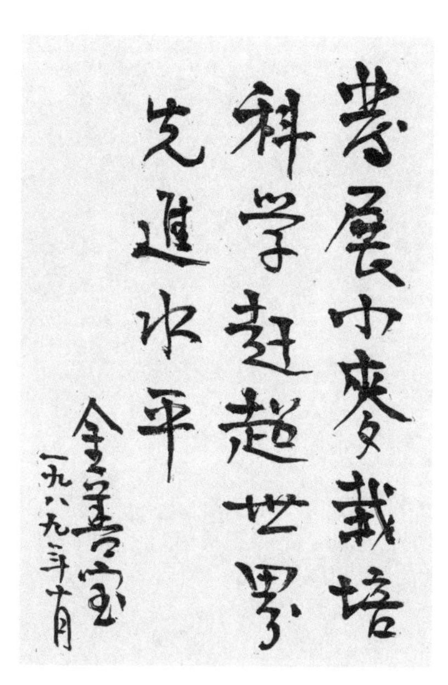

图 480

8 月，主编的《小麦生态研究》出版。

资料（著作） 本书收入研究论文和试验报告 64 篇，涉及小麦生态型分类研究方法、指标选择和分类结果，不同类型小麦品种在不同生态条件下的生育特征，生长发育与温光反应，生育阶段划分、完成春化反应的形态指标、生理过程和温光条件探讨等。全书 72.3 万字。本书的出版，为全国小麦生态研究的系统总结做了有益的尝试和准备，也为国内外学术交流提供了资料。（金善宝主编：《小麦生态研究》，浙江科学技术出版社，1990 年）

9 月 14—18 日，参加《中国小麦学》第一次编委会。

资料一（照片） 《中国小麦学》作物所编委会（前排左起：陈孝、范家骅、王琳清、黄佩民、庄巧生、金善宝、董玉琛、杜振华、陈坚）。（见图 481）

资料二（口述） 《中国小麦学》先后写了五年，金老主编，庄巧生先生是第一副主编。1990 年 9 月 14—18 日召开第一次编委会，在会上，金老强调：

图 481

1. 要有中国特点，将原书名《小麦学》改名为《中国小麦学》；2. 起点要高，全面论述了近 30 多年特别是近 10 多年来小麦生产的发展、育种、栽培和有关学科的成就以及国外在这些领域的新进展；3. 理论联系实际，是一部体现国家水平的小麦科学专著；4. 写作过程中要充分发挥副主编的作用。栽培部分的副主编是余松烈。为此，根据金老和庄先生的意见，我们带着全部稿件到山东农业大学将近一个月，同余松烈、余正文逐章逐字商议定稿。通过这两本著作的编写，我感到金老平易近人，为人稳重，不多言辞，他不是一个学究式的学者，而是有战略思维的老前辈。这还表现在他在北方冬麦区发展春麦；利用中国自然条件，南繁北育，加速育种进程等创新研究上。（《黄佩民访谈》，2017 年 4 月 26 日）

12 月 2 日，拜访著名农学家杨显东。

资料(照片) 看望著名农学家杨显东(右)。(见图 482)

图 482

1991 年　　97 岁

1 月，联合主编的《农业哲学基础》出版。

资料(著作)　《农业哲学基础》一书从理论与实际结合的角度，阐述了农业的本质及其发展规律、农业发展中的若干辩证关系、农业科学及其研究方法、农业决策和管理、农业发展前景和发展战略、农业系统中的辩证法概述等问题。(金善宝、沈其益、陈华癸主编：《农业哲学基础》，科学出版社，1991 年 1 月)

2 月，王启柱来京看望并赠书。

资料一(传记)　金善宝早在四十年代毕业的学生，现在台湾农业科学方面的著名学者王启柱，十分关心祖国农业的发展，经常通过金师了解祖国大陆农业科学的成就，虽然不能亲自回来参加农业建设，但他每完成一本著作，总要寄一份给金师，希望能为祖国的农业科学贡献一分力量。九十年代一个春节前夕，他有幸亲自来大陆观光，首先登门拜望多年不见的恩师，并带来他的著作：《中国农业起源与发展》上下册、《牧地改良与管理》《饲用作物学》《蔗作学》等，金善宝理解这位爱国学者的心意，就将他的著作送给中国农科院图书馆，以便于两岸学术交流。王启柱知道后，十分高兴。当他知道金师，因未去过台湾引为终身遗憾时，就托人捎来一本介绍台湾农业的精致画册《核心农业与精致农业》，金善宝看了这本画册后，高兴地说，我虽然没有去过台湾，看了这本画册之后，也就不遗憾了！（金作怡：《金善宝》，第279页）

资料二（照片） 王启柱（右）看望金善宝（左）并赠书。（见图483）

图483

3月，作为九三学社中央名誉主席，其照片刊于《民主与科学》。

资料（报道） 《民主与科学》介绍九三学社代表人物金善宝。（见图484）

图484

4月28日，偕农科院职工同游北京植物园。

资料一(照片)　与农业经济专家刘志澄(右)同游植物园留影。(图485)

图485

资料二(照片)　与梁克用、甘晓松、王汝谦、李竞雄、陆肇海在植物园合影。(见图486)

图486

资料三(照片)　与昆虫专家邱式邦(右)在植物园合影。(见图487)

图487

资料四(照片)　与土肥专家刘更另(右)在植物园留影。(见图488)

图488

资料五(照片)　与副院长董涛(右)在植物园合影。(见图 489)

图 489

资料六(照片)　金善宝留影。(见图 490)

图 490

4 月，主编的《中国农业百科全书·农作物卷》出版。

资料(著作) 《中国农业百科全书·农作物卷》是一部包含多种学科领域、辞书性质的，集古今中外、传统农业知识和现代农业知识的经典之作，也是农作物科学技术知识的全面汇集。全书选收条目 1 684 条，220 万字。(金善宝主编：《中国农业百科全书·农作物卷》上下册，农业出版社，1991 年 4 月)

5 月 23 日，出席中国科学技术协会第四次全国代表大会开幕式。

资料(请柬) 请柬。(见图 491)

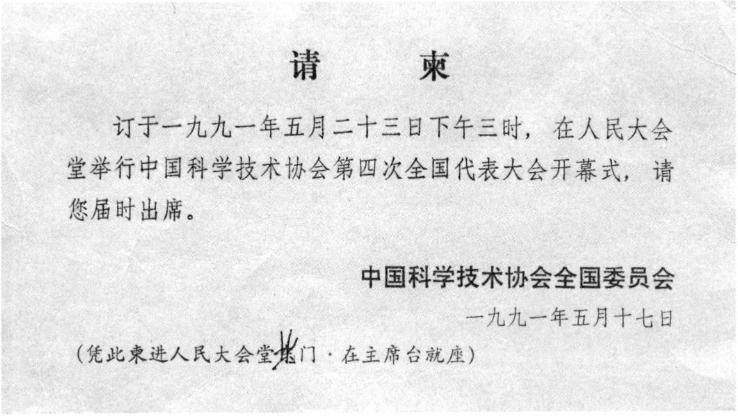

请　　柬

订于一九九一年五月二十三日下午三时，在人民大会堂举行中国科学技术协会第四次全国代表大会开幕式，请您届时出席。

中国科学技术协会全国委员会

一九九一年五月十七日

(凭此柬进人民大会堂北门·在主席台就座)

图 491

6 月 4 日，参加兽医专家程绍迥的九十寿辰祝贺会。

资料(照片) 金善宝(左)祝贺兽医专家程绍迥(右)九十寿辰。(见图 492)

7 月 2 日，全家共庆父亲九十七岁寿辰。

资料一(照片) 中国农科院院长王连铮(中)、党委书记沈桂芳(右)来贺。(见图 493)

资料二(照片) 祝贺父亲生日。(见图 494)

资料三(照片) 孙辈祝贺爷爷九十七寿辰留影。(见图 495)

图 492

图 493

图 494

图 495

资料四(照片)　切蛋糕。(见图 496)

图 496

资料五(照片)　祖孙三代合影。(见图 497)

图 497

7 月 17—30 日,出席中国科学院学部会议。

资料(证件)　中国科学院学部会议出席证。(见图 498)

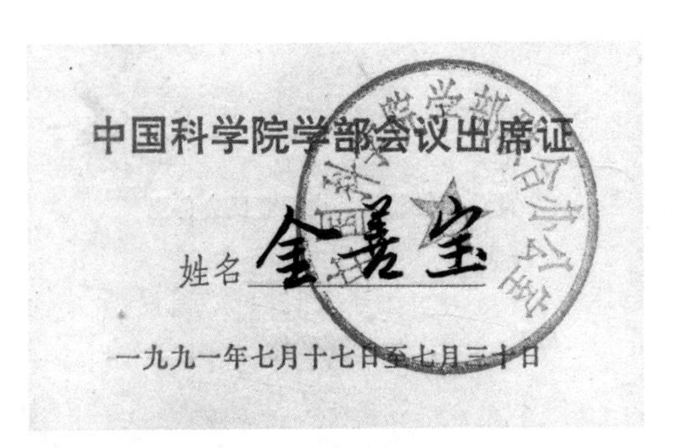
中国科学院学部会议出席证

姓名 金善宝

一九九一年七月十七日至七月三十日

图 498

7 月,在《科技发展与改革》的报道中被誉为“远东神农”。

资料(报道) 距今四千多年前的尧舜时代,中华民族就产生了自己的农师。这就是长期以来,一直为人们所传颂的“教民稼墙”的后稷。星移斗转,几经沧桑,历史的长河不舍昼夜地流逝。今天,在众多后稷的子孙中,有一位以毕生的精力从事小麦育种研究的人。他,就是中国农业科学院的老院长、中国农学会名誉会长、我国著名农学家、教育家金善宝先生。

从后稷的故乡起步

钱塘江从皖南的黄山之巅飞流直下,蜿蜒曲折流经杭州城,随后跃入浩瀚的东海,在它的身后,留下了一片辽阔、肥美的土地,这就是富饶的杭嘉湖平原。紧挨杭嘉湖平原的南端,一座苍翠秀丽的会稽山拔地而起。金善宝正是这名山脚下一位普通农民的儿子,旧中国农村贫困落后的现实,使他觉察到,农业的发展对一个国家来讲是何等重要。中国是一个古老的农业国家,“七十二行,以农为本”。当时的中国政府对农业生产漠不关心,军阀混战,加之病、虫等自然灾害频繁,农作物品种陈旧、混杂,产量极低。作为一个农民的儿子,他决心献身农业。就这样,他投考南京高等师范农业专修科,毕业……后在浙江大学任教并致力于小麦研究。为了进一步深造,他又远涉重洋去美国学习先进的农业科学。他以优异的成绩、过人的才华,先后就读于美国康奈尔大学及专攻植物生理学、土壤微生物等专业。在美国,金善宝亲身感受到作为一个来自贫弱民族的人受到歧视和欺凌的痛苦。在一次学校举行的聚餐会上,一位美国学生公然当着金善宝的面歇斯底里地喊道:“密斯特金,把这些剩饭拿去给中国人吃吧!中国人正饿着肚皮呢!”面对洋洋得意、盛气凌人的挑衅者,他发出愤怒的抗议:“先生,遗憾得很,中国离这儿太远了,还是请拿到芝加哥公园里吧!那里失业的人有的是,他们正需要这些。”挑衅者自觉没趣,灰溜溜地走掉了。

学成归国后,他应聘到南京中央大学农学院任教授,同时依旧进行着小麦育种研究工作。

一次,当他几个月来精心护理的小麦临近收割时,一件意想不到的事情发生了。试验场里百余亩小麦全部得了腥黑穗病,散发着刺鼻的鱼腥味。面对严重的病麦,惊愕和愤怒袭击着他。原来,这批由美国当局提供的麦种,在运出前,就被人为地在种子上拌上了腥黑穗病菌。即使当年食用不会发生问题,第二年病菌会侵染麦苗,最终危害小麦籽粒。他忍无可忍毅然点起熊熊烈火,把百余亩病麦烧了个干干净净。这一事件,使他痛切地感到,中华民族要崛起,只有靠亿万有志的中华儿女。他决心亲自动手,培育我国自己的小麦新品种。

中国有着数千年的种植小麦历史。二千多年前的殷代甲骨文中,就有“麦”字。公元前6世纪的《诗经》上便有“丘中有麦”“毋食我麦”的诗句。据樊绰《蛮书》中记载,公元9世纪时云南就种植小麦了。金善宝深深懂得,保存在农户手中的地方小麦品种是国家的宝贵生物财富,是育种工作者进行育种研究的物质基础。这些地方品种,长期以来生长在特殊的地理环境、土壤、气候和栽培条件下,逐渐形成了丰富多彩的品种特性,如品种的抗病性、抗虫性、抗风性、抗旱性、抗涝性、丰产早熟性等等。广泛搜集这些品种及其生长环境材料对开展小麦育种研究是不可缺少的基础工作。作为一个育种专家,他掌握的品种资源材料愈多,品种的类型愈丰富,创造优良新品种的几率就愈高。

为了广泛搜集我国各地的小麦品种材料,他不顾国民党政府的重重阻挠,以顽强的毅力,先后从全国790多个县,进行了小麦地方品种的搜集。他还将搜集到的材料逐个进行整理,并对在试验田里试种的麦种严格地进行观察、记载和鉴别。……

金善宝教授认真总结我国小麦生产现状和存在问题,汲取古今中外的小麦栽培经验,于1934年撰写成我国第一部小麦论著——《实用小麦论》。

全书20余万字，出版后很快被全国各高、中等农业院校指定为教材或学生的重点参考书。他还先后出版了曾在国际小麦研究领域有过深远影响的《中国小麦分类之初步》《中国小麦区域》等论著。这些对于开展我国小麦分类和生态区划的科学研究起着重要作用。然而，在那漫漫长夜的旧中国，金善宝教授的辛劳不但得不到政府应有的重视和支持，反而处处遭到冷遇和打击。他像一颗埋在大地的种子，在严冬中期待着春天的来临。

高山仰止　景行行止

不久前，在本刊主办的“首都科技界、企业界、文化界庆祝五一联欢会”上，当八一电影制片厂的特型演员柴云清同志饰演的周总理迈着沉稳的步伐走入会场时，年已96岁高龄的金老，激动地连声说：“像、真像！”由此，金老对记者谈起他初次见到周总理的情景。

那时抗战前期，在中央大学的学生餐厅里，身为教授的金善宝，与学生们一起跻身在人群里，一字一句地倾听着周恩来的演讲。他时而频频点头，脸上露出赞许的微笑；时而报以热烈的掌声。金老……告诉记者，他从来没有听到过这样激动人心的精彩的讲话。他破天荒地感受自己的眼亮了、心宽了。后来，周恩来同志曾几次秘密地利用喝茶和其他形式约请金善宝等教授一起交谈，赞扬他们积极要求民主的进步思想，并对他从引进的3 000多个国外小麦品种中，采用系统选育法，成功地选育出适合我国长江中下游地区栽培的南大2419和矮粒多(又名中大2509)两个优良小麦品种给予了充分肯定……这两个品种很快发展为我国南方冬麦区的主栽品种。其中南大2419，八十年代仍在我国小麦生产上应用。据中国农科院1983年不完全统计，这个品种在长江流域麦区的种植面积仍高达百万亩……

后稷的梦想

新中国成立后，金善宝教授接到通知，前往北京参加由周恩来总理亲自主持召开的自然科学工作者座谈会。在北京的日日夜夜，他的心潮澎湃，从会稽山麓美丽的故乡，到重庆沙坪坝中央大学的学生餐厅；从毛主席在延安的接见，到眼下党和人民的信任与重托；他深夜提笔在入党申请书中，庄严地写道：“把我的一切贡献给党，为共产主义奋斗终身！”

不久，国务院先后任命金善宝教授为南京大学农学院院长、南京市副市长、华东军政委员会农林部副部长等要职。饱经沧桑的金善宝教授，在党的阳光下充满了欣悦，他的事业开始了更加辉煌的篇章。

金善宝教授职务多了，工作更加繁忙，但他始终没有放弃小麦科学研究工作，没有忘记让更多的优良小麦品种在新中国的土地上开花结实。为弄清中国小麦品种的“家底”，他和同事们跋山涉水，行程数万里，经过多年的实地查寻，先后从全国各地征集到小麦品种 5 544 份。对这些小麦品种研究鉴定后，发现它们分属于普通小麦、密穗小麦、圆锥小麦、硬粒小麦和云南小麦 5 个品种。其中云南小麦种是金善宝教授研究发现并确定的，是目前世界上独有的小麦品种。这一结论得到了国内外小麦科学家的一致公认。云南小麦的发现，对进一步研究中国小麦的起源、进化和分布具有重要意义，对世界小麦种性的研究亦是一项重大的贡献。

小麦一年只能播种一次、收获一次。能不能打破这亘古不变的规律；使小麦一年种植二次或三次，让它为人类多作贡献？这是困扰世界农学界的一大难题。小麦和其他农作物一样，育种周期长。从杂交亲本的选配，到初步获得一个遗传稳定、后代不再发生性状分离的新品种，一般需要 7～8 年，甚至 10 年之久。在生长过程中，如果它所需要的生长条件满足不了，就不能正常生长、发育。加之它的生长周期又较长，一年又只能生长一次，培育的难度是很大的。

六十年代初，匈牙利向外大量出口玉米种。为了加速种子的繁殖，匈牙利政府曾经向我国提出，希望到我国云南地区进行玉米冬季繁殖。由此，金善宝教授得到启示。他想：玉米可以冬繁，小麦能不能冬繁？是啊！我国幅员辽阔，地跨热带、温带和热带，有着优越的自然条件，利用这一条件进行小麦异地加代繁殖，加快小麦育种进程是完全可能的。

在谭震林（当时任国务院副总理）、江一真（当时任农业部部长）等领导同志的支持下，他先后在井冈山、庐山、广东湛江、海南岛及云南元谋县等地进行春小麦冬季繁殖的试验，获得了育种的成功。他实现了多年的愿望，在世界上首次成功地把春小麦新品种的选育时间，从 10 年左右缩短到 3～4 年，成为世界小麦育种史上一块新的里程碑。

……

有人说，金老的一生是和小麦打交道的一生，他将自己的一切与我国的小麦科学事业紧密联系着。

几十年来，每当春小麦生长季节，在北京西郊，中国农业科学院门外的小麦试验田里，经常可以看到一位皓首老人，巡视在碧绿的麦海里。这就是金老，他从没有间断过自己的研究。

金老和助手们经过艰苦努力，终于选育出“京红1号”—“京红9号”及“京春6082”等小麦新品种。推广面积高达数百万亩。其中“京红7号”“京红8号”“京红9号”3个品种，平均单产比当时风靡世界的墨西哥小麦品种增产2成以上，这项成果荣获1978年全国科学大会奖。

金善宝教授是我国现代方法培育小麦良种的开创者。他选育的小麦新品种已遍布神州大地。他撰写的小麦论文、论著受到国内外有关人士的高度评价和赞誉。1967年，由金善宝教授主编的《中国小麦栽培学》和《中国小麦品种志》，是我国两部内容丰富的农业科学理论著作。八十年代中期，年已90高龄的金善宝教授又和同事们完成了……60余万字的《中国小麦品种及其系谱》和72万字的小麦新著《小麦生态研究》，这些论著系统、全面地总结了我国五千年来，小麦品种的演变历史及利用国内外品种资源和选配亲本方面的基本方法和经验，填补了我国在品种系谱分析研究的空白，对进一步提高我国小麦育种科学水平，促进育种学发展等具有重要作用。这些论著有着东方古国的典型特色，受到国际同行们的高度重视。

金老从不居功自傲，总是把每一步的工作视为新的起点，他寄希望于青年。他曾坦率而诚恳地对记者说：“人生的价值不在于长生不老，而在于顺乎自然和社会的发展。老年人要为新一代着想，让位给新人。新陈代谢在科技界也毫不例外。”

今天，金善宝教授在人生的道路上度过了96个春秋。现在他除了担任国务院学位评审委员会委员、中科院生物学部委员之外，还兼任全国科协副主席、中国“九三”学社名誉主席等要职，他的人生如同丰收的麦田一样充实而富有魅力。在科学的道路上，他一步一个脚印，从后稷的故乡走出来。他的身后是祖国大地的繁荣，他的前面是农业科技的大道。（孙锋：《“远东神农”金善宝》，《科技发展与改革》1991年第7期，第45页）

8 月 3 日，与病理学家沈其益、裘维蕃同游北京远郊燕栖湖。

资料(照片)　沈其益、金善宝、裘维番(左起)同游北京燕栖湖留影。(见图 499)

图 499

8 月，应邀去呼和浩特，出席内蒙古首届那达慕大会。

资料一(传记)　1991 年 8 月，96 岁高龄的金老第五次来到内蒙古的昭和草原草原所，并应邀参加内蒙古首届“那达慕”大会。作为一个农业科学工作者，他热爱祖国的每一块土地，热爱祖国建设的巨大成就。就拿内蒙古来说，1963 年时的哲里木盟，农业很少，而 1973 年再去时，那里的小麦已经大丰收了；原来的呼和浩特，十分荒凉，现在处处高楼林立。无论是农业，还是城市建设，都有很大变化。昭和草原“那达慕”大会的盛况，蒙古健儿的热情骁勇，使他进一步领略了草原的风土人情，更加热爱这片大草原了。(金作怡：《金善宝》，第 218—219 页)

资料二(照片)　在那达慕大会留影。(见图 500)

资料三(照片)　姑娘向金老敬献哈达。(见图 501)

资料四(照片)　在昭君墓前留影。(见图 502)

图 500

图 501

图 502

资料五(照片) 在昭和草原留影。(见图 503)

图 503

9 月 17 日,为《院士风采》题词。

资料(其他) 金善宝为《院士风采》一书题词。(见图 504)

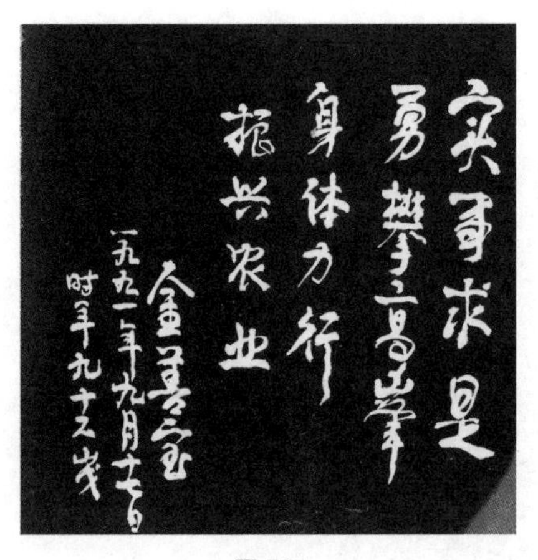

图 504

9 月 20 日，《沈阳农业大学学报》水稻研究四十周年专刊刊登其题字一篇。

资料(其他)　应邀为《沈阳农业大学学报》出版专刊题字。(见图 505)

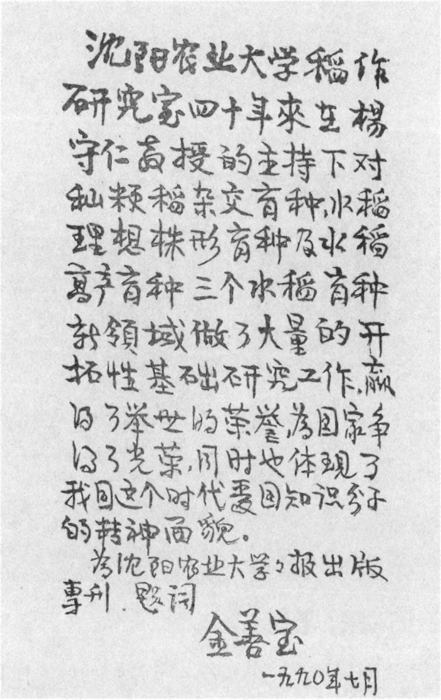

沈阳农业大学稻作研究室四十年来在杨守仁教授的主持下对籼粳稻杂交育种、水稻理想株形育种及水稻高产育种三个水稻育种新领域做了大量的开拓性基础研究工作，赢得了举世的荣誉，为国家争得了光荣，同时也体现了我国这个时代爱国知识分子的精神面貌。

为沈阳农业大学学报出版专刊 题词

金善宝

一九九〇年七月

图 505

9 月，参加中央大学农艺系校友会。

资料(照片) 金善宝(右)参加中央大学农艺系校友会留影。(见图 506)

图 506

秋，出席九三学社中央会议。

资料一(照片) 赵伟初、周培源、金善宝(左起)在九三学生中央会上留影。(见图 507)

图 507

资料二(照片) 同严济慈(左)留影。(见图508)

图508

10月7日,看望生病的林山同志。

资料(照片) 金善宝(中)与林山(左)及其夫人(右)合影。(见图509)

图509

10月28日,发表文章,缅怀涂长望。

资料(文章) 为纪念我国卓越的气象学家、社会活动家、中华人民共和国气象事业的奠基者、九三学社的创始人之一涂长望同志诞生85周年纪念撰文，追忆了长望同志追求民主，追求科学，向往光明的一生，以及在他生命的最后阶段与疾病作斗争、“还要为党再工作二十年”的坚强意志。作者认为涂长望的精神永存于我们中间，将永远鼓舞和激励我们前进。（金善宝：《为科学和民主奋斗的一生——缅怀涂长望同志》，《中国气象报》1991 年 10 月 28 日第 4 版）

11 月，出版“小麦生态”课题的第二本专著《中国小麦生态》。

资料一（著作） 这是我国第一部以反映小麦温光生态为主的小麦生态研究专著，系统地提出了普通小麦品种生态型分类体系，揭示了不同类型品种的生育特征和温光反应特征，归纳了夏播小麦的生育表现和温光反应。阐述了低纬度高海拔地区小麦的生育规律，提出了海拔高度和纬度所引起的小麦生育期间温度变化律和生育期变化律，分析了穗分化的变异和温光反应，从气候因子和地形因子等方面全面地论述了小麦生育期的变异规律，并找出了定量关系，把小麦的一生划分为六个生育阶段；从小麦主茎叶数、株高、产量性状、籽粒蛋白质含量等方面的变化规律上分析了气候因子的作用，奠定了小麦生态学科体系基础。（金善宝主编：《中国小麦生态》，科学出版社，1991 年）

资料二（其他） 金善宝将主编的《中国小麦生态》一书赠送时任农科院院长的卢良恕同志。（见图 510）

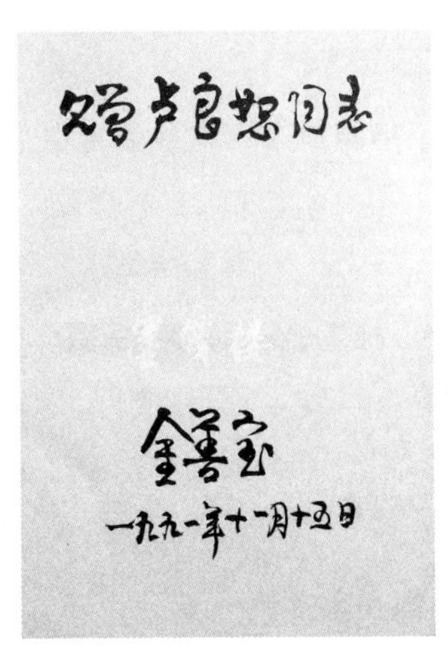

图 510

12 月，为之题字的《中国作物栽培》一书出版。

资料（其他） 为《中国作物栽培》题字。（中国作物学会、国家科委农村科技司、湖南省农学会编：《中国作物栽培》，科学普及出版社，1991 年，见图 511）

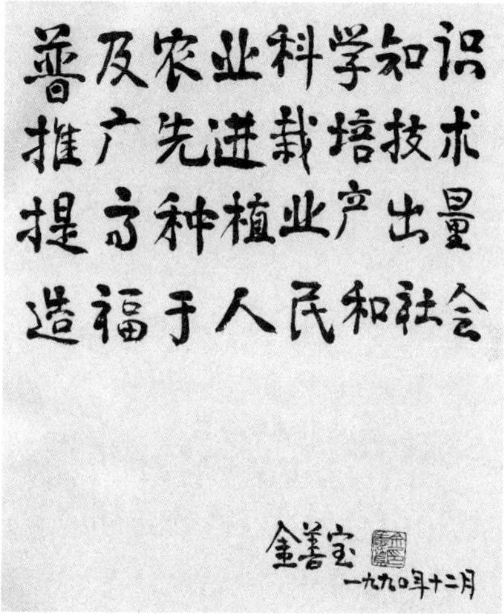

普及农业科学知识
推广先进栽培技术
提高种植业产出量
造福于人民和社会

金善宝
一九九〇年十二月

图 511

1992 年　　98 岁

1 月 1 日，孙女金小卫出国前来京向爷爷告别。

资料（照片） 小卫（右）出国前探望爷爷金善宝并留影（见图 512）。

1 月 15 日，《家乡通讯》报道《农业教育家、科学家金善宝》。

资料（报道） 报道了他的故乡、历任的职务及主要贡献。（《农业教育家、科学家金善宝》，《家乡通讯》1992 年 1 月 15 日第 1 版）

1 月 28 日，与在京学部委员欢聚一堂。

资料（证件） 中国科学院学部委员出席证。（见图 513）

图 512

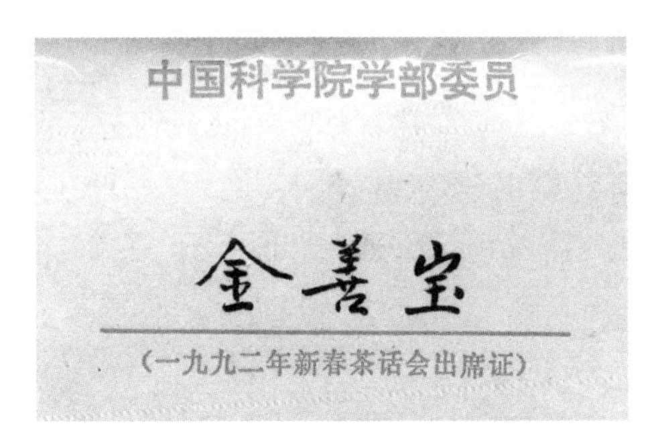

图 513

2 月 9 日，与家人同游延庆。

资料(照片)　在延庆看冰灯留影。(见图 514)

3 月，《南京大学校友英华》出版，收入其传记一篇。

资料(传记)　文章介绍了金善宝的学习经历、历任职务及主要贡献。(《金善宝》，收入顾树新、张士朗主编《南京大学校友英华》，南京大学出版社，1992 年，第 216—217 页)

图 514

是月，《民主与科学》报道《像蜡烛一样燃烧——记我国著名农学家金善宝》。

资料(报道) 报道以幽默风趣的语言开篇："这个被人誉为'农业泰斗''东亚神农'的农学家，这个弟子如云、桃李满天下的教育家，已经在漫长的人生旅途上艰难跋涉了 97 个春秋。如果你见到他，你会惊讶面前的这位沧桑老人，在经历了近一个世纪的风风雨雨之后，依然精神矍铄，风采依旧，就像傲然挺立在高山之上顽石之间的松柏，令你不得不叹服他生命力顽强"。接着，"从农民的儿子到农业科学家""从追求进步的学生，到为民主而奋斗的战士"这两部分详细叙述了这位农业科学家、这位为民主而奋斗的战士的成长过程。(文英：《像蜡烛一样燃烧——记我国著名农学家金善宝》，《民主与科学》1992 年第 3 期)

4 月 20 日，参加中国科学院第六次学部委员大会，获国务院学位委员会第二届学科评议组纪念章。

资料一(证件) 纪念章。(见图 515)

图 515

资料二(信件) 国务院学位委员会第二届学科评议组成立于一九八五年六月。几年来,学科评议组作为国务院学位委员会领导下的学术性工作组织,按照建立具有中国特色的学位制度的要求和改革开放形势对高级专门人才培养的需要,先后进行了第三批和第四批学位授权的审核工作,部分学科评议组进行了学位授予质量的检查和评估工作,各学科评议组还在实践和论证的基础上,用两年多的时间,对《授予博士、硕士学位和培养研究生的学科、专业目录》提出了修订建议,有的学科评议组还进行了设置专业学位的调研、论证工作以及学位制度的研究等项工作。第二届学科评议组的工作对《中华人民共和国学位条例》的全面实施,对巩固和完善我国的学位制度,对进一步促进我国培养高级专门人才事业的发展发挥了重要作用。您作为第二届学科评议组成员,始终以高度的事业心和责任感,积极参加和认真做好学科评议组的工作,圆满完成了国务院学位委员会部署的各项任务,为我国的学位制度的改革完善付出了辛勤的劳动,为我国学位工作和研究生教育事业的健康发展作出了重要的贡献。为此,国务院学位委员会谨向您表示衷心的感谢和崇高的敬意!希望您继续关心我国的学位工作,献计献策,共图大业,为实现本世纪末高级专门人才的培养,立足于国内的战略目标而共同奋斗!(《致国务

院学位委员会第二届学科评议组成员的感谢信》,1992 年 4 月 20 日）

4 月 23 日，出席九三学社中央委员会举办的招待会。

资料（证件） 请柬。（见图 516）

金善宝同志

谨订于一九九二年四月廿三日（星期四）

下午七时在中央统战部礼堂举行招待会

敬请光临

九三学社中央委员会

一九九二年四月廿二日

（每柬一人）

图 516

5 月 1 日，和家人登上慕田峪长城。

资料（照片） 以 98 岁高龄登上慕田峪长城。（见图 517）

图 517

6 月 20 日,《中国小麦生态》获全国首届“兴农杯”优秀农村科技图书荣誉奖。

资料(证件) 荣誉证书。(见图 518)

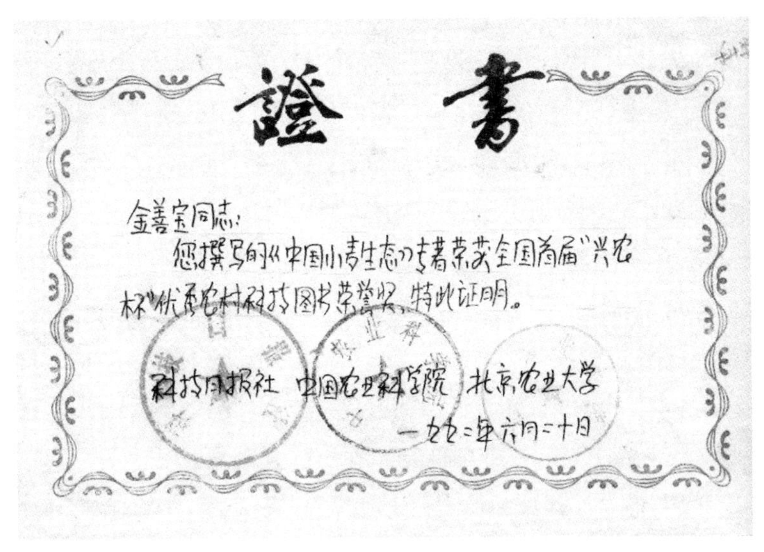
證書

金善宝同志：

您撰写的《中国小麦生态》专著荣获全国首届“兴农杯”优秀农村科技图书荣誉奖，特此证明。

科技日报社 中国农业科学院 北京农业大学

一九九二年六月二十日

图 518

6 月 22 日,《文汇报》报道《小麦研究泰斗、年纪最大的学部委员金善宝：小麦是我的“宝贝”》。

资料(报道) 往事如烟,但一件事始终萦绕他的脑海：当年留学美国,一次聚餐会上,一个美国学生喊：金,把剩饭拿去给中国人吃吧！他回敬道：中国太远,还是请您拿到芝加哥公园吧,那里失业的人多……再过三年,金善宝将成百岁老人。他是中国科学院年纪最大的学部委员,中国小麦研究界的“泰山北斗”。近一个世纪的风风雨雨,在这位著名农学家的满头白发中深藏着。如今,金善宝老先生安详地坐在窗前,说起往事,许多的轰轰烈烈,许多的坎坷曲折,仿佛都已淡若浮云,飘逸遥远。

出生绍兴穷困之家

一九一七年,刚从绍兴中学毕业的金善宝,正为家中贫困,无钱继续深造而发愁。当他偶然从报纸上得知南京师范农业专修科免费招生,便奔赴南京,从此踏上了钻研农学的漫长征途。

南京高等师范毕业后,金善宝面临失业危机。恰逢当时上海的“面粉大王”荣宗敬以每年五千元资助兴建南京皇城小麦试验场，金善宝毅然来到这个条件简陋的试验场，立志改变我国农业的落后面貌。

自此之后，金善宝再也没有抛开过小麦，即使是在日本侵华的岁月里，他在后方也未停止科研；在“四人帮”横行的日子里，金善宝仍在种种限制中开展工作，为土地、肥料、仪器设备以及实验地的平整、排灌而四处奔走；并和助手们一道，在如此艰难的环境中育成了多种春小麦良种。

金善宝九十高龄时，仍坚持到河南新野、邓县、内乡等县进行小麦考察。他头戴草帽，奔走于烈阳下的田间，老伴劝他注意身体，不要再往地里跑，金善宝却风趣地说：我们的小外孙寄托在邻居家，不是照料得很好吗？你为什么还要天天去看呢？因为小外孙是你的宝贝。而小麦呢？是我的宝贝，我也得天天去看看。老伴拿他没办法，只好一笑了之。

献金百元　支持抗战

往事如烟，但有一件事始终深深地埋在金善宝的记忆里：一九三〇年，三十五岁的金善宝赴美留学。在一次学校举行的聚餐会上，一位美国学生公然对金善宝喊道：密士特金，把这些剩饭拿去给中国人吃吧！中国人正饿着肚皮呢！金善宝当即回敬道：先生，遗憾得很，中国离这儿太远了，还是请你拿到芝加哥公园里去吧！那里失业的人有的是，他们正需要这些呢！挑衅者自觉没趣，灰溜溜地拂袖而去。

抗日战争时期……正在中央大学任教的金善宝来到红岩村，穿过国民党特务的一道道明岗暗哨，步行四里多路，来到八路军驻重庆办事处，慷慨“献金”一百元，支持八路军的抗日斗争。

一九四〇年前后，金善宝曾两次前往八路军重庆办事处，提出前往延安，但都因意外原因未能前往成行。此后，当他得知延安正在开展大生产运动时，立即将自己多年来搜集、精选出来的小麦品种十多斤，亲自送到新华日报社，请他们转到延安。半个月后，邓颖超在一次茶话会上亲自向金善宝致谢。

新中国刚成立时，农业科研十分薄弱，无论是科研力量，还是研究手段都非常落后。当时担任南京大学农学院院长的金善宝提出：首先应该把国内现有的地方小麦品种家底弄清楚，然后再根据它们的特点，从生产需要出发，将优良的和经过改良的品种应用于生产。

金善宝和助手经过多年的努力，先后从全国各地搜集到小麦地方品种五千五百四十四份。他曾整夜地守在小麦样本前，观察开花情况。某年冬夜，寒风突至，年过八旬的金善宝放心不下温室的窗子，赶去察看，结果半路上一脚踏空，倒在路边的旱沟里。他忍痛爬起，直到亲眼看见温室的窗子全关好了，才顶风回家。

曾经昏倒在讲台之上

为了教学，金善宝曾昏倒在讲台上——那是四十年代初，在重庆中央大学任教的金善宝被繁重的教学任务、科研工作和艰苦的生活拖垮了身体。

金善宝的成就，难以尽数，这位现代中国小麦科学研究的奠基人，曾选育出南大二四一九小麦良种，它在我国七个大的麦区中都有分布，最大年种植面积……七千多万亩，具有早熟、抗条锈病、抗吸聚虫、抗倒伏、穗大粒饱、适应性广等一系列优点。学术上，金善宝开拓了有关我国麦种种类及其分布的研究；发现并定名我国独有的小麦新亚种——云南小麦，选育了中大二五〇九、中大二四一九等许多良种。

桃李遍布神州海外

金善宝在教育战线上也耕耘了将近七十个春秋，至今仍担任中国农业科学院的名誉院长。他培育的“桃李”早已遍布神州海外。去年，金老在北京农业大学的一次聚会中突然发现，同桌的几个人大都是自己的门生，而且算起来，已从第一代排到了第五代。金老的许多门生都已成为专家、农学院院长，在中国的农学科研中发挥着栋梁作用。

十多年来，金善宝时刻想念着台湾农学界的老朋友、老同事，盼望祖国早日统一。

一次，金老从海外报纸上看到一位老朋友在游台湾日月潭后写道“白云深处是吾家”，顿时思绪万千，同情无限。一九八〇年元旦前夕，金老写下《向台湾科教界朋友贺新年》一文，表达出希望台湾故友能回故乡看看的愿望……一些报纸纷纷转载，打动了无数海外游子的爱国之心。一些海外人士回信给金老，表达了海外赤子盼望祖国早日统一的迫切心情。

日常生活朴实无华　喜爱下棋定量散步

金善宝毕生研究的是小麦，在生活上，他也一如小麦般朴实无华，从不追求鲜花般的绚丽和奢华。

金善宝在农科院的住房，自从一九五八年搬来之后就再未挪过，这是一座五十年代修建的宿舍楼，采光不好，有效住房面积不到五十平方米，农科院多次提出为他换房、加房，他都婉言谢绝了。

作为院长，金老要车很方便，但他很少用车，并且非公事不坐，从不假公济私。

很少有人知道，一九五二年，金善宝曾兼任南京市副市长，但那时他亦从未搞特殊化，金善宝很不习惯愈来愈高的生活待遇，常常趁司机不在，乘上三轮车去上班，为此，他的司机还被市政府批评了一顿。

金善宝闲时爱下象棋。农科院的一个俱乐部里，每天都能看到金老的身影，棋友们说，一般人下棋还下不过他。

至于身体保养，金老的最大体会便是生活有规律，他每天的生活严格按时间表进行。体育活动是每早定时定量的一段散步。当然更重要的，或许还是他那不求功名利禄、与世无争的超然心态。

中学时，金善宝爱好足球，是年级的足球队长，曾有一场比赛，对方队员为拦截金善宝的进攻，一脚踢中他的小腹，害得他养伤一场，至今金老仍记忆犹新。(《小麦研究“泰斗”、年纪最大的学部委员金善宝：小麦是我的“宝贝”》，《文汇报》1992 年 6 月 22 日第 27 版)

6 月，出版《小麦生态理论与应用》。

资料(著作) 《小麦生态理论与应用》全书分 15 章。从小麦品种生态型分类、不同类型小麦品种在我国不同地区和特殊生态环境地区的生长发育和温光反应、生育期的变异、植株性状和产量性状以及籽粒品质的生态效应等方面，涉及小麦生态研究的诸多理论问题，也讨论了小麦生态研究和发展我国小麦生产的关系等问题。(金善宝主编：《小麦生态理论与应用》，浙江科学出版社，1992 年)

7 月 2 日，九三学社领导班子成员庆贺其九十八岁寿辰。

资料一(照片) 九三学社领导班子成员祝贺金善宝的 98 岁华诞(左起：

赵伟初、金善宝)。(见图 519)

图 519

资料二(照片) 九十八岁寿辰留影。(见图 520)

图 520

7 月,为《庄晚芳茶学论文选集》题字。

资料(其他) 《庄晚芳茶学论文选集》封面。(见图 521)

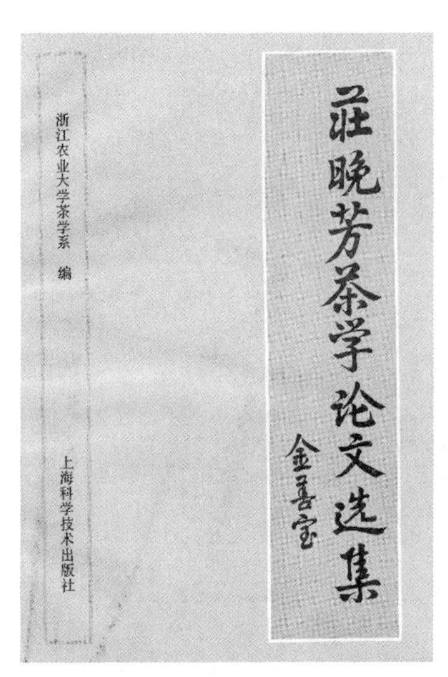

图 521

8 月 11 日,与家人同游北京龙庆峡。

资料(照片) 金善宝在龙庆峡的游船上欣赏两岸风景。(见图 522)

图 522

8 月中旬,在儿子金孟浩的陪同下来到新疆农业科学院。

资料一(传记) 1992 年 8 月,金老已是 97 岁高龄,在儿子金孟浩的陪同下，来到新疆维吾尔自治区的首府乌鲁木齐，第二天就驱车前往位于石河子新城的新疆农科院，农科院的同志拿出新疆最甜美的哈密瓜、水晶葡萄，热情招待这位京城飞来的老寿星；在石河子农学院任教的原南京农学院毕业生许秉钊、王必强，闻讯后立即赶来看望他们的老院长；扎根新疆25年、著名棉花专家冯泽芳之女冯紫云也怀着惊喜的心情来看久未谋面的金伯伯，使这位年近百岁的老寿星，在祖国的大西北，不仅尝到了从未尝过的鲜甜水果，也尝受到人世间最美好的师生情和亲友之情。在新疆农科院同志的陪同下，他参观了该院的小麦试验田，看见试验田里的小麦长势很好，又听说他们培育的"新冬号"冬小麦品种，种植面积约占新疆冬小麦种植面积的三分之一左右，十分高兴。从石河子返回，他登上海拔1 900多米的天山，看见那雪峰环峙，形似葫芦，宛如一面镜子的天池，映照着周围青山雪峰的倒影，真是"碧山玉岭翠满池，浓绿直到眉目边"，面对祖国如此壮丽的河山，使他深深感到新疆的可爱，祖国的伟大。（金作怡：《金善宝》，第219页）

资料二（照片） 1992年8月，金善宝（前排左六）与新疆农业科学院的科技人员合影。（见图523）

图523

资料三(照片) 金孟浩、许秉钊、金善宝、冯紫云、王必强(左起)合影。(见图524)

图524

资料四(照片) 金善宝、金孟浩父子登上天山之巅。(见图525)

图525

8 月,赠言鼓励留学美国的孙女金小卫。

资料(其他) 赠言孙女。(见图 526－1、526－2)

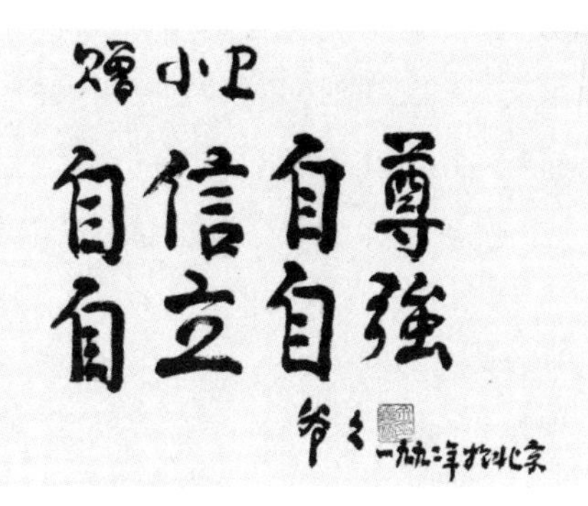

图 526－1

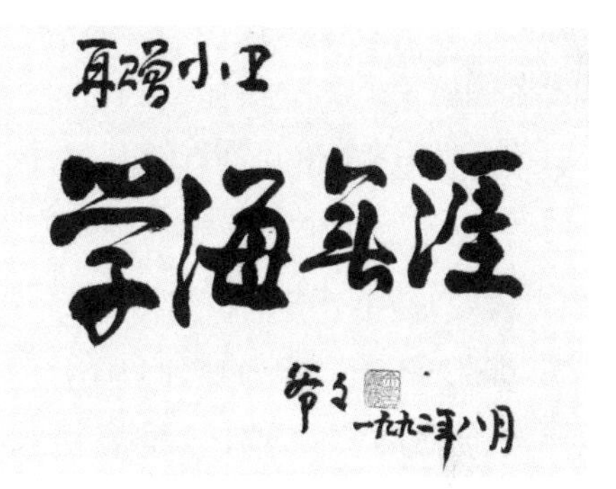

图 526－2

9 月 9 日,《光明日报》报道《金善宝步入期颐之年》。

资料(报道) 著名的农学家金善宝先生是中国科学院学部委员中年龄最高者,他出生在 1895 年,今年已经 97 岁了,古语称 90 岁为“鲐”,100 岁为“期颐”,金老可算已步入期颐之年了。年近百岁的金老,皓首童颜,思维清晰,行动自如,他不用手杖,不要人搀扶,自己可以上下楼梯。就在最近,金老还去了一趟新疆。金老年轻时,身体并不好,因胃大出血而住过医院,40 多岁头发就白了。1945 年,毛泽东在重庆接见进步人士,曾专门问:“后边那位白发老先生有什么意见?”这位“白发老先生”就是金善宝。他递过名片发言时,毛主席才知道金善宝比自己还年轻两岁。后来,金善宝先生服用了老中医吴汇川开的祖传秘方,胃病从此没有复发,身体渐渐好转。金老至今还念念不忘这位老中医,对这个方子记得一清二楚。金老在绍兴中学读书时,爱好踢足球,当过足球队队长。工作后,除练过很短一段时间的太极拳外,没有刻意锻炼过。他一辈子从事小麦研究,曾带领助手,跋山涉水,到黄山、井冈山、庐山进行高山小麦夏繁实验;又从北方到海南岛、云南进行春小麦的冬季繁殖。为了培育小麦新品种,他的足迹除台湾、西藏外,遍及祖国各省区。他在 90 岁的高龄,还到河南作科学考察。也许,正是长年与大自然打交道,赋予了他健康的体魄。直到现在,每当麦苗生长时,他都会情不自禁地散步到农科院东门外的小麦实验田中,那绿油油的小麦就是他的生命,给了他极大的愉快。退休后,金老的生活非常有规律。通常,人们认为老年人不需要多少睡眠,金老的睡眠却非常充足,他每天晚上9点之前上床睡觉,早上7点半左右起床,中午吃完饭还要睡到三点左右。吃过早饭和睡过午觉,金老照例要去散步,有时也到办公室看看文件、报纸,和年轻人聊聊天。金老每天看电视,主要是看新闻节目,有时练习书法,在他看过的每一本《参考资料》上都写满了毛笔字。金老最大的爱好是下象棋,每天都要到农科院的老干部活动站找棋友对弈。下棋时,他全神贯注,出棋果断、敏捷,棋艺颇高,那些60多岁的"后生们"往往败在他的手下。与金老的为人朴实无华一样,他的生活十分简朴。30多年来,他一直住在农科院一座五十年代修建的宿舍楼中,有效面积不到50平方米,采光也不好,组织上几次动员他换房,但他执意不肯。金老的饮食也很简单,早上一碗牛奶,一个鸡蛋,两片面包;中午一小碗饭;晚上又是一碗牛奶,菜荤素搭配,不吃肥肉,喜欢吃青菜;三餐之后,都要吃点水果,桃、苹果、橘子、西瓜不定。……这位经历了百年风云变幻的老人,在国民党反动派的白色恐怖下,在"大跃进""小麦密植可以亩产万斤"的浮夸声中,在"四人帮"横行,取消农业科研时,他从不气馁、动摇、随声附和,而是执着地追求自己的理想和事业。志向高远,心胸开阔,不求权利、金钱、名誉、地位,这正是金老长寿的秘诀。在科学大会时,金老雄心不减地说:"我82岁了,要当28岁来过。"如今,金老已走过近一个世纪的路,他仍是那样乐观,充满信心。他说,他将来有机会要到台湾去看一看。(路沙:《金善宝步入期颐之年》,《光明日报》1992年9月9日第6版)

9月,为《农业出版简讯》题字。

资料(其他) 《农业出版简讯》1993年第2期第3版。(见图527)

冬,参加中央大学校友联谊会。

资料一(照片) 金善宝(左)和老同学吴福桢(右)相聚在1992年中央大学校友联谊会上。(见图528)

资料二(照片) 金善宝(前排右三)和吴福桢(前排左二)等校友在植物园留影。(见图529)

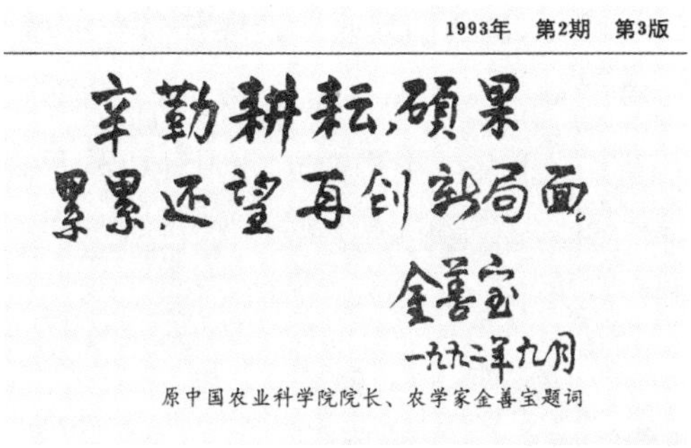

1993年 第2期 第3版

辛勤耕耘，硕果累累还望再创新局面

金善宝
一九九二年九月

原中国农业科学院院长、农学家金善宝题词

图 527

图 528

图 529

12 月，在九三学社第六次全国代表大会继任名誉主席。

资料(其他)　1992 年 12 月 26—30 日，九三学社第六次全国代表大会在京隆重举行……选出的第九届中央委员会领导机构是：名誉主席　周培源、严济慈、金善宝。(九三学社中央研究室：《九三学社简史》，学苑出版社，1998 年，第 162 页)

是月，《冬小麦栽培研究》一书出版。

资料(其他)　为《冬小麦栽培研究》一书题字。(见图 530)

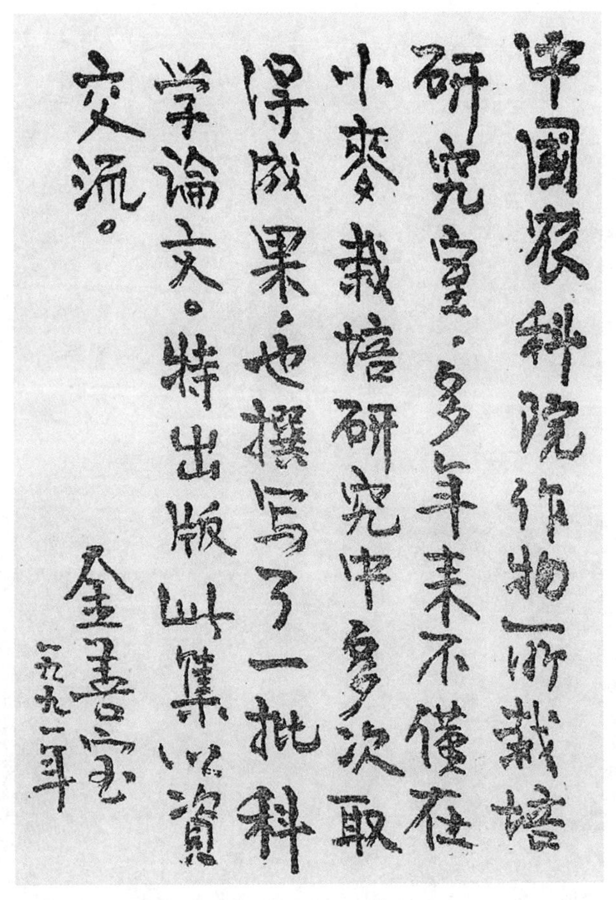

图 530

1993年　　99岁

2月18日,《农业科技剪集》报道《我国“小麦阶段发育理论”获突破　小麦生态学研究结硕果》。

资料(报道)　中国的“小麦之父”金善宝主持的一项国家自然科学基金项目全国小麦生态研究历12年艰辛历程,今天胜利完成它的历史使命。权威专家称:首次系统开展“小麦生态研究”所作出的奠基性贡献,突破了在我国流行多年的小麦阶段发育理论。它所具有的重要学术价值和实用价值,丰富了小麦生态学的基础理论,为小麦育种、引种、小麦区划、栽培以及种植制度的改革提供了科学的依据,使生产实践有一个很重要的指导工具。据了解,科研人员在不同环境条件和试验中获得208万个原始数据,用统一方法和周年播种条件下测定的小麦生长发育和性状变化,得出我国小麦生态型体系和生态型划分。研究人员解释,传统的小麦阶段发育理论认为,小麦的春化阶段是低温,进入光照阶段便要求常日照,满足了上述条件,种子才能完成个体发育周期。突破这一经典理论的小麦生态学科新体系则证明了日长的作用不只在“春化”以后,也不存在单独的“光照”阶段,在小麦对温度、光照的反应和互相作用方面提出的新见解具有独到之处,农业科学家认为,温度、光照的互补和叠加作用,是突破流行的小麦阶段发育理论的根本所在。(范建:《我国“小麦阶段发育理论”获突破　小麦生态学研究结硕果》,《农业科技剪集》1993年2月18日第1版)

3月8日,《人民日报》报道《耄耋老人　科研不辍——全国小麦生态研究成果瞩目》。

资料(报道)　如何根据不同的生态环境采用不同的小麦品种和栽培模式?由中国科学院学部委员、中国农科院名誉院长、97岁的著名农学家金善宝教授主持的农业基础研究成果全国小麦生态研究,为我国各地的小麦育种、引种和栽培提供了理论依据。金善宝教授早在八十年代初就提出小麦育种不仅与品种有关，而且与小麦生长的生态环境有关，并发起主持全国小麦生态研究。这一科研项目得到了国家自然科学基金会的资助。全国48家农业科研单位和农业院校的146位科技人员，参加了这项历时12年的研究。他们在全国24个省设立了42个试验点，选用65种小麦品种参加试验，获得了208万个原始数据。该成果的主要内容如全国小麦生态体系和生态型划分等，被写进了高等农业院校的教材，得到国内外专家的高度评价。（蔡美华：《耄耋老人　科研不辍——全国小麦生态研究成果瞩目》，《人民日报》1993年3月8日第3版）

4月，云南大学师生校友在北京植物园聚会。

资料（照片）　与云南大学师生聚于北京植物园（左一吴中伦、左四金善宝）。（见图531）

图531

4—6月，成功保留中国农业科学院东门外作物所的试验地。

资料一（口述）　我还要谈谈金老对农科院“一块试验地成为永久绿地”的贡献：1993年4月的一天，中国农科院基建处接到北京市规划局的通知：

让他们所的领导去局里一趟，我们到那里后，接待的同志拿出一张绘制清晰完整的《双榆树地区集中供暖热力中心修建蓝图》，指着图解释说：这是国际贷款项目，冬季供暖，夏季发电，已经得到市建委同意，争取麦收后开始施工，现在正式通知你们。作为作物所的所长，我们感到很突然，试验地中间，已经占了不少地，只剩这120亩了。现在，又要占中间60多亩，还怎么搞农业科学试验研究了！？规划局另一位同志插话说："这是百发同志定的，恐怕不能改变了！"当时院主管行政事务的领导，也觉得只能默认了。作为名誉院长的金老得知此事后，反复考虑，他深知试验地对种植业科学研究的重要性。不为个人、不为单位，要为国家的农业和农业科学的发展着想。他给中央领导写了一封信，陈述了院东门外作物所这块试验地，多年来承担着国家作物育种攻关任务。"863"课题国际合作研究项目，已经取得了国家发明一等奖多项成果，今后的工作任务只会增加，不会减少，而且一些年事已高的专家不便远行，要进行相应的较为精细的农作物科学试验研究，很难离开就近的试验地。为了国家长远的农业发展和科技创新，恳请保留这块经多年培育，地力均匀、田间设施完备，便于专家们工作的试验地。他邀集五位院士征求意见，一致同意，六位院士都签了名上书中央。

5月26日下午，原海淀区区长，时任北京市副市长的胡昭广，在海淀区政府召开中国农科院的六位院士和有关领导的座谈会。市政府有关局几位领导的发言，都谈了建热力中心的重要性，试图说服六位院士同意占用试验地。上午金善宝冒着烈日去郊区观察小麦新品种展示田，午饭后未休息就驱车赴会。在鲍文奎院士发言后，金善宝又详细陈述了中国农科院必须继续使用这块试验地的理由，他还指出：在美国、印度的大城市中，迄今都保留有城市建设初期开辟的农业试验地。几位院士和有关负责人发言后，胡副市长表示市政府根据专家们的意见，要进一步慎重研究供暖中心的选址问题。6月28日，首都规划委员会办公室函复金善宝等六位院士，并附《关于双榆树地区集中供热锅炉选址问题的报告》，主要内容为：市领导对双榆树地区集中供暖热力中心选址问题十分重视，考虑到这块地从1940年起就已成为科研试验地，中华人民共和国成立以来为我国农业科技发展作出了贡献，"八五"期间，一些农业科研项目还要在此地出成果，经市规划系统联席会议研究,一致认为,只有多花钱另选地址,不再占用农科院的试验地。后来传出,朱镕基副总理把六位院士的信批转北京市政府时,已明确批示:保留农科院试验地,热力中心另择地址。至此,中国农科院东门外这块试验地,在首都的建设规划中,作为一块"永久绿地"被明显地标注出来。二十多年来,这块农作物"绿地",冬小麦、大豆、玉米,轮作种植,确不逊色于"草坪绿地"。作物所在党的各项政策指引和各级领导的关怀下,没有辜负六位院士的期望,充分发挥了人尽其才、地尽其力的作用,取得了多项科研成果。太谷核不育小麦转育成功的矮败小麦、优质小麦和中黄 13 号大豆优良品种,均获得了国家科技进步一等奖,为国家农业生产的发展和科技创新作出了突出贡献。(《吴景锋访谈》,2017 年 4 月 28 日)

资料二(信件) 我们是中国农业科学院的几名研究员(中科院生物学部委员),都在从事作物育种专业研究。近日,突然把所领导叫到北京市规划局,正式通知,麦收后,要从三环路联想桥南,我们种植多年的 130 多亩试验地中心点,修建世行贷款的夏季供电、冬季供暖的"热力中心"。并且展现了已绘制好的蓝图,要求麦收后,即刻腾地,以便施工。这块试验地是……1940 年开始投建的,迄今已有 50 多年,经其华北农试场和国民党接受收后的华北农业科学研究所,再到中国农业科学院的作物育种栽培研究所,多年来按作物试验要求管理,培育土地,已成为土壤酸碱度、坚实度适宜、有机质含量较高的优质试验田。近年来已获得国家发明一等奖的"中单 2 号"玉米,全国协作攻关提供的太谷核不育小麦种质材料,已在云贵山区开始试种的异源六倍体、异源八倍体小黑麦,适于我国优质小麦的亲本材料及高代材料,优质高产大豆的杂交后代,近年来都连续不断地在这块试验地上轮作倒茬种植,获得相应材料和种子支援各地。特别是确有十分把握的几个作物新品种,"八五"将在这块试验地上出现。我们几人,年龄最小者已是 77 岁,都决心为国家农业的发展、粮食增产、人民生活水平的提高,继续贡献绵薄之力,但都感到试验地再折腾就力不从心了。专此致信中央领导,恳请从国家大局的需要,帮助我们劝说北京市规划局,将热力中心另选修建地址,保留我们试验地长远、稳定地进行科研工作。(《六位院士给中央领导的信》)

资料三(其他) 1993 年 5 月 26 日下午,原海淀区区长、时任北京市副市长的胡昭广,在海淀区政府召开中国农科院几位院士和市政府有关人员的座谈会。先是市政府有关局几位领导的发言,从不同角度谈了建立热力中心的重要性,试图说服院士们同意占用试验地。当北京市规划局有人说“1955 年就把建锅炉房的规划定在农科所的试验地上了,现在是执行这一规划”时,鲍文奎院士确实是忍不住了,他问这位规划局的发言人:“1955 年的时候,你在哪里? 我是 1956 年来到北京的,被农业部调到中国农业科学院筹备处。当时,出了西直门,就可看见日本人盖的中国农科院这栋飞机式楼房,周围都是广阔的农田,还有少量荒地。那时,你们建锅炉房的规划,为什么不建在周围的荒地上,偏偏要把‘锅炉房’规划到农科所的试验地上呢?”至于金善宝院士,上午,他冒着烈日去郊区观察小麦新品种展示田了,午饭后未休息就驱车赶到会场。在鲍文奎院士发言后,他又详细地陈述了中国农科院必须继续使用这块试验地的理由。他还指出,在美国、印度的大城市中,迄今都保留有城市建设初期开辟的农业试验地。接着,几位院士纷纷发言,他们都阐述了自己的观点:国家需要农业,农民需要农业科学研究的成果应用于生产,世界经济竞争要求我们不能没有农业科学,而种植业研究没有试验地,就是“无泉之水,无本之木”。主持座谈会的胡副市长在做总结时很客气:“天气很热,老院士们都放下试验田间观察小麦的宝贵时间,来参加座谈会了。”他表示,市政府一定根据院士们的意见,要进一步慎重研究供暖中心的选址问题。座谈会之后,不出半月,6 月 9 日,首都规划委正式下达了(93)首规办秘字 107 号文《关于双榆树地区集中供热锅炉房选址问题的报告》,决定另择地址。(吴景锋、金作怡:《亲历北京三环黄金地段这 150 亩农田,究竟是如何保住的》,《瞭望智库》2021 年 9 月)

资料四(其他) 《关于双榆树地区集中供热锅炉房选址问题的报告》(亲历者吴景锋提供)。(见图 532－1、图 532－2)

资料五(信件) 首都规划委给几位院士的复函(亲历者吴景锋提供)。(见图 533)

资料六(照片) 在农科院东门外的绿地前留影。(见图 534)

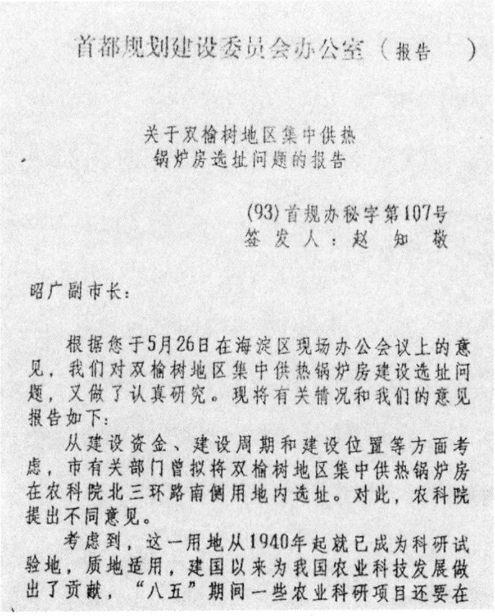

首都规划建设委员会办公室（报告　）

关于双榆树地区集中供热
锅炉房选址问题的报告

(93)首规办秘字第107号
签发人：赵　知　敬

昭广副市长：

根据您于5月26日在海淀区现场办公会议上的意见，我们对双榆树地区集中供热锅炉房建设选址问题，又做了认真研究。现将有关情况和我们的意见报告如下：

从建设资金、建设周期和建设位置等方面考虑，市有关部门曾拟将双榆树地区集中供热锅炉房在农科院北三环路南侧用地内选址。对此，农科院提出不同意见。

考虑到，这一用地从1940年起就已成为科研试验地，质地适用，建国以来为我国农业科技发展做出了贡献，"八五"期间一些农业科研项目还要在

图 532－1

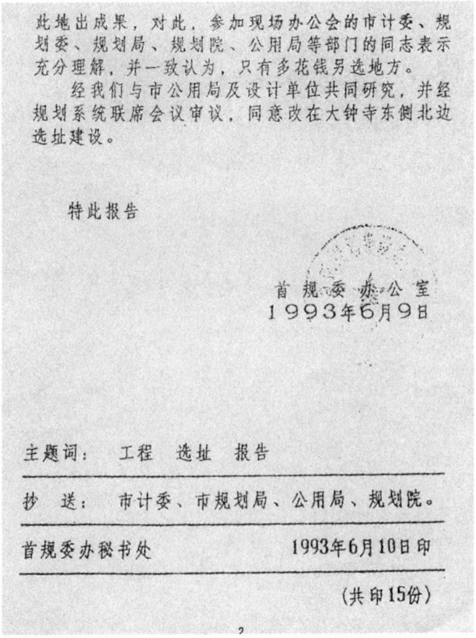

此地出成果，对此，参加现场办公会的市计委、规划委、规划局、规划院、公用局等部门的同志表示充分理解，并一致认为，只有多花钱另选地方。

经我们与市公用局及设计单位共同研究，并经规划系统联席会议审议，同意改在大钟寺东侧北边选址建设。

特此报告

首规委办公室
1993年6月9日

主题词：工程　选址　报告

抄　送：市计委、市规划局、公用局、规划院。

首规委办秘书处　　1993年6月10日印

（共印15份）

图 532－2

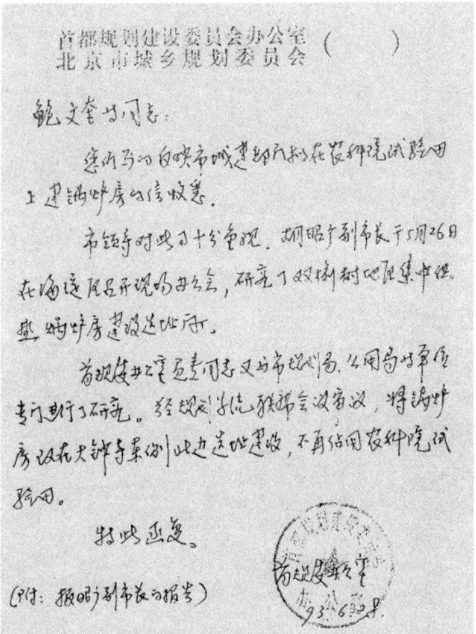

首都规划建设委员会办公室
北京市城乡规划委员会（　）

鲍文奎等同志：

您代写的向中央市城建部门反映在农科院试验田上建锅炉房的信收悉。

市领导对此事十分重视，胡昭广副市长于5月26日在海淀区召开现场办公会，研究了双榆树地区集中供热锅炉房建设选址问题。

首规委办公室已责同志及市规划局、公用局等单位专门进行了研究。经规划系统联席会议审议，将锅炉房改在大钟寺东侧北边选址建设，不再占用农科院试验田。

特此函复。

（附：报胡昭广副市长的报告）

首规委办公室
93.6.[illegible]

图 533

5 月 25 日，在北郊农场看中麦 9 号。

资料(照片)　尹福玉、石社民、金善宝、方悴农(左起)在北郊农场看中麦 9 号。(见图 535)

图 534

图 535

5 月,《中国科学技术专家传略　农学编　作物卷 1》出版,内载《金善宝》传记一篇。

资料(传记)　作者抓住了传主金善宝献身农业科学教育事业的几个特点,分别从"立志学农重实践、追求真理志不移""勤奋耕耘育良种、老骥伏枥写专著","身传言教堪师表、桃李天下仍近人"四个方面,表达了他热爱祖国、热爱人民、热爱农业，为农业科学教育奋斗一生的意愿。（吴景锋：《金善宝》，收入《中国科学技术专家传略　农学编　作物卷 I》，中国科学技术出版社，1993 年，第 26—42 页）

6 月，《传记文学》刊登《我国农业科学界的前驱——金善宝》。

资料（传记）　作者是金善宝的学生、著名小麦专家吴兆苏，他怀着深情讲述：恩师出身农村，艰难的学术成长之路；青年时便满怀爱国之心，为抗战积极出力，为共产党寄去麦种等故事。……他的学生以“南吴北蔡”为代表，遍布全国各地及海外。作为我国科学界代表人物，在外事活动中雍容大度，在个人生活中清心寡欲，淡泊名利；一直渴望两岸统一。并以“云山苍苍，江水泱泱。先生之风，山高水长”，赞扬金师的人品。（吴兆苏：《我国农业科学界的前驱——金善宝》，《传记文学》1993 年第 3 期，第 31—33 页）

7 月 2 日，九三学社领导班子成员来贺寿。

资料（照片）　九三学社领导班子成员来贺金善宝的九十九岁华诞（左起：赵伟初、金善宝）。（见图 536）

图 536

8月,《志在振兴中华》续集报道其事迹。

资料(报道) 金善宝,农学家、教育家,1895年7月2日生,浙江诸暨人。1930年赴美,先后在康奈尔大学、明尼苏达大学农学院进修,研究植物生理学、遗传学,1932年回国任教授、农艺系主任等。新中国成立后,先后任南京大学农学院院长、南京农学院院长,中国农业科学院院长,现任中国农业科学院名誉院长、中国科学院学部委员。金善宝对我国小麦的分类和育种作出了卓越贡献,1934年编写出版了中国小麦科技史上第一本专著——《实用小麦论》,还主编了《中国小麦栽培学》《中国小麦品种志》等多部专著。他亲自选育的南大2419小麦品种曾在我国二十多个省市、自治区推广,每年推广面积最高……达7 000万亩,种植年限……40余年。他主持研究育成的"京红号""中字号"小麦,也在我国部分春麦区、冬麦区大量种植。(《志在振兴中华》续集,经济科学出版社,1993年,第128页)

9月5日,《中国食品报》报道《拼将毕生力　直为麦金黄——记我国跨世纪的农学家教育家金善宝》。

资料(报道) 金善宝,1895年生于浙江省诸暨县。1926年毕业于东南大学农艺系。1930年赴美留学。1932年任中央大学农学院教授。1948至1949年任江南大学农艺系教授兼系主任。1949年任南京大学农学院院长。1952年任南京市副市长。1957年至今,先后任中国农科院副院长、院长、名誉院长。北京海淀区白石桥路30号,中国农业科学院。在这全国农业最高科研机构内,一座浸透40年风雨的普通的灰砖宿舍楼里,住着一位对我国现代农业有着特殊贡献的老人——我国现代农业最高权威、中国小麦之父金善宝先生。作为中国现代农业科学和教育的先驱,漫长的70多年,金善宝先生都在与小麦打交道。中国小麦育种研究、中国农业人才的培养,组成他生命的全部。他用一个世纪的心血,浇灌了一个辉煌的金秋。时间追溯到1920年。血气方刚的金善宝,从只有一台条播机、百十亩地的南京皇城小麦试验场开始他的事业。他曾把改良中国小麦品种的希望寄予西方的帮助。但想不到,1934年试验田播下的上百亩美国小麦,竟全部染有可怕的腥黑穗病。金善宝顿悟,要振兴中华农业,必须靠我们自己。金善宝以顽强的毅力对全国790多个县进行了小麦品种资源的搜集和整理，这在我国小麦生产史上是第一次。1934年，金善宝和助手们成功地选育出适合长江中下游地区栽培的南大2419、矮粒多两个小麦优良品种，增产幅度达30%，从而开创了我国小麦育种和生产新局面。直到八十年代，长江流域麦区仍种植着百万余亩南大2419，它的推广效益长达半个世纪。……金善宝先生主持了更广泛的全国性小麦品种资源搜集工作，遍及2 000多个县5 544份样品，及时为我国及世界抢救和保护了一大批珍贵财富。经过多年研究，他完成了中国小麦分类，并将云南小麦定为普通小麦的一个亚种。这一成果对进一步研究中国小麦起源、进化、分布，以及小麦分类学和区划研究的深入，提供了重要科学依据，也为进一步探明中国西南部是世界小麦次生多样性中心学说奠定了研究基础，得到国际公认。通常，一个小麦新品种的育成短则七八年，长则十多年。育种周期能不能缩短？金善宝先生做了大胆尝试，终于完成高山复繁小麦和珠江以南春小麦冬繁研究试验，对小麦新品种选育时间提前到三四年，使新品种推广速度大大加快。春小麦是我国目前北、南方主要夏粮作物，它生长期短，适应性强，增产潜力大，决定着夏粮产量和全年丰收。六十年代起，金善宝先生把精力放在春小麦育种上，数十春秋育成一批批春小麦优良品种，在华北、西北、黄淮、华南地区大面积种植，改变了历史上小麦种植品种不合理状况，全国小麦产量品质大幅度提高。金善宝先生不仅是实践者，同时也是理论家。1934年他撰写的我国第一部小麦专著《实用小麦论》，以及此后几十年中由他主编的小麦论著……《中国小麦品种及其系谱》《中国小麦品种志》《中国小麦生态》《小麦生态理论与应用》等，已构成世界小麦宝库的经典。在农业教学讲坛上，金善宝先生是一代宗师。执教27年，他培养了大批学生，如在农业科研上已硕果累累的弟子们，仍记着先生的教诲："行万里路，胜读万卷书。"回首从上个世纪走来的漫漫足迹，留住的记忆实在太多太多。头发白了，金善宝初衷依旧，满是岁月沉积印痕的身心仍充溢着那份敬业的激情。直到现在，每当春小麦生长季节，在北京西郊中国农科院小麦试验田，还常可以看到这位皓首老人在碧绿的麦海中巡视。如果要问先生这一生最快慰的事是什么？他会毫不犹豫地告诉你，"丰收在望的金灿灿的小麦"。（王向荣：《拼将毕生力　直为

麦金黄——记我国跨世纪的农学家教育家金善宝》,《中国食品报》1993 年 9 月 5 日第 1 版)

8—9 月,出席“毛泽东与科学”学术讨论会,发表《在毛泽东思想指引下》一文。

资料一(其他) 《“毛泽东与科学”学术讨论会的通知》。(见图 537)

纪念毛泽东诞辰100周年
“毛泽东与科学”学术讨论会
1893 1993
中国管理科学研究院
科技日报
中国科学报
主办
1993. 9. 16－18 北京

图 537

资料二(其他) 为了隆重纪念毛泽东同志诞生 100 周年,探讨毛泽东的科学观及其在中国共产党科技政策的形成和发展中的贡献,加深理解邓小平同志关于“科学技术是第一生产力”的论断,中国管理科学研究院与科技日报和中国科学报联合举办“毛泽东与科学”学术讨论会。会议定于 9 月 16—18 日在北京召开,会议开幕式于 9 月 16 日上午 9:00—11:00 在人民大会堂隆重举行。(中国管理科学院、《科技日报》、中国科学院:《召开“毛泽东与科学”学术讨论会的通知》,1993 年)

资料三(其他) 为“毛泽东与科学”学术讨论会题字。(见图 538)

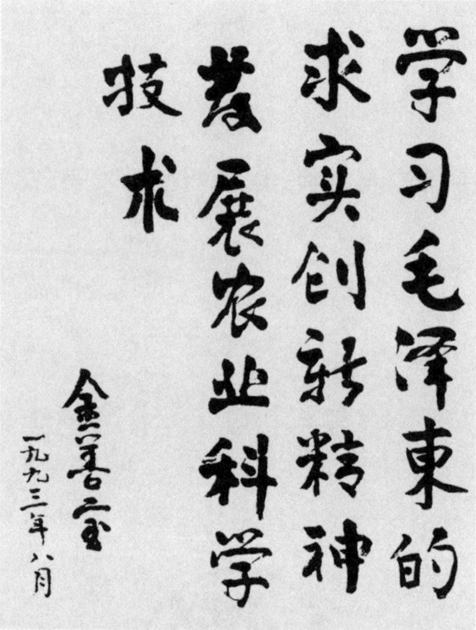

学习毛泽東的
求实创新精神
发展农业科学
技术

金善宝
一九九三年八月

图 538

资料四(手稿) 《纪念毛主席诞生一百周年》。(见图 539－1 至图 539－6)

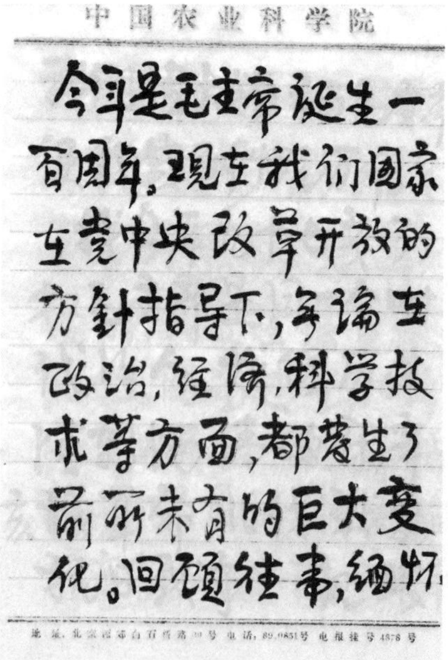

中国农业科学院

今年是毛主席诞生一百周年。现在我们国家在党中央改革开放的方针指导下，无论在政治，经济，科学技术等方面，都发生了前所未有的巨大变化。回顾往事，缅怀

地址：北京西郊白石桥路30号 电话：89.0851号 电报挂号1878号

图 539－1

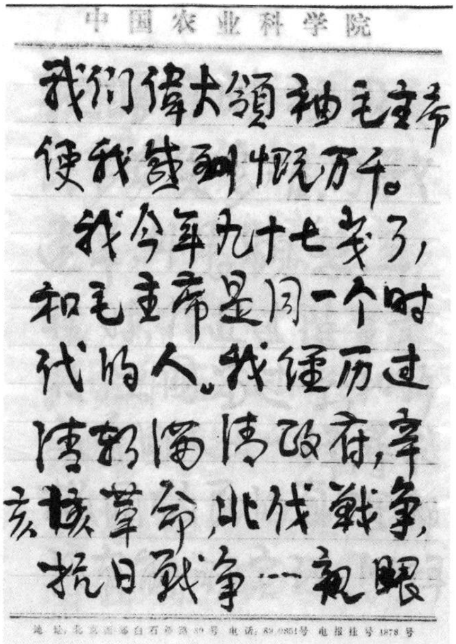

中国农业科学院

我们伟大领袖毛主席使我感到慨万千。

我今年九十七岁了，和毛主席是同一个时代的人。我经历过清朝满清政府，辛亥革命，北伐战争，抗日战争……亲眼

地址：北京西郊白石桥路30号 电话：89.0851号 电报挂号1878号

图 539－2

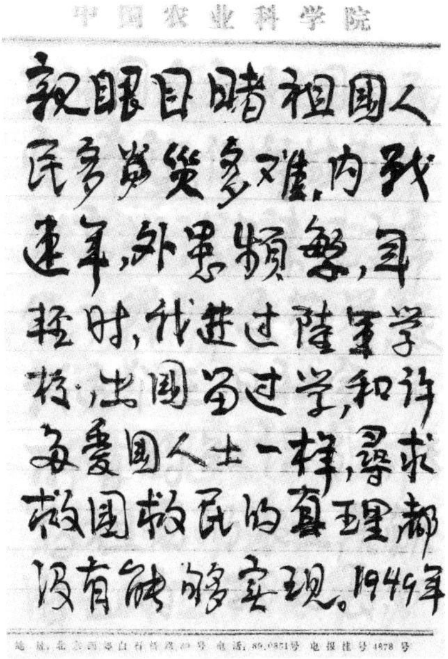

中国农业科学院

亲眼目睹祖国人民多灾多难，内战连年，外患频繁，年轻时，我进过陆军学校，出国留过学，和许多爱国人士一样，寻求救国救民的真理都没有能够实现。1949年

地址：北京西郊白石桥路30号 电话：89.0851号 电报挂号4878号

图 539－3

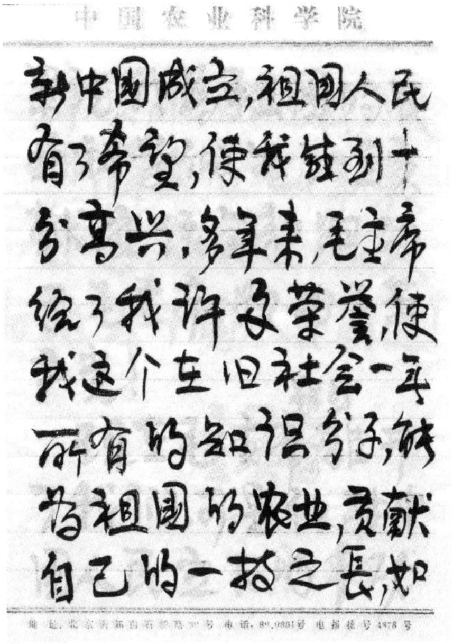

中国农业科学院

新中国成立，祖国人民有了希望，使我感到十分高兴，多年来，毛主席给了我许多荣誉，使我这个在旧社会一无所有的知识分子，能为祖国的农业，贡献自己的一技之长，如

地址：北京西郊白石桥路30号 电话：89.0851号 电报挂号4878号

图 539－4

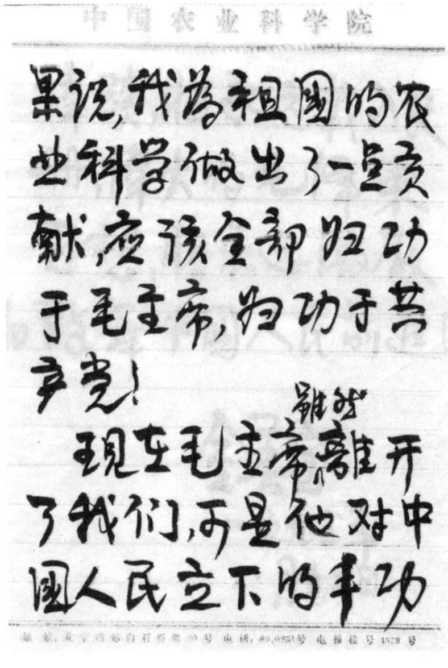

中国农业科学院

果说，我为祖国的农业科学做出了一些贡献，应该全部归功于毛主席，归功于共产党！

现在毛主席虽然离开了我们，可是他对中国人民立下的丰功

地址：北京西郊白石桥路30号 电话：89.0851号 电报挂号4878号

图 539－5

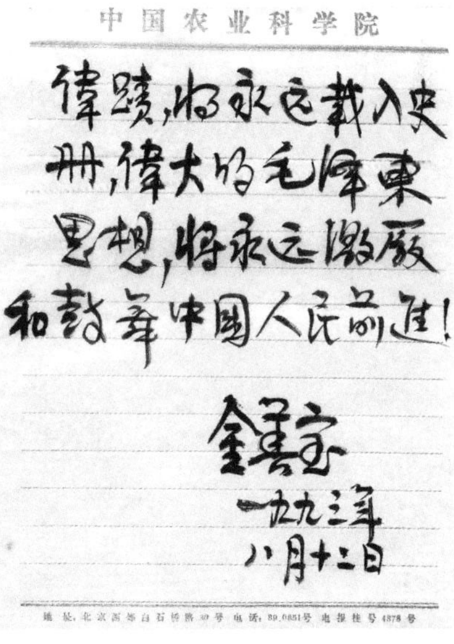

中国农业科学院

伟绩，将永远载入史册，伟大的毛泽东思想，将永远激励和鼓舞中国人民前进！

金善宝

一九九三年

八月十二日

地址：北京西郊白石桥路30号 电话：89.0851号 电报挂号4878号

图 539－6

资料五(文章) 文章回忆了如下内容：抗战时期在重庆新华日报馆，第一次拜读毛主席著作；1945年抗战胜利，有幸见到毛主席；中华人民共和国成立后毛主席授予的五张任命书；以及在毛主席“关于教育、科学研究要与生产相结合”方针指引下取得的各项成就等。（金善宝：《在毛泽东思想指引下》，收入“毛泽东与我”征文活动组委会编《我与毛泽东的交往》，山西人民出版社，1993年，第245—252页）

10月，《人生修身治学——名人手迹荟萃》发表其手迹和简历。

资料(报道) 金善宝手迹一篇。（见图540）

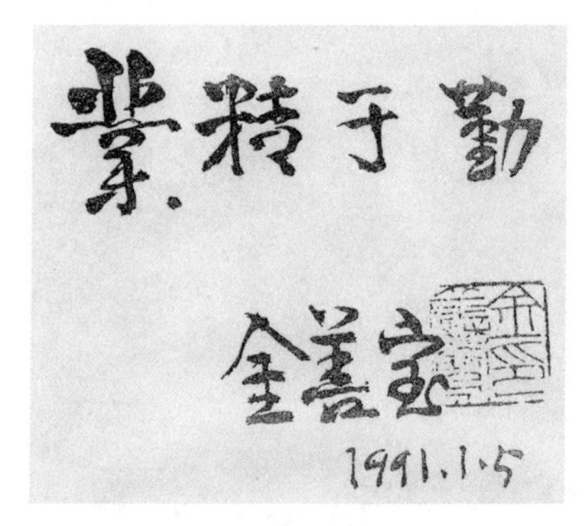

图540

11月，出席中国科学院生物学部评审会。

资料(证件) 出席证。（见图541）

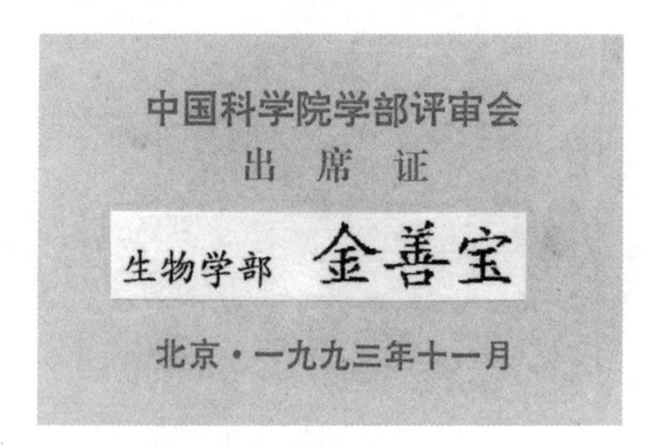

图541

12 月 3 日，为纪念邹秉文诞生 100 周年，发表《相处半个多世纪的良师益友》一文。

资料一（文章） 为纪念邹秉文先生诞生一百周年，深情回忆自己的老师邹秉文先生理论与实践相结合的教育理念、为农业建设事业勤奋工作的精神、广结群贤助人为乐的美德。（金善宝：《相处半个多世纪的良师益友》，收入华恕主编《邹秉文纪念集》，第 185—186 页）

资料二（照片） 邹秉文 1943 年在美国（时任联合国粮食组织筹委会副主席）留影。（见图 542）

图 542

12 月 13 日，为保护三环路旁试验田，与另两位院士鲍文奎和庄巧生联名给北京市领导写信，得到市领导的支持。

资料一（信件） 您们好！新年在即，提前向您们祝贺新年！

前信曾反映北京市拟在我院试验区地建热力中心一事，承蒙中央和市领导对农业科技的重视和对农业科研人员的关心，昭广副市长亲自在海淀区召开办公会议，首都规划委员会于 6 月 9 日正式下达了 107 号文件，决定另择地址。因此，我们于 9 月下旬播种了麦类试验材料。

近日，扩建三环路，并在我院靠北三环路与正在修筑的清华南路交叉处建立交桥。初步划线钉桩，除了将亚运会时占用我院试验地栽植的绿化带

14.2 亩筑路外,在三环路南、北两侧东西长 220 米,南北宽 9 米的两条试验地,除了新筑清华南路占用的地外,又要在其东侧占南北长 92 米,东西宽 18 米一条。加上清华南路西侧三环路南

已建蔬菜试验暖棚的一条地区,又将新占共约 15 亩左右。

在这些试验中,有 2.5 亩生长着小黑麦试验材料。前两天施工队已挖了 4 个电线杆坑,损失了少量试验材料(现已暂订挖苗施工)。这 2.5 亩小黑麦试验材料,包括 1 米行长每行 1 份材料的 8 611 行,3 米行长每行 1 份材料的 1 380 行。这些异源八倍体小黑麦材料是学部委员鲍文奎先生四十年来潜心研究的结晶,不仅国内是宝贵的麦类新种质材料,在国际上也是极罕见的种质,如果这次修路挖掉,从此绝种,将是无可弥补的损失。

我们请求:

1. 路边、桥边占地适当缩短,尽可能不要再占用作物科研试验地了。

2. 如果非占用试验地不可,也请允许我们把田间小黑麦材料的种子安全地收回来,在 1994 年 7 月初以后进入试验地施工。

3. 80 年代初三环路第一次扩宽、亚运会占试验地栽植树木、这次扩路建桥,三次占试验地 30 多亩,给我们的研究工作带来了很大困难,试验费用也因此增加了支出,请有关方面予以必要的补偿。

以上请求,当否,恳望批示。顺祝

冬安

(《金善宝、鲍文奎、庄巧生给北京市领导的信》,1993 年 12 月 13 日)

资料二(其他) 昭广副市长批:

请邢处拿图标,查 1994 年 7 月开工部分,然后与市政局研究,是否可以?百发副市长批:

请按昭广意见处理。

昭广副市长再批:

请协调按第二条请求,从工期角度晚开一点,是否可以?望答复金老,并将结果报书记,其炎、百发市长。

邢玉海处长批:

赵庆福同志:请按照市领导意见,少占小黑麦试验田,并对试验田加以

保护。(《北京市领导在三位院士书信上的批示》)

编者按：28 年来，这块农作物“永久绿地”，冬小麦、大豆、玉米轮作种植，在党的各项方针政策指引和各级领导的关怀下，作物所没有辜负老一辈院士的期望，充分发挥了人尽其才，地尽其力的作用，取得了多项科研成果。太谷核不育小麦育成的矮败小麦，优质小麦和“中黄 13 号”大豆优良品种等，均获得了国家科技进步一等奖，为国家农业生产的发展和科技创新做出了突出贡献。优良品种的推广面积逐年扩大，使广大农民实际收入提高，这是建筑开发商无法比拟的。(吴景锋、金作怡：《北京三环黄金地段 150 亩农田是如何保住的》,《瞭望智库》2021 年 9 月 5 日)

12 月，获《中国大百科全书》编辑出版荣誉证书。

资料(证书) 《中国大百科全书》编辑出版荣誉证书。(见图 543)

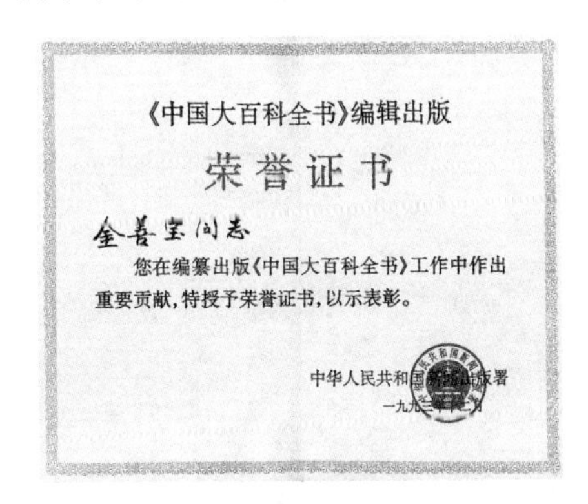
《中国大百科全书》编辑出版

荣誉证书

金善宝同志

您在编纂出版《中国大百科全书》工作中作出重要贡献，特授予荣誉证书，以示表彰。

中华人民共和国新闻出版署

一九九三年十二月

图 543

1994 年　　100 岁

1 月，主编的《中国小麦品种及其系谱》荣获第一届国家图书提名奖。

资料(证件) 《中国小麦品种及其系谱》荣获第一届国家图书提名奖。(见图 544)

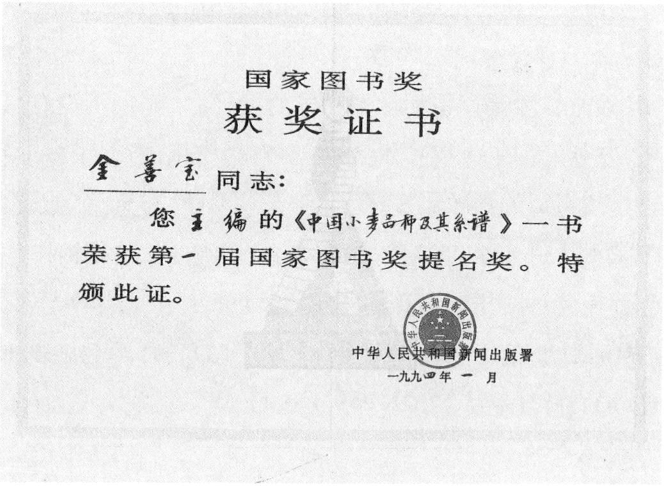

国家图书奖

获奖证书

金善宝同志:

您主编的《中国小麦品种及其系谱》一书荣获第一届国家图书奖提名奖。特颁此证。

中华人民共和国新闻出版署

一九九四年一月

图 544

3 月,参加小麦生态会议,刘江来访。

资料一(照片) 杜振华、金善宝、曹广才(前排左起)在小麦生态会议留影。(见图 545)

图 545

资料二(照片) 刘江(左)来访。(见图546)

图546

资料三(照片) 百岁老人下楼送客。(见图547)

图547

4月9日,《健康报》报道《小麦之父与时间赛跑》。

资料(报道) 一个春日的早晨,当我顶着大风前往拜访金老时,老人正准备出去进行他从不间断的散步。鹤发童颜、精神矍铄,让人不相信他已年近百岁。金老投身农业科学和教育事业近80个春秋,用"德高望重"

这个词来形容他，一点不为过。是他，写出我国小麦史上第一部专著；是他，填补我国在品种系谱分析研究方面的空白；他亲自选育的小麦品种，在我国20多个省(市、区)推广使用，种植年限长达40年……几十年教书育人，金老桃李满天下，他的许多学生现在也都成为科学家，在一次工作会议上，中午吃饭时，同桌十人，互相一交谈，发现竟是六代师生同聚首。认识金老的人都知道他是个乐观开朗的人，每天到老干部活动室下棋，他下棋有输有赢，但棋风甚佳。有一次，金老弈棋，有性急的旁观者越俎代庖，替金老走了几招，金老不愠不怒，笑眯眯地坐着观战。不一会儿替代者便发现自己进入险境，此时，金老再笑眯眯地接过棋局继续下去。有人向他讨教长寿秘诀。金老笑答："最重要的是不生气，俗话说：气一气，老一老。三国中的周瑜就是心胸狭窄被气死的。"他诙谐地说："鲁迅笔下的阿Q，人家打了他，他说儿子打老子。别人气你你不气，阿Q这点值得学习。"金老的长寿大概还得益于他在精神上的"不服老"，他总认为自己很年轻，走路不让人搀扶。每逢下楼梯，一步一个台阶，中途从不歇息。去年春节，中国科协书记高潮来看望金老，告别时，说什么也不让金老送，想不到金老从二楼蹬蹬地跑下来，让所有在场的人都大吃一惊。1978年，在全国科学大会上，82岁的金老发言说："我要把82岁当作28岁来干事情。"而如今的金老，执意要把自己的年龄永远地停留在97岁，借以表明他和时间赛跑的决心和意志。(杨秋兰：《小麦之父与时间赛跑》，《健康报》1994年4月9日第1版)

4月，《古今农业》报道《跨世纪的农学家、教育家——为金善宝教授百岁华诞而作》。

资料(报道) 全文从金善宝"勇于创新、勇于开拓，中国小麦科学的奠基人""作风严谨，为人师表，英才辈出，桃李满天下""严于律己，刚正不阿，不媚不卑，拳拳报国心"三个方面，叙述了他献身农业科学教育的一生。(蒋仲良、杜富全、史锁达、黄淑芳、过哉善：《跨世纪的农学家、教育家——为金善宝教授百岁华诞而作》，《古今农业》1994年第2期，第1—5页)

6 月 18 日，著名科学家钱学森发来贺信。

资料（信件） 胡海涛同志：我今接金善宝教授百岁华诞茶话会的请柬及邀请信，心里十分高兴。金老是我衷心敬重的一位学者！我要对金善宝教授百岁华诞敬致祝贺！我因行动不便，不能出席由中国科学技术协会、九三学社、中国科学院和中国农业科学院联合举办的金善宝教授百岁华诞茶话会，心里十分不安！我还记得 1985 年我曾出席在中国农业科学院举办的金善宝教授九十诞辰庆祝会，有幸见到金老并听到金老的讲话！那是幸福的时刻。即此敬祝金善宝教授健康长寿，安宁快乐！（钱学森：《祝贺金善宝百岁华诞》，1994 年 6 月 18 日）

6 月 20 日，南京农业大学教授沈丽娟、朱立宏夫妇发来贺信。

资料一（信件） 我们是金善宝教授的授业学生，1945 年在重庆沙坪坝中央大学农艺系毕业。毕业后，沈丽娟留校当金师的助教，朱立宏赴美国密歇根大学深造，中华人民共和国成立，应金师的热情召唤提前返国，我们长期在老师领导和关怀下，在南京农学院工作。光阴荏苒，近半个世纪来，我们在事业上有所成就，工作上能有一点贡献，与老师的教诲和关怀是完全分不开的。金善宝师是中国科学院院士，是我国德高望重的农业科学家和教育家，他对人民事业无限忠诚，爱憎分明，刚正不阿，治学严谨，力主理论与实际结合，对学生和蔼可亲，谆谆善诱，毕生为人民服务，孜孜不倦、呕心沥血，为我国的农作物科学的奠基和农业教育的发展，作出了卓越的贡献，在国内外享有崇高的声誉。四十年代的中国正处于内忧外患，危急存亡之秋，老师不顾贫病交迫，与人民同呼吸，关心国家前途，与梁希、潘菽、涂长望等著名进步教授组织“中国科学工作者协会”和“民主与科学座谈会”等，为民请命，反对内战。1949 年迎来了中华人民共和国的成立，老师鹤发童颜，欢欣鼓舞，在荣任首届南京农学院院长、南京市副市长、华东军政委员会农林部副部长和全国人民代表、中国科协及九三学社中央领导的繁重任务中，越活越年轻，为我国小麦品种的改良、品种资源的整理和分类以及小麦生产，翻山越岭，走南闯北，付出了艰苦的劳动。1978 年全国第一届科学大会上接受南大 2419 小麦授奖时，已是 82 岁高龄了，犹提出“82 岁当 28 岁过”的豪言壮语。老师之风，山高水长；老师的精神，万古长青。金善宝师对南京农学院的建立和发展，以及七十年代拨乱反正、南农复校，作出艰辛而卓著的贡献，数十年如一日，以自身的楷模、言传身教和潜移默化，造就了大批人才，桃李满天下，他们在中华人民共和国的大地上，受老师教诲的感召，在各自不同的岗位上，兢兢业业，为新中国的建设和中华民族的振兴奋发图强，许多学生正肩负着国家教育和科学的重任，或成为国际的科学家。今欣逢老师百岁喜庆，我们恭祝老师寿比南山，福如东海，永远感召着学生后辈，继续不懈努力，再立新功。(《沈丽娟、朱立宏给金善宝的贺信》，1994 年 6 月20 日)

资料二(照片)　沈丽娟(左)在中国农业科学院红楼 207 室祝贺金师百岁华诞。(见图 548)

图 548

6 月 26—30 日，各界纷纷以信电祝贺，亦有相关报道。

资料一(信件)　尊敬的金善宝教授是我国农学界最年长的科学家，也是中国科学院最年长的院士，他是我国几代人的师表。查考历史事实，1968 年澳大利亚的“Qouald”才提出小麦理想株型的学说，而金老早在三十年代便钻研及此，育成像南大2419具有理想株型的小麦种质良种，并由此永无止境地衍生出众多的有这种种质的小麦新品种。所以我们应该认定金老是小麦理想株型研究的先驱者和第一个成功者。他在这方面的德泽必将流传远近，万古长青！当此百岁华诞，我们衷心地祝贺他像南山的不老，像东海的长流，也创造出高寿的新纪录，传为新中国科学界的美谈！（《沈阳农业大学杨守仁教授贺电》，1994年6月26日）

资料二（信件） 欣逢老师百岁大寿，无比欢庆，学习您热爱党、热爱祖国、热爱农业科学事业的崇高品德及诲人不倦、严谨治学、老骥伏枥、壮志不已的进取精神。生也何幸！忝列门墙。深受您的培养、教导和爱护，恩重如山，终生难忘。恭祝寿比南山，福如东海！（蒋次升：《祝贺金师百岁华诞》，1994年6月26日）

资料三（信件） 敬爱的金老师：欣逢吾师百年华诞，我们以喜悦的心情祝愿老师继续保持健康矍铄的体魄，能亲眼看到你曾为之长期奋斗的祖国跨世纪实现四化的前景。老师为祖国教育和科技事业所作出的巨大贡献是有目共睹的，此刻我不由想起一些难忘的往事。在抗战时期，生活比较艰苦，那时你担任好几门课程，还有系主任工作，负担很重，身体相当虚弱，以致有一次在给我们讲课中，在课堂上突然晕厥过去，同学们帮助扶送回家后，还商议给老师订点牛奶，而老师和师母即坚持不接受，此事我们久未忘怀。另一桩事情是老师对师生的进步活动，一贯热情支持，在当时不论是反内战、争和平、反饥饿反迫害、反搬迁护校斗争等活动，以及学生要暂时离校到解放区等等，凡是有商于老师的，您无不表示赞许，并常常提供一些宝贵建议，这对于推动当时爱国的学生革命运动起了积极的作用。学生因事不能赴京参加盛会，略函谨表心意。敬祝老师健康长寿！（黎洪模、徐静斐：《祝贺老师百岁华诞并回忆往昔时光》，1994年6月27日）

资料四（信件） 中国农业科学院：欣闻中国农业科学院名誉院长、九三学社中央名誉主席、中国科协荣誉委员、中国科学院院士金善宝教授百岁华诞，我们代表全市人民向金老致以诚挚的祝贺！金善宝教授是我国农业科技教育界杰出的老一辈科学家。八十多年来，他将宝贵的年华献给了农业科技研究和教育事业，取得了卓越的成就，是我国现小麦科学研究的开拓者，在国内外享有崇高的声誉。金善宝教授在担任南京市副市长期间，为南京的经济建设和社会发展做了大量工作，赢得了全市人民的崇敬和爱戴。南京人民永远不会忘记金老在南京建树的光辉业绩。值此庆贺金老百岁华诞之际，我们要学习和弘扬金老的学术思想和科研成就，发扬金老心底无私、谦虚正直、尊老爱幼的传统美德，激励全市人民和广大科技人员投身改革开放和经济建设的伟大事业，为繁荣我市的经济文化，建设南京为国际大都市，作出新的贡献。并请金老继续关心和指导我市的各项工作。祝金老健康长寿！（《南京市人民政府的贺信》，1994 年 6 月 27 日）

资料五（报道） 为庆祝金善宝教授百岁华诞，王连铮描述了金善宝的贡献：百年奋斗、献身农业；中国小麦科学的奠基人；心系农村、面向生产；几十年如一日，为我国农业科研和农业教育事业付出了艰辛的劳动。作者表示，金老高尚的道德情操和敦厚正直、朴实无华的品质，永远是我国农业科技人员学习的楷模。（王连铮：《跨世纪的农学家、教育家金善宝》，《中国科协报》1994 年 6 月 30 日第 1—2 版）

6 月，祝贺、筹备百岁华诞有关报道、公告。

资料一（报道） 文章首先介绍了金善宝出身贫苦山村、艰难的求学过程，之后详细叙述了他的学术成长之路。（王连铮：《东方神农、科学巨匠——贺金善宝院士百岁华诞》，《自然杂志》1994 年第 3 期，第 161—165 页）

资料二（报道） 金善宝教授是我国著名的农学家、教育家，是我国农业界德高望重的老一辈科学家。金老一生与农业科研打交道，他将自己的一切都献给了农业教育和科研事业。从 1924 年起，他撰写了不少论文和著作，这些解放前的作品大都在解放前的农业刊物上，还有些尚未发表。为了祝贺金老百岁华诞，中国农科院领导决定成立《金善宝文选》编委会，收集整理、编辑金老发表过的论文、讲话、著作，出版一本《金善宝文选》，这本文选收集了金老自 1929 年以来的作品 43 篇。全书分三部分：第一部分，主要内容是著作、论文和讲话。第二部分，是金老1934年的专著《实用小麦论》，这是我国第一本小麦专著。第三部分，是金老编著图书的简介。收入本书的论文大部分为发表过的，但也有的是在这次收集中发现的，如金老1943年撰写的《中国近三十年小麦改进史》一文，是至今未能出版的手稿，这次将收入《文选》，公开发表。金善宝教授卓有成绩的研究，从理论和实践上奠定了我国小麦科学研究的基础，对中国小麦科学的系统、全面发展，作出了不可磨灭的贡献。《金善宝文选》全书近70万字，编辑为了提高图片的印制质量，将一些论文中的照片、图和《实用小麦论》中的照片、图，都集中于书后作胶版印刷，既提高了图片质量，又使读者对全书阅读感到方便。本书的版本设计和封面设计也别具一格，很有新意。全书的排、印、装各环节协作很好，保证《文选》在一年内按期出版。《金善宝文选》一书在庆贺金善宝教授百岁华诞茶话会上，将作为金老送给大家的礼物，分送给每位与会者。（张本云：《介绍〈金善宝文选〉》，《农业出版简讯》1994年第5期）

资料三（信件） 敬启者：1994年7月2日是中国农科院名誉院长、九三学社中央名誉主席、中国科协荣誉委员、中国科学院院士、中国农学界泰斗金善宝教授百岁华诞。为向世人宣传他七十余年来为我国农业科教事业作出的卓越贡献，弘扬他的学术思想和道德风范，并借此良机畅谈振兴中华农业，中国农业科学院、九三学社、中国科学技术协会、中国科学院定于7月2日9时30分在中国农科院六楼会议厅联合举办"金善宝教授百岁华诞茶话会"。我们热情希望海内外金善宝先生的亲朋好友、同事和学生来京叙旧，或来函来电祝寿，共襄盛举。特此公告。（"金善宝教授百岁华诞茶话会"筹委会：《"金善宝教授百岁华诞茶话会"筹备委员会公告》，1994年6月12日）

7月2日，国家科委主任宋健、中科院院长周光召，著名烟草专家左天觉等人发来贺电，热烈祝贺他的百岁华诞。

资料一（信件） 尊敬的金善宝教授……您百岁华诞之际，谨以国家科委、中国科学院和我们本人的名义向您致以热烈的祝贺。感谢您对我国农业教育事业和科学技术事业所作出的杰出贡献。衷心祝愿您身体健康，万事如意。七十多年来，您热爱祖国，献身农业教育和科学的崇高精神，值得我国广大的教育和科学工作者学习。您为我国农业教育和科学事业呕心沥血，培养了大批优秀人才，桃李满天下，在国外产生了很大影响。您为人谦虚谨慎，追求真理孜孜不倦，为广大晚辈科学家所赞誉和敬仰。早在三十年代，您就开始了小麦品种的选育工作，是我国小麦研究的开拓者之一。您从世界各地搜集的 3 000 多份小麦材料中选出适合我国生长条件的矮立多和南大 2419 优良品种。解放后，在长江流域等 13 个省、市、大面积推广，获得高产，为解放初期我国经济的恢复作出了重大贡献。几十年来，您坚持在农业科研的第一线，不辞辛劳地在田间作业，先后育成了京红 1、2、3、4、5、6、7、8、9 和 6082 等优质高产小麦品种。您对"北京春播—高山夏播—南方秋播"一年三代加速世代育种方法的研究，成功地加速了新品种的繁育工作。您研究鉴定了从全国征集到的 5 544 个小麦品种，其中云南小麦是世界上独有的小麦新种。对小麦种类及其分布的系统研究，为我国小麦育种打下了基础。我们非常高兴地知晓，金老虽已百岁高龄，身体仍然非常健康，兴趣广泛，生活有序，思路清晰。敬祝金老健康长寿。（《宋健、周光召的贺电》，1994 年 7 月 2 日）

资料二（信件） 金老：祝愿您第一个一百年的卓越贡献和道德风范，由于您在农业教育和科技方面的领导和推进，使中国农业的成就成为全世界的楷模，我们身在海外的中华民族子孙，都为此感到骄傲！借此机会，请容许我表达私人的感谢，我……头一次回国效力，是承您的邀请，我在祖国得到的头一次荣誉，也是您授予的。以农业后学的身份，在您第二个一百年中，更请您多多提携。祝您永远健康，永远快乐，永远坚持，一定要自己下田工作，使您第二个一百年，放更大的光，放更大的热！（《左天觉的贺电》，1994 年 7 月 2 日）

资料三（信件） 金善宝院长鉴：欣悉恩师百岁华诞，海内外门生故旧皆感念仁者上寿，国之祥瑞，造福农民，足衣足食，而长者福体康健，得以长久领导后生晚辈开创中国农业日新月异之境，受业获通知较迟，未及赴前面贺，谨上函祝贺，预计来年春夏专程进京情安，谨此肃清福安。（《黄嘉的贺

电》,1994 年 7 月 2 日)

资料四(传记) 1994 年的一天,金老听见秘书胡海涛在和女儿商量筹办百岁寿辰的事。他问,谁过百岁生日?他们笑而不答,问过几遍之后,女儿才笑着说:“给您做百岁生日呀!”金老说:“我还没到百岁呢!”小胡对金老说:“按中国人习惯,一般都按虚岁做寿,今年 7 月 2 日,是您百岁华诞,院里打算替您提前做寿。”金老说:“我才 97 岁,离 100 岁还远着呢,不做!不做!”女儿见父亲态度坚决,就对小胡说,那就算了吧,不做了。可是,过了一个月左右,金老看见他们又在商量这件事了,就问小胡:“不是说过了,我还不到一百岁,不做了吗?”小胡告诉金老这是中科院、中国科协、九三中央、农科院四个单位联合筹办的,一切工作都已准备好了,已经上报中央有关领导,如果突然宣布取消,对各方面都不好交代。金老一听,既然是这样,也只好顺其自然了。这次庆祝百岁华诞,在成都科技大学工作的女儿作美、女婿王励生,上海交通大学工作的儿子孟浩,在南京工作的侄子金孟达、侄孙女金力平,还有南京农业大学的代表沈丽娟等人都专程赶来,亲朋好友济济一堂,十分热闹。7 月 2 日早晨,金老吃完早饭,穿上新做的中山装,蹬上新的布鞋,在子女们的簇拥下来到农科院新建的办公大楼,先到一楼休息厅,会见了人大常委副委员长严济慈,九三中央主席吴阶平,全国科协主席朱光亚、副主席李振声,中科院院长周光召,统战部副部长刘延东,农业部副部长刘办侠等领导,还有国家农委副主任朱则民、同窗好友著名植保专家吴福桢以及著名水利专家汪闻韶夫妇等。当金老从休息厅来到 6 楼会议室时,来自各高等院校、科研单位的 200 余名专家学者早已聚集在这里,他一进门,全场就响起了热烈的掌声。(金作怡:《金善宝》,第 315—317 页)

资料五(信件) 生日贺卡。(见图 549 - 1、图 549 - 2)

资料六(其他) 百岁华诞茶话会上的部分花篮。(见图 550)

资料七(照片) 王瓴、金善宝、金孟浩(左起)在百岁华诞茶话会会场留影。(见图 551)

资料八(照片) 百岁华诞茶话会会场照。(见图 552)

资料九(照片) 在百岁华诞主席台上留影。(见图 553)

100岁华诞
金善宝教授
百岁华诞
纪念
中国农业科学院名誉院长
九三学社中央名誉主席
中国科学院院士
中国科学技术协会荣誉委员

图 549－1

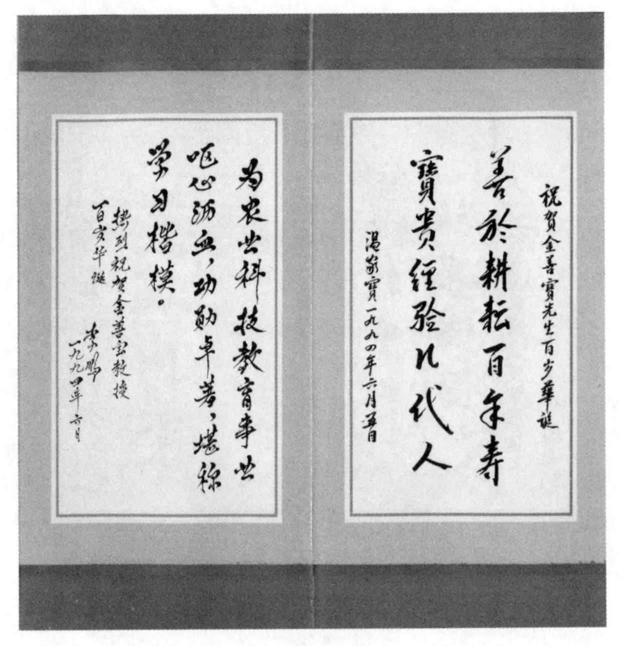
祝贺金善寳先生百岁華誕
善於耕耘百年寿
寳贵经验几代人
温家寳 一九九〇年六月
为农业科技教育事业
呕心沥血，功勋卓著，堪称
学习楷模。
热烈祝贺金善宝教授
百岁华诞
李鹏
一九九四年六月

图 549－2

图 550

图 551

图 552

图 553

资料十(其他) 今天,是中国农业科学院名誉院长、九三学社中央名誉主席、中国科协荣誉委员、中国科学院院士金善宝教授百岁华诞,我们以十分崇敬的心情,向金老表示热烈祝贺!金善宝教授是我国著名教育家、农学家和小麦专家,1920 年开始从事农业科技工作,迄今已辛勤耕耘了 70 多个春秋,在小麦科学研究、教书育人和著书立说等方面作出了巨大贡献,我们向金老表示崇高的敬意！金善宝教授是我国小麦科学研究的开拓者和奠基人之一。早在三十年代，从搜集到的我国790多个县的小麦品种里鉴评出江东门等一批优良地方品种，曾较长时间作为我国小麦育种重要的早熟种质源被利用。1939年，金老从国内外搜集和引进的3 000多份小麦品种中，选育出适合我国四川盆地、长江中下游地区种植的南大2419和中大2509两个良品种，五十年代在长江流域等13个省、市、自治区大面积推广，最高年份7 000万亩，开创了我国小麦育种和生产的新局面。五十年代，从我国2 000多个县征集到的5 562份小麦种质资源中，经研究鉴定，首次发现了我国特有的小麦新种——云南小麦，明确了我国小麦品种分属普通小麦、密穗小麦、圆锥小麦、硬粒小麦和波兰小麦等5个种及普通小麦亚种云南小麦1个变种，属于各个种的变种共计101个，其中93个种是他亲自鉴定的，有19个变种和6个云南小麦的变种是由他定名的，对中国和世界小麦分类研究是个重大贡献。六十年代以来，金善宝教授主持选育的"京红号"小麦新品种，1978年获全国科学大会奖。金善宝教授倡导小麦育种工作北育南繁，异地加代，一年种植两代或三代，缩短了育种年限，加快了育种进程。金善宝教授先后在浙江大学农学院、中央大学农学院、江南大学农学院、南京大学农学院、南京农学院等农业高等院校任教，并担任领导职务。他教书育人，讲究科学和实效，鼓励学生到生产第一线，理论联系实际……他积极支持和参加学生的进步活动，1945年至1947年先后在昆明、重庆和南京参加了"反饥饿、反内战、反迫害"运动。他言传身教，肯于吃苦，勇于拼搏，深受学生爱戴，桃李满天下。他的不少学生已成为我国农业教育和科技战线上的知名教授和学科带头人。金善宝教授著书立说，为丰富我国小麦科学理论奠定了基础。1928年发表《中国小麦分类之初步》，是我国第一篇小麦分类文献；1934年出版《实用小麦论》，是我国小麦史上第一部专著；1942年与蔡旭教授合著《中国近三十年小麦改进史》；1943—1967年先后发表了《中国小麦区域》《中国小麦的种类及其分布》；1960至1992年主编了《中国小麦栽培学》《中国小麦品种及其系谱》和《中国小麦品种志》，其中《中国小麦品种及其系谱》一书，系统总结了我国半个多世纪小麦育种的基本经验，填补了我国在作物育种方面进行全面品种系谱分析研究的空白。金老的这些著作，已成为我国和世界小麦科学知识宝库里的重要财富。金善宝教授一向报国心切,严于律己,他热爱祖国,热爱中国共产党。为了报效祖国,1932 年他在美学成后立即回国,他坚决反对内战,支持抗日,捐款支援前方战士。解放区开展大生产动运动时,他将精选的良种送往延安。1945 年在重庆受到毛泽东主席的接见,使他看到了光明,坚定了信念。1956 年他光荣加入了共产党,成为解放后江苏省最早一批入党的老一辈科学家。十年浩劫中,他冒着风险进行小麦科学试验,和助手一起育成了一批批春小麦优良品种。他坚决拥护党中央粉碎"四人帮",拥护党的改革开放政策。在生活上,他严格要求自己。待人处世,论是非不论利害,论功过不论权势。他坚持真理、光明磊落、谦虚谨慎,从不居功自傲。几十年来,他时刻关心着祖国的统一大业,系念着台湾农学界的老朋友、老同事,盼望台湾早日回归祖国,并以实际行动为祖国统一大业作贡献。他热心指导中青年科技工作者,经常深入基层调查研究,坚持农业科学技术与农业生产相结合,为农业生产服务。他常说:"不到农村走走,怎能认识祖国的伟大,人民的伟大!"新中国建立以来,金老走遍了祖国大地。1982 年,他已 88 岁高龄,仍然到广西、黑龙江等地考察,向中央汇报边远地区的科技工作;1983 年到福建考察了小麦品种情况;1984 年去陕西、河南、河北等省参加小麦育种攻关会议,了解小麦科研和生产问题。金老每次考察,都对当地生产和科研提出一些合理化建议,使基层领导、科技人员和群众,受到极大鼓舞和帮助。金善宝教授是国际知名的农业科学家,在国际学术界和农业界深受尊重。……1982 年 8 月,金老担任名誉院士以来,对中国农业科学院的工作仍然十分关心,经常参加一些活动并提出很多好的建议,支持现任领导工作,为发展祖国农业科学事业作出了重要贡献。金善宝教授是德高望重的老一辈农业科学家、农业教育家和社会活动家,他潜心治学,献身农业科学,关心国家大事,关心四化建设。金老是我们学习的楷模,我们衷心祝愿他健康长寿。(王连铮:《致祝寿词》,1994 年 7 月 2 日)

资料十一(其他) 今天,我们大家在这里隆重集会,庆祝我们的老寿星——九三学社名誉主席、中国农业科学院名誉院长、中国科学院院士金善宝同志百岁华诞,感到非常高兴,我代表九三学社中央委员会全体社员及我个人向尊敬的金老表示热烈的祝贺和亲切的问候!金老是我国著名的农学家、教育家。他将自己的一切都献给了小麦科学事业，成就卓著，成为我国小麦科学研究的开拓者和奠基人之一。他和他的同事们撰写了百余部(篇)著作和论文，为我国小麦育种科学理论奠定了基础。他一生诲人不倦，辛勤耕耘，桃李满天下，为我国培养了一代又一代的农业科学家。因为他在农业科学上的杰出贡献，而被人们亲切地称为“农业泰斗”和“东方神农”。金老不仅是享誉海内外的科学家、教育家，而且，还是一位德高望重的社会活动家，一生追求民主与科学。他爱憎分别，热爱祖国，热爱中国共产党，少年时代就踏上了追求光明、追求民主的道路，投考了当时革命同盟会开办的绍兴陆军中学。抗战时期，金老任教于中央大学。他身在校园，却心系祖国、民族之安危，时刻关心着时政。他不仅是《新华日报》的热心读者，而且，还是新华日报馆时事讲座的热心听众。他旗帜鲜明，坚决反对内战，反对迫害，支持抗日，积极参加共产党领导的抗日进步活动。最使金老难忘的 1945 年，他与几位在重庆的进步教授一起，受到毛泽东主席的接见，这使他受到很大鼓舞，金老十分关心毛泽东主席的安全，劝慰毛主席早日返回延安。1948 年，金老拒绝台中农学院的邀请，留在了大陆。……金老满腔热情地投身于新中国的建设事业。历任华东军政委员会农林部副部长、南京市副市长、中国农业科学院副院长、院长等职。金老长期担任九三学社中央的领导工作。半个世纪以来，他为九三学社作出了不可磨灭的贡献。解放以后，金老身兼数职，责任重大，却无一偏废。在九三学社，虽为兼职，却是尽心尽力尽职，在中国共产党的领导下，为九三学社的发展和建设辛勤工作，团结广大社员及所联系的知识分子，沿着党指引的道路不断前进。尤其令人敬佩和感动的是，金老虽至耄耋之年，却壮心不已，继续关心、支持和亲临社务工作。1983 年 9 月，金老作为九三学社中央的副主席，出席九三……筹备大会，坚持与会议代表一样住条件较差的普通房间。始终保持谦虚朴素的优良作风。1988 年，金老亲赴南京参加九三学社江苏省委员会的换届工作，这时的金老已是 93 岁高龄了，但他依然精神矍铄，不辞辛苦，并风趣地说：“我今年 93 岁了，正好代表九三中央来参加你们的换届工作。”博得全场阵阵掌声。金老的学问、品德和精神，令人十分敬仰，正如他的学生称赞的那样：“云山苍苍，江水泱泱，先生之风，山高水长。”今天，我们在这里不仅仅是为金老祝寿，更重要的是要学习金老的高尚品德和奉献精神。我们要以金老为楷模,学习他几十年如一日地为祖国富强……艰苦奋斗、无私奉献精神,学习他严以律己、严谨治学的作风,学习他谦虚谨慎、平易近人的品德。为九三学社更好地发挥参政党的职能,为推进我国经济建设和各项事业的发展,为维护稳定和谐的社会局面,为统一中华作出贡献。衷心地祝愿金老身心健康,寿比南山!(《吴阶平在茶话会上的讲话》,1994 年 7 月 2 日)

资料十二(其他) 今天我们以十分崇敬和高兴的心情,在这里隆重庆贺中科院院士、中国农科院名誉院长、享誉海内外的我国著名农学家、教育家、九三学社中央名誉主席金善宝教授期颐之寿。我谨代表中共中央统战部、代表王兆国同志向金老表示崇高的敬意和最热烈的祝贺!同时,向主办这次活动的中国农业科学院、中国科学院、中国科协、九三学社中央等单位表示诚挚的感谢!金老身经两个世纪、三个朝代,是世纪老人,是年高德劭的老人。我们祝贺金老百岁华诞,不仅是体现中华民族敬老爱贤的传统美德,更重要的是从金老身上,学习中国知识分子对祖国忠贞不移、对真理孜孜以求、对事业呕心沥血、对名利淡泊豁达的高尚情操和可贵品质。金老是我国老一辈科学家、教育家。在 70 多年漫长而艰巨的科研生涯中,矢志不渝,潜心治学,勇于开拓,为我国的小麦育种研究和农业科学的发展,为培养农业科技人才,宵衣旰食,奉献了自己全部心血。金老无论在学术思想、理论、实践上,还是在学科涉猎的广度上,都是我国近代农业科学的开拓者,奠基人,对我国农业科学的发展作出了卓越的贡献。在国际上,被誉为“远东神农”和小麦研究的“泰斗”。……金老的爱国情怀更是令人敬佩。金老爱憎分明、刚正不阿、热爱祖国、热爱中国共产党,早年留学美国,学成后毅然离美回国,以自己的知识报效祖国,并投身于挽救民族危亡和争取民主革命的伟大斗争。金老不惜倾囊相助,两次捐款送到八路军驻重庆办事处,支援抗日将士,并将自己精选的小麦良种转送到延安,支援大生产运动,金老鼓励并自送自己的学生投奔解放区,并两次到八路军办事处找林伯渠同志,要求前往延安。1945 年在重庆,金老受到毛主席的接见,更坚定了建立新中国的信念。新中国成立后,金老满腔热情投入到社会主义建设的伟大事业中,并光荣地加入了中国共产党,实现他多年的夙愿。金老虽身兼数职,但却尽职尽责,为了科学事业,为了祖国繁荣,辛勤耕耘,忘我工作,深入实际，考察研究，祖国的山山水水到处留下了他的足迹。金老是一位德高望重的社会活动家，是九三学社的创始人之一，是深受社员爱戴的领导人。金老长期担任九三学社中央的领导职务，为九三学社的建立和发展、为坚持和完善中国共产党领导的多党合作和政治协商制度，作出了重要贡献。进入新时期以来，金老年届耄耋，仍然关心着九三学社的各项工作。当前，我国社会政治稳定，国民经济持续、快速、健康地发展。抓住机遇，深化改革，扩大开放，促进发展，保持稳定，作为全党和全国工作的大局，已经成为全国人民的共识。新的形势对爱国统一战线和多党合作在协调关系、化解矛盾、促进安定团结和民主和谐的社会环境，保证现代化建设顺利进行等方面，赋予重要任务。这一任务的完成，有赖于同志们的共同努力。时逢金老期颐大寿之际，我们展望祖国社会主义现代化事业的辉煌前景，对未来充满信心。我们衷心祝愿金老健康长寿！（《刘延东在茶话会上的讲话》，1994 年 7 月 2 日）

资料十三（其他） 金老是我国农业科技教育界德高望重的老一辈科学家，是我国现代小麦科学研究的开拓者和奠基人。在五十年代至六十年代，当我国长江流域和淮河流域小麦生产受到条锈病等危害而减产时，金老培育的抗病、丰产小麦良种南大 2419 迅速推广，以后向北扩展到黄河以南的冬麦区，向南扩展到南方冬麦区，向西扩展春麦区，每年扩种面积最高年份达到 7 000 万亩，对我国小麦生产的稳定与发展起到了重要作用，作出了重大贡献！除在小麦育种上的实际贡献外，金老富有远见卓识，非常重视长远的、带战略性的基础性的研究工作，为了开展中国小麦的分类和品种资源科学的研究，金老组织了中国小麦分类研究组，对全国 2 000 多个县的 5 544 份小麦种质资源进行了分类研究，把我国的小麦划分为 5 个种、126 个变种，并在研究中首先发现了我国特有的小麦种——云南小麦，对中国和世界小麦的起源、进化以及区域划分提供了重要的科学依据。金老在重视育种与生产实践、长远性和基础研究工作的同时，还非常重视研究成果的总结和学术思想的提升，金老自己……撰写或与同事一起完成了百余部（篇）著作和论文。1934 年金老撰写的《实用小麦论》，是我国小麦史上第一部专著。早在我上学的时候，读的第一本小麦专著，就是金老的《实用小麦论》，它对我们这一代搞小麦研究的人，起了启蒙作用。另外,金老主编的《中国小麦品种及其系谱》,系统地总结了我国小麦种质资源研究方面的基本经验,填补了我国小麦品种系谱分析研究的空白。我为了研究生物多样性在作物育种中的应用,又重读了这本书,在这本书中介绍,南京郊区一个古老的农家小麦品种叫江东门,全国有 9 个省利用这个品种及其衍生品种与其他品种杂交育成了 50 个小麦品种。由此使我更深刻地认识到搜集、保存、研究和利用生物资源,在发展农业生产中的重要意义。金老作为中国农业科学的一代宗师,不仅自己在发展科学和生产上作出了巨大贡献,而且十分关心青年人的成长,鼓励青年人的创造精神,诲人不倦。我自己就是因为多次得到金老的教诲,而明确了工作的方向、方法和坚定了工作的信心。在我从事小麦远缘杂交刚刚取得一些初步成果的时候……受到批判的时候,在工作走向深入开始小麦染色体工程研究的时候,都得到金老亲切的指导、鼓励和教育。我虽然不是金老的正统学生,也没有直接跟随金老从事过研究工作,但在我的心目中,金老是我最尊敬的恩师、学习的楷模。我回到北京工作七年了,每年春节后,我出门拜年的第一家,就是金老家。这是一种发自内心的崇敬和自觉行动。最后,再一次向金老表示最崇高的敬意,祝金老福如东海、寿比南山,继续指引我们农业科学界和小麦遗传育种学界的同事们,团结一致,努力工作,为发展我国农业科学、农业生产不断作出新贡献。(《李振声在茶话会上的讲话》,1994 年 7 月 2 日)

资料十四(照片) 金善宝在百岁华诞茶话会上致谢词。(见图 554)

图 554

资料十五(手稿)　金善宝在百岁华诞茶话会上的谢词。(见图 555－1 至图 555－8)

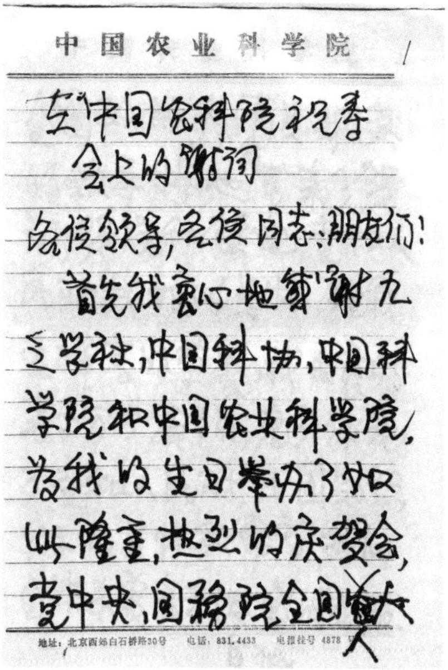

中国农业科学院　1

在中国农科院祝寿会上的谢词

各位领导，各位同志，朋友们！

首先我衷心地感谢九三学社，中国科协，中国科学院和中国农业科学院，为我的生日举办了如此隆重，热烈的庆贺会，党中央，国务院，全国人大

地址：北京西郊白石桥路30号　电话：831.4433　电报挂号 4878 号

图 555－1

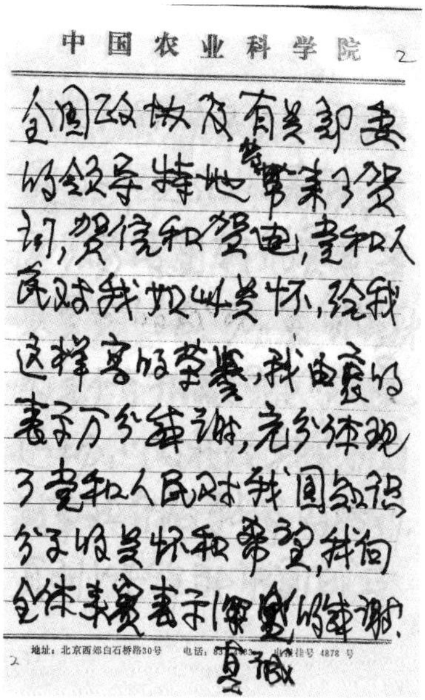

中国农业科学院　2

全国政协及有关部委的领导特地发来了贺词，贺信和贺电，党和人民对我如此关怀，给我这样高的荣誉，我由衷的表示万分感谢，充分体现了党和人民对我国知识分子的关怀和希望，我向全体来宾表示深切的谢意。真诚

地址：北京西郊白石桥路30号　电话：831.4433　电报挂号 4878 号

图 555－2

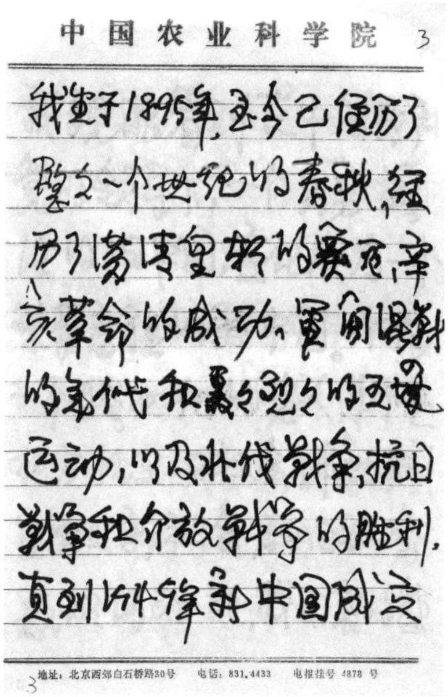

中国农业科学院　3

我生于1895年，至今已经历了整整一个世纪的春秋，经历了满清皇朝的腐败，辛亥革命的成功，军阀混战的年代和轰轰烈烈的五四运动，以及北伐战争，抗日战争和解放战争的胜利，直到1949年新中国成立

地址：北京西郊白石桥路30号　电话：831.4433　电报挂号 4878 号

图 555－3

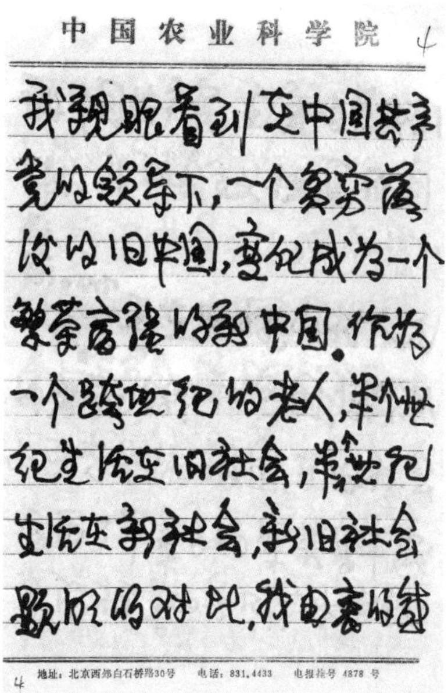

中国农业科学院　4

我亲眼看到在中国共产党的领导下，一个贫穷落后的旧中国，变化成为一个繁荣富强的新中国。作为一个跨世纪的老人，半个世纪生活在旧社会，半个世纪生活在新社会，新旧社会鲜明的对比，我由衷的感

地址：北京西郊白石桥路30号　电话：831.4433　电报挂号 4878 号

图 555－4

中国农业科学院 5

谢中国共产党，由衷的为我们伟大的社会主义祖国而自豪。

我生长在农村，山村人民的疾苦饥饿和贫困，使我从小立志兴农报国，在旧社会经历了半辈子的坚苦奋斗。农业院校毕业后，广大农民

地址：北京西郊白石桥路30号　电话：831.4433　电报挂号 4878 号

图 555－5

中国农业科学院 6

世世代代挣扎在饥饿线上，新中国成立后，高等农业院校已发展到60多个，农业科学院、农科所已经有一千一百多个，并且形成了以中国农科院为中心的农业科研地方各级网络结构，十二亿中国人民基本解决了温饱问题，近一个世纪

地址：北京西郊白石桥路30号　电话：831.4433　电报挂号 4878 号

图 555－6

中国农业科学院 7

以来，我个人为之奋斗的理想，在中国共产党领导下，终于实现了。

今天，我虽是百岁老人了，但人老不服老，我还想为党的改革开放，为实现我国小康目标贡献继续努力，我将继续和农业科

地址：北京西郊白石桥路30号　电话：831.4433　电报挂号 4878 号

图 555－7

中国农业科学院 8

研战线上的同志一起，为实现我国农业现代化的目标共同奋斗。我希望能成为一个跨双世纪的人，看到中国的富强和美好的明天。

谢谢大家！

1994年七月二号 金善宝

地址：北京西郊白石桥路30号　电话：831.4433　电报挂号 4878 号

图 555－8

资料十六(照片)　金老的亲属(左起：王尔鉴、王励生)在百岁华诞茶话会留影。(见图 556)

图 556

资料十七(照片)　中国农科院院长王连铮(左)向百岁金老敬酒。(见图 557)

图 557

资料十八(报道)　作者以“一个世纪的拼搏”为题，分别以中国小麦科学的奠基人、英才辈出桃李满天下、不媚不卑拳拳报国心三个方面，报道了金善宝院士为中国农业科学教育事业艰苦奋斗的百年生涯,以及他对中国小麦科学、培养农业科技人才作出的贡献。(王连铮:《一个世纪的拼搏》,《科技日报》1994 年 7 月 2 日第 1—2 版)

资料十九(照片) 扎根东北垦区数十年的程建平(右)来看望老师金善宝并留影。(见图 558)

图 558

资料二十(照片) 家宴合影。(见图 559)

图 559

7月3日,各大报刊对他的百岁华诞均有报道。

资料一(报道) 世界著名农学家、教育家,中国科学院最年长的院士金善宝教授,今天度过一百岁生日。中国科学院、九三学社、中国科协、中国农科院共同为金老举行了庆贺茶话会。中共中央总书记江泽民、全国政协主席李瑞环、国务委员陈俊生向金老送来花篮;李鹏总理为金老百岁寿辰题词:为农业科技教育事业呕心沥血,功勋卓著,堪称学习楷模。温家宝、宋健、吴阶平、朱光亚、严济慈、方毅、宋任穷、周光召等也题词祝贺。金善宝是我国现代小麦科学研究的开拓者之一,也是九三学社创始人之一,在国内外享有崇高声誉。他一九二〇年开始从事农业科技和教育工作,七十多年来,经他鉴定和培育的小麦优良品种起到显著的增产作用。金老是我国小麦分类和品种资源科学研究的奠基人,他组织了中国小麦分类研究组,并在研究中首先发现我国特有小麦新种——云南小麦,对中国和世界小麦的起源、进化以及区域分布提供了重要科学依据。他于一九二八年发表的《中国小麦分类之初步》,是我国第一篇小麦分类学文献。他于一九三四年出版的《实用小麦论》,是我国小麦史上第一部专著。中国科协副主席、中国农科院院长王连铮在向金老致祝寿词后说,金善宝教授还是一位著名的教育家,他从教以来,为我国培养了一大批德才兼备的高级农业人才。国际上称他为中国的"农业泰斗"。现在,金善宝担任中国农科院名誉院长、九三学社中央名誉主席等职。中国科协书记处书记高潮宣读了钱学森致金老百岁华诞的贺信。有关部门领导和首都科技界代表共三百多人参加了茶话会。(蒋建科:《"农业泰斗"金善宝百岁华诞》,《人民日报》1994年7月3日第4版)

资料二(报道) 被誉为"东方神农"的我国著名农学家、农业教育家金善宝今天进入人生的第100个年头。江泽民、李瑞环送来了花篮,李鹏题词表示热烈祝贺。李鹏的题词是:"为农业科技教育事业呕心沥血,功勋卓著,堪称学习楷模。"为庆贺金善宝教授百岁华诞,九三学社、中国科协、中国科学院和中国农业科学院今天联合举行茶话会。中国农科院院长王连铮以崇敬的心情介绍了金善宝教授的学术思想和成就。全国人大常委会副委员长、九三学社中央主席吴阶平,中国科学院长周光召,中国科协副主席李振声也在会上讲话,赞颂金善宝的学术成就和道德风范。金善宝现任中国农科院名誉院长、中国科协荣誉委员，是九三学社创始人之一、中国科学院最年长的院士，1920 年开始从事农业科技和教育工作，是我国德高望重的小麦科学奠基人。三十年代，他从 790 多个县的小麦品种中鉴评出江东门等一批优良地方，亲自选育出南大 2419、中大 2509 两个优良品种，使平均小麦亩产增加 30%左右，最高年份种植 7 000 万亩，延安大生产时期，他把优良麦种送到陕北。五十年代，他首次发现了我国小麦特有品种——云南小麦。六十年代以来，他主持选育的“京红号”小麦新种获 1978 年全国科学大会奖。金善宝倡导小麦育种北育南繁，异地加代、一年种植两代或三代，缩短了育种年限，加快了育种进程。接过孩子敬献的鲜花，金善宝感慨万千。他声音洪亮地致答谢词：“我从小生长在农村，山村人民的饥饿和贫困，使我从小立志‘兴农救国’，在旧社会经历了半辈子的艰苦奋斗，农业院校寥寥无几，广大农民世世代代挣扎在饥饿线上。新中国成立后，高等农业院校已发展至 60 多个，农业科研院所已有 1 100 多所，并形成了以中国农业科学院为中心的专业和地方各级网络结构，十二亿中国人民基本上解决了温饱问题。近一个世纪以来我个人为之奋斗的理想，在中国共产党的领导下，终于实现了。我希望能看到中国的富强和美好的明天。”这位“世纪老人”发自肺腑的话，激起人们长时间的鼓掌。（袁祥：《“东方神农”金善宝步入百岁——江泽民、李瑞环送花篮、李鹏题词庆贺》，《光明日报》1994 年 7 月 3 日第 1 版）

资料三（报道） 7 月 2 日上午，中共中央总书记江泽民、全国政协主席李瑞环给农业科学家金善宝教授送来花篮，国务院总理李鹏为金善宝百岁寿诞题了词，庆贺这位有“农业泰斗”之称的科学家百岁华诞。科技界、教育界和农业界的近 300 位知名人士，今天齐集中国农业科学院举行茶话会，庆贺金善宝教授的百岁华诞。李鹏总理的题词是：“为农业科技教育事业呕心沥血，功勋卓著，堪称学习楷模。”金善宝教授是中外知名的农业教育家、农学家、小麦专家，出生于 1895 年 7 月 2 日。金教授从事小麦科学研究工作 70 多年，为我国农业发展作出了卓越贡献。他从教 27 年，桃李满天下，写有百余部科研专著。人们尊他为我国现代小麦科学研究的开拓者、我国小麦分类和品种资源科学研究的奠基人，国际上将他称为中国的“农业泰斗”。现在，金教授担任中国农业科学院名誉院长、九三学社中央名誉主席、中国科协荣誉委员、中国科学院院士等职。(林菲、林红梅:《"农业泰斗"喜度百岁华诞》,《农民日报》1994 年 7 月 3 日第 1 版)

资料四(报道) 今年 7 月 2 日,是金善宝百年寿辰。有人说,金善宝的一生是和小麦打交道的一生,他将自己的一切都献给了我国的小麦科学事业,此话一点不假。在北京西郊,中国农业科学院的小麦试验田里,每当春小麦生长季节,人们总可以看到一位皓首老人在碧绿的麦海里巡视。他沿着每一条小麦垄沟认真仔细地观察,有时还掏出笔记本记录,几十年来从没有间断过。他就是金老,中国农业科学院名誉院长、中国科学院院士金善宝教授。如今,这位饱经沧桑的中国跨世纪的农学家,致力于小麦科学研究已近 80 年,为我国农业科研和教育作出了卓越的贡献。1920 年,金善宝从学校一毕业,就投身当时上海"面粉大王"荣宗敬(荣毅仁的父亲)资助、地处南京江东门外的皇城小麦试验场,从事创建和研究工作。他白手起家,一切从零开始,深入江苏省句容、溧阳、溧水等县调查小麦生产情况,认真搜集小麦地方品种,严格进行品种试验,从中选出了深受当地农民欢迎的"姜堰黄皮""武进无芒"等优良品种。为了中华农业的崛起,1930 年,金老远渡重洋到美国求学。在留美期间,他爱憎分明,热爱祖国。在一次学校举行的聚餐会上,一位美国学生公然当着金善宝先生面喊道:密斯特金,把这些剩饭拿去给中国人吃吧!中国人正饿着肚皮呢!金善宝听后,感到莫大的侮辱,面对挑衅者他进行了有力的回击:"中国离这儿太远了,还是请先生拿芝加哥公园里去吧!那里失业的人有的是,他们正需要这些。"为了维护祖国的尊严,做一个有骨气的中国人,1933 年初,他毅然离美回国。1939 年,金善宝教授和助手们从国外引进的 3 000 多份小麦品种资源中,采用系统选育方法,成功地选育出适合我国长江中下游地区栽培的两个优良小麦品种,其中南大 2419 表现穗大、粒多、抗条锈病和吸浆虫,一般亩产 250～500 公斤,增产幅度 30%左右。直到 1983 年,长江流域麦区的种植面积仍达百万亩左右,开创了我国小麦育种和生产的新局面,成为中国史上的一个里程碑。在日军侵华、中华民族面临沦亡时,金老旗帜鲜明,坚决反对内战,支持抗日,他节衣缩食,过着清贫的生活,且两次前往八路军驻重庆办事处捐款 200 元,支持前方抗日将士。当他听到解放区开展大生产运动时,立即将自己多年来精选的小麦良种，通过重庆新华日报社送往延安。他鼓励并亲自送自己的学生投奔解放区。金老一辈子追随中国共产党，终于在1956年后实现了他多年的愿望，他是当时江苏省最先入党的老一辈科学家之一。为尽快选育出适合我国生态条件下栽培的小麦品种。金老把主要精力投入到我国小麦品种资源的搜集整理上。他和助手们克服种种困难，以顽强的毅力先后对我国790多个县进行小麦资源的搜集工作，这是我国小麦史上第一次最广泛的小麦种质资源的搜集工作。常规育种方法，一个新品种的育成短则七八年，长则十多年。金老感到时间太宝贵了。他希望在有限的生命中培育出更多的品种来。六十年代初，一个偶然的信息——匈牙利向我国政府提出，希望到我国云南地区进行玉米冬季繁殖，他猛然得到启示，玉米可以冬繁，小麦行不行？为了实现这一理想，他和助手们在北京地区进行了多次春小麦夏繁试验都失败了。1965年他亲自到南方有关高海拔地区进行调查研究，最终在井冈山获得夏繁小麦的成功。接着又在庐山获得高山夏繁小麦成功。这一经验很快在全国各育种单位推广、应用。在高山夏繁小麦成功的基础上，金老和助手们又经过严密实地考察，进一步在湛江、海南岛等地冬繁成功，使春小麦选育时间由七八年缩短成三四年。金善宝从事我国小麦科学研究，无论在学术思想、理论、实践和学科涉猎广度上，均为我国农业科学界的开拓者。由他组织的中国小麦分类厂家组，对全国2 000多个县的5 544份小麦种质资源进行分类研究，把我国小麦分属于普通小麦、密穗小麦、圆锥小麦、硬粒小麦和波兰小麦等5个种126个变种，这一研究，为中国和世界小麦的起源、进化以及区域分布提供了重要的科学依据。1928年金善宝发表的《中国小麦分类之初步》是我国第一篇小麦分类学文献。1934年出版的《实用小麦论》，是我国小麦史上第一部专著。1961年由金老主编的《中国小麦栽培学》和1964年主编的《中国小麦品种志》，是我国同类著作中的代表作。1983年主编的《中国小麦品种及其系谱》，填补了我国小麦品种系谱分析研究方面的空白，获得1984年全国优秀科技图书一等奖和农业部科技进步一等奖。

金善宝教授摒弃严重脱离农业生产实际的教学……善于启发学生广开思路，钻研科学，讲求实效，鼓励学生应用所学去解决各种作物的具体问题。他常对学生们讲，发展中国农业，既要吸收外国的成功经验，更要总结自己的经验。光有书本知识是远远不够的，每个人都必须到生产第一线去进行再学习，在工作中向一切有实践经验的人学习。他是这样要求学生，也同样这样要求自己。1950 年，长江下游洪水泛滥。金老得知消息后，一连几天废寝忘食，仔细地查阅各种资料，寻找抗灾救灾的应急措施和办法，根据华东地区历年来的气候变化及生产特点，他及时向华东军政委员会提出了多种马铃薯和采取冬小麦移栽的抗灾自救办法，他的建议很快被政府采纳了。他本人还亲自到南京郊区给农民作田间示范，使小麦移栽技术很快在南京郊区得到推广。1951 年春天，苏北地区遭受了历史上罕见的冻害，100 多万亩小麦被冻坏，情况万分紧急。为减少群众的损失，金老思考着，并带领十多名教授走访苏北、淮北十几个县，认真进行调查研究，学习、总结农民中的防冻救灾经验。最后，他根据小麦分蘖节一系列栽培技术措施，经过广大群众的努力，当年苏北 100 多万亩受冻害小麦获得亩产 200 多斤的好收成……（林菲：《中国小麦科学的奠基人——记百岁老人跨世纪农学家教育家金善宝》，《农民日报》1994 年 7 月 3 日第 1 版）

7 月 4 日，与亲友相聚。

资料一（照片） 何康夫妇来贺。（见图 560）

图 560

资料二(照片) 南京农业大学校友相聚于中国农科院(左起：沈贵银、夏祖灼、金老、周邦任、司洪文)。(见图561)

图561

资料三(照片) 全家合影。(见图562)

图562

资料四(报道) 1994年7月2日,我国小麦科学的奠基人、中国科学院院士金善宝先生,迎来了他辉煌人生的第一百个年头。中国农科院主楼六层的大会议室里，洋溢着热烈的喜庆气氛。金善宝教授百岁华诞茶话会正在这里进行。……9时30分，当满头银发、精神矍铄的金善宝教授健步走进会议室时，会议室里爆发出一阵热烈的掌声。来自不同学科的20多位中国科学院、中国工程院院士，200多位高等院校和科研机构的负责人、学者、专家早已等候在这里。他们怀着崇敬的心情从全国各地赶来，给这位桃李满园的教授带来了美好的祝愿。茶话会上，金善宝教授的学生、友人和往日的同事，深情地讲述着金老的一个个奋斗故事。许多科技人员表示，祝贺金老百岁华诞，不仅体现中华民族敬老爱贤的传统美德，更主要的是从他身上学习中国知识分子对祖国忠贞不渝，对真理孜孜以求，对事业呕心沥血，对名利淡泊豁达的高尚情操和可贵的品质。大约11时20分，茶话会临近结束，这位百岁老人敏捷地站起身来致答谢词。他说："党和人民给了我这样高的荣誉，体现了党和人民对我国知识分子深切的关怀和期望。今天，我虽是百岁老人了，但我还想为改革开放、为实现我国小康目标继续努力，和农业科研战线的同志一道，为实现我国的农业现代化共同奋斗。我希望成为一个跨双世纪的人，看到中国富强的美好的明天。"接着，他接过一把刀，有力地切开了面前的一个三层长寿大蛋糕。人们簇拥上来，分享着他的光荣。（王建农、尹传红：《满堂金辉贺期颐》，《科技日报》1994年7月4日第1版）

7月18—25日，《中国科学报》报道其事迹。

资料一（报道）　7月2日，中国农业科学院主楼6层会议室里，鲜花簇拥、掌声阵阵、喜气洋洋。来自不同学科的20多位中国科学院院士、200多位科研机构和高等院校的负责人、学者、专家欢聚一堂，为一位满头银发、精神矍铄的老人庆祝第一百个生日，这位百岁科技界寿星就是我国小麦科学的奠基人、中国科学院院士金善宝教授。人们纷纷将最美好的祝愿和最崇高的敬意献给金老。主席台的正中，摆放着中共中央总书记、国家主席江泽民赠送的祝寿花篮和国务院总理李鹏的祝寿词："为农业科技教育事业呕心沥血，功勋卓著，堪称学习楷模。"全国政协主席李瑞环、国务委员陈俊生等同志赠送的花篮，中共中央书记处书记温家宝、国务委员兼国家科委主任宋健、全国人大常委会副委员长吴阶平、全国政协副主席朱光亚、中国科学院院长周光召以及九三学社名誉主席严济慈等同志的题词，摆放或悬挂在会议室四周。金善宝教授的同事和学生回忆了金老的奋斗历程：早在三十年代，金老就不顾兵荒马乱、交通困难，首次对我国790多个县进行小麦资源的调查工作，他的《实用小麦论》一书成为我国小麦史上第一部专著；《中国小麦品种及其系谱》一书，填补了我国在品种系谱分析研究方面的空白，并获得1984年全国优秀科技图书一等奖和农业部科技进步一等奖；1957年，金善宝教授被苏联农业科学院授予通讯院士称号；1986年被美国农业服务基金会授予荣誉会员；1991年，被聘为俄罗斯农业科学院外籍院士。与会的人们表示：祝贺金老百岁华诞，不仅体现中华民族敬老爱贤的传统美德，更主要的是从金老身上，学习中国知识分子对祖国忠贞不渝，对真理孜孜以求，对事业呕心沥血，淡泊名利和豁达的高尚情操及可贵品质。中国科学院院长周光召在祝贺金老百岁生日时说，他迫切希望能让更多的年轻人了解金老及老一辈科学家一生的奋斗事迹、思想品德，继承发扬他们为科学事业的献身精神和为国家作出重大贡献而为人又如此严谨、谦虚的高尚品德。只有把这种精神学过来，传下去，中国的科学事业才有希望。周光召院长还代表中国科学院祝贺金老，焕发青春，健康长寿，为农业科学事业再作贡献。望着一张张欢乐的笑脸，听着一声声虔诚的祝愿，金老忍不住激动地说："今天，我虽是百岁老人了，但人老不服老，我将继续和农业科研战线上的同志一道，为实现我国农业现代化的目标共同奋斗。"话音未落，会场便响起热烈而长久的掌声。（王亚芬：《真诚的祝福 深深的敬意》，《中国科学报》1994年7月18日第4版）

资料二（报道） 没想到百岁老人亲自为我开了门。白头发、白眉毛、白胡子，身板硬朗，双眼发亮，声音洪亮。金善宝老人一边笑着一边对我说："我没有特殊的养生之道，一生保持乐观、不生气。"生性乐观，心胸宽阔，不计较个人恩怨，把自己的全部精力贡献给了中国的小麦育种事业，这可以说是对金老漫长人生道路的最好概括。1895年7月2日，金善宝出生在浙江省诸暨市枫桥镇石峡口村。1920年他以优异成绩从南京高等师范农业专修科毕业，留校任试验场技术员。当时中国尚未开展小麦育种工作，金善宝白手起家，一头扎进试验场。6年过去后，中国第一批优良小麦品种"姜堰黄皮”“武进无芒”诞生了，金善宝由此开创了中国的小麦育种事业。从此，金善宝的一生和小麦结下了不解之缘。在学术研究方面，他和他的同事们研究撰写了百余部小麦论著及其他文章，其中 1934 年出版的《实用小麦论》一书，是中国小麦史上的第一部专著，被当时乃至后来的全国高校作为教材。1983 年，金老积一生心血主编完成了《中国小麦品种及其系谱》一书，填补了中国在品种系谱分析研究方面的空白，获得 1984 年全国优秀科技图书一等奖和农业部科技进步一等奖。金善宝对小麦的贡献是多方面的，早在三十年代，他就不顾兵荒马乱、交通困难、经济拮据，先后对中国 790 多个县进行小麦资源的调查工作，这是中国第一次最广泛的小麦种质资源收集工作。在实践中，他亲自选育的南大 2419 号小麦品种，具有穗大、粒多、抗条锈病和吸浆虫的优点，一般亩产可达 250～500 公斤，增产幅度 30%左右，在中国 20 个省(市、区)推广应用，推广面积最高年份达 7 000 万亩；由他主持研究、培育成功的京红号、中字号春小麦品种，已在中国春麦区和黄淮海冬麦区种植，填补了中国春小麦育种的空白。金善宝教授从事农业教育 27 年，还培养出一支献身中国育种事业的队伍。金教授从零起步，获得了一个又一个重大突破，对“中国小麦科学的奠基人”这一评价，他实在是当之无愧的。现在，金教授担任着九三学社中央名誉主席、中国农科院名誉院长等职务，是中国年龄最大的中科院院士。他还在 1986 年获得美国农业服务基金会永久荣誉会员金牌。金老现在的爱好是散步、下棋，他每天步行上下楼梯，到农科院的离退休人员俱乐部去下棋。“我下棋总赢呢！”金老得意地对我说。(林菲：《中国小麦科学的奠基人——访百岁老人、中科院院士金善宝》，《中国科学报(海外版)》1994 年 7 月 25 日第 6 版)

7 月，为《农业科学叙词表》题词。

资料(其他) 金善宝手迹。(见图 563)

8 月，各报刊继续报道其百岁寿庆。

资料一(报道) 7 月 2 日，是社中央名誉主席、中国农业科学院名誉院长、中国科学院院士金善宝教授的百岁华诞。江泽民、李瑞环同志派人给

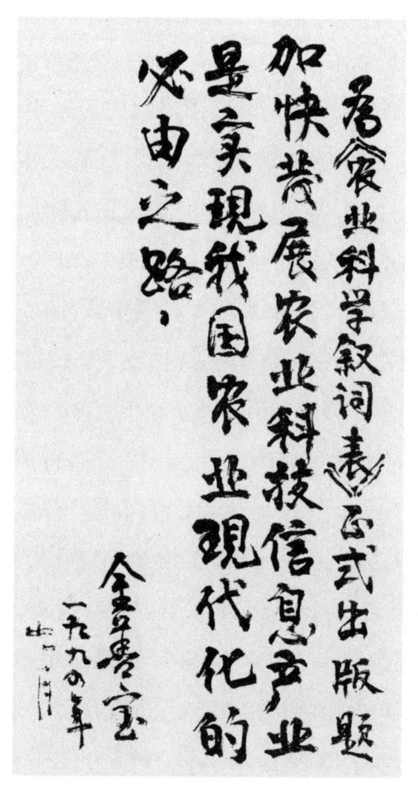

图 563

金老送来了花篮，李鹏和我社中央参议委员会副主任启功等同志为金老题写了贺词。李鹏的贺词是：“为农业科技教育事业呕心沥血，功勋卓著，堪称学习楷模。”宋健、钱学森等同志寄来了贺信，大家怀着十分崇敬而高兴的心情向金老祝贺。中国农科院院长王连铮以崇敬的心情在会上介绍了金老的学术思想和成就。……金老是中科院最年长的院士，我国著名的农业教育家、农学家，我国小麦科学研究工作的开拓者和奠基人之一。从1920年开始从事农业科技工作和教育工作，迄今已辛勤工作了70多个春秋，在小麦科学研究和教书育人、著书立说等方面都作出了巨大贡献，被誉为“东方神农”。在茶话会上，金老以洪亮的声音致了答谢词。他说：“我虽是百岁老人了，但人老心不老，我还想为改革开放，为实现我国的小康，继续努力，和农业科研战线上的同仁一道，为我国农业现代化而共同奋斗。”

他希望自己能看到中国富强的明天。茶话会由九三学社、中国科协、中国科学院和中国农业科学院联合举办。会后金老把自己的文集赠送给与会同志。(《金善宝百岁华诞茶话会在京举行》,《九三中央社讯》,1994 年 8 月,第 3 页)

资料二(报道) 在中国农业科学院里,谁都知道,百岁的金善宝教授爱下象棋,每天都要在棋室里泡上几个小时;金老棋风甚好,更为大家公认,旁人即使越俎代庖动起棋子儿,支了错招,金老也一笑置之,毫不生气。今年 7 月下旬的一日,记者见到了这位我国小麦科学的奠基人,白发白眉白胡,脸上几点并不明显的老人斑,虽逢京城少见的闷热天气,他却自清凉无汗。好一个恬淡的老人,闲适得无聊岁月,我自为我,任之匆匆。金老口齿清晰,话却不多,说起 7 月 2 日,百岁华诞茶话会上,江泽民、李瑞环、陈俊生送来花,李鹏亲笔题词,他也只是简简单单一句:“我很高兴!”金老依旧住着 1958 年来京时的老房子,屋子陈旧,家具也陈旧。一同生活的小女儿一家对他照顾得极为细心,金老自己饮食起居极有规律,早晚一杯牛奶,每顿饭后一个水果。现任中国农科院名誉院长、九三学社中央名誉主席、中国科协荣誉委员的金善宝,是我国著名的农学家、教育家,中科院最年长的院士。他 1895 年 7 月 2 日出生于浙江省诸暨县枫桥镇石峡口村,1917 年考入南京高等师范农业专修科,3 年后毕业留校,任皇城小麦试验场技术员,从此开始了小麦科学研究的漫漫征途。金善宝首先开始了我国小麦史上第一次最广泛的小麦种质资源搜集工作,他和助手们搜集了 790 多个县的小麦资源。1934 年,终于选出了一批优良品种加以推广,并在此基础上撰写了《实用小麦论》,填补了当时我国小麦研究领域的空白。1939 年,金善宝教授从国外引进的 3 000 多份小麦品种中,选育四川盆地、长江中下游地区种植的两个优良品种,五十年代在我国推广,最高年份达 7 000 万亩,直到 1983 年,长江流域麦区的种植仍达百万亩,成为我国小麦育种史上的里程碑。1949 年,金教授组成中国小麦分类研究组,又开始了一次更广泛的小麦种质资源搜集工作,从全国 2 000 多个县搜集种质资源 5 544 份。几年后,终于完成了我国小麦的分类研究,并发现了特有的小麦品种云南小麦。同时,他最早倡导小麦育种北育南繁、异地加代,一年种植两代或三代,缩短了育种年限,加快了育种过程。

“云山苍苍，江水泱泱，先生之风，山高水长。”金老学生，南京农业大学教授、博士生导师吴兆苏常常这样形容他。作为一个从教几十年的农业教育家，金老以其博大精深、谦虚谨慎、宽厚仁慈为我国培养了一大批科技英才。至今他对学生仍有特殊的感情，客厅里悬着的两幅画就是河北农大学生送的和北京105中学一学生为他画的。金老常说：“人不要生气，气一气，老一老。”其实，他曾经生过一次很大的气，甚至是愤怒了。那是三十年代初留美期间，在一次学校聚餐会上，一位美国学生公然当着他喊道：“密斯特金，把这些剩饭拿去给中国人吃吧！中国人正饿着肚皮呢！”他当即予以有力的回击：“中国离这太远了，还是请先生拿到芝加哥公园吧！那里失业的人有的是，他们正需要这些。”交谈了许多，金老精神仍很好，我还是不敢相信面对的是一个从甲午战争那年走来，已走了一个世纪的世纪老人。他安详地坐着，偶尔凌空虚划几笔，似乎思考某字的笔画走势。金老的外孙王瓴说，他经常写写字，兴之所至一阵挥毫泼墨。已是9点，也许已有棋友候于活动室了，金老揣上放大镜，拄起拐杖下楼了。步履稳健，毫无拖泥带水。昨夜下了雨，一地坑坑洼洼的水，他总能轻跃而过，拐杖如同虚设，原来那是家人力劝之下为防万一才拄上的。路上，王瓴与我说起了一个有关养生方面的笑话，语音未落，金老笑声已起，好听力！金老身体好，脑子更好，思维敏捷。他现除为学生点评论文外，还正主编计划年底出版的《中国小麦学》一书。菩提明镜，本无一物，何染尘埃，金老一生惊世骇俗却又超凡脱俗。于己，他从未刻意过什么，养生亦如此，散步、下棋……只是本性如此随意罢了。再要细究，金老便哈哈一乐：“无他，无他，不生气而已。”（蓝青：《金善宝：我不生气》，《中华老年报》1994年8月8日第1版）

资料三（报道） 报道概括地论述了金善宝教授的一生，以“中国小麦科学的奠基人”为主题，讲道：他献身小麦、从理论和实践上奠定我国小麦育种科学的基础，开拓了我国小麦品种资源研究，开创了我国春小麦育种的新局面，倡导小麦育种南繁北育、异地加代、缩短育种年限、加速新品种的选育和推广，著书立说、为丰富我国小麦科学理论呕心沥血，论述了金善宝教授对小麦科学事业的贡献，以及他不媚不卑、拳拳报国心、兢兢业业、老骥伏枥的精神。（王连铮：《金善宝教授——跨世纪的农学家、教育家》，《现代化》1994

年第8期,第3—5页)

资料四(报道) 1994年7月2日上午,严济慈等十几位科技界元老,周光召、朱光亚等五十余位中科院、工程院院士,近200位农学界的知名学者,以及金老的学生弟子,专程来到地处北京魏公村的中国农科院,向著名农学家、中国小麦奠基人金善宝教授祝贺贺百岁大寿。会议厅正面,摆放着江泽民、李瑞环等领导人送的花篮和祝贺寿词,会场周围也摆放着贺词和贺礼,充满了对世纪老人的爱戴之情……(陈盛昌:《世纪老人 科学巨擘——金善宝教授百岁华诞茶话会记盛》,《现代化》1994年第8期,第6页)

8月20日,为调整农科院领导班子,致信领导。

资料(信件) 李鹏总理:您好!首先感谢您在我百岁生日时,给我写的亲笔题字和良好祝愿,这不仅是对我、对全体农业科技人员都是一个莫大鼓舞。不久前人事部与农业部派人来农科院征求调整院领导班子的意见,从农科学院的工作出发,我有一点想法特向总理汇报。中国农业科学院是一个有30多个研究所的国家级农业科研机构,专业面广,学科众多,拥有一支庞大的科研队伍,作为农科院的院长,从到任后熟悉情况,到形成改革思路、落实改革的举措是需要一段时间的。为此,我认为,在深入改革的今天,院长一职不宜换得过于频繁。现任院长王连铮同志在专业理论和治学态度上都有相当水平,并有一定领导能力,特别是近几年来对中央的指示能身体力行,对全院的科研改革,已经有了一套较为系统的设想,正在逐步组织实现。如建立了一些在国内外有重大影响的实验室,每年都有四十到五十项科研成果,水稻汕优10号、棉花抗棉铃虫育种以及黄淮平原、武陵山区、南方红黄壤、旱地农业、三江平原的农业综合开发等方面,都取得了可喜的进展。在科技开发上,全院创收已经由1988年的九百多万元,提高到1993年二千五百八十万元。在这种情况下,为了保证农科院的科研改革深入稳定的发展,我建议中央暂时不急于变动院长这一职务。是否让王连铮同志再继续工作一段时间,在这段时间内同时物色培养接班人。以上意见如有错误,请总理批评指正。此致敬礼!(《为调整农科院领导班子问题给领导写的信》,1994年8月20日)

9月18日,与农艺系毕业生在农科院聚会。

资料一(照片) 大家相聚于金善宝家(左起:元生朝、金善宝、胡达家)。(见图564)

图564

资料二(照片) 大家在农科院会议室合影(前中:金善宝)。(见图565)

图565

9月,《诸暨报》《中华英才》相继报道其事迹。

资料一(报道) 在北京中国农业科学院“红楼”内,住着我国农业界德高望重的老一辈科学家——金善宝老人。金老原籍诸暨，得知我们来自家乡，连说欢迎我们去。我们到达金老家，见金老身穿中山装，脚蹬平底布鞋，身体硬朗，两颊虽略显消瘦，但脸色红润。我和市委宣传部的何国荣老师作了自我介绍后，话题就很自然地围绕着“诸暨”展开。金老告诉我们，他是枫桥石峡口村人。那里离枫桥镇有6.5公里远，在枫桥镇小上学时每天得来回跑13公里路。老人仿佛回到了童年的时代，谈了许许多多有趣的往事。听说何老师同他是枫桥母校的校友，我同他是绍兴母校的校友时，金老孩子般天真地笑了。金老至今耳聪目明，思维敏捷，手脚灵便。他每天收看中央电视台的新闻联播节目，《诸暨报》每期必读，还提出一些中肯的意见。偶尔，也给一些老朋友写写信。“金老身体这样健康，平时都做些什么运动呢?”都说“岁月不饶人”，可以金老身上却不灵验啦，我们不免有些疑问。“早上7点左右起床，吃了早饭后独自下楼去院内遛弯儿……”“‘独自’?”我那极易大惊小怪的老毛病又犯啦。金老宽厚地一笑，倒是他的外孙说上了：“穿衣服、鞋袜、擦身这些活儿平时都是外公自己干的，吃点苹果、梨什么的，他也自己削皮。”为了防止再次失态，趁着何国荣老师与他们谈话之际，我溜到金老的书柜前，里边大多是关于农业科技方面的书。书柜中有一册《金善宝文选》。征求金老同意后，我捧在手里翻读。金老这时已走到我身旁，看着我爱不释手的样子，慈祥地笑着送给我一本。我欣喜若狂，请求金老题词，他欣然写上“王丹同志惠存”，并应我们的要求为《诸暨报》写了……祝贺词。今年的7月2日金老度过了他的百岁生日，李鹏总理和温家宝同志等国家领导人亲笔题词祝贺金老百岁华诞。我市有关领导也送了贺礼。时间真快，金老已为我们打破遛弯儿、下象棋的惯例。我们不忍心再打扰下去。金老不善言辞，只是紧紧地握住我们的手不放，长久，才说了句：“有机会我还想去家乡看看!”我们下至下半层楼，回头一看，金老还扶着门框，向我们缓缓挥手，在这一瞬，一股暖流充溢了我的胸膛……(王丹：《到金善宝老人家做客》，《诸暨报》1994年9月16日第4版)

资料二(报道)　1994年7月2日，中国农科院礼堂，来自全国科技界、教育界和农业界的300余名知名人士，同怀喜悦与敬仰，敬贺被国际上被称为中国“农业泰斗”的金善宝教授百岁华诞。主席台上，摆放着江泽民总书记和李瑞环主席送来的花篮,花篮旁,悬挂着李鹏总理的题词和其他中央领导同志的题词。李鹏总理的题词这样写道:"为农业科技教育事业呕心沥血,功勋卓著,堪称学习楷模。热烈祝贺金善宝教授百岁华诞。"全国人大常委会副委员会吴阶平、全国政协副主席朱光亚及严济慈等领导人光临祝寿会场,在热烈的掌声和欢呼声中,百岁寿星金善宝神采奕奕地来到了人们中间。他的衣着依然是那样朴素,他的笑声依然是那样爽朗。天真烂漫的少年儿童跑过去,向金爷爷献上了一束束鲜花;他的同事,学生们拥过去向金老齐声祝寿。在热烈的掌声中,百岁老人致答谢词,他说:"我从小生长在农村,从小立志兴农报国。新中国成立后,中国人民基本上解决了温饱问题,我个人为之奋斗的理想,在中国共产党的领导下终于实现了。今天,我虽是百岁老人了,但人老不服老,我将继续和农业科研战线上的同志一道,为实现我国农业现代化的目标共同奋斗。我希望能成为一个跨世纪的人,看到中国富强和美好的明天。"全场为百岁老人的抱负热烈喝彩。是啊,了解中国科技的人,悉心关注中国农业发展的人,有谁不知这位中国"农业泰斗"呢?为了祖国的农业,他已经进行了一个世纪的拼搏。

功名盖世　著述等身

金善宝是我国用现代科学方法培育小麦良种的开创者之一。早在1934年,他就出版了《中国小麦品种志》一书,成为中国农业史上第一部小麦研究专著。1945年,毛泽东在重庆接见了这位当时在中国农业上成就不凡的年轻科学家。在以后的半个多世纪中……金善宝以一位科学工作者的民族责任心,以他对小麦科研事业的热爱,不畏艰难、挫折、坚忍不拔、勇往直前。半个多世纪,他和他的助手们撰写的小麦论著及各种课题研究成果的文章,见诸报刊的就达百余篇。1964年由他主编的《中国小麦栽培学》,成为我国又一部农业科学的经典著作,1983年,88岁高龄的金善宝又和同事们完成了一部长达60余万字的小麦新著《中国小麦品种及其系谱》,这部书系统、全面地总结了中国小麦品种半个世纪,特别是近30多年来的演变历史,以及利用国内外品种资源和选配亲本方面的基本经验,填补了我国在品种系谱分析研究方面的空白,对进一步提高小麦育种科学水平,促进育种学发展等都具有重要意义。而且这本书与国外有关论著相比较,颇具中国特色,受到国际农学界同行们的高度重视。

领袖关怀　情深意重

金善宝至今还清晰地记得，1945 年 8 月，毛泽东为促成国共合作，亲自飞赴环境异常险恶的重庆，与蒋介石谈判。期间，毛泽东几次抽出时间会见重庆的各界群众代表和社会进步人士。金善宝也在邀请之列，毛泽东请他和另外几位知名教授到嘉陵江边的张治中公寓中亲切畅谈。毛泽东请金善宝发言："后面那位白发老先生有什么意见?"49 岁的金善宝把名片递上，满怀激情地对毛泽东说："今天，我们都很高兴，从历史看，人民总是要革命的，而革命又总是要流血的，不流血的革命是不会长久的。毛先生是吃惯了小米的人，到这里来吃大米是不习惯的。毛先生还是早点回延安好。"金善宝既钦佩毛泽东为人民的解放事业鞠躬尽瘁、赴汤蹈火的气概，也为他身处险境而担忧。他以这样的表达方式，请求毛泽东早日离渝。毛泽东朝他点头，他理解他。

无论是在国民党统治时期的重庆，还是解放以后的南京和北京，金善宝曾多次受到党和国家领导人的关怀，尤其是得到周恩来的关怀和帮助。可以说在他的一生中，周恩来对他的帮助最大，影响最深。1976 年 1 月 8 日，正当金善宝和助手们奔赴云南省元谋县冬繁基地的路上，广播中传来了周恩来总理逝世的噩耗。一路上，金善宝沉默了，他一言未发。到达元谋后，助手们请他去观看周总理遗体告别的电视节目，他目不忍睹，老泪纵横，恸哭着说："总理是活活地被累死的呀!"

1976 年 4 月 4 日的北京上空已是乌云密布，为了寄托心头的哀思，从元谋回到北京不久的金善宝只身来到天安门广场，与千万人民一道，用精心制作的小花寄托他对总理的深切怀念。

"四五"之后，所有去过天安门、写诗、抄诗的人都受到追查。……"现在有人造周总理的谣，妄图把总理的光辉形象从中国人民和世界人民心中抹掉，太卑鄙了……谁反对周总理谁就没有好下场!"在那股喧嚣的一时的逆流中，金善宝这种鲜明的态度无疑是对"四人帮"的坚决反抗。农科院的人们看到老院长在"乌云压城城欲摧"的情况下如此不屈不挠，他们在精神上得到了鼓舞和激励，而金善宝却承受着巨大的政治压力和风险。

胸襟坦荡　德行皆碑

金善宝作为一名杰出的科学家,对中国农业的贡献是令人瞩目的。自从 1957 年成立中国农业科学院,他在院领导的岗位上辛勤耕耘了 30 多年。国家需要他,但他还是主动向中央提出走下领导岗位的请求。在某种程度上,他可称为打破领导干部终身制的楷模,然而最直接的原因是他对后辈人,对年轻人的热爱。

凡是到过金善宝家的人,都会惊奇发现,这里的一切陈设与他在科技界德高望重的地位相比,大不相称。寓所内的有效使用面积不足 50 平方米,而金善宝一家自 1958 年从南京搬进北京后,已经在这里居住了 35 个年头,他的住房居然没有动过。据悉,当年进北京不久,农科院领导三番五次告诉金老,院里把他家对面那套房子配给他使用,甚至党委书记亲自来做他的思想工作,可他一直重复着那句话:“只要住得下就行了。”

对于今天中国人的居住状况而言,金善宝的言行着实令人费解。其实,早在金善宝调进北京以前,他对房子就看得很轻。那时候,金善宝不仅是南京农学院院长,还任南京市副市长。南京市政府为了照顾金善宝的生活和工作,先后两次调整。最后按标准安排他住在赤壁路一座带花园的三层小楼,并配备了专职司机、警卫和保姆。他却始终认为自己无功受禄,住在那里心里很不踏实。

心宽年少　情系两岸

过去,一提起去农科院,先要说去西郊,如今,人们换了一种说法,“去中关村”。北京西郊变成了熙熙攘攘的科学城。不过农科院那所大院子在中关村的街上是藏而不露,掩映在郁郁葱葱之中。每天上午,在大院的花园里,人们都能见到一位老人在这里散步。孩子们走过他的身边,父母让他们对着老人称呼:老爷爷好!而年长一点的大孩子也是大声称呼老人“金爷爷”。因为他们知道,这位老爷爷是大科学家,就连他们的爷爷、奶奶也是十分尊敬他的。不过,任凭别人怎么说,他们还是难以想象这位不用人扶、不拄拐杖,被大院里上上下下尊称为“老院长”的老人真的快有一百岁了。

照例,老院长散完步又走向老干部活动中心,那里有他的棋友和楚河汉界。

下午午睡过后,金善宝照例下楼散步,有时女儿要扶他出去,他总是执意不肯。待到女儿跟了出来,他却老琢磨着“甩掉她”。更多的时候,他干脆趁家人不注意,自己悄悄遛出去,待女儿发现又好气又好笑,对家里的这位“倔老爷子”只是无奈。

老人的生活很有规律。下午遛弯儿回来,便坐下来看报读书,有时接待来访,也经常受托为人题字。老人读书时是满惬意的,他说自己从小就喜欢读史,尤爱读历史剧,老来得闲,能有充分的时候阅读这些年轻时没读够的书。除史书外,《清人绝句》《唐诗三百首》等诗集也常备老人的案头。不过,金老念念不忘的还是他自己的那些有关小麦专著,他尤其是关心小麦以及有关农业科技发展的最新动态。

除了新闻联播之外,金老一般不看别的电视节目。始终坚持早睡早起的习惯。在起居上,老人严守规律,自立性很强。可也有让人不放心的时候,今年有一天,老人起夜时不小心摔倒了,惊动了家人,将他送入医院。虽然没摔坏筋骨,可医院里还是让他住院休息几天,而他自己却说没事,第二天晚上非闹着回家,弄得医生、家人好“哄”了一阵才罢。数日之后,老人又安然无恙地出现在农科院的花园里。

大院里的人见到老人又来到了他们中间,心里踏实了许多。可是谁知有一次,老人在花园里遇到了一件不开心的事,直到回家也想不通。那是三年前,老人在花园里散步,迎面碰上一位院里的女同事过来打招呼:“金老,你身体真好。”老人告诉她已经97岁了,那位女同事说,真好,您一定能活到100岁。这下可把老人惹了,半天闷闷不乐,回到家里问女儿,“我怎么只能活到100岁呢?”打那以后,逢人再问金老的年龄,老人一律答之:“九十七。”

他真的希望自己永远97岁,因为他要看到中国农业更快发展,成为农业科技大国。因为他要看到海峡两岸早日统一,盼望他在两岸的同事们、弟子们携起手来,为中国早日成为科技大国并肩而行。

已经穿越了世纪风云,经历过人世沧桑的金善宝老人,他曾这样说:“人生的价值不在于长生不老,而在于顺乎自然和社会的发展。”这是一位百岁老人用毕生悟出的箴言。(孟为民:《农业泰斗金善宝》,《中华英才》1994年第16期,第47—49页)

资料三(照片) 金善宝像(孟为民摄)。(见图566)

图 566

10 月 19—20 日,参加南京农业大学八十周年校庆,并致贺词。

资料一(传记) 1994 年 10 月,刚过完百岁华诞的金老,接到了南京农业大学庆祝 80 周年校庆的请柬,十分高兴。对金老这次外出,中国农业科学院的领导十分重视,除了金老的秘书胡海涛陪同随行之外,还派了卫生所王秀璋大夫和金老的女儿一同前往。飞机到达南京机场,南京农大党委书记费旭、金老早年的学生沈丽娟教授等人前来迎接,双方见面,热情握手问候,并给金老献上鲜花。在车上,费书记告诉金老,这次校庆活动,校庆筹备组分两处接待贵宾,一处是校外的宾馆,另一处是学校的招待所,筹备组将金老安排在校外宾馆。金老一听,马上说:“到南农来,就是来看南农的!住在宾馆干什么?”费书记解释说,学校招待所的条件不太好。金老说:“我自己家里也没有什么好条件!只要和大家联系方便就行了!”于是,汽车直往南京农业大学开去。吃过午餐,稍事休息后,果然,老朋友们就陆续来了,他们大都是金老四十年代的学生。第一个来的是沈丽娟、朱立宏夫妇,沈丽娟毕业后曾经给金老当过助教,是金老的入党介绍人,也是研究小麦的,工作上和金老有过多次合作,朱立宏已是全国有名的水稻专家了,50 多年来师生双方一直保持着密切的联系;接着来的是王业遴、曹寿椿夫妇,王业遴是果树专家,他的夫人曹寿椿是园艺专家,最近因参加建设南京市“菜篮子工程”,成绩突出,荣获“南京市科技功臣”称号,并获 10 万元大奖;此外还有潘家驹、沈守愚等人，潘家驹是棉花专家，沈守愚是研究法律的，著有多本著作。谈起四十年代在校学习的往事，大家还记忆犹新。潘家驹说："我原来是学医的，因为得了肺病，才转到农艺系来，到农艺系以后，经常到试验地里去操作，呼吸大自然的新鲜空气，我的身体慢慢好了起来，要不是学农，恐怕早就不行了，所以我一直很庆幸选择了农科专业。"金老的女儿在旁插话说："我发现学农的人没有一个发胖的，年纪大了走起路来，还像年轻人一样灵活、矫健，这大概是大自然的恩赐吧！"说得大家都笑了，金老也高兴地说："学农好！学农好！学农让我们健康长寿。"（金作怡：《金善宝》，第 245—246 页）

资料二（照片） 校党委书记费旭、前任校长刘大钧、法学专家沈守愚来招待所看望金老（左起：费旭、沈守愚、金老、刘大钧）。（见图 567）

图 567

资料三（传记） 20 日上午，南京农业大学操场上，举行了八十周年校庆庆祝大会。在大会休息厅里……还有从台北来的校友虞兆中教授等人。大会开始，金老被引到主席台中央坐下。只见台上鲜花满座，台下红旗飘扬，执行主席宣布庆祝大会开始，乐队奏起南京农业大学校歌，伴随着优美的旋律，五彩缤纷的焰火在空中绽放，鼓号、鞭炮齐响，2 000 只气球随风飘起，2 000 只白鸽展翅飞翔，整个会场变成一个欢乐激动的海洋。（金作怡：《金善宝》，第 246 页）

资料四(照片) 与虞兆中(右)合影。(见图 568)

图 568

资料五(照片) 校庆大会会场照。(见图 569)

图 569

资料六(传记) 盖钧镒校长首先致辞,他代表南京农业大学全体师生员工,热烈欢迎来自海内外、全国各地的校友来校参加80周年校庆,热烈欢迎农业部、江苏省的领导在百忙中莅临指导。他还特别提出,热烈欢迎南农的首任院长、百岁老人金善宝老先生不远千里赶来参加这次校庆盛典。在讲话中,他简短地介绍了南农的历史、南农现有的发展规模、取得的主要成果之后,表示一定要把南农办成世界第一流的农业大学,为早日进入国家211工程而奋斗。接着是农业部代表、江苏省、南京市领导以及来自海内外的来宾、校友代表讲话,一致祝愿南京农业大学办成第一流的农业大学,为中国农业的腾飞作出更大贡献。江苏省政协主席孙颔在会上宣布,为了奖励优秀学子,培养跨世纪人才,在南京农业大学成立"金善宝农业教育基金会"的决定,博得了全场热烈的掌声。(金作怡:《金善宝》,第246—247页)

资料七(照片) 与郑斯林交谈。(见图570)

图570

资料八(手稿) 在南京农业大学八十周年校庆大会上的讲话稿。(见图571-1至图571-8)

资料九(照片) 江苏省政协主席孙颔(左)在校庆大会上宣布,在南京农业大学设立"金善宝农业教育奖学金",奖励优秀学子。(见图572)

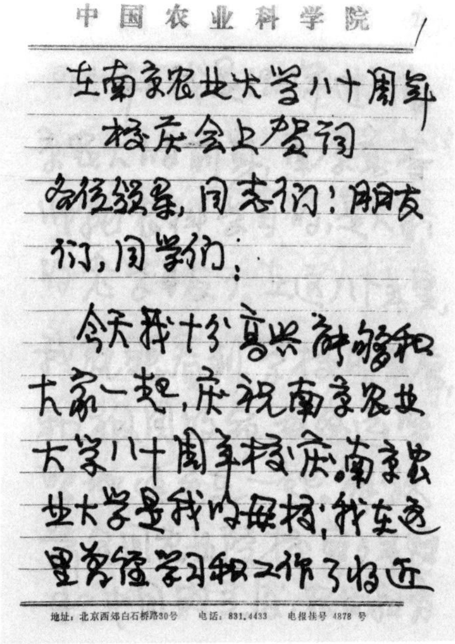

在南京农业大学八十周年
校庆会上贺词

各位领导，同志们！朋友们，同学们：

今天我十分高兴能够和大家一起，庆祝南京农业大学八十周年校庆。南京农业大学是我的母校；我在这里曾经学习和工作了将近

图 571－1

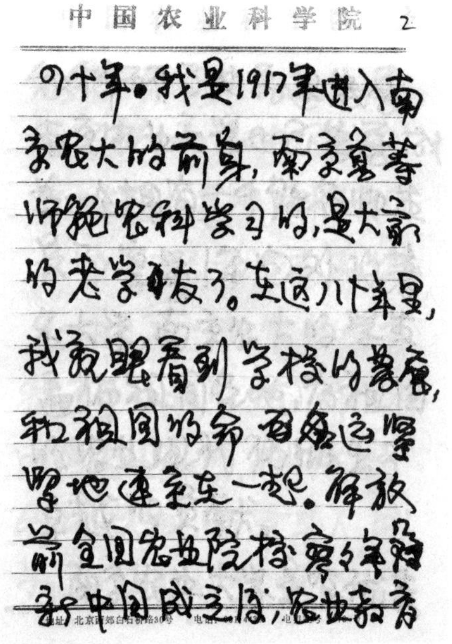

四十年。我是1917年进入南京农大的前身，南京高等师范农科学习的，是大家的老学长了。在这八十年里，我亲眼看到学校的发展，和祖国的命运紧紧地连在一起。解放前全国农业院校寥寥无几，新中国成立后，农业教育

图 571－2

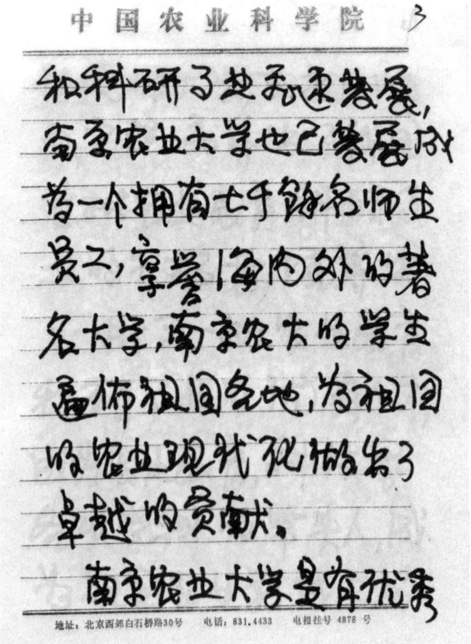

和科研事业迅速发展，南京农业大学也已发展成为一个拥有七千余名师生员工，享誉海内外的著名大学，南京农大的学生遍布祖国各地，为祖国的农业现代化做出了卓越的贡献。

南京农业大学是有优秀

图 571－3

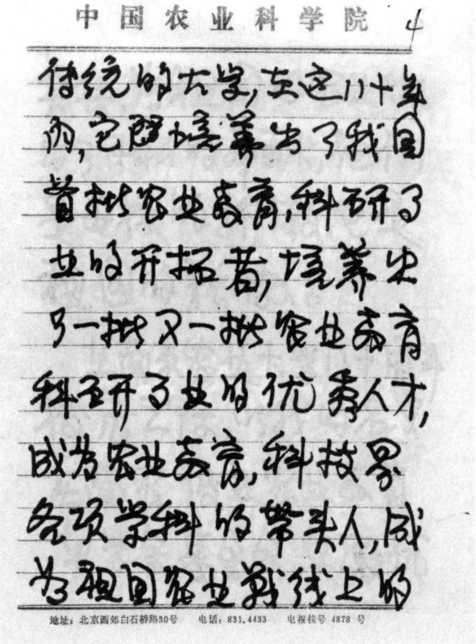

传统的大学，在这八十年内，它既培养出了我国首批农业教育、科研事业的开拓者，培养出一批又一批农业教育科研事业的优秀人才，成为农业教育、科技界各项学科的带头人，成为祖国农业战线上的

图 571－4

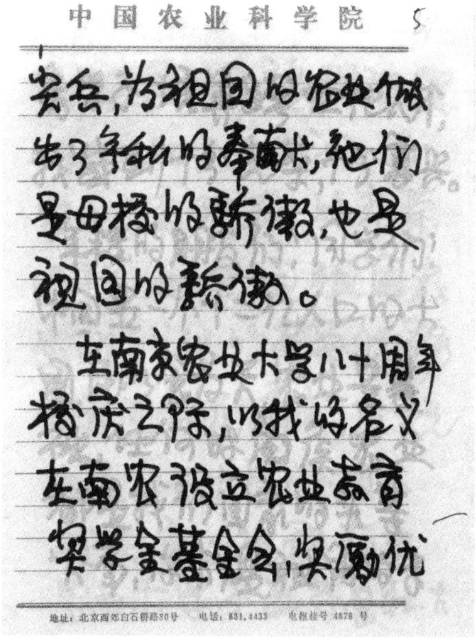

中国农业科学院 5

实岳，为祖国的农业做出了无私的奉献，他们是母校的骄傲，也是祖国的骄傲。

在南京农业大学八十周年校庆之际，以我的名义在南农设立农业教育奖学金基金会，奖励优

地址：北京西郊白石桥路30号 电话：831.4433 电报挂号 4878 号

图 571－5

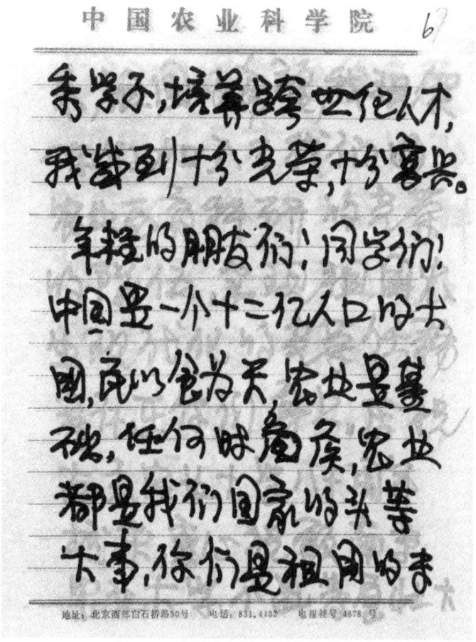

中国农业科学院 6

秀学子，培养跨世纪人才，我感到十分光荣，十分高兴。

年轻的朋友们，同学们！中国是一个十二亿人口的大国，民以食为天，农业是基础，任何时候，农业都是我们国家的头等大事，你们是祖国的未

地址：北京西郊白石桥路30号 电话：831.4433 电报挂号 4878 号

图 571－6

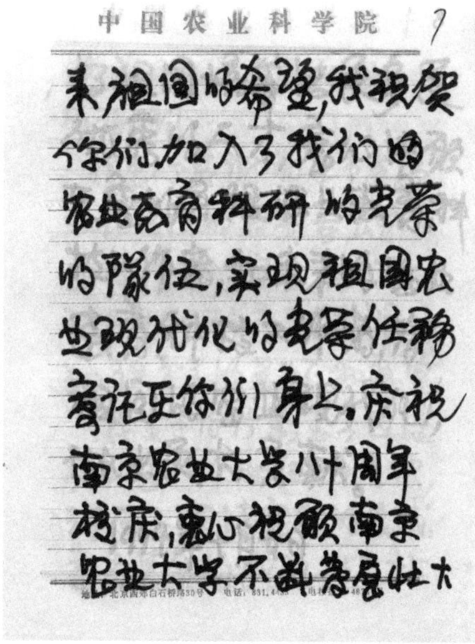

中国农业科学院 7

来祖国的希望，我祝贺你们加入了我们的农业教育科研的光荣的队伍，实现祖国农业现代化的光荣任务寄托在你们身上。庆祝南京农业大学八十周年校庆，衷心祝愿南京农业大学不断发展壮大

地址：北京西郊白石桥路30号 电话：831.4433 电报挂号 4878 号

图 571－7

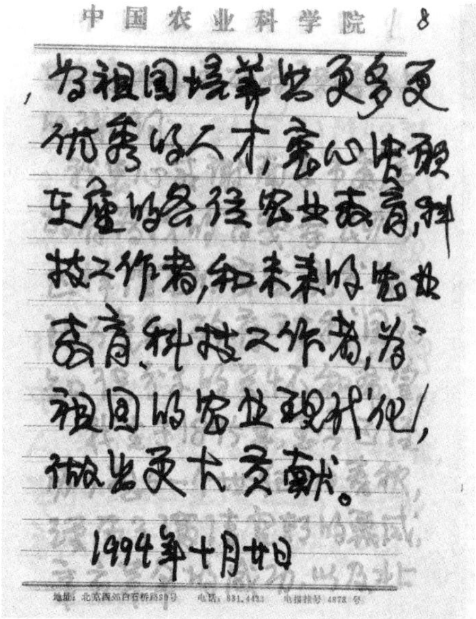

中国农业科学院 8

，为祖国培养出更多更优秀的人才，衷心祝愿在座的各位农业教育、科技工作者，和未来的农业教育科技工作者，为祖国的农业现代化，做出更大贡献。

1994年十月廿日

地址：北京西郊白石桥路30号 电话：831.4433 电报挂号 4878 号

图 571－8

图 572

资料十(其他) 一、总则:1. 中国农业科学院名誉院长、中科院院士、九三学社中央名誉主席金善宝教授是我国德高望重的农业教育家和科学家,他献身农业教育与科技事业已近 80 年,早年曾在浙江大学、中央大学等多所大学任教,是南京农学院的首任院长,后任中国农业科学院院长。金善宝教授为国家培养了大批农业科技人才,为我国麦作学的建立和发展奠定了科学基础,今年恰逢金老百岁华诞,为铭颂他的功绩,为发展我国高等农业教育事业,特在南京农业大学设立金善宝农业教育奖学金。2. 为管理好此项基金,特成立金善宝农业教育奖学金基金会,并制定本章程。二、性质与宗旨:1. 本会是管理金善宝农业教育奖学金基金的民间非营利性组织。2. 基金由国内外机构、人士和校友自愿捐赠,基金所得的利息,用于奖励南京农业大学在校优秀本科生和研究生,以促进我国高等农业教育发展,推动我国的农业现代化建设。(南京农业大学档案室:《金善宝农业教育奖学金基金会章程》)

资料十一(照片) 周慧明(左)、周光荣夫妇为金善宝农业教育奖学金捐款 2.5 万美元。(见图 573)

图 573

10 月 20 日下午,学生们来访。

资料一(传记) 午饭后,原南京农学院农学系五二届、五三届毕业的 12 名学生一起来招待所看望他们的老院长。几十年来,他们奋战在祖国的四面八方,为发展祖国农业献出了自己的青春,现在都是颇有名望的专家学者,师生久别重逢,欢声笑语不断。此时此刻,金老不禁浸沉在深深的幸福之中,世界上还有什么能比一个辛勤耕耘的园丁,看见桃李满园、硕果累累时更加欣慰的呢?他清楚地记得 1959 年去青海考察时,在那里见到了南农的毕业生、自愿来青海工作的陈梦宜、郑葆明、曾光华、曹以勤、戴自谦、苏彬彦 6 位同学,一晃 35 年过去了,他们现在怎样了?作为他们的师长,他相信他们一定能在平凡的岗位上,作出不平凡的贡献!(金作怡:《金善宝》,第 250—251 页)

资料二(照片) 分散在全国各地的 12 名南农毕业生,来看望老院长金善宝(右起:颜若良、计矗、俞世蓉、裘凌沧、何祥泰、胡永霖、金老、谢福祥、周祖澄、马文瑜、骆文达、陶益寿、宁顺庆)。(见图 574)

10 月 21 日上午,接受青年学生代表的采访。

资料一(传记) 21 日上午,应学生会的要求,金老接见了学生会的代表

图 574

(金老,您在校庆大会上说,您是 1917 年进入南京高等师范农科学习的,您当时为什么要选择农科这个专业呢?)

——我从小生长在农村,出身农家子弟,亲身感受到农民世世代代的困苦生活,对农业有深厚的感情,所以一看见南京高等师范农科招生,马上就去报名了,我没有任何其他的选择。

(从 1917 年到现在已经有七十几个年头了,在这七十多年里,您遇到过多少困难？有没有后悔当初的选择?)

——我这一生遇到的困难和挫折已经数不清了,可是有一点可以肯定,不管遇到什么困难,我献身祖国农业的决心从来没有动摇过。

(您经常到试验地里去劳动,到农村去调查,学农这个专业,是不是很苦很累?)

——世界上要做成任何一件事情,都要付出艰苦的劳动,没有苦,哪来的甜？当我们经过几年努力,终于培育出一个新品种,为农业增产作出一点贡献的时候,我们的心里就会有一种说不出来的甜,感到人生过得很充实、很幸福。对于这一点,你们现在可能还没有体会,等你们参加工作之后,就会有体会了。(金老,您是农业界的老前辈了,您能给我们提点希望吗?)

——中国是一个12亿人口的大国,“民以食为天”,任何时候,农业都是我们国家的头等大事。你们能立志务农,献身农业,我感到十分高兴。你们是祖国的未来,实现祖国农业现代化的任务寄托在你们身上,希望你们勤奋学习,努力工作,担负起这个光荣的历史重任。

最后,学生代表要求金老为他们题字留念,金老在他们的笔记本上分别写了“腾飞”二字,希望南京农业大学腾飞,发展成为世界第一流的农业大学,希望青年学生们腾飞,将来成长为跨世纪的专业人才,为发展祖国农业作出新的贡献。(金作怡:《金善宝》,第253—254页)

资料二(照片) 金善宝(中)和南京农大的青年学生合影。(见图575)

图575

10月21日下午,参加南京市政府的欢迎会。

资料一(照片) 南京市政府设晚宴欢迎金善宝。(见图576)

资料二(手稿) 金善宝的谢词。(金善宝:《在南京市委、市政府欢迎会上的致谢辞》,1994年10月21日,见图577-1至图577-6)

资料三(照片) 沈丽娟、胡海涛、金善宝、金孟达(左起)合影。(见图578)

图 576

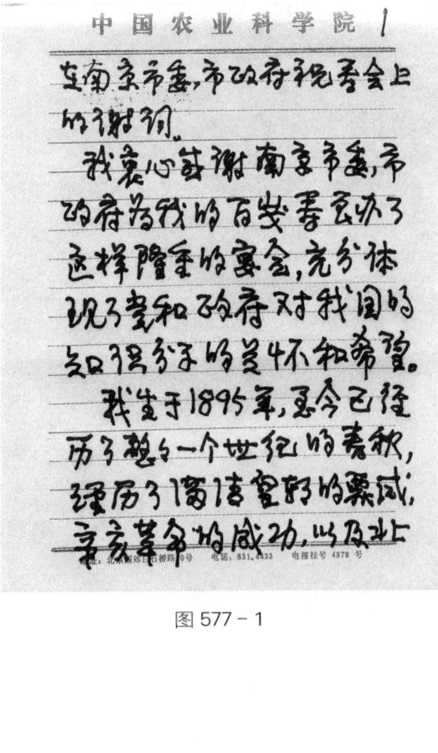

中国农业科学院 1

在南京市委、市政府祝寿会上的谢词。

我衷心感谢南京市委、市政府为我的百岁寿辰办了这样隆重的宴会，充分体现了党和政府对我国的知识分子的关怀和希望。

我生于1895年，至今已经历了整整一个世纪的春秋，经历了满清皇朝的覆灭，辛亥革命的成功，以及北

地址：北京西郊白石桥路30号 电话：831.4433 电报挂号 4878 号

图 577 - 1

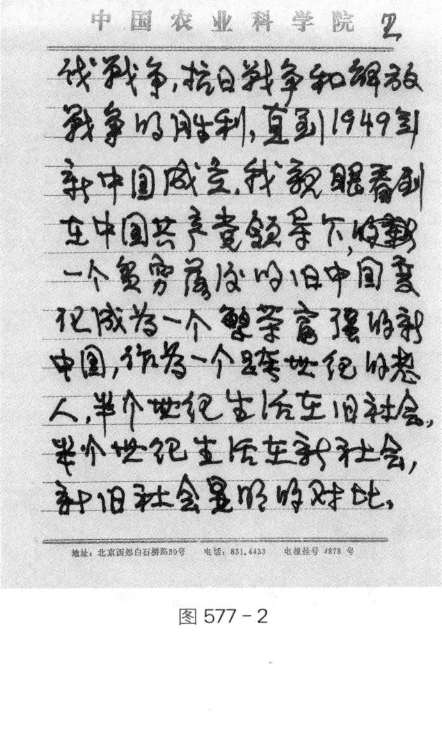

中国农业科学院 2

伐战争、抗日战争和解放战争的胜利，直到1949年新中国成立。我亲眼看到在中国共产党领导下，一个贫穷落后的旧中国变化成为一个繁荣富强的新中国，作为一个跨世纪的老人，半个世纪生活在旧社会，半个世纪生活在新社会，新旧社会是明显的对比。

地址：北京西郊白石桥路30号 电话：831.4433 电报挂号 4878 号

图 577 - 2

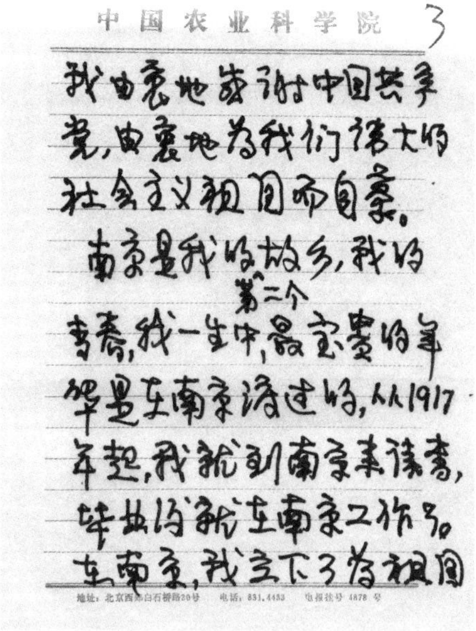

中国农业科学院 3

我由衷地感谢中国共产党，由衷地为我们伟大的社会主义祖国而自豪。

南京是我的故乡，我的第二个青春，我一生中最宝贵的年华是在南京渡过的，从1917年起，我就到南京来读书，毕业后就在南京工作了。在南京，我立下了为祖国

地址：北京西郊白石桥路30号 电话：831.4433 电报挂号 4878 号

图 577－3

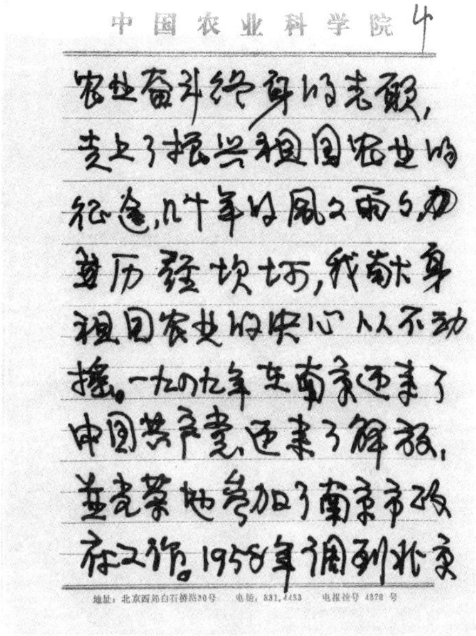

中国农业科学院 4

农业奋斗终身的志愿，走上了振兴祖国农业的征途。几十年的风风雨雨，尽管历经坎坷，我献身祖国农业的决心从不动摇。一九四九年在南京迎来了中国共产党，迎来了解放，并光荣地参加了南京市政府工作。1958年调到北京

地址：北京西郊白石桥路30号 电话：831.4433 电报挂号 4878 号

图 577－4

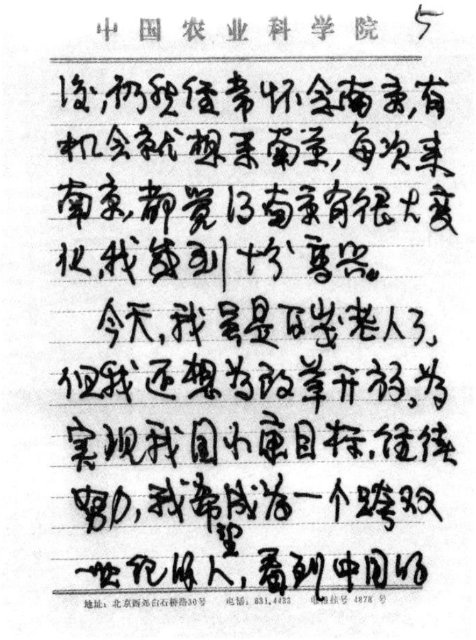

中国农业科学院 5

后，仍然经常怀念南京，有机会就想来南京，每次来南京，都觉得南京有很大变化，我感到十分高兴。

今天，我虽是百岁老人了，但我还想为改革开放，为实现我国小康目标，继续努力，我希望成为一个跨双世纪的人，看到中国的

地址：北京西郊白石桥路30号 电话：831.4433 电报挂号 4878 号

图 577－5

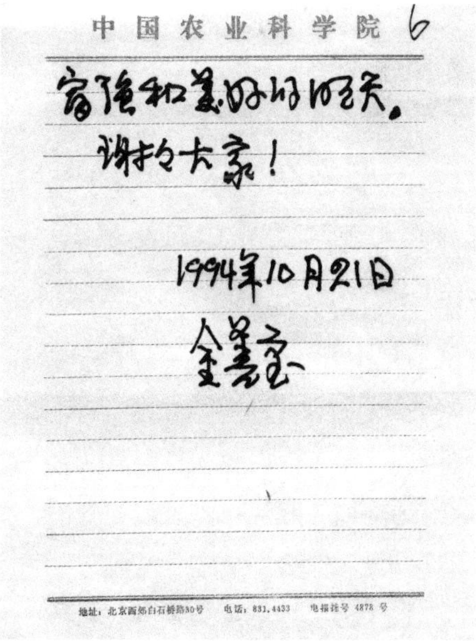

中国农业科学院 6

富强和美好的明天。

谢谢大家！

1994年10月21日

金善宝

地址：北京西郊白石桥路30号 电话：831.4433 电报挂号 4878 号

图 577－6

图 578

10 月 22 日下午，受刘大钧之邀，游夫子庙。

资料一（传记） 在校庆活动间隙期间，南京农业大学前校长刘大钧教授，请金老到南京古迹夫子庙游玩。离别南京 30 多年，虽然金老曾多次来南农，但却从未来过夫子庙，印象中破旧的夫子庙、污臭的秦淮河早已不复存在，展现在眼前的是，一排排重重叠叠的明代建筑，古典的大屋顶，覆盖着白色的墙围，错落有致。当日暮降临，古典建筑群的灯光大放异彩，将它们的倒影，投映在清澈的秦淮河上，衬托出美丽的秦淮河分外妖娆！饱览了夫子庙美丽的夜景之后，刘大钧教授又请金老去明末著名爱国名妓李香君故居吃点心。李香君故居的点心种类之多、品味之香甜，都是绝无仅有的，以致过了好几天之后，还令金老这位百岁老翁回味无穷！（金作怡：《金善宝》，第 256 页）

资料二（照片） 1994 年 10 月 22 日，刘大钧（右）、陈佩度（左）陪金老共游南京夫子庙。（见图 579）

10 月 23 日上午，在盖钧镒校长的陪同下，参观南京农业大学校史展览，并题字。

图 579

资料一(照片)　金善宝(左三)在校庆展览会上与沈丽娟(左二)、盖钧镒(左四)等合影。(见图 580)

图 580

资料二(照片)　在校庆展览会上为南京农业大学题字(左起:盖钧镒、金善宝)。(见图 581)

资料三(手稿)　为南京农业大学题字。(见图 582)

图 581

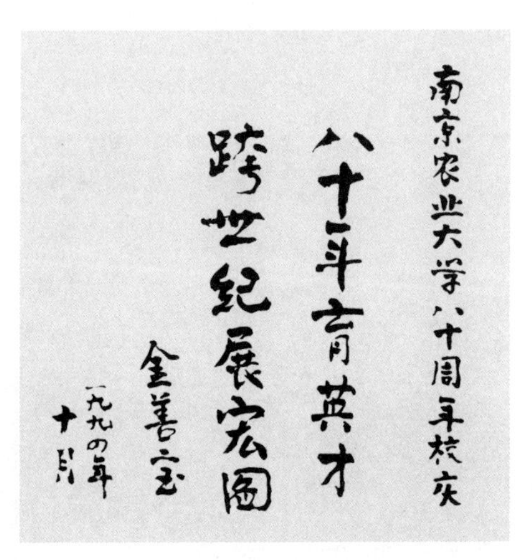

图 582

资料四(传记) 23 日上午,盖校长和金老一起参观了南农的校园和校史展览,他们沿着整齐的林荫小道,穿过宽阔的草坪,遥见秀丽的假山、清澈的湖水旁边坐着三三两两埋头攻读的学子,苍松翠柏丛中耸立着一座座现代化的建筑,教学楼、实验楼、培训楼、图书馆、电化教学楼依次排列……盖校长告诉金老,学校在浦镇点将台设有分部,在江浦县有实验农场,校园占地总面积约有 8 000 余亩，校舍建筑面积约 25 万平方米，在校学生人数5 000余人，教职工 2 700 余人，其中各类专业人才 1 700 余人。设有 8 个学院和研究生院、社会科学部等，共含 21 个系，70 多个本、专科专业方向，18 个博士学科、35 个硕士学科和一个博士后流动站，此外还有 20 个研究所，110 个实验室……形成了既是教育中心又是科研中心的基本格局……在校史科研成果展览会上，金老看到了自改革开放以来，全校共取得了 350 多项科研成果，其中有 200 多项达到了国际、国内先进水平，创造了百亿元以上的经济效益。在开展国际交流方面，学校已经先后与十多个国家的 20 多所大学与科研机构建立了联系，并且与联合国粮农组织、国际水稻所等国际机构保持着良好的合作关系。看完展览，金老又高兴又激动，深深感到，时代在前进，南农在前进，岁月悠悠，征途漫漫，经历了 80 年风雨的南京农业大学，正以崭新的姿态，奔向 21 世纪。（金作怡：《金善宝》，第 253—254 页）

10 月 25—26 日，在中国农业科学院上海生防所、浦东发展规划中心参观访问。

资料一（照片） 金善宝（中）来到中国农业科学院上海生防所参观访问。（见图 583）

图 583

资料二(照片) 在上海浦东了解发展规划。(见图 584)

图 584

10 月 28 日,《中国文化报》刊登其照。

资料(照片) 《中国文化报》的"文化名人"栏目刊登了金善宝的个人照和题词。(见图 585)

实事求是
勇攀高峰
身体力行
振兴农业
金善宝

百岁老人金善宝

农业教育家，小麦育种专家，中科院院士。现任中国农业科学院名誉院长、中国农学会名誉会长。

文化名人

侯艺兵 摄

图 585

11 月，农艺系第 37 届毕业生来访。

资料一(照片)　农艺系第 37 届毕业生探望金善宝(左起：罗景德、黄淑芳、金善宝、程保民、罗素德、金人一)。(见图 586)

图 586

资料二(照片)　与黄淑芳(左)、曾昭抡(右)夫妇于农科院花园合影。(见图 587)

图 587

12 月,主编的《夏播小麦理论与实践》出版。

资料(著作) 本书的内容包括:夏播小麦的含义、研究进展,其生育特征和特性、栽培生理、品种选育途径和在加代上的应用,以及在全国各地区夏播小麦生态研究与应用等。(金善宝主编:《夏播小麦理论与实践》,气象出版社,1994 年)

1995 年 101 岁

1 月,《神州》报道《中国小麦科学的奠基人金善宝》。

资料(报道) 1994 年 7 月 2 日,被誉为"农业泰斗"的我国小麦科学的奠基人,著名农学家和农业教育家金善宝教授步入了人生道路的第 100 个年头。为此,中共中央总书记江泽民、全国政协主席李瑞环送来花篮,国务院总理李鹏题词,祝贺金善宝教授百岁华诞。1895 年 7 月 2 日,金善宝教授出生于浙江诸暨一位普通农民的家庭。他从小目睹广大农民的饥饿与贫困,立志"兴农救国"。中学毕业后,他毅然报考了南京高等师范农业专修科,并于 1930 年赴美国康奈尔大学农学院学习深造,从此走上农业科研、教育之路。金善宝认为,改变中国小麦生产后面貌的关键,是选育适合我国栽培条件的小麦新品种。为此,他从二十年代起,就致力于我国小麦品种资源的搜集和整理工作。他以顽强的毅力,克服种种困难,从全国 790 多个县搜集到一批小麦地方品种。然后通过认真的整理和严格的鉴定,从中选择出江东门、南京赤壳等一批优良品种,在生产上推广应用,起到了增产的作用。后来,他和助手们又经过不懈的努力,采用系统选育方法,从三千多份国外小麦品种中成功地选育出适合我国长江中下游地区栽培的南大 2419 和中大 2509 两个小麦优良品种。这两个品种在全国得到了广泛的推广应用,其中南大 2419 增产幅度达 30%左右,种植面积最大年份达 7 000 万亩,几乎占当时全国小麦种植总面积的五分之一。金善宝教授自 1957 年开始,先后担任中国农科院副院长、院长、名誉院长。他亲自主持中国农科院春小麦的育种工作,先后改造和育成了南大 2419、京红

1～9号等产量高、品质好、抗病害的优良品种。这些品种在不同阶段都进行了大面积推广，是我国春小麦增产增收的主要品种。为了缩短选育优良品种的时间，金善宝教授带领助手们经过艰苦试验，先后在井冈山和庐山获得春小麦高山夏季繁殖的成功。其后，他们经过广泛的实地考察，又在广东湛江、海南省和云南元谋县等地获得春小麦冬季繁殖的成功。这样，利用我国的自然地理条件，春小麦一年即可繁殖两三代，从而使新品种的选育时间由七八年缩短为三四年。金善宝教授是我国小麦分类和品种资源科学研究的奠基人。他组织了中国小麦分类研究组，对全国2 000多个县的5 544份小麦种质资源进行分类研究，把我国小麦分属于普通小麦、密穗小麦、圆锥小麦、硬粒小麦的波兰小麦等5个种126个变种，并在研究中首先发现我国特有小麦新种——云南小麦，对中国和世界小麦的起源、进化以及区域分布提供了重要的科学依据。金善宝教授从事农业教育达27年之久，先后在杭州劳农学院、浙江大学农学院、中央大学农学院、江南大学农艺系、南京大学农学院、南京农学院等院校担任教育、院长等职，为国家培养了大批农业科技人才，可谓桃李满天下。这些人现在我国农业的各个领域担负着重要的科研、教学任务或领导职务，是我国农业战线上的一支中坚力量。金善宝教授在中国农业科学、教育事业上的卓越成就和对祖国、人民所作的杰出贡献使他赢得了广泛的荣誉。他先后担任第一至第六届全国人大代表；九三学社第六、七届中央副主席、第八、九届中央名誉主席；中国科协副主席，荣誉委员；中国作物学会第一、二届理事长；中国农学会第一、二、三届副理事长、名誉会长；中国科学院生物学部委员；国务院学位委员会委员。他曾于1957年被授予全苏列宁农业科学院通讯院士，1986年被授予美国农业基金会永久荣誉会员金牌。（化本：《中国小麦科学的奠基人金善宝》，《神州》1995年第1期，第12—13页）

4月22日，美国明尼苏达大学教授刘君若专程来京采访。

资料一（照片） 刘君若、金善宝在北京合影。（胡海涛摄，见图588）

资料二（手稿） 我生于1895年，原籍浙江诸暨，1932年—1933年初，曾在美国明尼苏大学农学院学习研究小麦育种。回国后先后在浙江大学、中

图 588

央大学、南京大学农学院任教。1958 年调到北京中国农业科学院工作,从事农业教育、农业科学研究工作七十余年。我离开明尼苏达大学也已经六十多年了,至今我还怀念明尼苏达大学。今天刘教授远渡重洋,专程来访,我十分高兴。我虽然在明尼苏达大学学习的时间不长,但时过六十多年之后,明大的校友至今还没有忘记我,使我万分感动。我衷心祝愿明尼苏达大学日新月异,祝贺明尼苏达大学的全体校友事业发达,身体健康。衷心祝愿中美两国科学技术、文化交流,源远流长,不断发展。(《金善宝与美国明尼苏达大学刘君若教授的谈话》,1995 年 4 月 22 日)

资料三(信件) 刘君若给金善宝写的信。(《刘君若给金善宝的信》,1995 年 4 月 30 日,见图 589)

资料四(证件) 荣誉证书。(见图 590)

资料五(传记) 由于金善宝在国内外的声望,美国明尼苏达大学中国问题研究中心刘君若教授,于 1995 年 4 月专程来华,采访最年长的老校友,并授予"荣誉纪念证书"一份。回美后,她将金老事迹的报道发表在美国明尼苏达大学校刊"万泉桥"专辑。(杜振华等:《百年耕耘——金善宝传》,第 274 页)

北京友誼賓館
BEIJING FRIENDSHIP HOTEL

金善宝先生：

前蒙赐见，所照的相片差强人意，印好一份奉上，请哂纳。回明州后将向校方报告先生身体健康、精神矍铄，以安远念。校长初秋来访时间确定之后将尽早电告。

又蒙金女士園第小館邀我共进午餐，十分感激。如需母校信息，请随时来信。我家中地址为：2101 Newton Ave. S. #4 Minneapolis, MN 55405 电话(612)377-4840

专此敬请

大安

胡海涛先生、金女士前请代致意道谢

刘君先上

四月廿日

图 589

UNIVERSITY OF MINNESOTA

GOLDEN GOPHER
CERTIFICATE OF COMMENDATION

Presented to

金善宝

Jin Shanbao

In recognition of over fifty years of fostering academic and personal connections between the People's Republic of China and the University of Minnesota. The University of Minnesota commends your scholarship, leadership, and distinguished service to international programs and the promotion of international understanding.

我守其一
以處其和

VIGIL VERAE
CONCORDIAM FACERE

OCTOBER 1995

Nils Hasselmo
PRESIDENT

Linda Mona
PRESIDENT
ALUMNI ASSOCIATION

裴有東
David Y. H. Pui
DIRECTOR
CHINA CENTER

图 590

5月8日，在中国教育电视台“科技之光”节目上，接受三个中学生的采访。

资料（视频） 三个中学生买了一个大蛋糕，一路来到中国农业科学院红楼207号金爷爷家中，祝贺百岁老人金爷爷生日快乐！齐声合唱“祝你生日快乐”歌曲，金爷爷高兴地亲自切蛋糕分发给三个小朋友。曾任金老秘书的作物所所长吴景锋，向三个中学生简单介绍了金老对祖国农业科学事业的贡献。之后，金老穿着棉衣、戴着帽子、围着大围巾，冒着大风，带着小朋友们走向中国农科院的温室。温室内，金老的三位助手杜振华、陈孝、尹福玉正在紧张地忙碌着，他们分别向中学生介绍了金老献身小麦育种事业的动人事例。（中国教育电视台：“科技之光”节目，1995年5月8日）

5—6月，南京农业大学申请成立“金善宝农业教育奖学金基金会”。

资料一（档案） “金善宝农业教育奖学金基金会”成立大会暨首届理事会会议于1995年5月12日下午2:30—5:00时，在南京农业大学行政楼会议室召开。出席会议的有：孙颔、俞敬中、谢麒麟、周慧明、王清、王长庚、姜立宽、张九汉、穆广荣（代表杨向杰局长）、樊庆笙、夏祖灼、刘大钧、费旭、盖钧镒、王业遴、沈丽娟、张贻德。会议首先由南京农业大学党委书记费旭简要介绍了金善宝农业教育奖学金基金会在宁发起人在孙颔主席主持下开展的筹备工作；汇报了征求各方面意见后，提出的理事、名誉理事长、顾问及理事长、副理事长、秘书长、副秘书长建议名单。经到会同志充分协商，一致通过了理事会组成人员名单。一致推荐原农业部长何康担任该基金会名誉理事长，卢良恕、凌启鸿、俞兴德、姜永荣、马保之、谢森中为顾问。一致推举江苏省政协主席、南京农业大学兼职教授孙颔为基金会首届理事会理事长，会议还通过了费旭、盖钧镒、夏祖灼、俞敬忠为副理事长，陈本炤为秘书长，张贻德为副秘书长。接着由孙颔理事长宣布基金会正式成立及首届理事会会议开始。会议进行了三项议程：(1) 讨论通过基金会章程；(2) 讨论通过奖学金评奖简章；(3) 通报基金筹集情况，讨论扩大募集基金及落实基金生息等事宜。孙颔理事长首先作了重要讲话。他说：“金老是我国健在的近现代农学家、农业教育家中资格最老的前辈。他献身农业教育与科技事业已近80年，为国家培养了大批农业科技人才，为我国麦作学的建立和发展奠定了科学基础，在农业教育与科研方面作出了重大贡献。金老个人的道德、业绩堪称楷模。农业是国民经济基础，目前如何发展农业，科教兴农是一件大事。五六十年代学农的人很多，由于农业工作比较清苦，当前发展农业教育困难较多，设立奖学金，可以鼓励更多的学生从事农业科教事业。这件事具有很强的现实意义和深远的历史意义，倡议提出以后，得到了海内外校友及农业各部门的热烈响应和广泛支持。我们初步计划筹集100万元，目前已经到位70万，主要靠农口的一些单位部门的支持，金老和他的家属以及全国各地和海内外校友也捐助了一部分。近期我们用这笔资金去生息，若按年息2分计算，一年可有20万元左右用以奖励在校本科生和研究生，受奖面可达200人左右，应该说是有影响的。"到会理事逐字逐句地审议通过了基金会章程和评奖简章；建议基金生息的单位由江苏省农垦总公司负责，年息20%。姜立宽总经理当场表示接受，部分捐助资金尚未到位的单位表示不日即可到位。最后孙理事长部署了近期工作，他说："副理事长排名最前的应承担常务副理事长的工作，会后有下面几项工作需赶快去办。"1. 组建评奖委员会，评委应以本校为主，其中金老的门生要占一定比例，评委一定要选坚持原则……选定后报常务理事会。2. 印发章程。3. 尽快完成基金会向民政部门的申报登记工作。4. 把现有资金转到省农垦公司，搞一个具体协议。5. 继续扩大募集基金，这个奖学金与发展农业有关，请农口单位多多支持，海内外、省内外及南京市内的一些单位和校友也请大家多做工作，以不断扩大基金。6. 筹备组向名誉理事长、顾问和理事报告工作时，还应颁发聘书。会议结束时，费旭书记、盖钧镒校长代表南京农业大学向与会各有关单位的负责人，理事及提供赞助的专家、教授、校友们表示诚挚的谢意，会议在热烈而友好的气氛中结束。（南京农业大学档案室：《金善宝农业教育奖学金基金会成立暨首届理事会会议纪要》，1995年5月13日）

资料二（档案） 中国人民银行江苏省分行：金善宝教授是我国德高望重的农业教育家和科学家，为我国农业教育和农业科技的发展作出了杰出的贡献。金老献身农业已80年，先后在浙江大学、中央大学、云南大学、江南大学等多所大学任教，1952年南京农学院成立时任首任院长。其后，长期担任中国农业科学院院长，现为名誉院长。曾当选为中国科学院院士……苏联科学院通讯院士，中国科协全国委员会副主席。金老是我国著名的社会活动家，是九三学社的创始人之一，曾任该社中央委员会副主席，现任名誉主席，他还担任过南京市首任副市长，华东军政委员会农林部副部长，全国人大代表等重要职务，在国内外享有崇高的声誉。作为我国近现代农业科学界的代表人物，金老对发展我国的农业科技不遗余力。他对中国小麦品种资源的整理和分类进行了大量深入研究，发现和定名了我国云南小麦新种。选育的大批小麦新品种，对促进我国粮食生产发挥了重要作用。金善宝教授对小麦种质资源的研究、品种选育和育种技术的改进及系列小麦科学论著，为我国麦作学的建立和发展奠定了科学基础。在金老的带动促进下，我国小麦品种陆续得以更新，小麦栽培技术也得到不断改进。六十年代以来我国小麦单产和总产以世界最高年递增率发展。从 1983 年开始我国小麦总产已超过了美苏两大产麦国而上升为第一位。教育是立国之本，农业是国民经济的基础。金善宝教授是著名的农业教育家，他培养出大量农业科技人才，分布在我国农业建设的各个岗位，桃李遍天下，有的已成为蜚声国际的农业科学名家。他对南京农学院的建立和发展以及七十年代在拨乱反正后的南农复校工作中，作出了艰辛和卓著的贡献。他胸怀全国农业教育的全局，提出在全国各大区增设重点农业院校，建议的实现，意义深远，作用显著，尤堪敬誉。1994 年恰值金善宝教授百岁寿辰之时，欣逢南京农业大学八十周年校庆之际，为长期铭颂他发展我国农业教育事业，促进农业生产，开拓农业科学研究的丰功伟绩，由金老的部分学生发起倡议，拟在南京农业大学设立金善宝农业教育奖学金，永志前贤之功德，复育后代之英才，奖励志在农业建设的优秀本科生和研究生，为祖国培养更多农业科技跨世纪的高级人才。这一倡议得到海内外校友的积极响应和支持，纷纷慷慨解囊，至今已募集资金 80 余万元，为奖学金的设立打下了良好的基础。为更广泛地发展社会及海内外各方积极参与，支持这项功在千秋、意义深远的活动，为使金善宝农业教育奖学基金不断扩大，效果长久，真正发挥提携后辈，培育英才的作用，为管理好此项基金，决定设立“金善宝农业教育奖学金基金会”，特提出申请报告，请批准办理登记手续为感。（南京农业大学档案室：

《关于申请办理“金善宝农业教育奖学金基金会”的报告》，南农大校字[1995]183号，1995年6月9日)

6月，《健康指南》《中国农科院报》先后报道其事迹。

资料一(报道) 《健康指南》封面人物金善宝。(见图591)

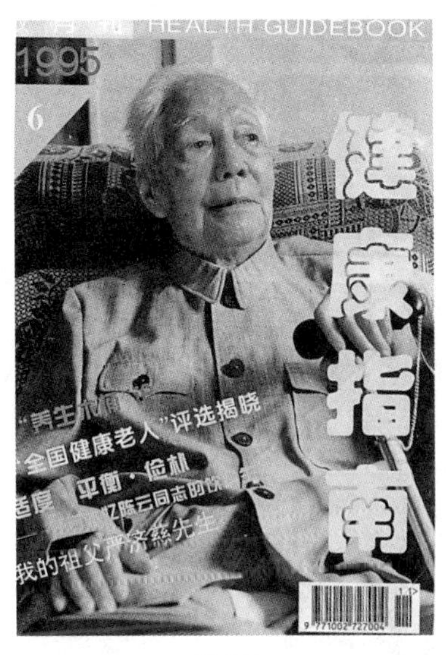

图591

资料二(报道) 6月8日，由香港新华集团总裁蔡冠深先生捐资设立的中科院院士荣誉基金会在人民大会堂宣告成立。中国农业科学院金善宝、邱式邦、李竞雄、徐冠仁四位科学家获首次院士荣誉奖金。蔡冠深先生是香港企业家，被誉为“海产大王”，他曾先后捐赠约6 000万元港币，资助广东、沈阳、西昌等地的科技与教育事业。这次以蔡冠深先生命名的中科院院士荣誉基金会设基金500万元，专门用于奖励80岁以上的中科院院士，以发扬中华民族尊老敬贤的优良传统，促进尊重知识、尊重人才良好社会风气的形成。蔡先生还另捐赠100万元用于颁发1995年首次院士荣誉奖金。据悉，今年共有16名90岁以上的院士，每人获荣誉奖金12 000元；99名80至89岁的院士，每人获奖金6 000元。(《我院四位科学家获蔡冠深中国科学院院士荣誉奖金》，《中国农科院报》1995年6月30日第2版)

7 月 2 日,庆贺其生日。

资料一(照片) 中央统战部送来花篮。(见图 592)

图 592

资料二(照片) 祖孙四代祝贺金善宝百岁寿辰。(见图 593)

图 593

资料三(照片) 金善宝(左)与畜牧专家郑丕留(右)园中合影。(见图 594)

图 594

7 月 22 日，《中国教育报》报道《百岁良师话科普》。

资料(报道) 对青少年的科普教育是一项意义重大的工作，它是数、理、化课程不能替代的。这项工作过去重要，现在重要，将来更加重要。我们要建设具有四个现代化的社会主义强国，要使各行各业各个岗位上的劳动者具有相应的科学素质。经济的发展、社会的进步要求我国公民不但要有一定的科技知识，还要具有正确的科技观念、科技意识。这些都需要从小抓起。从幼儿园、小学开始，就应该有这方面的教育内容，安排这方面的课程。这不光是学校的事，也是全社会的事。对青少年进行科普教育，每个科研单位、每个科技工作者都有义不容辞的责任。我作为一个从旧社会过来的老科技工作者、老教师，年轻时深感我们的人民科技素质不高，生产力水平低下，加上其他方面的原因，国家强盛不起来。我为了改变这一状态努力了一辈子，如今科普工作得到党和政府及全社会的重视，特别是今年召开的全国科技大会又提出了“科教兴国”的战略决策，这方面的情况好多了。但是这项工作仍然很重要，需要科技界、教育界、文化出版界的同志们联起手来，为孩子们提供更多的好教材、好书籍、好的音像制品，组织更多更好的科普活动。(《百岁良师话科普》，《中国教育报》1995 年 7 月 22 日第 3 版)

7月31日、8月7日、14日，应《科技日报》之约，为纪念抗战胜利五十周年，撰写回忆文章。

资料一(信件)　给《科技日报》的信。(见图595－1、图595－2)

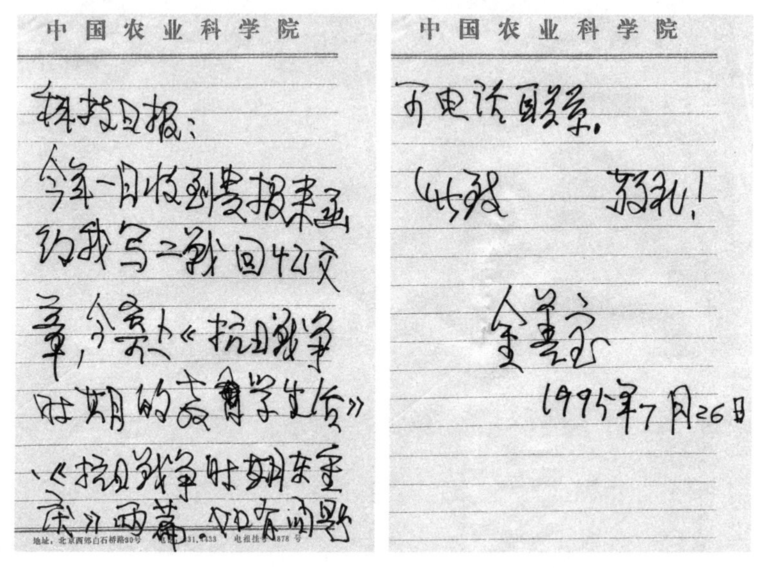

中国农业科学院

科技日报：

今年一月收到贵报来函约我写二篇回忆文章，分别为《抗日战争时期的教学生活》、《抗日战争时期在重庆》两篇，如有问题

中国农业科学院

可电话联系。

此致　　敬礼！

金善宝

1995年7月26日

图595－1　　图595－2

资料二(文章)　追忆了在抗日战争时期，学校从南京迁往重庆，遥遥数千里，教学仪器、丢的丢，坏的坏，损失大半，在空袭警报频繁、敌机大轰炸下，学生们艰苦地学，教师们辛勤地教，师生团结一致，克服了种种困难，完成教学任务的动人事例。(金善宝:《一、抗日战争时期的教学生活(上)》，《科技日报》1995年7月31日第2版)

资料三(文章)　作者追忆了抗战时期由于国库空虚，物价飞涨，大学教授的生活与战前相比，早已一落千丈。自己也因贫病交困，有一次讲课时竟然昏倒在课堂上，受到同学们的亲切照顾。以及1939年去川北调查时，受到当地政府的无理搜查和威胁。然而，他不畏艰险，终于培育出适合长江中下游种植的优良小麦品种中大2419和矮立多，1942年首先在四川省推广。中华人民共和国成立后，很快发展成为我国南方冬麦区的主栽品种，其中中大2419每年最大推广面积达7000万亩。(金善宝:《一、抗日战争时期的教学生活(下)》，《科技日报》1995年8月7日第2版)

资料四(文章) 作者追忆了抗战时期在重庆,和著名林学家梁希教授住在一间不足10平方米的房间内,经常在一起交谈抗战形势,阅读《新华日报》,并和梁希等进步教授,经常到《新华日报》馆去,多次聆听周恩来的抗战形势报告。因此,他心向延安,为去延安,曾经办好了一切手续,后因故未能成行。听说延安搞大生产运动,就把自己选育的小麦良种托《新华日报》有关人士送到延安。1945年抗战胜利,毛主席赴重庆和平谈判期间,他和梁希等八名教授,受到毛主席接见,使他看到了新中国的曙光,增强了斗争的信心。(金善宝:《二、敢教日月换新天》,《科技日报》1995年8月14日第1—2版)

8月15日,孙子小瓴去美国留学前辞行。

资料(照片) 小瓴(左二)与爷爷金善宝(右二)合影。(见图596)

图596

8月17日,参加九三学社北京市委员会座谈会并发言。

资料(手稿) 作者怀着深厚的感情,回忆了抗战时期在重庆九三学社成立的全过程,叙述了半个多世纪以来自己和九三学社的不解之缘,衷心祝愿九三学社在改革开放的新形势下,继续发扬民主科学精神和科技优势,提高参政水平,为社会主义现代化作出更大贡献。(《我与"九三"——参加九

三学社北京市委员会座谈会发言》,1995 年 8 月 17 日)

9 月 16 日,黄嘉来访。

资料一(传记) 另一位中央大学 1946 年的毕业生黄嘉,出生于北京,7 岁离开故乡后,四海漂泊,直到头发花白。几十年来,北京的胡同、四合院、一草一木,都令他魂牵梦萦。1995 年 9 月,这位游子终于冲破了重重阻力,回到了阔别 60 多年的故乡。到了北京,他做的第一件事,就是去看一看自己童年时代的故居;第二件,是拜访大学时代的恩师、百岁高龄的金善宝。他告诉金老,去年老师百岁华诞时,就想来给老师祝寿,结果没有来成,今年终于来了!金善宝在农科院灰楼小食堂设便宴,招待了这位久别的学生黄嘉,以及和他同来的胡笃融、张新理、张广学、陈迪一行五人。席间,黄嘉侃侃而谈,十分兴奋,叙述了这次北京之行的种种观感,言谈话语之间,流露出对北京深深的眷恋之情。黄嘉回台北后,给老师来信并寄来了照片,信中谈到希望常常听到北京的消息云云。看得出,这次北京之行在他的一生中有多么重要。(金作怡:《金善宝》,第 280 页)

资料二(照片) 胡笃融、张新理、金善宝、黄嘉、张广学、陈迪(左起)合影。(见图 597)

图 597

资料三(信件)　善宝恩师座右：敬禀者，九月间晋京，完成两大心愿，一为得见师尊，二为访得1924年出生什刹海之房屋。生三岁离开北京，因此全无记忆，只凭先母所记而已。返台后不久，即大病一场月余，今日稍能执笔，谨将在沪之级友，夏□沃保存之照片，翻印并放大一张寄存，以供存念。并请福安。(《黄嘉的贺信》，1995年)

9月18日，南京农业大学发布《关于成立"金善宝农业教育奖学金基金会"的通知》。

资料(档案)　各院、系及有关部处：南京农学院首任院长、中国科学院院士、中国农业科学院名誉院长、九三学社中央名誉主席金善宝教授，是我国近现代知名农学家、农业教育家中健在的资格最老的前辈。他献身我国农业教育与科技事业近80年，为国家培养了大批农业科技人才，为我国麦作学的建立和发展奠定了科技基础，在农业教育与科研方面做了重大贡献。金老德高望重，功绩卓著，堪称楷模。为了铭颂他的功绩，鼓励更多的青年人学习他的精神，为祖国的农业科学事业献身出力，由金老的一批弟子发起倡议，征得金老本人的同意，决意在南京农业大学设立"金善宝农业教育奖学基金"。在一年多的筹备过程中，得到了金老及其家属的热心支持，海内外校友纷纷慷慨解囊。特别是在校友、江苏省政协主席孙颔教授的热情推动下，农口的有关部门给予了大力的赞助，到目前为止已募集基金100万元。今年五月正式成立了"金善宝农业教育奖学基金会"，推选出以孙颔为理事长的首届理事会，制订了章程，决定从今年开始每年10月20日校庆颁发金善宝农业教育奖学金。现将有关章程、理事会成员名单及评审委员会名单公布。(南京农业大学档案室：《关于成立"金善宝农业教育奖学金基金会"的通知》，南农大校字[1995]289号，1995年9月18日)

9月，为纪念九三学社成立五十周年撰文。

资料一(文章)　文章回忆了以下事情：1939年在周恩来、潘梓年同志的帮助下成立自然科学座谈会，1945年抗战胜利毛主席接见，1946年5月4日在重庆召开九三学社成立大会。从此，一个以文教、科学技术界高级知识分子为主体，高举“民主与科学”旗帜的民主政团，在灾难深重的半殖民地半封建的旧中国正式诞生了。它是在抗战末期，受中国共产党抗日民族统一战线的影响和感召而孕育发展起来的；它诞生伊始就加入了中国共产党领导的新民主主义革命的行列；始终和中国共产党保持着亲密合作的关系，并且在成长以后的长期斗争中，发展了这种亲密关系。当前，改革开放不断深入，经济发展，人民生活水平大大提高，相信在中国共产党的领导下，我们九三学社必将迎来更加光辉灿烂的明天。（金善宝：《风雨同舟忆当年——纪念建社五十周年感怀》，《九三中央社讯》1995年第9期，第20—22页）

资料二（报道） 文章报道了九三学社中央名誉主席金善宝，是九三学社创始人之一，今年已是百岁高龄，身经两个世纪、三个朝代，不仅是我国著名的农学家、教育家，而且还是一位德高望重的社会活动家。他自青少年时代起，就追求民主与科学，对祖国忠贞不渝，对真理孜孜以求，对名利淡泊豁达，对事业呕心沥血。金老的学问、品德和精神，正如他的学生称赞的那样：云山苍苍，江水泱泱，先生之风，山高水长。并把他的一生归纳为“卫护祖国尊严、追求真理、浓浓师生情、向往延安、金老的宝贝”五个方面，用众多的具体事例，说明他坚持真理、爱国、爱党、爱人民、爱护青年、热爱农业科学教育事业的情怀。（《金老轶事》，《北京九三论坛纪念手辑》，1995年9月，第8—11页）

10月，《北京观察》报道其事迹。

资料（报道） 百岁老人金善宝，1895年7月生，今年满百岁了。为庆祝九三学社建社50周年活动，我拜访金老，谈起了不久前召开的全国科技大会，谈起了“科教兴国”战略。他十分兴奋地说：“科教兴国是我青年时代的理想，也是我毕生的追求。”短短两句话饱含着一位科学家半个多世纪的辛酸与拼搏，概括了金老等老一辈科学家一生中最美好时光的流逝，反映了一代人的痛苦与哀伤。金善宝自幼生活在农村，经常见到大批农民在贫困中死去，促使热血青年的他选择了“兴农报国”的道路，毅然考入南京高等师范农科，从此与农业科学结下了不解之缘。赴美深造后满怀希望回到祖国。

回国当年，他就从790多个县搜集的小麦品种里，鉴评出一批优良地方品种；两年后出版了我国小麦史的第一批专著；培养了一代又一代农业科研人员；而他于1939年精心选育的小麦新品种，只有到新中国成立后才得以大面积推广且喜获丰收。但是，他的理想并没有实现，祖国依旧贫穷落后。金老说："1978年召开全国第一次科学大会。邓小平同志提出'科学技术是第一生产力'的理论，我十分兴奋。我在会上表态说，要把82岁当作28岁来过。"金老当然会十分兴奋，因为他毕生追求的理想终于升华，邓小平提出这一理论，为无数科技工作者注入了新的生命力，为我国的科学事业带来美好的春天。从此，金老也焕发了青春，真的把82岁当作28岁来过了。作为一位严肃的科学工作者，金老始终保持着求实创新、拼搏奉献的精神。88岁时，他南到广西、北到黑龙江，进行实地考察；90岁以后，仍然坚持到农科院小麦实验田里关注小麦的生长发育，因为小麦是他的"宝贝"！1983年，金老主编的《中国小麦品种及其系谱》出版。由于该书填补了我国在品种系谱研究分析方面的空白，荣获1984年全国优秀科技图书一等奖和农业部科技进步一等奖。去年，一部以金老主编的约30万字的《夏播小麦理论与实践》出版，另一部约70万字的《中国小麦学》也将于今年面世。百岁老人至今仍关心着国家的兴盛、科技的发展。他说："今年又召开第二次科技大会，提出了'科教兴国'战略作为国策，对此我感到十分欣慰。"（刘长春：《科技老人话"兴国"——记中科院院士金善宝一席谈》，《北京观察》1995年第10期，第36—37页）

是月，写信祝贺南京农业大学首次颁发金善宝农业教育奖学金。

资料(信件)　给南京农业大学全体师生员工写信，祝贺金善宝农业教育奖学金的首次颁发。（《金善宝给南京农业大学全体师生的信》，1995年10月，见图598－1至图598－12）

是月，与邓景扬合影。

资料(照片)　与邓景扬(左)在园中相遇。（见图599，侯艺兵摄）

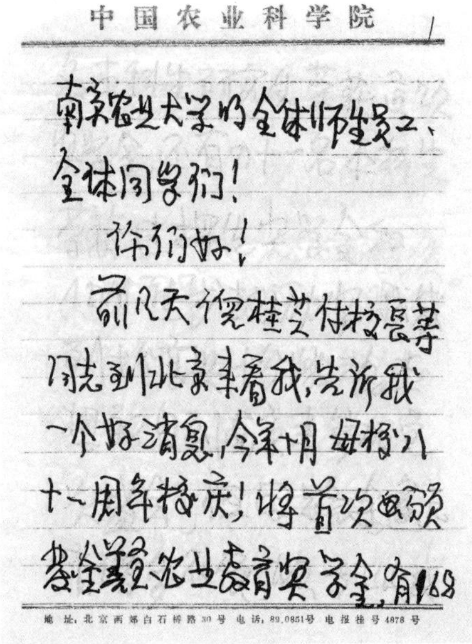

中国农业科学院 1

南京农业大学的全体师生员工、
全体同学们！
你们好！
前几天，侯桂芝付校长等同志到北京来看我，告诉我一个好消息，今年十月母校八十一周年校庆！将首次颁发金善宝农业教育奖学金，有168

地址：北京西郊白石桥路30号 电话：89.0851号 电报挂号4878号

图 598－1

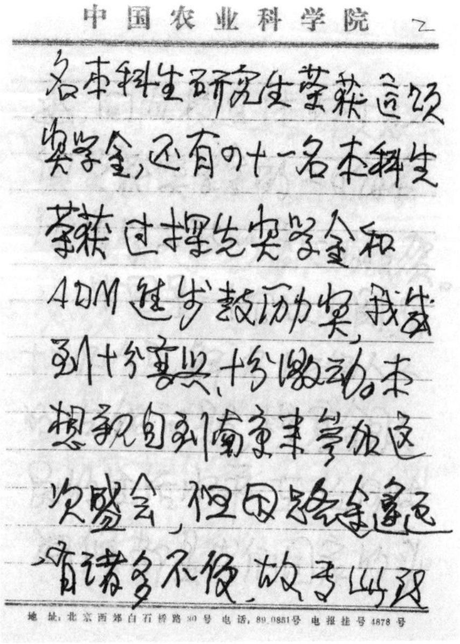

中国农业科学院 2

名本科生和研究生荣获这项奖学金，还有四十一名本科生荣获过择先奖学金和ADM继续教励奖，我感到十分喜兴、十分激动。本想亲自到南京来参加这次盛会，但因路途遥远，有诸多不便，故专此致

地址：北京西郊白石桥路30号 电话：89.0851号 电报挂号4878号

图 598－2

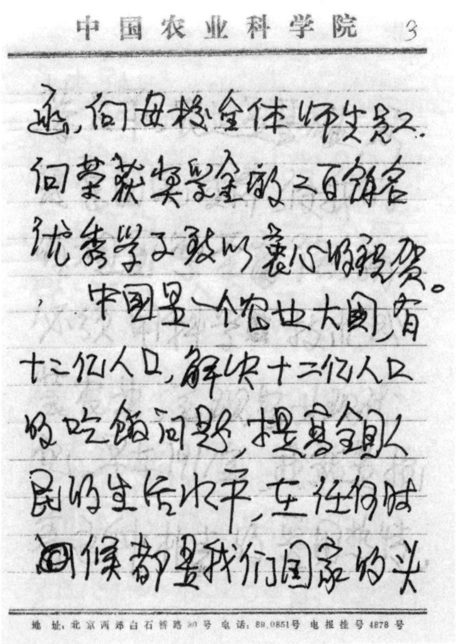

中国农业科学院 3

函，向母校全体师生员工，向荣获奖学金的二百余名优秀学子致以衷心的祝贺。
中国是一个农业大国，有十二亿人口，解决十二亿人口的吃饭问题，提高全国人民的生活水平，在任何时候都是我们国家的头

地址：北京西郊白石桥路30号 电话：89.0851号 电报挂号4878号

图 598－3

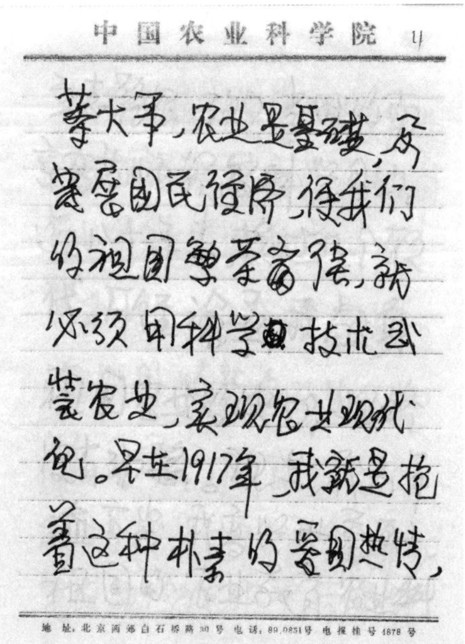

中国农业科学院 4

等大事，农业是基础，发展国民经济，使我们的祖国繁荣富强，就必须用科学技术武装农业，实现农业现代化。早在1917年，我就是抱着这种朴素的爱国热情，

地址：北京西郊白石桥路30号 电话：89.0851号 电报挂号4878号

图 598－4

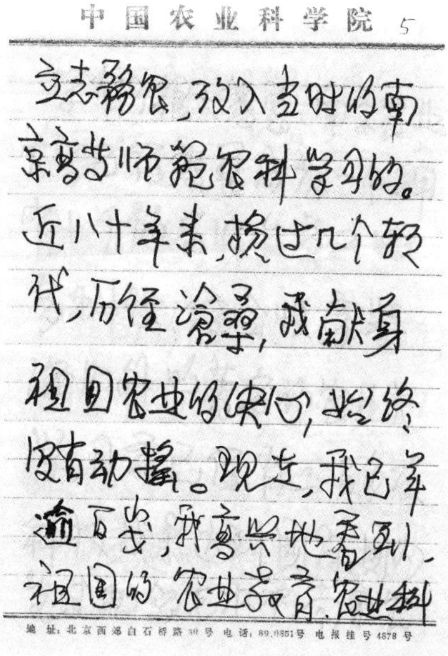

中国农业科学院　5

立志务农，考入当时的南京高等师范农科学习的。近八十年来，换过几个朝代，历经沧桑，我献身祖国农业的决心，始终没有动摇。现在，我已年逾百岁，我高兴地看到，祖国的农业教育、农业科

地址：北京西郊白石桥路30号　电话：89,0851号　电报挂号4878号

图 598－5

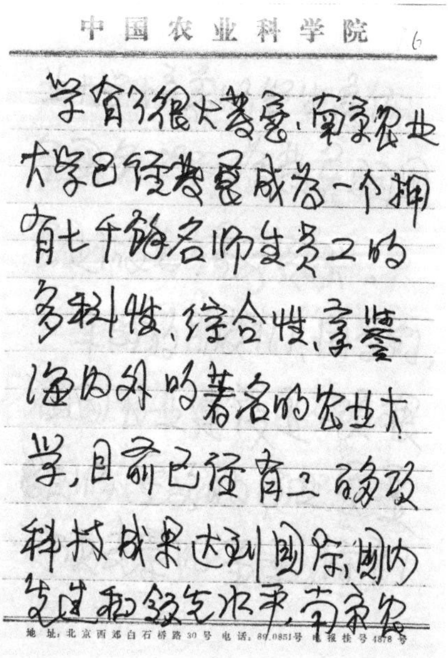

中国农业科学院　6

学有了很大发展，南京农业大学已经发展成为一个拥有七千余名师生员工的多科性、综合性、享誉海内外的著名的农业大学，目前已经有二百多项科技成果达到国际、国内先进和领先水平，南京农

地址：北京西郊白石桥路30号　电话：89,0851号　电报挂号4878号

图 598－6

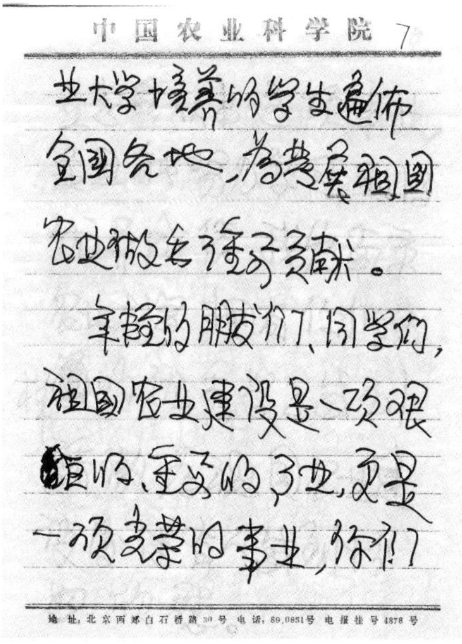

中国农业科学院　7

业大学培养的学生遍布全国各地，为发展祖国农业做出了贡献。

年轻的朋友们、同学们，祖国农业建设是一项艰巨的、重要的事业，更是一项光荣的事业，你们

地址：北京西郊白石桥路30号　电话：89,0851号　电报挂号4878号

图 598－7

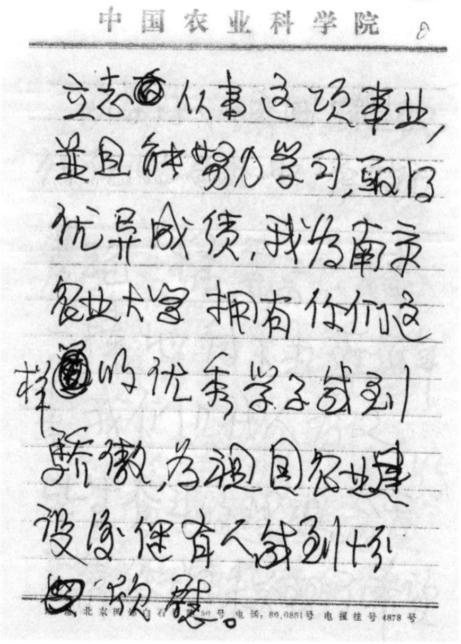

中国农业科学院　8

立志从事这项事业，并且能努力学习，取得优异成绩，我为南京农业大学拥有你们这样的优秀学子感到骄傲，为祖国农业建设后继有人感到十分欣慰。

地址：北京西郊白石桥路30号　电话：89,0851号　电报挂号4878号

图 598－8

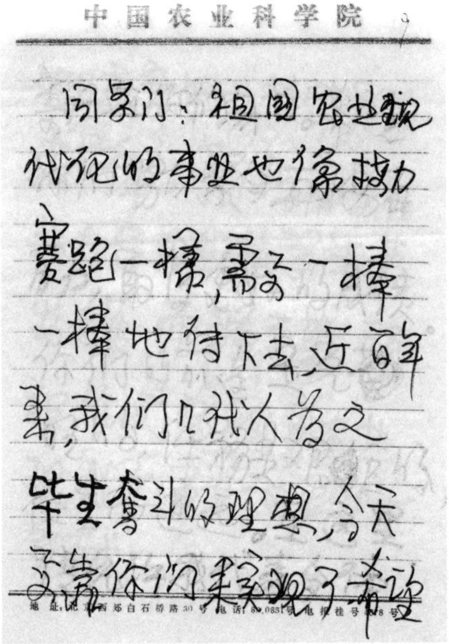

中国农业科学院

同学们：祖国农业现代化的事业也像接力赛跑一样，需要一棒一棒地传下去。近百年来，我们几代人为之毕生奋斗的理想，今天又靠你们来实现了。希望

地 址：北京西郊白石桥路30号 电话：89.0851号 电报挂号4878号

图 598－9

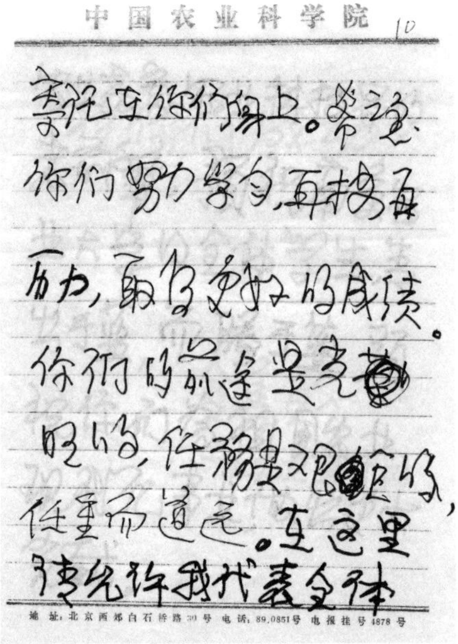

中国农业科学院

寄托在你们身上。希望你们努力学习，再接再厉，取得更好的成绩。你们的前途是光明的，任务是艰巨的，任重而道远。在这里请允许我代表全体

地 址：北京西郊白石桥路30号 电话：89.0851号 电报挂号4878号

图 598－10

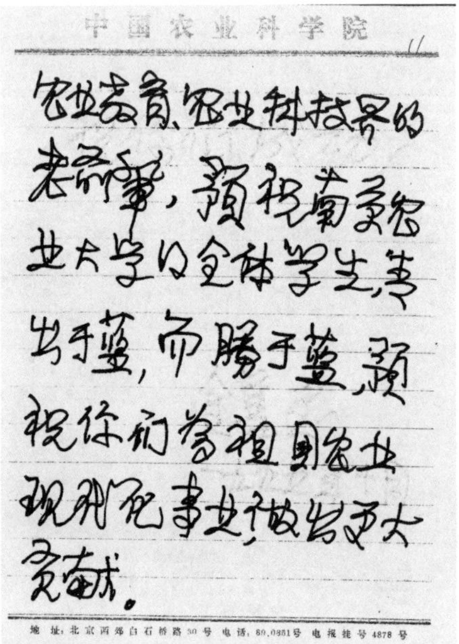

中国农业科学院

农业教育、农业科技界的老前辈，预祝南京农业大学的全体学生青出于蓝，而胜于蓝，预祝你们为祖国农业现代化事业做出更大贡献。

地 址：北京西郊白石桥路30号 电话：89.0851号 电报挂号4878号

图 598－11

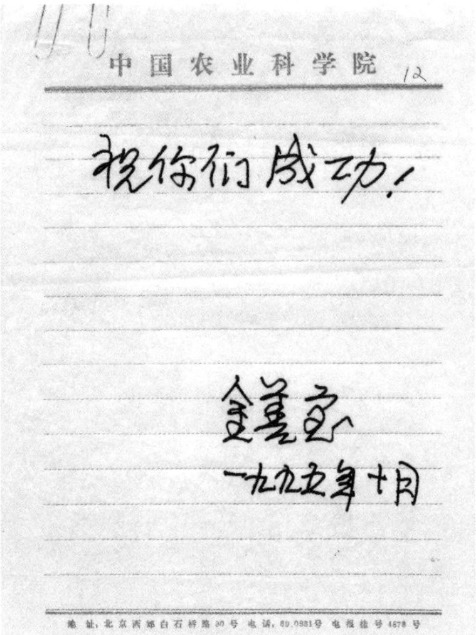

中国农业科学院

祝你们成功！

金善宝
一九九五年十月

地 址：北京西郊白石桥路30号 电话：89.0851号 电报挂号4878号

图 598－12

图 599

是月，为祝贺母校绍兴一中百年校庆题字。

资料一（图片） 题字祝贺绍兴一中百年校庆。（见图 600）

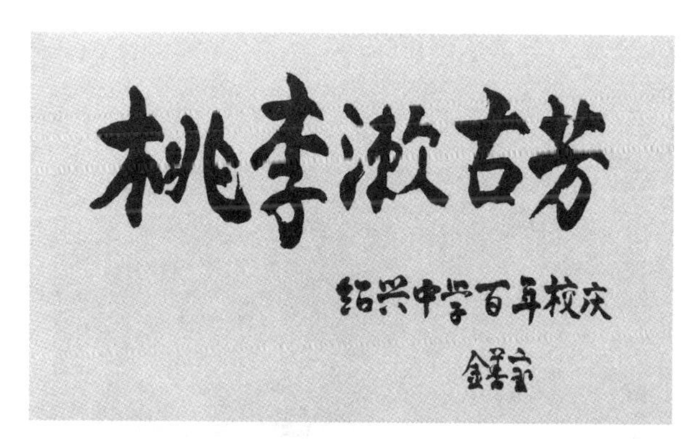

图 600

资料二（照片） 金善宝的题字刻在绍兴一中科学馆墙上。（见图 601）

图 601

资料三(其他) 个人照荣登《绍中英杰》榜。(见图602)

图602

12月,金孟浩从上海来京探望父亲。

资料(照片) 金孟浩(右)陪父亲下象棋。(见图603)

图603

是年,《中国当代农业科技专家名录》出版,内载其词条。

资料(传记) 词条主要介绍金善宝的求学经历,历任职务及获得过的荣誉,列举了金善宝先生的一些杰出成就,如:鉴定出多种优良的品种并在全国范围内推广种植、发现了云南小麦新种及对春小麦的研究,出版了多部专著,对我国小麦科学的发展起到重大推动作用。(《金善宝词条》,收入中

国农学会编《中国当代农业科技专家名录　第一辑》，中国农业出版社，1995年，第41页）

1996年　　102岁

春节前，宋任穷、洪绂曾祝贺新年。

资料一（信件）　宋任穷写信祝金善宝身体健康，新年快乐。（《宋任穷祝贺金善宝新年快乐的信》，1996年2月18日，见图604）

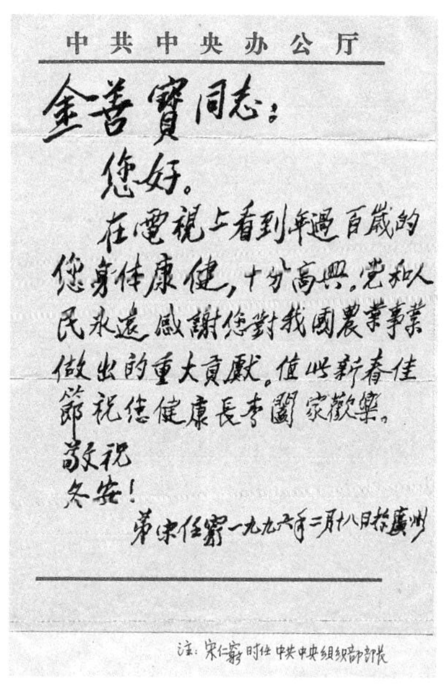

中共中央办公厅

金善寶同志：

您好。

在電視上看到年過百歲的您身体康健，十分高興。党和人民永遠感謝您對我國農業事業做出的重大貢獻。值此新春佳節祝您健康長寿闔家歡樂。

敬祝

冬安！

弟宋任窮一九九六年二月十八日於廣州

注：宋仁穷时任中共中央组织部部长

图604

资料二（照片）　洪绂曾（右）来拜年。（见图605）

2月18日，在《光明日报》撰文，建议建立农业科技发展基金。

资料（文章）　千方百计地增加农业科技投入，是迫切需要解决的一件大事。为此，我再次建议国家主管部门，认真研究一下，可以从农业税、农林特产税和种子经营效益中，每年提取一定比例的金额，作为农业科技发展基

图 605

金,用于支持农业科技的进步。在农业生产和有关的商品经济发展中,农业科技的作用一般要占三分之一以上,所以从总收益中提取一定的比例是合理的,而且也不影响大局。这在国际上许多国家都有行之有效的范例,可供我们借鉴。如能实现这一愿望,我想对我国农业科技以致整个农业的持续发展,都是大有好处的。(金善宝:《建立农业科技发展基金》,《光明日报》1996 年 2 月 18 日第 1 版)

3 月 5 日,《科技日报》报道《心心相映为科学》。

资料(报道) 宋健一行直奔中国农科院看望中国科学界的世纪寿星——农业专家金善宝。大概得益于长年有户外活动,这位百岁老人耳不聋,眼不花,每天下棋、散步,乐此不疲,悬腕书写毛笔手不抖。朱丽兰高兴地说:"您是科学界的老寿星,101 岁了……"话刚出口,金善宝自己说,"97 岁,我 97 岁!"引得大家善意会心地笑起来,熟悉金老的人都知道,从金老 97 岁那年起,他自己就没有再给自己长过年龄。人们更熟悉,金老在科学界有句名言广为流传——"把 82 岁当 28 岁过"。环顾金老从五十年代就居住至今的简易住房,在场的人无不感慨。据说农科院几次动员他搬家,他都不搬,金老总结自己的长寿秘诀为:"淡泊名利,顺其自然。"令人起敬。宋健向金老介绍,"九五"期间我国把农业放在第一位,农业关系民族生存发展。朱丽兰也告诉金老:"国家科委 22%的经费都用在农业上。"金老这

时双手合十,高兴地说:“谢谢,谢谢!”(贾晓慧:《心心相映为科学》,《科技日报》1996年3月5日第4版)

3月12日,《人民日报》报道《经世纪风云 颂祖国昌盛——世纪老人金善宝一席谈》。

资料(报道) 走进金善宝先生的家,鹤发童颜的金老正乐呵呵地在家中与学生对弈。这位中国的“农业泰斗”“小麦之父”,已走过了整整101个春秋。谈及正在审议和讨论我国跨世纪兴国大计的“两会”,金老激动地说:“我生在清政府签订屈辱的《马关条约》的1895年,至今已走过了整整一个世纪。我亲眼看到清王朝的覆灭、辛亥革命的成功、轰轰烈烈的五四运动,以及北伐战争、抗日战争和解放战争的胜利、1949年新中国的成立。在中国共产党领导下,一个贫穷落后的旧中国,已变化成为一个繁荣富强的新中国。半个世纪生活在旧社会,半个世纪生活在新社会,新旧社会天壤之别的对照,使我由衷地感谢党,由衷地为我们伟大的社会主义祖国而自豪。”抚今追昔,金老感慨万端:“国家富强,是每一个中国人最大的幸福。在旧中国,我苦苦奋斗半辈子,可农业院校寥寥无几,广大农民世世代代挣扎在饥饿线上。新中国成立后,高等农业院校已发展至60多个,农业科研院所已有1 100多个,近13亿中国人的温饱问题基本得到了解决。我个人为之奋斗近一个世纪的理想,在中国共产党的领导下,终于实现了。”金老特别关注李鹏总理报告中提出的“把加强农业放在发展国民经济的首位”,他说:“农业问题的解决最终还是要靠科学技术的进步。我虽是百岁老人了,但我不服老,我还想为改革开放,为实现我国‘小康’目标继续和农业科研战线上的同志一道,为实现我国农业现代化的目标共同奋斗。”(魏芳:《经世纪风云 颂祖国昌盛——世纪老人金善宝一席谈》,《人民日报(海外版)》1996年3月12日第3版)

5月29日,为南京农业大学进入“211工程”致信中央领导,一周后接到电话回复。

资料一(传记) 到了1996年,金老已是101岁的老人,虽然身体状况不如以前，可是仍然牢牢记着两年前给南京农大“……早日进入 211 工程”的题字。这个题字，不仅表达了他对南京农大母校的期望，也是一个农业教育家关心农业教育的心愿。消息传来，全国已有几十所高等院校进入“211 工程”了，而南京农大却一直没有音讯，金老焦急得有点坐不住了！此时，适值南京农大翟虎渠校长来农科院拜望老院长，金老问起进入“211 工程”的情况，翟校长表示，进入“211 工程”有很多困难，也许是学校本身的工作还不够，也可能是下情没有及时上达之故……金老说：既然是这样，你们回去好好检查一下学校的工作，对照“211 工程”的要求，看看哪些方面还不够条件，一定要尽快赶上去！另外，你们可以把南京农大的情况写一份材料，我托人送呈上去，试试看，如何？于是，翟校长很快送来一份南京农大的情况介绍，金老当即将此材料送呈国务院主管教育的李岚清副总理和朱开轩主任，用他颤抖的手写了一封亲笔信。（金作怡：《金善宝》，第 257—258 页）

资料二（信件） 金善宝给中央领导写信，谈南京农业大学进入“211 工程”一事。（《金善宝给中央领导的信》，1996 年 5 月 29 日）。（见图 606－1 至图 606－6）

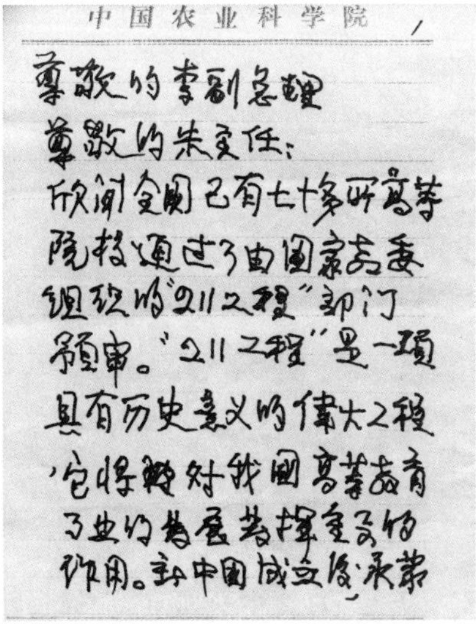

中国农业科学院 1

尊敬的李副总理
尊敬的朱主任：
欣闻全国已有七十多所高等院校通过了由国家教委组织的“211工程”部门预审。“211工程”是一项具有历史意义的伟大工程，它将对我国高等教育事业的发展发挥重要的作用。新中国成立后，承蒙

图 606－1

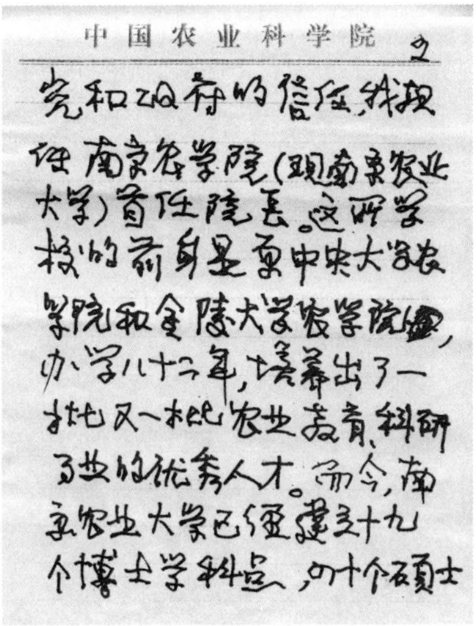

中国农业科学院 2

党和政府的信任，我担任南京农学院（现南京农业大学）首任院长。这所学校的前身是原中央大学农学院和金陵大学农学院，办学八十二年，培养出了一批又一批农业教育、科研事业的优秀人才。而今，南京农业大学已经建立十九个博士学科点，四十个硕士

图 606－2

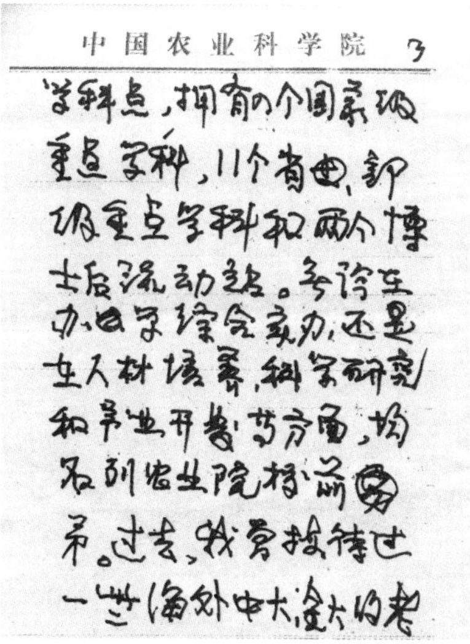

中国农业科学院 3

学科点，拥有4个国家级重点学科，11个省、部级重点学科和两个博士后流动站。无论在办学综合实力，还是在人才培养，科学研究和产业开发等方面，均居全国农业院校前列。过去，我曾接待过一些海外中大、金大的老

图 606－3

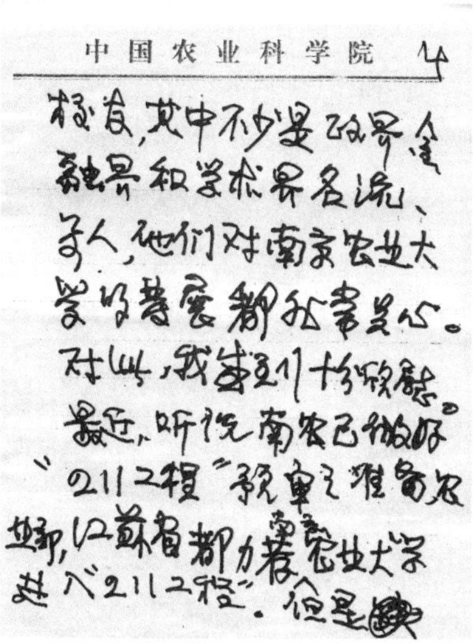

中国农业科学院 4

校友，其中不少是政界、金融界和学术界名流、贤人，他们对南京农业大学的声誉都非常关心。对此，我感到十分欣慰。最近，听说南农已做好"211工程"预审工作准备，农业部、江苏省都力荐南京农业大学进入"211工程"。但是

图 606－4

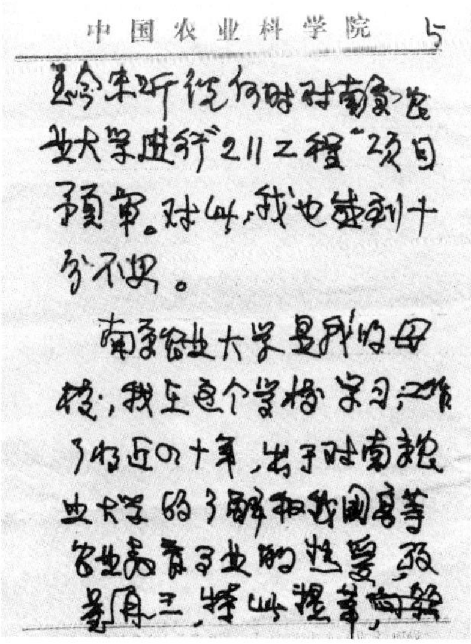

中国农业科学院 5

至今未听说何时对南京农业大学进行"211工程"项目预审。对此，我也感到十分不安。

南京农业大学是我的母校，我在这个学校学习、工作了将近四十年，出于对南京农业大学的了解和我国高等农业教育事业的热爱，敢冒昧写此短笺，向您

图 606－5

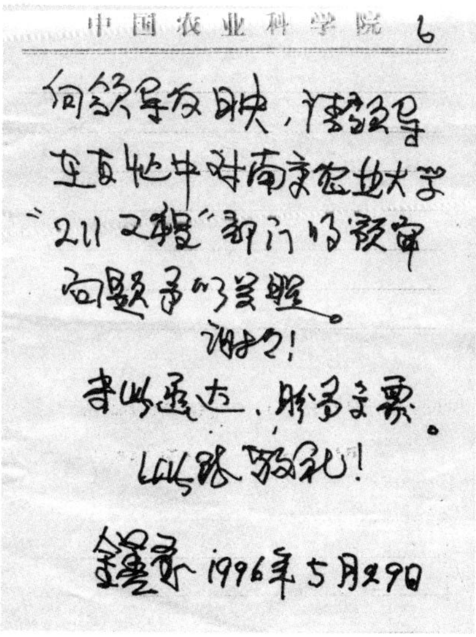

中国农业科学院 6

向领导反映，请领导在百忙中对南京农业大学"211工程"部门的预审问题予以关照。

谢谢！

专此函达，盼予关注。

此致敬礼！

金善宝 1996年5月29日

图 606－6

5 月，在女儿的主持下，迁入新居。

资料一（传记） 1958 年父亲调到北京中国农业科技科学院，历任副院

士长、院长、名誉院长。从那时起，就一直住在农科院红楼 207 一套不足 70 平方米（实用面积）的宿舍里，组织上几次提出要将对面一套住房也分配给他，都是被他婉言谢绝了。1964 年，父亲被任命农科院院长，农业部领导亲自出马到家里来动员他搬……父亲也没有搬。他说："还是住在农科院内好，这样上下班不用小车接送，工作上大家有事找我方便，我常到试验田去看小麦也近便。"九十年代我出差到北京，看见家里天花板上、墙壁上都是有不少裂痕和斑斑的黄色水渍，客厅里挂钩的国画也有一条条水印，惊问其故。才知有一天清晨，楼上暖气试水，发生事故，父亲的卧室、客厅内突然间下起了"倾盆大雨"，顷刻之间，屋内积水就达二三十毫米之深，造就成了"水灾"，家中妹妹既要保护好年迈的老父亲，又要抢救被褥、电器等物品，搞得十分紧张，狼狈不堪……（金作美：《父亲是我终身学习的榜样》，收入孟美怡《金善宝》，第 284 页）

资料二（传记） 冯师傅问："听说金老在南京时住的是一套花园洋房，到北京后却住在一套狭窄的房间内，这一住就住了将近 40 年，房子越住越旧了，他却越住越有感情了，领导几次劝他搬家，他都没有同意，是不是？"她说："是的，快 40 年了，从来没有修过。父亲说住到院外离农科院小麦试验地太远，去看小麦不方便，坚持不愿意搬。前两年因为楼上邻居暖气出了喷水事故，他的卧室里下起了'大雨'，天花板大面积破裂，正好在他睡床的上面，一旦掉下来砸着他怎么办？所以我极力劝父亲，今年 5 月，才刚刚搬进了新居。有意思的是，住惯了旧房的父亲却很不习惯，常犯糊涂，问我：'我们什么时候回家？'他还以为这个新搬的家是宾馆呢？"说到这里，大家都笑了！（金作怡：《金善宝》，第 294 页）

6 月，重庆校友会来信。

资料一（信件） 校友会来函。（《重庆校友会给金善宝的信》，1996 年 6 月，见图 607）

资料二（其他） 金善宝题字。（见图 608）

资料三（照片） 专刊封面。（见图 609）

资料四（照片） 纪念亭。（见图 610）

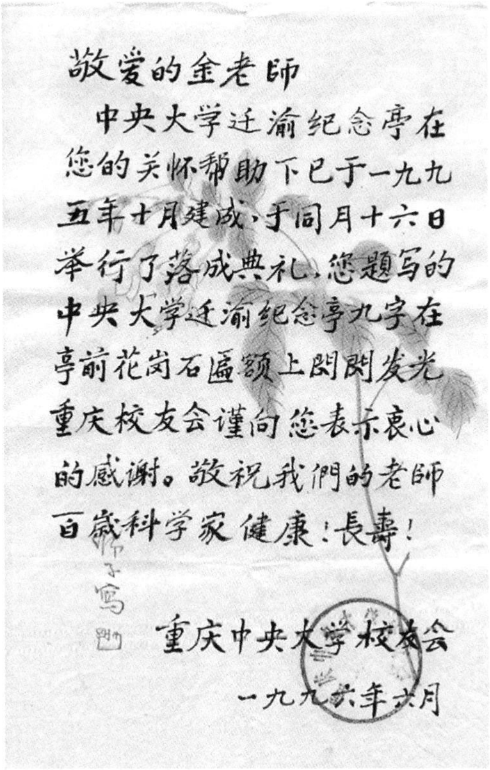

敬爱的金老師

中央大学迁渝纪念亭在您的关怀帮助下已于一九九五年十月建成，于同月十六日举行了落成典礼，您题写的中央大学迁渝纪念亭九字在亭前花岗石匾额上闪闪发光重庆校友会谨向您表示衷心的感谢。敬祝我們的老師百歲科学家健康！長壽！

重庆中央大学校友会

一九九六年六月

图 607

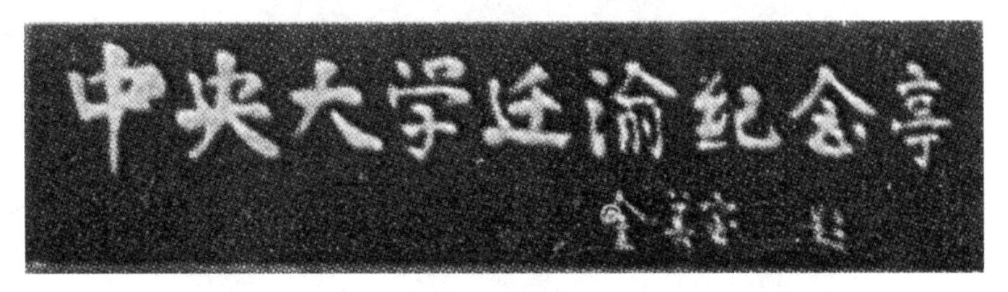

图 608

图 609

图 610

资料五(其他) 师长多为一代隽秀,率皆学卒中西之长,才通古今之变者。万里流离,会于蜀山,居陋室、食粝粟、且时有敌机之扰。于是,敌忾同仇、夙兴夜寐,益发愤于授业传道。书山有径,木铎长鸣,解惑每至忘倦,传薪常待中兴。又复潜心学术,考察边陲,专著撰述勤苦,科技成果累累。至是,昔日荒烟草泽之处,遂成教育文化重地。

这段描述,对……抗战期间中央大学的教学、科研生活状况可见一斑。(金作怡:《金善宝》,第 75 页)

资料六(其他)

贺中央大学迁渝纪念落成

唐璞

坦坦沙坪坝,郁郁松林坡。

抗日长八载,英才辈辈多。

三更灯火夜,报国志道合。

深远碑亭意,齐声吟战歌。

中央大学迁渝纪念亭落成典礼

王继纯

华构初成气象新,玉阶碧瓦古风存。

地缘迁校八年胜,亭系同窗两岸情。

白下中坜承校训,丰功伟绩述碑文。

山川共与亭长久,岁岁来游见故人。

(《中央大学迁渝纪念亭专刊》,1996 年 6 月)

6—7 月,各界祝寿。

资料一(照片) 6 月 3 日,中大校友贺金善宝步入 102 大寿。(见图 611-1、图 611-2)

资料二(照片) 7 月 2 日,各单位送来花篮。(见图 612)

资料三(照片) 7 月 2 日,家人祝贺父亲生日。(见图 613)

图 611 - 1

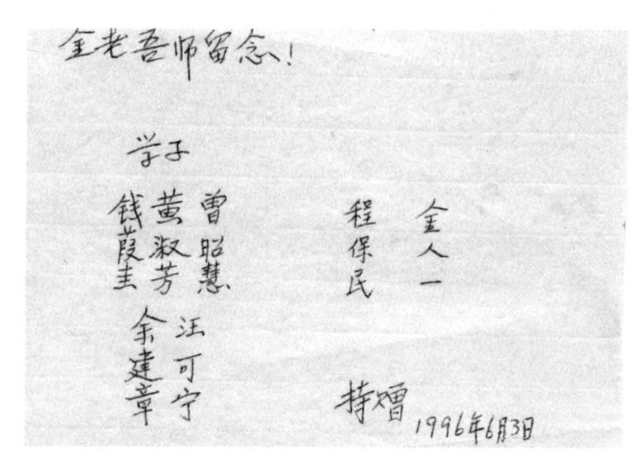

金老吾师留念！

学子

钱葭圭 黄淑芳 曾昭慧 程保民 金人一

余建章 汪可宁

持赠

1996年6月3日

图 611 - 2

图 612

图 613

7 月 8 日,国家教委复信,同意南京农业大学进入“211 工程”。

资料一(信件) 国家教委的复信。(《国家教委的复信》,1996 年 7 月 8 日,见图 614)

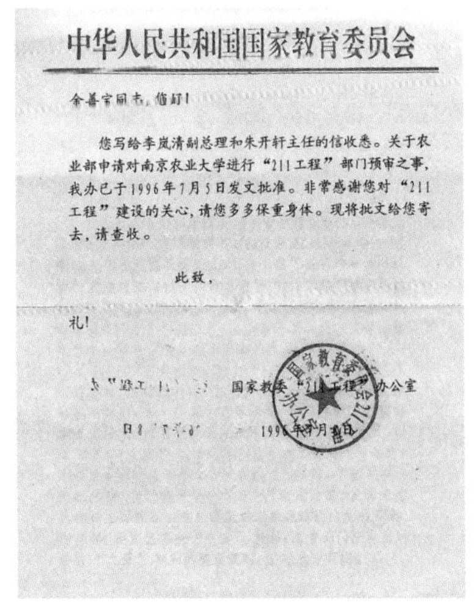

中华人民共和国国家教育委员会

金善宝同志，您好！

您写给李岚清副总理和朱开轩主任的信收悉。关于农业部申请对南京农业大学进行“211工程”部门预审之事，我办已于1996年7月5日发文批准。非常感谢您对“211工程”建设的关心，请您多多保重身体。现将批文给您寄去，请查收。

此致，

礼！

国家教委“211工程”办公室

1996年7月8日

图 614

资料二(传记) 这封信,虽然字体写得歪歪斜斜,却表达了一位世纪老人对农业教育事业的一片赤诚。此信送呈后一周左右,金老家中就接到国家教委“211 工程”办公室的电话,被告知:金老给李岚清副总理和朱开轩主任的信收到了。经研究,已经同意南京农业大学进行“211 工程”部门预审。请金老放心！7月初又收到国家教委“211工程”办公室的正式回函和批文。至此，南京农业大学申请进入“211工程”预审之事，如果从农业部1995年同意申请上报开始计算，历经一年之久的多方努力，终于大功告成。金老心中的一块石头总算落了地！完成了他生命中对南农最后一点奉献！有人说，金善宝和他母校的关系，形同母子，胜似母子。母校培育他，从一个山村农娃，成为大学教授、一代农业科学家、教育家；他用自己的一生回报了母校，辛勤耕耘，培养出一批又一批青出于蓝而胜于蓝的农业科技人才；有人说，金老和南农的关系，如同亲人，胜似亲人。他的心脏随着南农的兴衰而跳动！他的血液，随着南农的发展而沸腾！这不仅仅因为他是南农的首任院长，更主要的是，出于一个农业教育家热爱农业教育的心怀，出于一颗热爱祖国、盼望祖国农业发达的赤子之心！因为他知道，一个人的生命是有限的，一个人的贡献再大，在历史发展的长河中只是沧海一粟，只有依靠一代又一代人的努力，才能使祖国长治久安，繁荣富强。这就是金善宝一生最大的心愿！（金作怡：《金善宝》，第259页）

8月，主编的《中国小麦学》出版。

资料（著作） 本书是一部涉及育种、栽培和各个相关领域的小麦科学著作。全面论述了我国在二十世纪六十年代以来，特别是近十多年来小麦生产的发展、育种、栽培和有关学科的研究成就，以及国外在这些领域的新进展。（金善宝主编：《中国小麦学》，中国农业出版社，1996年）

是年，《绍中英杰》《中央大学校友会通讯》均介绍其事迹。

资料一（传记） 讲述了金善宝先生热爱祖国，是原中央大学的进步教授。1949年后，倡导缩短小麦育种年限，实现异地加代；关心爱护人才；发表多篇著作等；被誉为“农学泰斗”“东方神农”。（《誉为“农业泰斗”“东方神农”的著名农学家金善宝》，《绍中英杰》1996年第1辑，第34—37页）

资料二（传记） 传记简述了金善宝的学历，抗战期间在重庆的爱国活动，中华人民共和国成立后历任的职务，以及他生活简朴，被视为表率，受到中国共产党和人民的赞扬。（《金善宝生平介绍》，《中央大学校友会通讯》第1期，1996年12月）

1997年　　103岁

2月6日，杨显东来访。

资料一（照片）　2月6日，杨显东（左）来访。（见图615）

图615

资料二（照片）　二老拥抱。（见图616）

图616

3 月 21—30 日，发表香港回归的系列文章，为“庆祝香港回归历史长卷”题字。

资料一（手稿） 谈起香港回归，我想每一个中国人都是十分关心的。我于 1895 年 7 月 2 日出生在浙江诸暨一个偏僻的山村，那是一个中国人民饱受列强欺凌、灾难深重的年代。早在 1842 年 8 月 5 日鸦片战争失利后，清政府就在《南京条约》里将香港割让给英国了。1898 年，在我刚刚 3 岁的时候，列强在旧中国重新划分了势力范围，英国又强租九龙及香港附近各岛屿，租期长达 99 年。这是中国人民历史上的奇耻大辱，我们永远也不会忘记。现在香港人民离开祖国怀抱已经 100 多年了，祖国人民一刻也没有忘记香港的同胞亲人。值得高兴的是，在我 102 岁的时候，终于盼来了香港回归祖国，中国人民 100 多年以来的愿望终于实现了。对一个国家来说，农业是基础，“民以食为天”，对我们这样一个农业大国来说，尤其重要。我这一辈子和农业、小麦打交道，对农业有一种非常深厚的、特殊的感情。为了考察农业、培育小麦良种，我踏遍了祖国的山山水水，就是没有去过台湾和香港，所以非常希望在香港回归祖国之后，有机会去香港看看，和香港的同行们谈谈祖国农业的发展。明天离香港回归还有 100 天，100 天之后，香港回归祖国的大喜日子，也是我 103 岁的生日，我和我们全家都十分高兴。我衷心祝愿我们伟大的祖国，更加繁荣昌盛，万事兴旺。（金善宝：《谈有感香港回归——与中央人民广播电台记者谈话》，1997 年 3 月 21 日）

资料二（传记） 作为和香港被迫租借同一时代的世纪老人，金老和香港共同渡过了一百年的风风雨雨，是这段历史的最好见证人。现在即将看到香港回归祖国，怎能不使他感到由衷的高兴呢？……1997 年 3 月 22 日，在离香港回归还有 100 天的时候，金老家里来了几位客人，他们手里抱了一大卷宣纸，要求金老题字。原来是北京大运河翰林文化开发中心董事长谷建华同国务院办公厅老干部局共同承办的“庆祝香港回归历史长卷”的制作和大型书画展出活动，拟请 100 位老人写（画）100 幅字（画），准备裱成一幅百米长的大型字画，作为庆祝香港回归的纪念。金老是他们要找的第一位老人。金老得知客人的来意后，欣然提笔，蘸上满满的墨汁，略一思索，就在百米长卷上挥笔写下了苍劲有力的“百年沧桑”四个大字。（金作怡：《金善宝》，第 323—324 页）

资料三(其他) 薄一波为书画展题字。(见图 617)

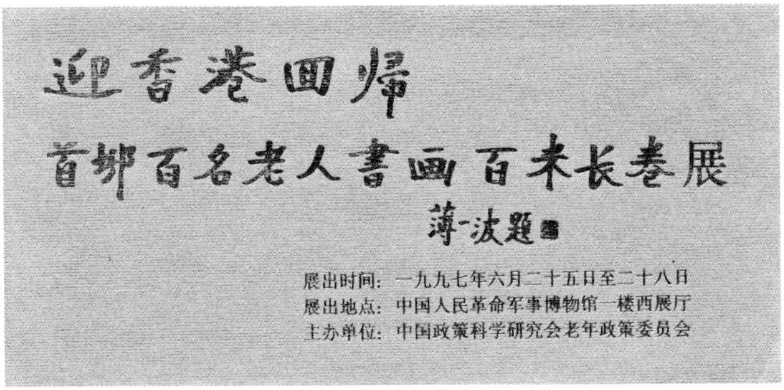

迎香港回归
首都百名老人书画百米长卷展
薄一波题
展出时间:一九九七年六月二十五日至二十八日
展出地点:中国人民革命军事博物馆一楼西展厅
主办单位:中国政策科学研究会老年政策委员会

图 617

资料四(报道) 百岁老人金善宝,亲身经历了百余年来中国历史的变迁,目睹了在收复香港问题上的种种风云变幻,为香港回归发表感言:“从 1841 年英国强占香港岛到 1997 年 7 月 1 日香港回归祖国,这漫长的一个半世纪中,一代又一代的中国人期盼着香港回归,一雪百年国耻。但是在旧中国,这种期望一次次破灭,历史一次次向国人证明了落后必然挨打,弱国无外交。只有共产党领导的社会主义新中国使国家一天天繁荣富强。”(《只有新的中国才能实现中华民族几代人的愿望——有感香港回归》,《民主与科学》1997 年第 3 期,第 5—6 页)

3 月,《求是英才传》报道其传记一篇。

资料(传记) 传记简述了金善宝的出生年月、历任职务、发表的主要论著,以及他为中国小麦科学事业作出的贡献。(杨达寿、徐纯绒编:《求是英才传》,浙江大学出版社,1997 年,第 78—79 页)

是月,潘宁堡夫妇来访。

资料(照片) 3 月 15 日,与潘宁堡夫妇合影于 23 楼 203 室。(见图 618)

4 月 1 日,祝贺浙江大学校庆一百周年。

资料(档案) 浙江大学:值此浙江大学建校 100 周年之际,谨向全校领导和广大师生员工表示热烈的祝贺。浙江大学是一个历史悠久、师资雄厚、

图 618

人才辈出的高等学府。一百年来培养、造就了一大批科技人才，硕果累累，桃李满天下，为我国教育事业和现代化建设作出了重大贡献。祝愿浙江大学在今后的岁月中取得更加辉煌的成就。（浙江大学档案室：《金善宝校友给浙江大学百年校庆的贺信》，1997 年 4 月 1 日）

4 月，为江南大学五十周年校庆题字。

资料（其他） 金善宝为江南大学五十周年校庆题字。（见图 619）

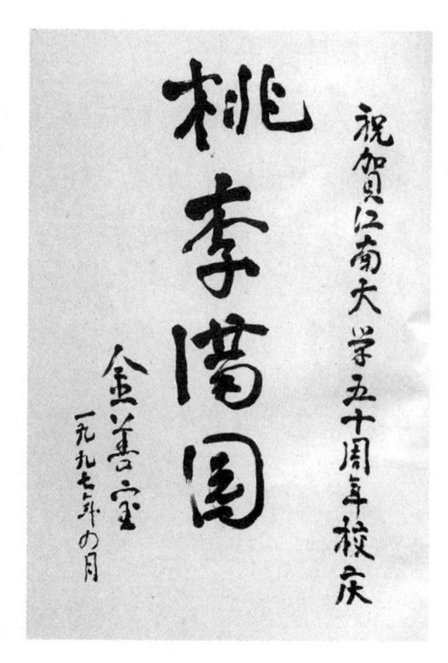

图 619

5 月 3 日,为纪念已故挚友、著名心理学家潘菽一百周年诞辰,写就《深切怀念我的挚友潘菽同志》一文,亲送至潘府。

资料一(传记) 4 月 13 日,金老已故挚友潘菽之子潘宁堡夫妇来访,邀请金伯父参加 7 月 13 日父亲百岁诞辰纪念大会,并为父亲撰写一篇纪念文章,金老欣然应允。他认真回忆了与著名心理学家潘菽半个多世纪以来的友谊,写成《深切怀念我的挚友潘菽同志》一文。5 月 3 日上午,金老在女儿陪同下造访潘府,拜访潘老夫人,并亲自送上怀念挚友的文章。适逢潘老夫人去女儿家小住,遂与潘宁堡夫妇合影留念。(金作怡:《金善宝》,第 324—325 页)

资料二(照片) 金善宝亲访潘府(左起:潘宁堡、金善宝)。(见图 620)

图 620

资料三(文章) 为纪念挚友潘菽诞生一百周年,撰文回忆如下:抗战时期在重庆,忧国忧民的爱国思想将他们紧紧地联系在一起;通过潘菽长兄潘梓年和中国共产党的机关报《新华日报》取得了密切联系,组成了"自然科学座谈会";中华人民共和国成立后,潘菽不屈不挠献身心理科学的精神。(金善宝:《深切怀念我的挚友潘菽同志》,《心理学动态》1997 年第 3 期,第 7—9 页)

5 月 5 日，新华社记者来访。

资料(照片) 大象棋。(见图 621)

图 621

5 月 12 日，《人民政协报》报道《世纪老人金善宝》。

资料(报道) 九三学社名誉主席金善宝今年 102 岁。他是中国科学院院士、中国农业科学院名誉院长、著名小麦育种专家。他培育的小麦新品种矮立多和南大 2419，在长江流域等 13 个省市推广，获得大面积丰产。他研究鉴定了从全国征集到的 5 544 个小麦品种，发现其中云南小麦是世界上独有的小麦新种。这项工程对小麦种类及其分布的系统研究、小麦育种打下基础。(侯艺兵：《世纪老人金善宝》，《人民政协报》1997 年 5 月 12 日第 2 版)

5 月 25 日，参加校友聚会。

资料(传记) 5 月 25 日上午 10 点，原中央大学 100 多名校友在农科院灰楼食堂聚会，邀请金老参加，金老在女儿陪同下到会，受到全体校友热烈鼓掌欢迎。会后，在农科院花园内与全体校友合影留念。(金作怡：《金善宝》，第 325 页)

5 月 26 日,消化道出血,立即赴友谊医院治疗。

资料(传记) 5 月 26 日早晨,金老的女儿出外为父亲修理粉碎机,中午 12 点回到家中,发现父亲的裤子、沙发上染红了鲜血,当即打电话与友谊医院张恩德大夫联系,张大夫判断可能是消化道出血,应尽快送友谊医院住院治疗。但当金老在女儿和秘书处莫国庆同志的护送下来到友谊医院时,内科副主任却面有难色地说现在医院没有病床。经家属要求,他连续打电话给北京协和等各大医院,得到的回答一律都是没有病床! 金老一直坐在门诊部的轮椅上等候着,直到下午五六点钟的时候,才住进了友谊医院。晚上,开始打点滴止血针。经农科院同意,医院派来两位特护,轮班守护,女儿作怡日夜陪护在床边……28 日,金老在上海交大工作的儿子孟浩首先赶到北京,过了几天,在成都科技大学任教的女儿作美也赶来了。从此,姐弟三人日夜轮流值班陪护,考虑到父亲年事已高,一致同意医院采取保守的治疗方案,婉言谢绝了农科院派人陪护,提出的唯一要求是,因农科院距离友谊医院太远,每日坐公交车往返需要三四个小时之久,为了便于照顾病重的父亲,希望能配一辆汽车接送。(金作怡:《金善宝》,第 325—326 页)

5 月,主编的《中国小麦品种志》第三辑出版。

资料(著作) 本集品种志在品种部分之前有小麦品种概论,综合分析了近十年来我国小麦品种演变和发展,总结了我国育种和良种推广的经验。入志的品种主要是 1983—1993 年生产上大面积推广的普通小麦品种 413 个,其中 14 个品种在第二册已有记述,由于入志后又有较大发展,故再次入志;有国外引进种 18 个和国内地方品种 5 个。全书有穗、粒标本照片 133 帧。(金善宝:《中国小麦品种志(1983—1993)》)

6 月 25 日,发表《扬眉吐气话夙愿》一文。

资料(文章) 文中回顾了百年来香港风云变幻的历史。认为被誉为“东方明珠”的香港岛,将结束长达一个半世纪的殖民统治,重又回到祖国的怀抱,使世界上所有的炎黄子孙无不扬眉吐气。150 多年来中华民族几代人的夙愿今天终于实现,真是欣慰之至。(金善宝:《扬眉吐气话夙愿》,《科技

日报》1997 年 6 月 25 日第 4 版)

6 月 26 日,去世。

资料(传记) 作为一个跨世纪的老人,金老为祖国的农业教育辛勤耕耘,为祖国的农业科学呕心沥血,奋斗终生,能够亲眼看到桃李满天下,祖国一天比一天更加繁荣富强,应该说已经没有什么遗憾了。如果说还有遗憾的话,那就是还有几天香港就要回归了,他却不能看到;他一生盼望的海峡两岸统一到祖国怀抱,也不能看到了……6 月 26 日,金老的消化道出血止住了。可是终因出血过多,于中午 12 点平静地闭上了双眼。金老终于走了!带着对美好生活的无限眷恋走了!带着对伟大祖国美好远景的无限向往,走了……(金作怡:《金善宝》,第 327 页)

6 月,主编的《中国小麦学》获奖。

资料(证书) 《中国小麦学》获全国优秀科技图书二等奖。(见图 622)

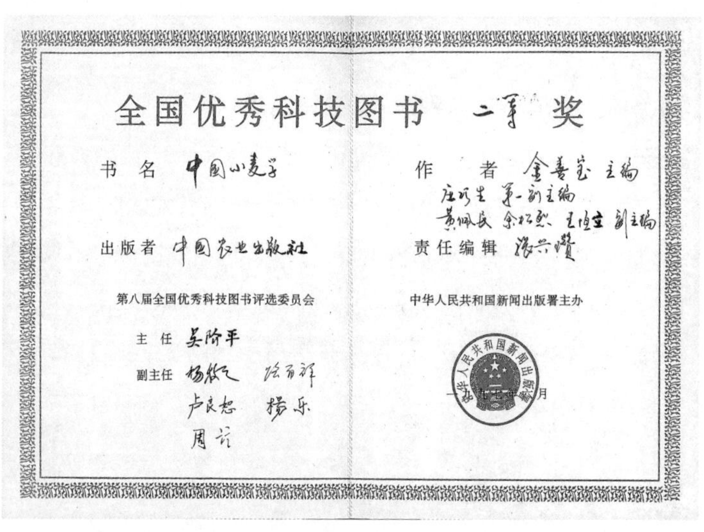

全国优秀科技图书 二等 奖

书 名 中国小麦学

作 者 金善宝 主编
庄巧生 第一副主编
黄佩民 余松烈 王恒立 副主编

出版者 中国农业出版社

责任编辑 [illegible]

第八届全国优秀科技图书评选委员会

主 任 吴阶平

副主任 杨牧之 [illegible]
卢良恕 杨乐
周谊

中华人民共和国新闻出版署主办

一九九七年 月

图 622

7 月 9 日,告别仪式在八宝山举行。

资料一(传记) 7 月 9 日上午 10 点,在北京八宝山革命公墓第一告别室举行了庄严的告别仪式，在凄婉的哀乐声中，金老身披党旗，躺在鲜花丛中。中共中央统战部、九三学社中央、中国科协、国家科委、中国科学院、中国农业科学院等全国330多个单位和个人送了花圈。中共中央书记处书记胡锦涛，九三中央委员会主席吴阶平，中共中央统战部部长王兆国、副部长刘延东以及朱光亚、李振声、刘江、洪绂曾、钱正英、陈宜瑜、吴亦侠、张玉台、何康、吕飞杰、卢良恕、王连铮、沈桂芳等领导以及中国农业科学院职工、农业界、教育界、科技界代表、金老故乡代表、学生、亲友等100多人参加了送别仪式，向这位为祖国农业科学、农业教育奋斗了一生的世纪老人，为我国小麦育种事业作出杰出贡献的农业泰斗，表示深深的敬意和哀悼。与此同时，全国各大学、科研单位、九三学社各省省委以及金老在海内外的学生、亲友等发来唁电130多封，送花圈336个。（金作怡：《金善宝》，第327页）

资料二（信件） 金善宝同志治丧办公室讣告。（见图623）

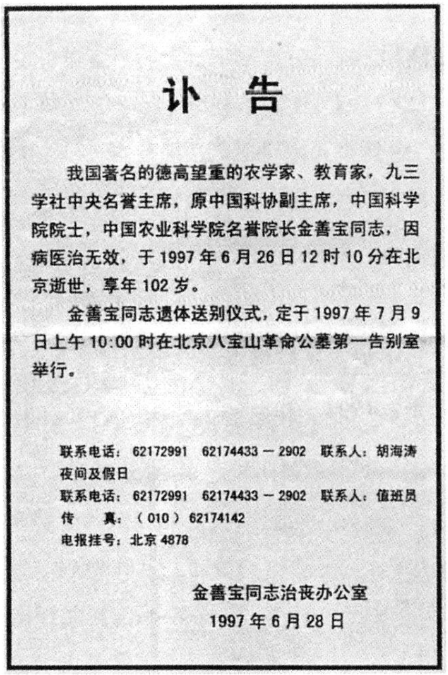

讣　告

我国著名的德高望重的农学家、教育家，九三学社中央名誉主席，原中国科协副主席，中国科学院院士，中国农业科学院名誉院长金善宝同志，因病医治无效，于1997年6月26日12时10分在北京逝世，享年102岁。

金善宝同志遗体送别仪式，定于1997年7月9日上午10:00时在北京八宝山革命公墓第一告别室举行。

联系电话：62172991　62174433－2902　联系人：胡海涛

夜间及假日

联系电话：62172991　62174433－2902　联系人：值班员

传　　真：（010）62174142

电报挂号：北京4878

金善宝同志治丧办公室

1997年6月28日

图623

资料三（信件） 农业部党组：你部“关于金善宝同志治丧工作的请示”收悉。经研究我部同意请示中提出的金善宝丧事安排意见如下：1. 1997年

7 月 9 日上午 10 时,在八宝山革命公墓大礼堂向金善宝同志遗体送别。2. 拟请一位政治局常委参加遗体送别(另文报请中办批示)。3. 金善宝骨灰安放在八宝山革命公墓一室侧室。4. 请新华社发金善宝同志逝世综合消息通稿、刊遗像、中央电视台口播综合消息并出图像,中央人民广播电台口播消息。(中央统战部办公厅:《关于金善宝同志丧事安排意见的复函》,1997 年 7 月 4 日)

资料四(传记) 我国著名的科学家、教育家和社会活动家,九三学社中央名誉主席,中国科学技术协会荣誉委员,中国科学院院士,中国农业科学院名誉院长、中国共产党优秀党员金善宝同志,因病医治无效,于 1997 年 6 月 26 日12 时 10 分在北京逝世,享年 102 岁。金善宝同志 1895 年 7 月 2 日出生于浙江省诸暨市枫桥镇石口村。1920 年南京高等师范学校农业专修科毕业,留校任皇城小麦试验场技术员。南京高师改为东南大学后,又到大胜关农事试验总场从事小麦、玉米和大豆的科学研究,同时补修东南大学学分,1926 年毕业于本科农艺系。1930 年初赴美留学,在康奈尔大学和明尼苏达大学研究遗传育种。1932 年底回国,先后在浙江大学农学院、中央大学农学院、江南大学农艺系任职。解放后历任南京大学农学院、南京农学院院长。1950 年 4 月任华东军政委员会农林部副部长。1950 年 6 月任南京市副市长。1955 年被选聘为中国科学院学部委员,1957 年被授予全苏列宁农业科学院通讯院士。1957 年至今,先后任中国农业科学院副院长、院长、名誉院长,第一至第六届全国人大代表,九三学社第六、七届中央副主席和第八、九届中央名誉主席,中国科协第三届副主席、荣誉委员,中国农学会第一、二、三届副理事长、名誉会长,中国作物学会第一、二届理事长,1980 年被聘为国务院学位委员会委员,1986 年被授予美国农业服务基金会永久荣誉委员。金善宝同志是我国德高望重、享誉海内外的科学家,是我国农业科学界的开拓者、小麦科学研究的奠基人。他从事农业科学研究长达 70 余年,发表论著一百余篇(部),在学术思想、理论、实践和学科涉猎广度上,均成为我国农业科学界的开拓者,对我国整个农业科学的发展作出了重要贡献。1928 年他发表的《中国小麦分类之初步》是我国第一篇小麦分类学文献;1934 年出版的《实用小麦论》是我国小麦史上第一部专著: 1934 年他发表的

《近代玉米育种法》也是我国第一部全面系统介绍自交系间杂交种选育的科技专著；1942年他与蔡旭教授合著《中国近三十年小麦改进史》；1943年发表了《中国小麦区域》，1957年发表《中国小麦种类及其分布》；1960年至1996年主编了《中国小麦栽培学》《中国小麦品种及其系谱》《中国小麦品种志》《小麦生态研究》《小麦生态理论与研究》《中国农业百科全书·农作物卷》和《中国小麦学》等重要著作。这些著作不仅是我国小麦研究的宝贵财富，也是世界小麦科学知识宝库的重要财产。金善宝同志是我国小麦育种和品种资源科学研究的奠基人。他在二十年代至四十年代发表的论著，为我国小麦分类和生态区划的研究奠定了重要的理论基础。五十年代，他从全国2 000多个县收集到小麦品种5 544份，经过分类判定中国小麦分属于5个种、126个变种，其中22个变种是他发现并以他的名字命名的，为中国小麦的分类和发展奠定了坚实的基础。金善宝同志是云南小麦的发现者和命名人。他把云南小麦定为普通小麦的一个亚种。这一重要发现和定名，得到了苏联等国外科学家的一致肯定和赞佩，对世界小麦分类研究是一个重要贡献，对进一步研究中国小麦的起源、进化和分布及小麦分类学和区划研究的深入开展，提供了重要的科学依据。同时提出了中国西部很可能是世界小麦次生多样性中心的新学说。金善宝同志为中国小麦育种研究作出了卓越贡献。早在三十年代，他选育出的江东门等地方优良品种，至今仍作为我国小麦育种的重要早熟种质资源被利用。1939年他培育出适合我国长江中下游地区栽培的南大2419优良品种，解放后迅速在长江中下游20多个省、市推广，推广面积高达七千余万亩，种植年限长达40余年，衍生品种之多，是小麦系谱中罕见的。他选育的南大2419，对发展我国小麦良种和粮食增产作出了卓越贡献，成为我国小麦育种史上重要的里程碑。金善宝同志是我国小麦南繁北育、异地加代的创始人。他最早倡导小麦育种要利用纬度和海拔高度不同的条件，进行南繁北育、异地加代，以缩短小麦育种进程。……他已年逾古稀，仍不辞劳苦，跋山涉水，先后到五指山、黄山、庐山、井冈山及云南元谋和金沙江畔进行考察选点。南繁北育、异地加代获得成功，使小麦新品种育成时间由8～10年缩短为4～5年，为小麦育种作出了新的重要贡献。在他主持下，先后育成一批“京红号”系列春小麦新品种，其中京红7、8、9号平均单产比当时风靡世界的墨西哥小麦品种增产1～2成。金善宝同志是我国卓越的教育家。他从事农业高等教育近30年，他是原南京农学院(现南京农业大学)首任院长，在中国农业科学院任院长期间，兼任本院研究生院院长，他为我国农业教育事业辛勤耕耘，贡献了毕生精力。他的有关论著抚育了几代学人。他是农业教育界的一代宗师，治学严谨，一丝不苟，理论联系实际；他言传身教，培养学生爱祖国、爱人民、爱科学。解放前，他积极支持进步学生的革命活动，鼓励学生追求真理，投身革命。他一贯诲人不倦，爱护青年，提携后学，支持新生力量。他为祖国培养了大批优秀人才，桃李满天下，有不少学生成为中国科学院院士，国际上著名的专家、学者。金善宝同志是忠诚的爱国主义者。金善宝同志热爱祖国、热爱人民、热爱中国共产党。早在抗日战争初期，在周恩来、林伯渠同志的关怀下，他旗帜鲜明、坚决反对内战，支持团结抗日，并积极投身于抗日救亡运动。他在生活清贫的情况下，两次前往八路军办事处捐款，支援前方抗日将士。他支持解放区大生产运动，把自己多年精选的小麦优良品种送往延安。1945年8月在毛主席到重庆进行和平谈判期间，他和几位进步教授受到毛主席的亲切接见。1945年在云南大学讲学时，不顾个人安危，在反对内战，督促国共合作三百名教授联合呼吁书上签名。在重庆他参加了“一・二五”反内战大游行。为了广泛地团结爱国知识分子，他和许德珩、梁希、潘菽等人先后发起组织了“自然科学座谈会”“民主与科学座谈会”“中国科学工作者协会”。他参与发起创建九三学社，是九三学社老一代领导人之一，为党的抗日民主统一战线作出了积极贡献。抗日战争胜利后，他积极支持并参加了反对蒋介石撕毁“双十协定”、全面发动内战的爱国学生运动，谴责国民党的反动行径，为新中国的建立作出了积极贡献。新中国成立后，金善宝同志以极大的热情投入社会主义革命和社会主义建设，并在1956年花甲之年光荣地加入了中国共产党，实现了多年以来的愿望。十年浩劫中，他坚决支持和拥护党中央粉碎“四人帮”。他衷心拥护和积极贯彻党的十一届三中全会以来的路线、方针和政策，衷心拥护邓小平同志的改革开放政策，衷心拥护以江泽民同志为首的党中央。他时刻关心着祖国的统一大业。1980年元旦，他写的《向台湾科技界朋友贺新年》一文，香港、澳门……的华语报刊上纷纷转载，在海内外引起很大反响。他为巩固发展爱国统一战线，为统一祖国大业做了许多卓有成效的工作。金善宝同志长期担任九三学社中央领导工作，团结并带领九三学社的广大成员，与中国共产党风雨同舟、肝胆相照，为坚持和完善中国共产党领导的多党合作和政治协商制度，为九三学社的建设和发展作出了卓越的贡献。金善宝同志是中国科技、教育工作者的表率和楷模。金善宝同志心系农业，关心农业生产，关心群众疾苦。在他担任南京市副市长期间，1950 年长江下游洪水泛滥，受灾面积达数亿亩，1951 年苏北地区又遭受了历史上罕见的冻害，他亲临灾区，废寝忘食地认真进行调查研究，及时向党和政府提出了有效的抗灾救灾的措施和办法，大大减少了农民的损失。金善宝同志长期担任中国农业科学院的领导工作，在工作中坚持党的正确科研方针，认真贯彻党的知识分子政策，积极将中国农科院办成学科齐全、理论联系实际、享誉海内外的农业科学研究机构。他兢兢业业，老骥伏枥，经常深入实际调查研究，他的足迹除西藏、台湾外遍及全国各地。在 88 岁高龄时仍不辞劳苦到广西、黑龙江等地考察，向中央汇报边远地区的农业生产情况；到福建考察小麦品种情况；去陕西、河南、河北等地参加小麦育种攻关会议，了解小麦科研和生产情况。他每一次考察都对当地的科研和生产提出合理化建议，使基层领导、科技人员和农民群众受到很大鼓舞和帮助，为发展我国的小麦生产，提高小麦育种水平作出了重要贡献。金善宝同志坚持实事求是、严谨治学、一丝不苟的工作作风；他生活简朴，谦虚谨慎，平易近人；他待人处世，论是非不论利害，论功过不论权势；他高尚的道德情操和刚正不阿、敦厚正直的品质，深受他的学生和广大科技、教育工作者的爱戴和尊敬。他不愧为中国科技、教育工作者的表率和楷模。金善宝同志是我国知识分子的优秀代表，他为祖国统一、繁荣，科技和教育事业的发展无私奉献，呕心沥血，鞠躬尽瘁，贡献了毕生精力。他的杰出成就和历史功绩将永载史册。金善宝同志是德高望重的老一辈科学家和教育家，是中国共产党的优秀党员。他把自己毕生精力和生命奉献给了我国农业科学和教育事业。他的逝世，使我国失去了一位老科学家、教育家，是我国农业科教界的重大损失。我们要化悲痛为力量，永远缅怀他对我国农业科学和教育事业作出的巨大贡献，学习他的高尚品德和对事业的无私奉献精神，在以江泽民同志为核心的党中央的领导下，为发展我国社会主义农业现代化而奋斗。金善宝同志永垂不朽！（金作美：《金善宝生平》，1997 年 7 月）

资料五(信件) 金善宝教授治丧委员会：惊悉我校前身南京农学院德高望重的首任院长、九三学社中央名誉主席、中国农科院名誉院长、享誉国内外的、杰出的农业教育家和科学家、中国科学院院士金善宝教授不幸逝世，我们南京农业大学全体师生员工万分悲痛。在此，谨向深受我们敬仰和爱戴的农业教育科技界一代宗师、学术泰斗表示沉痛的哀悼！向金老亲属致以亲切的慰问！并祈节哀！金老毕生从事农业教育、科研及推广工作，为我国农业教育事业的发展和农业科研推广体系的建设，宵衣旰食、呕心沥血，作出了卓越的贡献，他从事小麦育种工作几十年如一日，为培育小麦良种，不顾年事已高，跋山涉水，野餐露宿，足迹遍及大江南北，育成的南大2419、中 7606、中 7902 等品种遍种全国各地亿亩农田，丰产增收，深受农民欢迎，为促进我国粮食生产发挥了重大作用，他编撰的《中国小麦栽培学》《小麦品种志》及《中国小麦品种及其系谱》等专著，总结了其一生教学、科研和生产实践的精华，为后人研究国内外小麦品种资源和开展小麦育种工作奠定了理论基石，提供了极为宝贵的实践工作经验，是我国小麦科学的奠基人，他从教几十年，辛勤耕耘，诲人不倦，为国家培养了大批农业科技人才，桃李满天下，许多学生已经成为蜚声国际的农业科学家。金老一生爱憎分明，热爱祖国，热爱中国共产党，早年海外留学期间，他追求进步、不畏强暴和利诱，勇敢捍卫了祖国、民族的尊严，学成后满怀一片爱国之心，毅然回国，热情报效祖国的教育科研事业。四十年代，金老受到了毛泽东主席的亲切接见……他辛勤耕耘在农业教育、科研、生产第一线，默默地为党、为人民工作。……在极其困难的条件下，他仍坚持科学研究工作，使我们后辈学子深为敬佩。金老又是我国著名的社会活动家，九三学社的创始人之一，曾任该社中央副主席，他还担任南京市副市长、华东军政委员会农林部副部长、全国第一届至第六届人大代表等重要职务。在繁忙的教学、科研工作之余，他积极参政议政，参加各种社会活动，以一个科学家博大挚真的胸襟，关心祖国建设事业的发展，长期受到党和国家领导人的尊重和关怀，在国内外享有崇高声誉。金老一生艰苦朴素，平易近人，作风严谨，谦虚谨慎，兢兢业业，为人师表，他的优秀品质、高风亮节，永远是我们后辈学习的楷模！金老作为南京农学院的缔造者之一和首任院长，为学院的建立和发展作出了卓越的贡献。他亲手创建的教育科研体系，为南京农学院以后发展成为全国重点农业大学奠定了坚实的基础，金老因工作调动离开学校以后，仍始终关注着母校的建设和发展事业。七十年代末拨乱反正后，他以八十高龄，奔走呼号，为南京农学院的复校作出了艰辛和卓著的贡献；母校八十周年校庆，他又以百岁高龄亲临学校祝贺，并殷切勉励后辈学子为我国农业和农村经济发展作贡献。南京农业大学从初期创立的农科发展成为今天这样的据有万名师生员工的综合性、多学科性、全国重点农业大学，金老居功至伟，我们将永远缅怀和铭记金老对南京农业大学每个发展阶段所做出的卓越的贡献。金老把自己的一生毫无保留地贡献给我国的农业教育科研事业，他的不幸谢世，不仅是我国农业界、科技界、教育界的重大损失，也使我们失去一位衷心爱戴的领导人和导师，我们全校师生员工决心化悲痛为力量，继承金老的遗志、忠诚党的教育事业，坚持社会主义办学方向，主动适应农业和农村现代化发展的需要，发扬金老生前所创立的“团结、勤奋、求实、创新”的优良校风，全面深化教育改革，为实现我校的“九五”规划和“211 工程”建设目标，为把南京农业大学办成全国一流的社会主义综合性农业大学而努力不懈地奋斗，实践金老未完的事业，告慰金老在天之灵！敬爱的老院长金善宝教授永垂不朽！（中国共产党南京农业大学委员会：《唁电》，1997 年 6 月 30 日）

资料六（信件） 惊悉金善宝教授病逝，深感悲痛！金老是我国著名的德高望重的农业科学家、教育家，献身农业 80 余年，为农业科技和教育事业的发展，作出了杰出的重大贡献。金老又是我国著名的社会活动家，在国内外享有崇高的声誉，他的丰功伟绩将为我等后辈永远怀念。特电致哀悼，并请金老家属节哀珍重。（孙颔：《唁电》，1997 年 7 月 3 日）

资料七（信件） 顷接电传讣告，惊悉金教授善宝夫子于六月二十六日逝世，享年一百晋二岁，福、禄、寿俱全，垂名后昆，于彼夫子已毫无遗憾，然于我辈学子低缅往事，终不能忘怀于逝者也，谨此奉唁并祈转慰家属。是所翘祷。道远未能趋奠，怅歉良泽，乞鉴存是幸。专此，顺颂礼祺！附：善宝教授夫子千古！历数古今百二岁期颐能有几，精研中外农科技学术竟无亏。(《北美校友会的唁电》，1997 年 6 月 29 日)

资料八(信件) 我们诚挚地悼念去世的老朋友金善宝先生，他是我们亲爱的老朋友了。提起他，我们会说：他的一生没有虚度，他对专业矢志不渝！(《恩斯明格的悼词》，1997 年 7 月 3 日)

资料九(信件) 金老德高望重，毕生从事农业教育、农业科研，领导农业发展，忠于国家、忠于农民，辛勤备至，贡献至多，无金老即无中国现代农业。我承蒙金老感召鼓励，情同师生。1977 年第一次由美回国访问，即是由金老邀请；1982 年，又蒙金老授予农科院第一位荣誉研究员。每次回国，都蒙款待迎接，关切厚爱，铭感无涯。金老高寿，诚为人瑞，立功立德立言，永垂不朽。谨致悼念之诚。(《美国国际农业生命科学发展教育厅理事长左天觉、吕幼仪夫妇悼念金善宝》，1997 年 7 月 3 日)

资料十(信件) 惊悉善宝师仙逝，万分悲痛。善宝师是南京农业大学前身南京农学院首任院长，曾为学校的建立和发展，尤其七十年代拨乱反正恢复学校，倾注过大量心血，作出了艰辛和卓越的贡献。善宝师是我国麦作学科学的奠基人，率先对我国小麦品种资源进行分类研究，发现定名云南小麦新种，选育南大 2419 和矮立多等大批小麦良种，在我国推广面积之大，历时之长，前所未有，对我国粮食生产发挥了巨大作用。善宝师首创小麦高山夏繁，异地加代，缩短育种年限，开品种选育和育种技术之先河。善宝师是杰出的农业科学家、教育家和社会活动家，德高望重，恩泽沐后人，桃李满天下。新中国成立前，身陷困境，贫病交困，不畏艰险，为民请命，诲人不倦，循循善诱。新中国成立，身心焕发，为国家富强、科学教育事业的发展，身负重任，鞠躬尽瘁，功德无量，光耀日月。生等当切记善宝师教诲，站好岗位，发挥余热，誓为建设有中国特色的社会主义伟大强国，继续不懈努力。善宝师安息吧。(《沈丽娟、朱立宏、潘家驹、盖钧镒的挽词》，1997 年6 月 29 日)

资料十一(信件) 听到爷爷金善宝逝世的消息，全家十分悲痛，特发此电以吊唁。爷爷是一个伟大的科学家，他把自己的一生献给了科学与教育事业，献给了人类的文明和进步。爷爷是第一个领我走进科学殿堂的人。我永远不会忘记，在那……时期，是爷爷引我走上了科学研究之路，他的谆谆教诲,使我懂得了知识的宝贵、科学的伟大,使我在那蹉跎岁月中,选定了自己的人生之路。八十年代,我有幸在爷爷身边度过了我的大学和研究生生涯,爷爷为我提供了良好的学习条件,使我能够顺利地完成那繁重的学习任务。在爷爷身边生活,我得到了许多宝贵的精神财富,他那无私无畏、追求真理的献身精神,那一丝不苟、严格严密的工作作风和那坚韧不拔、不屈不挠的坚强意志,永远是我们学习的榜样。爷爷走了,我们这些晚辈痛失了一位良师! 一位科学道路上的引路人! 安息吧,爷爷! 你留下的科学事业会有千千万万的后来人! (《侄孙金力人的悼词》)

资料十二(报道) 我国著名的农学家、教育家金善宝,在他只差几天就要度过 103 岁生日时,却因病溘然长逝。金善宝 1895 年 7 月 2 日生于浙江诸暨,他是新中国第一批中科院院士之一,生前也是我国年龄最大的院士。在一个多世纪的漫长岁月里,他从世界上收集的 3 000 多份小麦材料中,选出适合我国条件生长的矮粒多和南大 2419,在长江流域大面积推广;他先后育成 10 多个优势高产小麦品种,并鉴定了全国 5 544 个小麦品种,其中云南小麦是世界上独有的小麦新种。他对小麦种类及其分布的研究,为我国小麦育种打下了坚实基础。笔者采访金老时,他回忆 80 多年前立志学农时的情景,深情地说:“我生在农村,长在农村,目睹广大农民对粮食的珍爱和希望。粮食就是他们的命! 为了报效祖国,我毅然报考了南京高等师范农业专修科,决心为中国农业科学奋斗终生!”今天,金老已经实践了自己的诺言,走完了他爱国奉献的一生。金老平时十分注意收集农业方面的最新信息,前些时候他还在聚精会神地浏览一本科技杂志。(张新学:《百年奉献》,《人民日报》1997 年 7 月 9 日第 10 版)

资料十三(评价) 1997 年 6 月 26 日中午 12 时 10 分,中国科学院最年长的院士、中国农业科学院名誉院长、九三学社中央名誉主席金善宝同志不幸逝世,享年 102 岁。几天前,金老住院时,我曾去探望,他的音容笑貌,如在目前。回想 1994 年庆贺金老百岁华诞的热烈情景,他那烈士暮年、壮心不已的豪迈情致还记忆犹新。而今斯人已逝,使人不胜悲痛。金老很希望自己成为跨越双世纪的人,看到中国更加富强的明天,看到海峡两岸统一,看到两岸携手,为中国早日成为科技大国并肩而行。金老是我国著名的农学家、教育家。他从1920年开始从事农业科技工作,曾于三十年代初赴美留美,并获硕士学位。1933年回国后,先在浙江大学农学院农艺系任教,后入中央大学农艺系任教授、系主任,同时兼任东南大学农艺系教授。……历任南京大学农学院、南京农学院院长、华东军政委员会农林部副部长、南京市副市长等职。1957年初,调任中国农业科学院副院长、院长,中国农林科学院院长,1955年当选为中国科学院生物学部委员、1957年被授予全苏列宁农业科学院通讯院士。1978年为农业部科学技术委员会主任,国家科委自然科学奖励委员会委员。他还是全国科学技术协会副主席、中国农学会副理事长、作物学会理事长。金老长期从事农作物优良品种选育研究,是我国用现代科学方法育成小麦良种的开创者之一。……他从全世界3 000多份小麦材料中选出适合我国生长的优良品种,定名为矮粒多和南大2419。……南大2419在长江流域13个省、市、地区大面积推广,获得了高产。金老还主持春小麦的育种工作,先后育成了京红系列和6082等品种,为我国小麦育种事业打下了坚实基础。半个多世纪以来,金老和他的助手撰写小麦及相关课题研究的著作和论文上百篇(部)。他在1934年出版的《实用小麦论》成为中国农业史上第一部小麦研究专著。1960年、1964年,由他主编的《中国小麦栽培学》《中国小麦品种志》,成为我国两部农业科学研究的经典著作。1983年,88岁高龄的金老又和同事们完成了一部长达60余万字的小麦新著《中国小麦品种及其系谱》,这部书系统、全面总结了全国小麦品种半个世纪、特别是近30多年的演变历史,以国内外品种资源和选配亲本方面的基本经验,填补了我国在品种系谱分析研究方面的空白,颇具中国特色。古稀之年,金老还亲自登上黄山寻找小麦播种地,到井冈山、庐山去播种小麦。80高龄时,金老仍深入田间搞试验,指导科研活动。由于他在农业科学研究上开创性的杰出贡献,被人们尊称为"农业泰斗""东方神农"。金老从事教育近三十年,桃李满天下,为我国培育了一代又一代农业科学家,不愧为一代宗师。金老还是德高望重的社会活动家和民主战士。他少年时代就踏上了追求光明、追求民主的道路。抗战时期,他心系祖国和民族之安危,在中国共产党抗日民族统一战线的影响下,他参与发起了"自然科学座谈会",后又参加了"民主与科学座谈会"(九三学社前身)。他旗帜鲜明,坚决反对内战,支持抗日，积极参加共产党领导的抗日进步活动。1945年8月底，金老和其他几位进步教授在重庆受到毛泽东主席的接见。金老十分关心毛主席的安全，婉言劝说毛主席早日返回延安。抗战胜利后，他和进步学者一起，以各种形式支持学生“反饥饿、反内战、反迫害”的斗争，亲自参加了著名的“一·二五”“五二〇”学生运动。金老参与了九三学社发起的全过程，是九三学社成立时的重要成员，他长期担任九三学社中央的领导工作，为九三学社作出了不可磨灭的贡献。解放以后，金老身兼数职，任务繁剧，但对于九三学社的工作仍尽心尽职。他衷心拥护党的十一届三中全会以来的路线、方针和政策，拥护邓小平建设有中国特色社会主义理论。他身体力行，以身作则，团结广大社员和科技工作者，为爱国统一战线，为中国共产党领导的多党合作和政治协商制度，为振兴中华和祖国统一大业，奉献了自己的全部心血。金老的一生，集中体现了一位进步知识分子，为了国家和人民的利益，随时代发展的潮流，不断超越自己，不断完善自身的过程。他的一生，始终对祖国执着热爱，以平凡而高尚的工作，真正实践了全心全意为人民服务的宗旨。对于自己取得的不凡成就，金老只是谦逊地认为，这是顺乎自然和社会的发展而已。金老虽然已经离我们而去了，但是他卓越的学术成就和高尚的人格魅力，永远为人民所铭记，永远给后人以启迪。金老的光辉业绩和道德风范，是一座激励我们永不停步、不断前进的精神丰碑。（吴阶平：《一座科学和民主精神的丰碑——悼念我国“农业泰斗”金善宝》，《光明日报》1997年7月29日第6版）

资料十四（传记） 在杭州南山的半山坡上，面对浩瀚的钱塘江，苍松绿柏中一平方米的土地下，长眠了一位来自人民、回归于人民的大地之子，一对相濡以沫、饱经60年风雨沧桑的伴侣；一块简单的青石墓碑，表达了我国一代农业科学家、被誉为“农业泰斗”“东方神农”的金善宝教授朴实无华的一生。金善宝教授并没有离去！他留下的小麦科学论著，不仅是我国，也是世界农业科学的宝贵财富，抚育了几代学人；他坚持真理、理论密切联系实际、勤奋求实的精神，在他的学生和学生的学生中，早已蔚然成风；他的拳拳爱国之心，他的“民以食为天”“以农为本”，同广大劳动人民同呼吸、共命运的思想感情，他高尚的道德情操和刚正不阿、敦厚正直的品德，将为后人永远铭记……金善宝教授一个世纪的拼搏，在中国农业、小麦科学发展史上，树立了一座永远的丰碑。金善宝的精神永存！（金作怡：《金善宝》，第328—329 页）

资料十五(照片)　金善宝铜像(潘毅群作品)。(见图 624)

图 624

结语

凌霜傲雪一支春
金善宝的学术成长之路

1995 年，在全国第二次科学大会上，“科教兴国”被定为中华人民共和国的国策，《人民日报》记者就此事采访年过百岁的金善宝，问他有什么感想。他说：“科教兴国是我青年时代的理想，也是我毕生的追求！”短短一句话，道出了这位世纪老人热爱祖国的心声，也表达了他为祖国农业科学教育事业呕心沥血的一生。

拳拳报国心

1895 年 7 月，金善宝出生在浙江省会稽山下一个偏僻的山村，14 岁丧父，幼年即帮母亲养蚕、上山打柴割草，农村生活的艰苦，使他在童年就体会了“粒粒皆辛苦”的真谛；勤劳的农民、朴实的乡风，孕育了他植根于劳动人民的思想感情；少年丧父带来的重重困境，磨炼了他坚强的意志。兴农报国的志愿由此而生。

16 岁时，风起云涌的武昌革命兴起，他和两个私塾同学一起考入同盟会创办的绍兴陆军中学，开始接触民主革命先驱孙中山先生的思想和革命主张，他兴奋不已！然而，形势急转直下，1912 年陆军中学被迫解散，他只得和同学一起又回到家乡。这次“出山”，使他不仅认识到了“革命”“民主”对国家的重要，更铭记起父亲的遗嘱：“做人最重要的是，要有气节，要有本事。”

憧憬的希望破灭后，他开始思索科学的重要意义。

1913年夏，在母亲的大力支持下，他考入浙江省立第五中学，著名教育家蔡元培曾任该校校长，民主人士徐锡麟、大文豪鲁迅都曾在这个学校任过教。该校学习气氛非常浓厚，崇尚民主，崇尚科学。四年科学文化的学习、民主思想的熏陶、期盼人民生活提高的渴望，使他萌发了“科教兴国”的爱国主义思想。

1917年中学毕业，在母亲的支持下，他排除种种干扰，考入不收学费、膳费的南京高等师范农业专修科。该校历史悠久，素有诚朴、勤奋、求实的校风。郭秉文校长提出：要发扬民族精神，教师要既能精研教材教法，又能给学生器识抱负之培养；有“先天下之忧而忧，后天下之乐而乐”的气概。使学生布衣素食，学习勤奋，树立起“嚼得菜根，做得大事”的胸怀和奋斗决心。这种气概、这种胸怀、这种决心，深深印在这个山村农家子的心头。

1930年留学美国，他目睹了西方发达的科学技术带来的繁荣和富强，领略了祖国贫穷落后遭受的嘲弄和羞辱，这促使他发愤图强，更加坚定地走在“科教兴国”“兴农报国”的道路上。

当日寇侵华，中华民族面临危亡的关键时刻，他坚定地站在主张抗日民族统一战线的共产党一边，省吃俭用，多次为八路军前方战士捐款，把自己培育的小麦良种，通过新华日报社转送到延安；教育青年学生爱祖国、爱人民，支持、鼓励爱国青年学生奔赴八路军抗日前线。

1949年中华人民共和国成立，他满腔热忱投入建设，为南京农学院和中国农业科学院的建设和发展呕心沥血，献出了毕生精力。

当改革开放的春风吹遍了祖国大地，他欢欣鼓舞，壮志凌云忘白头，踏遍青山人未老，为党为民，为“科教兴国”献出最后一份力……

实践出真知

金善宝一生从事农业科学教育的准则是：理论与实践相结合。这条准则主要得益于他的老师邹秉文先生。

一是,1919—1920年,他在南京高等师范农科学习时有过两次教训:

1918年暑假,按照邹秉文先生的教学方针,金善宝和同班同学一起被分配到浙江省农事试验场实习,试验场有个技术员是从日本留学回来的,可是他在给学生讲课时,连简单的"波尔多液"都配制不出来,还是在场的一位技术工人救了他的驾。因为他平时只在办公室坐着,很少到田间、实践第一线去调查。

1920年,金善宝从南京高师毕业,被分配到皇城小麦试验场实习,作为一个刚刚毕业的大学生,工人们对他十分敬重。小麦播种时,一个新来的工人问他:"一亩地需要播多少种子?"由于当时的他也只有书本知识,没有实践经验,这一回轮到他自己张口结舌答不出来了。

这两件事,让他记了一辈子,由此深深体会到邹秉文先生"理论与实践相结合"这一教育方针的重要意义。

二是,从1920年开始,经农科主任邹秉文举荐,金善宝先后在面粉大王荣宗敬资助的南京皇城小麦试验场、东南大学农事试验总场任技术员。这个举荐,决定了他的一生:

其一,在这里他与小麦结下了终生不解之缘。

对小麦的众多实际接触,由感性到理性,对各品种的性状、生长习性、植物学特征、物理学特性的了解,由浅入深。工作实践使他的唯物史观自发的形成,较快通过系统选育法选育出南京赤壳、武进无芒等优良品种,并从全国搜集到小麦品种900多个,进行详细的形态观察,应用前人的经典方法,深入研究了小麦的分类,1928年发表了中国第一部小麦分类文献。

其二,工作和农作物生产实际的需要,使他的研究视野没有停留在一种作物上,他对玉米、大豆和水稻,同样都花费了心血。广泛的作物科学研究实践,为他以后的教学、科研奠定了基础。

其三,从1917年考入南京高师,到1927年他与邹秉文先后离开东南大学,师生相处长达十年。在这十年,他看到邹先生为创办南高农科、东南大学农艺系付出的辛劳;目睹了东大农艺系在邹先生的办学方针指导下,一步步发展壮大;自己也在实验农场广泛的农业科学实践中,获得了丰厚的农业科学知识，为以后的研究打下了坚实的基础。正因为此，初出茅庐的他，用理论与实践相结合写成的《实用麦作学》讲稿，第一次走上浙江大学讲台，就受到广大学生的欢迎，又得到著名教育家蔡元培的好评。

三是，1930 年留学美国，以他的老师邹秉文为榜样，"不图文凭，只求真知"的留学生涯，使他在康奈尔大学学到了当时世界上最先进的作物育种和栽培理论；在明尼苏达大学深入实践地掌握了作物科学研究的各种实际操作技术，为他回国后成长为一名农业教育家、科学家打下了坚实的基础。从而，邹秉文先生理论与实践相结合的教育方针成为他终身从事农业科学教育的准则。

为此，在农业教学的课堂上，他常用"行万里路，胜读万卷书"来勉励自己，教育学生，并用自己和那位留日的技术员因脱离实践在试验场闹出的笑话告诫学生，除了书本知识之外，还必须在生产实践中学习，将理论和实践结合起来。故而他的学生对他的评价是："金老师讲课十分重视实验室和田间实习，贯彻手脑并用，学、做结合，每次都印发实习提纲，每人一项一项去做，下次交实习报告，他亲自审阅评定成绩，不及格者还需重做……"①

在农业教育办学的实践中，他主张农业教育和农业生产、科学研究相结合。

在南京农学院，当 1952 年全国农业合作化高潮到来之际，急需农业技术支援，他积极组织师生组成技术小组，到农业生产中去，并同南京郊区的红旗、一心、联众、李玉等农业社建立了固定联系，开创了农业科技推广工作的新形式，并且身体力行，多次到红旗、李玉等社进行技术指导，把先进的科学技术带给农民，解决了农业生产中的问题。科技人员在农业生产的实践中，丰富了教学内容，得到了锻炼提高，取得了教学、科研、生产三丰收的效果。这种创新的科技成果推广工作形式，不仅为国家培养了一代又一代优秀学子，提高了农业院校的教学水平，也为提高农业生产水平作出了重要贡献。

1956 年 9 月 1 日，他在南京农学院开学典礼上对新生讲："作为一个农

---

① 黄至溥：《美好的回忆，难忘的教育》，收入史锁达、任志高编《著名农学家教育家金善宝》，第 130 页。

学院的学生，第一，要吃得起苦，要能手脑并用，要能坐而定，也要能起而行。除了上课之外，平时有实习，暑期有教学实习，又有生产实习，我们要到国营农场、到农业生产合作社，和农民一样进行生产工作。只有讲课，没有实习，容易变成教条主义；只有实习，没有书本上的理论知识，就会变成经验主义。我们培养出来的学生，要能理论密切联系实际，克服教条主义与经验主义。第二，要不怕脏，实习要和土壤接触，要碰到猪粪、牛粪、羊粪、鸡粪，甚至也会碰到人粪，如果碰到这些东西，你就掩鼻而过，那你就会永远学不到什么真正的农业技术知识……"

农业科学研究怎样和农业生产实践相结合呢？

1950 年 12 月 26 日，他在华东农林工作会议上发言："农业科技工作者必须改变过去关门做试验，脱离生产、脱离实际的作风，打开研究室的大门，经常深入农村，在农业生产的实践中，锻炼成长为一个受农民群众欢迎的农业科学家。"

1956 年 3 月 7 日，他在《新华日报》发表《农业科学工作者的任务》一文，指出："农业科学工作者，应该亲身到农村去，虚心向农业生产能手学习，总结高额丰产的生产经验，从播种到收获，亲身观察各种生产过程，找出生产中的关键。从理论上分析生产成绩，才能得到正确的科学总结。把这些经验推广出去，提高农业生产水平。这是农业科学工作者当前重要的任务。""但仅仅总结农民生产经验是远远不够的，农业科学必须和生产实践多方面结合起来。每一个农业科学工作者的职责，就是要用一切方法，把科学的成果应用到生产中去，必须把研究的成就，或者学习到的先进科学技术，应用到生产实践中去。我们知道，农业是有地域性的，科学研究的结论，先进科学的运用，并不是任何地区都可以原封不动地套用的，这就要求农业科学工作者能结合当地的具体情况，因地制宜，灵活应用，才能真正做到农业科学工作更好地为生产服务。"

1958 年 7 月 11 日，他在《文汇报》发表《农业科学工作者要做农民群众的小学生》，指出："理论必须联系实际，科学必须为生产服务，这是社会主义建设中的重要原则。"文中，他畅谈了淮北农业考察中的所见所闻，认为"在淮北的二十五天，胜过读了十年到二十年的书"。

但是“实践出真知”,并不等于实践可以代替理论。1976年1月,他在《农业科技通讯》发表的《农业科学研究要走在生产前面》一文中,回顾了中华人民共和国成立以来我国农林科技战线上取得的成就,以及在“四人帮”干扰下农业科技工作中存在的问题,用周总理的话告诫大家:“如果我们还不及时地加强对于长远需要和理论工作的注意,那么,我们就要犯很大的错误。”故而他认为,农业科学必须走在农业生产的前面。当前必须做到:大力加强理论研究和基础工作。没有一定的理论科学的研究做基础,技术上就不可能有根本性的进步和革新。在农林科技战线,那种一提理论研究,就和“三脱离”画等号,用实践代替理论、用生产代替科学的错误倾向必须纠正。只有理论研究做好了,科技工作才能有所突破。如异源八倍体小黑麦的研究,由于花费了四年时间,首先进行了小麦黑麦可杂交性遗传的鉴别研究,找出了易与黑麦杂交的小麦品种,以这些品种作“桥梁”创造出五千多个小黑麦的原始品系,再以这些品系为材料进行杂交,从而培育成功一批新品种,用于生产……

他说:“农业科学研究的对象是有生命的动植物,生长发育的规律复杂,任何问题的解决,都需要一个实践、认识、再实践、再认识的过程,因此,在研究当前生产中问题的同时,必须安排一定的力量,针对五年、十年后生产发展的需要,提前安排项目研究。如根据我国实行农业机械化的需要,农机研究要和农艺研究密切配合,农机研究要设计和改革一定的机具,以适应农作物高产栽培方式和精耕细作的需要,农艺研究也要根据机械作业的特点,相对稳定耕作制度,改革种植方式……”

历史的传承

实践出真知的另一个重要方面是农业历史的传承。金善宝一生多次撰文强调,我国是一个拥有悠久历史的农业大国,几千年来,广大农村蕴藏着丰富的农业生产经验,这些经验是发展我国农业生产的宝贵财富,我们必须认真总结、整理、继承和发扬。

1954 年 11 月 22 日，他在《光明日报》发表《要很好地总结、发扬和运用我们伟大祖国的农业遗产》一文，并指出："我国是一个古老的农业国家，几千年来，我们的祖先在从事农业生产和自然界斗争的过程中，积累了极其丰富的经验，这些宝贵经验都由广大的农民接受下来，或载在史册和各种农书里，成为我国人民极为珍贵的农业遗产。这些农业遗产如果能用先进的农业科学方法，分别加以整理、总结，并把它提高到理论阶段再运用到实践中去，那它在我国农业生产战线上将会起到何等巨大的作用。"文中，他还介绍了国际友人对我国农民几千年来宝贵经验给予很高的评价，一位苏联农业专家十分赞叹我国农民把白菜和韭菜间行栽植这一做法，因为这样种植可以减少、防止腐烂病的发生。苏联专家还说："中国的农业是最先进的。"甚至美国土壤学家金氏在他所著《四千年的农业》一书中，也认为中国农民几千年来从事农业生产，而仍能维持土壤肥力持久不衰，是一个不可思议的奇迹。

他强调：我国的农民和历代农书中保存了多种多样的农业生产实践经验，以如何保持土壤肥力来说，先进的农业科学证明，最有效的方法是实行作物轮作制度。在我国各地农民的生产实践中，可以找到许多合乎现代科学轮作原理的耕作方法。我们的祖先很早就发明了轮作法。这种轮作法一直由广大的农民继承下来，在农业生产上起了一定的作用。仅从这一点也可说明，我们的遗产是具有很高的科学性的。

金善宝这种对农业历史遗产传承的重视，不单单体现在他公开发表的文章内，据采集所知，在他毕生从事农业科学教育的实践和日常生活中，也处处留下了不可磨灭的印记。

第一，在小麦育种中，金善宝深有体会：保存在广大农户手里的小麦地方品种，是国家宝贵的生物财富，是育种工作进行育种研究的生物基础。他认为，我国有几千年的小麦种植历史，3 000 多年前的殷代甲骨文中就有"麦"字，公元前六世纪的《诗经》就有"丘中有麦""毋食我麦"的诗句，据樊绰《蛮书》记载，公元九世纪云南就种植小麦了。这些地方品种，长期生长在不同的地理环境、土壤、气候和栽培条件下，形成了丰富多彩的品种特性，广泛搜集这些地方品种进行分类整理,研究它们的特性,是育种工作者不可缺少的基础工作。为此,他的小麦分类研究和小麦育种研究是相得益彰、同时进行的。①

第二,在小麦育种中,他十分重视保存在农户手里的小麦地方品种,认为这是国家宝贵的生物财富,是进行育种研究的物质基础。1924 年他就是在这些农家品种的基础上改良了南京赤壳、武进无芒,在江浙一带推广。

第三,1925 年,他从全国 790 个县搜集到 900 多个小麦良种,就其形态作多年之密切观察,采用前人的经典方法,研究并确定这些品种的分类。

1979 年 2 月 16 日,他在全国农作物品种资源科研工作会议上的讲话中说:"农作物品种资源,是经过长期自然演化和人工创造而形成的一种自然资源,是选育优良品种不可缺少的物质基础,也是进行理论研究的重要材料。"②

由此可见,金善宝的小麦育种和小麦分类研究都和农业遗产的历史传承有着密不可分的联系。

正因为金善宝对农业遗产传承的重视,在南京农学院成立之后,当他发现原金陵大学农学院曾作出颇有成效的农史资料整理和研究,但自 1937 年……因农史专家万国鼎的调离而中断了。他感到十分惋惜。1954 年,他经过努力,把已经中断了农史研究达十七年之久的万国鼎从河南调到了南京农学院,成立了南京农学院农业历史研究组。从此,南京农学院继承了前金陵大学中国农史资料的整理和研究工作,为开展农业史研究奠定了基础。1955 年 7 月,他又千方百计,报经农业部批准,在南京农学院农业历史研究组的基础上,创建了中国第一个农业历史研究机构——中国农业遗产研究室,由当时的中国农业科学院筹备小组和南京农学院共同领导。1958 年以后,他虽然调离了南京农学院,仍然十分关心农业遗产研究室的工作。这一举措,不仅为中国农业遗产研究的发展创造了条件,也为祖国培养造就了一大批以万国鼎为首的具有丰富实践经验的农史专家,这才有了今日的中华

① 孟美怡:《金善宝》,第 19—20 页。

② 金善宝:《在全国农作物品种资源科研工作会议上的讲话》,收入金善宝文选编委会编《金善宝文选》,中国农业出版社,1994 年,第 285 页。

文明研究院。

此外,在他和学生们的谈话中,在他写的文稿中,也常常提及中国的古农书、中国古代农民的生产经验。1957 年 8 月 24 日,他和西北农学院农学系同学讲话,讲道“西北的农业大有可为”时说:“就农业来说,西北也是我国历史上先进的区域。后稷教民稼穑,是我国农业的祖先,他就生长在西北。贾思勰的《齐民要术》是 1 400 多年以前的作品,是我国农业史上一部最重要的著作,这部书里关于旱农的部分是总结西北劳动人民的经验而成的,它的方法到现在还是很适用的,日本人也都在研究这种方法。”

1962 年,他在《作物学报》第一卷第一期《华北平原的新石器时代小麦》一文中明确提出:“1955 年,安徽省博物馆在亳县钓鱼台的考古发掘中,在新石器时代的地层里,发掘出炭化小麦籽粒。根据测定和考据: 1. 这种小麦可能属于古代小麦……的一种;2. 据推算,远在四千多年以前,在我国淮北平原就有小麦栽培了。”

1967 年 11 月 27 日,他在《利用冬闲,移植冬麦》中写道:“小麦的移植法在我国具有悠久的历史。沈氏农书里曾有记载:‘中秋前下麦子于高地,获稻毕,移秧于田。’沈氏农书是十七世纪三十年代前后的作品,他记载的是浙江湖州地区的农民对小麦移栽的实际经验。从这些事实推算,早在三百多年以前,我国的劳动农民已经在实际生产斗争中创造了小麦移植的宝贵经验。直到现在,湖州及浙江其他一些地区,在低湿的地方,继承了他们祖先的传统经验,年年移栽小麦,作为一种小麦增产的重要措施。”

由上可见,金善宝虽然不是一位农史专家,却对古代农史十分重视,颇有研究,并且贯穿于他一生的小麦科学研究和农业教育之中。

至于他主编的《中国小麦品种志》,是历史文献、历史的记录,经得起历史的考证;主编的《中国小麦品种及其系谱》,总结我国利用国内外小麦种质资源和选配亲本的经验,探讨主要经济性状的遗传关系。这些著作自然也将作为历史的遗产传承。

前几天,我们打开金老的书柜,发现在这个书柜的深处,至今还保存一米多高的古农书,翻开这些古农书,字体各式各样,有的是刻印的、有的似乎是手抄本。金老的一生颠沛流离，特别是 1937 年，中央大学内迁重庆，在抗战的烽火中，他一个家小也没带，却带着这批沉重的古农书，只身前往重庆。说明这批古代的农业经典在他心中之地位。

洋为中用

金善宝在重视古代农业遗产的同时，也十分赞赏国外先进的农业科学技术。1933 年 5 月，他在浙江大学农艺学会上介绍“美国人研究科学之精神”：“美国的经济充裕、设备完美、人才众多，是科技发达的基础，美国人研究科学之精神非常勤恳，研究者每日早晨八时进办公室，至下午五点才回家，甚至还有晚上去研究室研究的。他们平时都是衣冠整齐，但一到田间，穿上工作服就像农夫一样不息地工作；他们不但能耐劳，而且有恒心，凡研究一个问题，短者几年，长者十几年，虽然遇到种种困难必至解决而后已。”另外，他也十分赞叹美国人的合作精神和他们将科研成果推广于人民的方法。在美国，他目睹了发达的科学技术带来的经济繁荣和国家富强。因而，他决心将国外发达的科学技术，先进的、科学的管理方法和我国农业的实际情况结合起来，以发展我国自己的农业科学教育事业。

譬如：他在南京农学院开创的“农业科技推广工作的新形式”，实际上就是将美国人单纯依靠“陈列良种良法”“教授轮次讲述个人心得”“农民大都能将所讲内容记下笔记，作平时的参考”推广于人民的方法，根据中国国情改进而来。实践证明，美国单纯依靠“陈列良种良法”等方法，并不适合中国国情，只有金善宝这种动员科技人员从农业生产中来，到农业生产中去，把先进的农业技术带给农民，才解决了农业生产中的问题。科技人员在农业生产的实践中，丰富了教学内容，得到了锻炼提高，取得了教学、科研、生产三丰收的效果。

同样，在教学上，学习国外先进验的同时，他认为必须结合我们国家自己的国情。如 1952 年在向苏联学习一边倒的情况下，出现了许多生搬硬套的情况，1956年8月25日，他在江苏省第一届人民代表大会第四次会议上发言时提出："要创造性地向苏联学习，要结合中国实际情况和具体条件学习苏联教育工作的经验。"他说："我们曾生搬硬套地学习苏联，不结合中国的具体条件，把苏联的教育制度、教材、教学法等生硬地搬到中国来，以致有人认为：过去是抄袭英美，今天是抄袭苏联。"他说："推行苏联的有些制度必须慎重考虑，如，投票选举教授要找同行或接近同行的人；国家考试各地互派教授监考，浪费时间，增加忙乱现象；三级制改成两级制也需慎重考虑。"在南京农学院讨论教学计划时，他强调，教师编写教学讲义，必须结合中国农业的实际，克服生搬硬套苏联教材的弊病。故而，南农的教师都能遵守这一原则，使编写的教材具有系统性和逻辑性，达到了一定深度。

在小麦育种中，他在重视改进我国广大农村中的农家品种的同时，也十分重视国外小麦品种的引进和利用。1934年，他从美国留学回来后，搜集了国外品种及世界小麦品种千余种，从这一大批原始材料中进行混合选择，最后选出中大2419，在长江流域大面积推广，种植年限长达41年，成为迄今为止小麦种植年限最长的品种。但是，他也并不因此迷信国外进口的小麦品种。1974年2月，他在考察广东省小麦生产问题时谈及进口麦种的问题时说："我是不大同意大量进口国外种的，西方人为了做生意，会把一些带病的种子卖给我们，把我们本地的种子染了病，这个要注意。要根据洋为中用的原则，可以少量引进外国种，先经试种，逐步在生产上使用。重要的是，要把外国种作为材料，经过改造，选育出适合我国种植的新品种。"

高瞻远瞩

2018年10月，采集小组意外发现金善宝在1978年5月4日为南农复校给邓小平同志的第二封信。这封信里不仅详尽地叙述了南农复校的理由，而且对南农复校后校址的安排提出了建议。信中说："校址可迁至江浦，考虑到原校址(南京中山门外卫岗)具备实验室等试验研究条件,可供充分利用,建议被江苏省委党校占用的一部分校舍腾出来,仍如过去一样,在卫岗办研究生院和招收外国留学生。"这个四十年前的建议,竟然和今日南农建校的规划不谋而合,不禁令众多的南农人惊叹老院长的高瞻远瞩、先见之明。

1979年1月2日中共中央办公厅2号电报指示的内容如下:

"关于南京农学院复校问题,中央意见,拟去南京江浦原南京农学院分院校址复校,在卫岗设立研究生部为妥。望做好该院师生员工的思想工作,尽快地把这问题解决好。"

可见,中共中央不仅同意金老关于南京农学院复校的要求,而且在复校后的安排上,也完全尊重了金老的意见。遗憾的是,当年南农复校,并没有完全遵照中共中央2号电报的指示,学校迁回南京后一直留在卫岗,以致迁校规划延误了四十年之久。

还有卫岗的校址问题。在2015年由中国农业科技出版社出版的《金善宝》一书中,有迁到卫岗之后"为南农的发展开辟了广阔空间"的内容。1957年4月8日,金善宝给聂荣臻副总理的信中说:"附近陵园还有3 000多亩农田可以利用。"在他的《"文革"交代材料》中还提道:"卫岗校园内有1 000多亩地,又被张××送给了别人。"说明在那个年代,金善宝调至北京之后,这3 000多亩农田不但没有被继任领导及时抓住时机加以利用,又白白地送走了校园内的1 000多亩地。在此期间,城内有关工科院校也陆续迁到了城外的卫岗附近,以致到了七十年代,处于卫岗的南农又没有发展的余地了。为此,1978年5月,金老上书邓小平副主席时,才提出南农在江浦复校,在卫岗办研究生院的建议。由此可见,金善宝为南农迁校、复校,在不同年代先后上书聂副总理和邓副主席的信,都是具有高度战略远见的。

在小麦育种研究上,据金善宝的助手杜振华说:"金老对课题研究很有远见。经常和我们春麦室成员一起谈论小麦的品质育种问题。他指出,要先从普通小麦中筛选,再进一步做远缘杂交,并介绍了国外育成的一些优质小麦品种以及小麦近缘的高蛋白种质。他说,做这个工作要看文献,吸收国外的经验,要懂分析方法,要关注小型简单的仪器……他还明确地说:'我的意思是把品质放在重要地位，“鲁棉一号”就是因为品质不好，影响了纺织。’当时，全国粮食生产不足，主要强调‘高产’和‘吃饱’的问题，众多课题组都没有把品质作为重要的育种目标，尤其是加工品质。可见，那时金老的想法就是有导向性和远见的。从此，我们研究室在小麦新品种选育过程中，特别关注了品质问题。”

1987 年 3 月，国内首次召开了优质小麦品质鉴评会，28 个单位的 84 名代表出席了会议。会上，鉴评的中 791 和中 7606 两个小麦品种，就是金善宝主持下的春麦组育成的。鉴评的主要结论是：“提供鉴评的两个小麦品种(中 7606、中 791)所烤制的面包，其综合指标已接近或达到了用进口小麦所烤制的优质面包的水平。”《文汇报》《中国日报》对这次鉴定评审会都做了报道。这是我国小麦品质研究工作中具有重要历史意义的一页，它带动和推进了我国小麦加工品质的研究和应用。

求是与创新

金善宝休息时，常常喜欢练习书法，他有一条题字是：“实事求是，勇攀高峰。”这是他对年轻一代的鼓励，也是他奉行不渝的座右铭，真实地反映了金善宝追求科学真理的精神。

1981 年，金善宝和方悴农在联名发表的《科学实验一定要实事求是》一文中指出：“科学实验一定要实事求是，决不能言过其实。没有严谨的态度、严密的试验设计、严肃认真的研究，在获得足够的资料和论据以前，决不可把想象和推论作为定律性结论。”表明了这两位农学家对待科学实事求是、认真、严谨的态度。

著名核农学家徐冠仁在《祝金老九十大寿》一文中写道：“在庆祝金先生九十大寿的时刻，我头脑里激起阵阵回忆。首先想到的，是金先生的美德和学风。金先生在冬麦变春麦、春麦变冬麦试验风行的年代，没有随风兴浪。金先生在小麦密植，可以亩产一万斤、二万斤的浮夸声中，没有随声附和。

这都体现了金先生尊重科学和坚持科学的态度……”①

事实正如这位核农学家徐冠仁所说。而他不知道的是，金善宝曾为浮夸风持有不同意见，1959 年在编写《中国小麦栽培学》的会议上，受到孤立、点名批判之后，仍然坚持将小麦栽培的正确理论和反映客观实际的资料，编进了《小麦栽培学》的定稿里。事后，在农科院三楼会议室领导干部会议上，被指责为："现在有苗头，有人反对'大跃进'，反对党的领导。"为此，有位副部长曾专门来农科院好心地告诫他说："你要好好接受党的领导！"这些批判、告诫，无疑地给金善宝敲起了警钟。为了维护自己的安全，是不是从此闭口不言了呢？对此，他曾犹豫再三！可是，当他想起农村调查时见到那些面黄肌瘦的乡亲，排着长长的队在公社食堂门前打饭，得到的却只有一勺稀里晃荡的野菜汤时，心里就难过极了。

于是，他毅然提笔给时任农垦部部长的王震同志写了一封信，汇报了农村的所见所闻，认为长此下去，必将招致农村经济破产，希望中央尽快采取措施。

1960 年 3 月，他在第二届全国人民代表大会第二次会议上，针对"浮夸风"中"小麦种植越密越好"的谬论，做了《农业"八字宪法"在小麦栽培上的运用》的发言。

发言认为，"八字宪法"的八个字，是一个密切联系、相互促进的有机整体。其中土是基础，肥、水、种是前提，密为中心，保、管、工为保证，字字重要，缺一不可，不能相互替代。因此，必须因地制宜，结合小麦生长发育特点综合运用，才能充分发挥增产作用。

发言针对浮夸风中"越密越好"的谬论，特别强调合理密植的"合理"二字。他说："合理密植是群体最大的发展，是从种到苗、到蘖、到株、到穗、到粒的密度动态的合理掌握过程，不是简单的播种数量和方式问题；在正确安排个体和群体的关系上，既要有足够的麦苗和绿色体面积，以充分利用营养条件和光能，又不能过密，以保证单株在群体中良好的生长发育。高额产量的获得是在穗多、穗大、粒大三者相互协调的情况下获得的，必须适当增加

① 徐冠仁：《贺金老九十大寿》，收入史锁达、任志高编《著名农学家教育家金善宝》，第 115—116 页。

播种量，依靠主穗并争取尽可能多的分蘖穗是密植丰产栽培的关键。合理密植还必须针对增株、增穗，对于营养和光照条件的需要……”

这个发言，科学地阐明了合理密植的方法和理论，从而小麦要密植“越密越好”“每亩播它200斤种子”和“小麦亩产7 000斤、上万斤”的谬论逐渐消失，直至无影无踪。

幸运的是，他给王震同志上书的那封信，并没有给他带来任何不幸！1988年6月3日，时任国家副主席的王震同志，亲临中国农科院红楼207室金老家中时谈起此事，他对在场的同志说：“我和金老是老朋友了，1958年大刮‘浮夸风’的时候，报纸上到处吹嘘小麦亩产几千斤、上万斤，金老到农村调查回来后，将调查的实际情况告诉了我，我又将金老调查的情况向党中央做了汇报，党中央很重视……”接着，王震副主席又对金善宝说：“金老，在这件事情上，你是立了功的。”并竖起大拇指说：“金老，你是这个！”①

金善宝这种实事求是、追求科学真理的精神，贯穿于他生命中各个重要的历史阶段。

当日寇侵华、中华民族面临危亡的关键时刻，他坚定地站在主张抗日民族统一战线的共产党一边，省吃俭用，多次为八路军前方战士捐款，把自己培育的小麦良种，通过新华日报社转送到延安；支持、鼓励爱国青年学生奔赴八路军抗日前线。

为了在有限的生命里培育出更多、更好的小麦良种，他提出了一个大胆的设想——缩短小麦育种年限，这是一个十分创新的思维。要想实现这个创新，当时必须解决几个问题：

一、需要足够的小麦试验地和有关试验设备；

二、寻找、确定适于高山“夏繁”小麦的试验基地；

三、需要数量足够的科技人员奔赴“夏繁”基地进行小麦“夏繁试验”。

四、最主要的是，要排除……种种压力和干扰。

为了解决这些问题，他献出了一名古稀老人的全部身心，一边接受审查，一边顶着“反动学术权威”的帽子，冒着“走白专道路”的危险，冲破重重

---

① 金作怡：《金善宝》，第154页。

阻力,倡导小麦育种南繁北育、异地加代。

他想把北京地区的小麦试验搞起来。在当时的条件下,要搞科学试验,一方面要冒“业务挂帅”“白专道路”的危险;另一方面还要顶住来自各方面的阻力和压力。小麦试验需要大面积的试验地,而农科院的试验地近年来被头头们一块块地送给了别人,他只好尽量缩小试验面积;试验地需要平整、排灌,却没有劳动力和灌溉设备;试验需要肥料、仪器和经费,全都无人理睬。一件件事,都要年逾古稀的金善宝去跑、去过问,今天找这个头头,明天找那个头头,一次不行,再跑两次、三次。人们惊讶了,现在是什么时候?你还搞试验?他回答:“是的,要搞试验,中国几亿人口需要粮食,不搞试验,吃什么?”有人诬蔑他,这是搞个人名利,他说:“党和国家已经给了我这么高的地位和荣誉,我还要什么名利?”

“文化大革命”期间,他每年都要争取时间到庐山、海南岛等地去考察夏繁小麦的情况,每次外出都要得到头头的批准,头头问他:为什么你在家待不住,总想往外跑?他回答说:遵照毛主席指示,抓革命、促生产!头头说:在院里搞不行吗?他说:“不行,你们是搞人的革命,在院里搞就行了,我是搞小麦育种的革命,就必须出去了解不同自然地理条件下小麦的生长情况,所以我总要往外跑!”有人造谣诬蔑他已经故去了,他在会上反驳说:“阎王还没有给我传票呢,就是有传票,我也不去,只要一息尚存,也要搞小麦育种!”小麦试验期间,从种到收,他几乎风雨无阻地到试验田,在播种了2 000多个小麦品系、品种的苗圃里去观察、去挑选……

请听,他的语言,是这样铿锵有力、掷地有声!请看,他的行动,是这样刚正不阿、坚毅而又挺拔!这哪里像一位年过古稀的老人?分明是一个追求科学真理、铮铮铁骨的战士啊!

值得欣慰的是,他的高山小麦夏播繁殖经验,很快在全国各育种单位普遍推广应用。在此基础上,他又进一步提出在云南元谋、广东湛江和海南岛等地进行春小麦冬季繁殖的设想和实施措施。至此,金善宝和他的助手们经过三年多的努力,终于实现了多年来的美好愿望,利用我国的地理条件,一年繁殖三代小麦。这项研究把春小麦新品种的选育时间,从10年左右缩短为3～4年,成为我国小麦育种工作中的一个里程碑。现在“南繁北育、异地加代”一词已成为农业科技界的术语，“南繁北育”经验，也在玉米、高粱、水稻、谷子等作物上广泛应用，取得了显著成绩。

可是，一股极左旋风又刮到农科院内，1970 年 5 月，在中央主管农业的一位大人物指示下，农科院这座“庙”终于被拆了，研究所下放，大部分科技人员到农村蹲点，金善宝虽奋力反驳，四处奔波，终究无力回天。与此同时，消息传来，他的母校南京农学院也被拆并了！可以想见，这样的双重噩耗，对一生追求科学真理、热爱农业科学教育事业的金善宝，打击有多大！

在个人历史被严格审查、外出考察受到种种限制、农科院被撤销、农业科学受到严重践踏的一片飘零声中，他仍然念念不忘农业科学和小麦育种。1972 年 1 月，他向院核心领导小组上交了春小麦育种计划，在总结前几年工作的基础上，汇报了春小麦南繁北育的成果，提出今后三五年的春小麦育种目标。报告结尾他这样写道：“中国人民有志气、有能力，一定要在不远的将来，赶上和超过世界先进水平！毛主席这一指示，大大地鼓舞了我，使我勇气百倍，甚至不知老之将至，下决心要在三五年内培育出一批赶超世界先进水平的新品种，为社会主义祖国争光。三五年的时间不算很长，我或者还可以看到它，我总希望能够看到它。这就是我的一点愿望！”一颗献身小麦育种的赤子之心跃然纸上。同年 2 月，他又提出“中国农林科学院作物育种计划”的设想。这种无私无畏、对科学真理孜孜以求的精神，影响、带动了他的团队——春麦组和小麦品种研究室的全体人员，在艰难的南繁北育、异地加代中育成了京红 8、9 号，中 7606，中 791 和宁麦 3 号等优质高产新品种。

1977 年，全国科学教育座谈会召开，1978 年，第一次全国科学大会召开。在会上，八十二岁的金老十分兴奋地说：“为了迎接祖国四个现代化的到来，我要把八十二岁当作二十八岁来过。”

他是这样说的，也是这样做的。从此，他为农科院收回下放所、重整农科院科研队伍，收回农科院试验地，为“六五”至“八五”攻关、改善科研条件等等，四处奔波，做出了不懈努力，收到了令人满意的成效。与此同时，他为南农复校，两次上书中共中央书记邓小平，终于，南京农学院又回到了南京卫岗。

踏遍山山水水

1956年3月7日，金善宝在《农业科学工作者的任务》一文中明确指出："每一个农业科学工作者的职责，就是要用一切方法，把科学的成果应用到生产中去，必须把研究的成就，或者学习到的先进技术，应用到生产实践中去。由于农业的地域性，科学的结论、先进科学的运用，必须结合当地具体的情况，详细调查研究，因地制宜，灵活应用，才能真正使农业科学研究工作和技术指导工作更好地为农业生产服务。"

1961年，金善宝在《大办农业　大挖增产潜力》一文中强调，"所有农业有关的学科部门和科学技术人员，都要明确树立为农业生产服务的思想，要根据本学科的特点，从各个方面来考虑如何直接或间接地为农业生产服务，并且要发现和抓住本学科为农业生产服务的中心环节，以便集中力量，解决关键性的科学技术问题，促进农业生产的发展"。文章系统论述了农业科学技术和发展农业生产的关系，指出：用科学技术来解决农业生产中的关键问题，是发展农业生产的重要途径。

这些文章和论述，表达了金善宝对全国农业科技人员的期望，也是他自己终身为农业生产服务的宗旨。最主要的是，他没有忘记：自己是一个偏僻山村的农家子，自幼树立了兴农报国的志向。正因为此：

他能急农民所急、想农民所想

1950～1951年，长江下游、苏北地区连续两年遭受水灾和冻害，上亿亩良田遭受损失。他心急如焚，多次亲临灾区，根据华东地区历年来气候变化的规律和特点，提出"多种马铃薯度春荒""移植冬麦，战胜灾荒"等建议，把小麦移栽技术和科学道理传授给农民，使这一措施迅速推广，补救了华东地区农业受灾的损失。

1951年春初，正是南方小麦返青拔节时期，苏北地区突遭历史罕见的寒潮,100 多万亩小麦遭受冻害,金善宝带领多位专家教授赶赴灾区,有人提出翻耕,另种其他作物,但金老却以丰富的小麦科学知识,考虑补救办法。他们一行走遍了苏北、淮北十多个县,深入田头考察,发现小麦的主茎虽已冻死,但分蘖节并未冻死,提出及时浇水,增施肥料、加强田间管理,结果挽救了大片麦田,使该地区当年小麦仍获得亩产 200 多斤的产量,广大农民免于春荒挨饿之苦。

他能和劳苦大众同欢乐、共忧患

1962 年 3 月,金善宝去浙江省绍兴、宁波、舟山等地考察,他写道:“在我经过的地方,山上绿荫丛丛,蔚然成林……旧中国时代,我国渔民的生活是最苦的,终年几乎没有自己的家,随处漂流,依船而生。”文中,他调查了舟山、蚂蚁岛在 1949 年前后人口数量,各类鱼的产量,耕地、旱地、水田的面积,机船、帆船、木船的数量,历年捕鱼、产粮、生产蔬菜的数量,社员历年的收入,进行对比,用大量的数据、生动的实例,说明中华人民共和国成立后渔民生活提高的程度,并用渔民的一首歌谣“蚂蚁岛,机船对对照。产量年年高,生活天天好。公社红花开,人人齐欢笑。党的领导好,穷岛变成黄金岛”歌颂 1949 年后渔民的幸福生活。字里行间处处表露出他的兴奋之情,他和当地渔民一齐欢笑了!

可是,1958 年大刮“浮夸风”之时,他在农村看到面黄肌瘦的乡亲吃不饱饭时,自己也难过得吃不下饭了……

重视劳动农民的生产经验

早在二十世纪二十年代,他从全国 790 个县搜集农家小麦品种 900 余份,进行研究总结。抗战期间,他在重庆中央大学任教,每年暑假都以病弱之身去四川农村调查,搜集了几十个县各种农作物的生长栽培经验和土地利用情况,1939 年夏的川北之行中还受到特务的搜查,被拘留三天。在四川的九年,他搜集的农村调查资料装了几大木箱,可惜 1946 年回南京前夕,被破坏分子放了一把火烧掉了。为此,他向吴有训校长要求处分,写检查时,这位从不流泪的汉子,一边流泪一边写,把写的稿纸都湿透了,只好撕了再写，一连撕了好几遍才写成。可见，这批农民生产经验的调查资料，在金善宝心中有多大的分量！

中华人民共和国成立后，他多次撰文介绍农民的生产经验。1959 年 7 月 20 日，他在《下乡见闻》一文中说："我国小麦，几千年来，经过我国的劳动农民长期培育选择的结果，筛选出不少优良的小麦品种。它的主要特点是多花多实性。一般小穗有 3～4 粒，4～5 粒，有的多至 6～7 粒。一穗的粒数有百粒左右的。一种普通小麦，一个穗达到这样多的粒数，在世界小麦中是很少见的。"文中他介绍了河南、山东抗倒伏、抗病能力很强、推广面积达百万亩以上的平原 50、蚰子麦，以及江苏的铜柱头、红葫芦头，安徽的白和尚头，浙江的白蒲麦等。他认为"我国小麦，分布很广，品种之多，何止千万，这是我国在农业生产上极其宝贵的财富"。"如何把我国的农家小麦品种很好地保存和利用起来，是我国农业科学工作者共同的责任。"他在《我国农民选种家在育种上的成就》一文中，满怀欣喜地介绍了全国劳模陈永康选育的水稻晚粳老来青、山东农民选育的花生良种复花生、黑龙江农民选育的大豆良种荆山朴，以及河南农民选育的小麦内乡 5 号等。在《从总结农民经验的基础上，来提高我国的农业科学》一文中，他热情洋溢地介绍了河北农民创造的马铃薯双季栽培法、淮北地区农民利用猪粪尿改良砂土的方法和豌豆麦的栽培方法等。

根据农业生产需要确定小麦育种方向

长期从事小麦育种的金善宝，深知小麦品种的抗病性能是影响小麦增产的重要因素，故而，他们选育的小麦良种十分重视各种抗病性能的提高。

二十世纪五六十年代，当我国长江流域和淮河流域小麦生产受到条锈病等危害而减产时，金善宝培育的抗病、丰产小麦良种南大 2419 迅速推广，以后扩展到黄河以南的冬麦区，向南扩展到南方冬麦区，向西扩展到春麦区，每年种植面积最高年份达 7 000 万亩，为我国小麦生产作出了重大贡献。

金善宝发现：1960 年以来，我国黄淮地区因作物复种指数的提高和地区旱、涝灾害的影响，以致晚播小麦比例逐年增加，产量下降，严重影响了这个地区的农业生产发展。针对这一情况，他们的育种目标定为要求新品种抗三种锈病外，还特别强调品种对光照反应不敏感、耐迟播等特性。经过几年努力，他们终于育出了一批耐迟播、抗病性强、稳产、高产的中字麦新品种，解决了这一地区因晚播小麦造成低产的问题，受到广大农民的欢迎。《人民日报》1984年10月3日第3版以"著名小麦专家金善宝等培育出一批小麦新品种，良种小麦改变了黄淮麦区生产面貌"为题，报道了"耐迟播，适播期长、比冬麦可迟播15～40天，抗病力强""比当地推广品种增产20%以上"的中7606、中7902小麦新品种。

针对各地区农业特点献计献策

对于坚信实践出真知、农业科学应为农业生产服务的金善宝，他的科学实验室决不限于农科院的大楼内，也不会只在农科大院的温室或是东门外的小麦试验田，而是在广大农村辽阔的田野上。

1959年，金善宝刚到北京不久，就来到了祖国的大西北，穿过荒芜的塔克拉玛干沙漠，到达了著名的塔里木盆地，考察了德令哈农场、香日德农场、哇土香卡农场、赛什克农场，惊奇地发现这里的小麦亩产千斤以上的可喜成绩，总结了"青海——农业宝库""柴达木盆地——小麦的丰产奇迹"等经验。

1963年，他和林山、唐志发来到了哲里木盟草原（在今通辽市），调查了该地区的农业生产自然资源的情况，分析了当地农业生产的主要特点和存在的问题，对该区发展农业生产、作物布局提出了建设性意见。

1964年6月，金善宝应宁夏回族自治区农学会邀请，考察该区小麦，参观了银川、吴忠、灵武、青铜峡、平罗等县市部分社队的小麦丰产田，到王太堡农业试验场、沙城土壤肥料试验站了解小麦试验研究工作，为发展宁夏小麦生产提出适时的建议……

1974年2月，正在接受"审查"的金善宝，头戴"反动学术权威"的帽子，来到广东考察小麦，先后看了广州、湛江、佛山等三个地区共18个大队和单位的小麦，历时半月，对广东省能否发展小麦生产这一问题作出了科学的分析和回答。

1982年8月10—19日，88岁的金老和助手吴景锋一起来到东北三江平原，他俩坐着吉普车在洪河农场一带来回颠簸，晚间住在农场大田里一个由小火车车厢改成的临时招待室，认真考察了三江平原的生态环境，对三江平原的开发提出了合理的建议。

1983 年 3 月，已是 89 岁高龄的金老，从 3 月 25 日开始，到福建省进行了为期 11 天的农业科学考察，参观了 6 个科研单位、1 个高等院校、1 个县良种场，还有 3 个生产大队，行程 1 000 多公里，根据福建“八山一水一分田，山多海阔，潜力很大”的特点，对开创福建农业发展新局面，提出了“要从经济效益上着眼”的对比分析和建议。

……

金善宝，这个出身山村的农家子，他的目光，永远望着广大农村；他的心里，永远装着广大农民。为了提高全国农业生产水平，他的足迹遍及祖国的青山绿水，为各地小麦生产献计献策，他那壮志凌云忘白头、踏遍青山人未老的精神，永远为后人所铭记。

励志精神代代传

“长江后浪推前浪，一代新人胜旧人”，这是金善宝爱说的一句话。这是因为，他生长在风云变幻的年代，饱尝了祖国贫穷落后的苦难，“科教兴国”是他的夙愿，而要实现这个夙愿，必须经过几代人的努力。故而，无论他是否身在农业教育的岗位上，都十分重视农业科技人才的培养，关爱年轻一代，把希望寄托在年轻人身上。

1972 年 1 月 15 日，他向农科院核心领导小组递交“春小麦育种计划”的报告中说：“春小麦生育期不过一百天左右，一年繁殖三代，育种工作者可以常年保持紧张的工作，便于在实践中获得更多的知识，早出成果，早出人才。”

1982 年，他退居二线，被任命为名誉院长，《人民日报》记者就此事采访他，问他是怎么想的？他用“实者虚之，虚者实之”八个字回答：“过去，我虽然身任院长，但我只关心小麦研究，实际上只是一个‘名誉院长’；现在真正做了名誉院长，职位虚了，却能干一些力所能及的实事，如春小麦育种研究，不仅能培育出一些增产优质的小麦良种，还可以带出一批春小麦育种的人才来，这才是我一生最大的乐趣。”

这两段文字，集中表达了金善宝关爱年轻一代，寄希望于年轻一代的心声。

而他的学生、助手也不负所望，分别在不同的年代为祖国农业科学教育事业做出杰出贡献。

他在农业教育岗位上培养的英才遍布神州。从时间上分析，这正是抗战最艰苦的年代，战斗在抗战第一线的战士急需粮食支援，生活在后方饥寒交迫的百姓需要温饱，而祖国大面积的粮田被日寇侵占，粮食在很大程度上成了决定战争胜负的重要因素。在这个决定祖国命运的关键时刻，农业院校的毕业生肩负着挽救祖国危亡的使命，走上了农业战线的各个岗位，为争取抗战胜利作出了应有的贡献。1949 年后，他们满怀热情投入建设，奔向了祖国的四面八方、农业战线的各行各业，奉献了自己的一生。更可贵的是，在他们献身祖国农业的道路上，不仅有不怕苦、不怕累的品德，还具有百折不挠、坚韧不拔、历经坎坷、矢志不移的意志，以及为祖国农业献出自己生命的伟大胸怀。

他在农业科研的实践中，培养造就了青出于蓝而胜于蓝的一代。二十世纪六十年代，助手们在金善宝的坚持下，把汗水洒在南繁北育第一线。“文化大革命”期间，他们没有虚度年华，而是在育成多个小麦良种的同时，成长为具有丰富实践经验的小麦专家，实现了金老“早出成果、早出人才”的愿望。

实际上，1967 年庐山“夏繁”小麦的成功，其影响绝不限于北京、限于当时的“农业科学院”，它轰动了全国整个农业口。据统计，当年去庐山“夏繁”小麦试验的单位就有 17 个，涉及上百人。多年来，“南繁北育”的经验，在玉米、高粱、水稻、谷子等作物上同样得到了广泛应用，在为国家粮食增产做出贡献的同时，也在农业科研的实践中造就了一大批科研人才。在“文化大革命”期间科研人员大量断档的情况下，这批“南繁北育”第一线艰苦磨炼出来的农业科学专业人才，无可替代地成为开创中国农业现代化进程中一支异军突起的生力军。

这就是金善宝在农业教育的岗位上、在农业科研的实践中、竭尽一生培养、扶持的一代又一代农业科技人才！他们为祖国农业科学教育事业奉献了毕生精力的同时，也为中国的农业科学教育培养了大批接班人，在许多专业会议上，出现了几代师生共聚一堂的动人场面。他们是20～21世纪中国农业科技发展史上承上启下的一代，他们为支援抗日战争奉献了青春年华，为建设繁荣富强的中华人民共和国立下了不朽功勋，对促进中国农业现代化起了关键作用。他们一生遭受的磨难、顽强拼搏的意志、艰苦朴实的生活、不屈不挠的献身精神，古今少有，世所罕见！他们的一生平凡、崎岖而又伟大！他们对祖国农林科学教育事业的奉献精神、青出于蓝而胜于蓝的业绩，必将与日月同辉，在中国农业科技发展史上写下浓墨重彩的一页。

附录一　金善宝年表

1895 年　1 岁

7 月 2 日,诞生在浙江诸暨石峡口一个普通农户家里。

1896 年　2 岁

7 月,父亲赐名“善宝”,乳名“九斤”。

1897 年　3 岁

是年,在母亲的亲切抚育下,在石峡口山村勤劳、淳朴的乡风中逐渐长大。

1898 年　4 岁

春,常跟着母亲到山里采桑叶。

1899 年　5 岁

是年,父亲妥善处理邻里纠纷,深得全村敬重。

1900 年　6 岁

春,开始帮助母亲养蚕。

1901 年　7 岁

就读于石峡口私塾学堂。

1902年 8岁

夏，开始读《诗经》，继续帮母亲养蚕。

秋，哥哥善同喜结良缘。

1903年 9岁

是年，继续读私塾。

1904年 10岁

夏，开始学习《大学》《中庸》。

1905年 11岁

是年，继续学习《论语》《孟子》等经典。

1906年 12岁

是年，读完“四书”。

1907年 13岁

7月，秋瑾女士英勇就义的消息传到了石峡口，给他上了人生的第一课。

1908年 14岁

夏，父亲因病去世，使原本不富裕的家庭更加拮据。特别是他的升学问题，成亲友议论的焦点。母亲毅然决定扩大家庭养蚕业，全力支持儿子继续上学。

1909年 15岁

在母亲的全力支持下，进入仁山小学学习。

1910年 16岁

是年，在枫桥大东乡学堂读高小二年级。

是年，放学回家，打柴养家成了他的“必修之课”。

1911年　17岁

10月，武昌革命党举义成功。他邀两位同学，剪去辫子，瞒着家人和学校，奔向革命形势蓬勃发展的绍兴，考进革命同盟会创办的陆军中学，学会射击和骑马。

1912年　18岁

是年，陆军中学被迫解散，他只好和同学一起回到石峡口。

是年，哥哥善同喜得贵子。

1913年　19岁

年初，奉母命与楼姑娘结婚。

夏，考入浙江省立第五中学。

1914年　20岁

是年，在学校树立“科教兴国”的理想。

1915年　21岁

春，荣获浙江省象棋比赛第二名。

暑假，回家继续帮助母亲上山打柴。

1916年　22岁

是年，荣任年级的足球队队长。

1917年　23岁

6月，从浙江省立第五中学毕业，考入不收学费、膳费的南京高等师范学校农科，成为石峡口第一个大学生。

9月，进入南京高等师范学校农科学习。

1918年 24岁

寒假，兄弟分家。从此，母亲承担起他上学的全部重担。

夏，在浙江农事试验场实习，对邹秉文倡导的理论与实践相结合的教育方针的重要性深有体会。

秋，妻楼氏因难产去世。

是年，刚从美国回来、担任农科主任的邹秉文在南高农科的办学方向、教学方法上起了关键作用。

1919年 25岁

9月，升入三年级。

是年，邹秉文为实现教学、科研与推广相结合的教学方针，开始为南高、东大农科筹集经费，进行频繁而艰辛的活动。

1920年 26岁

5月，完成毕业论文《世界棉业现状》。

6月，从南京高等师范学校毕业，经邹秉文介绍，任南京皇城小麦试验场的技术员。

7月，在皇城小麦试验场实习。

9—12月，在皇城小麦试验场工作。

是年，邹秉文继续“化缘”，为创办校内农场、林场、畜牧场投入大量精力。

1921年 27岁

寒假，回到故乡石峡口，创办梓山小学。

4月，学校在江东门外30里处的大胜关租地1 800亩，成立东南大学农事试验总场，皇城小麦试验场也并入其中。他任总场技术员。

是年，撰写《劝种小麦浅说》。

是年，邹秉文四处“化缘”，为东南大学筹集资金，以便扩大农事试验场。

1922年 28岁

夏，开始小麦单株试验。

12月6日，东大评议会决议将南京高等师范学校并入东南大学。

是年，邹秉文继续“化缘”，为东南大学农科筹集资金。

1923年 29岁

春，在大胜关农场观察各种小麦的开花期，并作小麦选种试验。

9月，继任东南大学、南京高等师范学校的技术员，月薪增至60元。

1924年 30岁

春，对原颂周主任在南京江东门外发现之早熟农家品种进行种植、观察。

7月，与姚璧辉结婚。婚后，请新婚的妻子到石峡口山村小学做义务教员。

9月，他一人回到试验场，开始搜集全国各地小麦品种，进行分类。

是年，应用纯系选种法，改良的农家品种武进无芒、南京赤壳相继问世，开始推广。

是年，农科主任邹秉文继续为东南大学农科“化缘”。

是年，从全国790个县搜集900多个小麦品种，种植并观察。

1925年 31岁

夏，回东南大学补读一年学分。

经两年的试验比较，农家品种武进无芒、南京赤壳普遍比未改良的品种增产。

1926年 32岁

3月，月薪增至75元。

6月，补读一年学分后，从东南大学毕业。

是年，育成江东门。

1927年 33岁

4月,邹秉文辞去东南大学农科主任之职。

8月上旬,农学院新来的领导无理扣发短工工资。他代表工人交涉,遭到拒绝,愤而辞职。

8月,浙江第四中学任教。

年底,转至浙江大学劳农学院。

1928年 34岁

1月,初识梁希。

2月,在浙江大学劳农学院主讲"实用麦作学"课程。

4月,比较大胜关农场和笕桥农场的试验结果。

5月,发表中国第一部小麦分类文献《中国小麦分类之初步》。

12月,任浙江大学农艺系副教授。

1929年 35岁

6月,发表论文《有芒小麦与无芒小麦之研究》。

秋,母亲逝世。

是年,引进意大利小麦品种,从全国各地征集小麦。

是年,因常住杭州,和岳父一家日渐亲密。

1930年 36岁

2月,发表《小麦开花时期之研究》。

春,考取浙江省教育厅公费留美生。

7月,将《实用小麦论》交商务印书馆出版,并请蔡元培作序。

8月,从上海坐轮船赴美,妻姚璧辉携长子送到上海码头,长子因患痢疾而夭折。

9月,入美国康奈尔大学研究院学习,研究方向是作物育种。

1931 年　37 岁

1 月，蔡元培为《实用麦作学》作序。

5 月，在《中华农学会报》任干事，负责联络、组织在美留学生为该报投稿等事宜。

6 月，送别康奈尔大学同窗李沛文。

是年，参加康奈尔大学作物育种研究会并成为会员。

1932 年　38 岁

2 月，和留美学生马保之、冯泽芳、卢守耕等六人发起成立“中华作物改良学会”。

夏，赴明尼苏达大学农学院研究小麦育种。

7 月，和国内外农业界的学者联名发表《中华作物改良学会缘起及旨趣》，被选为中华改良学会在美联系人。

9 月，发表译文《雏用高粱之染色体数目》。

12 月，发表译文《种子埋藏土中二十年生活力仍极健强》《麦穗密度之特别遗传》。

1933 年　39 岁

1 月，完成美国两个大学的全部学业，启程回国。

2 月，回到祖国，就任浙江大学农学院副教授。

是月，发表有关小麦性质遗传的研究译文两篇。

4 月，发表有关小麦与黑麦交配研究的译文。

5 月，在浙江大学农学院农艺学会的常会上，应邀作“美国人研究科学之精神”的演讲。

8 月，接到南京中央大学农学院邹树文院长的聘书，回到母校任教授。

1934 年　40 岁

春，定居南京。

4 月，火烧美国病麦，立志培育自己的小麦良种。

5 月,发表译文《用返配法研究小麦之遗传性》。

6 月,发表著名论文《近代玉米育种法》。

12 月,出版中国第一部小麦专著《实用小麦论》,被列为大学丛书。

是年,从潘希维尔(Percival)世界小麦品种中选出原始亲本“Mentana”,育成中大 2419 小麦。

1935 年 41 岁

3 月,留美同学先后回国,聚于中华作物改良学会第二届年会。

4 月,发表《用统计方法研究籼粳糯米之胀性:附表》。

6 月,将早年改良的小麦品种南京赤壳引至浙江推广。

11—12 月,重视起源于我国的大豆研究,发表研究论文。

1936 年 42 岁

1 月 29—31 日,应教育部之聘,演讲《中国近年来作物育种和作物栽培的进步概况》。

1 月,发表《小麦开花之观察(附表)》。

12 月 21—25 日,在中央广播无线电台演讲《中国几种重要禾谷类》。

1937 年 43 岁

2—6 月,在云南征集的小麦品种中,发现一性状特殊的品种,不能确定其适当的植物分类。

7 月,卢沟桥事变爆发,中央大学迁往重庆,他把家眷送回故乡石峡口,只身去重庆,与梁希共居一室。

8—9 月,委托助教蔡旭将中大 2419 小麦品种移至重庆。

1938 年 44 岁

4 月,参加中央大学森林系师生的歌乐山考察。

7 月,到八路军办事处捐款,支援前方战士。

暑假,任农业职业学校暑期讲习班教员,讲授作物学。

8 月，发表论文《精米胀性试验方法之研究》。

秋，给前方战士捐寒衣，他代表梁希又到《新华日报》办事处捐寒衣款，并为战区难民发起募捐。

10—12 月，经常将《新华日报》登载的抗日消息讲给学生们听，鼓励学生为抗战胜利而奋斗。

1939 年 45 岁

4 月，听周恩来关于抗战形势的报告。

4—5 月，和梁希结识潘菽、涂长望、干铎等人，常到新华日报社去听有关抗战形势的报告，并组成自然科学座谈会。

5—6 月，同助教蔡旭到川北松潘考察，在平武受到无理搜查，被拘禁三天后，经学校来电函保释，方被放行。

7 月，关心青年成长，当学生面临毕业即失业的困境时，千方百计为他们安排合适的工作。

9 月，将中大 2419、矮立多移至四川农业改进所试验，结果喜人。

秋，要求前往延安，因故未能成行，只好将自己精心培育的小麦良种托人转送到延安。

12 月，在中央大学第一个用高价义买《新华日报》。

是年，教学认真，严于律己，身教胜于言教，师生感情深厚。

1940 年 46 岁

1 月 11 日，应邀参加《新华日报》创刊两周年的纪念活动。

春，负责编辑《新华日报》的副刊“自然科学”。

4 月，发表《大豆天然杂交》一文。

6 月，妻姚璧辉携四个孩子，从浙江诸暨老家千里迢迢赶赴重庆，途经贵阳，遭遇翻车事故，幸好全家人安然无恙。在嘉陵江边买了一间土坯房，安置了家人。

秋，与中央大学农学院教师和家属聚于重庆沙坪坝松林坡合影。

冬，根据决议，中华作物改良学会在抗战胜利后复会。

是年，常用“行万里路，胜读万卷书”来勉励自己，教育学生。

1941年 47岁

1月7日，前往新华日报馆声援，对死难烈士表示哀悼。

5月，妻子因长途跋涉、劳累过度病倒。

8月22日，因撰写论文，未去防空洞，敌机在中央大学投弹30枚，教室、宿舍被毁坏多处，其所住的土坯房也受损。

是年，开展烟草实验。

1942年 48岁

5月，因胃出血，带病给农艺系同学讲课，昏倒在课堂上，受到同学们的照顾。

6月，应第42届毕业生之邀，抱病去毕业班送别。

暑假，以病弱之身赴云南考察，发现我国特有的小麦新种云南小麦。

是年，中大2419、矮立多两个小麦品种开始在四川推广。

1943年 49岁

12月28日，参加梁希的60岁祝寿会。

是年，与吴董成联合发表《中国小麦区域》。

是年，与蔡旭合作完成《中国近三十年来小麦改进史》。

1944年 50岁

4月，发表《新时代小麦改良应采的技术》。

10月，与梁希、潘菽、涂长望、谢立惠、李四光、严济慈等著名科学家一起，发起组织中国科学工作者协会，并在中央大学成立了中国科学工作者协会筹备会。

11月，与梁希、涂长望等自然科学座谈会成员加入民主科学座谈会。

至是年，已连续三年在四川省教育学院义务兼课，分文不取。

1945年 51岁

年初，在"文化界向时局进言书"上签名。

春，顶着压力，坚持订阅《新华日报》。

8月15日，庆祝抗战胜利。

8月28日，在毛泽东赴重庆谈判期间，与梁希、潘菽等八人应邀去张治中的公寓会见。

9月3日，许德珩发起组织的"民主与科学座谈会"改名为"九三座谈会"。与梁希、涂长望等人先后加入"九三座谈会"。

秋，去云南大学讲学，参加反饥饿、反内战、反迫害的大游行，又在"反对独裁、要求民主"的宣言书上签字。

1946年 52岁

1月25日前，结束昆明的讲学，回到重庆。

1月25日，参加中央大学、重庆大学师生7 000余人争民主、争自由的大游行。

5月4日，出席九三座谈会。

5月，告别重庆沙坪坝，回南京前与农艺系毕业生合影。

夏，返回南京前夕，农艺系办公室起火，已装箱待发的全部资料被烧毁。

6月，乘永康轮返回南京。

是月，回到南京。

7月，纪念抗战胜利。

10月，与梁希、潘菽、涂长望等借助"九三南京分社"配合中国共产党的活动。

是年，中大2419小麦良种继续在丁家桥农场种植试验。

1947年 53岁

1月，回到阔别八年的故乡，探望乡亲。

2月，继任中央大学农艺系主任。

3月，因胃部出血，住院治疗。

4 月，参加讨论《中央大学教授会宣言》，要求提高教育经费，改善教员待遇，点燃了“五二〇”学生运动的火焰。

5 月下旬，探望、营救“五二〇”游行中受伤、被捕的学生。

6 月，与中央大学农艺系毕业生合影。

11 月，中华作物改良学会与中华农学会等学术团体举行联合年会，并恢复会务。

12 月，在《学识杂志》发表《农艺系的目标是什么》一文，畅述学农的意义，鼓励青年献身农业科学。

1948 年　54 岁

5 月 4 日晚，纪念“五四”，参加中央大学操场盛大的营火晚会。

6 月，胃部出血，经医院诊断为十二指肠溃疡，幸遇老中医吴汇川施以秘方，治愈了困扰多年的疾病。

8 月，获准休假一年，到江南大学任教。

9—12 月，因治学严谨、平易近人、授课艺术高超，博得广泛好评。

1949 年　55 岁

4 月 23 日，在无锡迎接解放。

5 月，得知女儿作美参军的消息。

6 月，结束江南大学的教学任务，返回南京。

7 月，参加全国自然科学工作座谈会。会后，又参加了东北参观团。

8 月，中央大学改名为南京大学，被任命为南京大学农学院院长。

10 月 25 日，在《新华日报》发表《漫谈东北》一文。

11 月，带领南京大学农学院师生建立农村工作服务实验区，使书本知识与实际结合起来。

是年，原中大 2419 小麦改称南大 2419 小麦，继续在丁家桥农场试验，表现优异。

1950 年　56 岁

1 月 20 日，在《新华日报》发表《关于全国农业生产会议》一文。

1—2 月，长江流域一亿亩良田被淹，他及时提出“多种马铃薯度春荒”“移植冬麦、战胜灾荒”的建议，挽救了华东地区的损失。

4 月 7 日，祝贺华东军政大学南京分校成立一周年。

4 月 11 日，中央人民政府第六次会议通过决议，他被任命为华东军政委员会农林部副部长。

5 月，南京大学校务委员会改组，他当选为校务委员会常务委员。

8 月，纪念银婚。

10 月 22 日，在庆祝南京大学成立一周年大会上讲话。

10 月 29 日，当选为南京市副市长。

10 月，送英模代表离开南京。

10—11 月，赶写《关于水淹地冬作问题的几点意见》和《马铃薯栽培法》，进一步挽救了华东地区的损失。

12 月 26 日，参加华东农林工作会议，发表“对农业技术的提高与普及的几点意见”的讲话。

1951 年　57 岁

春，带领十几名专家走遍苏北、淮北十多个县，调查小麦的受灾情况，挽救了百万亩受冻小麦的损失。

4—5 月，邀请志愿军归国代表作报告，先后组织四批赴朝医疗团支援抗美援朝前线。

暑假，主张农业教育与农业生产相结合，组织学生到山东农村调查。

8 月 1 日，撰写《庆祝八一建军 24 周年》。

9 月，参加华东麦作与病虫座谈会。

10 月 1 日，发表文章，庆祝国庆节，歌颂伟大的祖国和南京文教界两年来在思想战线上的胜利。

10—11 月，出席中国农学会南京分会成立大会、南京市农业劳动模范代表会议。

至是年，南大 2419 经过试验，显示出高额丰产性和产量稳定性的优点。

1952 年　58 岁

春，庆贺金陵协和神学院的成立，在成立大会上讲话。

暑假，继续组织学生到苏北农村考察。

7 月，被任命为南京农林学院院长兼南京农学院院长。

8 月，对南京农学院毕业生讲话，参加南京速成中学成立一周年大会并发表讲话。

9 月 11—20 日，出席九三学社第二次工作会议，当选为九三学社第三届中央委员会委员。

9 月，被任命为南京市棉垦委员会主任委员。

10 月 1 日，对南京市少年儿童讲话。

10 月 24 日，对农林两院新生谈话，讲述祖国农业发展的需要和对农业院校学生寄予的厚望。

10 月，任南京农学院院长。

11 月 15 日，被任命为江苏省人民政府委员。

11 月 20 日，发表《为祖国的农业建设而奋斗》一文。

12 月 20 日，出席 1952 年华东农林工作会议。

1953 年　59 岁

春，倡导团结奋斗的办校精神，确定农学院的培养目标。

暑假，组织学生赴皖北调查农业。

8 月 21 日，发表《学习选举法的体会》。

11 月 20 日，发表《为祖国的农业建设而奋斗》一文。

12 月 16 日，被任命为南京农学院院长。

是年，倾注大量心血培养教师队伍。

1954 年　60 岁

2 月，在苏州康复医院慰问中国人民解放军。

4 月，将万国鼎调回学校，成立南京农学院农业历史研究组。

4—5 月，注意培养学生德、智、体的全面发展，带头参加体育锻炼。

5 月，出席南京市爱国卫生运动评模代表会议。

6 月 25 日，发表《继续为和平解决朝鲜问题而斗争》一文。

7 月，发表《文教工作的有力保障》一文。

9 月 15—29 日，出席第一届全国人民代表大会第一次会议。

10 月 11 日，发表《我国茶叶生产的新生》。

10 月 27 日—11 月 12 日，参加第二次全国高等农林教育会议，平息了一场建院之初的风波。

10 月，成立技术联系小组，与郊区诸农业社建立了固定联系。

11 月 22 日，发表《要很好地总结、发扬和运用我们伟大祖国的农业遗产》。

12 月 16 日，被任命为南京农学院院长。

是年，主持"中国小麦的种类及其分布的研究"课题。

1955 年 61 岁

1 月，在南京农学院成立科学研究部。

3 月 21 日，致信第一届全国人大常委会，提出推广向日葵的几点意见。

4 月 9 日，参加南京市第一届人民代表大会第三次会议，当选为南京市副市长。

5 月 13 日，收到农业部的复信，其推广向日葵的建议得到肯定。

5 月 20 日，被任命为南京市体育运动委员会主任。

6 月 1 日，被聘为首批中国科学院生物学地学部委员。

6 月 28 日，被任命南京农学院院长。

7 月 18 日，向台湾农业科技工作者介绍祖国建设事业的伟大成就。

7 月，创建中国农业遗产研究室。

8 月 18 日，中国农业科学代表团赴匈牙利参加玉米育种会议。

秋，增加技术合作的农业社。

11 月 7 日，发表《我从苏联农业展览会上看到了苏联在农业生产上的伟大成就》。

12 月 29 日，参加江苏省第一届人民代表大会第三次会议，畅谈视察徐州专区农村的变化。

12 月，在上海高等院校院长座谈会上，表达入党意愿。

1956 年　62 岁

1 月 5 日，发表《向丰产能手学习》一文。

2 月 2 日，出席江苏省农业高额丰产社代表会议，发表《对江苏省稻麦两熟增产的几点意见——在江苏省农业高额丰产社代表会议上的发言》。

2 月，由沈丽娟、顾民介绍加入中国共产党。

是月，在九三学社第一次全国代表大会上，被选为九三学社第四届中央委员会常务委员。

3 月 7 日，发表《农业科学工作者的任务》。

3 月 14 日，发表《农业科学工作者要积极投入提高农业生产的斗争》。

5 月 3 日，在江苏省高等学校、科研机关党员干部会议上介绍南京农学院支援农业合作化的体会。

5 月，研究制定南京农学院十二年(1956—1968)科学研究规划，掀起了全院科学研究的高潮。

7 月，去云南考察我国特有的小麦品种，命名为云南小麦。

8 月 25 日，发表《在共产党领导下，加强团结、信心百倍沿着社会主义道路迈进》。

8 月，出席江苏省第一届人民代表大会第四次会议，代表九三学社南京分社发言。

9 月 1 日，在南京农学院开学典礼上讲话。

9 月 14 日，发表《要在农业科学研究上做出更多的成绩》。

11 月 2 日，发表《小麦是重要的高产粮食作物》。

1957 年　63 岁

春节，离别七年的女儿作美回南京。

2 月 20 日—3 月 6 日，撰文宣传中国农业展览会和中国农业生产的成就。

3 月初，赴北京出席中国农业科学院成立大会，被任命为该院副院长。

4 月 4 日，当选为全苏列宁农业科学院的通讯院士。

4 月 8 日，致信聂荣臻，力陈南京农学院迁到城外的必要性，得到聂荣臻的大力支持。

5 月 1 日，代表南京农学院与十月农业社签订技术合作合同。

6 月，学生、亲朋好友被打成右派，他感到迷茫、困惑。

6 月 26 日—7 月 15 日，出席第一届全国人民代表大会第四次会议。

7 月 24 日，被聘为国务院科学规划委员会农业组副组长。

8 月 24 日，应西北农学院的邀请，对农学系学生发表讲话。

9 月 6 日，被任命为中国农业科学院副院长。

10 月 12 日，任中国人民保卫世界和平委员会江苏省暨南京市分会主席。

10 月 26 日，接受《文汇报》记者的采访，就长江流域抗旱种麦一事发表讲话。

10 月，培育多年的小麦良种中大 2419 大面积推广，成为我国当时种植面积最广的小麦良种。

11 月 17 日，发表《种植高产饲料作物　适应增养猪子的需要》一文。

11 月，完成《中国小麦之种类及其分布》(初稿)。

11 月 23 日—12 月，去莫斯科出席十月革命四十周年纪念大会及学术讨论会，参观访问有关研究所。

1958 年　64 岁

2 月 27 日，到南京浦口区红旗农业社考察。

4 月 12 日，应邀到合肥作报告。

5 月 17 日，在南京市郊红旗农业社进行技术指导。

5 月 20 日—6 月 13 日，与王更生到 19 个农业社进行实地考察，并撰文介绍农民的经验。

6 月 11 日，发表《阜阳专区农业生产经验及今后注意的问题》。

7 月 11 日，发表《农业科学工作者要做农民群众的小学生》。

7 月 22—29 日,参加全国小麦病虫害会议,致会议开幕词,并做会议总结。

8 月 1 日,参加全国小麦研究跃进会议,并发言。

8 月 13 日,向台湾的农业科学工作者报告祖国农业生产的喜讯。

9 月,奉调入北京,辞去南京的全部工作,任中国农业科学院副院长。

10—12 月,发现农业生产中的浮夸现象,向王震汇报。

12 月,当选为九三学社第五届中央委员会常务委员。

1959 年 65 岁

2 月,1958 年的“浮夸风”刮到了农业科研单位,他卫护科学真理、实事求是,受到多次不点名批评,被指责为反对“大跃进”。

3 月 7 日,发表《1959 年农业科学工作者的任务》。

3—8 月,组织全国著名小麦专家共同编著《中国小麦栽培学》。

4 月 18—28 日,参加第二届全国人民代表大会。

4 月,在成都召开的南方小麦会上,讨论《中国小麦栽培学》的编写。

5 月 3 日,发表《为祖国建设的伟大成就和平定西藏叛乱而欢呼》。

5 月 4 日—6 月 7 日,奔赴河南、江苏、山东等地,考察小麦的生长情况。

5 月,在河南偃师召开北方小麦现场会,进一步讨论《中国小麦栽培学》的编写。

7 月,赴云南考察,确定云南小麦新亚种的发源地。

9 月,赴青海柴达木盆地诸农场考察小麦丰产田。

10 月,著成《中国小麦的种类及其分布》。

11 月,发表文章,主张养猪积肥以促进农业生产,并介绍农民在育种上的经验。

12 月 25 日,发表《柴达木盆地的春小麦丰产奇迹》。

12 月 30 日,参加全国甘薯科学研究工作会议,并作总结报告。

1960 年 66 岁

1 月 24 日,发表《我们一天天在上升》。

2 月，发表《春小麦高产的奇迹》。

3—4 月，参加第二届全国人民代表大会第二次会议。

6 月，发表《从编写理论著作来看党的领导农业科学》。

9 月 24 日，在中央人民广播电台广播《中国农业科学工作者是怎样理论联系实际的》。

10 月，在北京顺义牛栏山公社总结玉米的丰产经验。

11 月 11 日，发表《河西小麦新貌》。

12 月 5 日，撰文《农业科学工作者要积极投入生产第一线》。

12 月 22 日，发表《组织技术考察团推动农业生产的基本经验》。

1961 年 67 岁

1 月 18 日，撰文《科学要为“大办农业、大办粮食”服务》。

1 月 25 日，在中国农业科学院所长会议上讲话。

1 月，发表《大办农业　大挖增产潜力》一文。

3 月，发表《青海柴达木盆地春小麦高产的调查分析》。

4 月，主编的《中国小麦栽培学》出版。

6 月 30 日，出席中国共产党成立四十周年大会。

7 月，与妻共游北京颐和园。

9—11 月，与新疆且末农科所等单位联系，讨论研究古城废坑中的麦种情况。

12 月，参加中国作物学会第一届全国代表大会，被选为中国作物学会第一届理事长。

1962 年 68 岁

2 月，发表《淮北平原的新石器时代小麦》。

3 月，赴浙江考察。

3—4 月，出席第二届全国人民代表大会第三次会议。

7 月，撰文怀念涂长望。

8—9 月，在国家科委农业组成员座谈会上，提出“农科院精简过了头”的意见，引起中央重视。不久，周总理亲笔批示，给农科院增加400个编制。

10月3日，发表《我国作物品种的新成就》。

10月7日，撰文《Abery氏关于栽培大麦起源的理论》。

1963年 69岁

1月26日，与丁颖、钱学森、钱三强等百余位科学家受到刘少奇等国家领导人的亲切接见。

3月初，出席全国农业技术工作会议。

3月6日，在中央人民广播台播音，介绍全国农业技术工作会议稻麦组的讨论情况。

6月，让新任秘书杜振华到科研一线。

7月，任中朝友好协会代表团副团长，访问朝鲜。

8月，申报成立中国农业科学院、南京农学院小麦品种研究室。

是月，赴内蒙古考察农业，提出合理利用草原的建议和发展小麦区的设想。

9月，接待来我国访问的朝鲜代表团。

10月，接待来我国访问的日本代表团。

11月17日—12月3日，出席第二届全国人民代表大会第四次会议。

1964年 70岁

2月，国家科学技术委员会正式批准成立中国农业科学院、南京农学院小麦品种研究室。他兼任研究室主任。

3月，小麦品种研究室成员开始了艰苦奋斗、团结合作的创业史。

4月，主编的《中国小麦品种志》第一辑出版。

6月10—20日，应宁夏回族自治区农学会之邀，考察该区的小麦生产情况。

11月27日，完成手稿《利用冬闲，移植冬麦》一文。

12月21日起，出席第三届全国人民代表大会。

1965年 71岁

2月，出席全国农业科学实验工作会议并发言。

5月，寻找小麦的夏繁基地，得到谭震林的支持。

7月19日，被任命为中国农业科学院院长。

10月，在山西大寨参观、学习。

11月，赴山东泰安考察农业。

12月13日，出席全国同位素、辐射农业应用研究工作会议，并发表重要讲话。

1966年 72岁

5月，派小麦品种室薄元嘉去井冈山考察。

7月，在井冈山桐木岭的垦殖分场布置小麦杂交后代试验，并在庐山东方红公社作了同样试验，以资比较。

8月上旬，登庐山，确定庐山为小麦的夏繁基地，请植物园协助代管，得到九江市政府的大力支持。

8月中旬，返回北京。

9—12月，回京后被分配到气象室"学习"。

11—12月，工宣队来院以后，他开始做早操，读晚报。

1967年 73岁

春，坚持做小麦育种试验。

7月，确定小麦的夏繁基地。在井冈山、庐山两地同时进行小麦夏繁试验。

9月，儿子金孟浩来京探望。

10月1日，应邀登上天安门城楼，见到毛主席和周总理。

10月8日，致信井冈山一线的科研人员。

10月，迎来井冈山、庐山两地夏播小麦同时成功的喜讯。

11月，在总结小麦高山夏播成功的基础上，进一步提出湛江、海南岛等地秋播冬繁的设想和措施。

12 月,与湛江的一线工作人员进行交流。

是年,育成京红 1～6 号等春小麦新品种。

1968 年　74 岁

1 月 2 日,致信陈佩度,商讨南繁小麦应注意的问题。

3 月,小麦品种室在南京召开小麦高山夏播座谈会,认为 1966 年夏季开始在庐山、井冈山和湛江等地一年繁殖三代的小麦试验基本成功。

4 月 19 日,通过书信,传达了对湛江南繁一线的慰问和嘱托。

7 月,开始接受审查。

9 月,再登庐山考察夏繁小麦。

10 月,要求尽快去湛江秋播。

1969 年　75 岁

8 月,春小麦一年繁殖三代试验,获得基本成功,创造了缩短小麦育种年限的新途径。

冬,有人公开宣称要来农科院“拆庙”,他坚决反击。

是年,京红 1～6 号在大面积生产条件下,表现突出,全国已推广 60 万亩以上。

是年,小麦加代研究取得成果。

1970 年　76 岁

1 月,三女儿被调离北京。

5 月 14 日,纪登奎到农业科学院说:中国的农业是靠七亿五,还是靠七千五?农业科研要靠广大群众,不是靠 48 个研究所。他坚持真理。

6 月 5 日,农、林两院遵照“指示”,上报“拆庙”方案。

8 月 23 日,农、林两院合并(包括水产),除新机构选留 620 人外,其余全部下放或撤销。

11 月,完成手稿一篇。

1971 年 77 岁

1 月,唯一的助手杜振华被调走。后经几次抗争,杜振华终于回归。

春节,金作美回京探亲。

9 月,将《俄华辞典》送给助手杜振华。

1972 年 78 岁

1 月,向院核心小组汇报春小麦的育种规划,要求增加试验地和研究力量。

2 月,提出农、林科学院作物育种计划的设想。

春,在院农业所的支持下,成立了春麦组,陆续增加了辛志勇、尹福玉、郭丽、黄惠宇、徐惠君、刘书旺、杨华等人。

1—6 月,南京农学院被撤销,与江苏农学院合并,原来南农的校舍,场地、农场,陆续被强行分割、霸占。

6 月 26 日—7 月 3 日,赴银川参加全国春小麦现场经验交流会。

8 月 22 日—9 月 8 日,赴南京参加南方十省市冬小麦育种协作会议,并三登庐山考察。

9 月 1—8 日,登庐山,了解小麦夏播情况。

10 月,小麦品种研究室完成《我国小麦地方品种资源的搜集整理和研究》(初稿)。

是年,原小麦品种研究室培育的钟山 2 号,种植面积约 20 万亩。

1973 年 79 岁

1 月,赴海南岛考察南繁小麦。

3 月 27 日,为原南京农学院小麦品种室的研究人员安排,致信江苏省委领导。

5 月,参加全国小麦现场会议,并去山东胶济线一带看小麦长势。

6 月 27 日,撰文庆祝中国共产党成立五十二周年。

6 月,先后育成京红 7、8、9 号和京春 6082 小麦新品种。

7 月 3 日,发表《喜见小麦育种工作蓬勃发展》。

8月，京红7、8、9号差一点被扼杀在摇篮之中！

9月10日，完成手稿《小麦品种资源和育种工作的几个问题》。

9月28日，为推荐徐冠仁、鲍文奎两位科技人才，致信沙风部长。

10月，参加著名史学家贺昌群的追悼会。

11月6日，因小麦锈病传播广，致信周恩来，建议召开全国小麦抗锈防病会议，保证全国小麦稳产、高产，得到周恩来的大力支持。

是年，京红1号、5号在各地试种，获得高产。

是年，根据黄淮平原小麦生产问题，制定新的育种目标，开始选用高产、高抗三种锈病、提高蛋白质、赖氨酸含量、耐迟播的品种。

1974年 80岁

2—3月，考察了广州六个县、十八个大队和单位的小麦长势，对广东省的小麦生产问题，提出了很好的意见。

3月，撰文《喜看农业科学实验的大好形势》。

6月，与农科院农业所所长梁勇去陕西考察。

冬，在云南元谋建立春小麦冬繁基地。

1975年 81岁

1月13—17日，出席第四届全国人民代表大会第一次会议。

10月，三女儿回到北京。

是年，对京红7～9号和6082品种做对比鉴定试验。

1976年 82岁

1月5日，参加全国《小麦育种学》审查定稿会议。

1月6日，《中国新闻》报道《让大地献出更多的食粮——访著名的小麦育种家金善宝》。

1月8日，听到周总理逝世的噩耗十分沉痛，发唁电悼念。

1月，在元谋冬繁基地查看春小麦的冬繁情况。

4月4日，在天安门沉痛哀悼周总理，受到无理刁难。

是年，京红1号在全国种植10万亩，京红5号在全国种植50余万亩；京红8号、9号比墨西哥小麦显著增产。育成中7606这一优质小麦新品种。

1977年 83岁

1月8日，参加中国农业科学院纪念周总理逝世一周年大会，并作讲话。

1月31日，致信南繁一线的杜振华、辛志勇，询问南繁小麦情况。

2月，因皖、鲁、豫、苏等省冬季干旱、缺苗严重，影响小麦增产，向农林部提出"关于抓好麦田移苗补栽"的建议。

7月9日，在座谈会上，回忆、批判了极左思潮对农业科学的摧残、伤害。

8月初，出席邓小平主持召开的科学和教育工作座谈会，汇报了农科院受"四人帮"迫害最深的情况，得到了邓小平的支持。

8月，著名烟草专家左天觉应邀来访。

8—9月，多方奔走、奋力争取恢复中国农科院建制，取得初步成果。

9月5日，复信沈丽娟，传达全国科教会精神，鼓励南农教职工为复校做出努力。

9月17日，发表《为把我国变成世界第一个农业高产国家而奋斗》一文。

9月20日，给邓小平写信，要求恢复南京农学院。

9月，为纪念毛主席逝世一周年撰文《永远怀念我们伟大领袖毛泽东主席》。

10月5日，给邓小平写信，提出"用优良品种支援第三世界国家的设想"。

10—11月，去柳州出席"全国农业科技情报会议"，会后去南宁地区考察。回程至韶山参观毛主席故居。

11月，致信乔肖光，建议在桂林建立东亚柑橘育种中心。

12月7日，《光明日报》报道《人老心更红——访农业科学家金善宝和他的助手培育春麦良种的事迹》。

12月12日，10月写的信得到回复。

是年，京红号小麦不仅在广大春麦区普遍表现增产，而且在华北平原的冬麦区也在大面积试种。

1978年 84岁

1月,出席全国科学技术规划会议和中国农学会座谈会。

2月26日—3月5日,出席第五届全国人民代表大会第一次会议。

3月18—31日,出席第一次全国科学大会,作"为把我国变成世界上第一个高产国家而奋斗"的发言,提出"发展农业科学技术的六点建议"。

3月30日,荣获全国科学大会先进科学工作者奖,南大2419、京红7～9号小麦获全国科学大会重大科技成果奖。

5月1日,出席青少年和劳动模范、科学家联欢大会。

5月4日,为南农复校问题,再次致信邓小平。

5月20日,《北京周报》报道《现代化科技先驱》。

6月23日,发表《农业科研要向现代化进军》。

7月3日,发表《喜见小麦育种工作蓬勃发展》。

7月5—17日,赴太原出席中国农学会召开的全国农业学术讨论会并致闭幕词,会后又去大同参加全国春小麦育种经验交流会。

7月17日,国务院批复,任命他为中国农业科学院院长。

7月18日,《人民日报》报道《八十二个春天——记小麦专家、中国农业科学院院长金善宝》。

8月,一批中字麦新品系进行产量试验。

9月26日,中央人民广播电台播音《老科学家的春天》。

10月25日,接待为复校问题上访北京的原南京农学院职工,得到有关领导的支持。

10月,《农业科技通讯》报道他的事迹。

12月,国务院批准中国农业科学院下放的研究所陆续搬回北京。

1979年 85岁

1月2日—2月7日,中共中央做出了恢复南京农学院的决定,中共农林部党组、江苏省委发出《贯彻中央关于南京农学院复校问题的实施意见》。

2月12日,被聘为国家科学技术委员会农业专业组组长。

2月16日,出席在合肥召开的全国农作物品种资源科研工作会议。

3 月 26 日，去杭州参加农业原子能学会成立大会，鼓励青年勤奋学习，立志赶超前人。

3 月 27 日，偕中国农学会理事长杨显东视察中国农业科学院茶叶所。

3 月 28—29 日，考察浙江省农科院和浙江农业大学的小麦试验田。

3 月，恢复中国农业原子能学会，支持并卫护科学家徐冠仁的工作。

4 月初，回到故乡石峡口探望乡亲。

4 月上旬，在绍兴、镇江等地考察小麦的生长情况。

4 月，发表《消除污染　保护好农业环境》一文。

5 月 7 日，被聘为农业部科学技术委员会主任委员。

5 月 12 日，出席农业部科学技术委员会成立大会。

5 月 29 日，任科学技术委员会农业生物学科组名誉组长。

6—7 月，出席第五届全国人民代表大会第二次会议。

7 月 8 日，发表《加强农业科学研究，促进农业现代化》一文。

8 月 11 日，参加方毅召开的农业科学家座谈会。

10 月 11—20 日，参加九三学社中央第二次全国代表大会，当选为九三学社第六届中央委员会副主席。

12 月底，发表《向台湾科学文教界朋友们祝贺新年》。

是年，育成优质小麦新品种中 7902、中 791 等。

是年，当选中国作物学会第二届理事长。

1980 年　86 岁

1 月 9 日，参加著名棉花专家冯泽芳的追悼会，并致悼词。

1 月 15—20 日，主持中国农业科学院学术委员会议，致开幕词。主持“小麦生态研究”这一重大课题。

2 月 16 日，中央领导来到中国农业科学院，同农业科学家们交流如何加速我国农业现代化进程的问题。

2 月，《红专》报道《爱国一家怀故人》。

是月，在九三中央学习讨论会上发言。

3 月 15—23 日，出席全国科学技术协会第二次代表大会，当选为科协副主席,会上作“把农业科学放到重要位置上来,加速我国农业现代化建设”的发言。

5 月,任国家科委自然科学奖励委员会委员。

6 月,在胶东半岛考察丰收小麦的长势。

8 月 11 日,《中国新闻社》发表《小麦专家金善宝教授》一文。

8 月 30 日—9 月 10 日,出席第五届全国人民代表大会第三次会议。

9 月 5 日,在《中国主要农作物栽培学》编写工作座谈会上发言。

11 月 24 日,在全国作物栽培科学讨论会上发言。

12 月,参加全国植物线虫讲习班结业典礼。

是年,南大 2419 在全国的种植面积仍有 300 万亩左右,为我国小麦育种一个重要的骨干亲本材料。

1981 年　87 岁

1 月,《中国建设》英文版(*China Reconctructs*)报道了他的事迹。

2 月 25 日,发表《八五老翁思故里》。

2 月,发表《加强农业生物学研究　促进农业现代化》。

4 月 10 日,鼓励春麦室成员在研究中多方探索。

4 月 17 日,发表《科学实验一定要实事求是》。

6 月 24 日,发表《社会主义赋予农业科学新的生命》。

6 月 25 日,致信中央领导,为河南省小麦生产献良策。

8 月 16—22 日,参加全国太谷核不育小麦科研协作会议,受到方毅的赞扬。

8 月 23—26 日,去北戴河参加鉴 26 小麦良种推广工作座谈会。

8 月,在北京参加中国作物育种预备会议。

9 月 25 日,在农业部科学技术委员会第三次会议上讲话。

9 月,接待意大利农业代表团,并代表中国参加中意两国农业科技协作签字仪式。

10 月 10 日,回复国务院干部局征求意见的信。

10 月 23 日,发表《民以食为天》。

11月29日，致信宋任穷，表示引退后仍会一如既往地为祖国农业科学的发展做工作。

12月9日，宋任穷复信。

冬，探望杜振华之妻。

1982年 88岁

1月，接受湖南科学技术出版社的邀请，主编《中国现代农学家传》。

是月，祝贺《农业科研管理》创刊。

2月15日，参加全国土壤肥料学术讨论会及中国农学会土壤肥料研究会成立大会。

3月6日，出席华南三省区小麦科研协作会。

3月，发表《向世界第一个高产国家迈进》。

4月20日，任《中国农业百科全书》农作物卷编辑委员会主任委员。

4月23日，参加《中国农业百科全书》农作物卷编委会成立大会。

4月，被聘为1982年度全国优秀科技图书评选工作顾问。

6月25日，被聘为《中国农业百科全书》总编辑委员会副主任。

7月，"中国小麦的种类及其分布"这一研究项目获1982年自然科学三等奖。

8月，赴黑龙江省三江平原考察。

9月，完成《三江平原观感》一文。

10月23日，"中国小麦的种类及其分布"课题获全国自然科学三等奖。

11月16日，为我国进口小麦的安全问题致信外贸部。

11月30日，退居二线，辞去中国农科院院长、研究生院院长、农科院学术委员会主任等职。

11月，参加《中国小麦品种志(1962—1982)》定稿会。

12月，开始为作物所完成国家科研项目的基本条件而奔波。

1983年 89岁

1月1日，新华社报道《老科学家金善宝勇于提携中年科技人员》。

1 月，在九三学社天津分社农业科技座谈会上讲话。

2 月，继续为改善作物所的基本科研条件奔波。

3 月 15 日—4 月 5 日，在福州、莆田、晋江等地考察，认为发展福建农业要从经济效益上着眼。

3 月 25 日，《人民日报》报道《“用人之道当其壮”——访中国农科院名誉院长金善宝》。

3 月，为作物所完成国家科研项目的奔波初见成效。

5 月 6 日，任中国农学会六十六周年纪念会评审委员会委员，被选为中国农学会名誉会长。

5 月 23 日，在中国农业图书馆协会成立大会上讲话，用三国时代的历史典故说明图书馆的重要性。

5 月 24 日，为作物所“六五”——“八五”时期攻关创造条件的努力初获成效。

5 月，主编的《中国小麦品种及其系谱》出版。

6 月 6—21 日，出席第六届全国人民代表大会第一次会议。

6 月，《健康之友》报道《怎样由先衰到老壮——访八十七岁的金善宝教授》，《档案工作》报道《农业科技档案是发展农业生产的必要条件——访金善宝同志》。

7 月，与农科院职工同游承德避暑山庄。

8 月 10 日，为《农业图书馆》题字。

9 月 3 日，祝贺九三学社内蒙古自治区工作委员换届选举，并作重要讲话。会后，去草原所考察。

10 月 14 日，参加“六五”全国玉米育种攻关会议。

11 月 12 日，在中国作物学会第三届理事会闭幕式上讲话，勉励中青年科技工作者：“勿忘团结奋斗，努力振兴中华。”

12 月 2—14 日，出席九三学社第四次社员代表大会，当选为九三学社第七届中央委员会副主席。

12 月 28 日，纪念挚友梁希教授诞生 100 周年，发表《我和梁希教授同住一室的日子》。

1984年　90岁

1月11日，得到中国农学会颁发的表彰状。

春，到陕西武功杨陵镇参加全国小麦攻关经验交流会。

4月，游览北京植物园。

5月上旬，奔赴南阳，视察中字麦。

5月15—31日，出席第六届全国人民代表大会第二次会议。

6月，与农科院作物所众位专家在东门外小麦试验田向国际友人介绍小麦品种的培育情况。

7月，主编的《中国小麦品种及其系谱》荣获1983年度全国优秀科技图书一等奖。

8月上旬，出席小麦生态试验会。

8月15日，为出版《中国现代农学家传记》一书，致信方毅。

8月28日，参加冀西北高寒旱区夏播小麦观摩交流会。

9月14日，老伴姚璧辉因病辞世。

9月30日，《光明日报》发表《农业科学要策马扬鞭》一文。

9月，《农业科技通讯》报道《中7606、中791小麦晚冬播大有可为》，《世界农业》报道《著名老专家畅谈中国农业成就》。

10月8日，《人民日报》报道《良种小麦改变了黄淮麦区生产面貌——著名小麦专家金善宝等培育出一批小麦新品种》。

10月，诸暨县委书记陈章方来访。

12月23日，《泰安日报》报道《当小夜曲弹响的时候》，热情赞扬春麦组培育的中字麦。

1985年　91岁

春节，出席农业科技界八十岁以上老人祝寿会。

2月25日，为《院士春秋》题字“振兴农业　富国强兵”。

3月14日，祝贺浙江同乡吴耕民教授九十华诞。

3月27日—4月10日，出席第六届全国人民代表大会第三次会议。

3月，主编的《中国现代农学家传》第一卷出版。

4 月,被授予第一届学科评议组纪念章。

6 月上旬,去史各庄、农科院东门外小麦试验田考察小麦的生长情况。

6 月下旬,《著名农学家教育家金善宝》一书出版。

6 月 30 日,南京农业大学校长刘大钧暨全体师生发来贺信。

6 月,河南农科院柯象寅、何家泌等六位专家发来贺信。

7 月 1 日,方毅发来贺信。

7 月 2 日,中国科学院、中国科学技术协会、九三学社中央、中国农业科学院联合举办金善宝同志从事农业科研教育六十五年暨九十寿辰茶话会。

7 月,学生从全国各地云集北京,再次祝贺金师九秩寿辰。

8 月,探望因病住院的学生蔡旭。

9 月 3 日,在庆祝九三学社建社四十周年大会讲话。

9 月,沈丽娟发表《卓越的农业教育家小麦专家金善宝教授》。

10 月,出席中国科学院在人民大会堂召开的庆祝会。

11 月 5 日,《明报》报道《农业教育家金善宝主持小麦研究工作》。

12 月 12 日,《人民日报(海外版)》报道《人生"三部曲"——访著名农业科学家金善宝》。

1986 年　92 岁

2 月,参加《农业百科全书　农作物卷》编委会议。

是月,主编的《中国小麦品种志(1962—1982)》出版。

3 月 25 日,出席第六届全国人民代表大会第四次会议。

3 月,主编的《中国小麦品种及其系谱》获 1985 年科学技术进步一等奖。

4 月,出席中国作物学会栽培委员会成立大会。

6 月,出席中国科协第三次全国代表大会,被选为荣誉委员。

7 月 2 日,庆贺 92 岁生日。

7 月 20 日,与胡子昂等撰文,纪念我国著名农学家邹秉文。

8 月 1 日,致信曹诚一。

8 月 8 日,出席第六届全国人民代表大会第四次会议。

8 月,被美国农业服务基金会授予永久荣誉会员金牌。

是月，发表《为灿烂的中华农业增辉》一文。

10 月初，参加《农业百科全书　农作物卷》的统稿会。

10 月中旬，到浙江农业大学参观。

10 月下旬，带领全家回到故乡石峡口。

10 月 28 日，来到改名以后的南京农业大学，在全校欢迎大会上讲话。

10 月 31 日，参观江苏省农业科学院。

10 月 31 日—11 月初，造访江苏省农业科学院、南京林业大学。

11 月 10 日，完成手稿《抗战期间在重庆》。

12 月，发表《科学技术和农业现代化》一文。

是月，左天觉来访。

是年，京红 10 号在河北省的种植面积达 13 万亩。

1987 年　93 岁

1 月，《中国茶叶》封面刊登其照片。

2 月 6 日，《科技日报》报道《生命融进须眉间——农学家金善宝谈他与文艺》。

2 月，出席《小麦生态研究》全国写作小组会议。

3 月 16 日，出席我国第一次优质小麦品种面包鉴评会。

3 月 25 日—4 月 11 日，出席第六届全国人民代表大会第五次会议，并于浙江代表团驻地接受《光明日报》记者的采访。

5 月，去南阳参加优质小麦评定会。

6 月，发表《寄语留学青年》。

8 月 12 日，出席中国农学会第五届全国代表大会，被选为名誉会长。

8 月，参加冀西北夏播小麦座谈会。

是月，《种子世界》报道《农业教育家、小麦专家金善宝》。

9 月 12 日，致信方毅。

9 月 18 日，对李璠的《东山新石器遗址考察报告》表示肯定。

9 月，与小麦品种室吴兆苏等在河北蔚县看夏播小麦。

10 月，去保定参加河北农业大学建校八十五周年庆祝大会。

是月，为江南大学校庆四十周年题字。

11 月，应邀参加第六届全国运动会。会后，去深圳农业技术中心参观访问。

12 月，为小麦生态研究的经费问题致信方毅。

是年，要求新建的中国农业科学院办公大楼竣工。

1988 年 94 岁

1 月，《农业科技通讯》报道《著名农学家教育家——金善宝》。

3 月，到浙江湖州，为梁希陵园剪彩。

5 月，给诸暨领导写信。

6 月，主编的《中国小麦品种志》获 1987 年科学技术进步一等奖。

7 月，被任命为中国农业科学院名誉院长。

8 月 22 日，为黑龙江龙飞农科所题字。

9 月 3 日，参加著名植保专家、老同学吴福桢教授的九十寿辰庆贺活动。

9 月，在九三学社内蒙古自治区第二次社员代表大会上讲话。

10 月，去南京参加九三学社江苏省第二次社员代表大会。

12 月 28 日，参加农科院养蜂所建所三十周年所庆。

12 月，发表《南京农业大学新闻选辑》序言。

1989 年 95 岁

1 月，参加九三学社第五次全国社员代表大会，当选为第八届九三学社中央名誉主席。

4 月，主编的《现代农艺师手册》出版。

5 月，与吴兆苏共赴蚌埠考察小麦。

6 月，与美国的恩斯明格(M. E. Ensminger)博士交流，组织译著《食物与营养百科全书》中译本的出版事宜。

8 月，主编的《中国现代农学家传》第二卷出版。

10 月上旬，去杭州参加中国水稻所落成典礼，会后去诸暨石峡口探望。

11 月，荣获中国科学院荣誉证章。

1990 年　96 岁

2 月 17 日,《北京日报》报道《活一百岁并不遥远——访小麦专家金善宝》。

3 月 15 日,被聘为《中国小麦学》编写委员会主编。

6 月,《大众健康》报道《金善宝的长寿之道》一文。

7 月 2 日,庆贺生日。

7 月,为之题字的《山东小麦》出版。

8 月,主编的《小麦生态研究》出版。

9 月 14—18 日,参加《中国小麦学》第一次编委会。

12 月 2 日,拜访杨显东。

1991 年　97 岁

1 月,联合主编的《农业哲学基础》出版。

4 月,主编的《中国农业百科全书·农作物卷》出版。

5 月 23 日,出席中国科学技术协会第四次全国代表大会开幕式。

6 月 4 日,参加兽医专家程绍迥的九十寿辰祝贺会。

7 月 17—30 日,出席中国科学院学部会议。

7 月,《科技发展与改革》报道《"远东神农"金善宝》。

8 月 3 日,与病理学家沈其益、裘维番同游北京远郊燕栖湖。

8 月,应邀去呼和浩特,出席内蒙古首届那达慕大会。

9 月,参加中央大学农艺系校友会。

秋,出席九三学社中央会议。

10 月 28 日,发表《为科学和民主奋斗的一生——缅怀涂长望同志》。

11 月,主编的《中国小麦生态》出版。

12 月,为之题字的《中国作物栽培》出版。

1992 年　98 岁

1 月 15 日,《家乡通讯》报道《农业教育家、科学家金善宝》。

3 月,《民主与科学》报道《像蜡烛一样燃烧——记我国著名农学家金善宝》。

4 月 20 日，获国务院学位委员会第二届学科评议组纪念章。

4 月 23 日，出席九三学社中央委员会举办的招待会。

5 月 1 日，登上慕田峪长城。

6 月 20 日，专著《中国小麦生态》荣获全国首届“兴农杯”优秀农村科技图书荣誉奖。

6 月 22 日，《文汇报》报道《小麦研究“泰斗”、年纪最大的学部委员金善宝：小麦是我的“宝贝”》。

6 月，主编的《小麦生态理论与应用》出版。

7 月 2 日，九三学社领导班子成员来贺寿。

7 月，为《庄晚芳茶学论文选集》题字。

8 月，在新疆农业科学院参观访问。

9 月 9 日，《光明日报》记者报道《金善宝步入期颐之年》。

12 月，出席九三学社第六次全国社员代表大会，当选为第九届九三学社中央名誉主席。

1993 年　99 岁

3 月 8 日，《人民日报》报道《耄耋老人　科研不辍——全国小麦生态研究成果瞩目》。

4—6 月，成功保留农科院东门外作物所的试验地。

5 月 25 日，在北郊农场看中麦 9 号。

6 月，《传记文学》报道《我国农业科学界的前驱——金善宝》。

8 月，《志在振兴中华》续集报道其事迹。

8 月 12 日，完成手稿《纪念毛主席诞生一百周年》。

9 月 5 日，《中国食品报》报道《拼将毕生力　直为麦金黄——记我国跨世纪的农学家教育家金善宝》。

11 月，出席中国科学院生物学部评审会。

12 月 3 日，发表《相处半个多世纪的良师益友》，纪念邹秉文。

12 月 13 日，联名鲍文奎、庄巧生写信，保护三环路旁的试验田。

12 月，获《中国大百科全书》编辑出版荣誉证书。

1994年 100岁

1月,主编的《中国小麦品种及其系谱》荣获第一届国家图书提名奖。

3月,参加小麦生态会议。

4月9日,《健康报》报道《小麦之父与时间赛跑》。

4月,《古今农业》报道《跨世纪的农学家、教育家——为金善宝教授百岁华诞而作》。

7月2日,中国科学院、中国科学技术协会、九三学社、中国农业科学院举办金善宝教授百岁华诞茶话会。

7月,为《农业科学叙词表》题字。

8月20日,为调整农科院领导班子,致信领导。

9月18日,与农艺系毕业生在农科院聚会。

10月19—23日,参加南京农业大学八十周年校庆,并致贺词。

10月25—26日,参观中国农业科学院上海生防所及浦东发展规划中心。

12月,主编的《夏播小麦理论与实践》出版。

1995年 101岁

1月,《神州》报道《中国小麦科学的奠基人金善宝》一文。

4月22日,美国明尼苏达大学教授刘君若专程来京采访。

5月8日,在中国教育电视台"科技之光"节目上,接受三个中学生的采访。

6月,《健康指南》报道其事迹。

7月22日,《中国教育报》报道《百岁良师话科普》。

7月31日—8月14日,为纪念抗战胜利五十周年,发表回忆文章。

8月17日,参加九三学社北京市委员会座谈会并发言。

9月,发表《风雨同舟忆当年——纪念建社五十周年感怀》。

10月,写信祝贺南京农业大学首次颁发金善宝农业教育奖学金。

是月,祝贺母校绍兴一中百年校庆并题字。

是年,《中国当代农业科技专家名录》出版,内载其词条。

1996 年　102 岁

春节前,宋任穷、洪绂曾祝贺新年。

2 月 18 日,在《光明日报》撰文《建立农业科技发展基金》。

3 月 5 日,《科技日报》报道《心心相映为科学》。

3 月 12 日,《人民日报》报道《经世纪风云　颂祖国昌盛——世纪老人金善宝一席谈》。

5 月 29 日,为南京农业大学进入"211 工程"致信中央领导,一周后接到电话回复。

5 月,在女儿的主持下,迁入新居。

6 月,重庆校友会来信。

6—7 月,各界祝寿。

7 月 8 日,国家教委复函,同意南京农业大学进入"211 工程"。

8 月,主编的《中国小麦学》出版。

是年,《绍中英杰》《中央大学校友会通讯》均介绍其事迹。

1997 年　103 岁

2 月 6 日,杨显东来访。

4 月,为江南大学五十周年校庆题字。

5 月 3 日,应邀撰文《深切怀念我的挚友潘菽同志》,并亲自送稿到南沙沟,看望潘老夫人,未遇,遂与潘宁堡夫妇合影留念。

5 月 12 日,《人民政协报》报道《世纪老人金善宝》。

5 月 25 日,参加校友聚会。

5 月 26 日,消化道出血,入友谊医院住院治疗。

5 月,主编的《中国小麦品种志》第三辑出版。

6 月 25 日,在《科技日报》发表《扬眉吐气话夙愿》。

6 月 26 日,辞世。

6 月,主编的《中国小麦学》荣获全国优秀科技图书二等奖。

7 月 9 日,告别仪式在八宝山举行。

附录二　自传　我的历史

（一）

我生长在浙江诸暨石峡口一个村里，这个村四面都是山，聚族而居，约有300多户，山上产毛竹，居民多以造纸为业，平地栽桑，养蚕是副业，女子多参加劳动。我父亲是个私塾教师，我从七岁起就在父亲的私塾里读书，我的母亲是养蚕的，她每年出卖的蚕种可以得到不少收入。

我父亲从祖辈遗留下来约有十多亩田、一块小山和一些桑园地。我们兄弟二人，哥哥善同比我大十一岁，我十四岁时父亲因病去世。后来因为我出外读书，家中哥嫂不同意而分家，分家后我的一份财产由母亲掌管，母亲去世后，则归善同管理，由于收入不多，就算补助几个侄子的学习费用。

我十五岁时，村里新设立了仁山小学，我在那里读了一年，次年进入枫桥大东乡高等小学。过了一年半，即在一年后的春天，约了几个同学私下去绍兴，原来是想去考第五师范的，因为那里不收学膳费，但到了绍兴，已过了考期，后来考入一个陆军中学，这个学校是王金发创办的，高小的同学和我同时进去的有周学棠，但只读了半年，学校因故停办，学校所有学生保送到杭州讲武堂肄业。我因杭州路远，缺少旅费，又无同伴，没有去，只好重回高小学习，周学棠也回到高小来了。那年冬天，奉母亲之命，结了婚。第二年暑假，我在高小没有毕业，又去绍兴考入省立第五中学。在那里读了四年，总算顺利地毕业了，这是1917年，那时，我已经23岁了。就我的家庭经济情况，要入大学是不可能的。却巧在暑假，报上登了南京高等师范农业专修科招生的消息，我觉得很合乎我的志愿，因为我生长在农村，对农业很有兴趣；其次，高等师范不收学膳费，合乎我的经济条件。我向亲戚借了旅费去南京报考，幸而录取了。快要开学时，学校来了一个通知，为了学生宿舍的整齐起见,学生的棉被、床单、蚊帐一律由学校代做,但要学生自己付钱。我家里是没有这么多钱为我筹备行装的。母亲把她当年饲养出来的蚕丝,卖了八十多元,全部给我拿去了。这么一来,哥嫂感到不舒服,我春节回家,他俩就闹分家了。分家之后,我在学校除学膳费之外的生活费用,全靠母亲养蚕生产来维持的。1918 年的秋季,我在南京接到朋友从家乡来信说,我的前妻因难产病故,因为学习和经济的关系,我没有回家探望。

1919 年……五四运动南京学生运动会的会长是我的同班同学黄曝寰,但我除参加游行之外,没有参加其他活动,当时,我们农科两班其他同学也没有参加活动。

(二)

1920 年夏,我在农业专修科毕业,学校派我到母校新设立的小麦试验场任技术员,这个小麦试验场设在南京皇城,经费是由上海的面粉大王荣宗敬(荣毅仁的叔叔)资助的,每月五百元,由农科教授原颂周兼主任。过了一个时期,黄曝寰也被派到小麦试验场工作了,但工作一个月就走了,后来,同班毕业的赵伯基来接替黄的工作。1921 年,南京高等师范改为东南大学,学校又在南京水西门外的大胜关设立东南大学农事试验总场,面积 1 300 亩,这个场是向华侨福群公司租用的,租期 15 年,地临长江,土地平坦、肥沃,适于大面积耕种、试验。赵伯基由小麦试验场调到大胜关接收筹办。1922 年,我也调到大胜关去了。当时,场内有新式的犁耙、中耕器、播种机、收获机、脱粒机等,是当时江南地区施用现代新式农具的唯一试验场。试验的作物主要是小麦、水稻、玉米、棉花、大豆等。试验总场的主任由原颂周兼,技术员除赵伯基和我之外,还有周拾禄。在农场的七年,我改良了农家小麦南京赤壳、武进无芒,1924 年在江浙一带推广。1924 年,我从全国 26 个省 790 个县,搜集到 900 多个小麦品种在南京种植,就其形态特性作多年之精细观察,采用前人的经典方法,进行了分类,1928 年发表了第一部小麦分类文献《中国小麦分类之初步》。

当我 1920 年在南京高等师范毕业那一年的寒假,我回到家乡和村里的一些人创办了梓山小学,以后每年寒假回家,除探望母亲之外,动员家长把他们的儿童送入小学念书是我唯一的工作。1924 年夏，我和姚璧辉在杭州结婚后，就回到诸暨，当时梓山小学缺乏教师，我爱人留在那里义务教书。1925 年夏，我离开试验场入东南大学补读大学学分，1926 年夏又回到大胜关试验场工作。

1927 年大革命，国民革命军到达南京，东南大学改组为第四中山大学，我因为某些问题和农科的新领导人意见不合，就离开了大胜关，八月间，由赵才标（农科的同学）介绍到浙江第四中学（在宁波）教授农业课，因在高中，农业课不被重视，1928 年春，又由友人介绍到浙江大学劳农学院工作，在那里工作了二年半。

1930 年夏，浙江省教育厅派遣留美学生，条件是：在浙江服务满三年、服务成绩好、由服务机关推荐、英文考试及格。我报名应试，及格通过了。这次录取的共有七人，除我之外，有卢守耕（现在台湾）、赵才标（现在香港）、赵延炳（可能在复旦大学）、王国松（在杭州）、何之泰（可能在武汉，学水利）……我们于 1930 年 9 月去美国，我和卢守耕学作物育种，赵才标学农经，赵廷炳学化学，王国松学工，都入康奈尔大学研究院学习。我在康奈尔大学约一年半，就转到明尼苏达大学去了。

1930—1933 年，我在美国留学这段时间，浙江大学按规定停发了工资，但为照顾我家里的生活，妻子姚璧辉曾在浙大农学院工作了三年时间。

1933 年 1 月回国，仍回到浙江大学农学院（前身是劳农学院）教书。当时农学院院长是许叔玑，森林系主任是梁希，教师大都是日本留学生。当时国民党 CC 头子陈果夫和梁希是湖州同乡，据说陈果夫曾到农学院和梁希谈过他对控制农学院的教育计划，梁希不同意，许叔玑感到无法抵抗，只身去了北平。浙江大学校长郭任远又将派金陵大学教授李德毅来农学院，当时考试已经完毕，快放暑假，梁希、蔡邦华、朱凤美、汤惠荪、王通、孙本忠等人一起离开农学院到南京去了。我因不知事情的内幕，犹豫不决，适值中央大学农学院院长邹树文来信约我去南京，我也就到南京去了。

1934 年，中央大学农学院在南京劝业农场种植了国内各地小麦品种 2 100余种，国外小麦品种及潘希维尔（Percival）世界小麦品种千余种。我从这一大批原始材料中择优进行了混合选择，选出了中大 2419，它的原始亲本叫作“Mentana”，是意大利中部和北部闻名的早熟品种之一。自 1934 年开始，通过了十行和高级等一系列的比较试验，表现甚佳。同时，我将在浙大笕桥农场种植数年的意大利品种矮立多也移到中大农场种植试验。

（三）

1937 年抗日战争全面爆发，8 月上海军事紧急，中央大学决定迁往重庆。校长罗家伦宣布，教职工愿去的不能带家属，我只好托当时的助教蔡旭先把中大 2419 等小麦品种带到重庆，自己把家属送回浙江诸暨老家，回宁后才和梁希、毛宗良教授各自花了 120 元购买了民生公司的船票，沿长江上溯到了重庆。此时，中央大学已借重庆大学一块山坡地，临时建立起来的校舍十分简陋，我和梁希教授同住在一间不足 9 平方米的房间内，从 1937 年到 1940 年整整三年，在患难中结下了深厚的友谊。

到达重庆后，做的第一件事，就是把中大 2419 和矮立多两个小麦品种，种在沙坪坝松林坡的一块山坡地上。

1938 年，七七抗战……中大号召教师献金，校长罗家伦带头捐了 30 元，有些教师捐 5 元、10 元不等。我不敢捐献，担心捐款不会送到前方，但献金抗战是爱国行动，不献金，怎么办呢？内心很痛苦。恰巧一个报上登载一条消息“《新华日报》将从汉口迁到重庆，在曾家岩设了办事处”。于是，我去曾家岩，见到一位姓周的同志，和他谈得很好，这是我生平第一次见到的共产党员，我就捐了 100 元，作为我拥护抗战的表示。这年冬季，中大号召捐寒衣，我又去找姓周的同志，我和梁希各捐了 100 元。

1938 年 10 月，中国共产党在国统区公开出版的机关报《新华日报》，从武汉迁到了重庆。我和梁希一见到这张报纸，如获至宝，几乎到了饭可以一天不吃，《新华日报》不可一天不读的地步。由于蒋介石消极抗日，国民党的《中央日报》消息都是捏造的，群众叫《中央日报》是个造谣报。《新华日报》虽然在重庆公开发行，但特务检查极严，常常开“天窗”，分送《新华日报》的小孩常常无故失踪。你要想知道一点抗战的真实情况，只有亲自到报馆里去了解。因此，当时关心时事的一部分同志如梁希、潘菽、涂长望、谢立惠、干铎、李士豪等经常到新华日报馆去打听消息。新华日报馆设在重庆的化龙桥，当我们去的时候，潘梓年、章汉夫、石西民等同志都很热情地为我们介绍国内外形势，并送给我们延安出的刊物，如毛主席所著的《论持久战》等伟大著作，我们都能及时地看到，我们在报馆还荣幸地听到周总理几次关于国内外形势的报告，所以那时候的新华日报馆成为我们学习时事的一所大学。我那时身体不好，常常患病，有时甚至寸步难行，但一听到报馆去，就立刻精神百倍，总要跟着他们一起去的。

1939 年夏，我和助教蔡旭去川北调查农业，经合川、遂宁、三台、江油、平武、松潘等十多个县，从平武县政府出发，到达一个镇上，被联保无理搜查，诬蔑我们有汉奸嫌疑，被拘留三天，经中央大学校长罗家伦电报证明，方才放行。这是平武县政府耍的花招。这件事说明了在反动政府时代，农业科学工作者要想深入农村，做些调查研究是很困难的。

后来，我们从松潘到了成都。沿途经过广阔的成都平原，麦浪滚滚，令人心旷神怡，到了成都农业改进所，我们和食粮组组长李先闻商议好，和他们合作把中大 2419、矮立多小麦移到成都来种植试验。接着，蔡旭和刚刚毕业的鲍文奎也调到了成都农业改进所。中大 2419 和矮立多小麦在成都种植数年，表现良好，1942 年开始在四川省推广。

也就是在这一年，我很想到延安去看看，和助教李崇诚商议一起去，曾到八路军办事处找过林伯渠同志，林老说："你们到了西安，我们有车可以送你们去延安。"不幸，李崇诚在嘉陵江上游泳，碰破了脚，患破伤风病，发高烧，进医院不到两星期就去世了。李逝世后，我因缺乏革命的决心，身体又不好，打消了去延安的计划。后来，我又去看林老，说明不能去延安的原因，林老说："干革命不一定要到延安去，后方还是可以做工作的。"

由于国库空虚、物价飞涨，民不聊生，大学教授的生活与抗战前相比，早已一落千丈。我一个人的工资要维持一家六口的生活也很不容易，那时我是年年有病，走路拐杖不离手，多年不见的老朋友，一旦见到我，会很惊讶地说："金善宝，你还不差嘛！"言外之意是，以为我早已……当时，中大农学院有五老，即梁希、邹树文、李演恭、汪德章和我。当时的我年纪不到 50，满头白发，也被列为五老之一。生活的艰辛、工作的劳累，使我的身体越来越差了。1942 年夏天，我早起在马桶上拉了半桶血，勉强去学校授课，刚刚讲了

15分钟，就感到一阵头昏眼花，实在坚持不下去了，只好通知学生提前下课，但是，刚刚走到教室门口就昏倒了！这件事对同学们震动很大，他们勒紧腰带在一起凑了一些钱，买了营养品来慰问我，使我深受感动。同学们的热情，鼓励着我，决不能有负同学们的期望。就在这一年繁忙的教学之余，我与助教吴董成合作，完成了《中国小麦的区域》一文。同年暑假，又独自一人去云南实地考察，走遍了澜沧江流域，登上海拔1 700米的高原，终于发现、确定了我国独有的小麦品种——云南小麦。

（四）

1945年8月，日本投降，为了谋求国共合作，伟大领袖毛主席亲自从延安飞到重庆和蒋介石谈判，全国欢呼，但我内心有些担忧，因为蒋介石很阴险，担心毛主席的安全，谈判到42天，蒋介石不得不在协议上签字，毛主席终于安然地回到了延安。

在谈判期间，由新华日报馆的介绍，我和梁希、潘菽、涂长望、李士豪等八人，很荣幸地在重庆谒见了我们伟大领袖毛主席，而且和毛主席亲切地握了手，这是我一生最难忘的一天，是我一生最荣幸的一天。毛主席是在张治中的住宅里接见我们的。毛主席首先亲切地问我们："你们有什么意见?"梁希同志说："我们感到很苦闷。"毛主席点头说；"感到苦闷！感到苦闷！感到苦闷！"一连说了几次。因为我离开得远些，毛主席望着我问道："那位白发的老先生姓什么?"我做了自我介绍，毛主席又问我："多大年纪?"我告诉了他。毛主席说："我比你大两岁"。毛主席又问我："你有什么意见?"我是这样回答的："革命是要流血的，从中外历史看，没有不流血的革命可以成功的。辛亥革命，孙中山先生为了少流血，把总统让给袁世凯，终于发生了二次革命。国共合作，共产党把军权交给国民党，1927年大革命遭到失败。西安事变，国共又进行合作，还是发生了皖南事变。九一八事变发生之后，京沪的万千学生齐集南京，要求国民党交出政权，汪精卫对学生说：'我们的政权是用革命取得的，你们要政权，你们可以去革命。'汪精卫尚且如此，现在的人是否会比汪精卫好些呢?"又说："重庆是虎狼之地，毛主席是吃惯小米的人，住在这里是不习惯的，还是早点回延安好。"劝毛主席为了安全，早点回延安，毛主席朝我频频点头，表示会意。

1945 年 10 月，我从重庆到云南大学农学院教了三个月课，那时正值西南联大学生罢课，杜聿明疯狂镇压学生运动，闻一多、李公朴先后遭到暗杀，云南大学一部分教授发宣言抗议，周家炽给我看了宣言，我就在宣言上签了字。当时云大农学院在自贡，院长是张海秋。在云南农学院教书的有：曾勉（现任中国农科院柑橘所所长）、郑万钧（当时是森林系主任）、吴中伦（森林系）。

1946 年 6 月，中央大学返回南京。

原中央大学规定，教授服务七年，可以休假一年，到 1948 年，我在中大已经工作十四年了，罗清生（原中大教务长、现任南农副院长）对我说：你身体不好，为什么不休假？我说："系务没有人管。"他说："难道你死了，也要管系务不成？"我感到环境很困难，罗的话，可能是提醒我的，因此决定休假。江南大学农学院（在无锡）发给我聘书时，快要开学了，我因胃出血住在医院，出院后，系务请农学院院长邹钟琳代理。

1949 年 4 月，南京解放。7 月，我出席了全国自然科学工作者筹备会议，第一次到达伟大祖国首都——北京。会后，一部分会员约 40 多人，组织东北参观团。我又第一次到达祖国富饶的东北，经沈阳、安东……长春、公主岭、克山、哈尔滨等地，参观了许多工厂和国营农场，感到祖国的伟大和无限广阔的前途。8 月间，在哈尔滨，看到《人民日报》登载消息，中央任命我为南京大学农学院院长。

1950 年 5 月，华东军政委员会工作人员名单中有我的名字，事前我去华东开过会，我写信问过程照轩："我的问题是不是你提出来的？"他回信说：是华东军政委员会提出来的。当时，华东农林部的部长是张克侠，副部长是程照轩，张克侠调任中央林业部副部长后，程照轩担任部长。

1950 年 6 月，中央发表我为南京市副市长，也是看到报纸才知道的，过了几天，刘述周秘书长到我家里来，要我搬到市政府去住，见到柯庆施同志，他说："啊哟，你这个人，为什么一定要来请你才来呢？"

1952 年，全国大专院校调整，金陵大学农学院与中央大学农学院合并，成立了南京农学院，我被任命为南京农学院院长。由于新旧社会的不同，农业院校的办学方针也应该有所不同，为此，必须努力探讨一条新中国农业院校的办学之路。

任南农院长期间，我在以往研究的基础上，和助手们一起完成了《中国小麦的种类及其分布的研究》。此外，自1946年中大搬回南京后，中大2419也回到南京等地继续试验种植，可是直到1949年，推广面积还不到100万亩；而当时归南京政府直接管辖的中央农业实验所培育的小麦品种却得到大面积推广。看到自己精心培育的小麦良种不能受到重视和应用，心里怎能不难过呢？但……以后，中大2419很快在长江流域大面积推广，最高推广每年达到7 000万亩。我感到由衷的欣慰。

（五）

1958年10月，调到北京中国农科院。原本想，在南京担任的行政任务多，对小麦研究的时间少，来到北京中国农业科学院，这个全国农业研究的中心，可以放开手脚，全心全意搞小麦育种研究了。没想到，来到农科院，人地生疏，没有助手，根本无法开展小麦研究，整天没什么事，和丁颖院长在办公室面对面地坐着冷板凳，约有两年多时间。于是，我就把目光转向了广大农村。1959年我第一次来到青海高原，发现并总结了柴达木盆地小麦亩产千斤的高产奇迹；1963年又来到边区内蒙古哲里木盟地区（今通辽市）考察，同年走遍了淮北、苏北13个县，调查了14个人民公社、10个省、专区和县级的农业科学研究所、3个农业院校的小麦生长状况，总结了农民稻麦两熟的耕作方法，向农民学习了许多宝贵经验。

1963年，刚从北京农大毕业不久的杜振华被派来当我的秘书，他天天到我办公室来上班，我觉得一个年轻人坐在办公室白白浪费了青春，太可惜了，就让他到小麦试验地去搞小麦育种，这样我也有了一个小麦研究的助手。

长期以来，在小麦育种工作中，从杂交到育成一个新品种，一般需要十年左右的时间，对此，我一直感到时间太长了，人生有几个十年呀？曾让杜振华在北京搞夏播，但因温度降不下来，小麦不能抽穗结实，因此，只好到高山去做夏播试验。但是，要搞这个试验，单靠杜振华一个人是远远不够的，于是我想在南京农学院成立一个小麦品种研究室，这个想法得到了院党委书记朱则民的支持，1964年经国家科委批准，在“南农”成立了小麦品种研究室，受中国农科院和南农的双重领导。1965年初，小麦品种研究室的吴兆苏、沈丽娟教授和薄元嘉陪我一齐登上黄山、天目山实地考察，安徽的黄山……我两天才爬上了黄山之巅，遗憾的是，山上都是石头，没有可耕的土地，天目山上可耕的土地也很少，不适于夏繁小麦的试验。

正在这个时候，谭震林(时任国务院副总理)和江一真(时任农业部代部长)找我去开会，在会上，我汇报了多年来设想搞一年繁殖2～3代小麦的计划。当我谈到黄山上条件不理想时，谭震林说你可以到井冈山上去试试。在谭副总理的关怀和支持下，1966年5月，我又派小麦品种研究室薄元嘉去井冈山考察。7月，在井冈山桐木岭的垦殖分场布置了小麦杂交后代试验。

1966年8月，我和杜振华去庐山考察，发现庐山的试验条件很好，庐山植物园也有很好的技术力量，就请庐山植物园协助进行小麦的夏繁试验。我还向植物园的同志讲解了小麦夏播繁殖在育种上的意义，并向九江市政府有关领导做了汇报，得到了九江市政府的大力支持。九江市政府为此拨专款2万元，进行道路修建，使道路从山脚下直通植物园。另外，还组织劳动力上山，搬石填土，扩大了小麦夏播试验的土地面积。

这时，我们忽然接到农科院造反派的电报，命令我们立即回京参加“文化大革命”。我们只好匆匆结束了这次考察，离开了庐山植物园。临别，在庐山牯岭的东方红公社布置了夏繁试验，以便和井冈山的试验进行比较。

回到北京，我就作为“反动学术权威”靠边站了，被安排在气象室“学习”。

这一年，由于“文化大革命”的影响，两地的试验都没能派人在山上驻点，只是委托当地农民代管，虽然这一年获得了种子，但没有得到详细的第一手资料。

不久，南京有人来外调说我解放前参加了反动组织——应变委员会。我告诉他们，南京解放前夕，我在无锡江南大学任教，不可能在南京参加任何反动组织。但他们不相信，拍着桌子对我大声吼叫：“金善宝，你要老实交代！”我十分气愤，也拍着桌子大声回敬道：“我没有参加。就是没有参加！

没有参加,就不能随便乱说!"

后来,我在"交代材料"中这样写道:

> 最近南京有人来农科院外调说,"1949 年解放前夕,我在南京中央大学参加了应变委员会。"过去,我只知道伪中大有个护校委员会,是反对把学校迁到台湾去的,农艺系助教沈丽娟、朱立宏、黎洪模等人是积极护校的。应变委员会这个名称过去从未听说过,是这次外调同志来才听到的。
>
> 当抗日战争开始,我的政治态度就很明确,坚决站在伟大领袖毛主席的抗日革命路线一边,坚决反对蒋介石的反动投降路线。当国民党反动派貌似强大的时候,我的态度尚且如此,1949 年春"钟山风云起苍黄,百万雄师过大江",蒋家王朝已经到了彻底完蛋的时候,我不去参加护校委员会,却偏偏有人说,我参加了应变委员会,这怎么可能呢?我决不会糊涂到这种地步!这是和我当时的思想绝对不符合的!我从无锡两次去伪中大,参加过什么会议,我现在一点也记不起来了,假如有人要我去参加辩论性的会议,我是会去参加的,如果我参加了会议,如果是辩论迁校问题,如果我发言的话,我肯定是反对迁校的,决不会允许把中央大学迁到台湾去的,也决不会吞吞吐吐,说些模棱两可的话。

至于对我的历史调查,究竟花了多少人力、物力,多少时间?我自己并不清楚,但是,造反派叫我写个人历史的交代材料,前前后后大约有一两年时间不准外出了。我只好通过书信,和远在庐山、井冈山、湛江等地的南繁人员、原小麦品种研究室的薄元嘉、周朝飞、陈佩度等人联系,进行交流。也就是在这段时间内,我写下了《抗战间在重庆》等回忆文章,并手抄毛主席《矛盾论》《实践论》等著作,装订成册,留作纪念。

直到七十年代中期……才听说这个应变委员会并不是什么国民党的特务组织,而是中共地下党领导的保护中央大学、反对迁往台湾的革命进步组织。历史证明,在中共地下党的领导下,它圆满地完成了任务,把一个历史悠久的高等学府,完好无损地交给了中华人民共和国,对人民作出了贡献。听到这个消息,我感到十分欣慰。但是,我还是那句老话:"我没有参加,就是没有参加!"

随着形势的发展和“南繁北育”小麦科学试验的成功，在当时农科院农业所的支持下，于1972年初成立了春麦组，先后育成了京红1号、2号、4号、5号、7号、8号、9号，京春6082等春小麦新品种。这批品种的共同特点是，产量高、品质好、高抗小麦条锈、叶锈病和秆锈病，抗干热风，不早衰，深受春麦区广大农民的欢迎，特别是京红8号、9号两个品种在河南、河北等地29个点的评比中，产量大都超过了墨西哥小麦。以后又育成了耐迟播、品质好的中7606和中791等优质小麦新品种。

1976年，“四人帮”倒台，1977年邓小平召开了全国科学教育座谈会，给全国人民带来了希望。1978年又召开了第一次全国科学大会。这一年，我已经82岁了，在会上我提出“要把八十二岁当作二十八岁来过”的誓言。《人民日报》记者纪希晨以“第八十二个春天”为题，报道了我倡导缩短小麦育种年限的经过，令我十分惭愧。其实，作为一个历经风云变幻、新旧两个时代的老人，我最期望的是，我们的祖国繁荣富强，千秋万代永远是春天！永远是光辉灿烂的春天！

编者摘录整理于2019年9月

参考资料

一、档案

1. 南京高等师范学校:《分派工农科学生到各工农场实习》,1918 年,南京大学档案馆,案卷号 70 - 2。
2. 《农业专修科三年级生》,1919 年,南京大学档案馆,案卷号 70 - 2。
3. 南京高等师范学校:《农科三年级生研究题目》,1920 年,中国第二历史档案馆 648 - 64。
4. 南京高等师范学校:《南京高等师学校民国九年六月毕业生一览》,1920 年,中国第二历史档案馆 648 - 70。
5. 南京高等师范学校:《国立南高、东大、中大毕业同学录》,1920 年,中国第二历史档案馆 648 - 3868。
6. 南京高等师范学校:《南京高等师范教员一览表》,1920 年,中国第二历史档案馆 648 - 3823。
7. 《国立东南大学、南京高等师范学校职员一览表》,1921 年,南京大学档案馆,案卷号 323。
8. 《通知金善宝薪目》,南京大学档案馆,案卷号 344 - 2。
9. 《国立东南大学、南京高等师范学校职员一览表》,1923 年,南京大学档案馆,案卷号 323。
10. 东南大学:《通知金善宝周拾禄薪目》,1926 年,南京大学档案馆 344 - 2。
11. 《民国十五年六月毕业名单》,1926 年,南京大学档案馆 3853。
12. 《国立东南大学农科教职员一览》,南京大学档案馆,案卷号 346 - 2。
13. 《农艺系三十六年度拟聘教员名单》,1947 年,中国第二历史档案馆 648 - 975。

14.《华东区江苏省南京市行政人员登记表》,1950 年 8 月 21 日。
15.《通知》,1955 年 6 月 28 日,南京农业大学档案室 55－4。
16. 中国农业科学院综合处:《中华人民共和国农业部第 59 号通知》,1957 年 4 月 30 日。
17. 中国农业科学院综合处:《参加全苏列宁农业科学院十月社会主义革命四十周年纪念大会简报》,1958 年。
18. 中国农业科学院:《金善宝副院长等三人前往青海柴达木等有关地区考察》,1959 年。
19. 中华人民共和国科学技术委员会:《批准成立中国农科院、南京农学院小麦品种研究室》,国家科学技术委员会(64)科五范字 153 号,1964 年 2 月 1 日,南京农业大学档案馆科 64 转移－1。
20. 中国农业科学院、南京农学院:《小麦品种研究室关于启用印章的报告》,1964 年 8 月 1 日,南京农业大学档案馆院 64 长乙－12。
21. 中共中央组织部:《关于金善宝任中国农业科学院院长的通知》,中共中央组织部(65)政通字第 322 号,1965 年 4 月 3 日,中央档案馆。
22. 中国农业科学院综合处:《金善宝任中国农业科学院院长的通知》,农业部政治部(65)农政字 123 号,1965 年 7 月 30 日。
23. 中国农业科学院、中国林业科学研究院:《关于中国农林科学院体制改革的方案(修改稿)》,1970 年 6 月 5 日。
24. 中国农科院春麦组:《科技成果登记表》,1977 年 8 月,作科所档案室。
25. 中国农业科学院春麦组:《优质小麦品种——中 7606、中 791》,1987 年,中国农科院作科所档案室。
26. 中国农业科学院作科所春麦组:《科技成果登记表 1961—1977 年》,中国农业科学院作科所档案室。
27. 中国农业科学院作科所春麦组:《优质小麦品种中 7606、中 791》,1987 年 5 月 5 日,中国农业科学院作科所档案室。
28. 中国农业科学院综合处:《关于加强农林科教工作和调整农林科学教育体制的报告》,1977 年 9 月 27 日。
29.《关于恢复“中国农业科学院”和“中国林业科学研究院”建制的报告》,

(78)农林(科)字第12号,中国农科院综合处档案室,1978年。
30.《中共中国农林科学院党的核心小组致中共农林部党组的函》,中国农业科学院综合处档案室,1978年1月6日。
31. 中国农业科学院春小麦育种组:《春小麦的早熟性选育和异地加代》,1978年7月,中国农科院作物所档案室。
32. 中共中央办公厅:《关于南京农学院复校问题的电报》,1979年1月2日,南京农业大学档案馆永久-1。
33. 中共农林部党组、中共江苏省委:《贯彻中央关于南京农学院复校问题的实施意见》,农林发(1979)第5号、苏季发(1979)第13号,1979年2月7日,南京农业大学档案馆永久-1。
34. 中国农业科学院作物所:《我国优质面包小麦选育成功》,中国农业科学院作物所档案室,1987年5月25日。
35.《中华人民共和国国务院任免通知》,1988年。
36. 南京农业大学档案室:《金善宝农业教育奖学金基金会成立暨首届理事会会议纪要》,1995年5月13日。
37. 南京农业大学档案室:《关于成立"金善宝农业教育奖学金基金会"的通知》,南农大校字(1995)289号,1995年9月18日。
38. 浙江大学档案室:《金善宝校友给浙江大学百年校庆的贺信》,1997年4月1日。

二、传记

1.《金善宝族谱资料》。
2. 史锁达、任志高编:《著名农学家教育家金善宝》,农业出版社,1985年。
3. 杜景玉:《金善宝·农业教育家 小麦专家》,收入《中国现代农学家传(第一卷)》,湖南科学技术出版社,1985年。
4. 吴兆苏:《我国农业科学界的前驱——金善宝》,《传记文学》1993年第3期。
5. 金作美:《金善宝同志生平》,1997年。
6. 吴阶平:《一座科学和民主精神的丰碑——悼念我国"农业泰斗"金善

宝》,《民主与科学》1997 年第 4 期。
7. 孟美怡:《金善宝》,金城出版社,2008 年。
8. 金作怡、杜振华:《20 世纪中国知名科学家学术成就概览》农学卷第一分册,中国科学出版社,2011 年。
9. 金作怡:《金善宝》,中国农业科学技术出版社,2015 年。
10. 杜振华等:《百年耕耘——金善宝传》,中国科学技术出版社,2022 年。

三、证书/证件

1.《中国人民政治协商会议出席证》,1949 年。
2. 中华人民共和国中央人民政府:《华东军政委员会农林部副部长任命书》,1950 年。
3. 中华人民共和国中央人民政府:《南京市人民政府副市长任命书》,1950 年。
4. 中华人民共和国中央人民政府:《江苏省人民政府委员任命书》,1952 年。
5. 中华人民共和国中央选举委员会:《中华人民共和国第一届全国人民代表大会代表当选证书》,1954 年。
6.《中华人民共和国第一届全国人民代表大会第一次会议出席证》,1954 年。
7.《南京农学院院长任命书》,1954 年。
8.《南京市副市长当选通知书》,1955 年。
9.《南京市体育运动委员会主任任命书》,1955 年。
10.《中国科学院生物学地学部委员聘书》,1955 年。
11.《中国科学院院士证》,1955 年。
12.《国务院科学规划委员会农业组副组长聘书》,1957 年。
13.《中国农业科学院副院长任命书》,1957 年。
14.《中国农林科学院先进工作者奖状》,1978 年。
15.《1978 年全国科学大会重大贡献者奖状——春小麦良种京红号》,1978 年。

16.《1978年全国科学大会重大贡献者奖状——冬小麦良种南大2419》，1978年。

17.《1978年全国科学大会先进工作者和先进集体奖状》，1978年。

18.《国家科学技术委员会农业生物学学科组名誉组长聘书》，1979年。

19.《〈中国农业百科全书〉总编辑委员会副主任聘书》，1981年。

20.《〈中国农业百科全书〉农作物卷编辑委员会主任委员聘书》，1982年。

21.《国家科学技术三等奖——中国的小麦及其分布》，1982年。

22.《1982年中国农业科学院名誉院长任命书》，1982年。

23.《1982年度全国优秀科技图书评选工作顾问聘书》，1983年。

24.《中国农学会六十六周年纪念会表彰奖状》，1983年。

25.《1983年全国优秀科技图书一等奖》，1984年。

26.《中国农学院第一届研究生学位评定工作贡献奖状》，1985年。

27.《国务院科学规划委员会农业组副组长聘书健康老人荣誉证书》，1985年。

28.《金善宝参加国务院学位委员会第一届学科评议组工作纪念牌》，1985年。

29.《国家农牧渔业部科学技术进步一等奖证书》，1986年。

30.《中国科学技术协会荣誉会员证书》，1986年。

31.《中华人民共和国第六届全国人民代表大会代表视察证》，1986年。

32.《中国农学会名誉会长荣誉证书》，1987年。

33.《国家科学技术委员会重要贡献荣誉证书发明奖励评审委员会委员证书》，1987年。

34.《中国农业科学院科学技术进步一等奖证书》，1988年。

35.《1988年中国农业科学院名誉院长任命书》，1988年。

36.《河南省粮油科学技术进步奖证书》，1989年。

37.《九三学社名誉主席证书》，1989年。

38.《中国科学院荣誉章》，1989年。

39.《〈中国小麦学〉编写委员会主编聘书》，1990年。

40.《金善宝参加第二届学科评议组纪念牌》，1992年。

41.《全国首届“兴农杯”优秀农村科技图书荣誉奖证书》,1992 年。

42.《〈中国大百科全书〉编辑出版荣誉证书》,1993 年。

43.《第一届国家图书提名奖证书》,1994 年。

44.《南京农业大学八十年校庆纪念章》,1994 年。

45.《中国科学院院士荣誉奖金证书》,1995 年。

46.《明尼苏达荣誉证书》,1995 年。

47.《全国优秀科技图书二等奖证书》,1997 年。

48.《中国科学技术文库入选著作证书》,1997 年。

49.《第十一届中国图书奖证书》,1998 年。

50.《世界名人证书》,1999 年。

51.《中国农业科学院卓越成就奖荣誉证书》,2017 年。

四、信件

1. 金善宝:《建议全国推广向日葵种植的几点意见》,1955 年 3 月 21 日。
2. 粮食生产总局:《回复金善宝关于向日葵推广问题》,1955 年 5 月 13 日。
3. 金善宝:《向聂荣臻副总理反映南京农学院院址问题》,1957 年 4 月 8 日。
4. 金善宝:《感谢浙江同乡锦文、月珍同志抗战时期的帮助》,1967 年 7 月 3 日。
5. 金善宝:《询问薄元嘉有关湛江小麦播种事宜》,1967 年 10 月 8 日。
6. 金善宝:《嘱咐陈佩度做好小麦播种等事宜》,1967 年 12 月 16 日。
7. 金善宝:《与陈佩度讨论南繁小麦在湛江小麦生长情况》,1968 年 1 月 2 日。
8. 金善宝:《关心小麦室佩度、明烈同志工作》,1968 年 4 月 19 日。
9. 金善宝:《对吴兆苏等人工作安排的建议》,1973 年 3 月 27 日。
10. 金善宝:《向沙风部长介绍徐冠仁从事原子能辐射育种及鲍文奎从事多倍体小黑麦育种的工作情况》,1973 年 9 月 28 日。
11. 金善宝:《建议周恩来总理召开全国小麦抗锈防病会议》,1973 年 11 月 6 日。

12. 金善宝:《向王震汇报广东省小麦及农业生产情况并提出合理建议》,1974 年 3 月。
13. 金善宝:《告知杜振华、辛志勇同志因病未赴广西一事》,1977 年 1 月 31 日。
14. 金善宝:《建议农林部沙部长、罗副部长抓好麦田移苗补栽》,1977 年 2 月 1 日。
15. 金善宝:《写给沈丽娟关于南农复校的信》,1977 年 9 月 5 日。
16. 金善宝:《建议在桂林建立东亚柑橘育种中心——给乔肖光书记的信》,1977 年 11 月。
17. 金善宝:《致邓小平关于南农复校的信》,1978 年 5 月 4 日。
18. 方毅:《聘请金善宝担任中华人民共和国国家科学技术委员会自然科学奖励委员会委员》,1980 年 5 月。
19. 宋任穷:《给金善宝同志的复信》,1981 年 12 月 9 日。
20. 宋任穷:《解释农科院领导班子人选考虑并邀请金老担任名誉院长》,1981 年 12 月 19 日。
21. 金善宝:《感谢 M. E. 恩斯明格博士赠送〈食物与营养百科全书〉》,1983 年。
22. 金善宝:《为出版〈中国现代农学传记〉给方毅同志的信》,1984 年 8 月 15 日。
23. 方毅:《同意接受金善宝邀请为〈中国现代农学家传记〉一书写序》,1984 年 11 月 1 日。
24. 金善宝:《祝贺吴耕民教授九十寿辰》,1985 年 3 月 14 日。
25. 刘大钧等:《祝贺金老九十大寿》,1985 年 6 月 30 日。
26. 方毅:《祝贺金老从事农业科研教育六十五年暨九十寿辰》,1985 年 7 月 1 日。
27. 金善宝:《建议曹诚一同志工作成就申请报奖》,1986 年 8 月 1 日。
28. 金善宝:《感谢方毅副总理参加中国农业科学院成立三十周年盛典》,1987 年 9 月 12 日。
29. 金善宝:《申请增加小麦生态研究经费》,1987 年 12 月。

30. 金善宝:《给诸暨领导的信》,1988 年 5 月 11 日。

31.《九三学社第五次全国代表大会给金善宝的致敬信》,1989 年 1 月 8 日。

32. 钱学森:《祝贺金善宝百岁华诞》,1994 年 6 月。

33. 汪若海:《祝贺金老百岁大寿并附金老轶事三则》,1994 年 6 月 24 日。

34. 黎洪模、徐静斐:《祝贺老师百岁华诞并回忆往昔时光》,1994 年 6 月 27 日。

35. 蒋次升:《祝贺金师百岁华诞》,1994 年 6 月 26 日。

36. 曹诚一:《祝贺金善宝老师成为中国科学院最年长院士》,1994 年 6 月 29 日。

37. 刘大钧、陈佩度、陆维忠:《祝贺金老百岁大寿电报》,1994 年 6 月 29 日。

38.《南京市人民政府的贺信》,1994 年 6 月 27 日。

39.《敬贺金老百岁仙寿》,1994 年 6 月 29 日。

40.《左天觉的贺电》,1994 年 6 月 29 日。

41. 余友泰:《祝贺金师百岁华诞》,1994 年 7 月 1 日。

42. 徐冠仁、黄小玲:《祝贺金善宝师百岁华诞》,1994 年 7 月 2 日。

43. 邓景扬、黄泳沂:《祝贺金老百岁华诞》,1994 年 7 月 2 日。

44.《黄嘉的贺电》,1994 年 7 月 2 日。

45. 黄至溥:《回忆学生时代,祝贺金善宝师百岁华诞》,1994 年 7 月。

46. 左天觉、吕幼仪:《祝金老新年快乐,身体健康》,1995 年初。

47.《刘君若给金善宝的信》,1995 年 4 月 30 日。

48.《金善宝给南京农业大学全体师生的信》,1995 年 10 月。

49.《宋任穷祝贺金善宝新春快乐的信》,1996 年 2 月 18 日。

50.《金善宝给中央领导的信》,1996 年 5 月 29 日。

51. 中大重庆校友会:《校友会给金善宝的信》,1996 年 6 月。

五、照片

1. 金善宝与母亲于绍兴的合影。
2. 金善宝在杭州笕桥农场实习时摄于杭州西湖。

3. 金善宝在皇城小麦试验场的工作照。
4. 梓山小学校徽及梓山小学旧址(金永辉提供)。
5. 金善宝、姚璧辉结婚留影。
6. 金善宝的毕业照。
7. 金善宝、姚璧辉夫妇在浙大劳农学院合影。
8. 金善宝摄于康奈尔大学。
9. 中华作物改良学会发起人合影。
10. 金善宝在明尼苏达大学留影。
11. 金善宝在南京中央大学任教时留影。
12. 中华作物改良学会第二届年会会员合影。
13. 金善宝、梁希和邹树文等人在重庆歌乐山合影。
14. 金善宝与农学院教师于重庆沙坪坝合影。
15. 金善宝在云南大学留影。
16. 金善宝留影,纪念抗战胜利。
17. 抗战胜利后,姚璧辉与母亲、三妹相聚于中央大学南高院。
18. 金善宝、姚璧辉夫妇在江南大学梅园宿舍前留影。
19. 金善宝留影纪念华东军政大学南京分校成立一周年。
20. 金善宝、姚璧辉夫妇纪念银婚,摄于南京。
21. 金善宝当选为南京市人民政府委员,留影纪念。
22. 金善宝当选为南京市副市长,留影。
23. 金善宝参加400米赛跑,到达终点,留影。
24. 金善宝访问匈牙利留影。
25. 金善宝和李玉在李玉农业社的移植小麦地留影。
26. 金善宝、姚璧辉夫妇和卢前琨在李玉农业社合影。
27. 金善宝与丁颖摄于中国农业科学院。
28. 中国作物学会第一届全国代表大会代表在长沙留影。
29. 金善宝在北京参加全国农业技术工作会议留影。
30. 金善宝在宁夏考察春小麦时留影。
31. 金善宝在山西大寨留影。

32. 金善宝和杜振华与庐山植物园的同志合影。
33. 金善宝、陈佩度、张文祥、郭丽、杜振华、辛志勇在海南岛五指山农科所考察南繁小麦。
34. 梁勇和金善宝与延安农科所的工作人员合影。
35. 金善宝在元谋冬繁基地留影。
36. 金善宝在全国农业科技情报会议上讲话留影。
37. 金善宝在山西怀仁考察春小麦。
38. 金善宝在浙江省农科院小麦地考察留影。
39. 金善宝在浙江农业大学小麦试验田考察留影。
40. 金善宝和石峡口的乡亲们合影。
41. 金善宝(右二)在绍兴农田考察留影。
42. 金善宝和贺致平在山东莱阳考察小麦长势留影。
43. 金善宝在全国植物线虫讲习班上留影。
44. 金善宝在广西农科院考察留影。
45. 金善宝参加《中国农业百科全书·农作物卷》编委会成立大会并合影。
46. 全国小麦攻关经验交流会与会人员合影。
47. 金善宝与春麦室和小麦品种室成员摄于陕西武功。
48. 河南郑州小麦晚播会议成员合影。
49. 金善宝在河南南阳中字麦麦地留影。
50. 全国小麦生态试验会的与会成员合影。
51. 金善宝在北京史各庄小麦试验田考察留影。
52. 金善宝和众多来宾在九十寿辰茶话会摄影。
53. 中国作物学会栽培委员会成立大会的与会人员合影。
54. 金善宝与薄元嘉、周朝飞等人合影。
55. 金善宝与《小麦生态研究》全国写作小组会成员合影。
56. 金善宝在北京优质小麦品种面包鉴评会上讲话留影。
57. 金善宝在冀西北夏播小麦座谈会上留影。
58. 金善宝在河北农业大学的小麦试验地留影。
59. 金善宝在深圳农业技术中心蔬菜大棚参观留影。

60. 金善宝与梁希的学生、义女、林学家周慧明在梁希陵园的梁希雕像前留影。
61. 金善宝祝贺程绍迥九十寿辰留影。

六、文章

1. 金善宝:《有芒小麦与无芒小麦之研究》,《中华农学会报》第 68 期,1929 年。
2. 金善宝:《雏用高粱之染色体数目》,《中华农学会报》第 104 期,1932 年。
3. 金善宝:《种子埋藏土中三十年生活力仍极健强》,《中华农学会报》第 107 期,1932 年。
4. 金善宝:《麦穗密度之特别遗传》,《中华农学会报》第 107 期,1932 年。
5. 金善宝:《小麦与黑麦交配及其返配后之细胞学的研究》,《中华农学会报》第 111 期,1933 年。
6. 金善宝:《由两种间交配而成之小麦品系用细胞学与遗传学方法研究其变异》,《中华农学会报》第 111 期,1933 年。
7. 金善宝:《小麦性质之遗传》,《中华农学会报》第 109 期,1933 年。
8. 金善宝:《小麦之遗传》,《中华农学会报》第 109 期,1933 年。
9. 金善宝:《近代玉米育种法》,《中华农学会报》第 125 期,1934 年。
10. 金善宝:《用返配法研究小麦之遗传性》,《中华农学会报》第 122 期,1934 年。
11. 金善宝、王兆澄:《大豆几种性状与油分蛋白质之关系(附表)》,《中华农学会报》第 142—143 期,1935 年。
12. 金善宝、丁振麟:《本院大胜关农事试验场最近玉米大豆试验成绩简报:附表》,《农学丛刊》1935 年第 1 期。
13. 金善宝:《用统计方法研究籼粳糯米之胀性:附表》,《国立中央大学农学丛刊》1935 年第 1—2 期。
14. 金善宝:《中国近年来作物育种和作物栽培的进步概况》,《农报》1936 年第 5 期。
15. 金善宝:《小麦开花之观察(附表)》,《农业周报》1936 年第 1 期。

16. 金善宝:《中国几种重要禾谷类》,《播音教育月刊》1936 年第 4 期。
17. 金善宝、庄晚芳:《精米胀性试验方法之研究》,《中华农学会报》第 164 期,1938 年。
18. 金善宝:《大豆天然杂交》,《中华农学会报》第 168 期,1940 年。
19. 金善宝、吴董成:《中国小麦区域》,《中华农学会报》第 170 期,1943 年。
20. 金善宝:《新时代小麦改良应采的技术》,《中农月刊》1944 年第 4 期。22 页。
21. 金善宝:《农艺系的目标是什么》,《学识杂志》1947 年第 5—6 期。
22. 金善宝:《漫谈东北》,《新华日报》1949 年 10 月 23 日第 4 版。
23. 金善宝:《多种马铃薯度春荒》,《新华日报》1950 年 1 月 14 日第 10 版。
24. 金善宝:《关于全国农业生产会议》,《新华日报》1950 年 1 月 20 日第 5 版。
25. 金善宝:《1950 年春节大喜讯》,《新华日报》1950 年 2 月 17 日第 2 版。
26. 金善宝:《移植冬麦战胜灾荒》,《新华日报》1950 年 2 月 21 日第 2 版。
27. 金善宝、梅籍芳:《关于水淹地冬作问题的几点意见》,《华东农林》1950 年第 4 期。
28. 金善宝:《对农业技术的提高与普及的几点意见——1950 年 12 月 26 日在华东农林工作会议上的发言》,《华东农林》1950 年第 1 期。
29. 金善宝:《移植冬小麦的初步试验结果》,《华东农科所工作通讯》1950 年第 1 期。
30. 金善宝:《华东麦作与麦病虫座谈会特辑——金善宝副部长在座谈会上的讲话》,《农业科学与技术》1951 年第 3 期。
31. 金善宝:《伟大的祖国》,《南京市政生活》1951 年第 8 期。
32. 金善宝:《南京文教界两年来在思想战线上的胜利》,《新华日报》1951 年 10 月 1 日第 3 版。
33. 金善宝:《继续为和平解决朝鲜问题而斗争》,《新华日报》1954 年 6 月 25 日第 3 版。
34. 金善宝:《我国茶叶生产的新生》,《新华月报》1954 年第 11 期。
35. 金善宝:《要很好地总结、发扬和运用我们伟大祖国的农业遗产》,《光明日报》1954 年 11 月 22 日第 2 版。

36. 金善宝:《对台湾农业科学工作者的广播稿》,1955 年 7 月 18 日。

37. 金善宝:《我从苏联农业展览会上看到了苏联在农业生产上的伟大成就》,《新华日报》1955 年 11 月 7 日第 2 版。

38. 金善宝:《金善宝代表的发言——江苏省第一届人民代表大会第三次会议上的发言》,《新华日报》1955 年 12 月 29 日第 4 版。

39. 金善宝:《参加匈牙利玉米育种会议的回忆》,《新华日报》1956 年 1 月 24 日第 3 版。

40. 金善宝:《向丰产能手学习》,《新华日报》1956 年 1 月 25 日第 2 版。

41. 金善宝:《对江苏省稻麦两熟增产的几点意见——在江苏省农业高额丰产社代表会议上的发言》,《华东农业科学通报》1956 年第 3 期。

42. 金善宝:《为共产主义事业奋斗到底》,《新华日报》1956 年 2 月 10 日第 3 版。

43. 金善宝:《农业科学工作者的任务》,《新华日报》1956 年 3 月 7 日第 3 版。

44. 金善宝:《农业科学工作者要积极投入提高农业生产的斗争》,《解放日报》1956 年 3 月 14 日第 3 版。

45. 金善宝:《在共产党领导下,加强团结,信心百倍地沿着社会主义道路迈进》,《新华日报》1956 年 8 月 25 日第 7 版。

46. 金善宝:《要在农业科学研究上做出更多的成绩》,《南京日报》1956 年 9 月 14 日第 3 版。

47. 金善宝:《小麦是重要的高产粮食作物》,《新华日报》1956 年 11 月 2 日第 2 版。

48. 金善宝:《学习先进经验,争取农业生产的大丰收——全国农业展览会的展出及其意义》,《人民日报》1957 年 2 月 20 日第 3 版。

49. 金善宝:《种植高产饲料作物 适应增养猪子的需要》,《新华日报》1957 年 11 月 7 日第 2 版。

50. 金善宝:《阜阳专区农业生产经验及今后注意的问题》,《阜阳报》1958 年 6 月 11 日第 2 版。

51. 金善宝:《农业科学工作者要做农民群众的小学生》,《文汇报》1958 年 7

月11日第1版。
52. 金善宝:《全国小麦病虫工作会议开幕词》,《植病知识》1958年第4期。
53. 金善宝:《全国小麦病虫工作会议总结》,《植病知识》1958年第4期。
54. 金善宝:《1959年农业科学工作者的任务》,《文汇报》1959年3月4日第2版。
55. 金善宝:《为祖国建设的伟大成就和平定西藏叛乱而欢呼》,《中国科学报》1959年5月3日第1版。
56. 金善宝:《我国农民选种家在作物育种上的贡献》,《中国农业科学》1960年第1期。
57. 金善宝:《我们一天天在上升》,《光明日报》1960年1月24日第2版。
58. 金善宝:《从编写理论著作来看党的领导农业科学》,《文汇报》1960年6月16日第2版。
59. 金善宝:《中国农业科学工作者是怎样理论联系实际的?》,1960年9月24日。
60. 金善宝:《河西小麦新貌》,《文汇报》1960年11月11日第2版。
61. 金善宝:《组织技术考察团推动农业生产的基本经验》,《光明日报》1960年12月22日第2版。
62. 金善宝:《大办农业 大挖增产潜力》,《中国农业科学》1961年第1期。
63. 金善宝、王恒立:《青海柴达木盆地春小麦高产的调查分析》,《中国农业科学》1961年第3期。
64. 金善宝:《淮北平原的新石器时代小麦》,《作物学报》1962年第1期。
65. 金善宝:《我国作物品种工作的新成就》,《人民日报》1962年10月3日第2版。
66. 金善宝:《回忆长望同志》,《红专》1962年第7期。
67. 金善宝:《小麦育种专家、中国农业科学院副院长金善宝同志在中央人民广播电台的广播讲话稿》,1963年3月6日。
68. 金善宝:《样板田发展了农业生产,促进了农业科学革命化——在全国农业科学实验工作会议上的发言》,《中国农业科学》1965年第4期。
69. 金善宝:《喜见小麦育种工作蓬勃发展》,《光明日报》1973年7月3日第

2 版。

70. 金善宝:《沿着毛主席无产阶级革命路线把农业科学技术工作推向前进》,《中国农业科学》1975 年第 1 期。
71. 金善宝:《向世界第一个高产国家迈进》,《农村科学实验》1978 年第 1 期。
72. 金善宝:《农业科学研究要走在生产的前面》,《农业科技通讯》1978 年第 1 期。
73. 金善宝:《提出迅速发展农业科学技术的六项建议——中国农林科学院院长金善宝在全国科学大会上的发言》,《人民日报》1978 年 3 月 30 日第 3 版。
74. 金善宝:《农业科研要向现代化进军》,《光明日报》1978 年 6 月 23 日第 3 版。
75. 金善宝:《向台湾科学文教界朋友们祝贺新年》,1979 年 12 月。
76. 金善宝:《八五老翁思故里》,《浙江日报》1981 年 2 月 25 日第 3 版。
77. 金善宝:《加强农业生物学研究 促进农业现代化》,《生物学通报》1981 年第 2 期。
78. 金善宝、方悴农:《科学实验一定要实事求是》,《人民日报》1981 年 4 月 17 日第 4 版。
79. 金善宝:《民以食为天》,《光明日报》1981 年 10 月 23 日第 3 版。
80. 金善宝:《农业科学要策马扬鞭》,《光明日报》1984 年 9 月 30 日第 2 版。
81. 金善宝:《抚今追昔 继往开来——纪念我社建社四十周年感怀》,《红专》1985 年第 9 期。
82. 金善宝:《抗战期间在重庆》,《文史资料选辑》第 15 辑,1988 年 7 月。
83. 金善宝:《为科学和民主奋斗的一生——缅怀涂长望同志》,《中国气象报》1991 年 10 月 28 日第 4 版。
84. 金善宝:《相处半个多世纪的良师益友》,1993 年 12 月 3 日。
85. 金善宝、蔡旭:《中国近三十年来小麦改进史(1943 年)》,收入《金善宝文选》,中国农业出版社,1994 年。
86. 金善宝:《三江平原观感(1983 年)》,《金善宝文选》,中国农业出版社

1994 年,297—299 页。
87. 金善宝:《在南京农业大学八十周年校庆大会上的讲话》,《南京农业大学校庆快报》,1994 年。
88. 金善宝:《风雨同舟忆当年——纪念建社五十周年感怀》,《九三中央社讯》1995 年第 9 期。
89. 金善宝:《建立农业科技发展基金》,《光明日报》1996 年 2 月 18 日第 1 版。
90. 金善宝:《扬眉吐气话夙愿》,《科技日报》1997 年 6 月 25 日第 4 版。
91. 金善宝:《深切怀念我的挚友潘菽同志》,《心理学动态》1997 年第 3 期。

七、报道

1.《二届一次代表会昨揭幕》,《新华日报》1950 年 10 月 24 日第 1 版。
2. 祖培:《知识分子与工农结合,农学院与十月社签订合作合同》,《南京日报》1957 年 5 月 2 日第 2 版。
3.《金善宝荣获苏联通讯院士称号》,《南京日报》1957 年 5 月 10 日第 2 版。
4.《长江流域怎样抗旱种麦——小麦专家金善宝发表谈话》,《文汇报》1957 年 10 月 28 日第 2 版。
5. 华文明、史问径、何青辉、陈化痴:《对三麦的播种和追肥问题,金善宝院长答三河分社干部问,今年“南农”将在红旗社建立实验田作四项技术试验》,《南京日报》1958 年 3 月 5 日第 3 版。
6.《中国找到了迅速发展农业科学和有效促进农业高产的新途径》,《中国新闻社》1965 年 2 月。
7.《让大地献出更多的食粮——访著名的小麦育种家金善宝》,《中国新闻》第 7621 期,1976 年 1 月 6 日。
8.《人老心更红——记农业科学家金善宝和他的助手培育春麦良种的事迹》,《光明日报》1977 年 12 月 7 日第 3 版。
9. 纪希晨:《第八十二个春天——记小麦专家、中国农业科学院院长金善宝》,《人民日报》1978 年 7 月 18 日第 4 版。
10. 沈苏儒、彭先初:《小麦专家金善宝教授》,《中国新闻社》1980 年第

12 期。

11. 周长年:《老科学家金善宝勇于提携中年科技人员》,新华社 1983 年 1 月 1 日。
12. 雪琴、方玲:《怎样由先衰到老壮——访八十七岁的金善宝教授》,《健康之友》1983 年第 6 期。
13. 杜景玉:《我国现代卓著的农学家金善宝教授》,《中国科技史杂志》1984 年第 2 期。
14. 杜振华:《中 7606、中 7902 春小麦晚冬播大有可为》,《农业科技通讯》1984 年第 9 期。
15. 史锁达:《良种小麦改变了黄淮麦区生产面貌——著名小麦专家金善宝等培养出一批小麦新品种》,《人民日报》1984 年 10 月 8 日第 3 版。
16. 仇润芝:《当小夜曲弹响的时候》,《泰安日报》1984 年 12 月 23 日第 1 版。
17. 范林:《向读者推荐〈著名农学家教育家金善宝〉》,1985 年 6 月。
18. 贺晓兴:《智慧在绿色王国闪光——金善宝教授主编的〈中国现代农学家传〉》,《作物学报》1985 年第 3 期。
19. 徐闻:《百余名科技、教育工作者在京集会　祝贺金善宝辛勤耕耘六十五载》,《光明日报》1985 年 7 月 3 日第 1 版。
20. 《农业教育家金善宝主持小麦研究工作》,《明报》1985 年 11 月 5 日。
21. 段心强、史锁达:《人生"三部曲"——访著名农业科学家金善宝》,《人民日报(海外版)》1985 年 12 月 12 日第 2 版。
22. 郭艳秋:《生命融进须眉间——农学家金善宝谈他与文艺》,《科技日报》1987 年 2 月 6 日第 4 版。
23. 张天来:《应对农业科研给予足够重视——访人大代表、中国农业科学院名誉院长金善宝》,《光明日报》1987 年 4 月 8 日第 2 版。
24. 尹福玉:《我国优质面包小麦选育成功》,《农业科技要闻》第 65 期,1987 年 8 月 25 日。
25. 刘一达:《活一百岁并不遥远——访小麦专家金善宝》,《北京日报》1990 年 2 月 17 日第 2 版。
26. 刘一达:《金善宝的长寿之道》,《大众健康》1990 年第 6 期。

27. 孙锋:《"远东神农"金善宝》,《科技发展与改革》1991 年第 7 期。
28.《农业教育家、科学家金善宝》,《家乡通讯》1992 年 1 月 15 日第 1 版。
29. 文英:《像蜡烛一样燃烧——记我国著名农学家金善宝》,《民主与科学》1992 年第 3 期。
30. 路沙:《金善宝步入期颐之年》,《光明日报》1992 年 9 月 9 日第 6 版。
31. 范建:《我国"小麦阶段发育理论"获突破 小麦生态学研究结硕果》,《农业科技剪集》1993 年 2 月 18 日第 1 版。
32. 蔡美华:《耄耋老人　科研不辍 全国小麦生态研究成果瞩目》,《人民日报》1993 年 3 月 8 日第 3 版。
33. 王向荣:《拼将毕生力 直为麦金黄——记我国跨世纪的农学家、教育家金善宝》,《中国食品报》1993 年 9 月 5 日第 1 版。
34. 杨秋兰:《小麦之父与时间赛跑》,《健康报》1994 年 4 月 9 日第 1 版。
35. 蒋仲良、杜富全、史锁达、黄淑芳、过哉善:《跨世纪的农学家、教育家——为金善宝教授百岁华诞而作》,《古今农业》1994 年第 2 期。
36. 王连铮:《跨世纪的农学家、教育家金善宝》,《中国科协报》1994 年 6 月 30 日第 1—2 版。
37. 王亚芬:《斯是陋室,惟吾德馨——写在金善宝院士百岁华诞之际》,《中国科学报》1994 年 7 月 1 日第 1 版。
38. 王建农、尹传虹:《满堂金辉贺期颐》,《科技日报》1994 年 7 月 4 日第 1 版。
39. 王亚芬:《真诚的祝福 深深的敬意》,《中国科学报》1994 年 7 月 18 日第 4 版。
40. 王连铮:《一个世纪的拼搏——记小麦科学的奠基人金善宝院士》,《科技日报》1994 年 7 月 2 日第 1—2 版。
41. 蓝青:《金善宝: 我不生气》,《中华老年报》1994 年 8 月 8 日第 1 版。
42.《金善宝百岁华诞茶话会在京举行》,《九三中央社讯》,1994 年 8 月。
43. 陈盛昌:《世纪老人　科学巨擘——金善宝教授百岁华诞茶话会记盛》,《现代化》1994 年第 8 期。
44. 王丹:《到金善宝老人家做客》,《诸暨报》1994 年 9 月 16 日第 4 版。

45.《百岁良师话科普》,《中国教育报》1995年7月22日第3版。
46.《金老轶事》,《北京九三论坛纪念手辑》,1995年9月。
47. 刘长泰:《科技老人话"兴国"——记中科院院士金善宝一席谈》,《北京观察》1995年第10期。
48. 贾晓慧:《心心相映为科学》,《科技日报》1996年3月5日第4版。
49. 魏芳:《经世纪风云 颂祖国昌盛——世纪老人金善宝一席谈》,《人民日报(海外版)》1996年3月12日第3版。
50. 侯艺兵:《世纪老人金善宝》,《人民政协报》1997年5月12日第2版。
51. 张新学:《百年奉献》,《人民日报》1997年7月9日第10版。

八、口述

1.《沈丽娟、朱星星访谈》,2016年11月2日。
2.《夏祖灼访谈》,2016年11月2日。
3.《盖钧镒访谈》,2016年11月4日。
4.《陈佩度访谈》,2017年2月27日。
5.《周朝飞访谈》,2017年2月27日。
6.《庄巧生访谈》,2017年4月25日。
7.《黄佩民访谈》,2017年4月26日。
8.《钱曼懋访谈》,2017年4月27日。
9.《李振声访谈》,2017年4月27日。
10.《杜振华访谈》,2017年4月28日。
11.《吴景锋访谈》,2017年4月28日。
12.《尹福玉访谈》,2017年4月28日。
13.《韩林访谈》,2017年4月28日。

九、评价

1. 蔡元培:《〈实用麦作学〉序》,收入高平叔编《蔡元培全集》,中华书局,1988年,第7—8页。
2. 卢良恕:《反映我国小麦育种科学发展的新成就——评〈中国小麦品种及

其系谱〉》,《中国农业科学》1985 年第 3 期。
3. 沈丽娟:《卓越的农业教育家小麦专家金善宝教授》,《南京农业大学学报》1985 年第 3 期。
4. 优质小麦品种面包鉴评会筹备组编:《优质小麦品种面包鉴定会汇编》,1987 年。
5. 沈丽娟、朱立宏、杜振华:《金善宝教授的农业教育思想和学术观点及在小麦研究上的贡献》,《作物学报》1998 年第 4 期。

十、手稿

1. 金善宝:《劝种小麦浅说》,《南京高师农科小麦实验总场浅说第一册》1921 年。
2. 金善宝:《中国小麦分类之初步》,1928 年。
3. 金善宝:《在南京大学成立周年校庆大会上的讲话》,1950 年 10 月 22 日。
4. 金善宝:《送英模代表离宁》,1950 年 10 月。
5. 金善宝:《庆祝八一建军 24 周年》,1951 年 8 月 1 日。
6. 金善宝:《在中国农学会南京分会成立大会上的讲话》,1951 年 10 月 28 日。
7. 金善宝:《在南京市农业劳动模范代表大会上成立大会讲话》,1951 年 11 月。
8. 金善宝:《欢送南京市第四批医疗团》,1951 年 5 月。
9. 金善宝:《对南京农学院毕业生的讲话》,1952 年。
10. 金善宝:《在南京速成中学成立一周年大会上的讲话》,1952 年 8 月。
11. 金善宝:《在南京市少年儿童庆祝国庆三周年大会上的讲话》,1952 年 10 月 1 日。
12. 金善宝:《三年来中国农林建设事业的伟大成就——对南京农林两院新生的讲话》,1952 年 10 月 24 日。
13. 金善宝:《中国人民志愿军出国作战两周年》,1952 年 10 月 25 日。
14. 金善宝:《华东农林工作会议传达报告》,1952 年 12 月 20 日。

15. 金善宝:《在上海高教局高等院校院长座谈会上的发言》,1955 年 12 月。
16. 金善宝:《在南京农学院开学典礼上的讲话》,1956 年。
17. 金善宝:《在西北农学院对农学系同学的讲话》,1957 年 8 月 24 日。
18. 金善宝:《淮北农业考察——介绍几种生产经验》,1958 年 6 月 13 日。
19. 金善宝:《从总结农民的经验基础上来提高我国的农业科学》,1958 年 8 月 1 日。
20. 金善宝:《全国甘薯科学研究工作会议总结报告》,1959 年 12 月 30 日。
21. 金善宝:《云南小麦的种植情况》,1959 年。
22. 金善宝:《农业"八字宪法"在小麦丰产栽培上的运用——在第二届全国人民代表大会上的发言》,1960 年 4 月。
23. 金善宝:《农业科学工作者要积极投入生产第一线》,1960 年 12 月 5 日。
24. 金善宝:《如何利用品种资源来改进作物育种工作》,1961 年 1 月 25 日。
25. 金善宝:《二十年来的回忆》,1961 年 6 月 18 日。
26. 金善宝:《浙东调查》,1962 年 3 月。
27. 金善宝:《Abery 氏关于栽培大麦起源的理论》,1962 年 10 月 7 日。
28. 金善宝:《利用冬闲,移植冬麦》,1964 年 11 月 27 日。
29. 金善宝:《春小麦一年繁殖三代的计划在我国首先实现了》,1968 年。
30. 金善宝、杜振华:《关于小麦高山夏播试验出差工作汇报》,1968 年 10 月 9 日。
31. 金善宝:《在拔海三千公尺的柴达木盆地创造五十万亩春小麦亩产千斤的大红旗》,1970 年 11 月 27 日。
32. 金善宝:《春小麦育种计划》,1972 年 1 月。
33. 金善宝:《中国农林科学院作物育种计划》,1972 年 2 月。
34. 金善宝、袁世传:《南方十省市冬小麦育种工作情况和庐山小麦夏播情况汇报》,1972 年 9 月 13 日。
35. 金善宝:《庆祝中国共产党成立五十二周年》,1973 年 6 月 27 日。
36. 金善宝:《小麦品种资源和育种工作的几个问题》,1973 年 9 月 10 日。
37. 金善宝:《喜看农业科学实验的大好形势》,1974 年 3 月。
38. 金善宝:《谈谈我国农业生产的潜力》,1975 年 1 月 13—17 日。

39. 金善宝:《敬爱的周总理,我们永远怀念您——在中国农科院纪念周总理逝世一周年大会的讲话》,1977 年 1 月 8 日。
40. 金善宝:《在中国科协主席、副主席、书记及部分全国学会理事长学习中央文件座谈会上的发言》,1977 年 7 月 9 日。
41. 金善宝:《永远怀念我们伟大领袖毛泽东主席——为毛泽东主席逝世一周年而作》,1977 年 9 月。
42. 金善宝:《尽快把农业科学研究搞上去》,1979 年。
43. 金善宝:《把农业科学放到重要位置上来,加速我国农业现代化建设——在中国科协第二次全国代表大会上的讲话》,1980 年 3 月。
44. 金善宝:《在〈中国主要农作物栽培学〉编写工作座谈会上的发言》,1980 年 9 月 5 日。
45. 金善宝:《在全国作物栽培科学讨论会上的讲话》,1980 年 11 月 24 日。
46. 金善宝:《为普及农业科学技术多做贡献——在九三学社天津分社农业科技座谈会上的讲话》,1983 年。
47. 金善宝:《在中国作物学会第三届理事扩大会闭幕式上的讲话》,1983 年 11 月 12 日。
48. 金善宝:《在冀西北夏播小麦座谈会的发言》,1987 年 8 月。
49. 金善宝:《对李璠同志〈东山新石器遗址考察报告〉的一点看法和建议》,1987 年 9 月 18 日。
50. 金善宝:《纪念毛主席诞生一百周年》,1993 年 8 月 12 日。

十一、著作

1. 金善宝:《实用小麦论》,商务印书馆,1937 年。
2. 金善宝:《马铃薯栽培法》,商务印书馆,1950 年。
3. 金善宝主编:《中国小麦栽培学》,农业出版社,1961 年。
4. 金善宝、刘定安主编:《中国小麦品种志》,农业出版社,1964 年。
5. 金善宝主编:《中国小麦品种及其系谱》,农业出版社,1983 年。
6. 金善宝主编:《中国现代农学家传(一)》,湖南科学技术出版社,1985 年。

7. 金善宝主编:《中国小麦品种志(1962—1982)》,农业出版社,1986 年。
8. 金善宝主编:《现代农艺师手册》,北京出版社,1989 年。
9. 金善宝主编:《中国现代农学家传(二)》,湖南科学技术出版社,1989 年。
10. 金善宝主编:《小麦生态研究》,浙江科学技术出版社,1990 年。
11. 金善宝等主编:《农业哲学基础》,科学出版社,1991 年。
12. 金善宝主编:《小麦生态理论与应用》,浙江科学技术出版社,1992 年。
13. 金善宝:《金善宝文选》,中国农业出版社,1994 年。
14. 金善宝主编:《夏播小麦理论与实践》,气象出版社,1994 年。
15. 金善宝主编:《中国小麦学》,中国农业出版社,1996 年。
16. 金善宝主编:《中国小麦品种志(1983—1993)》,中国农业出版社,1997 年。

十二、其他

1.《中华作物改良学会缘起及旨趣》,《中华农学会报》第 103 期,1932 年。
2. 中央大学农学院:《中央大学五种改良小麦品种》,1936 年 12 月。
3. 中国农业科学院、南京农学院小麦品种研究室:《小麦高山夏播试验初步总结》,1967 年 11 月。
4.《创造缩短小麦育种年限的新途径——小麦一年繁殖三代试验初步总结》,1969 年 9 月 28 日。
5.《我国小麦地方品种资源的征集整理和研究(小结)》,1972 年 12 月。
6.《京红号小麦在张家口、大同、呼和浩特等地示范推广情况的调查报告》,1977 年 8 月 19 日。
7.《春小麦的早熟性选育和异地加代》,1978 年 7 月 1 日。
8. 李春华:《中国农学会历史沿革简况》,《作物杂志》1987 年第 3 期。
9.《浙江农业大学校史(1910—1984)》,浙江农业大学校史编写组,1987 年。
10.《"金善宝教授百岁华诞茶话会"筹备委员会公告(向海外发函稿)》,1994 年 5 月 31 日。
11.《关于召开金善宝教授百岁华诞茶话会的函》,1994 年 6 月 2 日。
12.《沈丽娟、朱立宏祝贺金善宝师百岁寿辰》,1994 年 6 月 20 日。

13.《裴丽生祝贺金老百岁诞辰》,1994 年 7 月 1 日。
14.《中国农业科学院院长王连铮在庆贺金善宝茶话会上的讲话》,1994 年 7 月 2 日。
15.《吴阶平在金善宝名誉主席百岁华诞茶话会上的讲话》,1994 年 7 月。
16.《院士风采:实事求是,勇攀高峰,身体力行,振兴农业》,1995 年 6 月。
17.《中国农业科学院大事记(1957—2006)》,2007 年 9 月 12 日。
18.《为了人民的生存——追忆人民科学家金善宝教授》,2013 年。
19.《中国现代科学家(七):金善宝》,2016 年 5 月 8 日。

人名索引

E

F

G

H

M

P

Q

R

S

T

W

X

Y

Z

后记一　在困惑中探索求实

2016年10月，中国科学技术协会“老科学家学术成长资料采集工程”正式批准成立“金善宝学术成长资料采集工程小组”。在小组分工时，大家只注意了研究报告的分工编写和资料清单的分工整理，却把编写“资料长篇”这项重要任务遗漏了，无人负责。于是，对此毫无经验的我，不知深浅地主动承担了这项任务。按照“老科学家学术成长资料采集工程培训讲义”中有关资料长篇编制的规定和范例，我将手头的资料稍加整理、归纳、分类之后，决定以2015年中国农业科学技术出版社出版的传记《金善宝》一书为主线，按其内容，逐段分列于各年之中，然后将传主有关手稿、照片、著作、报道等各项资料按时间顺序补充进去，这样边探索，边采集，边编写。2018年2月，在“老科学家学术成长资料采集工程”首席专家张藜老师主持召开的座谈会上，上海交通大学出版社编辑冯勤老师介绍了多年来出版“年谱”“年谱资料长篇”的经验及其要求，我受到很大启发，由此逐步扩大、丰富了编写内容。2019年2月，我根据采集工程专家组新拟定的“规范”修改书稿之后，在近两年的时间内，根据出版要求前后两次交稿，几经周折，久久没有音讯。当我对这部书稿的出版早已不抱任何希望时，2020年12月30日，却意外地接到出版社新任编辑宋丽军老师的电话，她提出了对这本书稿的编辑意见。此后，到了春节前几天，出版研究报告的中国科学技术出版社的责任编辑也找上门了，幸好我提前作了准备，已将书稿删了30万字。因为宋老师说书稿预计2021年底出版，为此，就将书稿暂搁一边；先将研究报告上交之后，再来考虑书稿的修改问题。这样，我们小组就从原来前后两次第一个交稿，成为最后一个交稿了。

回顾几年来的采集、编写过程，虽然编写工作十分辛劳，常常干到深夜三更，可是最艰难的还是档案资料的采集，且不说年老体弱、孤身一人，两次跑遍江南各省的艰难；主要是采集过程中孤立无援的处境，即便在传主生前工作了40年的单位，我也会遭到许多莫名的冷脸、刁难。其他小组有单位的大力支持，要人有人，要钱有钱；而我们呢，什么也没有！我们小组虽然经费紧，但我们并没有什么企求，我们需要的只是精神上的支持，仅此而已。有人说我们就像一个家庭小作坊。但，家庭小作坊还有它自己的经营权呢?！可我们呢？没有！每走一步，都会遇到许多意想不到的阻碍，这是一生从未经历的，真正是举步维艰了！

可是，每当我一人走在中国农业科学院的大院里，常常会碰到一些退休多年的老职工，有的原是各个研究所的科技人员，有的是工会干部，还有的是幼儿园老师、农场工人，其中很多人我并不认识，但他们却热情地和我打招呼，津津乐道地谈起当年和老院长共处的情景，结论是："金老是个好人!""金老是我们国家的财富!""金老一身正气、两袖清风!""金院长对农科院有功!"为什么他们会和我说这些？因为他们知道我正在担负"金善宝学术成长资料采集"这个任务吧？一个人在离世20多年之后，竟然还有人这样怀念他，给予他这么高的评价，这是多么难能可贵啊！说明这批农科院的"老人"，是传主金善宝在农科院辛勤工作40年这段历史最好的见证人。这个"见证"，大大刷新了小组成立之初认为"金老离世多年，对他了解的人已不多"的判断；"老人"见证了传主金善宝孜孜以求，追求科学真理、百折不挠，严谨求实的治学精神，也见证了他待人处事的高尚品德。每当我想起这个"见证"，常常会感动得泪流满面；由此，也让我想起1978年他在全国科学大会上"要把八十二岁当作二十八岁来过"的豪迈誓言，想起他"壮志凌云忘白头、踏遍青山人未老"的气概，想起他爱祖国、爱人民、盼望中华民族繁荣富强、赶超世界先进水平的信念。爱国，是他的灵魂！作为他的晚辈、他的亲属，应该义不容辞地传承他这种精神，并将其载入史册。因而在采集资料过程中，我们遇到的一切冷脸、刁难也就不在话下了！一切的困难、烦恼也就迎刃而解了！

这本资料长编，也就在边采集、边编写、不断探索、战胜困惑的过程中逐步进行，特别是在出版社冯勤老师、中国科协首席专家张黎老师三番五次的讲解、启发，编辑宋丽军不厌其烦的耐心指导下，终于完成了第三稿。

在边编写边采集的过程中，特别感谢北京市科协的刘阳老师，她的热情关怀和帮助，为我们解决了许多困难，给了我们温暖和力量；感谢南京大学档案馆王雷老师，他连续三天热情周到的服务，帮助我们为金善宝1917—1947年这一段长达30年的学术生涯找到有力佐证；感谢小组成员杜振华、吴景锋、陈孝，南京农业大学陈佩度、董维春副校长，江苏省农业科学院周朝飞研究员为书稿提供的资料；感谢金善宝家属金晓滨、李学义的大力协助、付出的辛劳、奉献的日日夜夜；感谢"老科学家学术成长资料采集工程"首席专家张藜老师和上海交通大学出版社人文分社主编冯勤老师、责任编辑宋丽军老师的具体指导和帮助。

在漫长的采集过程中，我们不会忘记，对我们支持最大、为我们付出最多的，是传主生前只工作了六年的南京农业大学。早在小组成立之初，南京农业大学就派了一名档案专业毕业的硕士生高俊承担了小组全部资料的搜集和整理工作，在关键时刻又动员了一名研究生协助这一工作，从而保证了资料清单的填写和整理工作得以顺利完成。此外，他们还几次支援高俊来北京开会的全部出差费用，以及北京发往南京大量资料的全部快递费用；免除了小组去该校采访的摄影费用等，才使小组结题时有能力从有限的经费里节省出49 000余元，出版了一本《百年春秋——著名农学家、教育家金善宝纪念影集》。特别令人感动的是，在小组结题之后，南京农业大学又主动出资30万元，出版《金善宝文集》上下两册；当他们发现《金善宝纪念影集》的设计不够如意时，竟然又出资另请高明。这份情、这份义，岂是一个谢字所能表达的！

南京农业大学这一义举，不由得让我想到，他们为什么默默无私地承担了这一切？显然，不为别的，是为了将传主金善宝的精神一代又一代传承下去！而这一点，也正是以上各位老师指导、协助我们完成《金善宝资料长篇》的共同愿望。明白了这一点，我自然也就义不容辞、尽自己最大可能、争取质量良好地完成传主全部资料的采集、编写任务了。

愿金老的精神，像他遗留的那盆万年青一样，20多年来，由原来的一盆，繁衍为数十盆，盆盆根深叶茂，代代相传，万古长青！

金作怡　2021年3月

后记二　金老的精神，指引着我前进！

金老的学术成长资料采集工作早已告一段落，但还有许多后续工作至今没有完全结束，前前后后长达六年之久，这是我人生道路上最值得记忆的一段时光。

2014 年 7 月，我来到南京农业大学档案馆工作，第一天查看校史校情网页时就被“金善宝”这个名字吸引了！这里有金善宝实验班、金善宝农业教育奖学金，还有金善宝现代化研究院。“这位南京农学院首任院长究竟是个什么样的人？”这个问题开始在我头脑中盘旋。

2015 年的某个秋天，我去图书馆借书，见到了金善宝铜像，被那行刻着的“金善宝(1895—1997)”吸引，随即借来《金善宝》一书，才知道原来金老对原南京农学院的迁校、复校、发展与壮大作出了不可磨灭的贡献！钦佩之余萌生了办一次金老诞生 120 周年纪念展的想法，随后辗转联系上了远在北京的金作怡老师。通电数次后，她将相关图片通过 U 盘寄给未曾谋面的我，纪念展览顺利展出，得到广泛好评。

2016 年 6 月 28 日，金老师与我建立了微信联系，邀请我加入“金善宝学术成长资料采集工程”项目，负责资料整理工作，将来亦可为南京农业大学留存一份金老的档案。得知这个消息，我感到十分荣幸！在馆领导的支持下，我带着神圣的使命感和自豪感欣然加入项目组中。

2016 年 10 月，“金善宝资料长编”立项，小组成员一共 5 人，除我之外，其余老师平均年龄接近 80 岁。金老 103 岁的一生波澜壮阔，现存资料丰富，采集工作于我们而言，简单而又不简单。简单在于，金老的资料，如论文、手稿、照片、报道等都保存完好，需要采集的其他资料集中在南京、杭州和北京三地，线索清晰；不简单在于，金老逝世多年，很多了解他的人都已故去，受访者的年龄大多都在80岁以上，获取他的早期学术成长史料十分困难。

单说资料整理工作，远在北京的金老师将收集好的资料分类一捆一捆地邮寄南京，由我负责扫描、阅读后再编目，这些只要付出耐心和时间都可以解决。困难的是部分照片信息的考证，有时候一张照片上的时间、地点、人物，要翻阅几本书，查阅多个网页，甚至还会问其他学校有可能认识的老师，才能确定相关的细节。因为自己不是学农出身，加上对近代历史知识的欠缺和工作的粗心，工作中出了不少错误，多亏了馆藏基地的陶萍老师和李志东老师及时纠正，他们的认真严谨让我受益良多，最终，在他们的帮助下，取得15类1684件(其中原件221件)的良好采集成果。

虽然我没有出生在那个年代，无缘见到金老本人，但我从大量史料中发现：他爱祖国，爱人民，抗战时期在中央大学第一个用高价购买为支援前线抗日士兵义卖的《新华日报》，保护进步学生；他贫病交困，生活艰难，全家住在简陋、狭小的土坯房里，过着“白天三顿饭，晚上三块板”的生活，却先后两次为八路军捐献巨款，发起“救济战区难民募捐”活动，自己却因病昏倒在教室；他立志务农，高瞻远瞩，二十世纪二十年代就开始收集全国小麦品种，探究中国小麦的起源与分类；古稀之年跋山涉水，只为寻找小麦夏繁之地，缩短小麦育种年限……

每一次翻阅金老的照片、手稿、信件和档案等资料，都会觉得自己之前对金老的认知不够深刻。金老的学生们都怀揣敬意，称他为“金师”，而这样的敬意，在我与金作怡老师的交往中，也时时刻刻都能感受到，它带给我的，是一次又一次老一辈知识分子的精神洗礼。

金老，这位中国小麦科学的先行者不亢不卑、无私无畏、献身祖国农业科学教育事业的伟大一生值得我永远缅怀！

金老的精神，将永远指引着我前进！

高俊

2021年9月16日